肯定多樣性—
社會政治情境下的多元文化教育

AFFIRMING DIVERSITY
THE SOCIOPOLITICAL CONTEXT OF MULTICULTURAL EDUCATION

FOURTH EDITION

sonia nieto
原 著

陳美瑩、李榮彬、王派仁
陳麗如、Damien Trezise　譯

濤石文化事業有限公司
WaterStone Publishers

CONTENTS

CONTENTS

CONTENTS

前言

第四版前言

　　在四年前出版第三版《肯定多樣性》之後，我們的國家與世界有了巨大的變化。首先，2000年的人口調查顯示，我們的社會在文化、語言、種族與族群上比任何一個時代多元；而我們的學校－從熱鬧的市中心到最偏僻的地區，處處都以令人驚訝的方式反應出多樣性。譬如，美國境內有些從未被開發的地區湧入許多來自世界各國的新移民，甚至從一些聞所未聞的國家來。移民持續不斷地增加，以致於以前許多同質性相當高的社區，在居民的種族、族群和語言方面也有相當大的變化。同時，往昔所謂的禁忌話題－譬如同性戀－現都已能公開討論，其實令人感到振奮。師資培育也觸及有關多樣性與平等的現象，以使教師能有完善的準備以面對日益文化多樣的社會。

　　這也是教師與學校的挑戰時刻。雖然各式各樣的多元性正在持續增加中，對於多元文化主義的辯證也是前所未有的激烈。但是提議刪除雙語和多元文化教育的方案，似乎已經變成每日的家常便飯。甚至在日常生活對話中使用某些字眼或辭句也日形困難。譬如，請注意「英語學習者」如何從學校部門到聯邦政府機構成為「雙語」的替換辭。事實上，除了英語以外的任何一個母語都受到質疑；而「雙語教育」幾乎在我們的生活中被剔除了。更令人憂心的是，在教育上所有比較進步與前衛的取向與作法，都被攻擊成為導致「無能力去閱讀、書寫與推理」的荒唐理由之一。有一些州已經嚴格限制如何去教導一些特定的內容。在一些地區，自然發音法已經成為教導閱讀的唯一政治正確方式；而全語言的策略則遭受到一般大眾的質疑與污衊。日益漸增要求負責與

標準化的聲浪，使得在教育上的公平性越來越被忽略；而教師也受到壓力，必須要教授能夠使他們學生通過標準化測驗的課程。

自從《肯定多樣性》這本書在1992年第一次出版之後，我自己的生活也有很多的變化。譬如，我教授的學生也從數百增加到數千。而我也遊歷美國與世界各地，與在大專院校及研討會的教育工作者分享我的經驗。透過這些努力，我對優質教育所具有之影響力與信心是前所未有。在我個人的生活方面，外子和我共有六個孫子，不像四年前我們只有兩個。他們就像我腦後的警惕物一樣，不斷地提醒我天底下所有的孩子，都值得我們給予他們最好的。

然而，比其他任何變化來得驚人的是：2001年的911事件改變了世界的面貌。雖然，與我們站在同一線上的人們同聲斥責恐怖分子當天的攻擊，但對於「未來」，我們卻有不同的想像。那天的事件已經改變我們對事物的看法與思考模式，包括教育。例如，對美國的批判將面臨前所未有的威脅，甚至有關種族歧視以及不平等的議題，都有可能被視為不愛國的表現。

在教育改革的範疇裡也有巨大的改變。自從1980年代中期開始的改革運動，社會大眾對於教育、責任問題、標準、測驗、以及研究對教學的影響（常被視為僅有量化的）都有更大的變化。可是很不幸地，這些變化卻對來自許多不同背景的窮困小孩造成負面的影響。

這些變化的結果，造成書寫有關美國的教育和多元主義令人既興奮又困擾。持續成長的多元、不平等、與對我們自由可能造成的阻礙都令人擔憂。我同意*Henry Giroux*提到的教育工作者的角色越來越重要，尤其是在2001年的911事件後的回盪。*Giroux*寫著：

> 如果能夠從911事件中學到什麼教訓，那就是該事件必需被視為全國總團結、追求心靈與擴張民主的機會，而非限制民主的時刻。

作為教育工作者，我比以前還擔心我們該如何教導年輕的人什麼是民主、公民權、差異與社會正義。實際上，我非常擔心我們越來越不屑於公立學校與公共領域，以及學校前所未有的有關「有」和「無」間越來越大的鴻溝。在我書寫第四

版的《肯定多樣性》時，這些面向與議題都讓我停筆思量。

即使有這些挑戰，或者可能因為這些挑戰，本書呈現希望的那一面，希望引導著社會、父母與教師持續往前進步。我相信，我們一定會思考並計劃更好的未來，而讓年輕人相信教育能改善世界。因此，本書最主要目的之一就是：希望能夠激發您想像身為教師可能具有的潛在影響力。雖然很多人認為我們國家持續不斷增加的多樣性是個問題，但是我卻想激勵您將這些多樣性的問題視之為成長、學習、教導與改變世界的機會。在這過程中，您可能對於您教導的學生具有深層的影響力。

第四版有何不同？

自從12年前我寫了《肯定多樣性》，我對於教育的觀點並沒有什麼重大的改變。當我持續學習時，這些觀點越來越深入。第四版中一些觀點的改變，是我從《肯定多樣性》讀者得到的回饋。

但有些改變比其他改變明顯。譬如，以前的一些讀者會注意到我們在每章開頭都有藝術作品。這些藝術作品是用來強調我們公立學校的學童與其他世界各地的藝術家的創造性活動；極具天賦的藝術教師與多元文化教育的博士候選人*Patty Bode*則負責採選這些藝術作品。

本書的個案也有一些改變。首先，我認為提供有關這些個案的最新人口資料是相當重要的，尤其是2000年的人口調查和以往有許多差異。雖然我曾經想過將一些比較舊的個案刪除而增加新的。可是，這本書的評審卻強力反對，因為他們認為每一個個案都曾經提供重要的元素。我採納了他們的建議。雖然如此，我很清楚地知道本書以前討論多元文化教育時，缺乏有關多樣性的必備觀點；例如有關男同性戀、女同性戀、雙性戀與跨性別青年的觀點就遭受忽略。數年前，有位女性讀者在我演講之後站起來，直接感謝我能將同性戀學生之議題涵蓋在本書中。她說，很少人會將同性戀議題放入多元文化教育的書本中。我覺得受到感激，甚至必須承認有點自我

滿足能做到這點。那你就可以想像,當她走向我翻開我提到同性戀者那頁要我簽名時,我是多麼地羞愧,即使她並沒那麼諷刺。實際上,她的真心反而讓我覺得如此的篇幅卻能得到她的感激而愧疚。

我希望Rebecca Florentina的加入是改善此情況的第一步驟。當John Raible在Rebecca高中三年級訪問她時,她是個女同性戀者。儘管用了假名,我很感激她願意接受訪問,因為這需要很大的勇氣才能做得到。

另外一個個案研究是有關敘利亞後裔的回教女孩Nadia。自第一版起,我就開始將一位阿拉伯裔美國人James Karam收到本書中。但是身為馬洛乃特基督徒(Maronite)[1],James沒有經歷過2001年911事件後穆斯林教徒所遭遇的歧視。因此,自從911事件後,我在第四版中特意將回教學生的經驗收納在本書中。在第一版中訪問過Fern Sherman的Carlie Tartakov博士,很踴躍地提出要去訪問Nadia。因為她想要讓我對Nadia能全面的了解,所以她訪問了Nadia全家。如同以往,她做得非常好。

第三版的讀者,將會回想我在第三版中的「後記」提到的原始個案的三個學生。讀者仍對那些年輕人很好奇。所以,我決定在本版加入新版的「後記」,並且也同樣地再找尋原始個案的學生。這次,我們找到四位。這些年輕人都已經是20、30多歲的人了;而從首次認識至今,他們在很多方面也有了變化。當您讀了新的「後記」之後,我想您會同意他們仍然是突出的一群人。

我也將「速寫」納入四版中。速寫主要是學生們的畫像,用學生自己的話語來呈現。這些速寫將個案中遺漏的社會語言及文化方面的多元性,添加了關鍵性的觀點。雖然本書無法囊括所有種類的差異,但是這些速寫著重於領養、混雜認同等討論到的議題。John Raible訪問了David Weiss,而Khyati Joshi訪談了Kaval Sethi。另外兩個:Liane Chang 與 Gamini Padmaperuma寫下了他們自己的「文化認同故事」,來描繪英語老師Jeannie Shumway和藝術老師 Patty Bode的中學課程的一部分;獲得他們的授權放在本版中。

除了這些改變,我也增添了有關多元文化教育的最新參考資料。

我也增加了很多圖表來說明過去十年來我們的國家與社會在人口方面的大改變。

謝辭

謹對幫助我完成第四版《肯定多樣性》的朋友們致上最高的謝意。

首先，謹謝那些自第一版就透過書信、電話、電子郵件與親自面對面和我溝通過的讀者給予的支持與愛護。無論是否同意我的觀點，他們都提出寶貴意見與幫忙。他們的洞察力與深度分析促進我對本書更嚴謹批判與審視。

感謝 *Carlie Tartakov*、*John Raible* 與 *Khyati Joshi* 在本版中的訪問。*Jeannie Shumway* 和 *Patty Bode* 提供了他們學生的「認同畫像」與其他藝術作品。*Patty* 也幫忙篩選書中的藝術作品。*Paula Elliot*、*Carlie Tartakov*、*Carol Shea* 和 *Maya Gillingham* 能夠找到他們十年前訪問的學生，並再次訪問他們，而提供了「後記」中的新資料。同時，我也對 *Linda Howard*、*Fern Sherman*、*Vanessa Mattison* 與 *Manuel Gomes* 抽空接受訪問，讓我們知道他們十年來的動向與發展，致上萬分謝意感謝。紐約市 *Hunter* 學院的 *Gretchen Marin* 則幫忙了速寫的部分。

專業上的朋友讀後的評語幫助我使本版更具可讀性與價值；在此對他們所有的貢獻謹致無限的謝意。對於第四版，我感謝以下幾位評審：

- *Bob Gustafson*，中佛羅里達大學（*University of Central Florida*）
- *Dawn E. Scharader*，康乃爾大學（*Cornell University*）
- *Narciso L. Aleman*，威斯康辛大學（*University of Wisconsin－Whitewater*）
- *Barbra Medina*，阿當斯學院（*Adams State College*）
- *James S. Cantor*，加州州立大學（*California State University-*

Dominguez Hills）

- *Andre J. Branch*，聖地牙哥州立大學（*San Diego State University*）
- *G. Pritchy Smith*，北佛羅里達大學（*University of North Florida*）

　　他們細膩與詳盡的建議使我獲益良多；希望第四版呈現的成品比前三版好。

　　引註方面，則要感謝在 *Massachusetts* 州立大學的 *W. E. B. Du Bois* 圖書館工作的 *Lori Mestre* 大力的協助。本人研究助理 *John Raible* 竭盡所能使本書能順利出版。*John* 檢查參考書目，追蹤一些不易查得的資料，提供有關 *GLBT* 認同的定義，以及改善本書的建議等等。除了訪問 *Rebecca*，他也幫忙我修改，使我以他的訪問作為基礎的個案研究。*John* 的夥伴－在 *Massachusetts* 大學 *Stonewell* 中心工作的 *Stephen Pereira, Jr.* 分享許多重要資訊，使 *Rebecca* 的個案研究更豐富。在出版社方面，編輯 *Traci Mueller* 以及 *Sonny Regelman* 給予的鼓勵與支持，讓我盛情難忘。

　　再次，誠摯地感謝傑出的學者與好友 *Jim Cummins* 多年來的支持，與對本書的建議。他寫的序言對我有相當大的意義。

　　我最大的精神支柱來自我的家庭。小女 *Alicia* 和 *Marisa*、女婿 *Celso*、孫女 *Jazmyne*、*Corissa*、*Monique* 和 *Tatiana*、孫子 *Terrance* 和 *Celso*、我姊妹 *Lydia*、*Lidia* 的兒子 *James*、*James* 的妻子以及他們的兒子 *August* 和 *Marcus*，都永遠在我心中佔有相當份量，尤其是我出版有關教育與其他公共事務的著作方面。我先生 *Angel* 一直都是我最佳盟友，也是我過去 36 年來最親密的心靈伴侶。

艱困中創造優質教育

　　學校反應我們居住的社會文化與社會政治情境。這種情境對許多年輕人與他們的家庭是很不公平的；但是，很多教師與教育工作者卻不理會這種情況。我相信教育工作者主要的角色是中斷這種不平等與壓迫的循環，而上上策便是用心創造優質教

育。希望《肯定多樣性》能幫助您－包含職前教師、在職教師、行政人員與其他教育工作者－做到「用心創造優質教育」。就如您在本書可看得到的：許多學校政策與執行背後的意識形態，主要以智力與差異的錯誤觀念出發。如果我們想做些改變，那麼我們就得改變在個別教室裡的課程與教學、支持學校政策與執行的意識形態。也就是說，具有種族主義、性別主義和社會階層主義的教室和社會不應該獲得接受。本書朝著這方向努力。

　　我自己曾是教室前線的老師，因此對老師有份崇高的敬仰。雖然教師很少受到珍惜，他們的工作卻是非常尊貴的。同時，我也必須承認，許多教師沒有時間去關懷照顧那些學校中最受忽視與壓迫的學生。希望《肯定多樣性》能提供教育工作者一種深思的方式，並採取行動，為了我們學校的孩子。其實，這也是我們的責任。

---

1. 詳情可見http://www.maronite.org

本書簡介

身為一個成長於1940年代美國紐約布魯克林區的小孩，我經歷了貧窮與歧視。我就讀的學校瀰漫的觀念就是：我的文化和語言是次等的。進入一年級的時候，我只會說西班牙語，就必須馬上面對學習第二語言的艱鉅挑戰，我的母語完全被忽視。小學畢業將近50年後，我仍然無法，像使用西班牙語般輕鬆而流利地將英文字組合來表達出我的思想。同時，我仍清晰地記得，有些老師認為部分同學和我會因為語言與族群的差異而表現遜色。這就說明了為什麼當我是班上唯一舉手表示要上大學的時候，她只說：「喔，沒關係，因為我們總是需要人去打掃廁所。」

我也記得老師們對非說英語者的高傲態度：「有沒有人開始去上學時還不會說英語的？」我十年級的老師要將中央辦公室給的大把資料分類時，就大聲地如此問。當時，我的家人已搬到中產階級的社區，大部分都是猶太人、義大利人和愛爾蘭人。當我身為波多黎各人，恐懼地舉手時，我的同學們鴉雀無聲地關注著。「你是在特殊的英語班級嗎？」，他當著全班問。我說，「是的，我在英語資優班」（*I'm in Honors English*）。我老師驚訝地看著我，而我則是暗自高興我能如此回答。當然，做為英語學習者或在英語為第二語言（*ESL*）的班級並不可恥。然而，我已被制約恥於說西班牙語。儘管如此，我仍很清楚自己所擁有的聰明與智慧。

那些由於文化差異而產生的不愉快經驗，並未使我屈服，反而讓我覺得出類拔萃。我們對於「我們是誰」、「我們談話的方式」、「我們吃的食物」以及「我們和別人不同之處」感到羞恥。我會哀求母親－「請做漢堡和熱狗給我們當晚餐。」很幸運地，她從來就不在意煮飯的米、豆類、芭蕉等成長中吃的食物。即使我們老師要求她和父親只能用英語和我們溝通，他們依然和我們以西班牙語交談。學校

和街上傳達的訊息是：作為波多黎各人沒什麼值得驕傲的。這似乎告訴我們，只要學到了做我們自己就可以。如同本書中的個案與一些寫照，即使其家庭試圖正向地教導他們看待自己的認同，很多年輕人在學校中依然對自己的語言文化持負面的印象。

☐ 多元性：學校與老師的觀點

有關多元性的負面評價不但影響學生也影響老師。雖然，我很幸運，有機會與鼓勵學生發展自我文化認同與保留文化為資產的優秀教師合作。但是我也遇到許多懷有善意的教師也認為差異性會阻礙學習。這樣的觀點在多元文化教育及文化與教育的數百篇報告中，似乎越來越明顯。每次報告之後，有部分的老師就向我提出相同的議題：「為什麼有些學生（通常是非裔美籍、拉丁美洲裔或美國原住民/美國印第安學生和很窮的歐裔美籍學生），無論他們的老師是多麼的努力，就是常常學習成就很低？而其他的學生（通常是中產階級的歐裔美籍和一些亞裔美籍的學生，或者是其他族群的中產階級學生）卻有相當優異的表現呢？」

少部份的教師可能相信，那些低成就的學生天生或文化上就不如一般學生。但是我確信，大部份教師沒有如此種族和階級的偏見。我發現有些具熱誠並堅持理念的新進教師，已經厭倦每天面對班上那些可惡又無前途的學生。而那些還沒有接觸多元背景學生的教師，可能開始相信，某些族群的小孩天生就比別的學生來得「優秀」；而且他們可能不願將失敗的原因歸之於孩子本身、他們的家庭或他們的文化。令人玩味的是，這些老師最後一定會歸結說，他們已經使出渾身解數，從補救教育、免費午餐和早餐的各種補償方式，來誘導這類學生能夠努力並且成為有高成就的學生。不過，這些老師一定會表明，因為一直有類似的學生中輟或學習低落等層出不窮的問題，而卻沒有一個教學策略是有效的，他們似乎已經面臨黔驢技窮的地步。（當然，很多的老師也被這些已經痲痺且官僚化的學校制度和架構弄得精

疲力竭而無成就感。）這樣的問題就如同一個國家需要面對其他重要的議題一樣重要。這也是我在最近出版的一本書《什麼促使老師持續往前邁進？》（*What Keeps Teachers Going?*）所談論的一樣。

多元文化教育有何貢獻？

教育的失敗實在是錯綜複雜，沒有辦法利用單一的課程或教育取向可修復成功的。因為其他學生在生活中的重要社會和教育議題就會被忽略，因此，多元文化教育視為學校教育失敗的萬靈丹就太簡化了。多元文化教育不是出於真空中，是必需在廣泛的個人、社會、歷史以及政治的情境中去瞭解。因此，要是多元文化教育能夠廣泛地被概念化並加以執行；那麼，就有可能對大部份的學生產生實質上的正向影響。這也就是本書所致力想達成的。

本書是由我的童年、學生時代，一直到任職、進行研究、為人母，甚至成為祖母等生活經驗得來的。如果要讓多元文化教育有效地改善教育現況；那麼，就必須超越多元性的流行趨勢－必須考慮移民的歷史，以及我們的過去、現在和教育史上的不平等和霸權的特質。這些議題常常在表面化的多元文化教育被忽視了。

譬如，移民不是過去的現象而已。實際上，移民的經驗在眾多的美國人心目中仍然是記憶清晰的。似乎每一天都是新的開始，飛機降落、船舶入港或徒步跨過邊界來到美國。學校裡有很多學生他們本身不是移民，可是他們的父母卻是；即使到今天仍然是個移民國家，而並非只是被浪漫描述的舊移民國家。

我們幾乎都不知曉或未曾公開承認移民的歷史。即使廣泛被接受的事實都不見得完全是真實的。例如，移民來到美國，而且從來沒有回去過。*Irving Howe*指出，1908年到1924年來到美國的歐裔美國人，整整有三分之一最後還是回到了他們的祖國，因此打破了另外一個廣為人知的迷思。除此以外，與大眾認知相反的事實就是：大部份的歐裔美國人，其實在學業成就上並不是很高。*Richard Rothstein*在他的研

究中發現，1880年到1915年只有極少數的美國人在學校的表現優異，而移民的表現最差。實際上，所有不同背景的移民表現都不如理想。即使是常被認為在學校表現特別出色的猶太人，其學習成就也相當地低。*Rothstein*指出，1910年有191,000位猶太學童在紐約市的公立學校就讀，只有6,000人繼續升高中，而其中有絕大多數的人在完成學業前就中輟了，因此是歐洲移民的小孩和他們的孫子在學校表現優異，而不是第一代移民。至少在學業成就上，第一代移民就能夠在學校表現出類拔萃的迷思是很難破除的。因為學校傳統上已經把學校本身行動者看作是同化的行動者（*assimilating agent*），所以移民遇到被孤立、排擠和失敗的經驗，就常被學校教育疏忽。

美國的歷史其實是與奴役和征服交結的。無論是在美國境內或者是美國境外被征服的非洲人、美國原住民/美國印第安人、墨西哥人、波多黎各人等族群的千百萬後代子孫，也都經歷到政治和經濟上的壓迫，而在學校也遭受歧視。這麼多人，包括他們小孩，經歷過的種族歧視和被剝削的經驗卻很少納入課程，做為教材以進行教學。

否認歷史的結果，造成了學生以及他們的父母、祖父母、鄰居等千百萬人的豐富經驗的流失。學校課程與教學乃將同化的便捷視為理所當然的基礎，卻丟棄以學生經驗作為其理念的。基礎在這本書裡頭提供的研究提醒我：一般來說，我們應藉由把所有族群的歷史變成課程、教學和學校教育的一部分，讓所有族群的歷史可以被看得到、學得到，而受到重視。這本書的個案中學生的話語和他們的速寫足以說服我們必須如此做。比如，在第六章提到的個案*Manuel Gomes*就宣稱他「不可能是個美國人」，因為成為美國人代表著他必須要放棄他的原生文化－維德角島文化[1]（*Cape, Verdean*）。極力投注於社會公平正義的年輕女孩*Vanesa Mattison*，不但對美國種族歧視和缺乏公平正義的歷史不清楚，並對她自己歐裔美籍人士過去的歷史也毫無所知，甚至不願意去討論這些事情。在第五章末的*James Karam*是個來自黎巴嫩的基督徒學生，他的文化在學校的課程和課外活動中完全沒有提到。*James*學習從各種不同的管道來瞭解與欣賞自己的文化，即使是負面的也不避諱。2001年9月11日的恐怖攻擊很清楚地提醒我們，如果以

前曾經確實有過這類的事實，我們就不能再保持沉默。

　　移民和殖民的經驗是我們進入多元文化教育的重要起點。這個歷程必須要從還沒有意識到自己的民族性或者還沒有發展出民族意識的老師開始。藉由重新連接他們自己的背景、以及他們自己家庭的災難和榮耀，才能夠幫助學生打下良好的基石，讓學生們再以歷史爲榮並且爲自己發聲。

　　我們不應該讓學生在家庭與學校中間做痛苦的選擇，而這種似乎不可避免成爲歸屬感和成就感對立的抉擇。從成爲「文化的精神分裂者」（*cultural schizophrenic*），一直到懷疑自己的生命價值，要付出的代價實在太高了。這沒有比*Richard Rodriguez*[2]的成長更令人心酸了－「靠獎學金的學術明星」－似乎注定需在求學的過程中把自己的語言文化置之腦後；他的結論強調移民小孩的公共和私人世界似乎是不能共存的：

　　我的童年沒有證明雙語教育的必需性。反而，我的故事透露了童年的迷思－無法避免的痛苦。美國化之後，獲得我私人生活的改變，終究會強調公共的獲得。

　　由於老師和社會通常把他的語言文化當作學習上的阻礙，*Rodriguez*就認爲雙語教育、多元文化教育和平權法案（*affirmative action*）根本無效；也就是說，因爲這些方案只會延遲少數族群或者移民完全同化於「主流」的時間。我卻堅持相反的意見：爲了學業上的成就和被社會接受，而摒棄一個人的文化和語言的代價實在太高了。即使如此，我並不認爲這裡提到的文化是固定的實體。我相信文化是人做的某些事情，而非人是什麼。文化本身就是多面向而且相當複雜的，並非簡單的只有手工藝品、食物和音樂等等；因此，人不能像失去皮夾般地「失去」自己的文化。我並非訴求保留食古不化的文化和語言，就如同我們不可能把語言和文化維持「純淨」得不受情境的影響。這樣的觀念不但不切實際，而且在多元化的國家中其實是不受歡迎也是不可能的。然而，因爲文化和語言可以幫助規範一個民族特有的族魂，所以如果堅持快速並完全地同化於主流社會的話，最後這種極端殘酷的策略將會導致反效果。

　　我並非建議多元文化教育只關心肯定語言和文化。多元文化教育是一種轉化的過程，遠超過文化和語言的保留。在最後的分析中，多元文化教育不但要對抗有關差異性的議題，更需關注社會上的均權和特權等議題。這代表挑戰種族主義和其他的偏見，以及挑戰學校和社會不公平的結構、政策和實務，最後甚至是社會本身。

　　就如同你在這本書看到的，肯定學生的語言和文化能夠幫助他們適應良好，並且學習成就高。可是，除非語言的方面文議題是以公平和社會正義為基礎的批判眼光來進行，否則就不太可能持續影響，產生實際的改變。

一些前提

　　挑戰教育中彌漫的種族主義、民族中心主義和語言歧視是在運動後才急速成長的。這些不公平的現象仍然存在，尤其是對美國原住民、拉丁美洲裔和非裔美籍的年輕一代。他們是我最關切的族群，並極力在本書中呈現他們的觀點。

　　檢視教育其他不平等的面向包括性別、社會階級、性傾向、宗教和其他特異的傾向等。一本書當然是無法囊括所有的議題以及他們該有的重要性；因此，才把重點集中於種族、民族和語言這些議題上。其他強調差異性的書籍，對教師的意義是同等重要。我鼓勵您多去瞭解這些差異性，因為他們洞察了學生在學校如何不被視為「主流」，而被邊緣化的情況。不過，這點應該很清楚地被標明：即使是不被當作「主流」文化中的學生也會被學校或社會邊緣化。這類的邊緣化沒有比科羅拉多州柯倫拜（*Columbine, Colorado*）事件更令人驚心動魄：屬於主流的白人（*Whites*）高中生卻發動了縱橫全美國高中的暴力行為。[3]

　　然而，關於多元文化教育廣泛的定義，也引發了其他的兩難問題。一個原因是，有些教育者可以談論廣泛的多元文化教育的架構，但卻很難面對或談論種族歧視。譬如，每當我和絕大多數白人教師的

團體提起種族歧視時，他們就迫不及待地要往下探討階層主義和性別主義。探討階層主義和性別主義確實是多元文化教育不可或缺的一環。可是，多數白人教師真的不太願意面對種族主義的議題；種族主義的議題確實讓很多人感到不舒服。不過，當我們回顧美國歷史上排外和歧視的事件，也就不足為奇了。重要的是，我們必需透過有系統且完整地探討與種族和其他因差異而引起相關歧視的問題，以幫助我們瞭解多元文化教育的源起以及其必要性的理念（rationale）。

另一個前提是：老師不能被單挑出來做為學生失敗的代罪羔羊。雖然部分的老師與學生和家長互動時因表現出低期待水準，以及因種族主義和精英主義而造成反學習的環境必須擔負責任；可是，他們自己根本沒察覺到。絕大多數的教師都是關心學生並想要提供最佳的學習環境。可惜的是，他們可能受限於自己的經驗和教育，對他們教導的學生所知有限。結果，他們對多元背景學生的教育理念便會依附粗淺的假設和刻版印象。並不只限於白人教師而已，是所有老師的寫照。也就是說，純粹只是非白人的背景，並不能保證，這些教師就能有效地幫助不同背景或是相同背景的學生。再說，教師們通常成為不切實務的理論或政策者的棋子。教師通常無法參與學校政策與教育實務發展，他們也相信而不質疑政策決定的因素。

歷史上教師們也是種族主義、排外意識與具傷害性教育制度下的產物。因此，教育實務可能反應他們的經驗，而且可能很不智地持續對很多學生進行有害的課程與教學。我們無法把他們服務的學校，從社區或一般的社會情境中抽離出來。學校中限制機會的壓迫性力量其實是反應於大社會中的。不過，本書的目的並非頤指氣使地責罵他人的不是，而是希望能夠提供省思與論壇的園地，讓教師們為其行動負責、挑戰學校與社會中影響學生教育的行動，進而帶來正面的改變。

第三個前提是：公立教育值得我們去捍衛。儘管有以上的缺失或是從未發揮該有的潛力，教育仍擁有崇高的理想；因為即使無法達到，至少有少數機構強調宣導公共利益。正因為如此，公立教育仍是許多年輕人追求優質生活最後、也是最好的希望。可是，在這以改革和重建為特徵的時代裡，公立學校已經成為媒體和政客辱罵的標

的。即使如此，大眾依舊相信公立教育帶來的曙光。公立教育網路（*Public Education Network*）和教育周刊（*Education Week*）出版的研究報導認為：公立學校為社區中最重要之機構，尤其是以教堂、醫院或圖書館為主的人數的五倍。再說，受調查的人有超過90%仍堅持接受公立教育是每個小孩的出生權，大多數人並宣稱教育是第一優先考量。由這種給予絕對性及壓倒性的支援，我們就很清楚公立學校能幫助所有的孩子，況且也是所有教師、行政人員與社會大眾能力所及的。

本書主題

為什麼學生學習的成敗會成為教育研究的主題，尤其是那些種族、族群、語言或社會階層異於強勢族群的學生呢？雙語和多元文化教育是提高學生成就的兩種途徑。但因挑戰現狀的不公平也頗具爭議性，因此，分析到最後，即使雙語和多元文化教育方案本身，也無法紮實地改變大部分學生的未來前途，使得這議題比執行特定的課程與取向更複雜。個人、社會、政治和教育等錯綜複雜的因素有助於解釋學生學業成就的成敗。在本書中，我考慮用這些面向來探討多元文化教育的益處。我也用個案分析和速寫（個案分析的簡報）；因為藉由傾聽學生的心聲，我們可以瞭解學生在校的經驗以及社會和教育結構對學生學習的影響，並進而提供他們高品質的教育。

教學者教書時，常常是根據自己的經驗。然而，教育研究（也就是說，有關學生如何與為何學習的系統和深入的研究）通常提供較適當的教育實務資料。與其依賴習俗、傳統或看似有效的方法，寧可藉助教育研究結果，尋求改進的方式是比較有效的。本書主要是以教育研究為基礎，因為研究讓我們瞭解在學校發生什麼，進而提供改善教育的啟示。

但這並不代表研究一定是中立公平的，因為我們人類傾向用假設與特別的哲學和政治觀點。沒有任何研究可以完全沒有偏見，無論訴

求研究是多麼地中立，即使要研究特定現象的決定也不可能沒有偏差，甚至可能存有未陳述的議題。再說，研究發現很少既明確又清楚，實際上常是互為矛盾的。儘管如此，藉由研究，我們對複雜議題能有效以敏銳的剖析力來幫助我們了解教育。

本書藉由下列面向的研究，探討多元文化教育對所有背景學生的意義、必要性與益處：

　　1.對學校教育的影響，譬如：

　　　　a.種族主義和其他偏見以及學生成就的期待。

　　　　b.學校組織和教育政策以及實務。

　　　　c.文化和其他差異，譬如族群背景（*ethnicity*）、種族、性別、語言、性傾向和社會階層。

　　2.多元文化教育的理論根據與設計理念（*rationale*）建立於哪些調查。

　　3.個案研究和人物速寫－篩選來自不同背景學生的心聲－有關家庭、學校和社區經驗，以及這些經驗如何影響學生在校的表現。

本書呈現了學校與社會多元文化本質的資料，包含不同文化族群的資訊、學校經驗以及他們面對的議題和挑戰。有關學生學習成敗也列述之。

本書共有三部，分成十一章。第一部分描述個案研究取向及用於本書專有名詞的概述。第二部分呈現多元文化教育在社會政治下的理念架構，強調學校教育的機關學校和文化因素以及個人和族群對教育的回應。這部分探討可能影響不同背景學生在校表現的多種驅策因素（*forces*）。

為了透視歧視、學校政策和實務以及文化這些互相關聯因素對學生教育的影響，我呈現了14個個案（*case studies*）與四個速寫（*snapshot*）。貫穿第二和第三部分的個案分析和速寫強調在一些特定章節討論的重要議題，提供了討論處理多元文化議題和在學校成敗的具體方法。我希望個案分析和速寫能幫助你們充分了解各式各樣的年輕人的生活和學校經驗，並反映學校之社會正義的可能輪廓。其

次，這些案例也可以他們坐落的章節來詮釋，或者抽離出來由這些個案的本身來解讀。決定因素則有賴課程焦點、研究種族族群、社會制度或者大學的文化脈絡而異。

第三部分則集中於這些個案研究和速寫在多元文化社會中教與學的啓示。我採用了從個案分析和速寫中浮現出來的主題，來回顧可能影響不同學生學習的因素，而把定義多元文化教育看作是教育平等化的取向，以及在第二部分裡自然發展出來的理念架構中所浮現的定義。第十章和第十一章專門討論家庭、學校和社區如何相互配合來幫助學生學習成就以及阻礙學習的障礙等。第十章提供了發展蘊含高品質教育環境的建議，而集中以多元文化教育作爲一個過程。除此之外，我提供了肯定所有學生的多元文化教育模式。最後，在十一章裡，我推薦老師和學校用合作性質的計畫與課程取向，來執行多元文化教育的策略。

每一個章節我都用一系列的問題或者情境作爲總結，來提供給讀者思考以及教學活動和社區行動的建議。老師和學生每天面對的兩難問題是沒有立即或者簡易的解答的。提出問題和提出建議活動的目的是爲了告訴大家：我們必須要仔細觀察學校中許多不平等的體現，以及當老師、學生和父母一起批判這些問題時，要有心一同解決這些問題。如此，我們才可能有建設性的解決方案。

在結尾的那一章節裡，我回到在本書第一版和第二版中作爲個案研究的四個學生。我們沒有辦法找到接受訪問的全部學生；但是很高興最起碼我們找到了幾個。如今他們已經不再是學生了，都已經是20幾歲或30幾歲，而且也有很多都已經成家了。這些作法，值得注意的是透過經驗和智慧的濾鏡來作爲省思的基礎。

學校教育錯綜複雜的本質

寫一本書而要能夠在極度複雜與多元化的社會中，對教育提供有效入微的觀察，可能是遠超過常人能想像的艱鉅任務。呈現出來的訊

息可能太普遍化了，是有關多元文化教育書籍的最大瑕疵，也是另外一個有害的刻板印象。比如，讀過第五章的越南學生*Hoang Vinh*的個案後，有人可能就會有以下的結論：越南學生重視在學校優異的表現，因爲他們的文化強化了許多學業成就。這樣的解釋把一切都簡單化了。這樣的結論忽略了社會期待對學校成就的影響，以及許多其他的因素。也有人可能會下如此的結論：如同在第七章中呈現的個案*Paul Chavez*，所有的拉丁裔（*Chicanos*）都是幫派成員。或者就如同第四章中的*Avi Abramson*，所有的猶太（*Jewish*）學生都是虔誠的教徒。這些個案研究並沒有保證這些結論是天下皆準，這也就是利用單一事件作爲結論的危險。

　　在本書中，我試著將學校教育看作生命力的過程。在此過程中，每天以複雜且互相矛盾的方式來競爭利益和價值。學生和社區的期待經常被輕蔑而違反教師和學校的期待。學校的組織和政策有時正好與年輕人發展的需要相反，而種族、性別、階級和語言的階層化經常是被用來解釋學生的成功失敗。透過研究許多影響年輕人的種種因素，可以讓我們開始瞭解組成多元文化社會的學生的經驗。

1.【簡介】維德角群島自一四九五年即由葡萄牙人殖民，一九五一年成為葡萄牙的海外省，由總督統治。一九六〇年代初期，非洲民族主義思想高漲，當地主張獨立運動人士與同為葡萄牙屬之幾內亞比索獨立運動人士合組「幾內亞比索暨維德角非洲獨立黨」共同反抗葡國統治，並計劃二國獨立後合併。幾內亞比索於一九七四年獨立後，鑑於兩國除曾受葡萄牙殖民之共同點外，並無促成兩地必須結盟之因素，因此決定單獨尋求獨立。一九七五年七月五日宣佈獨立，成立維德角共和國。一九八〇年十一月幾內亞比索發生政變後，維德角於一九八一年二月中止了與幾內亞比索合併的計劃。【位置】維德角扼歐洲通往拉丁美洲、南部非洲交通之要衝，極具戰略地位。維德角共和國地處大西洋，位於塞內加爾首都西方約500公里處，由15個火山岩群島（10個大島及5個小島）所構成。【氣候】當地氣候乾燥少雨。【人口】401,343人（2000年），70%為黑白混血之後裔。【語言】官方語言為葡萄牙語。【宗教】絕大部分信奉天主教，拜物教為傳統信仰。

2.（譯者按）Richard Rodriguez是成長於加州(California)Sacramento的墨裔美人。入小學時全班同學都是中產階級白人小孩。本來下課回家後仍以西班牙話為主要溝通語言。但是因只懂幾個英文單字，老師建議她父母在家應該只和他說英語而不說西班牙話。成年後，宣揚他如何接受同化而成功，因此被批評為「墨西哥人的叛徒」。1982出版了The Hunger of Memory: The Education of Richard Rodriguez http://www.scottlondon.com/insight/scripts/rodriguez.html

3.1999年4月20日在美國科羅拉多州柯倫拜市的Columbine High School(1,945個學生)就讀的，Eric Harris和Dylan Klebold午休時，在自殺之前，不到15分鐘內就射殺了13個學生，並使21個學生受傷，造成美國歷史上最悲慘的校園殺人事件。加拿大導演Michael Moore主導的輔導級電影《科倫拜校園事件》（The Bowling of Columbine）也可作為參考。

陳美瑩

西雅圖華盛頓州立大學博士
曾任教台灣中小學、美國和泰國大學
現任：嘉義大學教育學系
負責章節：第一、二、三、十章

李榮彬

國立嘉義大學國民教育研究所博士班研究生
國立嘉義大學附設實驗國民小學教師
負責章節：第八章

王派仁

國立嘉義大學國民教育研究所博士班研究生
台灣師大社會教育研究所畢
現任：台中縣東園國小教師兼主任
負責章節：四、五、十一章

陳麗如

國立嘉義大學國民教育研究所博士班研究生
現任：台中縣南陽國民小學
負責章節：第六、七、九章

Damien Trezise

國立嘉義大學國民教育研究所博士班研究生
現任：立德管理學院
負責：英語諮詢

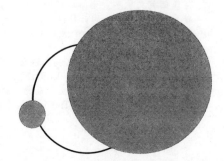

李序

Sonia Nieto的*Affirming Diversity–The Sociopolitical Context of Multicultural Education* 一書第四版發行於2003年，這是一本美國多元文化教育上很重要的著作。誠如原著者所言，我們所處的社會文化與政治情境，透過課程、教學與互動反映在我們的學校中，教育工作者的重責大任在於如何能經營出無心理與文化障礙的教育場所。台灣由於社會政治情勢的發展，以及跨國婚姻配偶與其新一代台灣之子的快速累增，使得台灣各種不同族群與意識形態次文化的紛擾。很快的將成為教育經營上需要迫切面對的主題。

陳美瑩教授及其指導下的嘉義大學國民教育研究所博士班研究生，李榮彬、王派仁、陳麗如和*Damien Trezise*，有感於學校教育工作者面臨艱鉅的多元文化政治與社會情境之衝擊，有必要在理論與實務上獲得充分的知識訊息，以協助其展現學校教育效能，於是採用此英文著作為其博士班多元文化教育研究之討論主軸，並進一步由師生共同合作將其翻成中文，以提供眾多的中小學教育工作者研究和進修的參效，此一工作誠然是令人敬佩的。翻譯著作最困難的就是要忠於原著、語意清晰且能通達無礙，我覺得陳教授和他指導的研究生們是真的盡力了！做為嘉義大學師範學院的院長看到本學院師生團隊的努力，我很樂意為此序言，一方面感佩他們的用心，一方面更感謝她仍在多元文化教育學術上的貢獻。

嘉義大學副校長兼師範學院院長

李新鄉 謹誌

2007.06.27

張序

　　自現代學制建立以來，教育機會均等的理想，一直都是衡鑑教育工作成效的重要準繩。經過一兩百年的長期試鍊和探索，目前有關教育機會均等理想的落實，一般可從兩個方面加以觀察。以大家慣用的語言來說，這兩個方面，一是有教無類，一是因材施教。

　　所謂有教無類，指的是「所有(不同)的人，都可接受(相同的)教育」。例如，不分生理條件、心理特質、性別、族群、身家背景等差異，所有的兒童達到一定年齡時，皆可免試、免費入學，在法定的義務教育年限內，接受共同的基本教育。這種教育機會均等，強調的是結構上或形式上的數量均等，通常只要國家財力允許，主政者有心推動，大概都能獲致可觀的成果。

　　至於因材施教，則是進一步「爲所有(不同)的人，提供適才適所的(不同)教育」。這個時候，不再是不分生理條件、心理特質、性別、族群、身家背景等差異，一體施行某種相同的教育，而是要根據這些個別及集體的差異，乃至於與此有關的社會及文化差異，在課程、教學、行政的各項安排上，爲不同的兒童提供恰如其分的不同教育。這種教育機會均等，注重的是過程上或內容上的實質均等，由於所涉龐雜，經緯萬端，推動之時經常容易顧此失彼，一波未平一波又起，所以至今的進展，大概仍屬點滴工程的性質，教育研究與決策人員猶在消化、吸收前人的寶貴經驗，等待突破。

　　整體而言，傳統的教育理論，比較關注兒童身心發展方面的個別差異，直到二十世紀下半葉教育社會學及多元文化主義興起，才逐漸注意兒童在社會及文化方面的群體差異。而兒童在社會及文化方面的群體差異，一般又有微觀與鉅觀之分。微觀的群體差異，可從兒童所屬的群體文化脈絡之中，理出他們獨特的認知、溝通、價值判斷方式，然後在學校的過程與內容之中，尋求調和之道。鉅觀的群體差

異，則需進一步考察兒童所屬群體的歷史經驗與社會處境，從而釐清他們獨特的身分認同模式，以及與此有關的抗拒或疏離原委，然後配合微觀的群體差異，透過學校的過程與內容，尋求轉化之道。

《肯定多樣性》一書，主要是從多元文化主義的觀點，討論上述微觀與鉅觀的群體差異。原書作者在此領域鑽研多年，識見卓越，功力過人，透過多個個案實例的呈現與追蹤，更增全書在學理實踐上的有效性。譯者陳美瑩博士及其工作團隊，選定此書，引介國人，可謂深具慧眼，而整個翻譯過程，字斟句酌，反覆推敲，力求忠於原著之餘，亦添全書在中文世界裡的可親性。中譯版出書前夕，爰綴數語，用為推薦。

臺灣師範大學教育學系主任

張建成 謹誌

2007.07.24

譯者序

　　每一個文化都有其自身的定義、獨特的目標與社會模式的發展。當我們由漢人與原住民，而省思國內急遽攀升的外籍配偶及其第二代－新台灣之子的議題時，我們也正在省思著不同文化之間的同質與差異性問題。

　　雖然政府針對此一議題也做了一些因應的措施，但是其著眼點與內涵，尚存有不少亟需商榷之處。檢視政府部門的因應措施，可以明顯感覺，仍無法拋棄「同化」的心態，一味地期望這群新移民能夠瞭解、適應與融入台灣社會，而無視於這些外籍配偶帶入台灣社會之文化條件、特質與生活經驗，更遑論跨國婚姻移民的特性，例如：他們原來的教育程度、來臺的目的、文化的脈絡等等，由於「他者化」與視其身份為「第三人稱」之作法，無形中烙上「不良」的印痕；這對新台灣之子成長的影響，是不容小覷的。

　　事實上，處理類似問題，必須建立「肯定多元」的態度，才不至於產生偏頗或顧此失彼的窘境。更重要的是需有理論與實證研究的論著作為依據的基石，才能跳脫霸凌心態、想當然爾或一廂情願的思維。環顧目前學術界對近十多年來外籍配偶所衍生的社會問題之系統性研究與專論可說是鳳毛麟角；而坊間出版的「族群與多元文化」相關論著亦不多。陳美瑩在美國求學與教學階段，有幸參與「多元文化」議題的進修及研究，深深覺得美國學者在「肯定多元」的經驗和研究結果值得我們參考。加上本書其他譯者在博士班第一年時，與陳美瑩共同研讀本書後，以前線教學者與學術探討者的角度，深覺此書可對國內日益多元的教育議題有正面貢獻，乃興起翻譯本書之念頭。

　　以美國認同社會族群多元趨勢的經驗為例，其轉化的實際行動，就在於常態編班的做法。研究指出，學校及社會過渡依賴權力和控制作為處理的工具，不但會曲解與逾越智慧、能力與天賦的意義，且易

造成結構化的種族主義。雖然，外籍配偶與新台灣之子的社會問題，迥異於美國社會之多元文化情況，但是必須注意的是本書所呈現之部分年輕人的經驗、每一個學生的故事，都是獨特的；透過他們的個案概況和檢討，提供了特定學生的生活描寫和經驗，正好可以形成我們反思的空間。

這些個案學生之家庭、社區和學校間之複雜關係所形成的例子，更提醒我們面對學生背景與身份等態度時；任何「過」與「不及」的作法，都將釀成某些族群學生的傷害。本書的案例也告訴我們，直到今天，美國社會仍無法完全達成學生對教育的需求；但是，對這些個案研究的瞭解，可以幫助我們發現一些在學校成功或不成功的學生所提供的觀點，反映出美國學校裡廣泛的、全面的，有關文化、權力關係的議題。期望讀者藉由本書，發現學校在多元文化社會成功的重要地位；學校教師除了學習與建立多元文化的正確態度外，在面對國內特殊多元文化現況時，可以衍生或創造有效的解決方法與有益學習的策略。

雖說本書譯者團隊對多元文化有志奉獻，但因囿於才學，加上受英文語法或文化背景差異之影響，其中或擷區敖牙，或無法完全理解訪談記錄中所使用的諸多口語之恰當原意，但經多次協商與討論及諮詢本團隊中的*Damien Trezise*先生後，希望我們呈現給讀者的是不失原意，並盡量避免翻譯書籍在閱讀時易有的文句不通順之缺失。

翻譯過程中我們獲得不少寶貴的經驗，也在字句耙梳與推敲時，反思美國多元文化教育經驗足以作為台灣借鏡之處。在時空背景迥異的情形下，似乎，政治社會情境對學校教育的影響也同樣發生在台灣社會，雖然美國的經驗無法直接遷移用於解釋台灣的新移民現象，但作者藉由案例取向所呈現的各個不同案例，適足以幫助讀者瞭解這批新移民在學校教育環境中，由於文化的差異所可能衍生的問題。在各章節的理論介紹與案例中，仍發現學校往往以優勢文化的觀點評斷學生的成敗，例如：

在第六章中，作者以直接與文化有密切關聯的語言議題探討美國教室中的語言多樣性，文中一對西班牙夫妻將女兒送到幼稚園，女兒

不會說代表主流文化的英語，卻被一位實習教師認為她是沒有語言的，但事實上，這對夫妻的兩位女兒成年後都可以同時講兩種至三種語言，這顯示語言的多樣性，在美國教室尚存有一些問題，此外，作者也引用一些數據，從歷史的觀點說明這種情形的確存在。

在第七章中，作者指出傳統的文化貧乏理論認為學生學業成就失敗，是學生的家庭環境及文化不適當所致，作者則加以修正，認為是學校的觀點導致學生的學業失敗，而不是學生所具有的多元特質所致，而學校從優勢文化的觀點定義成功的方式，並在社會中發揮將學生加以分類的作用，使學校成為再製社會不平等的機構，但作者認為，與其說是基因劣勢或文化貧乏導致學業失敗，不如將之歸因於文化多元的情形所形成的文化不一致，因為至少文化的不一致較之於前面二項結構性因素，更能讓我們看到教育可以著力的地方。

若習慣於先瞭解多元文化教育的定義，再閱讀其他相關章節的讀者，則可先閱讀本書第九章，因為在第九章中，作者詳盡地分析多元文化教育定義中所具有的七個特質，以作為學校今後教育改革的參考依據，但這七個特質只是作為啟發讀者省思當前學校改革的起點。

值得一提的是本書作者與其研究團隊，在事隔多年後，盡其所能地與當年的受訪者聯絡，並進行後續訪談，以瞭解他們成年後的發展狀況，這是在其他研究中至為罕見的，而這些受訪者再度受訪時，也都有相當不錯的成就。此在學術研究與實務上皆可為仿效的對象。

最後，感謝濤石文文化出版公司編輯部同仁的協助。因本書牽涉國家社會文化政治脈絡複雜，加上有許多美國本土的專有詞彙，本譯作如有誤漏之處，尚請不吝告知以修正。

陳美瑩、王派仁、陳麗如、李榮彬、Damien Trezise

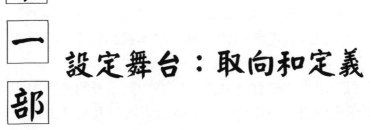

第一部份　設定舞台：取向和定義

多元文化教育無法在真空中了解。不過,很多學校似乎把多元文化教育,從學校的政策和實務與社會的結構和意識形態中抽離出來。這樣的思想導致其專注於手工藝品(*artifacts*),如食物、服裝或者族群慶祝活動等。如此,可以成為「夢幻奇境」的多元文化教育,而與老師、學生和社區的生活經驗脫離。這本書的前題與眾不同。任何教育哲學或課程都須專注在兩個迫切的課題上:

1.提升所有學生的成就並且提供公平和高品質的教育。

2.提供學生成為民主社會中具有批判思考以及生產力的成員。

　　一開始,讓我定義一些名詞以及本書的取向,以幫助學生和平共處;讓他們對彼此的了解較為敏銳,可能是多元文化教育很重要的目標。可是,如果我們不去碰觸到階層化和不公平等更尖銳的問題,這些目標可能會變成膚淺的策略,而對於教育失敗的探討與提升算是隔靴搔癢而已。單純的要我們使學生能夠和平共處並且尊重彼此,其實只會改變他們學校教育的一小部份。因為學生的生活不一定會受到學校和社會中的政治條件所影響,我們故得考慮這些情況對多元文化教育概念的影響。教育決策通常被視為是政治中立的;然而,決策從來就不是政治中立的,反而與我們社會、政治和經濟的框架角度緊緊相連。此書因而專注於闡述多元文化教育下的社會政治脈絡。

　　與多元文化教育緊密相關的兩個詞是:平等(*equality*)和公平(*equity*)。他們有時候可以互相交換使用;然而,實際上他們是有所差異的。平等教育(*equal education*)通常是指提供同樣的資源和機會給所有的學生(這可能會提供給大部份學生較好的教育,可是這並不夠)。如要真正的公平,平等教育也應該考慮所有學生的背景因素,如:技術、天賦才能和經驗以及得到教育的情況,並且由這些有實際效用的出發點進一步考量學校教育。而公平(*equity*)是比較完整性的,因其提供大多數學生教育結果平等的真正可能性。本書全文認為平等和公平教育是多元文化教育的基本。*Robert Moses*將高程度幾何數學課程教與貧民區的非裔黑人和拉丁裔中學的弱勢學生,其實說明了提供所有學生高品質的教育也是公民權利的議題。這也是這本書的前提

之一。

我們的公立學校教育是失敗的，因爲其中有很多來自不同種族、文化和語言以及貧窮家庭的學生，已經面臨眾所皆知的「成就落差」的困境。雖然在非裔美國人與白人學生方面已經有很多的研究討論；不過，其他族群或者種族背景學生之間的成就落差也相當明顯。這樣的情況可能會讓某些人覺得比較舒服，並且相信這種落差其實很單純地只有跟貧窮有關係。然而，對這類議題有相當透徹研究的*Joseph D' Amico*發現高社經地位的有色人種學生，因爲社經地位的關係反而使落差加大。雖然非裔美國人與白人學生之間的成就感落差，在1970到1988年之間已經降低了將近一半，但在1988年之後又有顯著的逆轉。

根據*Joseph D'Amico*研究發現，這種成就落差的兩個主要因素與社會文化和學校有關（*sociocultural and school related*）。社會文化因素包括貧窮、族群、父母教育程度低、較弱的家庭支持系統以及學生對於歧視和刻板化的反應。與學校有關的因素是低期待水準，尤其是那些有貧窮和少數族群學生的學校。教育者和大多數人對於成就落差的反應集中在社會文化因素（也就是現在社會「文化問題」和「貧乏」）甚於學校相關因素。然而，改變學校關係因素可能會是個比較好的方法，因爲教育者幾乎沒有辦法去改變學生的生活環境。但在另外一方面，根據*D'Amico*研究發現，學習學校成功地幫助了有色人種、貧窮以及生活困苦的學生。是什麼造成了這些不同的結果呢？有效縮小成就落差的學校有以下特色：（1）訓練良好、教學動機強烈的教師教導學生專長的學習領域；（2）採用具文化敏感和有挑戰性的課程與持續高學業成就的標準；以及（3）專注於所有學生都必須有高學業成就的學校文化。

爲什麼學校沒有辦法達到提供所有學生既平等（*equal*）又高品質的教育呢？而這成爲教育研究主題已有一些時日了。隨著成就落差越來越大；文化剝奪（*cultural deprivation*）和基因劣勢（*genetic inferiority*）又被拿出來作爲有色人種和白人學生智商與成就之間的差異。而這些貧乏理論（*deficit theories*）持續影響著教育政策與實務的方向。貧乏理論假設有一些學童乃因基因、文化或者是經驗上的差

異而不如其他的小孩；也就是說他們是貧乏的。這樣的假設突顯了一個問題：他們把學生的失敗完全歸諸於學生的家庭，而有效地降低學校和社會的責任。無論這個焦點是在個人或者社區，結果大多是一樣的：責怪學校是貧乏教育的犧牲者，而非有系統的檢討他們受教的學校（或者根本沒有學習到什麼的學校）以及廣大的社會。所有以上這些因素都必需要一起去探討。

貧乏理論的另外一個問題是：他們專注於大部份的老師、學校和學生沒有辦法控制的情況。貧乏理論傾向於傳承絕望，因為學生的問題被解釋為先前決定的，而且沒有任何希望改變產生這些問題的情況。可是，老師和學校都不可能減輕貧窮或學生可能身處的壓迫環境。比較確實而有希望的方法就是提供有善的學習環境。這也就是為什麼學校政策和實務以及老師的態度和行為是本書中教育轉化的基礎，而非那些假設的學生缺點。

第一部分設定了解本書取向的舞台。第一章呈現為何以案例研究取向的理念來描述案例取向，並簡介研究案例中的學生。第二章藉由探索不同族群的人士被認同，故將專有名詞與多元文化教育之間的關聯，藉由不同族群之異同來加以強調。

第1章 採案例研究取向之因素

老師不該把課程當成課程，而應將它當作教育自己家庭成員一樣來教你的學生，懂嗎？「如果能這麼做，他們就能夠談得比較深入，此即需要投入心力之處，並讓你的學生能夠更加了解學習的內容。」－Paul Chavez（第七章的受訪者）

教育研究者、老師和政策立法者都表達了，他們造成學校成功或失敗的因素。然而，學生卻很少參與這些對話，尤其像*Paul Chavez*那樣來自被剝奪權力與受支配的弱勢社區的學生，這類學生的心聲甚至不受重視。閱讀*Paul*案例時，你會發現他告訴我們很多學校成功和失敗之處。無論老師、學校或者是學生的個案，案例研究提供了瞭解教室裡的衝突與兩難問題的一個工具。從本書的研究案例中，可以發現這些年輕人自由表達他們對於學校、家庭以及認同方面的觀點。

從第三章至第八章，最後所提供的是14個案例，主要是用來強調在這些章節所討論的一些特殊議題。在這些案例研究中，學生勇敢不經思考而說出（*think out loud*）他們喜愛和厭惡學校之因、改變他們生命的老師、文化與語言在他們生命中的重要性，以及對學校的期盼。我希望你們不是只聽到學生的苦楚和衝突，同時也能夠了解他們的決心和希望。這些年輕人談論到他們的家庭和社區時的滿腔熱血，討論他們在如此稚嫩年紀喪失機會時的失望，以及談論到他們未來所傳達的情感是對他們理想與抱負的証明。

■ 界定個案研究取向

案例研究適合質性的研究架構，*Sharan Merriam* 界定個案研究是「被邊界環繞的事務、主體和單位。」於是個案可以是一位學生、老師和校長，也可以是一個課程，或是如班級、學校或社區那樣的一個團體，甚至是特定的政策等等。所描述執行的案例研究的特徵必須是特別化的(*particularistic*)（專注於一個人或社會單位）、描述性的(*descriptive*)（豐富又深厚的描述結果）與啟發性的(*heuristic*)（讓讀者更敏銳了解進而發現新意義）。案例分析也可以是歸納性的(*inductive*)（因為檢視資料而產生的普遍性和假設）。案例分析可以幫助我們審視特定的例子，讓一般情況的解答能夠被假設化並得到進一步發展。根據*Frederick Erickson*的研究發現，即使案例的情況與實務工作者的情況不謀而合，他們仍可從個案研究學習到新事物。

　　由於他們提倡同理心，個案研究在過去的幾年已經慢慢地得到肯定。套句*Elliot Eisner*的話，研究者已經開始理解人類的情感，對研究過程不會造成負面影響。如同在第九章中所被廣泛界定的，個案研究和速寫中學生的思想與入微的觀察，幫助我們了解多元文化教育的出現或消失，可能會影響那些學生以及其他學生的教育。他們是民俗誌的個案研究(*ethnographic case studies*)，也就是用社會文化分析的取向在每一個學生身上，而全部的資料都是在他們自己的文化與社會環境中的脈絡裡被呈現出來。這些學生是出現於不同的情境中，例如，家庭、學校、社區以及他們居住的城鎮－藉由觀察每一個情境，我們可以得到較完整的生命圖像。

　　個案研究的目的並非想要將所有研究個案推論到在美國境內的所有學生；因為無論質性或者是量化的研究都沒有辦法達到。樣本的問題，可能是造成質性與量化研究最主要的差別之一。在個案研究和速寫的學生中，呈現的不只是在量化研究中的樣本(*sample*)，而是廣大不同學生的例子(*examples*)。此形式的研究，提供了從少數的案例研究中產生紮實假設的可能性。譬如，在第五章中的黎巴嫩學生*James Karam*，沒有辦法反映所有美國學校中的黎巴嫩基督徒學生。可是，在社會文化的框架下描述*James*的經驗，可以幫助我們了解其他黎巴嫩的學生。而量化的方法一般來說，可能要屈就於有些關於黎巴嫩學生的重要資料(譬如，他們在美國的數目或者他們相對的成就)。只有透過質性研究的取向才可以幫助我們更深入了解"隱性的少數族群"地位對*James*的影響。

　　質性研究取向給予非常迥異，但卻同等重要的訊息，以影響教育實務。不過，沒有任何一個案例研究，可以適當地或者合法地描繪一個族群內的所有成員的複雜性(當然，量化研究取向也不能有這樣的訴求)。雖然有些墨裔美人傾向合作學習，而有些非裔美籍學生可能把學業成就視為「假裝白人」（*acting White*）（這些議題將會在第五章和第七章深入討論）的一個手段，但很多卻不認同。下這樣的結論跟我們要挑戰刻板印象而做個案研究的目的是互相對峙。

挑戰刻板印象

　　個案研究主要是希望能夠激發我們去思考，而非去假設大家族出身、中產階級、越南人、女同性戀者、非裔美國人、維德角島共和國人(*Cape Verdean*)或者其他團體成員代表之意義。依據我們自己預定的想法和偏見，來將他人分門別類是如探囊取物；但更深沈的掙扎是，嘗試由他人的觀點與經驗來了解他們。個案研究中的這些年輕人的經驗、感覺和敘述，可能令人驚訝，並可能會對你長久深信不疑的理念認知有所震撼。如真如此，其實會令人震奮。另一方面，這些敘述也可能反應你自己對於不同種族與社會文化背景年輕人經驗或知識的看法。無論是哪一方面，這些學生所說的，必須在他們特定的學校、家庭以及社區經驗的脈絡中加以了解。

　　這些個案研究中的學生，在他們自己的族群、種族或社會團體中兼具典型以及非典型的特質，此乃正常現象；因為唯有如此，才能真正挑戰甚至粉碎一般的刻版印象。由這些學生提出來的議題和觀點，很可能與他們有相同認知的年輕人類似。不過，他們的每個經驗都是獨立的，這裡頭沒有任何一個學生是活刻板印象（*walking stereotype*）。這些個案研究的目的，並非是去瞭解「非裔美國人的經驗」、「波裔美國人的經驗」或者「女同性戀者的經驗」以作為孤立和假設的現象，而是讓我們在寬廣的脈絡中接觸到更多的經驗。

個案研究與速寫：美國學校學生的馬賽克

　　包含在本書中的個案研究與速寫，是為了要讓各位一瞥二十一世紀的公民－美國教室內具馬賽克般特色的全體學生。這些學生是來自許多不同種族、族群、語言、社會階層與文化團體的年輕男女，他們擁有不同的生活經驗。他們住在不同區域：大城市和鄉野地區。他們是第一代、第二代或第三代的美國人，或是他們的家族已經居住在美國數百年，甚至世世代代都是居住在美國。有些是來自貧困的家庭，

而有些則來自社會邊緣的勞工或者中產階級的家庭。絕大多數是異性戀者，而有些是同性戀者。他們的年齡是從13歲到19歲。當他們初次受訪時，有些人已經快從高中畢業，一小部份是在國中階段，而其它的則是就讀高中不同年級。有的只會說英文，有些則是具有雙語的能力。他們來自單親、雙親的大家庭(有11個小孩)或小家庭(只有1個小孩)。父母的教育程度也懸殊甚大；有的連高中文憑都沒有，有的則具有博士學位。

這些個案的故事讓我們對現代的美國生活有深入的了解。越來越多元的社會，使得我們每個人（尤其是每天與學生有互動的我們）能夠去傾聽對這些與我們有不同經驗學生的心聲。*Maxine Greene*解釋為什麼我們需要去傾聽多元文化社會各種人士的心聲：「更重要的是，提供訴說所有多元故事的機會以詮釋民族的背景，以將這些可貴的經驗織入美國多元性的大拼布。」這對學校來說更是迫切。

儘管這些學生的經驗和背景差異相當迥大，但他們卻都有一個特徵：在學校表現相當傑出。雖然對於所謂表現傑出的意義可能因人而異（譬如*Michelle Fine*所做的研究發現，在某些方面最成功的學生就是中輟生），大多數的學生在學業成就以及、自我肯定和對教育的態度都是相當正面的。他們的成績優秀，並充滿遠景(可是不見得都有計劃)打算就讀大學；大部分對學校持有正面評價。

專注於學業成就是思考學校有什麼貢獻的好方法；但是，我們也應該注意是什麼造成了學業低落。所以，我呈現學校適應不良的兩個個案。如果學校是要成為所有學生歸屬與學習的地方，就必須有智慧地傾聽去瞭解其他學生的心聲。此外，我選擇了中學階段的青少年，是因為他們通常比小學、幼稚園階段更能夠思考，而且能用比較有效和分析的態度來表達他們的經驗與思想，也能夠討論現在與過去的連續性經驗。許多多元文化教育的書籍是設計給小學階段的師生使用，這實在是不智之舉；因為如此一來便會強化多元文化教育只適用於小學生的刻板印象，而不能含括在高中的必修課程中，使得這些基本的課程顯得無關。專注中學生的目的即是挑戰為了這樣的觀點。

這些個案反映了美國社會變遷的人口結構。譬如，在過去20年，

合法的移民人數劇增，如同圖表1.1所顯示的1992年達到高點，超過了
1,750,000人。

圖1.1

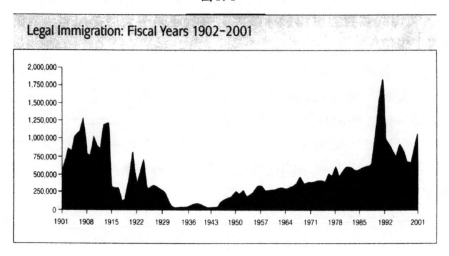

Legal Immigration: Fiscal Years 1902-2001

　　當我們準備面對未來學生的時候，便需要去瞭解這些變化。比
如，2000年的人口調查顯示，非裔美國人和美國原住民/美國印第安
人的比例稍微增加了(分別從12.1%到12.3%，以及0.8%到0.9%)。在10
年內，亞裔美國人和拉丁裔美國人增加最多：亞裔人口從2.8%增加到
3.6%，而拉丁裔人口從9.0%增加到12.5%。同時，白人的比例從80%降
到75%。成長中的多元並非僅限於大都會區、工業或人口集中的州而
已，而是每州都有明顯的增加(見表1.1)。在2000年的人口調查中，外
國出生或者第一代的美國居民達到有史以來的最高峰：56,000,000人－
是1970年人數的3倍。不像早期的移民，主要是來自歐洲；而新移民有
半數以上是來自拉丁美洲，四分之一來自亞洲。日益成長的移民潮，
帶來了語言的多元文化。迄至目前爲止，美國總人口的18%在家裡並
非用英語溝通；而9%的人口在家裡使用西班牙話。

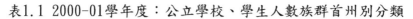

表1.1 2000-01學年度：公立學校、學生人數族群首州別分類

州　　　別	統計學生人數	美國印地安/阿拉斯加原住民	亞裔/太平洋群島裔	黑人/非拉丁裔	拉丁裔[1]	白人/非拉丁裔
阿拉巴馬州	728,827	5,190	5,383	265,600	9,543	442,611
阿拉斯加州	133,356	33,399	7,337	6,078	4,493	82,049
亞歷桑那州	877,696	58,159	18,049	40,483	297,703	463,302
阿肯色州	449,959	2,202	3,951	104,947	16,163	322,696
加州	6,015,676	51,926	667,630	510,779	2,613,480	2,171,861
科羅拉多州	724,508	8,701	20,932	40,967	159,600	494,308
肯乃迪克州	562,179	1,559	15,596	77,156	73,922	393,946
德拉瓦州	114,710	299	2,620	35,347	6,843	69,601
哥倫比亞特區	68,925	40	1,112	58,320	6,340	3,113
佛羅里達州	2,434,821	6,593	45,879	613,364	472,029	1,296,956
喬治亞州	1,444,937	2,330	32,127	551,805	68,760	789,915
夏威夷州	184,360	776	133,382	4,278	8,312	37,612
愛達荷州	245,009	3,310	3,005	1,827	26,121	210,746
伊利諾州	2,048,792	3,474	68,796	436,568	315,446	1,224,508
印地那州	989,225	2,104	9,705	115,586	34,757	827,073
愛荷華州	495,080	2,562	8,471	19,723	17,635	446,689
堪薩斯州	465,911	6,081	10,325	41,347	41,452	366,706
肯塔基州	641,141	1,213	4,124	68,356	6,219	561,229
路易斯安那	743,089	4,725	9,392	355,290	10,485	363,197
緬因州	207,037	1,377	2,151	2,476	1,265	199,768
馬里蘭州	852,920	3,007	37,201	315,231	41,317	455,164
麻薩諸塞州	975,150	2,711	43,004	83,228	104,207	742,000
密西根州	1,722,022	17,582	31,350	341,246	60,298	1,271,546
明尼蘇達州	854,340	17,196	43,353	56,558	28,736	708,497
密西西比州	497,870	788	3,366	254,343	3,806	235,622
密蘇里州	912,744	2,875	10,617	159,199	16,669	723,384
蒙大拿州	154,875	16,293	1,473	877	2,658	133,574
內布拉斯加州	286,199	4,370	43,45	19,102	20,762	237,620
內華達州	340,696	5,922	19,272	34,591	87,696	193,215
新罕布夏州	208,461	477	2,694	2,340	3,827	199,123
紐澤西州	1,307,828	2,626	82,432	233,334	200,652	788,784
墨西哥州	320,306	35,595	3,461	7,622	160,708	112,920
紐約州	2,882,188	11,531	172,353	581,855	533,645	1,582,804
北卡羅萊那州	1,293,638	18,994	23,953	404,856	57,177	788,658

續表1.1

州 別	統計學生人數	美國印地安/阿拉斯加原住民	亞裔/太平洋群島裔	黑人/非拉丁裔	拉丁裔[1]	白人/非拉丁裔
北達喀爾州	109,201	8,292	860	1,074	1,363	97,612
俄亥俄州	1,835,049	2,292	20,722	299,874	31,049	1,481,112
俄克拉荷馬州	623,073	105,459	8,818	67,181	34,103	404,512
奧勒岡州	536,913	11,424	21,581	15,590	56,453	431,870
賓州	1,814,311	2,240	36,325	274,697	81,641	1,419,408
羅德島州	157,347	791	5,123	12,415	22,069	116,949
南卡羅那州	677,348	1,612	6,496	284,890	12,807	371,534
南達科塔州	128,603	13,038	1,200	1,525	1,585	111,255
田納西州	906,210	1,445	10,278	222,068	15,966	656,453
德克薩州	4,059,619	12,091	108,422	585,609	1,646,508	1,706,989
猶他州	479,435	7,440	13,120	4,627	42,326	411,922
佛蒙特州	102,049	577	1,446	1,117	596	98,313
維吉尼亞	1,144,915	3,214	47,429	310,107	55,860	728,305
華盛頓	1,004,770	27,212	73,663	53,205	102,925	747,765
西維吉尼亞州	286,367	296	1,530	12,338	1,056	271,147
威斯康辛州	879,476	12,342	28,959	88,253	39,958	709,964
懷俄明州	89,940	2,786	780	1,095	6,231	79,048

註1：在本表的Hispanic，除墨西哥裔也包括其他拉丁裔。

註2：波多黎各和美國印第安事務委員會(BIA)把他們的學生都視為同一個種族/族群。

資料來源：美國教育部，國立教育統計中心，資料核心(U.S. Department of Education, National Center for Education Statistics, Common Core of Data, "State Nonfiscal Survey of Public Elementary/Secondry Education," 2000-01.)

在2001年，美國有47,200,000的學生就讀於小學和中學。這個數目字代表從1991年後增加的14.6%。日漸成長的文化、種族、原生國和語言多元性，對我們公立學校的影響是顯而易見的：在2001年，白人學生是最大多數(61.2%)，其次是非裔美國人(*Africn American*, 17.2%)，再來是拉丁裔(*Hispanic*, 16.3%)，亞裔/太平洋群島(*Asian/Pacific Islander*, 4.1%)，美國原住民/美國印第安人(*American Indian/Alaska Native*, 1.2%)(見圖1.2)。儘管全國學校的多元性日益成長，可是在學校中的種族和族群隔離卻日益增加。也就是說，現在美國學校的學生

比過去的任何時間，更有可能與其他種族或文化背景的學生隔離。
根據*Gary Orfield*研究，在前數十年爲了學校中族群融合所做的努力
成效，的確在1990年代末都已經被掃盡了。對非裔美國人而言，1990
年的種族隔離日益明顯，這是在1954年的「布朗對*Topeka*教育局」
（*Brown vs. Board of education, Topeka, KS*）之後，退步最多的年
代。拉丁裔情況也是；拉丁裔現在是所有族群與社經地位上最受到隔
離的。儘管有這個趨勢，越來越多的證據顯現，擁有多元背景學生的
學校其實是對所有的學生都是有益的。

圖1.2

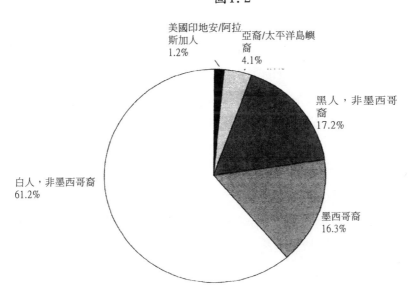

除此之外，我們國家許多公立學校的學生是生活於貧窮之中的。
住在貧窮標準以下的人口，從1970年代到1990年代持續地成長：1970
年代是12.6%，1980年代是13.0%，1990年代是13.5%，1994是14.5%。
雖然在1990年代，因爲美國經濟的急遽成長，情況有些改善；可是貧

窮對有色人種的威脅仍然特別嚴重。白人佔有9%多的貧窮人口，非裔美國人是22%多，而拉丁衣裔則超過21%的人口生活在窮困之中。同時有色人種學生以及以非英語為母語的學生增加了，但我們國內老師卻變得越偏單一種族、單向思考、單元與單語。譬如，白人教師的比例從在1971年的88.0%到1996年的90.7%，而非裔美籍的教師卻從8.1%降到7.3%，而被歸類成「其他」的教師從3.6%降低到2.0%。如果我們真的願意將我們的學校設計成幫助所有學生的處所，了解人口結構就顯得特別重要。

 ## 選擇學生

以下有幾項說明，個案中的學生是許多方式選擇出來的。通常訪問會透過社區或者非正式的管道來尋找學生，而不是透過學校。雖然我們也向教師或輔導員詢得某些個案，但是大部分的學生則在校外或者在社區中接受訪問的。找尋學生唯一的要求，就是他們必須能夠符合我們在尋找的多樣背景。為了保留隱私，學生以及大部份的城鎮都是用假名，除了類似波士頓或者洛杉磯這樣的大城市。學校、教師以及家庭成員的名字也都改變了。所有的學生以及他們的家人都同意我們將的訪談內容及結果用在本書中。

很僥倖地，我們找到了許多學生。譬如，在麻州大學(*University of Massachusetts*)就讀的*Haydee Font*要求該大學的學生課業輔導中心主任介紹越南學生時，接線生卻給她鎮上另外一個越南家庭的電話號碼，明顯地把他們的姓搞混了。接電話的小女孩告訴*Haydee*，他打錯了。不過，他告訴*Haydee*，她就讀於當地高中的哥哥應該會有興趣跟*Haydee*聊一聊。所以，我們找到*Vinh*參與研究。而*James*的情況是，*Diane Sweet*到當地的阿拉伯裔的糕餅店與老闆閒聊之後，他就拿到了在附近高中就讀的一個黎巴嫩學生的名字。老闆告訴*James*的母親之後，這母親立刻同意讓他的兒子和*Diane*談一談。身為音樂教育家的*Paula Elliott*，在波士頓的一個高中音樂班找到了*Linda*和*Rich*這兩個

年輕音樂家。*John Raible*則是透過服務同性戀、雙性戀、跨性別的教育中心找到了*Rebecca*。

 ## 研究及發展個案研究與速寫

　　個案研究與速寫內容的多少和處理方式有所差異。如前所述，速寫很短，而且主要是以年輕人的口吻來敘述，很少分析。而個案研究比較長而且有深入的分析。每一個個案的開始都描述了研究脈絡：學生家庭、學校、社區和族群背景，以及其他我認為應該要包含進去的相關訊息。以下是學生的話語，從訪談紀錄中浮現的三、四個主題作為歸類的依據。

　　我主導了原來的研究團隊，其中包括了博士班學生以及同事。團隊成員最主要的責任是，找到並且訪談至少一個以上來自不同背景的學生；而有些成員則負責轉譯訪談內容。個案研究的訪談者是*Carlie Collins Tartakow*博士、*Paula Elliott*博士、*Haydee Font*、*Maya Gillingham*、*Mac Lee Morante*博士、*Diane Sweet* 與*Carol Shea*。*Beatriz McConnie Zapater*、*John Raible*和*Carlie Tartakov*則訪談2004版本中個案研究的學生。而我的責任就是多次閱讀訪談記錄、決定主題以及將個案研究寫出來。

　　從個案研究中浮現的主題常在幾個學生間相當類似；他們關懷家庭、語言、文化和社區。我們訪問的問題集中於這些特定議題如何影響學生的學校教育，並嘗試讓這些訪談非正式化，以使用這些問題作為未來對話的導向和跳板。雖然，有的學生接受訪談的時間比較短，但大部份的學生我們都訪問了好幾次，每個學生一共訪談約2到4個小時。接受速寫訪問的學生時間就短一點，我採用的資料主要是學生自己的話語。個案和速寫的問題集中於學生小時候和現在的學校經驗，包含了他們的對於學校應該如何改進，才能提升學生的學業成就的看法。我們也問到了他們的認同以及認同是否重要的議題。最後，我們提到了有關於他們的家庭，以及他們在家庭和社區的經驗等等。

　　大部份的訪談內容都是由訪談者轉譯的。不過，我是根據浮現的主題與學生提供的資料分門別類整理好。我用橢圓形來表示那個敘述並不是馬上就接著另外一個，而新的段落通常指出不同時間點上提出的相關敘述。譬如，當*Yolanda Peidra*討論到家庭時，所有她表達關於這個主題的看法都放在個案研究中。實際上，她可能在不同的時間提出這方面的觀點。這樣的方法能夠使每個學生強調的重點清清楚楚地表達出來。

　　在仔細傾聽錄音帶幾次後，我根據學生反覆提到的一些議題，決定了首要的主題。之後，寫下了個案研究。我省略了絕大部份常用的驚歎詞，像「哦」、「嗯」、「你知道的」、「而」、「不過」以及錯誤的開始。我把個案研究的初稿拿給研究團隊成員檢視，並和受訪者分享。當訪問者覺得他們訪問的學生被適當地描繪出來，並且能夠掌握學生突出的訊息，那麼該案研究就完成了。研究團隊的成員也提出修改或刪除等意見，而大部份都被我接受了。我衷心感謝他們的建議與貢獻。本書中的個案研究分析如有任何遺漏或錯誤，則是本人的疏漏。

　　在這方面，我特別意識到我自己的詮釋可能和那些學生、訪談者與讀者的觀點有何不同。我對*Kathy Carter*的評論佩服地五體投地。她說：

　　儘管我們熱切地盼望，可是我們不能逃避詮釋上的問題，無論是忽略或克服這些困難。我們只能自我覺醒並直接地處理－採用各種可能的工具來追蹤對我們思考的影響，而且應該極力克制我們自己與其他人的衝動來達到我們領域該有的專業詮釋的情況。

　　呈現個案研究和速寫乃期望能夠提升批判思考以及深思熟慮的對話，而非僵硬的教育規範出的簡單解答。

學業成就的高低

再次閱讀初次的訪談內容和轉譯，我們發現可以把本書最初訪問的十個學生歸納為「成功」的一方。我們因此更加仔細考慮成功的學生代表的含義，而決定如果他符合以下條件我們便視之為成功：

1. 他們仍然在學校就讀並打算完成高中生學業，或者最近畢業了。
2. 即使他們不見得名列前茅或是前幾名，他們仍然有相當好的成績表現。
3. 他們已經為將未來做了規劃。
4. 他們通常喜歡上學且覺得有參與感。
5. 他們批判自己和同儕的學校生活經驗。
6. 最重要的是，他們自我描繪為成功的學生。

雖然大部份的學生已經想到繼續升學，但是，我不認為一定要有上大學的決定，才是成功優秀的學生。譬如，*Manuel Gomes*當時正要完成高中學業，雖然考慮過要升大學，但卻沒有具體的計畫。不過確定的是，他是他們家族中第一個從高中畢業的。這種讓人驕傲的成就以及對教育的執著，就可以將他歸類為成功了。

雖然我不認同上大學是評斷成功、有智慧或者適應良好學生的主要標準，但是我總覺得這是個值得考慮的方向。因為很多有色人種或者來自低收入家庭的學生被擋在優質教育之外，甚至不敢有上大學的夢想。儘管違反一般大眾的期望，如果我們能真誠地提供所有的學生公平的機會教育，個案中有很多學生仍舊努力地想實踐大學夢。即使像*Ron*和*Paul*那樣從來沒有學習成就的學生也很明顯，有上大學的期望或者其他較高學習形式的學生，相信他們能夠擁有最好的教育指標。

另外很明顯的是：所有的學生相信他們有接受好教育的權利（*entitled to good education*），他們也希望能夠談談學校的問題。他們自由自在地評論他們的教育，無論他們覺得自己是不是在校表現優異。他們熱切地提出一些方法，使學校可以提供所有學生擁有良好而

又有成就感的經驗。

專注於學業成就高的學生並非原始研究中預定的目標，可是在第一版中卻成為訪談的結果。實際上，我們非常驚訝我們原來找到要跟我們有對話的學生，竟然都是相當成功的。我們再進一步思考就發現，其實這也是相當合乎邏輯的；因為高成就學生能比低成就的學生願意分享他們的學校經驗。為了要深入了解幫助這些特定學生學習成就的經驗，我開始專注於下列議題：家庭、學校、社區資源、態度與活動等等。因為這些面向學生反映了極大的多元性，可能對每個學生來講都會有所差異。即使有這些差異，但是大部分的學生提出有益他們學習的環境，仍然有極大的相似性。

把焦點放在學業成就，與過去幾十年來專注於「學業落後」是有點背道而馳。結果，造成許多研究者完全是靠著分析記錄學生為何失敗來維生。*David Smith*與他的同仁們描述「失敗中的失敗」：

> 當失敗的威脅和成功的壓力被推到一旁時，我們才能真正體認到學校教育的任務，並不是去解釋學生為什麼學習、為什麼不學習，學習對大多數學生才能變得很容易。這將會要求解放我們記錄學生失敗的縝密規劃，而把我們的精力重新導向於如何幫助學生學習得更多。……了解到底是什麼造成我們必須挑戰學校失敗、階級主義與種族主義的體現。

儘管專注於學生的學習失敗會出現一些問題，但是只強調成功的學生也有缺點，這包含了可能忽略許多學生在學校遭遇的合理問題，學業成就低落的學生也很容易形成教育問題的犧牲者，因為這些學生的問題仍然被忽略。我們發覺沒有受惠於學校教育的學生學到的，和那些受惠者是一樣多。因為這個理由，在學校表現較差的*Ron Morris*和*Paul Chavez*就在下一版中被包括進來。在教育的文獻上，他們可能會被認為是古典型的失敗。可是，他們現在正積極努力地要成功。譬如，當他們接受訪問的時候，*Ron*和*Paul*正就讀於特別為沒有辦法從傳統型學校獲益的學生而設計的另類學校（*alternative school*）。

參與原始研究的一個意外收穫是訪談本身就是賦權於學生。每一個個案都喜歡並期待接受訪問。他們急切地討論他們的家庭、學校經

驗和文化的機會。不只一次，有人提到這是第一次有人想要問他們這一類的問題，這些問題變成學生對話覺醒的來源。當美國原住民學生*Fern Sherman*（第四章個案研究）被問到他身爲美國原住民有什麼特別的，她回答：「印地安學生就會因此類的事而被欺負」。第一次訪問之後，第三章中提到的*Linda Howard*則說，他迫不及待地等著下個訪問。有些學生沒有深入思考訪問中出現的議題。很清楚地，*James Karam*對於阿拉伯裔美國人在他們學校課程中受到排擠，意識越來越高。而所有訪問者裡唯一的歐裔美籍學生*Vanessa Mattison*，則開始去思考白人特權(*White privilege*)的議題。這些良好的例子就是*Concha Delgado-Gaitan*和*Henry Truba*所描述的：「賦權的民俗誌」，也就是用民俗誌的研究方法來形成教育改革的框架，並且進一步賦權於教師和學生。

透過對話能夠讓增能賦權發生的事實，是教師該注意的。透過訪問，我們不僅能夠從學生身上習得他們的文化和語言；而這種對話必須成爲教學策略之一。這些其實是我們發展學生的語文能力，實際採用口述歷史的方法，並且培養家庭與社區參與學校事務。

簡述個案研究和速寫

至於每一章節最後的個案研究，是爲了要從有經驗的學生們的觀點解釋相關問題，而速寫則用來強調這些章節中的主題。

第三章提到三個個案。*Linda Howard*和*Rich Miller*流利地表達出種族主義、歧視和老師的期待如何影響他們。這並不代表他們不關心其他的議題，但是他們兩個都比其他學生表達出較多關於自己的痛楚與沮喪，以及種族主義和歧視所造成的後果。你也會發現*Vaessa Mattison*的個案研究，因不同的理由被包含在本書裡。以她的情況而言，雖然她不是不關心種族、文化和多元性的議題，不過這些議題已經脫離了她的經驗，甚至是不存在的。

第四章*Fern Sherman*和*Avi Abrmson*的個案則探討了學校組織、政

策和實務影響學生的成就表現。雖然*Fern*和 *Avi*考慮的層面不同，但是他們都仔細地省思過這些議題。*Avi*偏向忠實於他自己價值觀裡相當有差異的學校架構，而*Fern*則談到做為學校裡唯一的美國原住民學生所感受到的那種隔離感。第五章探討了文化對學習的影響，而以*James Karam*、*Marisol Martinze*、*Hoang Vinh*和*Rebecca Florentina*的故事來說明。*James*其文化的低能見度是了解他故事的關鍵。*Marisol*則是其文化被否定，以及他對於自己文化產生模稜兩可的感受。*Vinh*辛辣地形容移民與家人分離以及自己文化崩潰的影響。而對*Rebecca*來說，在學校成為一名女同性戀者，比在其他機構被認出的痛苦來得少一些。這四位學生如何面對負面的衝擊，是為人教師者必須知道的。

　　語言和語言多元性在學習上的巨大影響，則在第六章中以*Manuel Gomes*和*Yolanda Piedra*的個案來說明。*Manuel*的個案具有相當的震撼力，因為雙語教育和維德角群島教師在他的學習表現上佔有一定程度的地位。其實*Yolanda*不是在雙語課程的班級，他的故事專注於語言如何在學校被視為正向的曙光。在第七章中的*Ron*和 *Paul*說明了教育的失敗。這章關心學習成就低落的問題，以及過去數十年內發展出相關的解釋理論，似乎很適合作為本章節的例子以說明學生學習低落的原因。最後，敘利亞裔的回教學生*Nadia Bara*則出現在第八章。*Nadia*的故事說明了我們在社會的困難時期中，作一個年輕的回教徒具有怎樣的意義，也呈現了*Nadia*如何面臨挑戰發展出自信心以及為社會正義發聲。

　　速寫則貫穿在第二和第三部分的各章節中，而非附加於章節的最後。因為很多，所以採用如此的方法，以提供生動的例子來強調該章節中一些重要的議題。

由個案研究和速寫中學習

　　雖然在所有個案研究和速寫中的學生都表現優異，而參與度也很高，但是他們並非完全不同於其他年輕人。我們不需要使用與眾不同

的方法去找到這類年輕人的蹤影。這類的年輕人充斥在我們周遭－他們在我們當地的市區、郊區或者鄉鎮的學校裡。球隊、我們的社區和我們的教會都可以找得到；他們在我們的英語數學班、雙/單語的課程、特殊教育和資優班級裡。我們所需要做的是和他們交談，並傾聽他們的心聲。您也有可能會在自己班級的學生身上發現類似的故事；這些學生無論在校表現如何，就如同在個人研究和速寫中的故事一樣令人驚豔。

我希望你們會以批判的眼光來閱讀每一個故事，抱著要了解這些年輕人的經驗與思想如何影響教室裡的論述、策略以及一般的學校政策和實務。這些年輕人激發我們去相信我們國家所有的學生是有學習能力的。這些故事證明年輕人不屈不撓，他們也體現了學業成就容易受到不負責任教師、負面的評論或者否定他們經驗重要性的的延宕。最後，他們的心聲激發為人師表跟作為社會一份子的我們，應該竭力保證公平教育不是幻想，而是可到達的目標。

發展個案研究的準則

本書出版的十幾年來，用過本書的教授們分享他們使用個案研究的許多種方法：他們指派特定的學生去研究並進一步成為個案研究中的人物；他們要求學生代表個案中的每個學生，並且要有對於認同、學校和家庭的對話；他們建議學生將他們對個案研究的反應寫成日記，或者要求學生在他們自己的學校或社區裡找人來作個案研究。

在您正式從事個案研究之前，你必須要謹慎地考慮做這類研究的倫理。所有的研究會面臨一些令人煩惱的問題，如誠實和道德的知識整合，而個案研究也不例外。因此，您必須要考慮您自己的認同以及可能會如何影響您的訪談和研究，尤其是當受訪者的認同有異於你時，必須要考慮：（1）認同可能如何影響你對受訪者的態度與觀感呢？（2）你的聲音、語調、姿勢以及臉上表情可能會如何影響受訪者的回答呢？（3）你可能如何無意地將自己的想法透過他的嘴巴說出

嗎？（4）你可能如何操弄他的思想呢？此外，你必須要遵循傳統的道德倫理來做個案研究（也就是說，得到學生、家長或監護人的同意並且保證匿名）。

有些讀者要求我提供一些訪談問題並幫助他們從事個案研究的指導方針。因此，在這本書中，我提供了我們研究團隊用來訪談學生的引導問題(見附件)。以下是我對於從事訪談和書寫個案研究的一些建議：

- 尋找一個跟將要教導(或正教導)的學生相彷年齡的年輕人。最好不要選擇你非常了解的學生。
- 找到一個你並不是十分熟悉他背景的學生。如此，你將會有非常豐富的學習經驗，而且這也會有益於你日後進行的相關研究，以及學習如何和與你不同背景的人互動。
- 選擇一個班級，一起合作發展出一系列的問題。譬如，年輕人的哪方面讓你最感到興趣？你最想知道什麼？思考探勘有關於認同、文化、學校學習成就以及教師和家庭在他們生命中扮演的角色等等。
- 決定你要訪談這些年輕人幾次。通常比較合適的方式是與他們碰面幾次，一次大概1小時左右或者少於90分鐘。將問題按照主題分開來也是很重要的。
- 務必去拜訪那些你要訪問的年輕人的父母或者監護人，並告訴他們訪談的目的、範圍和方向，而且確實保密訪談內容和受訪者。白紙黑字和口頭承諾(錄在錄音帶上)，讓他們知道他們隨時隨地都有權利退出。而且還要告訴他們你將會如何使用這些訪談記錄，以及當你完成的時候你/妳會怎麼跟他們的家人分享。
- 當你要發展案例研究的同時，也要盡量從受訪者的家庭得到你要的訊息。可是對受訪者家庭的省思和感覺必須保持高度的敏感性。不要將你個人的價值框架在他們的身上，一定要區隔出來。
- 挑選舒服、安靜且無壓力的環境來做訪談。我建議最好在校外，譬如社區活動中心、學生的家、公園，讓你可以坐下來喝杯汽水或者放鬆的地方。
- 盡量讓訪談的過程輕鬆愉快。要求你的受訪者讓你錄音，因為那會

給你最正確的訪談內容。不要平鋪直敘地提問，或者讓人聽起來就好像你要完成作業一樣。讓你的受訪者有充分的時間來完整回答你的問題，然後再追問其他的相關的。詢問你的受訪者，他是否有任何的疑慮。

- 轉譯所有的錄音帶是非常費時費力的；在一學期的課程中，要求完整的轉譯似乎有點不切實際。所以，你也許可以考慮速寫的形式，如同我在這一版本中所做的。然而，即使沒有很多時間，你仍然可以發展出有效的個案研究。首先，就傾聽幾次的錄音帶，然後決定一直出現的重要主題。完成這個步驟以後，你可以專注那些看起來最懸疑或跟學生最有關係的部份。

- 研究一下受訪者生活的環境以及相關的脈絡。找到與他/她族群以及該族群在這個國家的歷史等相關訊息；尋找該學生居住的城市或鄉鎮的狀況；試著去找到該生就讀學校的制度(學生人數、課程項目形式等等)。同時也詢問受訪者，他們是否願意把他們的寫作，如詩、書信、散文等和你分享。

- 把個案研究寫出來。由介紹受訪者開始，包括受訪者、他/她的家庭、社區、文化族群和學校經驗。然後讓這些年輕人將他們認為最重要的主體，以敘述的方式描繪出來。把他們的寫作或他們給你的相關資料，全部包含在你的個案研究中。

　　每個個案研究都是不同的，而且沒有任何理想的模式可以追尋。這些指導原則只是讓人可以開始發展令人心服口服的個案研究，或者發展出一個類似速寫的簡要故事。整個過程可能也會幫你發展出能對年輕人的生活和經驗觀察入微。如同你將會在整本書中看到學生能教教育者許多事物，透過個案研究來與年輕人產生對話是一種開始向他們學習的方式。

第 2 章　名詞解釋

語言時刻都在變化著，因為它反映出社會、經濟和政治事件，不管何時都是社會關鍵的指標。因為語言反映了社會的變遷，所以語言可能會被遺忘；但絕不能形成這樣的地步。譬如，隨著日月星移歲月的改變，對於非裔美國人的稱呼由*Negro*（黑鬼）、*Black*（黑人）、*Afro-American*（非裔美國人）到最近的*African American*（非裔美國人）便是個例子。這樣的改變代表著，一個族群戮力地試圖改變他們族群的稱呼或重新正名。如此的決定是政治性的也是語言性的，同時也回應了任何族群都有自我決定和自治的需要。名詞的演變，其實也是企圖讓該名稱能夠更正確。在這種認知下，非裔美國人這個名稱代表著文化，而非只有顏色而已。儘管「種族」（*race*）這個詞，在任何社會上都僵硬地作為社會階層化的籠統標準。不過，「種族」這個詞事實是有待商確的，而且也不能顯示一個族群的複雜性。在另一方面，黑人這是比較完整的稱呼，包含了全世界非洲人的後裔。

專門術語在多元文化教育領域尤其特別重要。在我們歷史社會中，我們還沒有高敏感度來正確地使用辭彙來描述他人。專門術語最令人作嘔的形式就是：以冷漠呈現在種族和族群的稱謂上，連最小的孩子似乎也都很清楚。譬如像*Gordon Allport*很多年以前觀察到的更隱晦的例子中也是相當明顯：（1）美國南方的報紙拒絕將黑鬼（*Negro*）大寫出來就表示要減弱黑人（*Blacks*）的氣勢，以及（2）某些字發展成族群刻板印象的詮釋（譬如，不可理喻地主動將亞裔與非裔美國人聯結在一起）。雖然這些字本身並沒有負面的含意，但是他們就變成了簡化一個族群經驗的密碼，因而帶有歧視的味道。

名詞選擇

為了要恰當地使用語言，我通常會偏好某些詞彙。我並不是在暗示這些詞彙是「政治正確」（*politically correct*）或者是唯一該使用的；同時，我也不想強迫他人使用這些詞彙。相反地，以下我將分享我自己的思考邏輯來幫助你們思考，並且決定什麼樣的詞彙在什麼情

境下使用是最適當的。

　　我選擇名詞的標準大部分都是根據以下兩個問題的回答而來：

　　1.人們希望自己的稱謂是什麼？

　　2.什麼才是最正確的詞彙？

　　透過與來自不同族群的朋友們溝通、閱讀最新的研究報告與傾聽有關這些詞彙的辯証之後，我得到了一些答案－語言本身就是暫時性的，我在這裡做的名詞選擇也是一樣的；每天都有新名字的出現。這就是語言的不精密性，永遠都無法完整地捕捉我們生命的複雜性。

　　在某些情況下，我會使用兩個或兩個以上的名字，有時是互相切換的，因為每個詞彙可能在特定的情境下有不同的含意。我對名詞的選擇是隨著社會改變而來。譬如，過去多年以來我一直使用美國原住民（*Native Americans*）來代表地球西半部的原住民。然而在1960年代末期，美國原住民似乎是較受歡迎的名稱，因為它反映了一個族群正名的決心，並且要讓其他族群承認他們就是在這些土地原始的住民。

　　而在1980年代末期和1990年代時，這個詞彙就不再興盛，之後我就比較常使用美國印第安人（*American Indian*）、印第安人（*Indian*）或原住民族（*Native People*）。我這麼做的原因並不是因為我發現了這些族群使用印第安人（*Indian*）這個詞，而是有很多學生向我說明：並非美國原住民這個詞被捨棄，而是有些部落根本從來就沒有接受過美國原住民這個名字。另外一個學生告訴我，這個詞本身越來越讓人混淆，因為通常指的是祖先在很早以前，就從歐洲來到這塊土地生活，也就是說他們現在是土生土長的（*native*）。因為印第安人也包含來自印度的人，因此我就常常會加上修飾詞：美國的（*American*）或原住民（*Native*）。最近，美國原住民（*Native Americans*）又重新被該族群本身接受而廣泛使用了。在個案研究中的年輕女孩*Fern*，就小心翼翼地把自己規範成美國原住民。這提醒了我們，即使在同一個族群之中不同的人，可能會選擇不同的稱謂。

　　拉丁裔這個詞在1960年代末期和1970初期時，部分具有墨西哥血統的人士偏好這個詞彙，但是有人則偏好墨西哥裔美國人（*Mexican*

American）。*Chicano/Chicana*[1]是在1960年代時期的棕色權力運動（*Brown Power Movement*）下產生的，強調自我決定以及墨西哥裔美人在政治文化經濟上被壓迫的事實。雖然有很多學者專家採用拉丁裔，但是墨西哥裔美國人還是較受歡迎的。在另一方面，墨西哥人（*Mexican*）通常是指第一代移民。譬如，第六章提到的年輕女孩*Yolanda Piedra*就是個例子。我決定使用以上所有提到的詞彙，因為每個詞彙在特定的情境下，都具有特殊涵義。

我也交換使用拉丁美洲西班牙裔（*Hispanic*）和拉丁裔（*Latino/Latina*）[2]來代表有拉丁美洲和加勒比海血統的人士。雖然我比較偏好拉丁裔，但拉丁美洲西班牙裔卻較廣為人知。其實*Hispanic*不像歐洲、非洲、拉丁美洲或者亞洲是有特定的大陸板塊或者國家，也就是說沒有以任何州或者國家叫做*Hispania*。另外一方面，*Latino*在族群之間包含不同性別時，則引申為有性別歧視的差別待遇。有些人認為*Latino*遠比*Hispanic*正確多了，而其他人堅決反對使用*Hispanic*。由於 *Latino/Hispanic*族群本身就具有多元性，因此也增加了爭辯何者適當的複雜性。*Martha Gimenez*則認為*Latino*或者*Hispanic*都缺乏適當性，因為兩個詞彙都會讓來自南美洲的人蘊有拉丁美洲西班牙裔的民族性。這是因為南美洲的人基本上沒有像墨西哥人和波多黎各人那樣受到殘酷的壓迫。*Gimenez*則提議應該要根據族群在美國的經驗來分類。波多黎各和墨西哥人這兩個少數民族在美國一向都是最受壓迫的；接下來是古巴、中美洲的難民和移民以及南美洲的移民。根據*Gimenez*的看法，那個族群特定的歷史情境必須被認同，而分類的標準必須要依這些相對的地位、在美國的時間長短、種族以及這些族群之間的差異。

---

1. 譯者按：英文版只寫出Chicano而沒有Chicana。基於性別平等，譯者特加上Chicana。Chicano指男性，Chicana指女性。

2. 譯者按：英文版只寫出Latino而沒有Latina。基於性別平等，譯者特加上Chicana。Latino指男性，Latina指女性。

　　如果有比較特定的族群名稱可用的時候，我就不用*Latino*或者*Hispanic*。譬如，在所有的個案研究當中，沒有任何一個學生將其歸類爲*Latino*或者*Hispanic*。*Mariso*把自己定義爲波多黎各人，*Yolanda*則稱爲墨西哥人，*Paul*則同時使用*Chicano*和*Mexican*美國人來稱呼自己。然而不管任何時候，只要有可能我們都應該要儘量把他們之間的差異性表示出來，否則他們的民族性、國家別、自我認同以及來到美國的時間長短就很容易被忽視了。

　　在美國社會中的大多數族群，白人很少想到他們自己本身也是有民族性（*ethnicity*）的；他們把這個詞留給其他族群，以便分辨族群。儘管如此，我們都是有民族性的，無論我們是不是願意如此來認同我們自己。因爲在美國社會的白人傾向於把自己當作「準則」，而把其他族群假設帶有「族群性的」而具異國風味、浪漫以及多彩多姿的特質。藉由歐裔美國人這個詞，我要挑戰白人，並希望看到他們如何用族群的詞彙來規範他們自己。雖然歐裔美國人的白皮膚特質是個重要的因素，不過，隱藏起來的遠超過外顯的。白人之間其實包含多元的民族背景，如果種族作爲唯一的識別（*identifier*），族群的多元性就喪失了。歐裔美國人也暗指文化，而這部分正是很多歐裔美國人痛心他們爲什麼要他們放棄自己的文化。當然，這是有點荒謬的。每個人都有文化，無論它是用比較傳統或者是現代化的方式呈現。

　　歐裔美國人就如同其他的詞一樣會有缺陷，即使比「白人」（*White*）來得精確。不過，雖然他們是同一種族，但其實是來自許多不同族群文化背景的。同樣的批判觀點可應用在非裔、亞裔、拉丁裔美國人（*African, Asian, Latin American*）這些族群上。另外一個因素是：很多歐裔美人其實具有許多歐洲不同族群的混雜血統。有些人可能有德國的、愛爾蘭的和義大利的混合血統，也有可能在情感上把自己封爲「海恩滋57」，來代表自己是多種族或多文化的混血兒－他們既不會說以上的任何一個語言，或遵循以上的任何文化傳統來行事。在這種情況底下，我想是很合理地提出這樣的質疑：「他們像蘋果派一樣是美國特殊風味的，爲什麼要被稱爲歐裔美國人呢？」（*as American as apple pie*）。我們也可以用同樣的觀點來看非裔美國人、

拉丁裔美國人和亞裔美國人，他們的家族已經在美國有不同時間的歷史了。很自然地，美國原住民就是居住在這塊大陸的原始住民。歐裔美國人甚至有可能從來沒有回去過歐洲，甚至於有可能否認自己有歐洲血統和文化背景。雖然如此，我仍然選用歐裔美國人這個詞，因為白種美國人（*White American*）的習慣、價值和行為是以歐洲的行為規範和價值為基礎的，即使因為時空的差距有了巨大的變化，不過還是根植於歐洲的。

除非是提及有英國血統的情況，不然我不用盎格魯裔美國人（*Anglo and Anglo-American*[3]），因為用這兩個詞來標示在美國的白人是非常不適當的。很多白人並沒有英國的血統，但是卻代表著從歐洲社會來的不同的族群；把他們全部都歸為盎格魯裔是比稱他們為歐裔美國人是更過於普遍化且更失真。如果是用來與說其他語言的人作為對照，盎格魯裔美國人也是同樣失真；因為同樣會說標準英語的非裔美國人就被排除在這個類別以外。最後我要提出的是，有些愛爾蘭裔美國人因被誤認為有英國的血統，他們拒絕當英國後裔，他們的不悅是可以理解的。

種族（*race*）在觀念上模糊不清是最好的；但是如果是種族主義（*racism*）情況就不同了。因此，強調只用文化來規範族群時，我們社會上的種族主義真正的議題就會削弱。我選用詞彙時並非有如此的企圖，反而更要強調種族本身的含義並不能為不同族群下定義。譬如，非裔美國人和海地人都是黑人（*Black*）。他們相擁一些基本的文化價值觀，而且都是受躪於美國種族主義。但是，如果我們只簡單地稱呼他們是黑人而不是根據他們族群的特性來看待他們，他們特殊的生活經驗、母語的用法與每個族群的民族性都被忽略甚至會被否定。

---

3. 譯者按：Anglo-就是指Anglo-Saxon盎格魯撒克遜。

我已經決定有根據歷史，特定指出種族社群（*racial groups*）的詞彙。譬如，當我們談到隔離學校（*segregated schools*）[4]時，採用黑人與白人學生而不是非裔美國人或者歐裔美國人學生可能是更恰當的，因為顏色在這議題上是相當凸顯的。由這個理念出發，我希望能夠強調每個人在使用不同名詞時可能會有不同的意見。

　　我把黑人（*Black*）和白人（*White*）這兩個字以大寫的形式表現，是因為這些詞彙指的是屬於某些人的特定社區，就如同拉丁裔（*Latino*）、亞裔（*Asian*）和非裔（*African*）一樣。雖然沒有所謂的種族社群這樣的科學名詞，由於像黑人（*Negorid*）和高加索人（*Caucasian*）帶有的負面含意，已經不再使用於日常生活中。除此以外，黑人和白人這兩個普遍被使用的詞彙是我個人偏愛的詞彙，因此就把他們大寫了。

　　「種族」的概念受到很大的批評。從生物學的觀點來看，種族根本就是不存在；因為沒有科學証明種族社群在生物或基因上有重大的差異。他們主要的差異是在社會生活經驗，也就是說一個人在特定文化社群中的生活經驗。世界上真的只有一個「種族」。套用第三章中的個案研究*Linda Howard*的話語：「我是個人，那就是我的種族；我是人類種族的一部分。」外界視*Linda*為非裔美國人和白種美國人，可是他主要把自己當作自己家庭的一分子而非是個種族。他解釋說：「我的文化就是我的家庭。」他了解到歷史上，由於假想的差異性，種族的觀念被用來壓榨其他的族群成員。

　　現在大家已經普遍接受的種族，其實是社會建構的；也就是說種族社群必須是透過社會性來決定而不是生物性的。很多評論有關於種族的學者已經決定：只有用括弧「種族」（*race*）的時候才使用這個詞彙來強調社會建構性。而我決定不如此表現，基於兩個因素：第一，任何人都可以辯論所有的差異性都是社會建構的產品，包含社會階層、性別、族群、性取向等等。而對種族與其他詞彙有不同待遇，似乎有點強詞奪理。第二個理由則是比較偏向實務的。種族、性別、社會階層、族群以及其它的差異性已經在本書中提過無數次，讀者可能會覺得整個段落都是有關於種族、性別、社會階層等詞彙分析似乎

有點不協調。

　　我通常使用能夠指出特定族群背景的詞彙；不過，如有必要利用籠統的詞彙時，那麼我則會選用有色人種（*people of color*）而非少數族群。理由是：第一，少數族群本身就是個錯誤名稱；譬如這個詞從來不會用在瑞典裔美國人、阿爾巴尼亞裔美國人或者和荷裔美國人身上。但嚴格來說，我們社會中有無數的這類少數族群其實應該也需冠以如此的稱謂。少數種族社群（*racial minorities*）這個詞在美國歷史上，用於標示較其他族群不利或較其他族群低落的地位。即使當這些族群已不再是「少數種族社群」，社會主流論述仍堅持某些社群仍應處於少數種族社群的地位，結果就是仍帶輕蔑的語言。舉例來說，即使有些學校非裔美國人已經是佔大多數，可是他們仍被稱爲「多數的少數」學校，而非「以黑人學生爲主體」的學校（*primarily Black schools*），這種稱謂和較低地位的連結是相當明顯的。因爲有輕蔑含意，這詞就使人不悅。更進一步來說，我選用有色人種是因爲覺得比有負面色彩的「剝能奪權」（*disempowered*）和「受宰制」（*dominated*）適當，因爲後者似乎只強調被犧牲被傷害。

　　有色人種包含了「少數種族社群」，也就是美國印第安人、非裔、拉丁裔、亞裔美國人等等，而這些詞基本上是這些社群的自我稱謂。同時，有色人種也強調了這些族群在美國的共同經驗。儘管多數人接受有色人種這個詞，可是越來越無法據實地描繪一些情況。有個問題是：暫且不論彼此之間的權力抗衡，有色人種所有族群擁有共同的歷史經驗其實是個假想。況且，像上述的共同經驗代表這些族群之間沒有衝突。然而人人皆知，有色人種之間的族群衝突不但存在，甚至引起了跨族群之間的暴力鬥爭。這些族群不但都被政治優勢族群壓抑，且爲稀少的資源彼此鬥爭，而且這些族群本身在文化和社會上具有深沈的差異性。

---

　　4. 譯者按：在1954年以前，由於種族隔離政策，白人與黑人各自有不同學校；在公共場所他們所使用的飲水機也是分開在不同專屬的地方。甚至在公車上，黑人只能坐在車子的後半段，前半段是屬於白人的。

有色人種同時也不能應用在有歐洲血統的拉丁裔身上，譬如阿根廷和古巴人以及其他白皮膚的拉丁美洲人。當拉丁美洲人自稱爲有色人種時，可能是想要宣稱，他們受到種族主義蹂躪的程度和黑皮膚的拉丁美洲人並無差別；這可能是完全虛構的。因此，我並不完全同意。除此以外，使用有色人種也蘊含著白種人在某個程度上是沒有顏色的，此乃老弱婦孺皆知：每個人的膚色都有深淺的不同，歐洲人也不能例外。

此時此刻，並沒有一個適當的詞彙或是語言可以來包含這些巨大的族群體。爲了釐清界線，我仍然偏好使用有特定的族群或者種族來標示某些人口，以免將不同族群的人士籠括成單一族群，而混淆不清。

籠括族群

籠統的詞彙容易造成很多問題。譬如，歐裔美國人（*European Americans*）不但代表白人也代表歐裔美國人。這和真實情況常常有所出入，猶太人的情況就是如此。我們對語言仍然無法捕捉這些差異。雖然優勢族群乍看似乎有很多共同的文化元素，實際上他們彼此間卻有相當大的差異，像拉丁美洲人就是個例子。比方說，瓜地馬拉和多明尼加人都說西班牙話、信仰天主教，同時都有根深蒂固的家庭觀念。然而，有些瓜地馬拉人的母語並不是西班牙話，而多明尼加人的非洲血統卻是瓜地馬拉人所沒有的。當我們單純的說拉丁裔美國人（*Latinos/Hispanic Americans*）時，我們並沒有注意到還有很多國家或者族群都具有相當大的多元性。在美國經驗的脈絡中，拉丁裔在種族、社會階層、教育程度以及在美國時間的長短等方面都有相當大的差異。這其中任何一個面向都可能對他們的學習表現造成有異於其他族群的表現。

同樣的概念也可以應用於美國原住民（*Native Americans*）和亞裔美國人（*Asian Americans*），因爲他們都各自包括了許多擁有不同

歷史和文化的族群。因此，我們必須引以為戒的是，有些族群可能會有相似的文化價值觀和歷史經驗，但當這些各具特色的族群籠括成單一族群時，將使這些特定族群的文化特色和文化脈絡遺失於模糊中。因此，根據國家來源區別每個社群。更正確的是，應該尊重人們的自稱。比方說，玻利維亞的女孩子可能自稱為玻利維亞裔或者拉丁裔；同樣的納飛荷人（*Navajo*）可能以自己的族群為自稱，擴大族群關係時，就可能自稱為美國印第安人。巴基斯坦人自稱為亞洲人時也有類似的意義。

不過，我們必須得承認很多原住民民族其實有很多的共通性，就如同拉丁裔或者非裔一般。這些可能不包括他們的宇宙觀、共同的歷史經驗以及在美國的生活狀況。當這樣的共同性存在時，我有時候就會用比較籠統的名稱。除此以外，有關美國印第安人和拉丁裔的文獻根本沒有將這兩大族群的旁支族群細分，故我會用一般名詞，儘管我個人仍認為應該根據族群特性來標示族群。

亞洲人和亞裔美國人社群也面臨同樣的問題；因為事實上它們包含了中國人[5]、日本人、越南人、菲律賓人、夏威夷原住民、巴基斯坦人和印度人等等。想要用一種設計來包含所有的族群是相當不智的。這是因為他們不僅在歷史和文化上有差異，語言上可能也有懸殊，不像拉丁裔有西班牙話做為共通語言。亞裔美國人其實在社會階層、移民美國時間的長短、移民經驗以及教育背景和經驗等方面各有不同，而這些面向的差異，似乎對這些族群下一代的教育成就永遠都有著影響。太平洋島嶼民族（*Pacific Islanders*）常和亞裔並用以提供很多社群更精確的名稱。這個詞彙曾被大部份的亞洲人和太平洋島嶼民族，用來指落伍卻有異國風味的東方人（*Oriental*）或者印度人（*East Indian*），可是這個這名稱也沒有辦法指出所有的差異性。

5.譯者按：美國的多元文化　教育學者一般不清楚台裔美人（Taiwanese Americans）不願意被劃入中國裔美國人（Chinese Americans），就好像國內臺灣人和中國人的議題一樣。台裔美人在2000年的人口調查中就將Taiwanese American填寫在其他類，以強調自我認同。因此，自從1999年柯林頓宣稱5月第2週為「亞洲裔之週」之後，全美各地的台裔美

人就開始展開「台灣傳統文化週」的慶祝活動。

　　最後要分析的是美洲（*America*）和美國人（*American*）這個辭。美洲指的是整個西半球，而美國實際上應該稱為美利堅合眾國（*the United States*）。而使用美國人（*American*）來代表美利堅合眾國的公民，不但失真，而且還冒犯了千百萬居住在北美洲、中美洲和南美洲的美洲人（*American*）。儘管如此，美國人（*American*）這個詞彙已經在美國圖片使用了，我有時候不得不使用這個詞來代表美利堅合眾國（*the United States*）的公民和居民。

結論

　　本書中的詞彙選擇最主要的意義是希望能夠肯定多元性。我試圖去認同他人，就如同他們希望被認同的情況。我也用詞彙來強調這些人的隸屬，而不使用非那類的方式。譬如，我盡量避免使用像非白人（*non-White*）或者非歐洲人（*non-European*）。熟悉本書前三個版本的讀者將會發現，這些年來我在詞彙的選用上有一些變化，而且我將持續這樣的精神，用來標示人類的語言常常是不明確的，雖然我竭力使用正確並具敏感度的詞彙；不過，這些選擇當然也應該開放辯論。

　　語言無法完整地捕捉我們人類微妙之處，就像多元文化教育一樣持續著流動變化變遷。比方說，社會中急遽增加的雙族群、多族群、雙種族和種族的人士提醒了我們，語言文字無法完全精確地描述人類多面向的認同。性傾向詞彙的擴增則是另外的例子。就幾年前，一般大眾只知道女同性戀者（*lesbian*）和男同性戀者（*gay*），可是現在又增加了變性者（*transsexual*）和跨性別者（*transgender*），以及其他描繪性取向的詞彙也正慢慢加入當中。多數的年輕人反對採用文化、種族或僵硬化的社會分類方法將人們做單一的劃分。他們倒寧願採用*Gloria Anzaldua*和其他人士所選用的「混雜認同」（*hybrid identity*），或其他能夠顯示持續變化的任何詞彙。讀者在個案研究和

速寫當中就會看到很多這種「混合認同」的例子。

在教育上，因爲語言關係到年輕人的生活，因此就顯得相當重要。因爲我們的選擇可能會帶來不可磨滅的影響，因此作爲教育者，我們必須要很留意我們使用什麼詞彙與如何使用，就如同*Beatrice Fennimore*探討公立教育（*public educdation*）舉足輕重的影響力時所說的：「有關小孩的公共論壇能提升也可減弱他們未來在社會被接受的程度，並影響到他們成功的機會。」因此，我們一定要密切注意我們談論內容與方式的弦外之音。

第二部份

為何選擇案例研究取向

　　第二部份主要是分析多元文化的社會政治脈絡；分析的面向有種族主義、不同形式的偏見、學校組織、學校政策、教育實務、文化和語言方面的差異。雖然我們沒有辦法確認，這些因素是否為影響少數族群學生成就的最關鍵因素，但是我們有必要去瞭解這些面向如何影響廣大學生的學習經驗和成就。

　　第三章到第七章的十三個案強調，這些面向如何影響學生的學業成就（另一個案例則在第八章中陳述）。雖然我已將個案按照彼此的共通性分門別類列放在特定的章節中，但因為每個個案顯示的層面廣泛，故也會在其他章節中討論。比方說，*Linda*的個案是放在第三章，因為此個案強調種族主義對於學習成就的影響，而且也牽涉到教師期待和學校氛圍的議題。

　　同時，第三章也藉由個案分析來探索教師和學校對學生的影響。第四章考慮的層面是：學校組織、政策和實務－包括能力分流、測驗、教學和課程－如何影響學生的學習成就。強調課程和其他與學校相關因素的個案，則在本章後段討論。第五章討論的是文化和教育的關係。第六章則強調語言多樣性和學校的回應。這些章節都以分析個案來分析不同文化和語言多樣性對於學生的影響。在第一部份的最後一章，我們呈現了結論並且評論不同的理論，以對影響學生學習的因素能夠有全面的了解。第七章最後的兩個鮮活案例顯示了學生的學習經驗，無論是在校內或校外都受到負面的影響。

第 3 章　種族主義、歧視與對學生成就的期待

（種族主義者有權力）除非你給予他們機會！我們將以有條紋的襯衫（為例）：如果我去的地方每一個人都只穿純色的，那麼我就會穿有條紋的；然後有人會來問我：「你不屬於這裡；你穿條紋的！」我就會回答：「我想屬於哪裡就屬於哪裡。」而我就會站在那裡！但是也有一些人就只會說，「喔，沒關係！」然後轉身就走了。如此，那個種族主義者就有了權力。

—受訪者 Linda Howard

Linda Howard無論在校內或校外都直接受害於種族主義，因而在個人與學校機關層面上，他對於種族主義都有深切的了解。就如同在個案中顯示的，Linda對於種族主義深層思考過。很可惜地，太多教學與教育者都還沒想過這些議題！在本章，我將探討種族主義、其他偏見以及對於學生的期待。除了專注於種族主義的探討以外，其他有關個人和制度上的歧視也會提及，這些包含性別（性別主義者）、族群（族群中心主義者）、社會階層（階層主義者）、語言（語言主義者）或其他差異性。我同時也提到歧視猶太人的反閃族主義、反阿拉伯人的歧視、基於年齡而歧視他人的年齡主義、歧視非異性戀者（LGBT）等等，例如：女同性戀者（lesbian）、男同性戀者（gay）、雙性戀者（bisexual）、跨性別（transgender）的異性戀主義以及歧視殘障者的能力主義。

種族主義與歧視的定義

雖然種族主義和偏見常用來代表同樣的事，其實他們有一些差異。Gordon Allport在他的鉅著《偏見的本質》（The Nature of Prejuidice）一書中引用聯合國的資料定義歧視為：「任何因為自然或者社會的分類而產生的行為表現，而這些行為與個人的成就或行為無關。」基於上述兩個理由，這樣的定義雖助益但卻不完整。第一，未描述這種行為所產生的傷害性；第二，未超越個人層次。更廣泛地說，歧視（無論是基於種族、性別、社會階層或是其它差異）代表著負面或破壞性的行為，可能會影響到有些族群的生活，以及某些族群的權益與機會等等。歧視通常是基於偏見，也就是說，這些對於個體的態度與行為是對這些個體的整個族群觀點而來的。而這些態度與行為通常是負面的。

我們的社會通常是根據外顯和內隱的特徵來作為歸類的標準，而形成對於這些個人或族群在行為和智能方面的評價，然後，再將這些刻板印象運用在會傷害他人利益的政策和實務上。採用種族、族群、

性別、社會階層、其他外表或社會差異性來作爲分類的情況，在我們周遭比比皆是，而常造成令人厭惡的誇張表現或刻板印象。例如，男孩不如女孩聰明；非裔美國人有節奏感；亞裔美國人勤奮苦幹；波蘭人頭腦簡單；猶太人聰明；而窮人則需要即時的報酬。雖然這其中有一些是「正向」的刻板印象，但是因爲這些刻板印象限制了我們對該族群的了解與觀點，所以無論是「正向」或者「負面」的刻板印象岐視都會造成負面的結果。同時，這樣的分類方法也會造成兩個重要的問題。第一，所有的族群與個人都可開始相信這些刻板印象。第二，所有的物質與心理上的資源就會以此而施捨給「需要的個人或團體。」

種族主義以及其他形式的歧視，都是基於某個族群、階級、性別或語言都是優越於其他的。在美國，歐裔美國人、中上階級、說英語的與男性觀點是用衡量的準則。優越感而造成的歧視是學校架構、教材、師資培訓內容和親師生互動的一部分。可是，歧視並非只是個人的偏見而已，更是制度下的產物。在我們的社會，「自食其力」的含意強而有力。雖然有些人真的使用這樣的策略來達到他們的目的，但是卻沒有解釋結構上的不公平有時可能會阻礙個人的努力。

偏見與歧視通常被視爲：對其他社群成員個人的一些負面觀感。因此，大部份有關種族主義與歧視的定義常忽略了制度上的壓迫。制度化的經濟與政治的力量造成的傷害，其實遠超過於個人的信仰與行爲造成的傷害。這些政策與實務對於有共同特質的社群（種族、族群、性別等等）具有破壞性的效果。個人和制度上的歧視最大的差異是權力的運作，因爲掌控學校之類機構的那群人，將壓榨性的政策和執行合理化。我們的受訪者Linda Howard了解到這些差異。在她的個案中，她將偏見和種族主義做如此的區分：「我們都有一些不喜歡的人，無論來自不同的種族、不同背景或者有不同的習慣。」就如同我們在本章中的開頭看到的，她進一步說明種族主義者有權利來執行這些偏見。

如今我再給予另外例子：就像我對於高個子有偏見。由於我拒絕和高個子做朋友或者因爲我嘲笑他們，我的偏見可能會傷害到高個子

的人，但是我對於他們人生的選擇沒有什麼影響力。然而，如果我是屬於某一個有權有勢的「非高個子」社群的，而且這些高個子居住在某些地區、限制他們得到優質的健康醫療保險、限制他們與矮個子或者中等身高的人結婚、限制他們在高社經地位的行業上的就業或將所有高個子的後代都安置在後段班；那麼，我的偏見就會有威力，而制度上的權力影響就一目了然了。以下我將主要針對制度上的歧視來探討。

制度上的歧視通常指的是某些人的權益和機會，常常是因為制度上的運作而被剝奪了。雖然在這些制度下的個人可能沒有受到排擠或者沒有考慮到其他人可能受到傷害，結果可能也是種族主義的表現。但雖然有企圖和無心的種族主義可能有所不同，但同樣都會造成負面的結果，到最後種族主義或者其他形式的歧視是否有特殊意圖，可能就無關緊要了。教育者寧願花時間來討論種族主義的影響，而不願意浪費時間來揣測他們的企圖是否會造成傷害。

當我們了解到種族主義和其他形式的歧視是制度的問題，而非只是不喜歡某特定社群時，那麼我們就會對於負面的傷害有較多的瞭解。在下一章個案研究中提到的*Vanessa Mattison*提供了年輕人如何在我們國家虛而不實的平等遊戲中掙扎求得生存。*Vanessa*決定要為社會正義貢獻，但是她了解到主要的還是要從個人的態度與行為改變著手寫。但是，她還沒有將種族主義和制度的壓迫聯結在一起，也還沒有想到制度的種族主義，其實比個人的偏見或行為更具有殺傷力。不過，她已經開始了解到：社會上的一些觀點和準則其實對於黑人、女人、同性戀者很不公平。她說：「通通都是這些基本的法則，如果你不屬這一類，就一直不能做那些事。」

這並不代表要減低個人偏見與歧視的影響力（可能造成個人的痛苦），或者歧視只是單方向的（譬如只有白人歧視黑人）。歧視與偏見可能來自四面八方，甚至來自社群自己本身。然而，在我們的社會中，跨族群或族群內以及個人的偏見造成的負面影響，遠不及制度上的種族主義以及其他制度上的歧視影響來的深遠。

我們就以學校越來越普遍採用的測驗形式來描述制度種族主義。

有色人種學生（*students of color*）和貧窮的學生，可能會因為他們在標準測驗上的成績而被貼標籤。然而，真正讓這些學生處於劣勢地位的，可能並非那些帶有歧視眼光的老師；實際上，有些教師可能會很喜歡這些學生。真正將這些學生放在爲難處境中的原因是：因爲他們被貼標籤、被安置在後段班、受學校教育的機會，甚至可能因爲他們在正式測驗中的分數而無法拿到高中文憑。在這種情況下，這是制度－學校的制度和測驗的方式才是最主要的隱藏殺手。

那麼，偏見和歧視就不是性格或者心理現象而已；它們也是經濟、政治以及社會權力的體現。制度上對於種族主義的定義並非容易接受的；因爲在我們的國家，嚴重地違反平等與正義。根據 *Beverly Tatum*，「了解種族主義爲優勢的一種制度是對『具正義』，但又以個人成就爲封賞的美國社會的重大挑戰。」種族主義如同機關式的制度意味著有些社群得利了，而有些則是失利了。無論他們想要與否，白人和男人總是在種族主義的社會保護下得利。歧視幫助了某些人－那些最有權力的，所以爲什麼抗拒種族主義、性別主義仍是延續著。

根據國際有名學校整合（*school desegregation*）的專家*Meyer Weinberg*的看法，種族主義是特權也是懲罰；亦即，有些人因屬於某些社群而非個人聰明才智或成就，而在住宅、教育、就業、健康等方面受惠。他寫著，「種族主義含有兩個面向：第一，傳承世襲來的優越或自卑感，亦即天生就具有的。第二，接受分配的好處和服務－違論尊重－與不平等價值的連結。」討論種族主義本質時，他進一步闡釋，「種族主義是群體性的。受歧視者可能隨波逐流，但他們非始作俑者。」由此觀點出發，*Weinburg*認爲「制度種族主義的沉默」與「個人種族主義的聒噪」其實是互相依存的。有時很難區分種族主義的層次，因他們層層相扣。根據*Weinburg*，最重要的是要能夠了解白人優越感是種族主義的根源。

美國學校種族主義延續的歷史

如同制度一樣，學校反應大社會的現象。因此，在學校觀察得到的種族主義與在住宅、就業與其他罪犯正義制度上的種族主義極端類似，也就不足爲奇了。學校中的顯著種族主義可能較往昔少，但是種族主義並非僅存於學校隔離或辱罵種族的情形而已；其實也存在於能力分班、對學生的低期待水準與資源缺乏的學校中。

種族主義和其他形式的歧視－尤其是性別主義、階層主義、族群中心主義、以及語言主義－在我們的學校已經有很久的歷史，而他們的影響也非常的廣泛長久。其實就教育方面最令人憎恨的歧視，譬如在十九世紀對於非裔美人以及美國印第安人的政策。比方說，教導黑人閱讀在法律上是犯法的，而這後來就變成黑人自我進行顛覆活動的方式。其他外在的歧視形式包含設定法令，而按學生的種族、族群、或性別將他們隔離；這就像對非裔美國人、墨西哥裔、日裔、與華裔學生對女性學生的政策，或者強迫美國裔印地安人去寄宿學校（*boarding school*）一樣。這些社群從因說母語而被處罰的種種壓迫中，被迫強勢文化。這樣的事實又提醒我們美國教育史上不平等的辛酸。

很不幸地，現在學童面對的歧視並不是只有過去的而已。學校政策與實務層面上仍然具體地歧視很多學生。許多的研究報告指出，有大部分的有色人種學生，仍然因爲種族和社會階層而被隔離；而這情況卻每況愈下。實際情況是，所有族群的學生在過去30年來，越來越少與不同背景學生產生互動。在民主運動的催生下，全美國的學校制度真的偏向學生統合反隔離。但是，在反隔離制度的實施失去有力與創新的做法－「白人飛遷」（*White Flight*）[1]，而造成二次的隔離型態。由於貧窮的社區能供給的資源比較少，社經地位較高的社區則有較豐富的資源，因此常常造成被隔離的學校分配到的經費較少，所以隔離在學校制度中最後都導致「隔離卻不平等」的結果。

---

1. 只要黑人/有色人種逐漸搬入某一社區，該社區白人因無名地恐悔「受染、受害」，而搬離該地區。

這裡也常常導致學生由於他們的社會階層、種族和族群，而與其學校教育品質而有所差異。除此以外，學校提供給有色人種學生的課程傾向於簡易，而比他們提供給白人學生的層次低。同時，貧窮地區的教師往往比教育歐裔美籍和中產階級學生的素質差。雖然如此，甚至在這些學校中知道多少以及老師做什麼，有很大的差別。*Judith Langer*最近的研究中發現，國高中學生在閱讀、寫作、和英語能力與教師的學識有正相關。他發現，有些在貧窮地區學生的語文能力比類似地區的學生好，其主要因素是教師的經驗和學識。即使如此，有些整合學校的學生卻因為能力分班的關係，而再次被隔離了。因此，整合學校本身並不能保證教育的公平性。

學校中種族主義與歧視的體現

種族主義和歧視在許多學校實務和政策中，都可以觀察得到。學校政策使得有中輟之虞的學生處境更加困難。譬如，研究已經顯示有些政策對於非裔美籍、拉丁裔與美國印地安學生有特別負面的影響。另外，能力分班以及正式測驗也有相同的影響。

有時候從學校看似中立的政策與實務，或者個別老師的行為很難分辨是種族主義或者歧視。*Ray McCermott*將上課情形錄影下來，他發現，這位白人老師給予白人學生關心的眼神，比對黑人學生來得多。這位老師的行為是種族主義的結果嗎？還是由於文化和溝通模式的不同呢？或者是師資培訓課程不夠好呢？

*David*和*Myra Sadker*在他們的報告中，引用學校中許多有關性別主義的軼事，而持有相同的疑問。他們發現公平認真的老師對待他們的女學生，與那些和男學生互動頻繁，卻跟女學生少互動的男老師有顯著的差異。因為男孩子積極參與會受到老師們的讚賞，而女學生就變成教室中的隱形人。就女孩子這個社群而言，她們不是因為她們的規律被挑選出來受到讚賞的，而只是被期待要專注與被動。這是因為固有的性別主義嗎？還是老師根本不清楚這些行為可能對男女生在不

同方面可能有不良的影響？

另外一個很難從個別教師的行為來分辨，是種族主義或者是中立性的做法，這可由*Patricia Gandara*的研究來了解。她發現50個低收入而有高成就的墨西哥裔美國人，不是白皮膚就是長得像歐洲人；只有幾個「在膚色和外表上看起來像典型的墨西哥人。」難道這代表著學校老師因為他們而白皮膚的對他們比較好嗎？學校老師假設這些白皮膚的學生比較聰明嗎？

這些問題很難蓋棺定論如何才有可能，使制度上的種族主義以及老師的偏見對那些參與研究的學生有負面的影響。然而，這些結果非常地明顯。*McCermott*指出黑人學生必須花三倍的努力才能夠得到老師同樣的關懷與照顧。*Sadker*和*Sadker*的報告也指出：女學生無法得到平等的教育，常常是因為他們的性別而非他們個人的天賦或缺陷。*Gandara*也指出，白皮膚的學生比黑皮膚的同儕能從學校教育中受惠。

因此，種族主義和其他形式的制度歧視，與學生的教育成敗很有相關。非裔美國人、拉丁裔、美國印地安人以及貧困學童的表現持續低於同年級的，中輟人數也多得多，而他們上大學的比例也遠低於中產階級和歐裔美啊一人的同儕。有兩個例子可以具體說明這種現象。非裔和拉丁裔的學生在資優班的人數，長久以來都低於他們學生人數的比例；其實他們和白人學生一樣的優秀，但他們可能只有一半會被安置在資優班。更令人困惑的是，那個研究也發現白人老師多的學區，少數族群學生安置在特殊教育班的比例就多得多了；而白人學生在特殊教育班的比例卻不受教師種族背景的影響。在另一個例子中，拉丁裔學生中輟的比例比任何族群來得高；有些地區甚至高到80%。要了解這怪現象，我們可以想像：有一個學校，100個學生當中就有80個人都無法順利畢業。這種情況中產階級和富有的社區絕對很難接受；但是在貧窮的學區卻是屢見不鮮。不過，如果教育的失敗只是因為學生的背景或者其他社會特質，那麼，就很難解釋為什麼來自類似背景的學生，成就有很大的差異。譬如，*Joseph D'Amico*就發現主要是有色人種學生和貧困學生的學校，學生之間的學習成就差異似乎就

縮小了。那是因為這些學校的老師能力強、認真負責、並對所有的學生有高期待；整個學校強調高成就，而學校的課程也具有文化敏感度以及挑戰性。

學校的架構，在組織和目標上都有性別主義的傾向。大部分的學校迎合白人男性學生的需求；也就是說，學校的教學與政策設計對白人男性學生最有效的課程、教學技巧、學習模式、與學習環境等等，而忽略女性學生或者有色人種學生的需求。這些對於女性學生的歧視，助長了女性學生不如男性學生的看法。事實上，高成就的女性學生很少得到老師的關注。

*Bruce Biddle*最近出版的書也顯示社會階層的歧視，仍然彌漫在公立學校。*Jean Anyon*也發現，不平等的學習機會對於低收入學生的學業成就有很大的影響，而這可能影響到他未來的人生規劃與選擇。借用龐大與無數的研究資料，*Anyon*總結，「職業、薪資、和住宅區的差異加強政治經濟的懸殊，而對教育不平等有最重要的影響。」此外，學校對女同性戀者、男同性戀者、雙性戀者、跨性別者（*LGBT: lesbian, gay, bisexual, transgender*）很不友善。*Human Rights Watch*這份刊物報導，*LGBT*這些人受到語言、肢體和性騷擾很普遍，但是很多老師和行政人員卻無法有效地處理這些問題。

也就是說，潛在課程中（非刻意的課程）隱晦和不是那麼隱晦的訊息意涵，對學生可能都有一定程度的影響。這些訊息可能對學生是正面的（譬如，期待所有的學生都能有良好表現），或者負面的（譬如，有些背景的學生是無法達到專業水準的）；即使這個詞常常帶有負面的意味。*Jean Anyon*已經大量紀錄這些學習如何傳達給學生。事實上，他發現學生學業成就上的差異，主要是因為：學校類別、在校時間、學生接受的課程與教學，以及社會對他們能力上的期待與信心。

學校不但沒有消弱社會階層的差異，反而加強複製。*Sameul Bowles*和*Herbert Gintis*在二十多年前分析社會階層在學校教育的影響就提到了。他們比較學生父母的教育程度和社經地位發現，社經地位高的社群教育程度就比較高。他們結論，學校或學校教育本身

根本不一定就會幫助貧困學生有社會流動。更經常發現的是，學校教育本身保留並且強化這些社會階層的分化。令人悲哀的是，如同*Jean Anyon*、*Sameul Bowles*和*Herbert Gintis*等學者所發現的，這些現象仍然存在。

無論是有意還是無意，種族主義、社會階層主義以及其他形式的歧視，在學生接受到的教育品質很明顯地看得出來。基於種族和階層而來的歧視，可以在資源分配上一目了然。*Jonathan Kozol*十年前就明顯指出公立學校經費上的錯誤是，學校所得的經費直接跟學生的社會階層和種族有關係。儘管在*Kozol*的研究發表後有些學區改進了；但是，那些郊區富有學生的學校仍是都會貧窮學校經費的十倍。

對學生歧視的結果，當學生有機會談論他們接受的教育時，聽起來更令人心酸。例如，*Mary Poplin*和*Joseph Weeres*的研究就披露在學校裡發生種族主義的例子。在波士頓和我一起從事研究的高中教師*Junia Yearwood*，就決定親自了解學生在校的經驗，於是請學生寫下兩個問題的答案：「學校老師對你說過最好聽的話是什麼」，以及「學校老師們對你說過最難聽的話是什麼」。透過他的研究，這些話語提昇也能夠破壞學生對學校的態度。*Junia*寫著：

> 學生提供被羞辱的經驗並不缺乏。他們描述，老師常常罵他們「笨」、「慢吞吞」、「肥」、「無知」、「啞巴」、「阿飛／小流氓」等等。老師也常不屑地說，「你們不會有什麼成就的啦」、「閉嘴」、「你甚至沒有辦法通過考試」、「即使你努力讀書，也過不了關的」、「那是很笨的答案」，以及「你是最差勁的學生」。一個學生透露他考試不及格時，老師對他說：「我並不感到驚訝。」另外一個學生也說，有位四年級的老師曾說：「我應該把你放在幼稚園的。」有個學生更說他的老師早就對他說，再過一、兩年，他不是一命歸天了就是在監獄裡。

在東北地區的一個貧窮高中，*Karen Donaldson*發現，接受調查的學生中有80%表示，他們曾經歷或目睹過種族主義以及其他形式的歧視。*Karen*表示種族主義主要在三方面對學生有重大的影響。當白人學生覺醒到他們的同儕受制於種族主義時，他們覺得有罪惡感或者

羞愧；有色人種學生有時候覺得他們需要加倍努力，並且得有份強烈慾望來證明他們和白人同學是平等的。另外，有些有色人種學生他們的自尊嚴重受到打擊。不過，自尊是個很複雜的議題，包含了很多的變項。自尊非凌空而來，而是在特定的脈絡中發展出來，並且是依情況而定的。學校教師與學校對於學生負面自我形象的影響，絕對不能低估。*Nitza Hidalgo*研究中的*Lillian*那位年輕高中生就表示，「學校老師常批評我們是屬於沒有自尊的那類型，他們就是貶低我們的那群人。這也是我們的自我形象那麼低的原因。」

速寫

Kaval Sethi

*Kaval Sethi*是個高中生，而她的姐姐則是大學三年級的學生。他們兩人都是父母從印度移民到美國之後，才出生長大的。他們住在紐約長島（*Long Island, New York*）郊區的高級社區。*Kaval* 從幼稚園就在同一個學區上學。他在前段班（*honor classes*）的平均成績是3.7；另外，他也選修四門跳級的課程（*AP，Advanced Placement*）。*Kaval*積極參與學校的社團，包含數學社以及爵士樂團。在社區裡，他參與印度錫克教徒膜拜（*Gurudwara*），並且在廚房裡當志工。除了第一語言英語以外，他也會普加比話（*Punjabi*）和印度話（*Hindi*）。*Kaval*是錫克教徒（*Sikh*）；他帶著頭巾（*Dataar*），留著信仰錫教徒該有的鬍子。這些林林總總的使他在外表上特別突出，有人因而嘲弄他。

*Kaval Sethi*在訪談中提到他在社經地位享有的優勢，但是卻由於宗教而被邊緣化。*Kaval*坦承地討論在2001年911事件後，錫克教徒面臨的挑戰。

我是印度裔美籍，錫克教的認同對我來說相當重要。我喜歡留著鬍子、包著頭巾，也不剪頭髮。錫克教義界定我的行為與道德觀。當我說我是印度裔美人時，那是我文化的認同。我的文化特質、食物、朋友、

做的事等等，其實都很印度。不過，我融入了許多美國價值觀。

錫克教義對我影響深遠。我是錫克教徒，而我的宗教禁止我理髮。我希望每個人都能知道我是錫克教徒；我有和其他人不同的地方。我是你們文化的一部分－但是我也有差異處。

我最近去了印度。他們的生活方式和我沒有太大的差異：那兒的生活比較艱辛；科技不太發達。我住得很舒服。在那兒，他們知道你是外國人，而你也知道自己是老外。我了解到在美國別人看我的眼光不同。在印度則無此類感覺，他們不覺得你有什麼不同。可是，當你開口跟美國人說話時，他們馬上就知道你是美國人。

我父母辛勤工作才有今日的成就；一切得歸功於他們的教育。他們認為教育很重要，我也知道；但是我不認為高中教育有什麼重要性。家父移民來時才17歲，他上紐約的大學。家母則是與家父結婚後才來美國的。他們努力才有今日的成就。他們由生活中學到不少東西，而不單賴學校教育而已。基本上，從我的家人，我學到道德觀念。我父母教導我做人要有強烈的道德觀與行為。

有些人很注意錫克教徒在學校的情況。我相信那是因為他們把我們的宗教和回教搞混了。我們不是回教徒。這些人把我們當做恐佈份子。在學校，有些人問我：「你是回教徒嗎？」我回答不是。不是很多人了解錫克教；我想那是世界上第五大宗教。

在美國的白人不需要去面對錫克教徒才有的問題。兒童時期就有很多不愉快的經驗。有些小孩嘲笑我，因為我跟他們不一樣。他們常常辱罵我。不會嘲笑我的小孩，我就會跟他們玩。當人們了解以後，就不再戲弄我了。

錫克教徒會被挑出來，是因為他們包著頭巾。我是班上唯一包頭巾的學生。911事件後，有些人好像有點歧視我，因為錫克教徒包著頭巾留著鬍子，看起來很像賓拉登（Osama bin Laden）。所以，有些人憎恨我。不過，很快就平息了，因為他們了解我是錫克教徒，不會傷害他們。

無庸置疑，我的英語和社會領域老師對錫克教一定不陌生；而我的數學和科學領域老師就不太有概念了。不過，他們倒是問了些問題。幾年來，數學和科學領域老師已問很多問題，而我也一一回答了。我的老師大部份還算公平；……但是部份老師則對我有偏見。我要他們了解我的宗教；一些基本的。如此，我們才能有關聯。假如和他們有了關聯，我就可以對他們更開放，讓他們更了解我。

我喜歡音樂，我作曲，也吹喇叭。我喜歡研究經濟、商業和科學。大學時說不定主修生物。我喜歡探討環境問題。我加入環境行動委員會

（Environmental Action Committee），很重視保護環境。我也很愛好爵士音樂。

當我去寺廟朝拜時，我盡量幫忙。聚會後，我會幫忙清理工作。我喜歡幫忙我做得到的事。

現在我有自信了。幾年前，我很閉塞；非常依賴。……我想做啥，就做啥。很高興，我能做到今天的樣子。

評論

由於被誤認與伊斯蘭教/回教（*Islam*）有關。錫克教徒，特別是男教徒，已經成為反穆斯林教徒/回教徒（*anti-Muslim*）與恐外症者的箭靶－錫克教美國人已遭受言語和肢體上的攻擊。許多棕皮膚的人在911事件後得忍受對他們的仇恨與威脅。但是，錫克教男性與回教女性由於頭巾，他們外表就更加明顯，以致成為恐懼與仇恨的標的。*Kaval*覺得大部份的老師沒有歧視，但是，他希望教師們能夠比較敏感，並透夠私人的對話或課程來討論以上提到的議題。

種族主義、歧視與沉默

那些害怕討論種族的教師常常無意間透露出歧視，讓問題更嚴重。結果，學校就不討論差異性的議題，尤其是種族問題。這就得由師資培訓開始。*Alice McIntyre*訪問在貧窮地區實習的女性老師，以瞭解他們白人主義與教學理念的相關性。她發現，這些職前老師不願談論種族主義或個人團體在詮釋上扮演的角色。反而，他們使用*McIntyre*所謂的「白人言論」（*White talk*）：能夠避免白人，以個人或團體身份檢視種族主義問題的言論。由於他們將學生當作貧窮與父母疏於照顧的受害者，因此就扮演「白人騎士」（*White Knights*）來保護他們的學生。這些想法與行為就是否定種族主義存在的例子。

沉默與否定種族主義在這些實習教師成為正式教師後情況沒有多

大的改變。*Karen Donaldson*在她追蹤的研究中發現很難找到願意參與反種族主義的教師，因爲大部份的老師沒有意識到（或者認爲不願去了解）學校中的種族歧視，以及這些偏見可能影響學生的學習成就。*Julie Kailin*在「自由湖景」（*Liberal Lakeview*，化名）的研究中發現，大部份的教師對種族主義都實踐*Kailin*所謂的「殘缺的覺醒」（*impaired consciousness*）。亦即，大部份的教師認爲種族主義不存在或沒有影響，而將種族主義的迫害歸諸於黑人本身。甚至在某些個案中，即使有位白人教師打破沉默同情學生，也不敢挺身而出抗拒種族主義。在另一研究，*Julie Wollman-Bonilla*發現在她的兒童文學課程中，有很多學生表示，他們拒絕使用有關種族和種族主義的書籍。無論是爲了保護學生遠離社會現實或者維持某些社會迷思，*Wollman-Bonilla*歸結，很多教師缺乏呈現不同於主流觀點的勇氣。結果，他們的角色變成持續現狀，而非挑戰不公平與不正義。這種極端態度在*Ellen Bigler*的研究中表現無遺：有位服務於有眾多波多黎各裔小鎭的圖書管理員表示，他們不建議購買有關拉丁裔經驗的書籍，因爲可能會干擾到他們身爲「美國人」的認同。

雖然學校立志於公平與多元性，可是也無法避免沒有正視種族主義的問題。這是*Kathe Jervis*探討紐約市一位高中教師的公平與多元性原則。

雖然*Jervis*原來並不想專注於種族議題，但是，她卻發現很多老師很奇怪地對此類議題噤聲。*Jervis*結論，「即使是注意個別學生發展的『最好』學校，白人的盲點就使他們無法注意學生的觀點與認同。」很不幸地，不討論種族主義並不代表它就會消聲匿跡。你將從*Linda Howard*和她的英文老師*Beson*先生，開放討論種族主義和其他偏見中了解到。種族主義、社會階層主義與其他形式的歧視，造成不利於很多學生的學習環境有關鍵性的角色。

對學生成就的期待

很多研究專注於師生互動，尤其是教師期待。*Robert Merton*在1948年創造的「自我實現的預言」（*self-fulfilling prophecy*），代表著學生依據老師的期待水準來發展表現。學生的表現與教師對於學生的價值、智力與能力的內在和外顯評價有關。這辭彙一直到1968年*Robert Rosenthal*和*Lenore Jacobson*的研究才漸漸受到注意。在這研究中，一到六年級學生的某些班級接受非語文的智力測驗（「影響學習的哈佛測驗」「*Harvard Test of Influenced Acquisition*」），研究者宣稱可以評量學生智力發展的潛能。以亂數選擇20%所謂在「智力成熟」（*intellectual bloomer*）的學生，並將這些學生姓名交給老師。雖然這些學生的測驗分數與他們的潛能無關，但教師卻被告知需要特別注意這些學生的智力發展。總括來說，這些學生，尤其是那些低年級的，在該學年於*IQ*方面比其他學生獲益多。他們也被老師評為是比較有趣、具好奇心與快樂的，並且被視為未來成功的可能性較高。

*Rosenthal*和*Jacobson*有關教師期待的研究在教育圈引起波瀾，而其爭議至今仍存在。從開始，贊成與反對的聲浪都有。可是，老師的期待與學生學業成就的影響，卻第一次受到重視。在這個研究之前，學生的學習成就低落完全歸諸於個人或者家庭因素。現在，學校教師的態度、行為以及在學校學習過程中的複雜性，也必須列入考慮。換句話說，對於那些貧窮以及有色人種之類的弱勢學生的教育有很大的啟示。

*Ray Rist*有關學校教師期待的早期研究也需要提出來。這一個前所未有的研究中，他發現幼稚園的老師在開學的第八天就將全班學生分類。當採訪到這位老師如何分類的時候，*Rist*已經注意到，那位老師已經粗略地建構學生的「理想類型」，而這被分類成參與他們的社會階層有關係。在學年末的時候，那位老師對於「聰明」和「學習遲緩」學生的差別待遇就相當明顯。「聰明」的學生受到教導的時間比較長、比較多直接鼓勵的行為，以及比較多的關注。師生之間的互動模式就像「種姓制度」。經過其他教師三年來的類似行為模式，*Rist*

發現那是對於不同社群的行為影響學生的學習成就。換句話說，那是自己本身創造了班上「學習遲緩」的學生。

　　*Rist*的一個研究，所有的學生和老師都是非裔美籍；雖然他們來自不同的社會階層，但是不論他們的種族是什麼，似乎所有貧窮與勞工階層的學童身上都有類似的結果。如果認為他們的學生「愚笨」，這就可以讓他們合理化，給予重複練習就可習得的簡單技巧，以及只需要記憶較低層次的功課與學習內容。學生對這些訊息不得不接受。在另外一方面，*Diane Pollard*發現，當非裔美籍學生感受到學校教師與行政人員的關懷與幫助，他們的學業表現就會提高了。

　　有些關於教師期待的研究已經相當老舊。隨著我們學校的多樣性，雖然我們可能還以為這些研究已經不切實際，但是，仍然有許許多多的例子說明教師對學生的低期待水準。實際上，*Rist*在1970年發表而在2000年再版的書籍中指出，有關對於非裔美籍年輕人的教育實況，30年來並沒有多大的改變。對*Rist*而言，膚色以及社會階層的不公平，其實造成了「表面說詞和實際的美國社會有極大的落差」。他總結：

　　當這些引人深思的現實與膚色與社會階層相關時，美國的學校似乎比較傾向隨波逐流，而不是設法轉換。這是我們不想學習的課程。

　　*Francisco Rios*強調這個問題。*Rios*在中西部的市區學校研究老師如何應用到他們的政策和原則帶領多元文化的班級。在參與研究的16個老師中，他發現大部份的老師對於他們學生的評價都是負面的。更進一步地說，他們沒有一條教學原則是專注於學業成就的，而只有一位老師提到他的學生想要好好地學習。

　　當我們了解這些信念對於學生的影響之後，這些發現特別讓我們難以安心。我們的學校越來越多元，而這些問題也越來越嚴重，因為有很多老師對於他們學生的背景一無所知。因此，老師們可能會認為學生的認同是有問題的。這個結果是由*Bram Hamovitch*在一所為中輟之虞學生所提供的課後輔導的民俗誌研究發現的。*Hamovitch* 總結，那個課程沒有達到引起學生學習動機的目的，因為「暗示學生厭惡他

們自己或者自己的文化。」

然而，老師對於這些不同背景學生的觀感，其實早在他們成爲老師之前已建立。*Kenneth Zeichner*利用探討相關文獻的方式發現：教師幾乎都是白人並且是單語的，而他們把學生的多元文化背景視爲問題。同時他也發現，有教學效果的老師最普遍的共同特質是：相信他們的學生是有聰明才智的學習者，並且能夠將此理念傳達給他們的學生。*Martin Haberman*也有類似的結論。最重要的是，他發現成功的老師不會將學習的失敗都歸諸於學生，並且他們一直都對學生有高期待水準。*Rich Miller*的個案也提供了其強而有力的證據。根據*Rich*的說法，如果是白人學生比較多的高中，那麼標準相對的就提高了。*Rich*下了這樣的結論，並不是因爲他覺得白人學生比較聰明；而是因爲白人老師並不會像敦促白人學生一樣地去敦促黑人學生。另一方面，「黑人教師的期待比較高，因爲他們知道教師的期待可能產生的效應。」

當學校教師有高期待水準時，又會是如何的情況呢？有個非常有啓示的例子說明，對於學生的期待會有正向的影響。*Rosa Hernandez Sheets*重新評估五個說西班牙話，但在西班牙課中被當掉的學生，而把他們放在所謂的「前段」班；他們雖被當掉過，卻通過前段班的西班牙語考試。一年以後，他們通過大學先修班說的西班牙文學考試。在三年間，*Rosa*改變教學策略的結果，曾經被貼標籤爲「中輟之虞」的拉丁裔學生，卻能夠表現得跟前段班一樣好。在波士頓地區的托兒所老師*Cynthia Ballenger*的研究也有類似的發現。如同*Ballenger*自己所說的，「剛開始，我認爲這些孩子是有缺陷的，並不是我認爲他們或者他們的背景是有缺陷的－我堅決反對這樣的觀點－其實，是因爲我沒有辦法看到他們的長處。」藉由他對學生以及學生家庭的研究，*Ballenger*記錄他的信念、教學實務上如何改變，以及開始去欣賞學生並帶出學校的活力與經驗；而這些是他以前沒有看清的。」

貼標籤在這種情況是個關鍵。在相同的案例中，*Ruben Rumbaut*發現，學生的自尊與他們在學校如何被看待是有關係的。他發現學生的自尊會因爲被貼爲「有限英語能力」而降低。如果看似中性的詞彙

有如此的殺傷力，那麼，其他負面的標籤無疑地就會有更大的影響，而不見得需要有明顯的標籤化。根據Claude Steele的看法，最基本的問題是這些造成學生低成就的「刻版印象威脅」，持續瀰漫在我們的社會和學校中貶低黑人和其他有色人種。學校中，歧視通常透過師生互動時有傷害性的態度。Steele繼續說明，「美國的教育假設黑人學生需要補救教學，或者需要多花時間在學科上來彌補背景上的缺陷。」Milbrey McLaughlin 和 Joan Talbert對全國的高中的廣泛研究發現，很多老師應付「非傳統」學生的方式就是降低他們的標準，並且簡化課程。其次，這些老師還將簡化課程的原因歸罪是學生的問題，這在後段班或者學習效果較差的班級非常地明顯。另一方面，那些修正課程卻不降低期待水準的教師，即使面對那些社經地位弱勢的學生，也會努力去建立良好的師生關係，並且達到學生的需求。

雖然弱勢的學生可能是問題之一，但是Steele辯稱，即使有充分的教材資源、適當的學業準備和重視教育的培訓，黑人依舊表現低落。為了證明他的觀點，他拜訪了許多能紮實提升黑人學生學業成就的學校，但學生的種族、文化、學習傾向或社經背景的弱勢則不討論。結果有什麼差別呢？這些學校基本上只把學生當作聰明有能力的學生。Steele結論，「刪除污名提升黑人的成就，可能是污名化讓人沮喪的開端。」

有關老師期待影響學習成就的研究並非沒有爭議性。第一，他被批評為不需要的降低主義。因為長期下來，教師所做的比他們期待的更重要。第二，教師期待本身以及相關的研究，開啟教師必須對學生的學習成就負起所有的責任。這些可能都是不切實際，而且對學生的學習成敗沒有完整的解釋。譬如，Rosenthal和Jacobson的研究常常對教師較不尊重，而且研究的道德問題也應該考慮。責怪教師只為複雜的議題提供簡單的解釋，但卻忽略教師們有時候也是相當無奈，他們握有的權力是相當少的。

當然，總是有教師對某些特定背景的學生期待低，最糟糕的情況是，他們沒有文化敏感度而且是種族主義者。可是，將教師期待放在影響學生成就的中心點上，而把所有的罪過完全歸諸於那些十分疼愛

學生，並且每日掙扎著如何幫助學生的優秀教師可能欠妥。使用教師期待這個詞的時候，把學校和社會對學生成敗的責任抽離了。也就是說，教師、學校、學生、社區與社會的多重互動失敗了。

至於低成就反應社會的期待，不只是教師對貧窮、勞工與弱勢族群學生期待低而已。對於布希總統(*President George Bush*)而言，當他在競選總統的時候，拜訪了位於東洛杉機的 *Garfield*高中－該校雖仍有貧窮與歧視的問題，但因*Jaime Escalante*和其他教師戮力而眾志成河，上大學的人數破紀錄。布希總統沒有強調上大學不是夢，他反而強調要成功不一定要上大學。這學校學生幾乎都是墨西哥裔，他告訴他們：「我們需要很多人來蓋大樓。我們需要有人來做那些需要勞力的工作。」我很懷疑，他是否會對附近的比佛利山莊高中（*Beverley Hills High School*）學生致同樣的辭。對學生期待的話語應該是相反的；而這樣鄙視的話語，竟然是宣稱對所有學生公平的政府最高階層所呈現的。

雖然這事件發生於10多年前，這種思想卻非只是過去的遺跡。在2002年，紐約州法庭裁定紐約的公立學校應幫助學生到八年級，使學生可得到「紮實的基礎教育」。這「破天荒的里程碑」裁決是推翻2001年經費分配偏袒郊區富有社區，造成不公平的現象。*Alfred Lerner*法官紀錄大多數的法官對2002年的案例看法是：「讓國民獲得就業、投票與擔任陪審團能力的培養，應該在八到九年級階段。」雖然*Lerner*法官承認，如此教育只可能讓這些學生日後從事最低薪資的工作，但他補充，「社會需要很多從事各類行業的人，而大部份的人可能都是從事比較低階的。」有人會想是否*Lerner*法官會要他的孩子得到相同程度的教育，或者他會認為如此的教育對他的下一代是公平的。

多樣性與歧視的錯綜關係

不平等常藉由學校政策與教育來強化。因此，制度化的種族歧視

和其他偏見在學校與大社會中相當明顯。就拿語言爲例。入學時還不會說英語學生的表現，與社會如何看待他們的母語或者學校提供的課程有密不可分之相關性。每個課程－無論是英語爲第二語言（*English as a Second Language, ESL*）、英語浸濡課程或者雙向雙語課程的基本理念，都對學生的學習成就有很大的意義；如在第六章可見的。結果，每個取向都對少數語言族群的學生有深遠的影響。但是，語言和其他的差異並非獨立於社會與教師的觀感中；學生的族群背景、文化、母語、與其他制度化的歧視、學校實務和教師期待等等因素之間的關係，其實是錯綜複雜的。

社會階層在差異與歧視的複雜關係也有影響。儘管我們的社會堅信人人有機會向上流動，不過，由於美國經濟不平等的情況比世界任何富裕國家嚴重，社會階層主義仍是個殘酷的現實。譬如，美國最富有的20%人口卻握有全國80%總收入，可是卻謊稱美國是個沒有社會階層的國度。以家庭收入和社經狀況懸殊的事實，其實學校表現和教育實現的緊密關係，也就不足爲奇了。此外，社會階層的不平等在少數族群學生之間更嚴重。雖然有9%的白人學生很窮困，但是約有四分之一的拉丁裔和黑人學生生活拮据。可悲的是，很多教育學者接受社會階層主義－貧窮是造成學業低落的原因。

貧窮可能對學習成就有破壞性的影響。另一方面，雖然貧窮對學生的學業成就有影響，但是如果將貧窮與失敗劃成等號，那就有問題了。*Denny Taylor*和*Catherine Dorse-Gaines*說明，貧窮本身不是學習失敗的合理解釋。他們研究都會貧窮區的黑人家庭，*Taylor*和 *Dorse-Gaines*發現有很多學業表現優異的學生。他們發現這些學生努力不懈、上榮譽榜並對學校有正面評價。這些學生的家長讓他們的子女有學習動機、對教育抱希望、有願景並且把識字和語文能力當作生活的一部份－儘管在家庭有變故、無糧食等險惡困難的環境中仍須抱有相同的心境。

爲了避免我們期待所有父母都能夠像英雄克服萬難，幫助其下一代個個都能光宗耀祖，我們應該指出，父母無法控制他們的運氣。因此，在貧民區製作榮譽榜的意義和重視學業表現的學校不同。我們也

應該問問父母給他們的孩子什麼功課：只是抄寫還是有批判思考的呢？那麼，學校社會政治脈絡大不同，社經情況也不平等，而這些並非家長能獨立改變的。所以，學校應該負起部份責任設法創造有利學生學習的環境。譬如，*David Hartle-Schutte*深入研究四個可能被列為「中輟之虞」的納飛荷（*Navajo*）學生，結果發現，他們的文化與家庭背景重視語文能力。可是，學校卻沒有以他們的語文背景為基礎，培養他們有良好的閱讀能力。這些例子說明家庭背景，已不再是學生學習失敗的唯一藉口；而且貧窮雖是弱勢，但卻不是不能跨越的障礙。我們需要再次指出，貧窮與有色人種學生的社經情況常被作為學習低落的合理化原因。可是，*Janine Bempechat*建議，如果了解為什麼這些少數族群、貧困或有其他障礙的學生如何成功，可能比較有建設性。探討高低成就的學生，*Bempechat*發現，所有族群的成功者都堅信努力是必要的。她結論說，成功並非因為能力的問題，而是是否有意願去嘗試。如果學生沒有能力，那任何的努力就比較沒有意義了。

事實上，低成就的主要因素是：對低社經地位與不同族群背景的學生學習資源分配不公平。比方說，對於學生是否能有合格教師最困擾的問題是：教育貧窮與少數族群的教師能力比教育中產階級學生的差，而人數也越來越多。此外，在貧困學區的不合格教師是富有學區的兩倍，有時候他們只有富有學區的緊急或暫時代課的教師資格。

雖然，理想上在美國的教育以民主、自由與機會均等的「民主」價值為基礎，以上例子說明實際上尚未實踐。歷史上，我們的教育制度提議我們必須要打破階層，提供均等教育。*Horace Mann* 認為教育應該是「偉大的公平者」；可是，如同許多教育史專家提出的，學校主要的目的變成不公平的，以控制混亂的大眾。因此，公立學校的教育目標常是令人困惑混淆不清的。

在美國，公立學校教育是在十九世紀時成為義務教育；而在二十世紀初，由於杜威的教育哲學而成為民主的表現。在他的烏托邦世界中，教育是解決不平等的途徑。然而，長久以來，學校卻成為將不同背景學生分類的主要機制。杜威的理想主義以及學校不公平的矛盾現

象，迄至今日仍然存在。杜威關切的教育平等問題，在今日透過立法來做到反隔離和無性別歧視的教育。然而，在政策與實務上仍然偏袒某部分學生，包含經費分配不均、能力分班、種族族群社經地位的隔離與不公平的測驗。結果，學校常常成為衝突的戰場。

種族也是造成讓某些學生享有特權的因素之一。*David Tyack*研究確定教育均等的目標並不新奇，可是種族的問題則是關鍵。他補充說明：「試圖保留白人優越與達到種族正義，已經在教育政治上翻炒了許多世紀。」

在另一方面，這些致力於平等教育的鬥士並非束手無策。家長、學生、教師與其它的教育改革聯盟，幫助我們今日還能保有對教育的承諾。也就是說，學校不再是因為法庭下令的種族隔離，而性別平等教育是因為國會認為那是個好主意。在這兩個案例以及其他類似的，教育機會比較廣泛，那是因為有很多社會人士以及社群參與抗爭、立法等才帶來這些改變。

雖然在理論上，教育已經不再複製社會不公平；不過，至於反映民主的理想，我們知道現實不是如此的。我們的學校仍然無法提供給所有的學生公平的教育。學生的差異性、制度種族主義、歧視、老師的偏見而導致被期待水準、不公平的學校政策與實務等等其實都有一定的影響程度。

結論

專注於種族主義、歧視與低期待水準代表著，我們沒有辦法否認學生的家庭、社會經濟和文化種族背景對他們在學習經驗和學習成就的影響。貧窮能夠導致類似濫用藥物、暴力、其他社會疾病以及簡陋的醫療照顧、營養不良、基本的求生必需品與所有傷害兒童生命的種種情況。貧窮與家長無資源及經濟上的情況也對學生不利。

然而，責怪這些窮人與種族文化上的優勢社群來為這些教育問題負責，並不是解決社會不平等的答案。老師無能改變他們學生今日的

生活情況，可是，他們卻可以合作來改變社會，這些學生的偏見和學習障礙。雖然有些教師和其他的教育者偏向將學生學習失敗歸因於他們的家庭狀況和文化問題，但是，如同我們所觀察到的，種族主義與其他形式的岐視是教育失敗是個關鍵因素。

思考題

1. 假設你是高中老師，而你正在和你的學生討論教育的好處。這是你的兩難問題：*Horace Mann* 認為教育是「偉大平等者」的概念，已經被評為簡單而不切實際。同時，專注於種族主義、歧視、老師期待可能被批評為對學習失敗的成因太篤定，而導致學生對於他們的教育沒有願景。如何的態度才是適當的呢？你應該強調在我們的國家歧視有無窮盡的機會嗎？還是你應該專注於學生所能握有的機會，即使這些是應該屬於其他人的呢？試試看角色扮演，看是否能找到自己有利的說法。

2. 想一想你熟悉的學校，是否目睹過種族主義或者其他形式的歧視呢？那是否根據種族、性別、社會地位、語言、性別取向或其它差異呢？那是如何體現出來的呢？

3. 你會如何幫助有色人種學生「去污名化」呢？想一想在一些特定情況下的策略。

4. 對於教師期待的研究有一些爭議。回顧本章所提到的一些不同觀點。想一想你做學生時的經驗。描述你的老師的期待，對你的生活沒有任何影響的階段。

適用於個人、學校及社區改變的活動

1. 發展直接有關種族主義或者其他形式的課程。在低年級階段，你也許可以使用童書（譬如，*Children's Literature: An Issues Approach*

by Mada K. Rudman, 3rd Edition, Longman Publishers, 1995）。較高年級的，可以用時事或者個人經驗來引導。寫下對這些課程的省思。發展課程難嗎？執行呢？為什麼？學生的反應是什麼呢？你學到什麼呢？

2.觀察教室一段時間，看看你是否能找到潛在課程的例子。在你自己的教室有效果嗎？無論有意或無意的，學生選擇的訊息是什麼？做為教師，你又學到什麼呢？

3.在你的學校組織讀書會，以增進學習種族主義和其他歧視對教師和學生的影響。你們可以依時間彈性而定一週、一個月、半年、一年一次都可以。從本章的參考書目中選擇書籍、影片等的，並寫下對抗學校中各種形式的歧視。

● ●

個案研究

Linda Howard

「除非你是混血兒，否則你無法了解作為混血的是什麼情形。」

　　19歲的高三學生*Linda Howard*就讀的學校*Jefferson*高中，是波士頓的大型學校。多樣性的學生背景，包含非裔、海地裔、越南裔、柬埔寨裔、華裔、波多黎各裔、拉丁裔以及其他歐裔美籍學生。*Linda*是畢業生代表，新英格蘭地區的一所著名大學並且給她四年獎學金。她很期待大學教育。雖然她還沒有決定是什麼科目，她已經決定要上研究所，不是教育就是英語。

　　由於她的雙種族背景（她的父親是非裔美國人，而母親則是歐裔美國人），故常被認為是波多黎各或維德角島共和國(*Cape Verdean*)的混血兒；她不喜歡陌生人錯誤的揣測。*Linda*堅持她是雙種族或者多元文化身份的人，但這常常使她陷於困境；尤其是當她的朋友強迫她一定要選擇是黑人或者白人時。儘管種種的困難，她堅持她的雙種族認

同。她最好的女性朋友是波多黎各裔，而她的男朋友*Tyrone*則者是印度裔。

　　*Linda*的求學生涯也是一波多折的。她曾就讀明星小學*Tremont School*，表現優異。學校學生的背景各不相同，她很喜歡那所小學和一些老師。七年級和八年級的時候，由於意外事件，她錯過了很多課。在八年級的時候，她轉到現在的學校，就讀了兩年，成績也有長足的進步。即使她覺得*Jefferson High School*「太簡單了。」但是自此從那以後，她的表現一直都很優秀。大部分的學生是四門學科，而其中有兩門選修；可是，*Linda*每學期都選讀六學科。

　　老師們認為*Linda*是個資優生。她是個天生的歌唱家，希望日後能成為音樂家。她承襲父親喜好音樂的基因，雖然父親放棄了以音樂為職業。他們整個家庭都一起唱歌，而*Linda*被公認為是最唱得最好的－當她父親不在時。音樂給她最大的撫慰，並且激發她要盡力。除了她的音樂天賦，她在語言方面也很有天賦。她常常是寫詩來表達她的情感。

　　*Linda*和她媽媽、父親、一個哥哥以及兩個弟弟住在一個以非裔美人為主的中產階級社區。他的父親十四年前從政府提供給窮人的住宅(*housing project*)搬出，而在第二年買了第一間房子。*Linda* 仍打電話給那些老朋友，因為「那是我部份的社群、人生的一部分。」她的父母大部份都是專職人員。對於她的父親20年前開始在電話公司作線務員，她覺得很驕傲。她父親現在已經有白領階級的工作了，她的媽媽是人事管理員。

　　由於*Linda*外向並且很親切，她交遊廣泛。當她表現較輕佻的一面時，她和部分的朋友就會「晃來晃去、找帥哥、從窗外大叫『嘿！你呀，寶貝！』這就是我們混在一起的情況!」*Tyrone*是「最要好的朋友」。他們已經認識七年了；實際上，她15歲的時候就訂婚了。她解除婚約；因為她要上大學還要開創事業。一個月以前，他們真正分手了，可是仍然是好朋友。*Linda*願意為*Tyrone*作任何事，而他們兩個都認為將來也有可能會結婚。

　　*Linda*很清楚自己的價值觀，以及家庭對她價值觀的影響。她的訪

問就強調了很多議題，使我們了解這些面向：她在認同和種族主義之間的掙扎、教師關懷的重要性和對學生學習的影響，以及教育在她人生中的重要價值與父母親對她教育的影響。

身份、種族主義與決心

經過這些年，所有的掙扎奮鬥【我父母結婚時，正是種族整合（desegregation）之前】，四面八方來的人告訴他們，「你們不會成功的。你永遠都不會成功的。黑人和白人就是不能住在同一個屋子底下。」20年以後，他們仍然在一起；而他們還是很堅強，可能比以前任何時候還堅強，這就是我最愛他們的地方。他們戰勝困難纏鬥贏了。

當你和一大堆白人朋友出去玩，而你是其中膚色最深的，就會覺得有點奇怪。無論你是家庭中膚色最白的人，你仍然是裡面最黑的，所以他們認為你是黑人。然而，當你跟一大堆黑人朋友出去混，你是膚色最白的。然後他們就說，「喔，我最好的朋友是白人。」可是，我不是。我兩種都有。

我並不是都很融入－除非我是在混血兒社群裡，這就是不同的地方。因為如果我是處在全部都是同一種族的團體裡，我就會被當成另外一個種族……相反地，當我在混血兒的團體時，他們都不在乎我的種族背景，我就不會很突出。可是，如果我處在一個全部都是同一種族的社群裡，那我就會很突出，那就是我必需習慣的。

真的很難。當我回顧歷史，我真的覺得很難過，因為我有的祖先對其他的祖先做的事真壞。除非你是混血兒，否則無法了解做一個有混雜血統的人是怎樣的感覺。

我的老闆是我去年的老師，今天他提到有關我是波多黎各裔的事。我說，「我們以前談過這些事。我不是波多黎各裔。我是黑人和白人的混血。」我可能看起來像墨西哥裔，但這就是我所指的意思。而這是我已經認識一年半的人。我覺得我似乎很不重要。如果，他終究還是不了解我們去年討論的事，……我就會覺得受到侮辱。我得向別人說明：「喔，不不不，我不是拉丁美洲的西班牙裔。我是黑人和白人的混血。」而別人總是說，「喔，真的嗎？你是？我以為你是拉丁美洲的西班牙裔。」

（老師們不應該）試著用這個或者那個，而且上帝禁止我們使用我們還不是完全是的東西……不要寫我是墨西哥裔，因為我不是。我笑

的時候，有些人認為我是中國人。⋯⋯試著去尋找答案吧。不要只憑著個人的判斷。我不是指侮辱人的判斷。可是有些人，他們不了解現在的時代有許多跨族群的婚姻。你必須先詢問他們是什麼背景。如果你真的想知道，你就必需去問他們。你不能只是假設。因為你知道當你假設的時候，可能發生的事。⋯⋯如果你是在填寫某人的資料卡，你需要去知道，然後詢問⋯⋯就像我所說的，種族對我來講並不重要。但是如果你需要填寫資料，或者因為某些重要的事情，那麼就問吧。當人們判斷錯誤的時候，尤其是當你認識他們有一段時間，而你寫下錯誤的判斷，那真的是羞辱人。

我不知道如何去形容這個⋯⋯種族，對我而言並不是什麼大不了的。在我家，我媽媽是白人，爸爸是黑人；而我跟大家一起長大。有時候我根本不去注意。我看著街上來來往往的人群。我不在意他們是誰；他們就是人。

我的文化就是我的家庭。我有一個很大的家庭。我有三個兄弟、雙親；而我爸爸有10個兄弟姐妹，而所有的姑姑伯伯叔叔都有小孩。這就是我的文化。我是在美國出生成長的。我是第四代的美國人，所以我並不像第二代的，凡事都是由不同國家帶來而再移植到我身上。我就是美國人，而我的文化是我的家庭，以及做一些讓我們看起來像家庭的活動。家庭對我們非常的重要，它是我生活的重心。

有人曾經告訴我，「嗯，你是黑人。」我不是黑人。我是黑人和白人的混雜品。我是黑白美國人。不，我不是！我是混雜的。那真的很侮辱人，當他們試圖⋯⋯回到舊標準，如果你家有任何人是黑人，那麼你就是黑人。⋯⋯我的意思是，我並不以作黑人為恥，我也不以作白人為恥。但是，如果我都是，那我就要兩者都有。我想老師應該對這方面有相當的敏感度。

我覺得我的黑人文化比白人的多。⋯⋯因為我知道炸雞、糖醸地瓜、粗碾的穀物、羽衣甘藍類的蔬菜以及腳踝肉等等，因為這就是我們平常吃的⋯⋯我爸爸得教我媽媽怎麼煮那些東西（大笑）。不過，那就是食物。⋯⋯至於其它的，我的家庭就是我的文化。

看吧，事情是，我們家是混血家庭，所以在外頭和有混血的在一起，也不是什麼難事。不過，我再說一次，只有我媽媽和祖母是「白人」，我們家並不是很混雜。

我（非裔）的祖母，我不認為她故意的，她會告訴別人，「喔，你認識那個（金髮藍眼的白人）女孩嗎？」為什麼不是「高挑長髮」呢？他們得由你的膚色來了解。我不太注意「膚色」。不過，這很不平常，我知道有很多人很在意。就像我說的，那有什麼關係呢？

我不認為（跨種族認同）是大問題，又不會殺死任何人。至少，據我所知是不會，又不會傷害家庭、生活或物件。那是次要的，如果，你在像我在年幼的時候就得處理這類事情，你一生就不會受到困擾。

在城市裡，我不認為種族主義有太多生存的空間，因為現在已有這麼多不同的文化。你不可能是個種族主義者。……我認為是有可能，但不合邏輯。我不認為有可能會合邏輯，但是確實有可能。很有可能，但試圖去做，就是很荒謬。

我想我們在某方面都是種族主義者。無論我們是否是來自不同種族、背景或者有不同習慣，我們都有些我們不喜歡的人。不過，對我來說，真正的種族主義者是認為非屬於同族群的，他們應該在自己的領域就好，不該侵犯到我們的範圍。「別來侵占我的地盤，你們這些老中。你們該住在中國，不然就是在中國城。」

種族主義者會告訴你他不喜歡你的身分。有偏見的人「在另一方面」就會暗示說，「喔，對呀，我有些朋友是黑人。」不然，就會說一些標籤來侮辱你的族群；不過就是不會出來跟你說：「你是黑人，我不想跟你有什麼瓜葛。」對我來說，種族主義者會出來跟你說這些。

種族主義與帶有偏見者都會下判斷，而這些常常是錯誤的。但是，種族主義者會進一步採取行動。……種族主義者是會執行他們偏見想法的人。

（種族主義者有權力）除非你給予他們機會！我們將以有條紋的襯衫為例：如果我去的地方每一個人都只穿純色的，那麼我就會穿有條紋的；然後有人會來問我：「你不屬於這裡；你穿條紋的。」那我就會回答，「我想屬於哪裡就屬哪裡。」而我就會站在哪裡！但是也有一些人就只會說，「喔，沒關係，」然後轉身就走了。如此，那個種族主義者就有了權力。

我寫了有關種族主義的詩。我輕視（種族主義）。

為什麼他們討厭我？
我永遠都不會了解
為什麼搭他們的公車
不坐在前排？
為什麼不共用自動飲水機
或看看他們的老婆？
為什麼不在他們吃飯的地方用餐
或分享他們的人生呢？
不能與他們共行

不能聊天除非我是奴隸
但這一切是誰給
他們權力告訴我
我能做什麼又不能做什麼
我能做誰又不能做誰

上帝創造我們每個人
與其他人沒兩樣
唯一的差異是，
我膚色黑一點

　　我喜歡寫作，我寫了很多詩。詩就是為了表達情感。你可以用任何你喜歡的形式；而必須要用標準英語。

　　我和辦公室的一位女同事吵架。她是白人，當時我是那部門唯一的黑人。或者可以說我是那部門裡唯一黑皮膚的。她一直說著種族歧視的笑話。到某時刻，我說：「Nelie，你是一頭帶有種族歧視的豬！」

　　她覺得受到羞辱，而我只是開玩笑地說，就像她這一兩天一直不斷地說─所有她能夠想得出的關於種族歧視的笑話。我們因此大吵一架。她把東西丟向我，而我也準備要把他殺死。……這就是你能夠承擔的。她開始越來越醜齜。……她真的變成像魔鬼一樣。……他們把她鎖在房間裡，也把我一直往後拉，因為我快要勒死她了。

　　她認為我非常地生氣，因為她把水潑在我身上。我說，「你知道的，Nelie，那不是潑水的問題；而是你那些帶有種族歧視的笑話。而你一點都不尊重我的感受。」

　　我記得她談到一件事。她說，「我不是種族主義者，只是因為在七年級的時候，有八個黑女鬼跳到我身上，我不是種族主義者。」經過（30）多年，為什麼她還說有八個黑女鬼呢？對我來說，那真的很侮辱人。當時是那樣；而現在也如此。並不是我做的，我沒有跳到妳身上。我父親也沒有跳到妳身上；我姑姑也沒有。……我告訴她，我不希望去承擔那個責任，這就是關鍵。我不希望任何人的種族主義帶到我身上來。

　　我腳已跨在籬笆兩邊，而這就是我能夠承受的。我正橫跨在籬笆上；如果你嘲笑在另外一邊的腳，這對我就會很難。

　　她無法理解這種感覺。我們有好幾個星期都沒有交談。直到有一天，我必須跟她們一起合作。我們前兩個小時都沒說話。然後我只說，「笑一笑吧，Nelie，妳簡直快讓我發瘋了！」接著，她就破涕大笑。之

後，我們就變成為好朋友（很麻吉）。她知道不可以在我面前談論種族的事；不可因為我沒有從妳的觀點出發，妳就不跟我開玩笑了。

教師、模範角色與關懷

一年級的老師和我很要好。事實上，她是我的導師。我追隨她的腳步，將要選修小學教育，她一直都很支持我。上了中年級後，只要我有問題仍然可以請教她。直到目前，我還是會就教於她。她得到小學教師界很高的榮譽－金蘋果獎（Golden Apple Award）。當我失意時，她就會撫慰我，從沮喪中把我拉回。

我所有的老師都很棒。我想在Tremont小學時沒有我不喜歡的老師。那是一種感覺，他們真的很關心我。你不但知道，還可以感覺出來。即使你沒上到某位老師的課，他們也知道你是誰；整個學校就像一個社群，一個大家庭。我喜歡那個學校，我想在那兒教書。

我了解（Academic高中）要求很高，但是我不清楚會這麼難。……太僵硬了，老師們，沒有感受到。就像我說的，Tremont小學就像個社群，我很喜歡。我很外向，我喜歡跟每個人交談；我不認為不可以跟誰聊天。如果我得在校六小時，我希望能夠跟老師談一談。在Academic高中，我一點也不覺得如此。我很不喜歡，我真的很厭惡。他們讓我覺得我不再是優秀的，我只是普普通通的－他們這樣在我臉上打一巴掌。天啊，我第一次的成績單真的很難看。我不記得成績是如何，我只記得生平第一次在我名下有F或D的成績。我想你得有創造力才能成為教師。你必須讓課程很有意思。你不可以走進教室說，「對呀，我就是要這樣教他們；我會照本宣科，而本來就是如此，別有疑問。」那麼，學生就會興趣缺缺。……我知道我對某些課程完全失去興趣。而這些是因為老師只會說，「打開課本到這一頁。」他們從來不會用腦想些問題；一切都是從書本來的。你根本不想問問題；你問了，他們只告訴你，「答案就在課本裡。」要是答案不在課本裡，那你就不該問那問題。

Benson老師在乎。他是學校唯一兩個黑人教師之一（在Jefferson高中）。只有他還不夠，另外一位黑人教師，他是個種族主義者，而我不喜歡他。我參加黑人學生會(Black Students' Association)，而他是指導老師。他做得非常明顯。……他一直表現出黑人優越感。很多次，他的黑人學生都及格了，而他的白人學生要是能夠得到A，他就給B。他堅持只有墨西哥裔和黑人學生才可以入會。他考慮很久才讓我參加，因為我不是純黑人。……在那兒，我不是那麼受到歡迎。

所有的英語老師，我都很喜歡。可是，我英語前段班的Benson老師

讓我覺得既困擾又興奮。我一直等到遇到了Benson 老師以後，才決定要上大學。他是少數老師之一能夠和我聊一聊的。Benson 午餐時間，我不去午餐，反而跑去Benson 老師的辦公室，和他坐下來，天南地北無所不談。家父和Benson 老師有很多相同的價值觀。當我聽到Benson 老師談到什麼道理，我就想到，「喔，那就是我父親要說的！」……「教育，接受教育才能飛黃騰達。」「無論你是在地方上的連鎖店賣漢堡或者在華爾街工作，要以你自己為傲！」

因為Benson老師提到，只要我能夠上哈佛大學並和那些人交談，我就能夠到街上和所有的人唱饒舌歌。我會到街上用黑人的語言說，「是這嗎」(ain't this)「是那嗎」(ain't that)「你的媽呀」(your momma)「怎麼搞的」(what's up)？可是，如果他們不熟悉那種語言或者不能接受，那我就會用一般語言。……當我到一個地方，我會先聽聽看人們如何交談，那我自然就會採用他們的方式。

Benson老師跟我一樣，嗯，媽媽是黑人，而他爸爸是白人。所以，Benson老師能夠理解我們在世界上要面對的問題。譬如，當你填寫表格的時候，他們就問你，「黑人、白人、華裔、墨西哥裔或其他。」我常常勾選「其他。」不過，Benson老師告訴我，他們常常就會回到過時的法令上：如果你有一滴黑人的血統，那麼你就是黑人。

我寫了有關於這方面的詩，充滿著很多問題：「我是什麼東西？」我已經寫了一大堆大學文章，而我討厭還要再寫「其他：非裔和歐裔美國人。」我跑去問Benson老師，當你填寫這些表格他們問你「黑、白或其他。」他會說：「你可能只能寫下『黑人』；因為那是他們會對你做的。」那真的會讓我發瘋！我們會談這些問題；可是，和其他老師就從來沒有。……

他來自芝加哥中下階層。靠著自己的努力，一路讀上來。他每晚都挑燈夜戰，讀六小時。他上了哈佛。現在他回來幫忙需要幫助的人。由於他這樣看事情，所以他能上哈佛並且在 Phillips Academy和Boston Latin任教。但是這些人不需要他的幫忙。他喜歡回到小社區－弱勢的社區，來幫助他們。這讓我非常仰望他，因我也喜歡幫助別人。

在高中，對我完全沒有助益的是電腦資訊老師。因我沒有概念，可是我得到了A。由於我得了A，我的名字就到處出現；他就是這樣假設的。他根本就沒注意我到底是誰。那門課我大概只能達到C，可是因為別的科目都得A，所以，他就給我A。不過，別人給我A是因為我努力來的。而他則是盲目跟從。我去上他的課，但他一點也不刺激我學習。別的老師的課很有挑戰性；而他，只要出現就可得到A。

我會像我喜歡的老師一樣：讓教室很有趣，使學生很興奮。如果

我是教數學，我就會讓所有的問題變成遊戲，有一個老師就是這樣。我討厭數學，直到中學七年級，⋯⋯我憎惡數學，我一直到遇見Morgan老師，我才不討厭數學。從那開始，我就得到B以上的成績。她把每個數學問題變成了遊戲。所以我會把學習變得很有趣。

家庭價值觀與教育

在Tremont和Willams學校，我雖然不是最高竿的，不過也是排名相當前面的。⋯⋯這一切來自我家。媽媽自我出生，只要是有益兒童的書就唸給我聽，一直到我上學。媽媽很重視那件事，因為閱讀很重要，所以我喜歡閱讀。⋯⋯鬼怪故事、與冒險探索之類的故事。這在小學很重要。甚至到高中都很重要。我從Academy高中畢業時是班上第一名。

我父母了解我的教育程度越高，日後的生活會更好。因為他們奮鬥很久才能有今日。他們得掙扎讓自己覺得舒服。上學本身就是競爭。只要我上學認真，父母就會支持我。

人生的第一個五年，最重要。入學之前，你的性格就形成了。如果能有父母讓你學習正確的價值觀。無論你是什麼價值觀，這會跟你一輩子。

這是我家庭養育我的方法。他們教我不要武斷；就是要接受別人原本樣子。在我家，如果你想去教堂，你就去；不想，就不要去。祖母說：「即使你不去教堂，耶穌仍然愛你，我也是。」就是如此，你需要學習接受他人。

我的性向—我不武斷，無論如何，我試著不要。我相信潛意識我不會⋯⋯我不會站出來說，「喔，你是同性戀。」我鄰居都很融洽，在性取向方面也很開放。我不歧視他們，我希望大家都不會；因為那是不對的。如果因為別人性取向或其他方面不同就要歧視他們，不應該；每個人都不一樣。我喜歡某種音樂，你喜歡別的。難道我們就得恨彼此嗎？難道你就得找我麻煩或說難聽的？這是我的看法。

我不會和我父母一模一樣。我帶著基本價值觀成長，我遵守這些價值，我所做的決定都跟這些價值觀有關係。（家庭）是我得到這些價值觀唯一的地方。我可能會稍做改變，只是修改一下。可是最後仍然回歸到我基本價值觀，而他們來自我家庭。

（我父母）把我照顧得很好。他們都很支持我。而在有關我宵禁的溝通中，他們表現得很明顯，他們很愛我（大笑）。雖然對我比較好，

但是我受不了。我了解背後的理由，某種狡辯的理由！……如果是平常，我半夜之前一定要回來；如果是派對，我就必需兩點之前回到家。我所有的朋友都可以留到三、四點。可是，那是因為他們的父母可以睡得著。如果我還沒回到家，我的父母就睡不著，這也就是我最愛他們的地方。

前幾天，我讀到一篇文章敘述：現代人已經把家庭晚餐丟出窗外。一星期七個晚上，我們家有四個晚上，全家全個人一起共進晚餐。晚餐都在六點。如果比較晚，每個人都會等著。你就是不會坐下來自己吃而已。我注意到很多人，譬如，我男朋友家就不會一起吃飯。我有各式各樣的朋友總是說，「你們的家一起吃飯？」這就和其他家庭不同。

對我父母和我都相當重要。因為那是你坐下來，並詢問「你今天好嗎？你今天做了什麼？你覺得怎樣？你頭疼嗎？你今天過得還順利嗎？你今天運氣好嗎？」知道嗎？晚餐是全家人可以坐下來，並且討論一些議題……這和很多家庭不一樣，因為有很多的家庭似乎都錯過彼此。他們會說：「喔，你今天應該去接Johnny嗎？」……我家從來沒有那方面的問題，因為我們總是坐下來一起聊天。

我的父母真的很偉大，雖然我不告訴他們（大笑）。他們知道嗎？可能。

我的父親和母親都很努力工作。我父親在電話公司已經工作20年了。剛開始他是線務員。現在他是地勤人員。只要我有大學教育，即使我在電話公司，我也不用從剪線路開始。我能夠跟我父親一起在辦公室辦公。

有很多像我們這樣的（黑人小孩），根本就沒有家庭生活。我真的認為那是從嬰兒時期開始！我媽媽，就像我說的，從我出生的那一刻開始時就唸書給我聽。有很多人就是沒有這樣的幸運；他們的父母都需要去工作，家裡沒有人可以唸書給他們聽。他們整天只是坐在電視前。當他們放學回到家以後，他們就把功課放在一旁，然後坐在電視機前，直到父母親回到家。之後父母催他們趕快吃完晚餐，趕他們去睡覺。他們有很多就是沒有那種背景─並不是所謂聰明的，而是沒有辦法接受很多教育來通過考試（進入Academic高中）。因為Academic高中的考試並不是測驗你知道多少，而是測驗你如何解決問題。……非裔學生的比例在那兒並不是很高。

我沮喪了兩年，我學到很多。實際上，我大學的論文之一就是以那個經驗為基礎；我學到不需要靠別人的讚美來過日子。我只要問問我自己（指著他的心臟），我是否努力了。

問題不在於你上哪個學校；而是你想從學校得到什麼。

如果我知道我盡力了，可是我還是得到 F，那我就會跟我老師吃個飯討論討論。可是如果那是我該得的，我就無話可說了。

對我而言，成績並不是那麼重要；他們只是一張紙。……我父母也是同樣的觀念。如果他們問我，「老實說， 你盡力了嗎？」如果我回答是，他們就會看看我的成績單說，好吧。……家父最重視的是我的操行。如果我的成績單上所有的學科都是F，而只有操行是A，他就會只看我的操行，然後說「喔，好……」

我愛音樂。音樂是我的生命。每天早上我都練唱。我一直保持這樣的習慣。上大學後，我得到學位後，可能都會把這些延後。甚至當我有教師資格時，也有可能不會教書。我想要成為歌唱家。我就是想出去看一看，我想讓自己成名，我想唱讓我心動的歌，這就是我想做的事。但是我也需要有腹案。歌唱並不是我主要的事業目標，因為我了解要成為世界有名的歌唱家，是有點牽強。但是卻不是遙不可及。喔，我做得到的，我相信我可以做到，我知道得下很大的功夫，我終究還是想當個歌唱家。我會越來越有名氣，而你就可在報紙上讀到有關我的消息，你會看到我的錄影帶和在電視上「早安，美國」的訪問。（大笑）

上學的主要目的是讓你成為更好的人。學習多一點，並不是只有關於世界和別人收集的事實；而是去探索自我。

有機會可以學習，你就該把握住。我想要持續學習，因你停止學習，你就開始奄奄一息。

我已經決定了。我得到四年獎學金，去上新英格蘭區最好的大學之一。我要做的是：把成績搞好。

如有機會可以成為領袖，我就做做看。我喜歡被肯定。

我準備好了。我能夠接受挑戰。我已備好探索世界，並讓那所大學知道我是誰。

評論

認同確實是在*Linda*訪問中最核心的問題，她像希望在家庭、社區和學校中為自己找到一席之地。雖然她已經對種族覺醒、種族、種族主義和認同有一些精闢的看法，但是矛盾、衝突、和痛苦仍然非常明顯。作為「混雜的」（使用*Linda*的辭），在美國的學校越來越多。譬如，*Linda Levine*在*East Harlem*替代學校（*alternative school*）所做的

民俗誌研究發現，有三分之二的學生幾乎都是來自雙種族或者跨族群的背景。如果那是十幾年前的情況，今天多族群和多種族的多元性可能就普遍了。可是，很多學校沒有意識到多族群和多種族認同對學生帶來的困擾。最近一個有關於多族群和多種族學生自我形象的研究發現，學校的環境仍然對多族群和多種族學生很不友善，以致於他們否定自己部分的血統。有些接受訪問的學生表示，學校並沒有提倡接納多族群和多種族的學生，而阻礙了他們的自我認同。

很有可能，大部份的美國人都是混有好幾種血統；但是，很多人不是不知道這種情形就是不肯承認。根據一些評估，黑人其實有20%有白人血統，而白人有1%有黑人血統。雖然沒有證實，但是異族通婚在社會上比承認的還普遍。如果對異族通婚覺得不舒服，是可以理解的。美國歷史上，對於非洲和非裔美籍女性的強暴和壓迫，尤其是在奴隸階段，更人髮指。這是種族主義傳統的一個例子，就好像「一滴血統」的規定－法律規定任何人只要有一滴黑人血統就是黑人－就像 *Linda* 說明的。實際上，「一滴血統」的規定在1982年於路易斯安納州，又再度宣佈 1/32 非裔美國人得維持個人出生証明上的「黑人」身份。

這樣的分類方法在其他的社會並不見得存在，即使在美國也盡然如此。這是在18世紀初期定下的，爲了圖利於奴隸制度。因爲有了這樣的法令，即使他們幾乎是白人的樣子，他們也必須從事奴隸的工作。就如同種族本身的情況，這是社會建構的結果，而非生物上的。到了20世紀初期，這些非洲和歐洲混血的背景當作黑人，而不是白人。著名的社會心理學家和教育家 *Horace Mann Bond* 本身也是白皮膚的黑人，曾在某個會議上憤怒的說，「我們美國所有的黑人以及全世界所有的黑人團結的必要性。」雖然在美國跨種族婚姻於20世紀初急速下降，卻在民主運動後再度興盛。在1970年和1980年之間加倍了，由310,000人增加到613,000人；而到1991年時，已有994,000人。如同訪問多種族和多族群家庭一書《色彩繽紛》（*Of Many Colors*）所紀錄的，現在可能有超過一百萬個跨種族婚姻。然而，這仍只佔美國婚姻的一小部份。

　　由於種族主義對於族群和認同有貼標籤的影響，*Linda*左右為難的情況相當難處理。根據*Robin Lin Miller*和*Mary Jane Rotheram-Borus*，雙種族雙文化的小孩可能比單種族的成人更容易受到種族主義的傷害，「這是因為雙種族的小孩代表的是種族的分歧，雙族群的人常常必須面對社會上已經內化的種族主義。」認同自己為某一種族的壓力是*Linda*從出生就開始了。在《色彩繽紛》（*Of Many Colors*）一書中，有奈及利亞和白人血統的年輕女孩*Ifeoma Nwokoye*寫著：「在美國，很多人不願意接受雙種族的人。我們每天都必須去對抗我們是誰的問題。」當我們在大學的表格中勾下「白人」、「黑人」的時候，根本都還沒有「多種族」的選擇。根本就沒有容納我的空間。當然在2000年的人口調查中已經有所改變，第一次有多種族和多族群的分類。此外，越來越多有關雙種族的議題被重視。儘管如此，多種族認同的發展仍然被誤解。比方說，*Maria Root*就提出，現存有關種族和文化認同的心理學模式，還無法呈現多種族和多族群人口的心理狀態。

　　*Linda*堅持向世界公開她有黑人和白人的血統。可是，她也很清楚，即使他在大學的表格上寫下「混雜的－白人和黑人」，也會自動被換成「黑人」。就像*Linda*類型的人，全國的「跨種族驕傲」(*Interracial Pride－ "I-Pride"*)運動促使政府在2000年的人口調查中，想到去除「只選一個」的情況。他們是改變種族分類的推動者。不過，*Linda*最認同她的家庭。如同她所說的，「我的文化是我的家庭。」而因為她的家庭有不同的血統，所以是她的文化。這是在我們的社會中，為我們自己站起來，反對逼迫你去選擇你不願意選擇的特殊案例。隨意幫她冠上種族背景，是*Linda*非常不愉快的經驗。

　　由於競爭激烈，而使她覺得自己不夠聰明的那一段時間以外，*Linda*大致來說，很喜歡這所明星學校。有了解並關懷她的老師，對*Linda*意義不凡。很幸運地，在她讀過的每一所學校都有這樣的老師。當然，她不會期待所有的老師都跟她一樣有雙種族背景。不過，她希望所有的老師都能夠接受，並對雙種族的議題敏感一點，而非強迫他們去接受教師們的意見。她的家庭是她第一個也是最重要的支

持系統，可從三方面體現：（1）她稱之爲「家庭團聚時間」(*family jam sessions*)－家庭每一個成員都參與；（2）家庭閱讀的重要時段；（3）家庭聚餐的中心。朋友是她次要的支持系統。他的學校大概是排名第三，雖然他們也有很多「明星」老師。那些突出的老師不只在文化上能夠認同，同時他們也使學習變成非常有趣並富有挑戰性。

　　*Linda Howard*是個非常突出、有企圖心、有才能、準備面對未來挑戰的年輕女孩。緊密的家庭關係、愛好學習、執著於黑白的雙種族身分，都是有利於她的學業成就。老師和學校可能不是永遠都了解並支持她，不過他們強調學校同儕關係，以及學位能夠讓學生脫離種族主義的負面影響。

思考題

1. *Linda Howard*堅持她的雙種族文化背景。她也說過，她只是「人類種族的成員」，而種族對她來說並非很重要。儘管如此，她明顯地花了很多時間去思考種族的議題，就如同在她的軼聞或者詩中表現的。這些主張互相矛盾嗎？爲什麼是呢？又爲什麼不是呢？
2. 如果你是*Linda*的老師，你要如何肯定她的認同呢？給予明確的建議。
3. 從對*Linda*人生最有影響力的教師身上，你能夠學到什麼來提升你的教學？
4. 就如同*Linda*所說的，「家庭是他生活的重心。」想一想，這種觀念如何幫助*Linda*成爲優秀的學生呢？其意涵，難道是只要不同於*Linda*的家庭，小孩子就不能成功嗎？提供一些你知道的例子。
5. 種族和認同的議題應該由學校來處理嗎？或者對學校太複雜了呢？你認爲老師應該具備什麼樣的技巧，才能夠有效地面對這些問題？

個案研究

Rich Miller

「自重是你給予自己的禮物。」

  *Rich Miller*對人生、教育和家庭的關鍵角色都很慎重考慮。*Rich*是非裔美籍，今年17歲，才從高中畢業。出生以來，他就在波士頓（*Boston*）的一個種族族群交融的社區長大。*Rich*認為他的社區「並不差」。但是，很感傷以前比現在好。他是老么，跟媽媽、哥哥、姊姊住在一起。他的哥哥、姊姊都上大學－哥哥在南方（*the South*）的公立大學讀工程；姊姊則讀新英格蘭地區的一所私立大學。他們的年紀很接近，最大的20歲。媽媽是幼稚園老師。她一直到成年才上大學，費盡千辛萬苦才拿到學位並發展事業。因此，她強烈地認為小孩子有上大學的必要性。這是她們家庭的主要價值觀。*Rich*明顯地願為他母親付出，並且覺得很幸運能成為家庭的一份子。但是有時也覺得母親有點跋扈，「管得太多了。」

  *Rich*覺得他的基礎教育不錯。他一直都是上種族整合學校（*desegregated school*），沒有種族方面的緊張狀態。目前就讀於綜合高中，感到「相當不錯。」他決定不上學區內的高中，因為現在就讀的提供特殊課程，譬如音樂就是。該校四分之三是非裔，10%是拉丁裔，15%是歐裔，少部份的亞裔。今年*Rich*就要畢業了。雖然他蠻喜歡那所學校；不過，他表示教師常以種族和背景來決定他們的期待水準。他決定讀藥學系，並且已申請到好大學。

  *Rich*從四年級就開始學習音樂(小提琴和鋼琴)，他曾參加學校的音樂活動。他在畢業典禮以及其它的活動中都有演奏的經驗，而且還為其他學生合作音樂工作坊。音樂也是*Rich*校外生活很重要的一部分。他在教會彈管風琴，而他的家人和他也常常參加教會的活動。因此，教會也是他生活很重要的一部份。*Rich*計畫以藥學為學業，並有家教的音樂學生。

　　三個主題在*Rich*的訪問中浮現出來。第一，很有個人責任和獨立感。第二，由於社會和老師們的期待和壓力而發展出來的態度。第三，從家庭中學到的經驗與課程。

個人責任感

　　我很獨立。我不仰賴他人為我做任何事……我不讓依賴性來阻擾我……我不依賴任何人來幫我學習或者做任何決定。我想知道我能做到什麼地步。這並不代表我不接受任何人的幫助，只是要看看Rich 能做什麼。

　　高中一年級的功課很重……因為我正處於從國中到高中的過渡階段；而在那個特定的期間，你有那麼多的功課－我從來沒有那麼多的功課……我媽媽要我繼續學習，可是那是我的決定。第一個學習，老天哪，真的是太糟糕了！那真的是讓我大開眼界，而是我自己決定接受教育。

　　只要我持續接受教育就有未來，不必等到人生的晚期。我相信「先苦後甘」。所以好好把握現在，以後我就可以高枕無憂了。我們很多同學想快快畢業工作去買車。不過，有些事物必須先放棄，有些事物則要先得到。我覺得我現在和世界有很多的互動，但是，有些可能會與我的教育相違背。……我的未來決定於教育程度。有了教育，我就不用擔心工作的問題。

　　我決定讀藥學系，其艱難程度只次於醫學系。我決定要能有穩定生活的職業。就好像音樂，無論你是多麼努力，總是有人比你優秀。所以我想，讀藥學係應該蠻有前途的。

　　我一直都很喜歡音樂，可是小時候，我從來沒有感覺有我發展的空間。其他人都很有天份；他們只要坐下來，就可以開始彈奏。而我必須從頭開始，所以我不覺得有我的空間。所以我開始上課。我就無法和音樂分開了。

　　我曾經想要攻讀音樂教育。現在，我選擇以藥學做為職業；但是我也想成為音樂老師。現在，表演方面我必須要再努力。不過，音樂教育應該有我的份。

　　我計畫繼續學習音樂。我沒有什麼嗜好，也不是很喜歡球類運動。所以，我認為音樂可以讓我保持活力。音樂讓我覺得每天都有需要努力的事，而你每天都學到新東西。

我期待學習新事物，我最常演奏的音樂是介於古典和福音音樂之間的。我學了古典音樂，覺得那很有挑戰性；那是我在學習福音音樂之前，第一個學習的音樂。我喜歡福音音樂，因為我喜歡為教堂彈奏。

往前看，不要讓任何人打倒（是很重要）。譬如說，「嗯，我將做這件事……」有人可能會說，「嗯，我不認為你會做；我不認為你做得到。」而因為某人說了某些話，然後你決定，「嗯，不，我不管別人說什麼……」我認為不論別人說些什麼，如果你內心覺得你做得到，那就去做吧！

我在學校覺得很自然！我必須要承認，我保留自我。但是並不代表我沒有朋友。我有朋友，只是，我知道應該維持什麼樣的關係。因此，我對朋友都很忠誠。所以，我並不是獨自一個人的……我知道我希望我的朋友怎麼對待我，而我就以同樣的心境和他們相處。

朋友不會讓你沮喪。他們總是在身旁。我最要好的朋友總是鼓勵我去接受良好的教育。我有很多朋友鼓勵我繼續上學。而我從外在得到的鼓勵與督促，就像我內心想要的一樣多。

有些事，就是為自己著想，去實現。如果需要花費剩下的人生，那我就必須為家人或其它的而削減一些計畫……我不想要同一時間承擔成千萬的責任。

期待、驕傲、羞恥

我上Robert Jennings School，學校提供加速前段班（Advanced Work Class）。加速前段班就好像為小學生提供的考試學校（註：學生必須通過考試才能參加）……那是我第一次開始認識音樂。有一個老師來教我們小提琴和中提琴等絃樂器。所以，那是我開始學習音樂和小提琴的地方。媽媽問我要不要學鋼琴，所以我也開始學鋼琴。

在普通班，我是個好學生。現在讀了加速前段班，有很多的好學生我就落後了。我認為自己可能不是屬於那裡的學生。我努力跟上班級，但問題是我真的不想留在那裡。

我真的表現出來不想留在那裡，但是由於母親和老師的影響，我才沒有退出。一直到八年級，我都努力跟上。我試圖用表現出不滿意的方式來退出，但是他們不相信，我沒有能力把事情做好；我只是做個樣子而已。

有些老師會激發你的思考。有些學生會說，「學業真的很難，我沒

有辦法做這個做那個的；這對我簡直太難了。」有些學生高中畢業了；那就是他們能得到的最高教育了。他們沒有上大學，他們也許用手來做事會更有發展。⋯⋯然後有一部分都可以提供為思考的方向。我相信在學校的有些部分可以提供你做思考。

化學課真的很有趣。當我第一次聽到，你知道的，我的哥哥和姐姐在我之前都選修了化學課。⋯⋯聽他們說，化學真的很難，所以我認為我大概學不好。⋯⋯但是我學得還好。我仍然沒有像了解音樂一樣了解化學。你可以告訴我有關於音樂的事，而我能夠了解；主要看你是談論什麼。但是化學的有些觀點，我就是無法了解。我自己想要再重選一次。⋯⋯那是決定於你自己，當你決定要做一件事，一定要徹底執行。⋯⋯我持續地努力，我沒有放棄。⋯⋯老師不斷地告訴我們，化學不難。唯一困難的是：了解。只要了解了，不管做哪些事情，實際上都夠持續不斷。

在學習過程中，一直都有很多的比賽，譬如數學課，當我們有比賽時，會幫助我們學習。你可能只有得到小小的獎品，但是卻讓學習變得比較有趣，不過，它變得比較不容易，因為是比賽。

我會做比較多活動，讓當天比較有趣一點；你可以自己決定什麼是你感到興趣的。如果你覺得對舞蹈有興趣，那麼就會有趣；而不會把它當作枯燥無聊的數學課。你以為去上數學課的人，都是那麼喜歡數學嗎？喜歡上舞蹈或者體育的人，雖然他們可能扭斷脖子，但是也要想辦法上到課。

我相信，老師介紹課程的方式刻意讓該科非常有趣。不像道德科的老師就只會站起來演講；或者有些老師就是分派作業，你作了功課，交上去，就再見了！

以前我不清楚我要做什麼。事實上，大部分給要畢業的學生知道他們想做什麼。以前我並沒有瘋狂想做的事業。所以，我的輔導老師將牙醫士、藥劑師和其他職業的手冊放在我面前，⋯⋯在那之前，我沒有聽過很多人以藥學作為事業，所以我就想試試看。我覺得只要我努力，就會有機會。她就好像同班同學一樣。總是有人讓你知道一點點，但是他們對你的幫助無窮。那根本不是「喔，預約再來找我吧！」輔導老師永遠樂意幫忙，所以當他提供各種不同的想法或者職業導向時，那是肺腑之言，而不是「該做的事而已。」那有很大的差異，因為輔導老師讓你了解你是誰，以及你可能可以作什麼。

這位特別的輔導老師—高中二年級的時候，就開始接受她的輔導。一直到六月底，甚至畢業之後，我仍然去拜訪她。我們仍然保持聯繫。她是白人。她大約有200個學生。她會給我意見。如果沒有她作為我的輔

導老師，我還不知道會走向何方呢。

我不認為我們（黑人）努力得像疼痛的拇指一樣突出。我不認為我們努力得可以名列前矛，或者已經努力發揮了我們的潛力。教育方面，我們喜歡挑簡單容易的。我們覺得高中畢業就夠了。至於工作，有些人甚至選擇去販毒，因為比較容易。販毒一天可能比一般人工作一星期所得還多。我們有自限的傾向，而非高期待。

我和別人沒有什麼不同的感覺，對我來說非常重要。我相信一定有我發展的空間。而作為獨立的個體，那完全由我自己決定；而在黑人種族方面，則由他人來決定。把握機會、教育與生活方面是值得我們注意的。

我並非暗指我們沒有足夠的資源或機會。就拿一個家庭來說吧，十次有九次，一個家庭最少有一人成功。喔，為什麼不是每個人都會成功呢？這就是我要問的問題：為什麼不是每個人呢？

我們好像有些差勁。我們好像沒有一項專精的。我並不是說每一個人都是如此，不過，我們就是有些人不想成為專業人士。我們仰賴社會福利制度。我不相信那些一般社會福利，我不認為任何人應該依賴社會福利。……你知道，我們有些人真的很聰明，我們有能力可以接受教育或者得到一份良好的工作，但是我們甚至都不太想去嘗試。……懶！我想就是懶惰吧，我們過得太舒服了。……「噢，我今天不去，我明天再去。」而明天永遠不會來。我想，我們有太多人就是在家過得太舒服，很習慣現在的方式，而一點都不努力奮鬥去賺錢。

噢，我相信你可以帶個有錢的白人，把他放在貧困的黑人區，他可能可以免疫。但是，如果你帶個黑人把他放在有錢的白人區，你想想看那個黑人會有什麼反應呢？我們有些人是很有品味的，可是也有一些人喜歡去派對，喜歡呼朋引伴而且聲音吵鬧，他們就是沒辦法融入。

我相信有些事情是黑人咎由自取。比方說，我發現白人可以到處搬家，而黑人如果他想要搬到富有的白人醫生的高級別墅區，原來的價錢是300,000元，就會提高100,000元，使你沒有辦法搬進去。這不一定是真的，不過似乎對黑人而言是眾所皆知的─常受人擺佈，把一個地方弄得亂七八糟。

我相信作為黑人，我們可以做點事。因為我們有很棒的房子，並不代表要我們把房子維護得很好。我們就讓他自然老舊倒塌。然後我們會說，「喔，看看他們，根本沒有好好照顧房子」等等。

本校學生基本上都是黑人。然而，如果你把那些優秀的黑人學生，譬如你有兩個，你把他們放在有20個優秀白人學生的班級裡，那麼，你要如何排名呢？……憑你認為你受多少教育嗎？你知道我們有些人，因

為我們坐在課堂裡，然後我們就說，「嗯，我是最聰明的。」難道你真的很受教嗎？很多人認為那不是明星學校（因為是個黑人學校）。……我認為如果我們有比較多的白人學生，黑人學生可能就會比較上進。我發現白人學生很有學習的慾望。大部分的白人學生盡其所能地學習。我相信標準會高點（如果有比較多白人學生）。

有很多白人教師不會督促學生。他們的期待似乎太低了。我的意思是，我要是個老師，我就會給他們定高標準。我知道有些黑人教師的標準比白人教師的高。他們就是這樣作，因為他們知道那代表什麼意義。

實際上，我會說，你必須是黑人，你才能了解。

黑人教師……比較想讓你了解接受教育的好處，你知道，他們和你是同一種族的，比其他相反的種族來得多。回到種族隔離的時代，你沒有辦法受教育。但是，我認為所有的課程都應該和白人學校或者教導其他種族的課程一樣。

我唯一能使黑人教育更好的是：鼓勵老師督促學生教好課程，就是這樣了。

家訓

我有一個哥哥、姊姊、媽媽，是個無憂無慮的家庭。我哥哥最大，姊姊是老二。因為父母和哥哥的關係已經把他們跟第二、第三孩子的藩籬打破。所以，他們對老二、老三的期待都已在老大身上做過，故對我沒什麼難的。

媽媽上大學不是很順利，所以，她覺得現在做的有很多當時就可以做了。但是當時沒讀，延後時間。「喔，我今年不讀，明年再讀」已變成年數的問題。她覺得如果高中畢業後就上大學，那麼，事情就會好轉。而你就會說：「嗯，我很高興我上了大學，沒有耽誤。」你看吧，我們沒有上大學，因為我們有了十二年的教育─很難、呆板、無聊；我們不喜歡那個老師！所以這是我們自己選擇要不要上大學。我們很多人覺得「嗯，我沒有馬上要上大學。……」她不希望同樣的事發生在我們身上……甚至到今天，她還在想著，「學校要怎麼辦？我要的就是我的孩子能上大學受良好教育，過著不錯的生活。」

對我重要的是，我常對自己說：「嗯，上大學有什麼了不起的？」我不會因為沒上大學就找不到工作。

我喜歡她一個單親母親為我們立下的目標。我希望改變的是：她喜歡發號施令。不過只針對她的小孩而已。因為她希望我們成為藥劑師、

護士或工程師。所以，她很堅持，那是出於她的愛心，但是真的很沉重（大笑）。實際上，那是出於愛心和堅持；所以我試著忍耐。

做為我家庭的一份子很好。當然我們有起伏，但是每天我們都很愉快。我喜歡和媽媽、哥哥、姊姊在一起。我沒辦法跟她比較。我不會跟任何人的父母交換。我的意思是，我們不會在街上遊蕩，或做類似的事。

姊姊要做護士，所以我要跟她學習。有些課她以前上過，而我這秋天要學。有些課我們要一起修。我想對我們兩人都很有幫助。

我不想讓我家人失望，也是對我自己負責。如果我盡力，而仍然失敗，那就不同了。至少我盡力了。但是，沒試你永遠不知道。

我向家人學了很多，我學會如何生存。你現在可能會問，你如何活下來的？我學會找到工作，並且如何留在工作崗位上。

我已學會如何做個黑人。黑人必須比別人努力。在某些方面就是比別人辛苦。我所指的努力是，如果你現在努力，將來就會有回收。一定會的。好事會降臨到你身上。但是別把生活看得太輕鬆，因為你會枯竭，會不斷惡化、坍塌，破碎，或者有人會來破壞，……可是我們要為自己以及未來子孫建立紮實的組織。

我們常常聽到很多學生說，「媽，你自己都沒上大學，為什麼要逼我上大學呢？」但我們不應該有如此有如此想法。我們該如此想，「我們有這麼好的機會得到獎學金和助學貸款」，努力追求就是了。為自己做些事吧！確實很難去幫助你的父母，不過，以你的成就來光耀他們使他們快樂。

我家很重視成績。我母親影響最大，而我姊姊……一直以來都如此，我會探首看看Rich能做什麼，他能達成什麼，他能做到如何的程度。因為有時候，如果你太專注強求，反而有反效果。所以，不該凡事都看得太輕鬆；而是我們必須知道自己有幾兩重，能力到什麼地步。我有自己的標準。

我指的是，凡事都有「很好」、「好」、「普通」、「差」與「很糟糕」。我想每個人至少要達到「普通」。試圖達到「好」甚至「優異」的標準非常好，但是最少要有「平均」的程度。

我期待我們每個人都能從某個大學畢業。即使沒有我哥哥姐姐，我也想要為我自己做點事。就像他們說的，自我形象是你自己給自己的禮物。我覺得如果我上大學，我會為自己做點事。所以，我認為我會為自己做點事。

媽媽不會永遠在那裡，所以你必須學會自己做決定：「嗯，我要怎麼辦？我要逃避嗎？」。

讓我對大學教育留滯不前的主要阻礙可能是我自己，我必須準備好接受，以正確的方式追求未來，而不是在墳場或監獄裡。

評論

個案研究中表現出來的三個主題，彼此之間當然是相關的。譬如，獨立和責任感是*Rich Miller*主要的價值觀。他以作為堅強女性的兒子學到教育的重要性；但是，社會和教師的期待卻常常與這背道而馳。在這個案顯示的是個有責任、足智多謀、成熟的年輕人，其對文化有驕傲也有批判；永遠感激家庭給予的壓力與支持。透過家庭、社區與學校，*Rich*學到非裔學生得更加努力以達目標；而白人教師對非裔學生的期待比對白人學生低。

*Rich*所在的社會政治情況影響他的價值觀，而這些學到的內容不能被低估。比方說，*Rich*進入加速前段班（*Advanced Work Class*），而使他成為少數的非裔美籍學生。根據美國公民權利部（*U.S. Office for Civil Rights*）的調查資料，他們也同意非裔美籍學生沒有受到公平的教育機會。實際上，這被稱為「第二代的學校歧視」，主要是透過能力分組、不同的規律訓練與低分畢業。非裔美籍學生在智力障礙高於他們學生人數比例；而在加速前段班反而低於學生人數比例。雖然種族主義可能以不同形式來體現，不過，仍然存在。

另外，傳達訊息給學生的管道是，透過學生和教職員工不同的社會地位。譬如，*Rich*就指出，白人學生較多時標準就會提高。然而，這並非指白人學生多時標準就一定提高，而是老師的期待。他提出的議題是教師的期待與學生的責任，即使該校的非裔教師比例可能有關鍵的影響（*Rich*的情形是，非裔美籍教師對非裔美籍學生期待較高）。他所言不假，*Joseph D'Amico*在此類文獻探討中發現，種族和族群文化多元的學校，非裔與歐裔學生之間的學習差異，比歐裔多於非裔學生的學校來得小。這種情況下，也有可能對白人學生的期待高於對有色人種學生。

　　Rich的案例說明學生、教師和社區之間的關係，也會影響學生的學習成就、自我形象與對該族群的評價。能力分流、不同的紀律標準與測驗等學校政策都可能有影響。這些林林總總的因素可能會使學生對他們自己、家庭與族群有負面的態度。

　　Rich在校學到不少學科知識；但是他也觀察到令人無能的訊息：非裔美人很懶、無生產力、並且隨時隨地都找「方便法門。」Rich在他社區裡看到很多人強化這些概念，而變成控訴反黑人整個族群而非反特定黑人。Rich已學到「責怪受害者」，雖然他自己也成為一份子。

　　然而，這問題並不是那麼簡單。即使Rich看似對他自己的社群有負面看法，但是，他仍然以自己的社群為傲：他喜歡福音音樂並且參與教堂活動；他想要為未來子孫「建立紮實的組織」；最重要的是，他覺得黑人一定要控制自己的人生。（我相信，作為黑人我可以做得到。）他的想法受到社會和學校的影響，而引導他要幫助他人與年輕一代的複雜角色。

　　很多學者研究過有關黑人自尊的議題。Williams Cross有關非裔美國人的認同發展有益於解釋Rich對家庭、教師和社區的矛盾情結。Cross指出多樣性是黑人心裡的核心。雖然大部份非裔美國人性格很健康，但是他們可能有不同的意識形態。Cross挑戰「黑人自我仇恨」的研究發現或者可解釋一切；認為那是個多層次多面向的建構。Rich的態度與評論，符合了Cross所描述的黑人認同「接觸前階段」的幾個特徵：社會污名態度（種族被視為問題或污名）、反黑人態度（「責怪受害者」的光譜）、焦慮或種族形象（焦慮「太黑」而太明顯）。這種焦慮在Rich提到太吵鬧或者沒好好照顧他們的財產。Cross指出而在Rich身上很明顯的是：「許多痛苦與悲傷都和這些行為有關。」

　　父母和家庭在孩子性格形成與提升孩子成就動機方面同等重要。Rich母親和兄姐讓他有很強的動機想要成功並上大學；不過，他母親在這方面倒是有所不同。他母親與其他父母不同的是－她知道如何幫助她的孩子接受需要的教育。因為她自己上了大學，即使是在高中畢業幾年後，她很清楚大學教育可讓她的孩子生活得好。她從孩子上小

學開始，就參與他們每一階段的學習活動。Rich能留在前段班，母親幫助很大。雖然Rich很感激，但也批評母親是「太愛發號施令。」她來自貧困家庭，覺得教育重要性並將之傳承給下一代。她窮困並且是單親媽媽的事實，對她而言，並不是無法跨越的障礙。

並非所有家訓都很容易教。實際上，有些和Rich每天與將來都必須面對的現實違背。對於類似Rich這樣的有色人種學生，家庭教導他們對抗社會對他們的限制，且教導他們不斷地在教師低期待與負面印象中掙扎並有所成就，扮演著關鍵性的角色。

這是我們所有人一樣，Rich Miller是環境和自己行為的產物。他了解自己的價值性的與從母親學到的教育價值。他從自己的家庭、教堂和社區學到了自己的文化。他學到老師和一般社會對黑人學生的期待。而他學到的重要課題是：「自重是你給自己的禮物。」這位否定簡單分類並挑戰我們教育者，要超越對學生、家庭和社區刻板印象的年輕人畫像，而其傳達給我們的訊息比我們能夠解釋學生成就方面的議題更隱約，但卻更複雜的觀點。

思考題

1. Rich Miller提到的「自重是你給自己的禮物」，是何含意？
2. 你認為是什麼樣因素幫助Rich成為優秀的學生？
3. Rich下定往前努力的決心，明顯嗎？這和他評論其他非裔美國人有何關係？
4. Rich認為大部分的老師「分派作業，你作了功課，交上去，就再見了！」對老師的啟示是什麼？你會如何設計呢？
5. 想一想你教過或認識的非裔美籍學生。他們和Rich有何不同？相同處又是什麼？你從這個個案學到了什麼？

個案研究

Vanessa Mattison

「好的教育就好像成長，擴展你的心智以及觀點。」

　　*Vanessa Mattison*是17歲的歐裔美籍學生，而她的家庭已經居住在美國好幾代了。*Vanessa*住在新格蘭地區西方的一個小鎮。不過，她有很多的經驗幫助她比她所處的環境來得有世界觀。17歲的時候，她就已經到過非洲、加勒比海和墨西哥。旅行使她的視野比她居住的*Welborn Hills*小鎮來得寬廣。

　　*Welborn Hills*小鎮是由多元的不同社群組成的，包含世代居住在那裡的務農家庭、接受較多正式教育而想遠離市區尋找儉樸生活的新家庭、以及在鄰近地區從事工商業的勞工階層。雖然*Vanessa*家庭並不符合任何一類；不過，可能比較像第二類。譬如，他們會閱讀*Newsweek* 和*Greenpeace*這樣的刊物；他們吃素，聽*Bob Dylan*、*Joan Baez*和雷鬼（*reggae*）這樣的音樂；他們也會到處旅行。住在*Welborn Hills*小鎮的某些家庭固定地出國旅行，而有些則連開車幾個小時就可到的波士頓或紐約都沒去過。鎮上唯一小學和中學學生的社會階層差距，就像世代居住在那裡的農家和教育程度較高的家庭一樣明顯。

　　住在*Welborn Hills*小鎮的居民只有一小部份是有色人種（*people of color*）。與*Hills Regional*高中一樣，七到十二年級共約有700個學生，*Welborn Hills*小鎮的學生也就讀於此。對於很多歐裔美籍學生，了解文化差異與不同背景的學生做朋友的機會，就看他們的社經和教育優勢。只有像*Vanessa*那樣背景的學生才能有旅行的機會，而來了解種族主義和文化差異的影響。他們的社經地位和鄉村的新英格蘭文化已經影響他們對來自其他文化背景的人的觀感。

　　*Vanessa*是在升學班，所以她上西班牙文、微積分、社會學、人文學科、藝術和「現代問題」。她希望她能夠是家中第一個上大學的人，非常熱衷學校的各種學習活動並且表現優異。她參與很多活動、

參與體育、很有自信、且接受新觀念。她有很多來自不同背景的朋友，包括男性和女性。她喜歡和朋友在一起談天說笑。她輕柔、深思熟慮並關切所有人類、和平、社會正義和環境的議題。

目前，只有三個人在家：Vanessa和她父母。她的姐姐21歲，住在附近的小鎮。她父親在這地區長大，是個工匠；她的媽媽是個律師助理。雖然她的父母都有高中文憑，但是都沒有上大學。Vanessa 覺得她的家庭與眾不同，因為她的父母還在一起，而且家人都很快樂並且相處融洽。她臉上充滿著驕傲；而她父母會為他們相信的，而勇敢直言。當Vanessa 受訪的時候，波斯灣戰爭(Gulf War)才開始，而他們已打算參加抗議活動。Vanessa和她家人住在簡樸的房子裡；而他們在經濟上是中下階級，Vanessa放學後還要在當地的一家商店打工。

從來不須在族群或者種族上去指出自己的背景，Vanessa一直被認為是「準則」(norm)，這從她覺得自我認同是讓人很困窘的議題開始。儘管，她比大部份的同儕對於文化和文化差異性的問題有警覺性，但對她而言，仍然是很難面對的議題。不過，她真的想跟這議題纏鬥。實際上，他同意接受訪問，正是因為這研究聽起來「很有趣而且很重要」，而在她忙碌的行程中找出時間。對於文化、種族、和語言差異的尷尬是訪問Vanessa浮現的主題。其他議題則是教育對學生的承諾以及老師能夠讓學習更有興趣。

差異的窘困

（你如何描述你自己？）通常我不……等等，立刻被解釋一下？譬如，你想知道什麼？

嗯，我會描述自己是白人，但是我不在乎，所以，我才說這是很難的問題。因為我通常描述我自己，就像我相信的事物一樣。像我是什麼文化的，我是黑人或者白人，跟我沒有關係。

（我是）……嗯，蘇格蘭、法國和德國人，我想。因為家人全部都說英語，雖然我正在說西班牙話。晚餐，不是在普通班或者比較後段的班級。那就要看你的想法了。我想我德國的血統可能在20世紀的時候加進來的。我真的不確定，我只是猜一猜。……我真的不太有興趣，我不

知道當我們回到開始，我們是否有關係。

我沒有任何宗教信仰，我從來沒去過教堂。我們家從來就不喜歡讀聖經。我想我父母以前習慣上教堂，他們應該是天主教徒。……他們可能認為上教堂，對於他們的生活並沒有像那些期望他們去教堂的人一樣的重要。……我真的對於宗教不太了解。如果我有選擇，我可能不會去教堂，因為我寧願形成自己的想法，也不願讓別人告訴我上帝在七天創造了世界。我不曉得耶，祂對我而言似乎太全能了。我就是不相信。

我想我好像把文化看得很不重要。就好像發生到人們身上的是因為文化，就像黑奴和猶太人。文化，是你長得像什麼，不論你是黑人或白人對我無關緊要。重要的是你到底是怎樣的人，……外表並不重要。

美國的社會一向都是……你有更多的機會。但是我並不這麼看好，因為不公平。你有較多的機會，而只是較多的公平機會。但是，我認為「公平」真的不能用在那裡。

我不認為很公平。我不認為一個人日子過得比較容易，只是因為他們的膚色、種族，或者因為隸屬於某些特別的教會之類的。

像黑人那樣的人仍然沒有像白人有那麼多的權利。我是說「男人」，因為女人仍然沒有太多權利。那個「優越的遊戲……」人們把它深烙在腦海中，而現在就是這個樣子。……我真的不太清楚如何改變這事實。我試著去改變，說出來抗議。

其他的文化在我的學校並不是很多，因為沒有很多人住在附近。大多數可能是白人。但是他們代表一小部份的。……我們讀過書，我們也看過電影。我想我們看過在其南方為自由而奮鬥的遊行，或是諸如此類的。而我們看到甘地，雖然不是直接切合到這個文化。

每一個上學的人都對學校很重要，因為這樣加起來就可以說那是個文化。就好像我們的社區、學校的社區。……喔，我想人們的背景很重要，因為那會影響你成為怎樣的人。

文化就像是語言的聚合物，你說話的方式，你做事的方式……對你很重要的事……嗯，美國的文化就有些像準則，常發生的事。好比你要去另外一個國家，可能你會覺得很奇怪，因為跟你在家做的方式不太一樣。

嗯，在中非的人，如果說你到商店，你必須對工作人員說「嘿」，代表認可他們。如果你不認可他們，他們也會忽視你也不會給予幫助。這真的對他們很都重要。……就像女人生產的時候，他們跟著他們的媽媽、阿姨姑姑們、姐妹們去停留三個月，以開始照顧小孩。不過我不清楚是否能完全同意，因為這樣就從一開始把丈夫和小孩分離了。

在墨西哥，我在一個很大的城市，有很多改變的都市。然而有很

多的規定女人能夠穿什麼；有一次，我知道他們不能穿短褲。我想那已經不存在了，我真的覺得很奇怪。……那兒人們做事的方法真的很不一樣。就像在中非，他們每天打掃房子和庭院，可是他們會把垃圾就剛好丟在他們土地的邊緣外。而在這兒，有一點不同，因為你把垃圾丟在垃圾場。

我們文化的很多部份，我不太同意。我不太喜歡這種快速的文化；而如果你是黑人，你好像就不夠資格得到好工作，或者類似的情形。如果你是女人，情況也一樣。如果你是同性戀者，你就不可能不會被歧視。不清楚耶，有些基本規則，如果你不是這個，你就不能做那個。

看起來很奇怪。……因為人們從歐洲來，而想要遠離有關那裡的一切。他們來到這裡，設下奴隸制度。不清楚耶，看起來他們應該做相反的。可能他們還在歐洲的時候就已燒進他們腦裡：如果你是較低階層的，你通常就不會受到教育或學到閱讀能力。可能他們都沒深思熟慮過，這些早就在他們腦裡了；不過，由於這些是他們早就知道的，那是他們做的事。

當我看到種族主義時，我真希望我就是黑人或是受到歧視的那個族群。你聽過有些女人說：「我討厭男人嗎？」我不知道，我相信黑人當他們是奴隸的時候，一定說：「我恨白人。」我並不想被想成那樣，因為我並沒有歧視他們。我認為他們是一樣的。而他們已經嘗過千辛萬苦，我們白人應該設身處地為他們想一想。就像布希總統，不久前的演講中所說的，「我們盡全力對抗種族主義」之類等等。最高法庭裁定學校統合與提供公車載送學生，就是將他們好久以前做的倒轉過來。

我二年級的時候，有個黑人轉學到我那班。她好像是新學生，有人似乎有點微辭。我和幾個同學就很生氣地說：「他們的膚色是什麼不重要；可以是橘色、黃色、或棕色，這些都不重要；他們就是一個人而已。」。

我常仰望金恩博士（Martin Muther King Jr.）尋找勇氣與靈感。

我也喜歡甘地，因為我相信非暴力。我相信他們幫助我強化我基本的信念，並作為我能成功的模範。我就是相信非暴力是得到你的夢想與和平的方式。我不認為打了人就可以達到目的。對呀，他們可能做你想要他們做的，但是他們可能不做，因為他們就是想要這樣做。假如他們依你所願去做，那是因為恐懼。我不認為恐懼是個好方法。

教育與價值

假設教育是這個國家建立的基礎，但是卻缺乏教育經費。

所有學校的預算都被刪減了。我們很多課程就無法貫徹，教師也減少，經費越來越少，而政府似乎已經決定了。那麼，哪有錢做教育呢？他們根本不支持。⋯⋯第七第八年級仍有縫紉、烹飪與藝術課。音樂課程仍有；而體育課則藉由捐贈飲料和大型的募款活動。不清楚明年會發生什麼事，希望仍有經費。

我父母也有同感；政府應該介入與予援助。很可悲的是，越來越走下坡。他們希望我能做我想做的事；否則，就如我已說過的，就會鎖在角落裡。

我（從我父母）學了道德，就像非暴力、表達自己、努力奮鬥得到想要的，與有自信達到目標。

他們很有愛心，而且願意反抗社會（準則）。他們會為所信仰的去抗議。

我想父親重視人能夠自我生存；就像離家自我成長、有工作獨立過活、並且不需要別人一直幫助你。⋯⋯父親很有趣，並且給我支持和鼓勵。

母親也為目標努力不懈；並且相信自我維生和為你應得的奮鬥。

我希望少點壓力。⋯⋯

我家不是破碎家庭。我父母還在一起；他們很快樂，而且不吵架，每個人都處得不錯。很多朋友都來自破碎家庭；我家有很多別人沒有的扶助。⋯⋯

我們不隨波逐流；就像現在有很多人贊成波斯灣戰爭，我們就反對。我不認為應該為了石油而殺人是很好的理由；而且你也不可能為不同文化的國家帶來和平。最重要的是，不能以戰爭為手段。那不能解決問題；而且需要多次溝通與重整社會才能達到類似我們的情況。我不認為他們應該那樣，因為他們不是，而且他們可能不會是⋯⋯。為和平禱告的人，可能會舉出中指辱罵我們。

父母要我上學，所以我可以接受教育並找到工作。所以我可以有選擇，而不會受困。⋯⋯可能因為他們沒上大學，故希望我能；不過只是個揣測。

我希望能上大學幫助別人。我希望能做心理學家、社會工作或環保之類的，我還不太確定。

我覺得成績好像很重要，因為似乎已成事實。只要你進入某個循環，你可能就會停留在那裡。⋯⋯我認為教育是個人學習的結果。那並

非是學校覺得你如何，或者得了A或B的問題；主要是你學到什麼，並不是只為成績。如果我成績真的不好，「我父母」不太高興。不過，他們總是確認我做了功課。他們會告訴我別再講電話了。

我很快樂，成功讓我快樂。那並不像工作讓你賺上兆億元。這就是自我快樂（self-happiness）。

成功的教育是你個人學到了東西……譬如成長、擴張你的心靈與視野。

讓學校比較有趣

（小學階段我喜歡）下課，因為是做事情之間的休息。不是每件事都被推著走。而藝術，真的很有趣。……那是個安全的地方；我喜歡老師以及去那裡的人。

我喜歡在情人節（Valentine's Day）、耶誕節和生日時，他們為我們舉辦生日派對。他們將學校和好玩混在一起。

我做我該做的事，我很了解；而我也很有興趣。

我最喜歡的（科目）是藝術，因為可以自由表達思想、自由塗鴉。社會人文學科最糟糕了，因為都是講課和考試。

我打曲棍球、跑田徑和打網球，因為是釋放精力、自我滿足與保持身材的方法。而和別人合作，我打球；我也在同儕共讀班（peer education group）。那是由18個學生組成的課程，他們彼此互相討論有關酗酒、酒醉開車、刻版印象、還有其他許許多多的議題。那好比說，學生可投射到其他學生身上，對某些人來說，由於彼此有關聯，比較容易學習。

我們上演了有關刻板印象的短劇。我們有四肢發達的運動員、嘻皮、臭屁的、精疲力盡的和那些電腦迷。

有個場景是那個驕傲的人喜歡嬉皮樣的男孩子，而她所有的朋友都說：「老天啊！你喜歡他？！他那麼地嬉皮！」然後，嬉皮男孩子所有的朋友也說同樣的話。之後，一切都停止了。這兩個人站起來說，「我希望我所有的朋友都能夠了解。」。然後旁白的人說了，「有一個方法可以解決這種情況。」所以，他們回去原來的地方並說，「好，哎呀，嗯，我想我們應該給他們一個機會。」所有的情節都是我們想出來的，除了我剛剛跟你解釋的那個。短劇基本上是我和另外兩個人寫的。我們就是七年級和八年級要做的。我們認為那是最有效的地方，因為基本上就從那裡開始。他們很喜歡。

教師了解所有的學生很重要；而且了解他們的背景以及他們對某些事的可能反應。因為如此，學生就比較容易畢業。而且，因為他們都已經知道，所以就不會有那麼多障礙。……如果學校不是開學第一天就給作業，而是讓學生彼此認識，即使是已經彼此認識的班級都可再深入認識。

玩遊戲，有比較多的休閒時間。……你可以用遊戲來教任何課，而他們則用筆記和演講來教。嗯，就好像你教西班牙話，你可以做劊子手的遊戲。猜字的時候，可以玩字卡的遊戲。譬如，他們給你字的定義給你猜。或者，有人演出那個字時，你就會比查字典記得牢。

使課程比較有娛樂性，因為人們由娛樂學到很多。欣賞戲劇可能比你聽一場演講學得多了。多想法子把戲劇、遊戲融入教學中。……有些書應該是必讀的，以擴展視野。

基於（學生）的聲譽，有些（老師）可能就沒有其他的人有耐心。（學生的聲譽）不是看成績就是製造的問題，就像你惹了麻煩或是被留校查看。

（不抱希望的老師）就是上得很快，他們就只想趕快把該教的教完。根本不想慢一點，因為他們只想快點上到該上的地方。

（大部份的老師）真的很關懷、很支持學生、願意和學生分享他們的經驗與傾聽學生的心聲。他們不只談論他們教你的事物而已；他們也想認識你。

評論

對Vanessa來說，面對種族、階層、文化和其他的差異性蠻難的，因為她不需要常去考慮這些事。別人會感覺到「種族」、「階層」、「文化」和「民族性」是他人有的問題；而談論這些議題時，Venessa有時會覺得受到侵犯。那就好像把種族和文化問題問深一點就很不禮貌；而且感覺你就是個種族主義者。在這方面，Vanessa就像其他歐裔一樣，民族性對他們人生微不足道。在一個研究不同背景學生認同的重要性的報告中，研究者指出大部份的非裔美籍、墨西哥裔美籍、與亞裔美籍年輕人把民族性和認同看得一樣重要；但是只有四分之一的白人學生有同樣認知。

Vanessa認為文化和種族背景不太重要；也就是「對我一點都不重

要。」在這方面，她就是反映出色盲（*color-blind*），而我們已經被引導成相信那是正確而公平的。在這樣的架構裡，不同被視為貧乏而非資產。有白人與基督徒的父母，她很難得需要去面對文化認同的問題。她把自己視為「標準」、「就是普通人」。就像對於大部份的白人一樣，她擁有將自己視為一個個體的優勢，而這是弱勢族群沒有的機會。

因為*Vanessa*與其他優勢族群把文化、種族和其他的壓榨行為和壓迫與不平等聯結在一起，因而很難去討論這類議題。第一，她把文化和差異當作制宰的原因（「就像發生在黑奴和猶太人身上的是由於他們的文化」）。第二，她覺得因差異而造成的不公平讓她覺得很不舒服。因背景差異，有些人因而被懲罰，有些卻因而得利。這些事實造成*Vanessa*無法面對差異性的問題。不願因種族主義而獲利，*Vanessa*發現逃避或輕視這些議題比較好過一點。由她的評論可知，她漸漸意識到性別主義。譬如，她評論著：「我是說『男人』，因為女人仍然沒有太多權利。」這有可能可以幫助她去了解這議題。

*Vanessa*極力想要了解她被教導的理想與週遭所見的歧視之間的衝突。她開始將和平、社會正義、種族主義和其他偏見之間做個聯結。雖然只在反抗其他白人有種族主義時，她才會將自己與種族畫上關係，這時候她很肯定地認為白人應該站出來負起責任。她也很清楚身為白人有較多的機會，而她則認為不公平。

藉由與*Vanessa*的對話，這些議題很少在她上的課堂中討論過。當她被問到，是否在歷史課或其他的課堂提到從不同社群的觀點來審視時，她回答通常是以「一般觀點。」由於其他族群觀點在課程中是隱性的，學生開始認為學校教的就是「一般的」現實；而其他社群的觀點就當作是加上的「真實」知識。

儘管*Vanessa*缺乏多元的觀點，她逐漸成為對社會正義議題很敏感並承諾採取行動。譬如，她說她會說出反對歧視的論述，而且由此來改變。這樣的特質在他二年級的時候已經很清楚了。即使在那個事件中，她和她的朋友也想藉著忽略種族的差異性，來幫助她班上的新男同學。以他們的了解，色盲讓他們成為有道德的人。

　　*Vanessa*參加同儕共讀班，他們彼此互相學習有關酗酒、酒醉開車、刻版印象，還有其他許許多多。為了使他們的短劇更接近年輕人的經驗，他們專注在學校的社會階層型態(例如，「嬉皮」、「電腦迷」)而非種族或者文化。

　　她認為，教育應該是我們社會最優先該重視的；如果我們要提供所有的學生教育均等的機會，*Vanessa*認為社會承諾是不夠的。讓教育進步和有報酬的程度是很重要的，可是「並不像社會所了解的，」她很快地補充說。她說，「他們要我上學，而我就必須去」來支持教育是一種義務，可是往往卻沒有互動。與教育價值相關的其他價值，是*Vanessa*從她父母及學到：獨立自主、自信、和批判思考。這些價值觀很明顯的幫助她在保守的學校環境中，有個人風格。

　　*Vanessa*父母支持她個人的選擇以及學業成就，所扮演的角色是非常明顯的。她父母還重視大學教育，而且很清楚大學教育能夠提供*Vanessa*他們自己沒有的機會。他們也積極參與學校事務(她母親是學校委員，而雙親都在學校做志工)，並且在很多方面也非常關心。他們的參與，套句*Vanessa*的話語－「表現出他們很在意。」

　　*Vanessa*認為教育是個關鍵，可是她並沒有獲得她認為應該得的那麼多。她希望學生可以比較有趣並且有互動。她認為無聊並且「毫無生氣」是學校教育的本質，尤其是在中學階段的，證實了美國的很多學校關心的議題；所以，她建議老師應讓學生更加有趣。她特別關心想要中輟的學生，因為他們覺得與學校很無關聯。就這方面，*Vanessa*建議，社團、運動和其它的活動應該要持續進行。她很不高興，很多這類的活動因為缺乏預算而被刪除。以她的情況而言，參加學校社團、運動項目和工讀，對她的學業和其他很多方面都有很大的幫助。

　　*Vanessa Mattison*是個堅強並率直的年輕女性。她深信教育在每個人成長和發展過程中占有舉足輕重的地位。雖然對於多樣性的議題還無法坦然面對，她已下定決心下工夫多瞭解並想法解決。訪問本身似乎對於她在多元性、種族主義和認同方面議題的思考，扮演著催化劑的角色。譬如，經過思索種族和文化對她毫無重要性之後，她承認，「喔，我想人們的背景很重要，因為那會影響你成為怎樣的人。」從

她家庭、追求靈性、以和平和社會正義為主而得到的力量與支持，她是個已準備好要「擴展心智和視野」的好例子。

思考題

1. 為什麼在美國的白人，一般來說不認同任何特定的種族或者族群呢？有什麼的特例嗎？你看法為何？

2. 怎樣的學校經驗可以使*Vanessa*對於多元性的議題比較自然舒服一點呢？

3. 身為教師，在介紹學生多樣性議題的時候，你有什麼責任呢？你會採用什麼策略進行活動呢？在白人學校和種族文化異質性很高的學校，會有甚麼不同呢？

4. 在教育方面，價值觀的角色是什麼？學校應該教價值觀嗎？為什麼呢？*Vanessa*家庭相信的部份價值觀應該包含在課程嗎？為什麼呢？

5. *Vanessa*提出幾個建議讓學校更加有趣。你覺得這些建議如何呢？他們是否與學校的教育目的衝突呢？

6. 各組提供建議給教師，使學校比較有趣和互動。專注於某個年級和學科。

第
4
章　　學校組織結構的議題

大約在一世紀前，杜威（*John Dewey*）即警告「教學科目選擇傾向以多數人利益為考量、高等教育只為少數人而設，並以特殊階級文化為傳統，那麼民主是無法成長繁盛的」。正如杜威所擔心的，公立學校現在的組成，並不是在實現民主的保證，某些學校的策略與措施正加劇現存於社會的不平等。

諷刺的是，其中有些措施原是企圖使不同背景學生間的不公平變得公平。所謂的能力分班（*tracking*），即常是意味著幫助學生在學業上的需求，其他的則和學校經驗不可分；傳統的教育、知識的分化，尤其在中學階段，有些非官方的「政策」慣用導致學生被剝權削能（*disempowerment*）。這與教師、學生及父母在學校中的限制性角色有關。

很不幸地，這些結構與杜威所描述的冠冕堂皇與基本目的相左，反倒成為學校本身的定義。例如*Barbara Tye*就曾提出種種結構呈現學校的權力模式，此一學校是被安置在一個假設學校應該是如何的假定。這包含著全面的策略控制導向、課程與課表的普遍相似性、特定的資源分配方式、將測驗成績視同測量學生成就的固著信念。因為對這些結構的普遍支持以及堅持，所以想要有所改變可說是難上加難。

在本章以下的例子中，我們將會發現造成學生傷害的組織措施或策略。例如，*Avi Abramson*堅信教師的教學不是增進學生的學習動機，反而是使學生更消極喪志。至於*Fern Sherman*，則強調課程的內容有時使他覺得疏離與氣憤。真的發展杜威所提倡的公共教育，正如這些例子所揭示者，所有學校的措施或策略都需要批判性的評鑑。

質詢組織結構（如學校策略和措施）與多元文化教育有如何的相關性是很合理的。當我們認為多元文化教育只是傳統課程種族內容的額外部份時，學校的政策和措施的討論可能顯得毫無相關。然而，當我們詳加思考時，多元文化教育質疑整個教育內涵，卻包含課程、學生的安置、學習環境的物理空間架構（*physical structure*）、教學策略、對學生能力的假定、職員的聘用和家長參與。這也就是為什麼組織的結構在發展完整的多元文化教育時是重要的，以及為什麼在本章中被討論的理由。

　　以下的討論提供了具備策略和措施植基學校與教室的例子，藉由阻止某些學生因教育的成功而造成社會的不公平。然而因為焦點是在教室與學校而非社會，可能形成忽略學校管理與財政不重要的印象。相反的，這些都是隱含學校的失敗因素。我希望讀者能把這些社會性的議題放在心中以了解他們如何直接影響教室與學校層次的不平等。

　　以下的項目將逐項予以簡短的描述與檢驗：

- 能力分班
- 留級
- 測驗
- 課程
- 教學
- 學習環境的物理空間架構
- 分科政策
- 受限制的學生角色
- 受限制的教師角色
- 受限制的家長角色

能力分班

　　學校中最不公平，而至今仍被受爭議的措施就是能力分流。能力分流是一種依照學生能力、同質性團體而安置的方式，舉凡班級內（例如在班級獨立成立的閱讀小組）、依科目區分（例如七年級的數學低成就組）或高中階段特定方案（例如高中階段的學術或職業方案）。在大多數的學校，某些能力分班就像學校鐘聲與下課般在學校中稀鬆平常，而成為學校的一部份，而且從很早的學習階段就開始了這樣的措施。

　　在一個典型的對於教師期望影響的研究中，如同第三章所提到的，*Ray Pist*提出一個貧窮黑人兒童在學校前三年班級個案的民俗誌（*ethnography*）研究結果。幼稚園教師在入學後的第八天將孩子分

組且分派到不同的位置，而這樣的分組方式在往後的兩年都持續不變。老師用來幫學生分組的資料沒有一個和學生的學業能力直接有關。相反的，他都是運用一些社會性的指標，像是新生入學註冊表格（*preregistration forms*）與母親的初步訪談，和他自己對於家庭所獲得公共資訊的先前知識。其結果通常也是社會性的，在表4-1（所謂的高成就）的大多數學生穿著相當新而燙過較乾淨的衣服、沒有體臭、說標準的英文、膚色也較白，而且比較可能是擁有經過吹燙的直髮。

正如我們所知道的，分組的因素通常是基於非常膚淺的基礎。再者，根據多年的研究顯示能力分班經常離不開種族、人種以及社會階級的差異有關。例如，*Jeannie Oakes*和*Gretchen Guiton*研究三個高中發現，在經濟上具有優勢的白種人與亞洲人比成就相似的拉丁裔學生，有更多機會達到較高的地位與完成較困難的學業科目。能力分班也被發現在資賦優異的方案中。例如，*Harold Berlak*提出的研究即發現白人學生進入資賦優異方案的比率，是其他有色人種學生的兩倍。

能力分班的決定因素很少是單純的，其成效也不是有益的，常常衍生破壞性的結果。國小階段的學生可能就這樣被限制未來幾年的發展，有時候甚至是整個長遠的學術生涯。隨著年齡逐漸增加，他們必須在職業學校、學術課程、秘書或商業的課程－還有一般課程等多種課程間做出選擇。經由這些選擇，他們據以追求大專教育、低收入的工作或甚至是某種失業的情況。因此，在很年輕的階段，學生就被期望做出實際上可能影響其一生的選擇。因爲他們所選擇的標籤，可能難以勝任未來要求較高的升學方案。十三、四歲的年輕人幾乎很難做好準備，況且得在無人協助的情況下靠自己單獨做這麼重要的選擇。許多學生的家人也無法幫助他們做選擇，學生做選擇的依據很可能是他們最好朋友的選擇，或是他們認爲在同儕間最受重視的。

能力分班的另外一種結果是培養學生長期的教室性格或態度。他們會開始相信他們的安置是自然的，而且是真正反映了他們的聰明程度。雖然這些學生會覺得他們可以選擇自己要修的課，但實際上，這些選擇可能是他們的第一位教師把他們安置在烏鴉(*Crows*)而非藍松鴉(*Blue Jays*)的閱讀組時就決定了。這些因爲分組措施而使學生內化的

訊息，可能比我們想像的更具負面效應，而其效果可能也比我們所知道的還要持久。

有一個能力分班的進一步結果顯示，那些最需要優秀且有經驗教師幫助的學生，往往得到的協助最少。因為編排的工作的已經完成，那些最有經驗的老師經常都是被指派輕鬆的差事－意味著去教能力較好的班級。*Milbrey Mclaughlin*和*Joan Talbert*在鄉下高中所進行的研究發現，被指派去教低能力班級的老師，通常都是在教學上準備不夠或新進的教師。

能力分班也會在教學上留下痕跡。例如，在後段班的學生最有可能受制約而採用死記的方法與陳腐的方式。因為這些教師覺得這些學生是最需要去學習基礎的能力。具創造力的方式對這些學生而言是難以達到的奢望，除非一直到這些基礎學起來，思考才能開始運作。因此，貧窮及被學校放棄的學生又再次成為失敗者。學校的失敗產生不斷的惡性循環，最需要幫助的學生卻都被安置在後段班級，而且身處萬劫不復的痛苦。學校是一個無聊且無趣的地方，學生便開始變得沒有動機甚至中輟。

這並非意味著前段班的學生總是獲得提昇的、有趣的與有意義的指導。他們也同樣置身於和那些後段班級學生相似的教學方法與教材。如果真的有革新的教學方法，吸引人的教材存在，那也只會在前段班被發現；知識成為已經享有特權者的另一項特權。

能力分班的成效也是令人質疑的。*Jeannie Oakes*在其1985年針對25所全國國、高中的早期探索性研究中發現，能力分班對所有學生幾乎都是非常負面的。而自從他的研究首次發表後，許多其他的研究也有一致的發現。*Oakes*結論在一個更近的分析研究中，能力分班大體而言只不過是基於維持種族與社會階級優勢的措施。如果能力分班的目的是提供那些最需要這樣的機會，那麼可說是徹底失敗了；因為實際上，剛好製造了反效果。

儘管有強力的證據顯示能力分班對多數的學生不具效用，但能力分班卻遍佈全美國的多數學校。許多教育者執著的相信能力分班有助於個別化教學，也就是說它促進了平等。雖然其成效與其所宣稱欲達

到者相反，但能力分班已經變成許多年來國高中學校文化不可或缺的一部份，而學校的文化就是抗拒改變。一旦某個想法成型了，似乎就會發展成終生的模式而不管其是否具有成效。更進一步而言，學校對於變革的壓力顯得遲鈍，特別是這些變革來自於受害最大卻又最無權勢者時。

如果能力分班被認爲將所有學生置於危機，似乎早就該廢除了；但既得利益的真相，有助於解釋爲什麼它還是存在具有關鍵性的理由。雖然能力分班對多數學生有負面的影響，但是對少數的學生卻是有利的。這現象看似複雜，有些高成就的學生榮譽卻得自於被分配在前段班，自然地，那些高成就學生的父母最不願去挑戰能力分班，因爲他們覺得能力分班對他們的子女是有益的。除此之外，正如同前面提到，能力分班與種族經常是有關聯的。這樣的情況在*Oakes*與其同事所進行的三年長期個案研究中已經被發現；他們對十所種族與社經背景混和的常態分班改革高中的研究發現，常態分班（*detrack*）的最大障礙之一是來自於有權勢父母的抗拒，而他們大多數是白人。經由一些像威脅他們要將孩子轉學的策略，即便不是不可能，但那些傳統來自能力分班獲益孩子的父母親，讓能力分班的廢除變得困難重重。

如我們所知，能力分班主要是由那些社會階級利益團體所支持，如此便能將學生分門別類，協助學生在進入真正的社會前做好準備。那些在前段班的學生通常最後會上大學而成爲專業工作者；那些被分在後段的學生經常會中輟，即使他們完成高中學業，也常常成爲不具備一技之長的勞工。不願將此一複雜過程僅做機械的解釋；部份學生因爲能力分班獲利，而其他則有所損失，是無庸置疑的。教師與學校共同製造此一問題，因爲他們將能力分班當成唯一解決學生差異，且視爲當然或甚至中立的措施。

然而，嚴謹的分組並非都是負面的做法。優秀且有經驗的教師通常會運用短期且具彈性的分組，針對特定的技能、密集的教社會或自然科學中遺漏的片段可能非常有效。事實上，採用這樣的方式分組在達成短暫與特定的目標可以是有效。然而，因爲能力分班與特定階級主義與種族主義的意識型態受到支持，所以不管任何種類的分組，都

需要用心來執行。

　　那麼什麼是能力分班的替代方案?其中的一個途徑是「常態分班」。但是，僅僅去能力分班是不夠的，除非它能伴隨學校文化與規範的改變。去能力分班加上一些像是合作學習、同儕教導(*peer tutoring*)、多元層次教學(*multilevel teaching*)與學生共同做決定與減少教科書的使用等策略，縱然是面對挑戰階級與種族的能力觀念，也能獲得促進學習和組間關係的改善。運用這樣的策略已經有了成效，而且提供正面的誘因，供能力分班替代方案的考慮與參考。

　　雖然學生在許多方面彼此差異很大，且這樣的差異必須被納入考慮，以提供學生高品質的教育。能力分班並未被證明是其解答；同時，能力分班也不是唯一的罪魁禍首。*Joseph D'Amico*的研究檢驗發現，學校在另一方面扮演重要的角色，如：教學的品質與教學的態度、課程與教學的性質、師生可用的教材資源與班級大小等。換句說說，許多因素造成學校失敗，而挑出某一特定的肇因並不足以解釋特定學生為何在學校無法成功。

留級

　　留級或使學生退回到原來的年級，是另一種在學校中常見的措施，如同能力分班，留級和其他增加不公平的策略與措施相互糾結。例如，它與測驗有關，因為留級的決定常常是繫於測驗的成績。同樣的，留級和從學校中輟有明顯的關聯。也就是說，留級的措施不但沒有辦法協助學生從高中畢業，相反的卻促使他們更容易放棄學習。除此之外，學生被留級的時間愈是增加，他從學校中輟的可能性就愈高。

　　學生被留級通常是因為無法勝任未來新年級所需的能力，而這一個決定通常是由老師、諮商者、校長與父母商討之後做出來的。如同能力分班，這些決定通常是出於善意。老師希望保護學生避免更多的挫敗，或是避免未來在更高的年級中，面對完全沒有基礎的教材。然

而，如同能力分班的例子，這些理由常常是錯誤的。另一個例子是麻州的教育部發現，在波士頓輟學的中學生數量從1995年到2000年的比率遽增了百分之三百。而這個驟昇的數據，主要歸因於愈來愈嚴苛的升級政策，此一政策所產生的效果不但沒有讓學生更努力，反倒是迫使他們離開學校。同樣的，如同能力分班與其他策略，留級對於貧窮、有色人種與男性學生產生非常負面的衝擊。*Karen Kelly*對文獻所做的回顧發現，過去數十年，多數的研究指出，留級可謂弊多於利，這些負面的影響不只是高中完成學業與否，也包含學業成就、出席率及對學校的態度。同樣的，他也發現大多數學生在第一年就被留級；一年級從此一措施的獲益最少。

那麼什麼是替代的方案，因為廣大民眾反對「社會提升」(*social promotion*)，其意是指學生尚未學到目前年級的學習內容，而仍將他們升到較高年級，而視留級策略的廢除為不切實際。同樣地，學生尚未做好準備就期望他們靠自己趕上功課，而將學生升到較高年級也是不公平的。為解決進退兩難的問題，更多學校開始執行替代方案的作法，像是強制暑期學校和課後教學方案。

然而，除非這些措施伴隨學校全面性的改革，否則很難有成效。例如，課外活動被發現對於留級的學生有正面的成效。在本書的個案中，課業成功與課程及課外活動之關聯也是明顯的。不過在需要最殷切的貧窮市區學校，卻鮮有課外活動的安排。

標準化測驗

另外一個在學校中影響公平的措施，是不具鑑別性質的常模參照與標準化測驗的運用，特別是運用此測驗將學生分類而非在增進教師的教學。約在一世紀前用來區別智能障礙孩子的標準化測驗，後來被廣泛運用，而且主要運用在廣大的新移民。結果，標準化測驗的最初目標變成合理化遺傳劣勢的理論，然而，以了解學生在測驗期間內如何改變全面檢驗的原則並未呈現。不過，測驗（特別是智力測驗）經

常被用於作為區別與分類學生的基礎，尤其是那些在文化與語言上不同於主流的學生。再者，在智商測驗與壓抑種族社會政策並非歷史的遺物，因為現今仍有一些不幸的實際例證。除此之外，教科書出版社與發展測驗的公司，從測驗的實施與普及而賺取巨額利益是不爭的事實，但卻鮮少被提及。

測驗與能力分班經常是密切相關，*Lewis Terman*是二十世紀初實驗智力測驗的心理學家，在對土生土長的美國兒童與墨西哥兒童做了測驗後，他用堅定的口氣宣稱：他們的遲鈍似乎是種族性的，或者是遺傳自其家族……。

屬於這種團體的孩子應該被隔離到特殊的班級，他們難以學會抽象事物，卻可以成為有效率的勞工。同樣的理由也被用在其他的情況，以解釋黑人、猶太人與義大利人在智商上較為低下；事實上每一個新的種族團體在美國的標準化測驗中都乏善可陳。

儘管現今對於特定團體的評論不會成為突顯的種族主義者，但是持續進行測驗的數量與種類仍舊有諸多缺失。在1990年，公平測驗（*FAIR TEST*）－一個追蹤標準測驗運用的組織，提出較保守的估計：在我們學校中有四千萬個學生，約進行一億個標準測驗，也就是每個學生平均每年做2.5個測驗。而在同一年中，根據估計，一年中在發展與計算這些由地方或州所執行的標準測驗，約花掉七千萬至一億零七百萬的經費。此後，測驗上所花掉的經費遞增，其總量也比例增加，這些錢應該是被花在給學生直接的教導或其他支持性的服務。此外，學生花了好幾天甚至好幾個禮拜來做測驗。例如，我們的學生在一學年中花掉10-15天來做測驗是很不正常的。除了這些實際的測驗天數，尚有許多時間是被花在指導學生如何做測驗，而這些應該是被用來教導學生學習真正的內容。

許多這些標準測驗是八十年代到九十年代間，教育改革運動狂熱的結果，在當時績效化（*accountability*）首次成為主要流行的用語。其結果是學生的學業表現和測驗分數產生直接的連結。然而，在一個1996至97年間對全國性標準測驗所做的評鑑，*FAIR TEST*發現在大多數州所用的測驗都需要被仔細檢查或是做重大的提昇，才能達到其所

宣稱的目的。儘管所有的州都宣稱他們將測驗用來作爲改進課程與教學，但多數運用以複選爲主的測驗，卻不能達到其所宣稱的目的。

「目標2000」（*Goal 2000*）是聯邦爲了提昇國家標準所實施的教育策略，而接下來通過的「把每一個孩子帶上來」(*No Child Left Behind)*，是此一創舉的結果，主要是基於一個以爲愈多測驗，就愈能引發學生更多學習，與達到較高標準的模稜兩可假定。一個令人眼花撩亂而針對全國所有年級學生的龐大測驗被批准了。然而這項法律卻未聚焦於課程與教學實施的改革、教師進修的提昇或是學校學區的財政公平。*Richard Elmore*是個受人尊敬的教育研究者，其研究主要是在學校的提昇方面，他稱這項爲最大－單一聯邦政策對於國家教育系統法案最具危害的擴張。在回顧這個法案的立法過程，*Elmore*主張學校產生進步的能力與學校中人員的信念及練習較有關，而不是要求那些在學校學生達到在測驗上練習的表現層次。因此，需藉由改變教師能力的內容與如何教，包含提昇「能力」，也就是教師的知識與技能，以提昇學校的工作。

對公平性關心的普遍理由是所謂的「關鍵性的標準化測驗」（"*high stakes*" *testing*），也就是說，那些和學校、教師與學生成功有關的測驗分數。正如同我們所看到的，公平當然是一個重大的部份，因爲學校對於複雜背景的貧窮孩子在品質上總是較差。然而，證據卻顯示了標準化測驗並未具體的促進學習。事實上，測驗可能有很大的負面效果，許多對於測驗立法與實施檢驗的結論指出，這樣的立法非但沒有提昇學習的結果，事實上正在產生一個重大的衝擊，因爲許多在教學品質、資源和其他支持性的服務都被忽略。研究者與教育者所關心在教育方面的社會正義，在這項結果都顯示出警訊。一個對於標準化測驗與公平爲題的綜合書籍，編輯者*Gary Orfield*和*Mindy Kornhaber*結論指出：即使是那些想提昇所有學生標準的測驗，測驗可能而且已經造成障礙，特別是對那些最弱勢的學生。再者，運用這樣的測驗來促進學生學習的效用已經產生嚴重的問題。因爲由*Rockefeller*基金會所贊助，一個最近針對「關鍵性的標準化測驗」所產生衝擊的多州研究，研究者結論：如果運用「關鍵性的標準化測

驗」所要達成的目標是提昇學生學習，那顯然是無效的。來自於18州的證據幾乎顯示當「關鍵性的標準化測驗」執行的時候，在每個案例中，學生的學習沒有改變甚至是退步。同樣的，正如同我們在留級時所討論的，因爲現在有更多的州需要學生在他們高中畢業前，通過標準測驗，而測驗正在都市地區增加輟學率。再者，標準化測驗的分數和家庭收入有高度相關，因此暴露了公平與社會階級種族無關的迷思。表4-1顯示了1999年*SAT*測驗分數與家庭收入的相關，就是一個這種不公平的例子。

表4-1　不同家庭收入SAT平均綜合測驗分數比較表(400-1600)

家庭收入（美金）	平均數
超過100000	1130
80000到100000	1082
70000到80000	1058
60000到70000	1043
50000到60000	1030
40000到50000	1011
30000到40000	986
20000到30000	954
10000到20000	907
低於1000	871

上述數字來自於1999年1302903位參加SAT測驗受試者

資料來源:美國的種族階級與性別(P.176)作者Paula S. Rothenberg 紐約:沃斯出版社

(Worth Publishers)

　　測驗可能影響其他公平政策的實施，例如，測驗會因爲限制了教師的創造力而對課程造成負面的效應。這是因爲任教於學生表現不佳學校的教師，被迫以考試領導教學，而非依照學習者的需求去創制課程。這樣的結果可能使課程無法或只能有限地反應測驗的內容與取向。在*Linda McNeil*的研究結論中精確的反應此一情況，他調查所謂

的「德州奇蹟」(*Texas miracle*)(宣稱在德州學生的學習成就是因為嚴格的測驗成果)，反倒是測驗的採用窄化了課程且造成不利學習的情況。除了減低教師的動機，愈標準化的測驗愈是造成學生更高的中輟率。

標準化測驗也同樣對教學造成負面影響，許多對「關鍵性的標準化測驗」的批評中發現，標準化測驗減少許多革新的教學方法使用：例如學生為中心的討論、論文撰寫、研究計畫和實驗工作等，有下降的情況。為了因應提高測驗分數的壓力，教師會認為他們沒有時間去做革新的教學，這樣必然影響教師的自主，因為如此一來已將教師的的課程決定權移轉到學校、區、縣市或甚至是州的層次。而課程愈是較少來自於教師或學校，意味著愈不能反映出該校學生的文化。

雖然標準化測驗在表面上可用來提供有關學生學習的需求給教師與學校，事實上他們是被用來對學生做進一步的分類。就像杜威批判僵化的評量方式與價值觀：「教師無須注意比較人與人之間的高低，因與其工作無關。」他進一步建議「每個人都應有權利將其精力用於有意義的活動上」。

可惜的是，有關於從事有意義的活動卻從許多州授權的測驗中消失，而多數弱勢的學生又成為主要的受害者。在一個失敗的惡性循環中，被覺知為需要更多幫助的學生，常被安置在課程簡化且不需要高層次思考的班級或平凡無奇而公式化的教學。結果，這些學生在學業上的表現更加低落。由於這些測驗有害的結果與使用，一些研究者已經建議廢除常模基本的標準測驗，特別是那些在語言和文化背景上相同的學生。*Micheal Sadowski*做了一個有關此議題謹慎的檢驗，他提出一個適時的問題－「是否所有的「關鍵性的標準化測驗」都值得一試？」

儘管「關鍵性的標準化測驗」的諸多缺失，我們得去了解為什麼會受到這麼多的支持。首先，許多人以為具高度客觀與有效測量的標準化測驗，可了解學生學習的事物。貧窮學校的家長，對於孩子不佳的表現感到厭煩。許多在貧窮都市或郊區學校的教師能力很好，而且願意為學生奉獻是無庸置疑的，他們經由高度的期望與嚴格的要求來

表達對學生的關心，正如同我們在第三章看到的，少數教師了解其所教導學生的學校，對於學生的期望也可能很低。因此，許多年來一些學校變得逐漸不具效能(*underserved*)，真正的教學也甚少發生。毫無疑問的，在這種環境中的孩子會無法學習，而他們的父母也對於測量的可靠性變得深信不疑。然而，正如我們所知，標準測驗本身缺乏有公平性；事實上，他們可能使不公平更加惡化。

　　然而，的確要有一種可靠與有效的評量來了解學生學習的需要。學校與教師有責任了解學生學到什麼或無法學到的，特別是那些得到低品質教育者。一些教育者與政策制定者藉著發展一個公平測驗編碼，開始反應對可靠評量的需求。由國家評量論壇所發展與建構的，且由超過八十個國家教育和人權組織簽署的「學生評量系統原則與指標」，包括七個目標：

　　1.評量的主要目標是促進學生的學習。
　　2.評量的其他目的也是在幫助學生學習。
　　3.評量系統對所有學生都是公平的。
　　4.專業的合作和發展以支持評量。
　　5.廣大的社群參與評量發展。
　　6.有關評量的溝通是經常與清楚的。
　　7.評量系統需要經常檢驗與改進。

　　另外有一種反應是提昇替代性的評量，自從1980年代晚期，所謂以操作為基礎的評量，也叫做真實評量，取代了常模參照測驗。許多教育學者和組織呼籲學校加入像檔案、操作表現和學生作品展覽，當作一種更適當的方法來展現學生的學習。替代性評量運動代表一種思考測驗的運用與目的的重大轉變，從開始原本是為分類，而轉向確保所有學生高層次成就的學習。

　　然而，即使是能力本位的評量（*performance-based assessment*）是一種對常模參照測驗的積極取代，卻不盡然會較公平，尤其是它們如果用於外部發展與強制相同的方式不見得較為公平。再一次地說明，「如何」的評量只是被當成「什麼種類」的評量一樣重要。

■ 課程

　　許多學校的課程也和學習者的需求不同，教材內容很明顯地與學生及他們家庭生活方式不相關。學校生活與社區生活分開獨立，學校更具體地在物理空間上成為隔離他們社區的城牆。學校生活與社區生活截然分隔的情況，只要一踏進社區就可一目瞭然。例如，我們發現教室中教導孩子學習有關「社區中的助人者」，但卻沒有去探討其週遭中真實的人，這是一個很不尋常的狀況。他們學習警官、消防隊員和郵差，而這些人就在其緊鄰的週遭。學生學到醫生、律師、生意人，但是卻未曾在其生活的週遭中遇到其中任何一人。在街角酒吧的老闆、本地工廠的勞工與社區的服務人員，很少被當成「社區中的助人者」。同樣的情況，課程也很少涵蓋非基督教的節日或歷史，而這樣的事實也幫助我們解釋為什麼在本書以下將提到的一個個案研究－*Avi Abramson*在公立學校的適應過程備嚐艱辛。

　　當在研讀《四種食物類別》，孩子們捏造虛假的早餐以滿足他們的老師，是很不正常的現象。這是因為在學校的眼中他們承認吃奶油麵包和咖啡或冷麵當作早餐，就是承認他們做錯事情。同樣的，一個老師被授意教導二年級學生認識荷蘭，他得很努力尋找有關的方式來描述荷蘭孩子的生活。然而在此同時，可能忽略了教室中其他學生的族群與背景。有一個典型的不一樣情況，就是西班牙文很流利的墨裔美國、波多黎各裔和其他拉丁裔美國學生，被迫去學習西班牙人的西班牙文，因為在他們老師的心中有一個前提－西班牙的西班牙文比較正確。同樣的這些學生被禁止在西班牙文課之外講西班牙文。遺憾的是，一些學生很早就在學習經驗中學到學校所學的和他們的生活是不相干的。

　　然而，這並非意味著孩子應該只學習有關他們自己或社區的事物，也就是說拓展學生特定經驗的外在世界，就可達到教育的主要目的之一。兒童時期我最喜歡的書之一是《*Heidi*》。這是一個和我經驗大不相同的故事，正如同黑夜不同於白天一般。在紐約市長大的窮困小孩怎麼可能脫離孤兒院，而被送到阿爾卑斯山與其脾氣暴躁的祖父

同住呢？我對於山上所知甚少，我花了一點時間在布魯克林市區的外圍。而我也沒有祖父，但是我了解*Heidi*，因為這是一個親密的家庭關係和面臨重大困難時的反彈。我可以和這個女生的這些事物互動，也可以和一個喜歡閱讀與探索生命的女孩互動。因為我能夠能確認這些事物，我可以從*Heidi*的個人層次獲益。讀完這個故事，我能夠描述阿爾卑斯山，也能夠想像如果我也有一個祖父會是什麼樣子。然而我的重點是，為了要擴展學生的世界，課程並非築基在忽略學生經驗之上。

課程是為了學習而組成的。但是在這麼多可用的知識中，因為課程始終不中立，所以僅有非常微小的一部份可以進入到教科書與老師的指導中。那代表被認為是重要與必須的知識，但一般來講，這樣的決定者常是在社會上具有優勢者。再說，課程一般是由那些對學生生活最具影響力的中央和州教育當局決定，很少是由教師、父母和學生所決定。

課程讓學生知道某一知識是否在其教育過程中，他們和他們的社區被視為是具有價值的。然而問題是，課程常被以宛如是完整的、未加修飾的且不需爭辯的真理方式呈現。然而，當我們想到課程是一個決定的過程，我們就會了解到，某個重要的人決定了什麼應該被納進來。例如，說黑人英語的學生常常被他們的老師糾正，並挑出他們所說的語言多樣性，在我們的社會中不具有地位或權力的強勢訊息。在另一方面，如果老師把語言當作是一種通往標準英語的橋樑，或是討論語言和文化在他們生活中所扮演角色的重大觀點，學生的身份價值就被認定了。然而，這樣的討論通常是沉默的。依此情況而言，課程是社會控制的重要工具，學生學到的是在家中具有意義的，而在學校卻常常是不重要的。

有關學生在學校所學與其在家中生活關聯的研究顯示：課程使得年輕人和學校教育更加疏離(*alienate*)。一項由*Mary Poplin*和*Joseph Weeres*在南加州四個不同私立高中進行的研究發現，學生常常提到在學校覺得無聊，而且覺得學校教的與他們的未來無關。研究者也發現當課程變得標準化且與他們的經驗無關時，學生就變得更不努力。雖

然學生會覺得文化差異是重要的，但是他們也學會在學校中還是不如主流文化來得重要。

不屬於主流文化團體的孩子，通常得經歷一段辛苦的過程，才能在課程中找到他們自己或他們的社群。他們經常是經由別人扭曲的鏡頭，才確實看見自己。當美國的原住民孩子讀到他們是一群原本沒有文化，一直到歐洲人抵達後才有文化的野蠻人；非裔美籍學生讀到經修飾過的奴隸史；墨裔美籍學生讀到「向西方擴張」，但卻沒有告訴他們在歐洲人向西方前進時，他們的祖先已經生活在那裡；工人階級的孩子，除了知道一天八個小時的努力工作是漫長的以外，幾乎沒有學到他們的歷史；而可能佔了人類一半的女性，他們怎麼一直在課程之外呢？！然後，才有一點點懷疑為什麼學校的課程和真正的生活怎麼是如此兩極化。*Henry Louis Gates*為了一個更概括的課程提出了一個中肯的主張，藉由解釋「常識告訴你，如果你真的想認識世界，那麼可以將全世界百分之九十的文化遺產統一化」。

有時候課程會被教師淺化，因為他們相信這樣的調整會更加符合不同學習者的需求。從表面來看，這樣的措施似乎是公平的，但事實上這可能是反映了教師對學生較低的期望。所有的孩子都可從較高的期望與具挑戰性的課程獲益，但一些學生卻不變地被放置在淺化的、要求不高和無聊的課程，因為學校和教師並沒有將其能力與才華考慮進去。雖然，一般而言學生希望更多而非較少的要求。

在兩位大學研究者*Judith Solsken*和*Jerry Willett*和一位教師研究者*Jo-Anne Wilson Keenan*的長期行動研究中，提供了一個以學生經驗與身份認同作為課程基礎的良好例子。這個方案是基於一個孩子的父母或其他家庭成員具有差異而多樣的背景，能夠促進孩子學習的前提。雖然在這個計畫中，父母親受邀去談他們的文化、分享食物或教導學生特殊工藝的做法並不新穎，但是*Solsken*、*Willett*和*Keenan*的研究，卻是將焦點放在父母的天賦與技能可以真的被用來促進孩子的學習。研究者解釋學生家人到二年級教室訪問，如何改變第八室的對話性質。他們提到家人的對話開啟孩子在語言與生活的許多觀點。而這些過去在教室並未出現。他們創造了不同的機會給每一個人，讓他們彼

此之間互動，和學校的學業對話。

　　另外一個會隔離學生的學校與家庭生活課程的觀點，是教師抗拒提供困難、爭議或具衝突性的議題，即使這些可能是學生生活重要的部份。在第三章，我們發現教師和年輕教師在這方面的態度如何被社會化，*Michelle Fine*稱此為「默視」，也就是說決定「誰可說，什麼可以什麼不能說，及什麼人的對話必須被控制」。不管其背景如何，一個議題似乎特別消音，那就是偏見與歧視。但是，教導這些事情在大部份的教室都是難以避免的。這可能是因為大多數的教師不習慣、害怕或不喜歡去討論偏見與不公平性，他們的問題對這些教材感到有壓力，而這些議題也不包含在傳統的課程中，只被拿來提供資訊，宛如不會有衝突與爭辯。他們也覺得帶進這樣衝突的議題，只會使學生彼此間的仇恨惡化。在*Michelle Fine*的研究中，有一個老師提到討論這樣的問題是錯誤的，因為「這將使學生的道德被去除，他們需要覺得積極與樂觀，就像讓他們覺得有機會」。學生很快會發現種族主義、偏見和其他危險的議題，不應該在學校被討論。

　　然而這些議題並不會憑空消失，儘管他們被排除在課程之外。相反的，壓抑這些議題只是迫使學生覺得學校生活與真實生活相去甚遠。儘管教師不願意去碰觸像是種族主義、奴隸、不公平、納粹大屠殺（*Holocaust*）等等議題，但是有許多研究發現如果學生能夠敏銳的與小心去討論這些議題，將有重大的幫助。*Melinda Fine*的「面對歷史與我們自己」的課程所描述的正是這樣的例子。這是一個教導學生歷史的模式，此模式鼓勵學生運用當代不同社會的、道德的和政治的議題，進行批判的思考。以納粹大屠殺做為個案研究，學生學習對代罪羔羊(*scapegoating*)、種族主義與個人和集體的責任進行批判的思考。*Murray Levin*是哈佛與波士頓大學的教師，他也在波士頓的*Greater Egleston*社區學校當老師。*Levin*相信當教育對學生是有意義時，即使最邊緣化的學生也能有所學習。他書的標題是「教我吧，當面臨壓迫的課程，學生會有所學習」，即顯示了其在學校的經驗。注意這些面向，我們將會做得很好。

　　課程也會導致*Mari'a Torres-Guzma'n*所稱的「認知的增能」

(*cognitive empowerment*)，也就是一個幫助學生認知民主中潛在利益與權力的過程。這樣的情況使得學習變得更加複雜與紛亂。但是可以確定的是，這樣的學習對學生更有意義。*Maxine Greene*於2001年9月11日(911)提出這樣的議題之後，他說課程必須留下許多開放性的議題給學生，這樣他們才會去探索與好奇，而不是相信會有一個最後的答案。因為當他們發現不是如此時，這些問題才會被挑戰。課程與民主的關係是非常重要的，特別是在911事件之後。因為我們的國家顯示了對於平等與公平競爭的支持，學生們必須知道愛國主義必須對個人與集體的自由負責，而這有時是不受歡迎的。我們現在認為是愛國的行為，在其發生的時候可能曾經是不受歡迎。例如，一般的大眾當時普遍責難當年那些參與民權運動的行動，然而今天所有美國人都應有平等權利的觀點，至少基本上已經被廣為接受。

同樣的情況是女性與同性戀的權利，就在幾年前兩者都被認為是激進的議題，且兩者在某些部份仍有爭議。

學生需要在行動中學習民主，甚至是意味著採取不受歡迎的立場。在描述他的十一歲女兒*Rachel*和她的朋友*Petra*，如何藉由提出個案法律研究，然後發起給校長的請願書，以挑戰背誦他們教室效忠的誓言(*Pledge of Allegiance*)，*David Bloom*以對民主是重要的策略，聯結了識字與訊息獲得。雖然這些女孩在呈現這些議題是成功的，但這主要是因為他們有受過高等教育的父母，提供了他們獲得實現民主技能所需的訊息。*Bloom*很尖銳地問到，我們如何宣稱我們的閱讀與寫作方案的成功，如果我們不給學生獲得實現民主所需的寫作型式（例如陳情書的撰寫、閱讀國家法律以及法庭的的決定與管理）。*Donalod Macedo*提到一個在*David Spritzler*的例子中相同的事件，*David Spritzler*是波士頓的十二歲學生，他因為拒絕背誦效忠的誓言(*Pledge of Allegiance*)而面臨了訓導行動，而認為那是對愛國主義者的偽善行為。這個例子顯示了，學校中的民主常常是多說少做間的鴻溝。如果我們相信學校教育的基本目的之一，是教育年輕人成為民主社會中有建設性與具批判能力的公民，那麼像這樣的議題就是課程轉化的中心。

民主的原則也會因為在其他情況缺乏知識的獲取而無法實行，正如同我們在檢驗嚴苛的能力分組對知識獲取的情形，課程與能力分班經常是互為關聯的。也就是說學生是否獲得較高地位或較高層次的知識，而結果會獲得較高的教育與生活中較多的選擇，通常是和種族、性別和階級有關。以這樣的方式，課程的區別通常會將知識階級化而反應社會的不平等。結果，社會學家已經發現女性學生、有色人種學生與低收入家庭學生，在科學、數學和其他高階科目有不成比例的低成就及參與率。因此，低收入學生和來自於市中心較少機會去學習，而且正如同我們所發現的，他們的物質資源也較少、在教室中較少參與學習活動，且教師通常較不符合資格。

教科書在多數學校的課程中佔有重要的成份，也可能在民主與多元價值中顯得荒謬。教科書易於強化歐洲與美國的主流觀點，而且持續在主流政治與文化以外的團體的刻板印象。這樣的情況其來有自，在1949年的一個對300本教科書的詳盡分析中，發現許多描述使少數民族的負面刻板印象持續下去。而這樣的發現在最近一再被提起，*Jesu's Garci'a* 在一個自1880年起美國教科書中少數族群的歷史概覽中發現，雖然教科書已經變得較有代表性，而且也包含了更多不同背景移民的經驗，但在量上的增加不必然也伴隨質的進步。一個同樣的情況也在兒童的文獻中可以看到，大體上是遺漏了或是刻板化了非裔人、拉丁裔、亞裔美國人、美國印地安人及其他族群的生活與經驗。

即使是最近的教科書，缺乏女性和有色人種足夠的代表性也是明顯的；批判和非主流的觀點仍然是不見的。依照*James Loewen*的意見，多數教科書都充滿了不完全的事實或神話。在*Loewen*的書中他指出教科書和公共的紀念碑，都保存了對許多人而言，學校所教授的是美國歷史基礎的神話。正如同你會看到的，*Fern Sherman*非常明瞭教科書的限制，我們將會在下一章讀到他的個案研究。身為學校中唯一的美國土著，他常常覺得有義務去告訴老師在歷史教科書中的錯誤，無論是在剝頭皮或是*Geronimo*酋長(譯者按：美國阿巴伽族印第安人酋長，曾於1885-86年從事反對白人運動，1829-1909) 這對一個年輕的女學生而言也是一個重責大任。如果教科書能夠更詳細且更誠實，不論

是她或其他學生就不必去擔負此一重任。

教學

　　學校是一個很少有學習發生且對學生缺乏挑戰的乏味地方，這樣的觀察一點都不新鮮，這情況在中學特別明顯。在中學裡學科壓抑了教學且班級被標準化測驗所領導，而成為達到升級或鑑別的守門員。包括*Avi Abramson*和*Fern Sherman*都提供了一個鮮明的例子－教學是吸引人或無聊的。*Avi*提供了兩種老師的對照，一種是會從孩子的觀點來教學，另一種只是會說「好吧，完成這項工作……」。而*Fern*則提到她比較喜歡參與更多學生也能分享的活動，而不是只讓兩個最聰明的人在那裡替全班把事情都完成。

　　*Avi*和*Fern*的想法都在研究中證實了。*John Goodlad*在他的對中學深入與典型研究中發現，教科書用得很頻繁而機械化，而其他的教材畢竟很少被使用。教學方法與百年前傳統的「板書與講授」的方式改變很少；而這樣的例行公事和死背的方式，較之創造或批判的思考更受到歡迎。*Larry Cuban*對教師過去百年來教學的詳細歷史研究也有同樣的結論，雖然他發現教師缺乏創意並不是有什麼嚴格的結構性限制，而是來自教室外的一些決定性因素。儘管有這些限制，*Cuban*提到教師對於他們的教學通常已經有了一個選擇範圍(*margin of choice*)，學生毫無疑問的同意這樣的分析。例如一個在費城中學的三年研究，*Bruce Wilson*和*H. Dickson Corbett*發現學生最想要一個能把學習內容教好，讓他們的生活有意義，而且對他們有高度期望的老師。特別的是，學生們最常提到那種他們很喜歡且能幫助他們學習的計畫或實驗。因此，焦點並非是教師的個性或他們的幽默感，學生在意的是老師教得如何。

　　然而，教學並非僅僅只是老師用來使得學習更有趣味或樂趣的策略。教學也意指了教師覺知到學習的性質，以及他們應該去做的事情，以創造鼓舞學生學習成為批判思考者的條件。例如在大多數的教

室反映了一種學習最佳的情況，是在一個競賽和高度要求的氣氛之信念。果真如此的話，強調個人成就的技巧和外在的鼓勵就是最常見的。能力分組、各種測驗與死記都會是其結果。儘管在這樣的教室學習會是有趣味或有樂趣，但學生也學到了一個非吾人所欲的一課：學習等於背誦，重複教師想要聽到的就是所謂的教育，而批判思考在教師中就無立足之地。

　　教師的教學也受他們欠缺學生多元背景的有關知識以及文化和語言會如何影響學習的概念。許多老師的教學方案還是在單一文化架構下來運作，也因爲這樣很少有老師會針對面臨不同文化、語言、生活方式和價值觀而做準備。結果許多老師嘗試用同樣的方法對待所有的學生。這也反映了一個未受到挑戰的假定「公平就是一視同仁」。對於主流文化的學生相同的方法與和途徑應該是適當的，然而用在所有學生就不知是否仍然有效。

　　來自於非主流團體就是此一想法下的受害者。*Martin Haberman* 使用了「貧瘠的教學」(*pedagogy of poverty*)一詞。此意指包含了一組基本都會教學的特定策略，侷限於問問題、給指導、分派作業和監督課堂作業（*monitoring seatwork*）。不受到研究、理論或甚至是最佳都會區教師措施的支持，貧瘠的教學是基於一個模糊的假定，而認爲文化上、種族上和語言上不同背景的學生和貧窮的學生，無法在創造性、主動性和挑戰性的環境中學習。*Haberman*建議性地提出做爲典範都會地區主動涉入學生真實生活情境，並允許他們去反應自己生活的典範。他認爲在以下的情境中，優質的教學將會產生：

1. 學生能參與他們覺得有重大關係的議題，例如與其避免學校校刊與服裝管理的爭議，不如讓學生利用這些機會來學習參與解釋不同民族、文化、宗教、種族和性別差異。
2. 明白主要概念、重大觀念、和普遍原則而非僅是獨立的事件，學生將可以得到助益。
3. 學生能夠參與他們學習的計畫。
4. 學生能參與運用他們的想法，像是對世界公平、平等和正義等。

5.學生主動參與不同性質的團體。

6.學生被要求去質疑常識或被接受其假定。

然而，擴大教學策略將不會使學生在學校如何學，與學到什麼本身也有所改變。讓我們來看看合作學習這個例子，一般而言這是一個被稱讚為有用的教學策略。一個對合作學習好處的檢驗結論：過去三十年來數以百計的研究顯示，合作學習與學生環境間有積極的正向關係。其次，許多研究發現這樣的取向也能增進教室外合作的態度，並增進了跨種族間的友情。儘管有這些值得推薦的特質，然而合作學習應該不是只當作手段而是目的。

合作學習是在一個前提概念－運用所有學生的天賦與才能是設計成功學習環境的重要關鍵。然而，如果它只是被視為所有問題類型無庸置疑的答案，那麼合作學習改變教室中學習基本氣氛的機會將會微乎其微。在這方面，由*Mary McCaslin*和*Thomas Good*所做的研究發現，小組工作常常使學生較之在班級工作情境中變成更加被動而依賴的學習者。這是一個很好的提醒，用*Mari'a de la Luz Reyes*的話來說，特定方法可能變成一種「神聖的假定」，而不顧他們的教育目的與社經背景。

另外一個也逐漸受到歡迎的教學途徑是建構主義教學。這樣的途徑是基於一種觀念－學生的背景知識可能對其學習有重大意義，而且他們對於新訊息的詮釋受到他們先前知識和經驗的影響。經由這個途徑，教師鼓勵學生去運用他們已經知道的去發展進一步的了解，而不是學習雜亂的和不相關的事物。建構教學是具有這樣的特徵，像是探索活動、問題呈現策略和同儕間的對話。透過這樣的方法，學習被視為一種互動的而不是被動的過程，而學生的創意與智慧是受到尊重。然而，建構教學不應被當成是一組技巧來運用，因為它應該是一組重新定義學生、教師與觀念間關係的期望。用*Mark Windschitl*的話，在運用此一方法之前，教師必須首先了解「建構主義無法與其他教學法隔離，而移植到其他傳統教學技巧中。其實那就是一種文化－構成學校生命的信念、規範和實踐。」

誰曾經達到建構教學？雖然傳統的智慧使得我們相信，只有在高等能力組別的學生才能得到這樣的教導，然而相反的結果卻已經被發現。在比較建構教學與講述教學的調查中，*Becky Smerden*和他的同事發現能力較低的學生在建構教學的科學課程中，較之能力佳的學生獲益更多。然而，研究者並未樂觀地去闡揚這樣的發現；相反的，他們提出結論：許多運用此一方法於較低等級課程的教師並未受過科學訓練，也不是合格的科學教師。因此，他們的科學基礎薄弱，而運用建構主義去掩蓋這樣的事實。果真是如此的話，研究者的結論可能被認為，僅有方法無法保證給學生高品質的教育經驗。

我們必須用批判的眼光去看所有的途徑和方法，甚至是抱持著懷疑主義，因為沒有一種方法可以幫助所有的學生解決問題。*Lilia Bartolome*不提出一個特定的教學策略，倒是建議老師要培養一種能重視學生的文化的、語言的和經驗的背景的「人性化教學」。*Jim Cummins*警告：應該將特定的教學策略暫時拋諸腦後，因為好的教學並不需要我們去列出無窮盡的教學技巧。重要的是，良好的人與人的關係是有效教學的基本。

學習環境的空間架構

學校的物理設備也具有教育公平的意義，在貧窮的都會區要找到警員站崗是很不尋常的，在某些地方，學生甚至在進入學校前必須被搜身，老師有時會感到害怕，除非他們將教室鎖住。在許多學校，書桌是被固定在地上，走廊和教室則是空氣不流通且昏暗；而在孩子玩耍的庭院則會發現玻璃碎屑。加上缺乏相關的及文化適當的圖片、海報以及其他教學的材料，還有那死氣沈沈的制式的綠色或灰色牆壁，吾人將置身於毫無引起學習興趣的環境。

許多時候學校被變成不受歡迎，且如同堡壘的地方，因為學校官員正設法去保護師生免於暴力主義、偷竊和其他暴力行為。經常地，來自於這樣學校的學生就是製造危害者，而無趣和暴戾隱含了這樣的

行動，特別是當學校藉由使他們失聲，在課程中否定他們的身份時，學生的破壞與暴力有時候傳達了一個清楚的訊息，那就是部分學校不能配合學生的情緒與生理需求。例如一個來自於美國教育部的報告發現，大型和不夠人性的學校，以及那些有敵意與權威的教師與行政人員，較之於那些教師與行政人員相互合作，且對學生有清楚希望的學校，更容易遭受破壞。除此之外，學校的設計也可以幫助減少破壞。例如，有些建築師就建議學校的建築空間不應使人覺得自己渺小或不重要。然而，學校並非唯一的罪魁禍首，在學校中逐漸升高的暴力被反應了我們社會中的暴力，學校中的老師、行政人員常常英勇地奮力地抗拒暴力，期使學校成為學習和喜悅的地方。

學校和工廠或監獄有部份的相似性，在過去幾年中也常被提出。單就學校的規模就足以證實這樣的說法：高中有時達到兩三千人，甚至四千人，所以我們很容易理解那種學生之間的疏離和不安全感。正如同我們所知道的，學校的規模也是一個暴力行為的因素。學校的大小影響學習的證據正逐漸增加。許多學校也在發展學校中的學校，可利用迴廊或是更小型的安排，來鼓勵如同家庭般的環境和親密的師生關係。學校大小也影響了學生的歸屬感，而導致他們學習意願高低。例如在最近的一個研究結論認為，少於400個小朋友的國小中，教師會展現對學生學習較強的集體責任，而學生的數學成就也較好。然而，光規模本身並不是影響學生學習意願的最重要因素：毫無疑問的，如果校內的氣氛沒有什麼改變，僅僅是讓學校的規模縮小並不保證會有太大的不同。

並非所有的學校都是又大又不夠人性化。但是一般而言,愈是遠離都會與貧窮的鄉村地區的學校，學校就愈不會像機構。郊區的或富有城鎮的學校，看起來就和服務窮人的學校有很大的差異。前者不只是有較多的空間、較大的教室及更充足的光線，更有甚者是更好的物質支援，以及一般而言更好的物質條件，有部份是因為提供給貧窮學生的預算較之給中上地區更不足，同樣也與教育人員對其學校學生能力的期望有關。而較富有的學校的班級規模也會較小，另外一個條件是與對學生有較佳的教學品質有關。

學校環境也反映了教師對於其學生能力的期望。如果學生被覺知為能力低下貧乏（*deficient*），那麼學校環境便會反應出沒有不合理與回歸基本練習的導向。然而，如果他們被認為是聰明且對其週遭世界有著強烈動機的年輕人，學校的環境就會反映出學術性的刺激與學業性導向，而在這裡學習被認為是喜悅的而不是沉悶的。

我們可能會懷疑，如果一個學校的學生都是來自於貧窮都市或鄉村地區會不會發生奇蹟，而成為和全部來自於中產階級與富人家庭學生的學校一般。如果所有的學生都能得到慷慨的捐贈，學校也能做小型與民主化的經營，或許會有一個不一樣的教育成果。然而我們要等到試驗以後才會知道答案；但是有一件事情是確定的，許多學校的環境提供一個明顯的對比來呼應教學與學習的目的。當學校被忽視時、當他們變成社區的堡壘而不是社區整體的一部份時，以及當他們是佔據空間而非學習的環境，學校則是介於目標和事實間的矛盾就會很鮮明。這種理想與現實間的差距可由學生身上看出。

訓育策略

訓育策略常常對特定學生產生歧視，特別是在國、高中的階段，學校和那些發展階段中的學生可能產生衝突，而學校比較會採取強硬而非協商的方式。支持這樣假設的研究是令人激賞的。透過國立高中程度以上（*national High School and Beyond*）研究的長期縱貫資料，*Gary Wehlage*和*Robert Rutter*發現學校自身特定的條件，可以預測學生的中輟行為。他們的研究指出，什麼條件可能是促使學生離開學校的重要因素。這些特定的條件包括被認為不公平與不具效率的訓育策略，特別是那些用強迫而不是協商的訓育策略。因此，會有對某些學生負面影響的嚴重問題，*Wehlage*和*Rutter*稱之為學校中對某些學生「控制的力量（*holding power*）」。他們提出結論：特定的學生特徵與學校條件的結合是成為中輟的主要原因。

從文化背景或階級解讀學生的行為，將會造成另一阻礙，使得訓

育策略不公平。例如某個貧窮的學生堅持在班上穿著受到高度好評的皮夾克，而他之所以如此做，是因為他害怕皮夾克放在置物櫃中會被偷。而一個拉丁裔的學生被老師責罵時，將其視線往下看可能不是要表示其抗拒，而是一種對老師的尊敬，正如他們在家裡就是這樣被教的。非裔美籍學生如果遵循某一特定風格，他們就很容易成為不公平策略的受害者。例如，*Pauline Lipman*描述有位就讀於都市學校中的男性非裔美籍學生因皮帶沒扣緊，就被處以10天的留校查看。那根本在非裔美籍男性間是很流行。諷刺的是，白人學生穿上白人學生流行的大腿破個大洞的長褲，卻沒受到譴責。

貧窮學生或有色人種學生，更有可能被勒令休學或成為體罰的受害者。這樣不平等的結果常常是因為行政者與教師及學生間不良的溝通而造成。例如，在一項兩個月的調查中，*Seattle post-Intelligencer*報紙揭露黑人學生被退學或開除的比例是其他學生的2.5倍。雖然，對於這樣情況的一般解釋包含貧窮或破碎的家庭，但是這個報告卻發現黑人學生更容易被退學或開除，和他們的家庭生活與貧窮無關。照這樣來看，學校的氣氛與規模也會造成一些差異。這個報告引用藉由創造更親密與更有感受氣氛，儘管還是存在著種族差距，使學校變成「小型學校」。其結果是從學校除去勒令休學與開除。但是這個報告的結論：一個宣稱自身是沒有膚色的學校，「還是得對種族的議題加以注意」。即使是經濟上有優勢，對文化背景不同於主流的學生仍是一個問題。例如在本章中的一個個案研究中，*Avi Abramson*就指出他是如何成為幾個反猶太事件的目標。因為老師不確定他如何反應，*Avi*覺得他得自己解決問題。在一個情況下，他說，我起身走向老師，然後我對她說：「不是我，就是他們離開這個班級。」

在教師和學校的部份，缺乏文化和社會因素的理解，會導致誤解與不當的結論。雖然，通常是在學校很少獲致成功經驗的學生，得忍受嚴格學校策略的煎熬，但所有不同於主流的學生都會受到危害。

受限制的學生角色

　　許多學生感到疏離、沒有參與感，且沒有受到學校鼓勵是非常明顯的。當然，這樣的事實在中輟率－不參與教育的最具體最顯而易見的證明。中輟的學生在學校的經驗通常是不參與且被動的。

　　學校通常不會安排鼓勵主動參與，雖然學校是一個許多討論進行的地方，但卻很少鼓勵學生討論，而老師和其他教職員卻喪失了一個從學生身上獲得第一手教育經驗，以及使其經驗更好的機會。花去大多數時間在教室的學生與老師，通常很少有機會分享他們的經驗。

　　雖然，學生在許多學校管理結構具名義的代表，然而通常這樣的代表只是表面粉飾而已，而非為了準備學生民主生活而設計。縱使被認為是為了學生的最佳利益，反而倒更像是為學生做了所有決定的善良專制政權。他們常常被安排的不是合作或商量，而是有關控制的議題。也就是說，學生被期望去做別人已經決定、希望和執行的事。通常，不是教師甚至或學校能決定其內容，而是一些不實際的「市中心」的教育委員會或州教育部門。

　　當每一個在學校的人都不被增能賦權時，挫折與疏離感就是其結果。這樣的情況是*Suzanne Soo Hoo*所設計的方案中的動機，去召集國中學生對於調查「什麼是學習的障礙」問題的共同研究者。依照她的看法，這個問題「感動了團體」，而且這個計畫的結果賦權給所有的人。他們最初的無權力和不勝任的感覺轉化為信心和改革的觀念，而發展成為一個行動計畫。這個計畫使他們走出會議室，而且對於那些他們認為是學習過程中的障礙而有所行動。

　　在教室本身，教學經常反映了*Paul Freire*所謂的「存款式」的教育，也就是說一個由教師寄存知識到學生身上，學生被當成是一個空的儲藏器具。這是一種無能為力的教育。在一個多數學校所發生的特徵中，*Freire*對照了教師與學生被期望的角色：

　　1.教師教，而學生被教。

　　2.教師知道一切，但學生什麼都不懂。

　　3.教師思考，而學生被思考。

4.教師說，而學生聽－順從的。

5.教師訓話，而學生被訓話。

6.教師選擇與執行其選擇，而學生服從。

7.教師行動，而學生經由教師的行動產生幻想。

8.教師選擇方案內容，而學生適應(沒有被做任何詢問)。

9.教師以其專業權威混淆知識的權威，而此權威壓抑了學生的自由。

10.教師是學習過程的主體，而學生只是客體。

　　學生的參與會對其學校經驗和成就產生什麼衝擊？有關此一議題的研究很少，但是*Jim Cummins*檢視賦權增能於學生為目標的許多研究方案中結論：被賦權以培養其正向文化認同的學生，在經由和教師的互動中，感受到一種對他們自己生命的控制權且發展出對於成功學業的信心與動機。最近，*Ann Egan-Robertson*和*David BLoome*，匯集許多學生成為自己社區研究者與文化中介者的例子。同樣地，當學生涉入這些活動時，他們覺得和學校更有關聯且更有學習動機。在一個聚焦於學生關於學校觀點的全面計畫中，研究者*Patricia Phelan*，*Ann Davidson*和*Hanh Cao Yu*發現學生對於教與學的觀點和現今理論家和教育者非常一致。學生期望（1）關心他們與讓他們覺得安全與受尊敬社群的教室；（2）主動而非被動的學習環境；（3）對於學習依賴教師而非教科書；（4）在小組中工作的能力；（5）一個對差異重視而非害怕的環境。

　　學校重組並不會自動促進學生的參與。但是，如同前述的例子，當學校確實鼓勵參與，那結果將是增能賦權的。老師與學生應該要被告知如此訊息。當學生能以某種方式主導其學習，他們就會是具熱忱的學習者。

受限制的教師角色

　　教師在我們的社會不太被重視，他們的薪水通常不高，而回饋也很少；他們有時候要受到身體和語言的威脅和攻擊，而且覺得家長不是很支持。其次，傳統上不鼓勵老師加入學校做決定的過程。在現今改革的氛圍中，教師變得更加疏離，因為大部分有關課程和教學多是由其他人決定。我們很難期待離異和被動的教師能夠使得學生變成有能力且批判的思考者。例如，*Michelle Fine*提出其研究，發現被剝權削能的教師與對學生鄙視的態度有高度相關。也就是說，愈無力感的教師對學生的態度愈消極。相反地，愈感到在教室與課程能夠自主的教師，通常對學生的期望也愈高。

　　像是教師領導學校的新結構，每週專業發展和其他活動，或是工作分享，都能促使教師成為學校中的主動成員。除此之外，許多研究也發現，為了促使教學成為知識份子的工作，發展學校成為實務的專業社群是很重要的。改變學校的專業發展性質，使得老師能對他們自己的學習負起更多責任是迫切的，然而在學校中的專業取向只是許多問題之一。教師因為許多原因而感到不夠自主，而這些不僅是符應學校的結構，他們的情況也和他們在專業階層中的地位有關。例如，許多老師會因為行政人員的對待，和一般大眾對他們缺乏尊重而感到生氣。他們也會因為面臨課程與教學的決定時，又對他們期望過高而感到不平。尤其是最近，學校的標準化和高績效傾向日增，教師對這些議題更加沈默。因此，如果要讓教師覺得學校是鼓勵他們主動、自主的，那重組學校更加尊重教師的專業是非常重要。

　　然而，重組和使教師自身更加有效能，並不必然保證學校成為學生有效學習的地方。例如，在一個有關重組學校的研究中，*Pauline Lipman*發現，即使在教師能夠參與制定政策，一些政策還是保持不變。能力分班就永遠不會受到挑戰，訓導工作還是持續危害有色人種學生，而學校中有關種族和不公平的議題，還是持續瀰漫著沉默的氣氛。很顯然的，即使學校環境對老師更好，卻不必然也對學生較好。擴大教師角色、責任與地位的結構性改變也必須伴隨：1.一般大眾對

教師專業的態度；2.教師對自己能力的信念；3.教師學習學生多樣化創造能力的動態可能。

有限的家庭與社區參與

對於家庭與社區參與效果的有關研究是很清楚的；較高家庭參與的方案比較少家庭參與的方案顯示，學生也會有較好的學習成就。除此之外，在學校中能持續與社區保持經常互動的學生，較之其他學生也會有較佳的表現。這些正面的效果在經過短期時間後仍然持續保持。

有許多父母參與的定義，可能因背景而多少有一些差異。而像是出席親師研討會或親師會(PTA)的活躍度，以及可能影響學生課程的選擇，都有助於預測學生的成就。但是，在我們現今的社會，單親家庭或雙親家庭皆在外工作的情形逐漸增加，像這樣的參與已經變得愈來愈少見。因此，僅是定義這些傳統參與方式就是有問題的。親師會都是在白天舉行，親師研討會則是在上學時間舉辦，而風行四處的蛋糕義賣活動似乎已成為過去的歷史了。不管其文化或經濟背景，最近有許多家庭覺得在參加或者是參與學校的管理或募款活動，都變得很困難了。

文化或經濟的差異也影響了家庭的參與。在語言和文化上不同社群或工人階級社區的家庭，通常較難符合學校的期望而去極力參與。然而，無法參加這樣的活動不應該被解讀為不參與或漠不關心。在一個對墨裔美籍人士與歐裔美籍人士的研究中發現，家中的日常學習活動和家人對孩子未來的期望是重要的資源，而此一資源能提供學校和家庭的聯結。但是一般學校的教職員對於這些有關的資源並不是非常了解。再說，儘管墨裔美籍人士家庭對孩子未來的期望與歐裔美籍人士一樣高，但是前者卻較缺乏幫助他們的孩子完成期望的能力。同樣的情況也會在波多黎各裔家庭中發現。

然而家庭的參與卻是一項複雜的議題，老師或其他教育者常常對

於家庭參與感到害怕，或是不願意和學生家人有所接觸。首先，這是因為大多數的教育工作者對於和學生家人的接觸沒有做好準備。其次，他們無法了解不同家庭的文化價值和他們的父母對孩子的目標；傳統的參與策略可能使得原本就已經和學校有距離的家庭更加疏遠。這是 *Guadalupe Valde's* 針對十個在東南部墨西哥裔移民學家庭研究所獲得的結論：儘管這個家庭在之前的家庭信念與措施是非常合理而完美，但是，一到新環境卻不見得適用。學校無法知道如何去協調這些不同的世界，而一般的策略像是「父母成長班」(*parenting classes*) 可能使得情況更惡化。用 *Valde's* 的話來說，「事實上父母與學校的關係，確實反映了這些個體在更大社會中的結構定位」。只是將父母帶進學校將不會改變老師已經形成對他們，及他們行為的種族或階級的反應，光是父母成長班並不會獲得成果。

儘管這些問題，特別是面對窮人或移民家庭時，父母的參與仍然代表一種潛在的重要方式，而將社區價值、生活方式和事實帶進學校。當家庭能參與學校，也意味著他們對孩子的語言、文化和期望會成為對話的一部份，而也就是經由對話才可能帶來真正的改變。

摘要

學校的結構和組織經常和學生需求、社區價值，甚至和提供公平的教育機會給所有學生的學校教育目的相反。其結果是學校的政策和措施經常不被檢討，而更是維持大社會的現狀與階層化。然而，*Jeannie Oakes* 和她同事警告，學校本身並不能改變此一情況。在一個針對全美國十六個進行改革學校長期縱貫的研究中，他們獲得了一個不願樂見的結論：教育改革「對於干擾或阻止國家歷史、社會流動和不平等的過程，霸權與種族主義並未發生什麼作用」。他們接著說，「要對抗國家霸權是一項非常艱難的責任，我們已被說服學校引頸企盼去遵從而非領導。」

儘管我們高度期盼，然而學校本身並不會成為不公平沙漠中的公

平綠洲。不過，這並不是意味著這個情況是毫無希望的，相反的，有許多是教師或教育工作者可以做的事，包括在教室內與教室外。這將是我們在接下來的章節中的主題。

思考題

1. 能力分班的基礎常常是基於智商的意識形態，而「先天遺傳對後天栽培」(*nature versus nurture*)在解釋智商的爭論已經在這幾年蔚為風潮。也就是說，當某些人相信智商主要是受到遺傳基因的影響，有些人則認為環境扮演了一個更重要的角色。對於這些爭辯你有什麼想法?為什麼?你比較會採取什麼立場?

2. 想一想你當學生時教室中的課程?你和你同學的經驗和文化如何被融入其中呢?如果沒有，你覺得對你和其他人會產生什麼結果?以投稿給期刊的形式寫給前任教師，說說看他/她在課程中做什麼樣的改變，將會提升你學習意願和表現。

3. 設計國小或國中能夠提供更適合學習的環境，並解釋你為什麼會這樣設計。

4. 因為學校無法提供機會給老師或學生練習批判思考或領導，而導致許多批評。這樣的情況正好顛覆了教育的真正目的，應該是為公民生活與民主參與做準備。

5. 在你的區域內，做一些以訓導工作為主題的研究。

個案研究

Avi Abramson

有些老師從孩子的觀點來教學，他們不會只是出現，然後就開始講
「好吧，開始做……」他們不會如此單向式的進行教學。

Talbot位於麻賽諸色州（Massachusettes）東部，距離繁忙的大
都會波士頓只有幾英里，是一個小型、安靜以及高齡化的勞工階級小
鎮，總面積僅僅1.6平方英里，人口約兩萬人。除了具鹽份的溼地和過
多的聯邦軍事基地以外，Talbot並沒有什麼空地。

人們會從建築感受到社區的老化，超過一半的住宅至少都有五十
年，有一部分是因為人口的性質。在最近幾年，年輕人的人口逐漸減
少。年輕的成人與家庭都搬到比較繁榮的地區，比較年長者還是留下
來，繼續居住在早已失去新穎與現代感外觀的房子。包括公立與教會
學校的就學率在過去二十年間一直下降，從1975年到1986年更是大幅
下降，學生人數從4128陡降為2163。三個小學中的一個已經變成是屋
主自住的公寓（condominium）。而鎮上的一所高中，Talbot高級中
學，有大約七百個學生。

鎮上的人口來自許多種族，但主要是歐裔和羅馬天主教徒。
Talbot也是許多義大利人與愛爾蘭人以及少數其他少量歐裔美籍移民
集中的故鄉。有色人種所佔的比例很低，只有少數幾個家庭。猶太家
庭的數量也很少，儘管大約一百年前這裡有個新興的社區。正如同證
據顯示，這兒曾有兩個猶太教會，一個是大型的，另外一個較小型。
許多猶太家庭已經搬遷到其他社區，而留下來的猶太家庭主要都是老
年人；其中有許多是很守法的，而且規律性地上教堂。依照本個案研
究的對象Avi Abramson的說法，許多在其他社區的人已經接近85歲，
而就讀高中的猶太人不會超過十個。

Avi一輩子都住在Talbot，除了有一年他們家搬到北卡蘿來那
(North Carolina)。他在公立學校讀一、二年級，一直到八年級之前他
都是上猶太主日學校。他現在十六歲，也是Talbot高中畢業班學生。

他在訪談中解釋他在學校並不是一個優異的學生，而他也曾經在適應公立學校時有過一段苦日子，因為公立學校課程和他在猶太主日學校相去甚遠。他計畫明年上大學，而且已經打定主意不是當一個歷史老師就是電腦繪圖設計者，因為他的父母曾經當過老師，而畫圖是他的興趣之一，這些選擇並不意外。現在Avi已經在進修英文、基礎三角學、海洋科學和心理學，而他已經完成他最喜歡的歷史所必修的科目。

Avi住在位於山坡間的優雅安靜小鎮，那裡有單一居住與多戶家庭合住的房子。聖誕節期間他們家很容易就被辨認出來－他們家是鎮上唯一沒有聖誕燈的房子。他形容他住的小鎮是安靜的，而他也很喜歡。Avi及他的家人和他的鄰居也發展了良好的關係，他喜歡這些人。(他說：「人人守望相助」。然而，他還是期望能住在一個不要讓他覺得自己「不一樣」的社區。)

Avi和他的母親及一個比他大十歲的哥哥住在一起。他的姐姐和她的先生及兩個孩子住在紐約。Avi的爸爸原來生長在以色列，在美國認識她猶太裔美籍太太，然後在此住了下來。他的父親長期臥病，並於六年前去世。雖然那時候Avi已經十歲，可是對父親的記憶卻非常模糊，可能是因為他生病太久了。他父親在生病前是一位很有愛心的教師，在不同猶太高中任教。Avi的母親也是一位猶太教師，雖然他喜歡教學，但是現在附近地區卻沒有對猶太教師有較高的需求，他的母親最近在鑽研電腦以準備展開新的生涯。

在Avi家中舒服的老傢俱散發出一種溫暖的光茫，在猶太新年Hanukkah假期[1]時他們家會充滿了馬鈴薯煎餅(latke)的香味，在其他時間則會有其他猶太食物的香味。家裡滿是書和手工藝品，看得出來這個家對傳統和歷史的重視。

1.Hanukkah節慶是猶太節日，共有八天，常是December26 to January 2或December 16 to Decembr 23。每天都會在燭檯點一根蠟燭，並吃馬鈴薯煎餅（latkes, potato pancakes）與包果凍的甜甜圈（sufganiyot, jelly doughnuts）等傳統食物。

Avi在許多方面是一個典型的美國青少年，他有一個女朋友並常和他的朋友講電話。他的房間塞滿了海報、漫畫書、百科全書、徑賽隊的服裝、木工的工程、星際大戰的紀錄等，畫冊上滿是他的漫畫，在這些下面才是床。Avi也有許多地方不同於一般美國年輕人，他對自己的宗教文化的敬愛所顯現的嚴肅、聰明的態度很少有。哪一個年輕人會像他一樣每個禮拜天來參加活動，在小小的猶太教堂（temple）中來帶領社區老人祈禱（也許也可稱為「顛倒的角色模範」）。他很喜歡說猶太語，喜歡猶太的假日，而且花了很多時間參與宗教文化的活動。他是一個喜歡學校生活、文武兼備、精力充沛且有主見的年輕人，而他不會是人們口中「討厭的傢伙」。雖然他對於功課很認真，但是他並不是表現優異，因他並未花過渡的時間在功課的閱讀上。

在Avi的訪談中，有三個明顯的主題，一個是對他自己、他的家人和他的社區的責任感，以及他對實現自己責任的堅持，特別是在於對文化與宗教的特徵上特別明顯。另一個在他訪談中經常提到的是，維持這些責任的喜悅與痛苦。而第三個則是來自於同儕和家庭以及像是對徑賽活動的積極責任。

獨立的責任與毅力

我經常靠自己完成功課和準備考試，在那樣的情況下，我可以靠我自己完成。在我身邊不可能永遠有人來幫助我，所以對我來說我最好是學著如何靠自己。如果你不上學，那麼你就不能學到關於生活的事，或是在生活中你必須學會進步的事。

我認為每一個上學的人，至少要完成一些事情……上學幫助你進步，如果你不上學，你可能無法在你的工作中獲得好的職位。

我會從學校得到什麼呢？我正學習如何與人相處，……如何與人合作。

我欽佩許多人，因為我注意這些人，他們有各種內涵，在各種人的身上……我佩服我的母親因為它經歷了許多事，也都撐過來了。……我佩服那些在學校的新鮮人與二年級的學生，一開始只是在打發時間而且無所適事。現在他們已經在第一層級證明他們自己。我佩服那些遠離毒品的人，不過，我並不認識他們，我只是佩服能夠那樣做的人。

雖然我曾經放棄一些事情，但我具有意志力，我不會輕易的放棄一些事情。為了要成功，你必須努力工作，對自己有信心。

我現在在所羅門教堂幫忙，藉由這些服務……還有許多人也來這裡……但是有些人不完全了解他們正在做什麼。如果沒有特定的一些人在這裡，他們將不知道要做什麼，然後他們可能就不來了。所以，我認為會做我正在做的事情的原因之一，是因為我做得很好，我喜歡這樣做因為我享受我所提供的服務。我樂於做那樣的領導者，去幫助他們。

當我年紀還小的時候，每個禮拜都會去猶太教堂裡面。我並沒刻意要像字字珠璣般貫入耳朵而隨著做，但我每次都會傾聽，而每次我都能了解，這些對我一點也不難。對我而言，學習服侍Bar Mitzvah一點也不難，因我腦海裡已知半數左右。嗯，真的很有意思。

我是非常虔誠的。我的意思是，星期六都在猶太教堂裡面工作，我是東正教教徒(Orthodox)……安息日（Shabbos[2]，Yiddish for Sabbath）時，我努力去遵守規定。你知道的，因為我正在讀猶太人最神聖的寶典Torah；所以如果閱讀的人能夠實踐，那就太好了。如果你讀了法則，那麼最好隨著執行，也就是說，試著設下範例，再試著看看。我不知道我道85歲時會是怎麼的模樣（笑得有點悲傷）。

維護語言和文化的代價

幾年前有更多猶太人。對，而現在每個人都變老了，而所有的年輕人都離開了。所以，沒有太多的年輕人出現，因為沒有太多的年輕家庭……平均年齡可能是五十幾。

我猜在學校，我是唯一真正遵守規定的人，所以我不會在週五的夜晚外出或類似的事情……現在，大多數人知道我通常不會在週五的夜晚外出……但是當我開始讀高中後，人們有時候會說：「嘿，今天晚上出來吧？」我會說：「我不行」，就這樣使我遠離人群……我的意思是較之於多數人，我有不同的責任。

我可能會裝蒜地說，因為那正好是節日的前一天，我得回家做準備。大多數的人不會了解「我必需做準備」是什麼意思，或是「明天才是假日」。

2.Sabbath in Yiddish（伊第緒語，德語中含斯拉夫語、希伯來語，以希伯來文字書寫，亦稱Jewish）。

多數其他的宗教在一年中沒有這麼多節日，所以他們也不用作準備，我猜。

「如果你住在一個都是猶太人的地方，你會覺得怎麼樣？」「我會」覺得每天都很好，因為每個人都知道會有節慶……那將會很有趣。因為我的意思是，在猶太教安息日不會無聊，因為當你無事可做時，週遭總是有人，這是我為何也想參加「猶太」營隊。

在這裡並沒有太多猶太小孩。我確定有一些家庭，我知道有一些家庭住在Talbot。但是他們並不信教，他們不會把孩子送到猶太教堂。

我們在前幾天剛剛舉行了歡喜（Simchas）教律，那真的好可憐。我的意思是星期四晚上，那裡只有四個小孩，全部加起來不到二十個人……然後，禮拜五早上只有十一個人在大猶太教堂，而有十個在小猶太教堂。以後我有孩子，我想在猶太社區把他們帶大，而從此處的樣子看起來，這裡應該是個猶太社區。我的意思是，那裡的確是一個猶太社區，但是卻逐萎縮。但是在它再度成為一個大型猶太社區之前，可能需要一些時間。那時候，人們會來而且會帶他的孩子來到猶太教堂，真的做一些事情。

我想要一個人住在某個地方，即使我沒有結婚。我想要住在一個在星期六能走路到猶太教堂的地方，或者只要沿著街道走下去，而且不需要走很久就可以吃到美味又乾淨的肉或類似的東西。一個我總是能夠有些事情做的地方，而不需要走很遠。

如果在遠地的其他人，不能來的理由也可能是因為他們的父母（不准）……因為我記得，上個星期，我就對我一個也是猶太朋友說，我問他……「你最後一次去猶太教堂是什麼時候？我只是很好奇。」當然，我只是和他開玩笑。他就好像，「對啊，我有一陣子沒去過那裡了，你知道的那真是令人難過。我的父母親不喜歡遵照任何規矩，所以我也沒有辦法。」這是基本的看法。

好幾年前，我曾經遇過一些反猶太（或稱反閃族）（anti-Semitic）的事情發生，可是已經擺平了。我的意思是完全去除了，其實也沒完全去除了。我不知道……在學校我知道有一些孩子還是反猶太，基本上是討厭猶太人。

木材課裡和我同齡同年級的另一個男孩子，他也是猶太人，他以前偶爾會到猶太教堂來，再去上猶太學校。但是後來，他開始和一些不正當的人鬼混，而這些人中有些是我班上的，而我猜他正在……開他的玩笑。有一些人用木頭在做納粹的十字法輪（swastikas[3]）。我看到一個人對一些孩子說「你們在幹什麼？」而那孩子對我說：「別擔心那不是對你，是對他。」而我告訴他，「什麼！」然後他就走開了，然後過一

下子，他們開始討論騷擾我，並說些難以入耳之事。事情就這樣越演越烈。最後，我就把他們丟出教室外……我決定為我自己說話。

其中有一個小孩我沒把他丟出教室外，因為我不覺得他像其他小孩一樣傷人；不過事實證明幾年後我一樣跟他有摩擦。

那是學期末中的一天，那一天真是熱極了，我穿著短袖衣服。你知道的，然後我進到了教室，我對我自己說「事情就是這樣，如果今天他又對我說了什麼，我會走過去揍他。」所以，我就進去了，然後在那裡閒晃。他又開始騷擾我，所以我又對他做了同樣的事情。我就走向他，然後推他。他的體重一定超過三百磅。我開始推他，並說：「來啊，讓我們做個了結，我討厭你。」我已經不完全記得整件事了，但是我知道我被拖走了……他走過我身旁時說著：「你準備發動第二次大屠殺（Holocaust）嗎？」

然後，我想我把他們扔出教室了。我認為我……好耶，你看，我走向老師，我對老師說：「不是我，就是他得離開這個班級。」

然而，好笑的是，被我扔出其中一個其實沒有那麼受傷，我不知道，他就像一朵在路邊的小花。去年，事情有了轉變。我在徑賽隊，然後他也決定來參加，我和他變成朋友。然後我開始認識他，而且……顯然地，他的祖父在去世前，今年我和他成了好朋友，而且每次都和他講話。他總是會提到猶太文化，他對於猶太文化很有興趣。他告我他自己也想要變成猶太教族，他上週就問我是否可以一起去猶太教堂。

他現在了解很多事情，所以，我的意思是他和不良的一群人混在一起，他們不會在乎。我的意思是，他們在班上不做任何事情，總之，他們就是坐在那兒……對，基本上就是一些吸毒的人。

（你的老師了解你的文化嗎？）對，當我告訴他我將因為節日而不來學校時，他們會說，「好啊，不用擔心，補上進度，不用擔心。」他們知道Rosh Hashanah和 Yom Kippur（主要的猶太節日），但是他們不知道Succos（西班牙文的Sukkot）[4]有所謂的第一天和最後一天，在Yom Kippur之後，我說我這幾天會請假，然後他們說：「喔，我以為節日已經結束了。」我說：「沒有，還有幾天。」但是不管怎樣，他們對這些事有良好態度。我的意思是，有時候偶爾有人會覺得有點挫折。你知道的，如果我在節日後的隔天到學校來，我就沒辦法準備考試，因為我沒辦法寫和為了考試做任何事，但是我會在時限內把我的作業補起來，而且常常不會有任何麻煩。

3.swastikas是古希臘時代裝飾與宗教象徵的類似佛教的法輪，可是逆時鐘或順時鐘方向。但納粹希特勒時代採用的是依順時鐘方向彎轉。

　　我知道誰是（學校中的猶太人）。……（很早以前就認識他們）。有些他們的孩子會到猶太教堂，參加星期六的少年團契（junior congregation）；但是，我不是真的知道，因為，例如，我在九年級時的一個歷史老師－我就不知道他是猶太人。去年有人告訴我他是猶太人……我的意思是我不知道為什麼我就是不相信他是猶太人。我的意思是，他從沒有真正的對我提到或說到任何他是猶太人的事情。

　　（你如何和你的家人慶祝節日？）用驕傲與傳統！……（大笑）

　　通常我必須留在這裡，因為我在猶太教堂中工作……但是如果可以的話，我們會邀請一些人來參加踰越節的晚餐…能夠有些人來慶祝節慶實在太棒了，會使得節慶更有歡樂的氣氛。……

　　我喜歡在週五晚上吃雞肉，那是我等了一整個禮拜了，就是和禮拜三不同，你不用同樣的方式去聞它，那不一樣。我喜歡熟食店的食品：鹽水醃製的牛肉、可口美味的三明治、一點醃瓜，你知道的。我喜歡猶太菜。所有的猶太菜都很可口。類似猶太教逾越節等節慶時，我們幾乎都會有特別的水果，就像新春的水果，豐收的第一個水果。

　　踰越節（Pesach, Passover）是我最喜歡的節日……，我喜歡為這個節日做一些準備工作。這個節日的第三天後就沒有節日的美食，而且除了等待外，就沒有什麼事可做，所以我不喜歡。假如我必需上學，……我的意思是還好，並沒那麼糟。我必需在這節日期間上學；說到這兒，假如我可以不必上學，就可以在家裡享受這個假期；實際上，我的意思是說，當你看到其他食物或其他人吃踰越節的麵包等，而你卻不能吃，那種感覺是全然不同。

　　當我去上學時，能夠有一些猶太學生在你學校是很棒的，我的意思是，他會讓你理解。我的意思是，那是一個猶太的學校，所以很明顯的你會做一些和宗教有關的事。所以讓你有一個很好的背景的是他們所做的事。

　　住在鎮上沒有任何人上我就讀的學校，所以當我有一個節日時，我在這裡的朋友沒有一個人能夠了解，「為什麼你不能出來」，你知道的，「為什麼你星期五晚上不能出來……」到今天我還會被問同樣的問題（呵呵笑）。現在人們知道，當我說那是節日，所以我不能出來，不能做任何事情。

　　當我讀到九年級時，那是困難的因為我幾乎沒認識半個人。而我不知道我要期望什麼，因為那是一個完全不同的課程……我不認識任何人，就像我說的而你就是在那邊閒晃，想要跟人家講話，看看能不能找到可當朋友的人，看看能不能找到當好朋友的人。

4. 一共有七天慶祝活動，參考：http://www.neveh.org/morgan/succah/succah.html

我在這裡有一些（非猶太裔）的朋友……，我想我今年要開始和他們成為好朋友，因為每個人都變得成熟了，他們開始有了不同的態度……他們開始了解（微笑）這些年他們錯了……，我的意思是，這是我們在高中的最後一年，所以我猜我們正要變成更好的朋友，因為我們彼此將不再見面。

積極壓力的角色

（好成績）讓你有信心，顯示你現在的情況……而且（幫助你）不斷向上。

我不會一下子表現很差，我的意思是偶爾，我會在考試或是一些事情表現不好，但是我會在稍後回到正常，因為我會有不好的感覺。「嗯，我真的做得差，我應該可以做得很好。」然後我會設法在下次表現良好……自己有點失常然後再回覆，我會休息一下再繼續。

如果（父母親）看到你真的有好成績，希望他們會對你有更多的信任而不會對你挑剔這挑剔那的，而你知道你可以靠自己去進行。

在年紀小的時候，（我的父母教我）像什麼是對的和錯的，而那是猶太教的基礎。

有一個夏天，我媽媽那時在教我希伯來語，我的媽媽真的教我，叫我坐著然後真的教我。

她是合理的……他不會老是把我綁在家裡。你知道的，「留在這邊，不要亂走。除非有必要，否則，你不可以出去。」他信任我……大多數的情況下，我可以了解他為什麼不讓我做某些事情。

大多數（老師）是善體人意的。我的意思是，如果有些事情不知道怎麼做，你可以去問他們，而且可以一問再問。

（他提到一個特別的老師，一位在九年級時的數學老師）我的數學成績一直到九年級才變好，就是因為這個老師。他讓我知道，那不是那麼難，之後我在數學表現良好並且享受數學。

有些老師比其他老師更了解學生，他們會從我們的觀點來教學。他們不會只是一直說，「好，做這個……等等」，我的意思是，以一種方式，就像某種和孩子開玩笑的方式，他們設法像個學生一般……他們不會用一成不變的口氣。

（一個不好的老師是）一個只會……例如有些學生真的會在那些不斷的考試中表現不好，那個老師就只是去糾正他們。他們不會對學生說

些什麼……我的意思是，你不能期望一個老師每天幫助學生或什麼的。我的意思是，老師可以說，「你知道的，放學後我會留下來，要不要過來尋求幫忙……」，而不是只是走進教室，在黑板上寫字、擦掉、走人等等。

（我的功課是）在某些是有挑戰性的，但卻也是有趣的。

我設法盡可能去跑（操場）。我的意思是，在上學期間你每天去跑步以保持良好的健康，但不管怎樣我喜歡跑步，因為當你在跑步時可以想所有的事，然後只是……它給你時間，以一種方式（去）放鬆，然後讓你的心情有所不同。那佔據了我大部分的時間，因跑步後，就累了。回到家，做功課什麼的；並與遠方的朋友講電話。

我畫很多畫，我已經畫很多年了。只是有時候，那也沒什麼特別的。有時候，那就是塗鴉或畫一些奇怪的設計或之類的事情。但是我樂在其中，那讓我可以輕鬆的坐下來，打開我的收音機，任何我想聽的，然後開始畫畫……讓你暫時拋開世界的其他事情。

在那個星期，你知道的，我回家已經晚了，我跑步完……累了。通常不會出去和做什麼事情了。然後在週末，我想放鬆……週六的Shul儀式之後讓我累得不想動了。

我選了一個猶太課程（星期天在猶太學院）。現在我選了其他的課……關於第一個到美國的猶太人。

我一些朋友對我在學校表現良好也有影響……我在營隊的朋友……我的意思是，他們在學校都表現得很好，而我們全都是很好的朋友……。當我們其中一人有事情，如果我們有人有了某些麻煩，我們會互相保釋彼此。因為，我的意思是，我們彼此信任，基本上……我們總是保持聯絡……我們是永遠的朋友。

我花了很多錢去付和他們講電話的帳單，因為他們都不住在這一州……（我的母親）叫我寫信（大笑）。但有時候那很難，因為有時候，在某種情況下，我遠離我的朋友……他們像是某種能量……像是一種動力的來源。

評論

當被要求去描述自己的時候，*Avi*說他是愛玩也信仰宗教；一個可能通常不是如此使用的形容詞，然而，令人好奇的是，他的描述卻是貼切的。他積極參與他的宗教，正如同他誠懇而負責的態度和他在猶

太教會工作中所奉獻的那麼明顯。他也是一個喜愛社交且愛玩的青少年，他喜歡營隊、運動和開玩笑。做一些分析可以顯示Avi如何發展多樣的特質。

Avi是家裡三個孩子中最小的，而他的兄弟姊妹比他年長很多。因為他的父親生病，他母親成為其主要的楷模角色。Avi在長大的過程中看到他母親如何照顧他生病的父親，並且適應寂寞和對寡婦身份的要求。她教他要負責任，這在其家庭背景中，較之其他事情，意味著必須在功課上認真。當他在節日之後補救其功課，在落後之後補償其心情以提昇其成績，在Avi的獨立需求中，其責任感是明顯的。同樣的，在其堅持和自信上也是明顯的。他對於那些能有力量克服困境的人－不論是基於藥物濫用或成績欠佳－的欽佩，是他對於全然獲勝的意志力的進一步展現。

因為他的父母親都是老師，才能把猶太文化中的宗教教育重要的學術角色教導給他。因此，Avi在學校中有好表現是毋庸置疑的。令人驚訝的是，他在「小型猶太教會」中對宗教團體的重要貢獻。Avi說猶太語並在這方面努力工作，而且他也喜歡星期五晚上在家中和星期六（Shabbos）在猶太教堂的儀式。他研究猶太教的律法(Torah)而且對於其感受到的文化和宗教的愛保持開放。

但是，Avi維護其文化和宗教的代價卻很大。對於身為弱勢族群進退維谷的深刻感受是顯而易見的。他的文化和學校文化在許多方面不一致是很明顯，特別是關於組織的政策和措施。例如，在他的訪談中，Avi已經接受大部份的教師和同學無法正確說出他名字的發音。儘管他們通常不了解在其宗教背景中，宗教節日慶典意味著什麼，他感謝他們大部份的人都能設法對他猶太節日的體諒。他放假時總是和其他學生不一樣，而課程也和他的經驗不相容。

他談到的其他問題是關於社交生活和在社區中沒有朋友。對於一個青少年而言，星期五晚上，決定和家人留在家裡或是和朋友外出的確是困難。而在學校中的反閃族主義是一個更痛苦的提醒，告訴他在我們的社會中和多數人不一樣可能是危險的。他用來控制這些特定事件的堅定，顯示了他的自信和想要掌控其人生的慾望，而將之踢出課

堂外。雖然在他猶豫的解釋下，他的無力感還是明顯的（可是已去除。我指的是，根本沒被除去，可是他們，我不知道……）。那個事件也顯示了他對他稱之為「吸毒者」的那些人的刻板印象和社會階級偏見。

因為要保持部分不要被同化是一個困難的抉擇，*Avi*從沒想過會在有自己的家庭後從*Talbot*搬出。現在，他藉著上猶太教堂、猶太學院和猶太夏令營保持猶太文化和宗教。他今年結交了一些非猶太裔的朋友，並且暗示他拒絕嘲笑，關於他們過去的一些事情，「開始去了解以前他們錯誤的事」。當*Avi*說這些事情時，他可能在微笑，但是言談間傷心仍多於喜悅。*Avi*甚至沒有感受到學校中少數猶太教師的團結，他認為這些猶太教師甚至設法去隱藏他們的猶太身份。

對於幫助他立足的文化和宗教的喜悅夾雜著一些悲情，他樂於在他的社區中當「那樣的領袖」。他指稱他在猶太教堂中的服務為「工作」是諷刺的，因為觀察員（意指得遵守猶太教義與操守的）（*observant Jews*）在安息日(*Sabbath*)禁止工作，然而，那也是其藉表示莊重以負起責任。身為十六歲的青少年，他深感讓社區有活力的負擔，即便那是一個「八十五歲的角色模範」。他喜歡說猶太語、猶太節日、和家人在一起以及信仰宗教。周五晚上吃雞或在踰越節準備食物，是他喜歡的家庭傳統。

跨越在兩個世界，*Avi*經常要面對去接納外在世界的需求。這不是一個新的挑戰，而是一個在歷史上大多數移民必須面對的問題。正如同世紀交替時，*Stephan Brumberg*所描述的紐約猶太移民的經驗，「在移民的世界中，學習如何同時生活在兩個世界非常需要成功的適應」。在*Avi*案例中比較新的是這樣的平衡行動，正在逐漸發生於那些在美國已經超過一或兩代的人，而不是只有新移民。

在學校成功的積極壓力可以從*Avi*生活中的幾個方面顯示出來：家庭中的高期望、在營隊中、來自學校和猶太學校朋友的支持；以及他在運動中所獲得的正面增強。雖然他的母親未曾涉入學校中任何重要的部分，但是*Avi*知道母親對他有高度的期望。他形容他的雙親是「很有教養、努力工作與奉獻」，這些形容詞其實也可以用來形容他。

在學校，*Avi*的老師對他也有很高的期望。對他老師來說接受其宗教祭禮應該是容易的，因為他們知道他會及時補救其錯失的課業。然而所有猶太學生都是好學生的覺知，經常被稱之為正向的刻板印象，也造成許多年輕人過重的負擔。正如同圍繞著許多亞洲學生優良學業成就「模範角色」的迷思，這樣的刻板印象也造成猶太學生成為所有其他少數族群學生的參考點，也影響了老師產生對其他所有猶太裔學生的不實際期望。正如同「模範角色」的迷思，採取同樣的方式，而沒有允許個別差異的存在來對待全班學生，積極刻板印象將變成消極的。在猶太歷史的教育脈絡已經影響了在美國的猶太裔教育經驗，然而認為猶太社區是同質性的，不僅對於個別的學生，同時對於整個猶太團體都是不公平的。現在約有六百萬猶太裔美人，而他們代表頗為不同的經驗、認同和意識型態。

*Avi*非常熱衷於跑步，長跑是他的專長，現在參與三個項目－越野、室內和春季徑賽，這些使他幾乎整個學年都很忙。他的團隊在兩年前贏得冠軍。加入這些活動一直是*Avi*能夠在其文化團體之外發展友誼的一種方法。因為那個團體聚焦於相同的目標，那是一個和不同於自己的他人發展團結向心的積極環境。因為參加這樣的運動被多數學生認為是正面的，因此徑賽讓*Avi*有了一個在學校和他人產生關聯的「勾子」。

另一個積極壓力的來源是*Avi*的猶太朋友，用他的生動的語詞來說，那些人是就是「一種活力……就像是動力的來源」，經由他們自己在學業成就和參與宗教文化活動，而對*Avi*產生影響。同儕能對年輕人有這樣的影響力常常被學校和父母忽略，而這正是像葡裔美國學校、猶太夏令營和在中國社區的週六文化學校存在的理由。

不像其他團體是國籍的集合，猶太文化融合了宗教和傳統，然這可能使得文化維繫更加困難。雖然我們的社會稱其為世俗主義，但顯然不是這樣。相反地，這是一個基督教國家，我們可以看到很多的基督象徵和工藝品，從國會的每日禱告到聖誕節時點綴位於新英格蘭的小鎮(*Avi*生長)。加上幾世紀的壓迫、少數民族的地位與邊緣化的情況，猶太人已被物化了。即使是在同化他們的社會中，猶太人仍成為

受害者以及被當成代罪羔羊。因爲這一長期的壓迫，全世界的猶太人
不得不長期努力的思考，關於介於融入主流社會與維持他們的文化傳
統間的平衡。這樣的結果可說是非常多樣，從完全被同化而完全失去
其文化根基，到和本地的社會完全分離，而和非猶太的本地人完全沒
有接觸。

　　同化與適應的壓力造成美國猶太多元的社區成爲單一的型態。然
而，猶太人其實有宗教、傳統、政治觀點、語言和社會階級不同的
各種特性。在猶太教的宗教教義本身，也就是傳統的、改革的和保
守的分支，反映了這樣的多樣性。除此之外，有些猶太人是一點都
不參與宗教的－世俗化的猶太人，但是就文化價值上仍然是確實的
猶太人。有一些猶太人說希伯來語（*Hebrew*），其他則是說伊第緒
語（*Yiddish*），而還有一些都不是。關於和阿拉伯世界、錫安主義
（*Zionism*）的關係上猶太人間的觀點也不同。

　　種族的刻板印象描述猶太人成爲控制金融業與媒體的富有商人，
以及地主、放高利貸者和騙子。實際上，猶太人是一個有較高平均收
入的團體，他們也有較高的教育水準。

　　對於正在設法同時成爲美國人與猶太人的*Avi Abramson*面對一些
困境。他正在設法維持一個介於完全同化融入美國主流生活以及保持
其宗教文化的困境中。這並不容易，即使是面對一個已經待上一段時
間的成人。對於*Avi*那意味著不向同化的力量投降，但也調整生活的一
些部份到美國社會。藉著家人、朋友與宗教團體的幫助和他的非猶太
社區的支持，他也許能夠勝任。

思考題

1.依照你的觀點，你認爲是什麼原因讓*Avi*熱衷參與他的猶太教會呢？
2.如果*Avi*不參加徑賽隊，你認爲他在學校的生活會不同嗎？你能從中
　爲學校找出一些意涵嗎？
3.美國官方支持「教堂與國家的分離」，但是對於老師來說要支持

Avi的文化和背景卻不引進宗教到學校可能嗎？想一些可以這樣做的方法。如果你覺得這是不可能的，請你列出一些教堂與國家的分離在學校和其他機關被干預的方式。什麼可能是此一措施的替代方案呢？

4.用Avi的話來說朋友就是「力量的來源」。老師如何運用此力量的來源達到一些好處，以培養出一些教師和學校可以發展的策略，以建構積極的同儕壓力。

5.Avi看不起那些他稱之爲「毒蟲」的人是很明顯的，學校是否加劇了關於不同社會團體的刻板印象？如何造成的呢？如果你是他學校的老師，關於這個問題你會怎麼處理？如果你是校長，這個問題你又會怎麼處理呢？

. . . .

個案研究

Fern Sherman

"如果在歷史課本中有一些錯誤的事，我應該告訴他們那是錯的"

一個被鄉村農場包圍的*Springdale*小城，是位於愛荷華州（*Iwoa*）約五萬人的小城。對來自中西部人口更稠密的城市而言，這兒是個天堂，也提供了一個大型大學和其他文化活動。*Springdale*不具高度種族多樣性，大多數是認爲自己是沒有種族類別的「美國人」的歐洲後裔，他們已經在此生活了好幾代。非裔美國人約一千人左右；拉丁裔人不到八百人；三千的個亞裔是最大的非歐裔族群。整個城市的美國原住民總數是很少的，總數僅約六十人。

*Fern Sherman*是鎮上一個十四歲中學八年級的學生，具有契帕瓦族（*Chippewa*）印地安人、彭卡印地安（*Ponca*）、挪威（*Norwegia*）、德國和英國的血統，*Fern*則認爲自己是美國原住民。

她和她的姐姐都被登記爲包含爲*Turtle Mountain Chippewa*和*Northern Ponca*，這是一個曾在一九六六年被「終結」（不再被聯邦政府承認），而現在再恢復的印地安族。部落的附屬稱呼是如此複雜，所以*Fern*和她的姐姐被分類爲237/512，也就是過半印地安血統的混血兒。這樣的身份是主觀而且明顯是社會建構的，和自我認同沒什麼關聯，在美國的印地安原住民在擁有這種身份上是獨特的。

美國的印地安原住民社區是異質性很高。二○○二年時，*Navajo*兒童進到學校中還是使用*Navajo*語。一些印地安原住民種族宣稱他們的語言是官方語言，而將英語視爲一種「外國的語言」。美國的印地安原住民在文化傳統、身體外貌、宗教和生活方式上也有很大的歧異。儘管有這些巨大的差別，一個泛印地安認同在過去的數十年到現在一直在醞釀，這可能是以下幾種因素：大多數原住民共享的幾種價值；發展更大的政治實力；印地安原住民間的通婚，正如同在*Fern*家裡的例子。

現今有超過五十萬的美國印地安/阿拉斯加原住民在美國的公立學校讀書。*Fern*說她是整個學校中唯一的原住民，而她希望能有多一點的原住民。在搬到*Springdale*前，她曾經就讀部落保留區學校的幼稚園和一年級，之後是一個原住民較多的公立學校。在那個學校，有一些印地安老師，一個印地安俱樂部（*Indian Club*），有特別教師的印地安教育課程，和其他支持的服務。在那兩個學校，*Fern*和她的姐姐覺得比較舒服並覺得被接納，然而，現在的情況卻不一樣了。

*Fern*和她的爸爸、兩個姐姐和一個年幼的姪子住在一起。雖然，現在兩個姐姐已經沒有住在一起，她的父親是一位當地大學的政治科學的教授，而她的母親是一位卡車司機，現在住在別的城市。她的父母親已經分開好幾年了，而*Fern*和她的姐姐很少看到母親，而母親對於他們的養育和教育也很少盡到責任。她還有另外兩個姐姐和母親住在一起。在幫助撫養她兩歲姪子*Dary*的過程中，*Fern*學到如何撫養孩子長大的第一手知識，因此她想延後擁有第一個他自己孩子的時間。

*Fern*的姐姐*Juanita*和*Rose*分別是十六歲和十七歲，他們實際上是同母異父。儘管不是*Juanita*和*Rose*的生父，但是*Sherman*先生卻負起

了照顧他們和自己女兒的責任。她的兩個姐姐都有酗酒和藥物濫用的問題，*Rose*正在一個外州的治療中心，應該在幾個月後可以搬回家；*Juanita*則是住在一個酗酒和藥物濫用的居住中心。依照她父親的說法，她因為無法適應，在好幾年前開始喝酒。在學校中感到疏離與寂寞，她藉喝酒來宣洩自己的情緒。

酗酒和藥物濫用的問題正在吞噬許多印地安原住民社區，*Sherman*先生的前妻和三個女兒都被波及。女兒的母親曾為了酗酒和藥物濫用待過四個治療中心，並且因為犯了和她成癮有關的罪而服刑超過兩年。即使是像*Fern*這樣喜歡上學並且在運動和課外活動有全面的參與的好學生，還是免不了被影響。她也吸食過大麻並酗酒，只是沒有到上癮的情況，而這可能是得自於其姐姐在這方面痛苦經驗的教訓。

*Sherman*先生備償艱辛去幫助*Juanita*和*Rose*克服他們成癮的問題。他眼見酗酒和藥物濫用的下場，深信這和低度自尊與缺乏學校成功經驗有關聯。因此，他努力讓他的女兒在學校表現優越。由於經歷家人成癮的夢魘，他考慮到學校應該扮演的角色。「我們是否應介入每一位印第安兒童的生活，以一種激烈的方式進入學校的系統呢？」他懊惱地問。雖然他並未將他孩子的問題完全怪罪在老師的頭上，他認為在學校有太多導致學生失敗的誤解。他覺得獲得好的教育是他孩子不容忽視的一項基本要務。因此，他對於要求他們讀書，得到好的成績以及準備上大學，一點也不輕怠。*Fern*現在八年級，在課業方面表現良好，他的父親期待他仍持續下去。而其他女兒帶給他的艱辛經歷，已經鍛鍊出他的樂觀。

對於自己的遺傳感到驕傲，是*Sherman*先生給他女兒的另一項訊息。他們在家裡不會說英語以外的語言，但是他有時候會教他們一些*Ponca*的字。他們能感受到父親期望他們，繼承與認同自己是美國印第安原住民的壓力，有時候這壓力是難以承受的，但是卻感謝父親能給予他們文化的力量和向前走的決心。

*Fern*和她的家人居住在一個靠近大學的中產階級社區，社區友善且關係密切。但是，就如他其他郊區，很少提供年輕人娛樂。她和她

的家人住在一個大廈區中。雖然他們是這地區唯一的美國印第安原住民，但*Fern*描述她的社區為「鄰居真的很棒」而且「是一個快樂的大家庭」。她說她的鄰居總是互相幫助，而且他們善體人意又親切。

至於提到她所讀的學校則讓他感到黏在那兒。不過*Fern*還是覺得這是一個好學校，而且喜歡上學。她正在上科學、數學、英語、家庭經濟、藝術、體育教育以及家庭與消費科學。這是她最喜歡的科目，因為那涵蓋了兒童照顧。她的成績很好，雖然他們不必然確切地反應她的興趣。她成績最好的是英語，卻是她最不喜歡的科目；而她最喜歡的科目－科學卻是只拿到C－最差的。然而，這些成績卻是對今年教這些科目特定教師的反映。*Fern*很主動參加學校的活動，像是合唱團、烹飪社團和運動以及像是跳舞等學校活動。

了解了教師對她期望的角色，*Fern*提到她對不同教師和學校的反應。家庭的壓力和責任，學校中唯一的美國印第安原住民的孤獨感受以及認同自己是一個成功的學生，都是在*Fern*的訪談中非常突顯的主題。

教師期待的角色

我寧願完成學業並拿到A或B的成績，而非C、D或F。在Springdale的我已經注意到：如果你得到D或F的成績，他們不會看重你；他們看不起你，而你會永遠是特別活動名單中敬陪末座，你知道嗎？

我大多數的朋友有相同的文化和背景「前一個在南達科他州（South Dakota）的學校」，因為那兒有許多美國印第安原住民，你在那裡確實不會有差別待遇的感受……你和他們都是一樣的，你們受到同樣的督促與幫助。而且在Springdale我發現一件事情，那就是他們教前百之二十五而放棄後百分之七十五的學生……（老師）真的很用心教我們，但是如果你的成績變差了，他們就不會再那麼認真對你了。

由於在班上名列前矛，總是被認為是班上的佼佼者，成績優秀得「讓我覺得很棒」。在搬到Springdale前我的成績幾乎都是A或B，而我第一學期在科學和數學也得了像是C或D，因為在這裡他們總是對你有過高的要求，我的意思是，他們對待你的方式好像把你看成「女超人」之類的。

我不喜歡過高的要求，我的意思是，我喜歡有一點喘息的空間，像上週我有三門課的三種報告……我認為（老師之間）至少應該做一些溝通，不應該把三種報告都放在同一週。

我喜歡上數學課或是在科學課時做不同的實驗，我喜歡科學，但卻不是我最好的科目。我喜歡美國的歷史，因為有時候我知道的比老師還多，因為我的父親也教我一些歷史。

我不喜歡英語課…我討厭他們在你在寫到400字就停止，如果你不能寫你想要寫的，那幹嘛寫呢？

在科學課，如果你不了解某些事情，科學老師一直到八點才會進來，而鐘聲是八點十分響……在這十分鐘，你不能學東西……，就好像你作業沒有完成，而你需要幫助，你有十分鐘可以進到教室得到幫助，並將它完成。如果作業沒有在上課時間完成，你會被留級。……那真的讓我退縮，如果他們不花時間教你，那你就是必需再花時間進到教室讓他們教的人。

「你會怎樣做讓學校變得更有趣？」例如參與更多班級的活動，你知道嗎？……因為好像你坐在教室中，而老師正在講課，我常常會覺得快睡著了，因為她就只是在那邊滔滔不絕。然而在合唱團中有像是關於歷史的饒舌歌，你知道嗎？那真是有趣……而使得全班有更多的參與，而不是只讓全班最聰明的兩個人在那而把全班的功課做完。

家庭壓力、期望和責任

我（設法在學校表現優異）為了我的爸爸，但我這樣做主要還是為了我自己。

（我的姐姐）總是喜歡說：「啊，你是爸爸的女兒，因為可以得到A和B的成績……」這會讓我對於我做的事、我正在成功的事感到失望。

他總是會參與學校的事，不像多數的父母……我的爸爸總是（在學校）。每一項學校的活動，他總是在那裡。我的意思是，除非我們的車拋錨了……我記得很清楚，要參加由300個小朋友組成的音樂劇，而我們的車胎沒氣了。幸好爸爸把輪胎打氣，我們才趕上了音樂會（大笑）。他先離開去修理輪胎，然後請那個人送他到學校，他才能欣賞這場音樂會……他總是會參與，所以我真的不知道他不參與的時候會是什麼樣子。

他認為（學校）是天堂，當他還年輕的時候，他總是得到A和B，得到C對他而言就像F。而我有時候不得不阻止他，然後說：「喂，我不是

你！」但是我很高興他能鼓勵我。

正因為我的家庭經歷好幾次的分裂……我已經學到始終支持這個家……我的確知道要去支持我的家人。我總是被告知要一樣的愛每個家人，但有時候我真的很困難，因為我總是和Juanita那麼親密……所以，我覺得Juanita是我的媽媽……我的爸爸應該是我第一個會找的人，而Juanita可能是某個我能找的人，你知道的，已得到「女性的幫助」。

爸爸好像一面你無法穿越的磚牆（大笑），他真的很呆板，就好像你常常得面對的無聊演說，「嗯，我的父親會這樣做……」我可能在成人之後，也會有一點像我父親一樣對待自己的孩子，但是在知道當他說「嗯，你知道的，當我還小的時候，我是一個全部都A的學生」如何讓我傷心時，我知道我不會這樣對我的孩子，因為這只是加重他們的挫折……當你對你的父母感到生氣時，你會設法去找一些事情來報復，而我認為成績就是一種很好的方法，他的內心仍是個孩子，他不想當「強勢的父母」（Macho Parent）或是「賓士人」（Mercedes Man）。他不想融入人群中，他總是當他自己。如果人們不喜歡他的樣子，他一點也不在乎。

他是一個特別的父親，我始終因為他的樣子而喜歡他。

我對於（我的母親）就真的不是了解那麼多，只是來自於我父親告訴我的和我所見到的。她真的很難相處，她真的很情緒化，她會捏造許多藉口像是「我的電話費真的很可怕，很抱歉我不能打電話給你」。嗯，如果打電話給她那笨蛋男友比打給女兒重要，你知道的，那就不是我的錯。她總是很自私，在我的眼中，但是當她和我面對面時她很好。

我想我註定要在像這樣的家庭。我有一些朋友，他們的家很棒，沒有什麼問題。但是我想當門關起來時還是會有問題，只是不會真正顯現出來。但是在我的家中，如果我生氣了，我會出來然後告訴他們……我討厭想要隱瞞的人。

你知道諮商輔導人員如何形容「失功能」和「有功能」的家庭嗎？我想每個家庭都是失功能的，我的意思是，每個家庭有他們自己的情況，關於爭吵晚餐要吃什麼，或是誰可以用家裡的車，或其他之類的事情。

（爸爸）總是設法安慰我，告訴我他永遠支持我。如果我受到傷害，他總是可以為我安排和某個人聊一聊。但我會想要告訴他，他是我唯一需要的人……他總是那麼體貼……（當事情變得很糟），我會找爸爸談。

身為美國印第安原住民的孤獨感受

在南達科他州那兒每個人都好像是同一家人⋯⋯你會到後院然後和所有的鄰居一起聚餐，你知道嗎？那感覺像是全鎮都是一個大家庭。

有時候我不喜歡聽到（身為美國印第安原住民）⋯⋯我的意思是，像我的爸爸就是一直講一直講，到了後來，我會變得無精打采，然後假裝我好像在聽⋯⋯因為我已經全部都聽過了⋯⋯而他總是設法讓我變成我不是的人，讓我更像美國印第安原住民。然而，因為我幾乎是Springdale學區唯一的美國印第安原住民，他想辦法讓我去找校長跟他說，「我們需要這個」那是沒有用的，因為沒有其他美國印第安原住民會幫助我。

一直到某件事發生，我真的才被認為是美國印第安原住民⋯⋯那是在ITBS測驗⋯⋯那個女人正在給我們代碼⋯⋯她說著「印第安原住民」，然後又說「我以為這裡沒有任何印地安原住民」，然後所有的學生就大叫「Fern」，我覺得那真是太棒了，我可以表現出來，不必再隱藏。

（我的老師不了解我的文化）如果我說，「在我的文化中這不會發生，那不是這件事的樣子⋯⋯」就好像談到墮胎的歷史之類。對於美國印第安原住民來說，墮胎就是⋯⋯好像你應該把母親關到監獄，因為嬰兒是活生生的，就像我們一樣，而那就是我的想法。當他們坐在那邊並且說，「那樣做是母親的權利」，然而，我不認為那是母親的權利，因為那不是嬰兒的錯，而是母親不要他們。也因為如此，當我設法告訴他們，他們就說「喔，好吧，我們沒時間了」，他們就把我打斷，但我們還有一個半小時！因為這樣的情況讓我氣憤。

如果在歷史課本中有一些錯誤，我的爸爸總是會教我，如果那是錯的，我應該告訴他們那是錯的，而唯一一次我曾經這樣做，我知道的確是錯了，就像我們曾經讀到美國印第安原住民和剝頭皮（scalping），嗯，法國人是促使他們做這件事的人，所以他們可以藉此賺錢，而老師卻不相信我。我最後只好閉嘴，因為她就是不相信我。⋯⋯我和他們爭辯時，他們就不再討論了。

（其他人）不會這麼了解我，如果開始談到信仰⋯⋯。我不認為人們會因為我是印第安原住民而特別重視或輕視我⋯⋯，我總是得到人們的讚美，你知道的。我很高興你堅強而有毅力，不會因為身為美國印第安原住民而感到恥辱。

我們的確有不同的價值觀⋯⋯我們的確有不同的需求而且我們想要的確實不同。我的意思是，我確定每一個家庭需要愛，愛在我們的需求

中是最重要的事情……對白人而言最重要的事情是找到住的地方。對印第安原住民而言，最重要的事情就是家庭的愛。

事情可能會不同，就像我的家人會在家裡坐下來喝玉米湯和吃煎麵糰，這可能不同於，「嗯，我的家人到外頭吃披薩去了」。

我不知道為什麼……其他印第安原住民會從Spring學校中輟，或許是因為我從來沒有上過高中。但是我記得一件事情，我的姐姐回到家裡，然後她很生氣，他們說，「Geronimo是一個騎在一隻笨馬上的笨酋長。」我姐姐氣急敗壞。

我總是被教導要對長輩友善，始終要尊敬他們。而我的爸爸總是告訴我每個人都是一樣的，我的意思是白人和黑人間沒有差別……真的，每個人對我來說都是一樣的，因為我們身上都留著同樣的血液，你知道嗎？

當一個棕髮的人想要金髮真是讓我覺得噁心，這就是上帝要你這樣子，你知道嗎？……那就是讓你覺得厭惡……對我而言那毫無意義。

認同成功

我發現學校是有趣的……我喜歡回家功課。我跳級：我並沒有讀幼稚園，我直接從Head Start讀一年級，因為我在課堂上覺得很無聊。而我不做功課，因為我和老師抗爭並且告訴她我已經做過了，因為去年我老早就做過了。所以爸爸讓他們把我轉出去，因為繼續待在那裡對我是沒有用的，我學不到什麼新東西。

我很喜歡運動，排球和籃球……我喜歡運動而且很高興他們提供這些活動，因為有些學校財政不好……但籃球是我最主要的活動……我把它比喻成某些東西，例如，當我的科學成績不好或像是在縫紉上，我會注視著那機器然後說，「這是一個籃球；我可以克服它……」。

（我的朋友）之一，她真的很善體人意，如果我有家庭的問題，她總是在那兒和我談。我們的關係很密切……我們喜歡參加同樣的運動……我們都喜歡籃球……Natalie，我可以和她談……我的意思是，她像免費的諮商。

我想要當美國總統，但我想過那太難了（大笑）……我不知道，也有可能當個時髦的律師。

我想要當總統，因為我看到許多亂象，而且……我不知道，像現在的布希總統（George Bush）……我對於雷根總統（Ronald Reagan）整個在位期間就很支持……而好像我會為爸爸做海報並且告訴他，「耶，

這是我。」我就是喜歡當大老闆。

（到學校的原因是什麼？）為了學習和為自己做一些事情，當你變老了，我不知道，不會只是一個靠社會福利或其他什麼的人。

我很確定記得我第一次得到B的時候；我哭了出來，我大多數的朋友，你知道的，得到A或B。然而這並不是要讓他們印象深刻；而是讓他們知道我是一樣好的，你知道嗎？對我最重要的是，要讓自己知道我和其他的每一個人一樣棒，而我也真的能做到。

我有雄心壯志，想要把事情完成，我想競選學校的聯合主席，並且讓我競選活動提早完成，而不是在前一天。

我成功的做每一件我做的事情，如果我不是在第一時間正確完成，我會回去然後設法完成。

評論

Fern Sherman是一個成功的學生，儘管在所有的團體中全體的印第安原住民學生被認爲是中輟率最高的，超過百分之三十。這樣的比率是有錯誤的，因爲許多學生在進高中時就中輟了，甚至在小學時期就已經發生。

老師對印第安原住民學生的期望扮演一個重要的角色，他們對於Fern的學習成就一定感到驚訝，雖然她說她不喜歡被鞭策，然而很明顯的，當老師對她抱著高度期望的時候，她就能夠趕上。讓她覺得最挫折的是對她低期望的老師，或是只教高成就的學生（Fern口中的前百分之二十五）。她相信所有的學生都能學有所成，只要教學方法對她是有意義的。

Fern的父親提昇了包括他的學業成就以及對族群的驕傲和認識，他很明顯的是她生命中最重要影響的人。由於自己也是成功的學生，他知道教育的重要性。再說，身爲一個印第安原住民，要能夠提昇個人和社群的唯一的方法，就是藉由良好的教育。這些訊息Fern從小就開始被告知，而且對她有深遠的影響。她說她爲了她自己、她父親及她的朋友("告訴他們我一樣棒")而努力達到成功。在印第安原住民的社區中，超越個人基礎的需求和深刻地抱持團體進步文化價值其實

是相互矛盾。努力去超越家庭、國家或社區是鼓勵兒童較好的方式，這也是為什麼*Fern*的父親強調「讓祖母感到驕傲」。提供一個強調合作學習，而非個人競爭的環境，對學校是一個值得考慮的文化有力策略。其他包括植基於與支持學生文化，而運用傳統認知方式來發展課程與提供有意義活動。

身為學校唯一的印第安原住民是*Fern*訪談中一再出現的主題。有時候，身為唯一的壓力是難以忍受的；特別是當她覺得，她父親希望她去面對每一個和印第安原住民直接有關的議題。在其他的時候，身為唯一是獨特與特別的(她認為被挑中接受訪談就是好處之一)。這類的教師雖然在內容和結構上做了一些調整，大多數的老師卻沒有這樣做。例如，在指派作業時，她的英語教師允許每一個學生有很大的彈性來討論差異。然而，雖然*Fern*喜歡科學，她覺得她的老師並沒有太大的幫助，而且可能是「最後一個我會想要找他談話的人。」

身為學校唯一的印第安原住民也表示總是和別人不同。*Fern*是一個堅強的年輕女生，但是，這樣的壓力對於面臨認同的創傷與同儕接受的青少年是非常困難的。她對於學校課程中印第安原住民觀點的消失應該是正確的。她覺察到那是不受歡迎的(例如關於墮胎的討論)也可能是真的，但是這樣的覺知可能受到她疏離感的影響。我們需要去了解美國的的印第安原住民教育的歷史，以了解原住民通常對學校教育的憤怒與猜疑的觀點。

教育常常被用來從身體上、情緒上和文化上，將孩子和他們的家庭分開。這類措施最明顯的例子就是一八九五年印地安內政事務委員年度報告，其中政府對於教育印地安兒童的意圖被描述為「從未開化與野蠻的父母親的語言和習慣中解放兒童。」這樣明目張膽的種族主義宣示在今天可能不復見，但是許多源於此信念的保守態度在課程或學校的教科書中卻還是明顯的。

*Fern*對於她的文化有強烈且積極的感受，並且引以為傲。雖然她有時候會覺得被邊緣化，她已經培養出成熟的信念，就是身為印第安原住民代表著你自己是什麼樣的人。在接受訪談時，*Fern*明顯的表現出樂於具體表達她的文化，包括玉米湯到泛印第安豐年祭(*powwow*)。

　　不像其他同年齡的年輕人，*Fern*非常清楚文化差異。她不得不這樣子，因為她是那個必須配合主流的人，她是非常執著於辨認她自己的種族團體與優勢文化的差異性。這些兼具了具體(例如食物的差異)與抽象（譬如是印地安原住民的精神及她在學校對一些活動的偏好超過別人）。當被問到在學校中她想對什麼有更多的了解時，她很直接的說，「像是參加更多的活動，你知道嗎?」她說，依照一般傾向，印地安原住民學生在需要觀察、記憶和對細節注意能力的測驗與活動中的表現，較之於只是強調語言與口語表達能力者來得好。

　　*Fern*在科學方面的難捱的情況，正如同科學在她學校被教授的情況，可顯現此一差異。依照*Sharon Nelson-Baber*和*Elise Trumbull Estrin*，許多老師不承認美國印地安原住民學生，在科學和數學的所具有的知識和學習策略；因為如此，教師們在無法掌握讓學生參與更具意義的學習。然而，諷刺的是，傳統美國印地安原住民學生的認識方式，像是模式或提供觀察和練習的時間，都和現今建構主義學習的觀念一致。

　　留在學校努力讀書，而且能夠成功，對*Fern*來說是重要的，這可能因為她知道美國印地安原住民學生的經驗。他知道中輟的問題事關重大，而且很清楚因為她尚未就讀高中所以可能還未面對這件事。她的姐姐*Juanita*的經驗，令人難過的，並不是那麼不正常，但是低成就與不具基本讀寫算卻不是正常的情況。當學校在文化上覺醒，並且對學生產生意義，那學生就容易成功。*Teresa Mccarty*在*Arizona*的*Rough Rock*社區學校的深度研究，就是此真相的鮮活證明。這個學校已經有近四十年的歷史，這個學校對於嚐試創造支持的和高品質學習環境的原住民學校而言，始終是個模範與啟發。

　　就像*Rough Rock*學校，*Fern*的前一個學校支持有許多認同印地安學生的結構。*Fern*的父親認為對她而言那是一個比較好的環境，那是植基在提供給印地安學生的支持系統。例如，即便能有印地安教師，都能造成印地安學生歸屬感的影響，因此而影響其學習成就。例如，有一個研究發現受教於印地安教師的印地安學生，在閱讀和語言藝術的標準測驗成就上表現較佳。

　　美國印地安原住民學生也面臨其他困難，在保留區內的自殺情況較之一般的人口更爲常見，成人的失業率也超過正常的比率而高達百分之五十；健康照護，特別是在保留區不是完全沒有就是不足；嬰兒死亡率也比國家平均更高，而且有廣泛的營養不良的問題；酗酒可能影響生活與百分之六十的美國印地安原住民兒童。對抗這些怪現象是一個可怕的責任；學校有時候居於不重要的位置。Fern已經發展許多有效策略，來面對這些阻礙，降低負面障礙。她的進取心令人難以置信，她想要在學校成功且出類拔萃，而且對其成功充滿信心（她很有信心的說：「我做的每件事都會成功」。）當被問到誰是她最崇拜的人，她說布希總統（George Bush）總統(她接受訪談時的總統)不一定是那個人，而是「她的權利和成功，而我就是希望我也能一樣成功」。這樣的企圖心促使她在校內外都做最佳的表現，事實上，當被問到最喜歡自己哪個部分時，她很快的就指出是她的企圖心。

　　Fern須幫助撫養她的外甥，支持她的姐姐Juanita度過難關，融入一個和她的同儕文化完全不同的學校，以及面臨學業成功與雙親期望的雙重壓力。然而，不管能夠多樂觀，Fern必須在還很年輕的時候就面對無數的挑戰。儘管這樣的阻礙，她還是深信一個目標：成爲美國總統。她有足夠的決心與勇氣去嘗試。

思考題

1. Fern身處在一個美國印地安原住民很少的城市，這樣的疏離感，在很多方面影響了她的生活，當你一直是特定環境中唯一的＿＿＿＿＿＿（請在空格中填寫），會對你產生什麼衝擊？描述一下你在學校、在家中及在社區中，會覺得怎樣？怎樣讓你覺得減少疏離感？這樣的環境對於身爲教師的你有什麼意涵呢？

2. 如果我們說歸屬於某個部族的情感是社會建構的，那是什麼意思？是誰決定人是什麼呢？爲什麼你認爲身份認同是被我們社會中的一些人所決定，然而其他人能決定他們自己的身份認同呢？

3.從*Fern*的個案研究，你認為對於年輕人而言，什麼是可能導致酗酒和藥物濫用的壓力？在印地安社區中，什麼樣的特殊情境會使此一問題更加惡化？學校能採取什麼措施以減緩此一問題？

4.如果你可以和*Fern*談論關於持續當一個成功和自信的學生？你會說些什麼？

5.你認為什麼樣的方法可能在降低印地安學生的中輟率會有效？學校、社區和家庭可以一起做什麼幫助？

6.和你的一小組同事一起工作，並且計畫一個能融入一些美國印地安原住民認知方式（你可能可以去閱讀在個案研究中所引用*Nelson-Barber*和*Estrin*的文章）的科學課程。它和另一個科學課程如何不同？而印地安學生會是此一方案唯一的受益者嗎？為什麼是？為什麼不是呢？

第 5 章 文化認同與學習

語言、文化與主流團體不同的少數族群年輕人，常常需要加倍奮鬥以維持他們的形象，他們的努力也讓幫助老師了解他們的內心世界；*Hoang Vinh*強烈表示－教師和學校普遍認為不一樣就是有缺點。本章中*Marisol Martinez*、*James Karam*、*Hoang Vinh*和*Rebecca Florentina*的個案提供了學生如何被貶低的各種引人深思的例子。儘管他們自以為傲，但是這些年輕人在學校中，需要隱藏和忽略自己的身份、文化或語言，卻是不爭的事實。

許多教師和學校忽略膚色的差異，是個色盲(*color-blind*)－不承認有文化和種族的歧視。一個老師說：「我沒有看到黑和白，我只有看到學生」，宣稱沒有膚色差異，是公平的、沒有偏見的和客觀的。雖然聽起來公平誠實具有道德勇氣，但事實上可能正好相反。當傳統思維無視於膚色的差異，只是代表態度和行為表面沒有歧視，而自我安慰，這一些都不是壞事。然而，忽略膚色的差異可能造成拒絕接受差異存在的事實，因此將優勢文化當成是規範。在女同性戀者、男同性戀者、雙性戀和跨性別(*transgender*)學生的例子中，這樣的態度代表著「我不管他們的私生活是什麼樣子；我只是不希望他們加以散佈。」聽起來雖然可以讓人接受，但卻不對異性戀學生作同樣的敘述。兩套標準的問題在導致拒絕學生真正的身份，因此使得他們學校不被重視。

美國高等法院於1974的*Lau*判決就是一個例子。*San Francisco*高中被中國學生控告說中文的學生受到不公平的教育。學校部門反駁，所有學生在完全一樣的老師、教法和教材下接受教育，作法上並沒有不公平事情。但是美國高等法院的判決駁回學校的論點，法院認為給予非說英語和說英語的學生相同的教法、教師和教材，無法使說中文的學生從提供給說英語為母語學生的教法中獲益。簡單的說，「一樣不等於公平」；也就是相同地對待每一個人不必然獲致公平，反而有可能造成不平等。學習肯定差異而不是拒絕，即是所謂的多元文化觀點。

美國從古至今（對大多數國家皆類似）一直設法忽略差異。而其理直氣壯是植基於團結和諧；多樣歧異反而會導致不安與分裂。我們

社會和學校有許多的政策一直是基於這樣的思考。例如，美國原住民教育，*Tsianina Lomawaima*和*Teresa McCarty*描述這為一種「標準化中的偉大實驗」：

> 這個目標已經變成美國印第安人的文明化-有時候被稱為美國化。這樣的名稱是假定原住民族與個人徹底的轉化是需要的；把傳統語言換成英語、把「異教（paganism）」換成基督教。改變經濟的、政治的、社會的、法律的和美學的制度。

簡單的說，這意味著對待每個人「一視同仁」；但是，正如同我們在*Lau*判例中看到的「一樣不等於公平」。

然而「一樣不等於公平」在教育上有什麼意涵？首先，那代表著承認孩子帶到學校來的差異，像是他們的性別、種族、人種、語言、社會階級和性傾向等等。否認差異性常導致學校和教師對孩子的行為貼上不當的標籤，而使學生之間的差異成為「隱形」，正如*James Karam*的案例，這是在本章會讀到的個案之一。

其次，這意味著學生的身分可能影響他們對學校的認知與期待，因而影響他們如何學習。了解文化、身分和學習之間的關聯，絕不是貶低學生的背景或降低我們對它的期望。許多教育人員誤解「一樣不等於公平」。代表必須降低他們的期望或是簡化課程，所有的學生才能完成這些課程；不過，這些都是沒必要的。

第三，接受差異意味著提供必要的條件給他們，學生的文化和語言背景被當成是教育人員可以吸收的力量，而教學就會改變，融入學生的生活。這樣的取向是基於教育原理的最佳部分，也就是說，個別差異必須被考慮到教學中。可是，當這樣主張是有關於文化和語言的差異時，卻會被忽略。在本章*Marisol Mart'inez*的個案中，他能流利地講兩種語言，而老師卻將具有雙語能力視為個問題而非優點。如果我們要提供所有學生教育公平，那麼學生的文化和身份就需要被視為是一項可以發展的資產。

本章探討文化差異可能對學生學習的影響，也見到許多教師與學校修正教學與課程。在我們要求學校為了教導所有學生而有所改變

時，我們得先了解學生帶到學校的差異。文化是所有的差異之一，而我將之定義如下：「文化包含了價值、傳統、社會和政治關係，以及具有共同歷史、地理所在、語言、社會階級、宗教或其他認同之一群人所創造的、共享的與轉化的世界觀。文化包含的不只是具體的食物、紀念日、衣著和藝術表達方式，也包含了較不具體的象徵，像是溝通方式、態度、價值和家庭關係。」這些文化的特徵常常是很難明確地指出來，然而如果我們要了解學生的學習如何被影響，這樣做是必須的。

權力也包含在文化中；也就是說，社會中的優勢團體傳統上認為優勢價值就是規範，而視非主流團體為不當甚至是錯誤的。這意味著優勢團體覺知其價值優於其他團體的價值是因為權力，而不是與生就具有較其他團體更好的價值。例如美國的主流文化強調年輕人應該在很早的時候就獨立，然而其他的文化的主要價值卻是強調互相依賴。事實上，這些價值沒有一種是原來就錯的，每一個價值都是其團體歷史、經驗和需求發展的結果。以拉丁裔孩子與父母的互相依賴關係為例，以美國主流價值為參考架構的人可能就會認為這些是不正常的，至少是奇怪的。他們可能認為拉丁裔的孩子具有過於依賴的特徵，過於依靠其父母或是兄弟姊妹，而較之其他的孩子需要更多的注意。但拉丁裔可能會認為美國的主流文化是奇怪的、冷漠的，因為他們認為孩子還這麼小，但卻還堅持要求他們獨立。然而，拉丁裔的價值並未有如同優勢團體所具有的控制與權力。

在這篇的文章中，我們關心的是身份在社會政治與社會文化的面向與意義，而不是個人的心理特徵的形成。因此，我們聚焦在像是權力、學校制度安排，以及意識形態與文化的衝擊。這並非代表個人身份發展不重要；相反的，教師必須了解學生如何去發展他們的社會與文化自我，而此一過程則是種族、人種、性別和其他變項互動的過程。學者們像是*Beverly Daniel Tatum*、*Gary Howard*和其他人的著作特別是聚焦於此。所有的老師應該能夠熟悉這些理論以及潛藏在此一背景下的社會政治與社會文化觀點。

檢驗文化如何影響學生在校的學習與學業成就是重要的，但是若

過於強調或許又潛藏了危險。過於強調可能會造成更粗糙的刻板印象，而必然造成許多有關學生個人能力和智商的錯誤結論。當我們在考慮文化差異時，我們總是站在一個不穩而變動的基礎上。我們都已經看到一些更糟糕的結果：不同種族團體文化特徵的檢驗表、對特殊背景的學生使用某種教學策略的特別做法，以及無法改變的學生行為的論文。在這種情況下文化被當成是產品而非過程，而且被當成是不可改變，也是不能改變的。這樣的觀點導致所謂必要化(*essentializing*)的文化，也就是說，歸因某些不變的行為於此。這樣的結果會認為文化是「純正的」，而且不受環境和脈絡的影響。正如同前面所提的例子，我們會錯誤地認為拉丁文化不管在任何情況下，總是傾向互相依賴。有這樣的想法將是錯誤的，因為文化太複雜了而且變化多端，因此很難去下結論說共享某一種文化任的人，他就會有同樣的行為方式或信仰相同的事物。

靜態文化觀點的進一步問題是所有的社會－特別是現今社會，正處於前所未有的異質性環境。正如同你在本書中將會讀到許多年輕人的個案研究，他們都具有多重身分：*Rebecca*並不只是一個女同性戀者也是義大利人；*Linda*也兼具了黑人與白人的身分。由於此種多重身分認同的成長空前快速，在這要樣的背景，去接納在其居住國家的文化和祖國家文化，具同樣方式的觀點是不可能的。

依照*Frederick Eriskson*另一種靜態文化觀點的有害推論，直接與教育的措施有關。他提到：「當我們把教育中的文化想成是美學，並且是相當固定的，就會認為教育措施要維持現狀。當我們認為文化和社會認同較接近於流動性，就認為教育的措施是轉化的。為了效果，本書的重要前提之一認為多元文化教育是轉化的；靜態文化觀點否認了多元文化教育觀念。

文化對學習的過程而言是不可或缺的，它可能對每一個人的影響不同。例如，阿帕拉契人（美國印地安人的一支）豐富的遺產也包含了強烈的親屬感，然而這樣的文化並不一定對每個孩子有相同的影響。簡單的說，文化並不是命運。假若因社會階級和家庭結構、心理和情緒的不同、出生順序、居住地以及許多個別特徵……等差異，就

認爲文化說明了所有人類的差異是不智的。任何有孩子的人會肯定這樣的說法：縱然是兩個相同父母的孩子，有相同的文化和社會階級，而且在養育過程中的許多物質方式也相同，卻可能造成兩個孩子如同黑夜與白天的迥異。文化既不是靜態也不是決定論的(*deterministic*)，而只是提供一個方法讓我們了解介於學生間的差異。假定文化是學業成就主要的決定因素，是過於簡化、危險和反效果的，因爲文化雖然具有影響力，但並不可因此就決定了我們的未來。

以*Geneva Gay*的話來說，這些過度簡化的警告想要強調的是：「文化具有重要性。」堅持文化重要性的理由是：來自社會中被統治和不具公民權的團體，因被灌輸爲他們沒有文化而導致*Felix Boateng*所稱的「去文化化(*deculturalization*)」；也就是說一個人們首先被剝奪文化，接著是制約其他文化價值的過程。文化剝奪這個名詞，事實上代表某些人無法享有優勢團體的文化－到後來意味著完全不具備文化的一群人。當然，這是荒謬的，因爲每一個人都有某種文化，也就是說每個人都有能力，以不同的方式去創造與再創造觀念和物質的商品，影響他們的世界。多元文化教育反對文化是爲主流團體服務的觀念。

雖然每一個人都有文化，但是主流團體可能不承認某些人有自己的文化。對他們而言，文化是一種別人擁有的東西，特別是那些與主流不同種族的人，*Vanessa Martison*的個案中即可看到這樣的想法。文化概念化，是傾向於將那些非處於文化主流的人異國化(*exoticize*)；對於教室日漸多樣化的教師而言，一個更複雜的文化觀點是需要的。

雖然*Hoang Vinh*在接受訪談時只有十八歲，但較其他成人而言，其對文化有更複雜的解讀－*Vinh*描述越南的文化、價值和期望時，不會對複雜的現象作機械的解釋。他精確地指出越南和美國的老師兩者之不同。他說其中一位老師*Mitchell*小姐，期望所有的學生以相同的方式去做事情，但是來自其他國家的人會有不同的想法，對於學校可能會有不同的思考……，所以必須去學習那種文化。在一例子中，他描述英文老師如何稱讚他的英文，但是他反倒覺得他應該告訴他再更用功。他的結論是：那是美國文化的方式，而越南的文化就不是這個樣

子。

許多報告以及來自多元文化教育發展起源的概念架構，都是採取民俗誌研究(*ethnographic research*)，也就是基於人類學的建構，包括一些方法，像是田野調查、訪談和參與觀察的教育研究。大約在四分之一世紀前，*Ray Mcdermott*定義人種誌為「任何嘗試去紀錄人們的行為，在不同情境下人們和週遭的關係。」這方面的研究在那時候展開，而且在過去三十年間深刻的影響了教育的思維，特別是當教育環境具文化多樣的特徵時。如同*Henry Trueba* 和*Pamela Wright*的建議，人種誌研究可以在多元文化環境下獲致較佳的了解－許多學校政策和措施的隱含意義。

文化差異在學習上對以下三方面的影響最為明顯：學習類型或偏好、互動或溝通類型以及語言差異。前面兩項的例子將在以下討論，而語言和語言的議題將在第六章做較充份的敘述(雖然語言是文化應該被了解的重要內涵，也是此處討論的部份)。

學習類型／學習偏好

所謂學習類型常常被定義為個人接收與處理訊息的方式，至於文化如何影響學習類型尚不清楚。早期的學習類型研究指出與母親的養育方式有基本的關聯，亦即在家中所學得的價值觀、態度和行為等，將成為影響學生學習如何學習。然而，此一理論的線性過程不完全令人信服。事實上，一些早期的研究集中在人種與種族在學習上的差異。因此，一直都有爭議。在同一種族團體內學習者間的差異也很大；而這些差異可能不只是文化，應該也包括社會階級、在家裡使用的語言、在美國的時間長短以及個別差異。

以社會階級為例，在影響學習上類似種族或甚至比種族更加重要。社會特定團體成員身分是基於經濟因素與文化價值。勞動階級與中產階級的不同，不只是特定價值和行為，也在於他們所擁有的與可掌控之經濟資源的量和種類。這樣的推理是假設社會階級較種族影響

學習更大，而這樣的假設認爲孩子在家庭中的學習環境和社會化，受經濟資源的影響較之文化資源更多。

我比較喜歡學習偏好這個用語，因爲說明學習上的差異較有彈性。以學習二分法來討論有關僵化的學習型態是有問題的。因爲學習這種複雜的過程，僅用兩極的方式來表現，可能令人懷疑。有多達14種學習型態及13種不同的學習原理被提出來；另有一些研究聚焦在強調視覺與口語上的差異，指出在靜態學習分類上的潛在問題，*Hoang Vinh*就是一個很好的案例。他喜歡在團體中工作，這種學習型態通常不會和越南學生產生連結。因此，雖然在確認種族與文化有關的學習差異上有所幫助，但卻也冒著過度簡化與刻板印象的危險，會被用來當成不良或不當教學的藉口。

*Hoang Vinh*誤用學習理論的例子，在*Flora Ida Ortiz*的研究鮮明指出，她發現教師採用學習類型中的「合作」屬性來合理化許多明顯有歧視意味的教學。例如，拉丁裔學生的融合教室中，老師很少讓拉丁裔學生在遊戲或領導活動中單獨操作。老師把學生放在沒有選擇的情境，而別的學生卻可以做選擇。當沒有足夠的書本時，老師會要求他們一起看，然而其他非拉丁裔的學生卻可以有自己的書本。這些教學措施的結果導致拉丁裔學生較少機會去接近教材和較之其他人更貧脊的課程內容。教師推託地認爲拉丁裔學生在聚光燈下扮演領導的角色時，比較容易感到不舒服。他們也推理地說，拉丁裔學生比較喜歡共享一本書，因爲他們偏好一起合作。因爲研究的錯誤詮釋，教師可能早就對學生的能力有先入爲主的消極觀念。這是諺語「一知半解將造成危險」的最佳例子。

同樣的，在一個美國印地安人和阿拉斯加原住民教育的廣泛檢驗研究中，*Donna Deyhle*和*Karen Swisher*做了這樣的結論：學習型態研究可以指出有意義的且能夠促進這些學生的教育成果的修正，但是他們也提醒，不具批判地看待學習型態會導致不利的結果。更具體地說，當教師讀到美國印地安學生喜歡觀察甚於表演時，印地安兒童「非口語」的描述會被增強。*Deyhle* 和*Swisher*結論：

此乃教師的權力關係，而非印地安學生被視為文化上或遺傳上的「非口語」，這也是了解在許多印地安人教室觀察到的非參與性行為的重要原因。在這些安靜的教室，溝通是由教師控制，教師只接受唯一的正確答案，並且挑選個人去回應他們缺乏背景知識的問題。

我們可以在*James Karen*中看到消弱權力關係的例子，雖然阿拉伯語和黎巴嫩文化對*James*而言很重要，但事實上在學校是不受重視的。結果，他學到在學校的環境中不去強調它們(不用說，在2001年911事件後，這樣的隱性消失了)。也就是說，僅僅兒童的教養方式並不能提供充分的解釋，雖然它們影響了兒童的學習偏好。其他的情況，像是權力關係和身份地位的差別也會產生作用，甚至這些因素較之兒童的教養方式更具實質的影響。這些權力的差別在*Rebecca Florentina*的個案中也是明顯的。*Rebecca*非常清楚課程與教學如何傷害學生的身份認同－她說健康課的主要問題就是課程；因此，建議應該教有關同性、跨性別(*transgender*)及任何相關的課程比較好。

雖然*Gardner*在多元智慧（*multiple intelligences*）的闡釋與文化差異不是特別有關，卻對文化相容教育有重要意涵。依照此一理論，每一個人都能夠擁有幾種獨立的資訊處理能力，而且每一項都是一種特別的「智商」。這些包括邏輯—數學智慧（*logical-mathematical*）、語文智慧（*linguistic*）(以上兩者是學校學習成就最強調的)、音樂智慧（*musical*）、空間智慧（*spatial intelligence*）、肢體—動覺智慧（*bodily-kinesthetic intelligence*）、人際智慧（*interpersonal intelligence*）和內省智慧（*intrapersonal intelligence*）。在*Gardner*的定義中，智商是一種解決問題的能力或是發展出被特定文化重視的產品。

在智商方面文化的差異是很明顯的，*Gardner*的研究已經證明個人在其所擁有的特定智商是不同的，這些差異可能因為在其文化中所受重視的程度而不同。在這樣的智商概念下，廣義之能力被提出，之前個體不完整的智商觀點被重新思考。

此一多元智慧理論對多元文化教育具有重要意涵，因為這個理論超越了多數學校重視的且被窄化的智商定義。首先，它打破了書本

知識上或標準測驗表現良好的僵化智商定義，因此在挑戰現今評量措施會頗有幫助。現今評量幾乎都把焦點放在邏輯—數學智慧與語文智慧。其危險就是在於以個別案例推論到整個團體。例如，特定的文化－因為其社會地理或政治的環境-在某種智商高度發展，這可能是真實的，我們在學校不會認為所有的成員也都具有這項智商。教育人員也不應假定來自於這一文化的個人是基本的，且僅有某一項智商，甚至因此而不能去發展其他方面的智商。

溝通類型

文化的影響也會在互動或溝通的類型中出現，也就是說，個體與他人互動的方式以及在他們的溝通中，是否有意的傳遞訊息。依照*Geneva Gay*的說法，溝通多於其內容以及其所寫的結構或說出來的語言。她接著解釋：

> 社會文化脈絡與細微處、論述邏輯與動力、傳遞型態、社會功能、角色期望、互動規範、非口語的姿勢，如同（即便沒有更加重要）詞彙、文法、詞庫、發音和其他溝通的語言結構面向。

如果老師和學校不能明白這些差異以及這些對學習產生的衝擊，就可能會導致學生學習失敗的文化衝突後果。也就是說，學校學習失敗在這樣的例子中，可以被解讀為是介於教師和學生間溝通不良的產物以及學校貶抑學生的合理調節。循著這樣的思考模式，除非能在學習環境中做一些改變，否則學校學習失敗幾乎難以避免。

在*Roland Tharp*文化調整教育的長期檢視基礎上，當學校能變得更符合學生的文化時，學生的學習成就便會進步。*Tharp*提出至少四種和溝通有關的文化變項，這些溝通可能和學校的期望和結構不一致：社會組織(*social organization*)、社會語言學(*sociolinguistics*)、認知(*cognition*)與動機(*motivation*)。有兩個例子足以顯現其間的交互影響。例如，社會組織意指教室的組成方式。那傳統行列坐(*rank-and-*

file)並安排一個指導或解說的教師/領導者的班級組織，*Tharp*建議並非最佳方式。例如，*Melvin William*於二十年前在貧民窟（*inner-city*）學校的民俗誌研究提到，非裔美籍學生在提升教室動力時常被解讀為「衝動的行為」，特別是那些歐裔美國教師。然而，一些老師已經成功地運用這些行為於其教學中，而不去貶抑像是即性舞台「戲劇」這樣的行為。

在社會語言的部份，*Tharp*指出，太短的「待答時間」如何不利於美國印地安學生。因為在他們的文化中強調深思熟慮，這些學生對於教師的問題反應時間較久。因此，此處的文化期望強調考慮所有可能的情況或意涵後才做決定，才可做出週全的和適當的選擇。這樣謹慎的文化價值可能影響了許多美國印地安學生在教室的行為。

什麼樣的師生關係可能促進或不利於他們的互動，則是另一個研究的重要部份。來自相同背景的學生與教師通常對文化意義有相同的內在理解，也因此他們不必大費周章就能理解彼此傳達的口語及非口語訊息。類似這樣默契的例子，可以在*Marisol Martinez's*的個案中發現。雖然*Marisol*不是在雙語班級中，但她導師是雙語教師，因此*Marisol*對自己和她的文化感到驕傲；這種驕傲的感覺，在相同空間以及在公佈欄看到展示。

在這方面，非裔美籍*Michele Foster*檢視，關於語言共同的文化背景或規範如何被運用而能夠使得教室的互動增進。她發現，非裔美籍老師教導非裔學生時，和別的教室比起來會有微妙卻意義重大的互動差異；例如，她紀錄了一個非裔美籍教師的積極教室成效。她用了標準的英語去規定學生的行為，但是用「表演」（*Foster*意指如同非裔美國人特殊的講話風格）的方式將學生日常的生活經驗和抽象的概念加以聯結。

文化差異對學生的影響，遠超過我們的想像。我記得好幾年前，一位叫*Susan*老師參加我的工作坊，是以英語做為第二外語（*ESL*）的波多黎各裔學生的老師。雖然她很努力提昇學生的學習成就，但還是無法了解許多他們文化的觀點。波多黎各裔學生，大多數是剛剛才移民到美國的，會運用他們典型文化方式來溝通。例如，許多波多黎各

裔學生用非口語的皺鼻子表情表示「什麼？」當*Susan*問孩子對於功課是否了解時，有一些學生便一成不變的皺鼻子。由於不了解這樣的動作表情意涵，*Susan*只是繼續她的教學，而以為皺鼻子並沒有什麼意義。

兩年後，當我們討論波多黎各裔的表情動作和閱讀*Carmen Judith Ninecurt*有關非口語溝通的作品時，*Susan*才明白波多黎各裔學生用皺鼻子來表達問「什麼」、「你在說什麼」或者「我不了解」。從那時候開始*Susan*了解，當學生顯露這樣的表情時，他們是在尋求協助或進一步的說明。那天我們在工作坊都在笑這件事，但這樣有趣的事卻不失其嚴肅的意義。學生口語或非口語的文化在教室中未被提出或者遭到誤解時，他們在學校中會感到離異、不受歡迎且不屬於這裡。

同樣的不良溝通也會發生在不同背景間的師生間，我們很少發展植基於文化差異的課程，但是促進教師在溝通差異上的了解，對於幫助他們針對學生背景而更適切的轉化課程，將會是很有效的。

此處探討的溝通類型只能說是冰山的一角，但是卻點出，有時候如果不了解文化的話，會干擾學習。

文化中斷與學校成就

文化中斷（*cutural discontinnity*）就是所謂家庭與學校文化間的不一致，已經被認為是造成許多來自於文化邊緣化團體學生的問題。有關特定文化教育調整的檢驗，精確地指出文化介於學校和學生間的不連接性如何導致負面的學業成果。

在*Piedmont Caroline*由*Shirely Brice Heath*於1970年代所做的研究是個重要的例子。在探討黑人兒童家庭與學校的語言，她發現運用語言方式的差異導致孩子們上課時和白人教師的緊張。例如孩子不習慣回答有關物體屬性的問題(顏色、尺寸、形狀……等)，而這樣的問題卻是非常典型的對話；相反的，孩子一般在家中運用語言來說故事或其他目的。其結果是溝通的挫折，而教師會認為這些學生是反映較遲

緩的，而學生也會感受到欠缺教師的支持。經由*Heath*調整的研究，教師開始實驗用不同的方式問問題，其結果是教師幫助學生架通了介於他們家庭和學校經驗間的鴻溝，而學生在上課時的語言運用也進步了。

在美國印地安兒童的例子中，*Susan Philips*對於溫泉保留區的研究是另一個有力的案例。印地安價值的核心，是尊敬與重視個人的尊嚴、和諧、內在控制與合作，對學生之教育經驗反應造成無可避免的影響力。*Philips*的民俗誌研究中強調，如果學生的文化差異在課程與教學中被忽略，那麼教師的最佳意圖可能就無效。她發現在要求個別化操作和強調競爭的教室環境中，學生的表現不佳。另一方面，當情境並不要求學生進行公眾前的表演而且合作的價值超過競爭，那學生的表現就會進步。在這種情形下，合作學習等許多價值都和印地安家庭相同，在其他情境也可能是有幫助的，是一個值得探討的導向。其他有關美國原住民以及非裔美國學生，在文化相容性如何影響學生學習上的研究，都呈現類似的結論。

剛到美國的越南移民，在美國學校就學的經驗就很不一樣。這個孩子處在教室是輕鬆的、友善的環境中，而且學生被期望在班級中發言並要問問題，可能覺得失去平衡與不舒服。從一個教師是被尊敬的正式關係，且學習是基於聽講與記憶的教育環境，其文化不連續性將會是非常劇烈的。然而，正如同我們在*Hoang Vinh*的個案研境中會看到的，並不是每一個越南學生都會如此反應，因為來自於相同文化背景的人還是會有無數的差異。

一個來自於和學校兒童無關的例子，可以戲劇性地說明如何發生溝通挫折。在一個聚焦於墨西哥*Yucat'an*地區護理課程的民俗誌研究中，*Brigitte Jordan*描述參與政府贊助的馬雅(*Mayan*)助產士課程。她發現，那些課程儘管都是出於善意，卻是失敗的。雖然助產士們經過數年的訓練課程，但是每天的練習並沒有改變。部份是因為政府贊助課程中採用不適當的教學策略。更具體的說，*Jordan*提到教師帝國主義的(*imperialist*)世界觀與對地方文化的排斥和它解決問題的方法。官方的訓練，用*Jordan*的話來說，官方的訓練會讓本地的助產士覺得他

們的行為和談話是不重要且無價值的。

上述在*Yucatan*地區的文化帝國主義,其實很容易地就可運用在美國教室中每天在文化和生活方式受貶抑的孩子身上。雖然環境不同,但是過程卻是熟悉的。當學校和家庭各有不同的傳統價值、目標和措施,導致溝通不良是一個相似的過程。學生帶到學校來的文化和語言常常被忽視或取代,而這樣的情況總會有悲慘的下場。用*Geneva Gay*的話來說:「去除學生的種族和文化之脈絡化教學與學習,會使學生完全實現潛能的機會降到最低。」

然而,文化的不連接產生的主要理由並不是不同團體具有不同文化價值,介於文化和學校教育的社會政治背景間也有直接的關聯,*Kathleen Bennett*所做的一個研究說明了此點。*Bennett*發現即使是被校長或其他同事認為優秀的教師,也無法使阿帕契裔(*Appalachian*)一年級的學生達成其在閱讀成就上的顯著差異。*Bennett*認為這樣的情況有幾個理由,包括:(1)這個區域的表達的方式以及教室中所提供的閱讀方案兩者間明顯的不一致;(2)整個方案中的能力分組階層化的意識形態。因此,教室的文化和學生的文化、自然語言和經驗形成強烈對比的事實,並不是學生學業成就低落的唯一理由。

另一個介於社會政治背景和文化間關聯的例子與南亞學生的學業成功有重大關聯。對於他們的成功,普遍的解釋是南亞學生的文化價值和學校的文化是一致的。雖然這可能是真的,但是單僅僅此一因素並不足以解釋他們的成功,南亞學生父母親在所有移民中最重視教育的事實也是原因之一。例如,*Heather Kim*的資料中顯示了超過百分之八十七的南亞父親和百分之七十的母親擁有大專以上的學歷,而美國父母親只有百分之三十一。在測驗上表現良好的亞裔美國學生,都是那些父母親擁有高學歷者;而較之於其他移民,他們也是這個國家生育率最高者。正如同我們看到的,文化並不是這麼容易從社會階級、父母親的教育程度和學生接受高等教育的機會等議題中抽離出來。

關於阿拉斯加原住民和美國印地安學生的研究,進一步突顯社會政治的聯結。進入遠離家鄉的寄宿高中就讀,常常就代表學生實質上和父母親分開。這些學生的輟學率很高,因為他們面臨與學校有關之

社會與情緒的問題。雖然輟學率在某些方面仍然很高，相較於一些能夠回歸到學生所屬社區的高中教育，這樣的情況就有非常明顯的改善。事實上，*Deyhle*和*Swisher*也表現出他們的關切，因為有些教育人員會用文化不連接的理論來辯稱以文化相容的課程來解決中輟的問題。這樣子做，教育人員會忽略了其他美國原住民和阿拉斯加原住民學校更嚴重的問題，這些問題像是缺乏公平的經濟支援與適當的資源。同樣值得引以為惕的是其他非主流背景學生的情況。在女同性戀、男同性戀、雙性戀、與跨性別（*LGBT: lesbian, gay, bisexual, and transgender*）學生學業表現不佳的例子中，我們可以發現，這個問題可能不是他們的智商較差或是和學校的文化的不相稱，而是他們感受到在學校排斥，變成一股不受歡迎氣氛。改變學校的課程或許會有幫助；但是在某些例子中，*LGBT*學生能決定要中輟可是因為那是他們唯一擁有的資源。在本章後的*Rebecca Florentina*個案研究中，提到許多覺得想要這樣做的朋友。

　　這些例子呈現了文化的不相容性是變動且複雜的，如果我們想要了解來自不同文化背景的兒童對教師行為如何反應和教師能改變如何去教，有關的研究是重要迫切的。然而，沒有單一的解決方法能架通介於學校和所有學生家庭文化的鴻溝。

特定文化的教育調整

　　不同的途徑和方案被提出來，以提供給來自特定文化團體學生教育的特殊需求，被證明是相當成功的。許多使得教育更具文化適切性的修正例子，顯示了這些途徑背後的理由，我們知道的包括「文化相容」（*culturally compatible*）、「文化適合」（*culturally congruent*）、「文化適當」（*culturally appropriatet*）、「文化負責」（*culturally responsible*)或「文化相關的教學」（*culturally relevant instruction*)。

　　*Cornel Pewewardy*稱植基於特定文化的學校為「民族特定學校（*ethnic specific schools*)」。在夏威夷*Kamehameha Early Education*

*Program(KEEP)*國小教育方案是一個令人感佩注意的方案。*KEEP*方案的開始是因為在夏威夷文化中斷性，已被確認為是原住民兒童學業成就低落的主要問題。*KEEP*方案是一個私人資助、跨領域的教育研究工作，其目的在探討藉由特定的措施，以補救夏威夷原住民兒童學業成就長期的低落。這些措施像是：從自然發音法的取向（*A phonics approach*）到強調理解能力（*emphasizing comprehension*）；從個人的工作桌到和異質性團體的工作中心，以及從高度的讚美到適當性的讚美（包括非直接的或團體的讚美）。從幼稚園至三年級的*KEEP*方案文化相容語文教學方案（*language arts program*）已經有二十年的歷史，而這個方案包括在閱讀上的高度成就，也獲得重大的成功。

什麼可解這個方案的成功呢？教學類型的改變，使得教學能更貼近學生的文化類型，是普遍提出的理由。例如，從發音到理解能力允許學生用「談故事(*talk-story*)」的演講風格呈現，是在夏威夷很熟悉的語言活動。其他的教學改變，包括合作和團體成就的偏好，都是相容於夏威夷原住民文化。

*KEEP*方案的邏輯也被當成*KEEP-Rough Rock*方案，這是一個在拿瓦納保留區（*Navajo Reservation*）和*Rough Rock*示範國小的一個合作方案。然而，它並非只是*KEEP*方案的複製品。*KEEP*方案的一些特色被修改得更加符合*Navajo*的文化，以適合*Navajo*的文化環境。例如，*Navajo*的孩子比較喜歡和同性團體的孩子工作，而這樣的偏好是和他們的文化一致的。結果，同性團體變成*KEEP-Rough Rock*方案的特色。再者，*Navajo*的學生對於整體性的思考較之線性思考(*liner thinking*)來得較為容易，這在美國印地安人對於整體性的思考的偏好之前已經被提過。以這些資料做為課程與教學的廣泛調整，被證實更能符應學生在文化價值和學習上的偏好。

不同背景學生的教師教學研究提供了進一步令人信服的說明，這說明教師如何運用文化的知識和經驗以克服一些負面的學校和社會的訊息。這研究也說明了最有效的教師如何挑戰學生而不是讓他們自然發展。有時候，來自不同語言和文化背景的新教師會假定他們不能對他們的學生有太高的期望，特別是這些學生在經濟也是窮

困的。然而，事實上卻是相反的。*Jacqueline Jordan Irvine* 和*James Fraser*描述非裔美籍學生教師在文化上的反應爲「溫暖的要求者(*warm demander*)」，也就是教師對學生的期望是困難的、嚴格的，但是他們卻是友善與可愛的。*Gloria Ladson-Billing*對非裔美籍學生之教師研究，說明成功的教師如何運用學生的文化做爲架通優勢文化的橋樑。另外，她描述有效教師的教學是增能賦權的，因爲這些教師鼓勵學生去做批判性的思考與主動的活動以達成社會正義，而不是教學生盲目地接受傳統主流文化的價值。事實上，有一個研究者建議這樣的教學不應稱之爲「文化相關的教學(*culturally relevant teaching*)」而應稱之爲「政治相關的教學(*politically relevant teaching*)」，這是因爲後者不只反映了文化的知識，也包含了非裔美籍教師帶到他們教學中的政治的、歷史的和社會的知識。除了考慮能夠成功的教導非裔美籍學生的教師能力，這些研究也說明了其他有效的措施，包括教師互動的運用而非說教的方法以及他們爲學生設下的高標準。

相反的，有關文化的教學，發生於*Joanne Larson*和 *Patrica Irvine*所謂的「互相疏離(*reciprocal distance*)」，這樣的情況發生於老師和學生彼此談話的方式－常常顯現他們獨特的社會文化事實與知識的方法，可能對學生的學習造成負面影響。在一個東北部都市學區的研究中，*Larson*和*Irvine*發現，儘管老師盡了最大努力，他們對於其文化或多語言學生之消極的或是根植（決定理論的）信念，可能會導致彼此遠離。這個老師引用了一個在一年級教室中關於金恩博士（*Dr. Martin Luther King Jr.*）的對話。*Larson*和*Irvine*發現教師持續提到他，但卻沒有加上他的頭銜，學生就糾正他們的老師，並跟老師說：「我們都稱他爲金博士」。不管教師是否有意，經由他們的對話，他們都製造了往後都難以拉近的距離。依照*Larson*和*Irvine*實例來看，其結果是「具文化或語言多樣性的學生他們在階層化社會的地位。」

在*Yup'ik*愛斯基摩教師教導*Yup'ik*學生的個案研究中，這樣的情況是難以避免的。*Jerry Lipka, Gerald Mohatt*和*Giulister Group*說明如何採用傾向學生文化的社會互動、知識和價值是一種促進學習的潛在重要方式。這些研究者發現，當文化一致在教學中存在衝突將會明顯降

低。他們提出一個結論，當 *Yup'ik* 教師教導 *Yup'ik* 學生，並且以一種在文化上相容的方式來上課，學校失敗將會逐漸消失。這個研究的主要發現是任何文化回應教學的中心（這個主題我們將在第七章做更深入的探討）。這並不是暗示 *Yup'ik* 學生只有被 *Yup'ik* 老師教的時候才是成功的的學習者。種族在此並不是唯一的變項，相反的，成功是由教師的互動類型和師生間的關係，而好消息是任何背景的教師都可以學習文化回應。

在研究 *Jeannette Abi-Nader* 中發現，有關教師和他學生文化認同不一樣的情況。那是她在位於東北部一個廣大都會拉丁裔青年就讀高中研究。此研究聚焦於一位叫做 *Don Bogan* 教師所實施的調整，教師將教室在文化上變得更加一致。例如，介於他和學生間的互動是基於拉丁文化的家庭價值，這個方案充滿了照顧和支持的的氛圍，教師的角色像是學生的父親、兄長與朋友，對學生有高度的期望。學生經由像是同儕教導和扮演教師等活動學到發展對彼此的集體責任，而且承諾延伸對家庭的生命；不像其他拉丁社區可怕的輟學數字，本方案中高達65%的高中生繼續進入大學就讀。這些年輕人也將其學業上的成功，歸因於參與此一方案，而且也給予高度的評價。就像以下的書面調查中所寫的：「在這個班級中我最喜歡的一件事情是我們都在一起工作，而我們都參與且嘗試去彼此幫助。我們是一家人！」

雖然 *Abi-Nader* 所描述的教師並不是拉丁裔，但是卻有許多教學特徵使得他的教學對於拉丁裔學生特別有效。首先，他幾乎完全融入拉丁文化，他已經有好幾年在西班牙語國家擔任和平工作團（*Peace Corps*）志工，而他的西班牙語也很流利。而依照 *Abi-Nader* 的說法，這位老師也是一位工作動機強烈的人。像是這樣聚焦於文化相容的研究是有幫助的，因為他點出了如果在教學上能夠做適當的修正，使所有的學生都能學習。

許多教師持續地在課程與教學做這樣的修正。*Erikson* 和 *Mohart* 的研究計畫是個很好的例子。這個研究聚焦於兩個在文化上類似於美國印第安兒童的教室的社交關係；一班由印地安教師任教，另一班則不是。雖然教室中的組織在那一年開始的時候有些實質的不同，兩個

老師在年底的時候，都採用了較傾向於文化一致的教學措施。例如，非印地安教師在最後將學生依照組別坐在一起，而不是個別的行列座位，並開始花較多時間在小組的教學而不是整組的授課。這個老師運用Erickson和Mohatt所謂的「教師雷達」。而這結果是文化一致的教室。這位教師並沒有被告知要做這樣的改變，他只是直覺地認為用這樣的方式，班級會經營得更好。

在Cynyhia Ballenger的研究中發現一個發展文化一致之教學實施的例子。身為學前海地兒童學校的教師以及唯一學校中的非海地教育者，Ballenger說明她如何成為文化回應教學的教師。她在剛開始的時候並不熟悉，甚至覺得不舒服。Ballenger回憶她如何期望去看到孩子的缺點，運用他們的學習方式，這並不是她認為他們的背景有缺點的，而是她不懂得如何去欣賞孩子的潛能，在傾聽與學習自孩子及其他同事後。Ballenger開始去採用一些海地教師的方式。她依照孩子對其教學的反應並做了這樣的結論：「我知道什麼時候用正確的教學方式，讓孩子專心上課。」

這些戲劇化的例子，聚焦於學校中的一個文化團體，其反映多數學校在教學與課程上的多元文化特徵是有可能的。例如，多數學校傾向於高度競爭和個別化指導的模式，在這樣的環境中，主流文化的學生和男性比較容易成功；相反的來自其他文化的學生或女性就會處在一個顯著的不利情況。藉由連結這樣的類型和一個合作的模式，所有孩子的學習和文化類型都應該被尊重與重視。雖然不可能所有學校都成為文化相容，但是此處的課題就是他們應該要有敏銳的文化覺知。

特定文化調整的評鑑

雖然文化調整有一些作用，但特定文化調整卻被一些因素所限制。首先，多數學校多樣多元的特性，消弱了特定文化調整。許多學校都具有多元文化的特性，他們的學生來自於不同的種族、社會階級和語言背景。少數的同質性學校，以及讓學校成為只與某一種文化相

容，即便這是學校中人數最多的團體，但卻也可能危害其他背景的學生。也就是說，當學校只為了配合某一種族團體而改變其教學策略，這些策略可能正好與來自其他背景學生的需求相反。

　　基於文化相容而去做一些教育上的抉擇的另一問題是，種族隔離（segregation）為教育失敗的主因。雖然種族隔離可能是個因素，然而歷史上的真相卻已經明確的告訴我們，那導致不公平。「分離但是公平」幾乎很少達成。相反的，種族隔離意味著，到頭來還是學校的弱勢團體得到的是較劣勢的教育，因為他們都是用最少的資源來教導他們的學生。然而，儘管美國法院已經在二十世紀的後半期支持整合是較佳的政策且值得去追求，因為整合有可能增進教育公平。不過，結果卻不見得如此。事實上，正如同我們在第四章讀到的，種族隔離在現今較之數十年前更加明顯。即便在名義上他們是被去除種族隔離，但實際上，去除種族隔離學校在最後都以不同的方式實施種族隔離，特別是經由資優特殊教育與其他類似方案的能力分班措施。

　　我們需要分辨不同類別的種族隔離；由優勢族群所強加的種族隔離與由弱勢族群所要求的自我種族隔離（self-segregation）是大相逕庭的，因為弱勢族群能看穿隱藏在整合環境面具背後那難以破除的種族主義。例如，非裔、美國原住民、拉丁裔和以其他文化為基礎的學校，就是這樣的例子。然而，即使在這些例子中，文化分離學校可能有效地隔離他們自身，但卻無法得到一些公立學校系統的利益，而這些利益可能幫助他們去達到學校學生的需求。因此，雖然在這方面不同於種族隔離學校，因為他們是由弱勢的社區所發展而來，但是文化同質性學校總是難以有效益的。

　　再者，有許多文化多樣性背景的學生，或許在一開始被認為是文化不一致，但他們在教育上卻獲得成功。因此，其他和文化衝突無關的因素也必須被納入。

　　文化融合進一步的問題是所有來自同一特定團體的學生，在學習上或多或少有些許差異。因為將文化過於簡化，所以，這樣的主張，是有問題的。正如同我們知道的，過度簡化將導致我們在看待個體以及團體時的過度類化和刻板印象，因為，他們的文化實際上是在演變

中。

我們必需承認，儘管有這些警惕，我們的公立學校並未提供許多學生－特別是貧窮的拉丁裔、非裔和美國原住民背景的學生－他們所應有的學校。然而，在他們調整之前，我們需要找尋方法幫助這些學生。而文化回應教學，即使在種族隔離的環境，也是一種幫助這些學生成功的方法。

摘要

在本章中，我們可以看到文化如何影響學習。運用學習類型的研究，教育工作者開始了解不同背景的學生在其學習偏好方面也有所不同。在最近之人種誌方法論的調查中，已有重要的發現，這些發現幫助老師與學校承認文化對學習的影響。在學習類型、方案設計和支持不同背景學生學習的教學，可以做修正與調整。關於教學運用單一文化分析會受到限制，因此本章在最後提出一個重要的分析，這些分析考慮到特定文化調整策略的問題。

雖然，文化最終會有影響，學習在貶抑和排斥學生文化的環境中無法成功；想要提供關愛與促進學習的環境給所有學生的老師，必須考慮學生的背景與身份；這意味著教師必需學習有關他們的學生和來自學生最接近的文化，教育調整在促進的學生之學習是必需的。

思考題

1.什麼是看不見膚色差異的好處？什麼是壞處呢？針對每一個提出有關學校和教室的例子。
2.「公平並不是一樣」是什麼意思呢？為了幫助你思考這個問題，想想看你認識的一些學生。
3.你可以確認任何對某些特定孩子成功的教學策略嗎？你如何運用這

些策略於不同文化背景的孩子呢？

4.許多教育工作者已經提出傳統的行列座位安排和「粉筆與講述」的學習環境，對大多數的學生是不恰當的。你認爲如何呢？對於教室組織這是什麼意思？在小學和國中之間是否有什麼差異呢？提出一些能夠取代傳統教室組織和教學，而能提供更多學生一個公平的學習機會。

5.因爲不同背景學生得到介於學校和家庭間的矛盾訊息，他們可能到最後拒絕了他們父母親的文化與生活方式。教師和學校能夠採取什麼策略以縮小差距？

適用於個人、學校及社區改變的活動

1.觀察教室內三位不同的學生，你如何去辨別他們學習的偏好？他們爲何不同？你認爲這些差異和他們的性別、種族、人種或社會階級有關嗎？你的看法爲何？

2.你要採取什麼步驟使得你的教室和學生主體更具文化相容？想出一些在課程、組織、教材的運用和教學的策略，試驗其中一些策略，然後這些策略對你學生所產生的影響的省思記在日記中。

3.想出一些方法讓你的學校成爲文化上歡迎不同背景學生的地方，例如，想想看有什麼樣的全校性儀式可以讓所有的學生都有歸屬感？怎樣向外延伸到父母？在走廊和公佈欄可以怎樣佈置？提出一些改變的建議給你的校長或部門主管？

個案研究

Marisol Martinez

「我為自己和我的文化感到驕傲，但是我想，我知道什是我應該知道的。」

*Marisol Martinez*在美國出生長大。最早住在紐約，後來搬到位於東北的小型工業城市*Milltown*。她的父母都是在波多黎各出生，但是他們八個孩子大多是在這個國家長大。*Marisol*的第一種語言是西班牙文，但是在她上學之前無學了英語，因此他從未上過雙語課程，但兩種語言都很流利，並且使用雙語的人討論時會運用此兩種語言，而當她和父母交談時則是使用西班牙語。在語言的使用上她是許多在美國拉丁裔人的典型，在某種程度上使用雙語達到可觀的數目。

*Marisol*居住在簡陋國宅（*housing project*），是一棟小型的磚造連棟房屋，兩層樓高，位在一棟完全一樣的建築物的中間。每一間房子的前面都有一塊空地，並且有一個更大的後院。在春天或夏天時，有些家庭會整理出一塊菜園或花園。鄰里街坊會主動打招呼，而且有許多小朋友熱鬧的吵雜聲、音樂(包含饒舌歌和莎莎舞)和車輛。*Marisol*家公寓的起居室很小，放滿了傢俱和在牆上及桌上有許多的家庭相片和宗教人像。樓上是三個房間和浴室，她家住了一個兄弟，三個姊妹與父母。她較年長的兄弟姊妹都已結婚且居住在外，在家排行第五的她十六歲，最年長的姐姐三十一歲。

*Martinez*的家庭關係良好，她的父母較之她同學的父親都年長許多；而且因為健康問題，她的雙親都沒在工作。父母對孩子在各方面極關心孩子，特別是在教育的事務上。*Marisol*所有較年長的兄弟姊妹非常了不起都設法讀完高中，因為從拉丁裔學生很高的輟學率來看，好幾年來輟學率都是在百分之四十到八十間起伏。而*Marisol*和她兄弟姊妹的成功，確實的部份可歸功於其穩定的家庭關係。*Javier Tapia*針對低收入拉丁裔研究中發現，影響低受入戶學生表現的最重要因素是家庭關係。*Marisol*的父母親也是高中畢業，在這個城市中超過一半的

拉丁裔成人教育程度偏低。

在過去的三十年中，*Marisol*和其家人居這的小城市人口結構發生重大的改變，而學校是最明顯的地方。現在學校中波多黎各裔的比率已經超過百分之七十，而非裔美籍學生僅佔總數的一小部份。而其他的就是歐裔美籍的學生，且主要是愛爾蘭及法裔加拿大學生。然而，就整個城市來看，波多黎各裔比率卻低於一半。大體上學校有較高的比率可能是以下幾項因素，包括波多黎各裔社區的家庭規模較大，以及自從1980年代初期學校去種族隔離政策實施時，可觀的所謂「白人飛馳遷徒(*White flight*)」。居住在*Milltown*的波多黎各裔約有百分之六十是貧窮的，是白人的四倍多。

而人口結構的改變也可以在鎮的政策上發現。在學校中及鎮上的波多黎各裔常常是歧視與刻板印象的對象。報紙上常常刊登波多黎各人移民過來後有關犯罪率升高、藥物濫用以及每況愈下的悲研。文章與社論，都不避諱地暗指波多黎各裔應是罪魁禍首。然而，波多黎各裔人並不是第一個遭受此一不平待遇的團體。*Milltown*是一個移民城市，而每一個新移民團體都必須和此一歧視和排斥的情況奮鬥。

*Marisol*是市內公立高中的二年級學生，她正在完成她的學術科目研究，而她的同學都是亞裔和非裔。她喜歡他所有的科目，特別是生物學和幾何。她希望能夠上大學，儘管她的計畫還不是很確定。她接受訪談時，她說她的志業不是時裝模特兒就是護士。如果她真的上大學，那將會是家中第一個人。

一直到四年級，*Marisol*開始進入在紐約的學校，她記得她在學校表現得很聰明也很好。然而，因為她的家人考慮到社區的安全，才搬到到現今為止已經住了十年的*Milltown*。這樣的遷移模式對於波多黎各裔人沒有什麼不尋常；他們常常一開始抵達美國時就住在紐約，然後搬到其他東北部的都會區。僅僅1940到1970年間，差不多有835,000位波多黎各裔人移民到美國，反映了此世紀最大的向外移民潮。現在，生活在美國的波多黎各裔人只有不到一半的人住在紐約。但是，這樣的比例在過去五十年間有明顯的減少。事實上，2000年有關波多黎各裔人口統計中最為顯著的一項即是，居住在像*Milltown*這樣小鎮

的人口正在逐漸增加中。雖然波多黎各裔人過去主要集中在東北部，但是在2000年以前，在美國大陸超過三百萬的波多黎各裔人中，百分之六十八是居住在這個地區。

波多黎各在1898年時曾經是美國的殖民地，這也可以幫助解釋介於波多黎各裔移民和其他國家移民的差異。因為美國西班牙戰爭的關係，被美國接管。自1952年開始，波多黎各已經正式具有和美國聯盟的自治區（commonwealth）地位，雖然有人認為這不過是殖民地事實的幌子。1900年後，不住在波多黎各的地主和大公司主宰經濟，換掉了小農導致了波多黎各對美國在經濟上和政治上的依賴。而波多黎各人在1917年時成為美國公民（有人說波多黎各人能夠成為美國公民，是因為美國在第一次世界大戰時需要更多的士兵參戰，而美國從波多黎各徵召了很多人參戰），因此，他們不需要護照或其他特別的批准就可以移民到美國。除此之外，像候鳥般來來回回或是循環的遷移，是在美國的波多黎各社區的主要特徵。這樣的搬遷主要是基於波多黎各對於美國的經濟依賴。為了解釋這個島國是美國可怕的經濟附庸，常常有人說：「當美國打個噴嚏，波多黎各就會感冒。」Marisol家中的經濟情況在搬離紐約後並未獲得實質的改善，但是在這個小城市中，他們覺得比較安全。然而，都會地區的問題像是藥物濫用、犯罪，在這兒卻是日益嚴重，經常有警察發動的藥物搜捕和幫派活動的跡象。但是，在這個城鎮中的小鎮氣氛較之於大都會使人們覺得較為輕鬆。

Marisol雖然害羞，但是卻樂於討論她在學校或家中的經驗。她比她的許多朋友更清楚學習的情況，她的學業是成功的，這同時也是自信和壓力的來源。來自於訪談Marisol的三個主要主題：(1)想要有所成就；(2)對於同儕壓力的敏銳感受並且想要去解決；(3)一個矛盾的文化認同，從驕傲到欠缺覺知甚至有時候是難堪。

我想要有所成就

[當我還年紀小的時候]我希望當一個好學生，當我長大後我希望我能有所成就，……我希望有前途。我希望我能有所成就，你知道嗎？能夠有份工作而且成為人家看得起的人，而不是在街頭遊盪，而且遊手好閒。

我是[一個好學生]因為我尊敬老師，而且我完成我的工作，而且我守規矩……嗯，我到學校上課，如果我知道我已經努力了……但是我的成績不好。那重點是我已經努力了。

[對於學校中的新同學，你會如何形容什麼叫做成功？]我會說不要當一個書蟲，我會說一個好學生需確定他能獲得好成績而且努力用功。然而，你在學校表現良好，你必須小心，因為那些較高年級和較不好的學生會讓你不好過。

我想我可以做得到，我認為我會想要完成它，我認為我是成功的……我會繼續去上學，我不會中途輟學，我會讓自己在各方面都做得不錯，而不像其他人會放棄或已經放棄，我不認為有任何事情可以阻擋得了我，我也不認為應該有可以阻擋我的事。如果我知道我可以完成它，我就會持續努力。當然，也沒有人可以阻擋我，我想要完成我想完成的事情時，也沒有任何事可以阻擋我。

我只是認為，你知道的，我不想讓自己像[那些在街上或在獄中或是懷孕的朋友]。這就是我為什麼一直努力的原因。

[我和學校的朋友]想要完成學業，就像我一樣。他們有所計畫，而且對他們自己有信心，他們想要上大學，就像我一樣。他們不想流落街頭，他們也想要有成就。

[我的父母]也想要我有所成，我猜……他們和我討論，你知道嗎？

我的父母對我很真誠，而且他們告訴對我什麼是好的，什麼是不好的？我做讓他們高興的事。他們喜歡學校，而且鼓勵我不斷向前。我認為他們以我們為榮，因為我的兄姐，他們都有很好成績；他們從不退縮，你知道的，我們常常為了母親而如此努力。我們樂於看到她想要的感覺，你知道的，看到她快樂。

我想如果我相信某件事，企圖完成某些事，我就應該盡力去完成……我會靠自己完成這件事。我不會找老師或輔導人員，我的意思是我會和我的朋友討論，但我還是會自己做決定。

[能夠在未來成功你會需要做什麼事？]我不知道，我猜是永不放棄……以及……保持希望。大概就是這樣。我不知道，我的意思是堅持我正在做的事情並且持續下去。

同儕壓力和對抗

[我的朋家人和我]談到一些最近發生的重要事情，像是藥物和青少年懷孕，你知道的，一些對我們而言是重要的事。他們真的重視我們，並且告訴我們去分辨對與錯。她比較喜歡而且他也喜歡我們對他們坦白，你知道的，不能對他們有所隱瞞。

我的父母真的是很棒的人，他們非常溫和，你知道的。他們不喜歡問題。他們喜歡和別人分享。但是有一件事情，如果人們給他們帶來問題，他們不會保持沉默而會很快生氣。他們真的是很好相處的人……他們了解我們，他們會騰出時間和我們相處並和我們講話，你知道的。不是很多父母親都這樣做，我喜歡和這些人生活，我喜歡和他們在一起。

[你會想要對他們做什麼改變嗎？]不會，一點也沒有，壓根兒沒想過。

[在青少年諮商團體]中，我們藉由回答一些問題來幫助其他學生。你知道的，他們很自由地問我們問題，因為我們像他們一樣是學生。我們預先準備了他們會問的問題的答案。我們全部聚在一起，討論一些主題，然後做一些傳單並分出去……我們也有一個如同「Dear Abby」的專欄……然後他們真的寫信來，而我們也確實研讀了，我們持續這樣做，我猜那些青少年很喜歡。

在那兒有許多女孩懷孕而從學校中輟。我不希望我成為他們之中的一人，你知道嗎？而且我想要勸告還沒懷孕的女孩，在這麼年輕的時候為什麼不應該懷孕，而且要如何避免……我樂於讓那個像我一樣的孩子，了解在街上會發生什麼事，而且不應該前功盡棄。如果他們真的有興趣上學並且想要有美好的未來，我認為他們應該讀書且花時間去考慮並加以學習……，我認為會有需要這樣訊息的學生，並且花時間去學習且進一步去了解。

文化認同：驕傲與困窘

我以當[波多黎各人]為榮，情況允許的時候我會說西班牙語……對我而言，這是重要的，你知道的，因為我必須去支持波多黎各人。

我常常對我的一位老師提出許多問題，因為她不喜歡我們在上課時講西班牙文；而我認為這對我是一種侮辱，你知道嗎？他只是告訴我們不講西班牙文，因為[我們]是波多黎各人。而你知道的，我們很自由地去

討論我們想談的問題……我無法永遠保持沉默並且只用英語交談；因為有時候，你知道的，有時候不經意就會說出西班牙文。

　　[波多黎各裔和其他學生之間是否有什麼差異？][沒有]因為你知道你不可以說波多黎各裔是一種行為模式，而白人則是另一種行為模式。[但是]我知道波多黎各人比白人更壞。你知道，他們的打架行為，你知道的，但是每個人是相同的，每個都是人。而我不知道，我認為他們應該了解與接受彼此。

　　我認為[教師]應該要了解你，而不論他們是否喜歡波多黎各人，或是他們覺得，你知道的，和你在討論有關波多黎各事物時會不舒服。你可以教他們一些他們可能覺得搞不清楚的事情，以及他們所不了解的。那樣的方式可以讓我們有比較好的溝通。

　　我不認為[上波多黎各歷史課]是重要的，我以我自己和我的文化感到光榮，但是我認為我知道我應該已經了解我的文化，所以我不會選這門課……不，因為[老師]將必須知道黑人、白人和愛爾蘭人[也要]……我認為她對待我們應該要一視同仁，你知道嗎？

　　[你會欽佩你社區中的人嗎，例如？]欽佩他們？不，我只欽佩我的母親，就這樣。

評論

　　*Marisol Martinez*的個案研究帶給那些面臨來自被宰制文化的年輕人幾個進退兩難的困境。首先是他們想要成功卻同時也要維護個人的文化。這樣的壓力在*Marisol*決定要能出人頭地時是很明顯的，而在*Marcelo Suarez-Orozco*在中美洲高中學生的古典人種誌研究中也是一個重要的主題。在美國中美洲和波多黎各社區的不同是明顯的，包括歷史和文化兩方面的差異。然而，在*Marcelo*的例子中卻有相同要去「完成某件事情」的堅持，挑戰只有自由選擇來到美國的弱勢團體才能在學校表現良好的假定(多數的人將認為波多黎各人不是自願的少數團體)。

　　為了能夠出人頭地，*Marisol*不得不當個好學生。當他談到當個好學生需要什麼條件，他認為成績，並不像行為和態度一樣重要。

*educado*在拉丁語中的意義是有禮貌、值得尊敬與守規矩，而這也是大多數拉丁裔父母對好學生的定義。這種對*educado*的多重意義對於拉丁裔學生會有一種強制的效果，而這些學生學到當個好學生意味著要安靜與矜持，這和美國主流文化中學業優秀學生的定義有很大的差距。

*Marisol*陷入了介於父母和教師的期望以及同儕情感之間的掙扎。這樣的進退兩難，在*Marisol*幾個不同情況中有深刻而清楚的描述。事實上她認為學校並沒有任何責任，也就是說學生中輟只是因為他們不喜歡學校，*Marisol*並未提到介於學生和學校之間可能存在的特定文化不連續性，或是學校的政策和實施可能對學生學習的不當影響。她相信學生必須對其自身的成功負起完全的責任，因為只有他們自己的決定會幫助他們獲得教育。雖然自食其力可以定義*Marisol*的成功，但卻不見得適用其他學生。

家庭的角色對於*Marisol*的決心和學業成功上有舉足輕重之分量。她努力取悅父母親是她學業成功的主要動機因素；而在這方面*Marisol*和其他波多黎各裔學生是相似的。她說她父母親會強調「嘗試」多於成績，如果他們會對孩子不滿是因為他們不夠努力或行為不當。他們一直教他們的孩子「要努力出人頭地」，而這部分也反映在*Marisol*身上。

以學校觀點而言，她的父母用並不是明顯的方式參與孩子的教育；但是，最終可能對孩子的學業成功甚有意義。當她被問到她的父母是否參與學校，*Marisol*很快的回答他們沒有，因為他們並未到學校參觀或是參與親師會議或擔任志工。但是他們鉅大的影響力，對於引導孩子在學校表現優異卻具有重大意義。

雖然*Marisol*對於拒絕中輟與其他負面壓力有堅強的意志，她仍然不甚清楚她自己未來的計畫。她一些朋友的情況（一個在監獄，有的有了孩子待在家中，有些則沉迷藥物，另外的靠社會救濟過活），對於她的決心有明顯的衝擊。他們的生活，正如同她所形容的是「失望而無助」，然而他們卻從未曾尋求老師或輔導人員的協助。對於她選擇大學或是為上大學作準備應該選擇的課程種類時，她的父母親也無法提供她所需要的那種層次的支持或資訊。她不知道如何實現她當模

特兒的夢想。再者，選擇當一個模特兒作爲可能的職業，也顯示了她內化了社會對女性角色的限制。而護士絕對是一個生命中不得已的第二選擇，而且是當不成模特兒時的備案。雖然她在學校表現很好，特別是在科學方面，但她竟未曾考慮當醫生作爲她的志業。

教師或學校提供給在其他中等階級學生的協助，開啓學生的視野上必須扮演其角色，這種包括非性別歧視者和非種族主義者生涯諮詢、大學申請資訊、以及在經濟協助上的建議，在她的例子中已經不復見。*Marisol*已經學會要靠她自己而且不期望其他幫助，但是那種介於想要成功與如何成就的茫然概念間的不協調是非常顯著的。她想要靠自己完成的慾望是一種她決心要成功的有利展現，不幸的是，這常常是不足的。

然而，*Marisol*持續留在學校及表現良好的力量與堅持似乎是擊不倒的。有了關係密切的家人，她已經相信自己可以成功而且有成功的價值。雖然在她身邊的角色楷模，特別是她的同儕，並非總是積極正面的，但是她已經發展出面對艱困環境的策略。就像跟她年齡相近的年輕人一樣，*Marisol*面臨了服從其他青少年價值與行爲的壓力。在都市的環境，特別是在經濟貧困的環境，這些壓力更是複合的。

在*Militown*的青少年懷孕比率是這個州中最高者之一。在解釋她爲什麼這麼關心這個議題時，*Marisol*似乎暗示她清查在診所的工作成爲對懷孕的免疫。她不參加學校的任何活動，她不從事運動，而且對她可以參加的俱樂部也不感興趣。

當*Marisol*保留她的文化時，在這個社會中一直處於一個「完成」的煎熬，即使她也明顯的感受到她必須要放棄她的文化才能成功的訊息。在*Marisol*許多信念中這樣矛盾的情緒是很明顯的，關於文化和語言的消極差異，以及他們在社會中如何被貶抑，不只在學校中，在媒體以及社區的日常生活中也是顯而易見的。

年輕人所發展關於他們文化與遺產的態度，不能從其所生活的社會政治脈絡中抽離出來。例如，在這個特別的城市，事實上對於搬進來的波多黎各裔人的數目有著限制，此乃基於他們是盡社會福利資源的概念。因爲波多黎各裔社區百分之二十二的失業率，這樣的主張獲

得部份非波多黎各裔的強烈支持。

除此之外，「英文唯一」在十五年前大行其道。當時規定市府員工在工作時不可以說西班牙文(這個命令在後來被解除)。這些事件會對年輕人造成深遠的影響，一點也不令人驚訝。幾年前，許多波多黎各裔的居民提到他們看到「波多黎各裔除外」在公寓出租的告示上時，令人驚訝的是年輕人還能對他們的文化感到驕傲。

因為她無法解決對學校及社會的多元主義所提出的挑戰，*Marisol*重複她在教育過程中所學到的－相同即是公平，對每個人一樣是最公平的方法。這就是為什麼她不認為波多黎各歷史課是有必要性。她對波多黎各歷史並不清楚，但是卻不願選擇這樣的課程，正是因為這多少有一些特別待遇，這樣的想法在其訪談中是明顯的。但她可能沒想到歐裔美籍學生每天被賦予這樣的特別待遇；世界歷史(主要是歐洲的)，而美國則主要是白人的歷史。

*Marisol*並不確定文化和個別差異間的差別，而似乎也不想要深入的去談這些問題。例如*Marisol*從未在班上學到任何身為波多黎各人的事情。在社會科的學習中，她記得讀到有關西班牙，「但是重點卻與波多黎各無關」。*Perez*先生是在她國中時期教室中的教師之一，是雙語班級的波多黎各裔教師，也是唯一曾經挺身而出刻意教她學生有關波多黎各的文化與歷史的人。*Marisol*記得看過其他班級學生在公佈欄做的報告、書和其他曾經在別班的展覽。她對於許多*Perez*所教授的事物感到興趣。雖然*Marisol*從來不曾直接被教過，但僅僅是瀏覽他放在教室中的教材，就從中有許多收穫，而覺得「十分驕傲」。

*Marisol*的喜好是許多年輕人的典型；她比較歡海鮮、披薩和千層麵（*lasagna*），而她最喜歡的音樂是嘻哈（*Hip Hop*）和饒舌（*rap*）；從來不會提到波多黎各食物、音樂、節日或是有名的人。她說她的父母喜歡聽老歌，就是指的波多黎各音樂，但很明顯地她不喜歡這樣的音樂。在她的生活中（至少在她所提到的喜好中）似乎不認同她是個波多黎各人。

然而，對*Marisol*來說，隱晦但卻重要的是，她明明就是典型的波多黎各人：她對家人深刻的情感、對父母的尊敬、想要維護重要的傳

統，譬如在重要節日的時候會想要和家人相處而非朋友。她同時也謙
卑有禮，但明顯地語氣堅定，例如，她維護母語而不妥協的決心。在
家中，她是樂於表達熱情的，她會衝過去緊緊的抱著她的母親並親吻
她。較之於來自其他文化背景的年輕人，她更願意承擔較多的家庭責
任。這是被歸之於拉丁美裔（*Hispanic*）文化中所謂的*capacidad*，或
者是一種成熟、責任感和能力的綜合。這特徵是在他們文化中被重視
的以及父母努力工作而產生的影響，特別是對他們的女兒。

　　*Marisol*是一個充滿波多黎各與美國（特別是年輕人）文化的產
物。*Marisol*和其他和她一樣具有移民背景的年輕人，已經創造了一
種新文化，這是一種具有其本土文化的基本要素，但卻也和它不同的
文化。這是一種發生於當不同文化互動時的混雜（*hybridity*）與同時
性（*synchronization*）的好例子，而不是過去所謂的大鎔爐（*melting
pot*）。用現在的說法，我們可以想成一種混合媒體的藝術，有不同的
顏色、特徵，而媒體產生混合與碰撞。

　　同儕文化以及被迫生活在所屬種族受輕蔑的社區，這兩者都對
*Marisol*產生影響。但是她很強烈的家庭網絡關係，藉由角色的型塑，
幫助*Marisol*去面對這些消極的效果。而這樣的角色型塑至少在她的
家庭中讓*Marisol*深深讚賞。不幸地，這樣的讚賞並未擴散到社區其他
人。當被問到誰是她最佩服的，她回答「他們都是可愛的女演員」，
但又很快的說她在她社區中除了他母親之外，沒有佩服其他的人。

　　在某一方面，*Marisol*已經在同化社會中學了很好的一課。但是在
另一方面，她對有意義事物堅持並得付出辛苦代價，就是那些她最喜
歡交談和交往的那些人的文化和語言。對於這位聰明而想要出人頭地
的年輕女孩，這的確是進退兩難。

思考題

1. 你認爲 *Marisol* 想要在學校成功的最主要因素爲何？

2. 學校和老師要如何利用 *Marisol*（和其他學生）想要出人頭地的決心？

3. 你認爲 *Marisol* 說波多黎各是比白人來得差嗎？

4. 想出一些你認識的不同背景學生，他們是否也有在驕傲和難堪的衝突中掙扎的情況，如果有的話，是怎樣的情況？

5. 你認爲什麼因素影響 *Marisol* 無法決定當模特兒或護士？如果你是學校的輔導人員，你要提出什麼建議？

個案研究

James Karam

「我喜歡被當成黎巴嫩人。」

James Karam 是一個十六歲的高中生，深色而嚴肅的眼睛，在講話的時候卻炯炯有神。他認爲黎巴嫩人的大鼻子是個笑柄。處於兒童和成人之間，*James* 是那種務實、負責和聰明的成人，與充滿活力、有熱切精神的小孩的綜合體。他看起來似乎很成熟，可能與他在家中要扮演負起家庭責任的男性有關。他的母親和父親分居。他是三個孩子中最年長的，他通常喜歡這個排行，雖然他也承認有時候可能比較辛苦。

James 是一個黎巴嫩教徒，或稱爲馬洛乃特教徒（*Maronite*）。他的父親是阿拉伯裔，在美國出生長大。當他到黎巴嫩時，遇到 *James* 的母親，然後把她帶到美國結婚。他的母親已經在美國生活超過二十年，而且英文講得很流利。雖然 *James* 的母親和父親已經分居，但是仍和他的孩子很親近，並且主動關心他們的養育與教育。

187

依照人口統計局的資料，阿拉伯裔美國人是可以在北非與中東超過二十個國家中，追溯他們的血緣。自1990年以來的八十七萬人有可觀的增加，2000年的人口統計中，阿拉伯裔美國人約有一百二十萬。黎巴嫩社區是大範圍的美裔阿拉伯人的一部分，在一般的人口中很少受到注意。也就是說，在這樣的情況下成了「隱形的少數」，關於這個部分我們在後面會有更多的說明。整個美國散佈著黎巴嫩社區，大部分集中在幾個城市，包括James住的麻州Springfield。三十年前在這個城市對阿拉伯社區所做的參與觀察研究中發現，第一批阿拉伯移民於1890年代從黎巴嫩移民過來，大部分都是勞工並在城裡的工廠，鐵路單位或是在攤販的行業工作。他們同時有基督教與回教黎巴嫩人，而彼此間甚少敵意。相反地，在整個社區中他們有一種真正團結與融為一體的感覺。

James從幼稚園到三年級都是就讀天主教學校，但從四年級起則在公立學校就讀。三年級時因為他們家搬到別的州，而他有很多天沒有上學而被留級，這件事到現在還困擾著他。James是一個成功且對其高中後的計畫能夠深思熟慮的學生，他努力讓自己保持好成績，如此才能上好的大學；而他也非常確定他將來想成為一位電腦工程師。然而，他真正的夢想是成為一位職業自行車選手。即使他能夠實現這個夢想，他還是想要完成大學教育。教育對James是很重要的，正如同對其家人一樣。事實上，阿拉伯裔美國人普遍而言較之美國人有更高的教育：百分之四十五的美國人，百分之六十二的阿拉伯裔美國人上過大學。

Springfield是一個中型的都會城市，具有文化、種族和經濟上的多樣性。James就讀市內的一所高中，他將之描述為「一所小學院」，而他喜歡所有的科目。他的同學來自世界各地，有許多不同的文化和語言，而學校一直想要透過許多方式去融入這些文化多樣性於課程中，而其中有些部份較之其他學校來得成功。學校提供了許多雙語方案(針對說西班牙文、葡萄牙文、俄文、越南文和、高棉文的社區)其他的一些活動，像是文化節慶和國際展覽。雖然具有吸引人的開始，但是在嚐試提出城市中的豐富文化多樣性還是稍顯不足的。

James的英語和阿拉伯語都講得很流利，他從未在學校正式讀過阿拉伯語。但是這個語言對他很重要，因此他想要繼續維持。市區中的馬隆教堂創建於1905年，鼓勵保存並運用此社區中的阿拉伯文或其他文化價值觀。 Reverend Saab是這裡任職超過五十年的牧師是教堂角色的代表，在他閣下受封（monsignor）的授與儀式中，對他的教區居民發表了以下談話：「不要忘記了黎巴嫩的傳統，因為這是一件美好的事物。」一般來講，當同化被認為是美國社會的最重要價值，黎巴嫩社區絕對會抗拒這樣的潮流。這樣的情況在今天大多數第二或甚至第三代在春田市的黎巴嫩人是很明顯的，無論基督教或回教，仍然講阿拉伯語。在馬隆教的例子中，教堂的角色不只是提供一個祈禱的地方，更是一個持續為文化的自信傳承工作的天堂。

然而，在其他方面，阿拉伯裔美國社區已經受到美國主流外來文化的影響。在春田市，阿拉伯的姓幾乎是不存在的，因為大多數的性已經被盎格魯化（Anglicized）了。事實上，要不是教堂和其他社會與宗教組織與俱樂部的少部份作用，同化的速度可能會比現在更快。社會階級結構也改變了，在市區的黎巴嫩社區開始是勞動階級；但現在主要是中產階級。在本世紀的前幾十年，阿拉伯社區和其他移民社區非常類似，有大家庭的特徵（平均十個孩子），過度擁擠的公寓，不暢通的人行道和入口處，髒亂而沒有鋪石子的街道，但現在大多數在市區的阿拉伯人擁有自己的房子並且住在中產階級的社區。

這對於James和他的家庭來說也一樣，他、母親、十四歲的弟弟和九歲的妹妹住在市區中一個安靜的住宅區。他的社區較之於城市本身有更高的同質性，主要是歐裔美國人。他說他的附近和市中心區的差別是有很多的樹（相信我，我知道！每一年我都必須掃那些葉子。）他喜歡住在這裡，有一天當他組織自己的家庭時，他也想要住在像這樣的社區。

對於James是個好學生與聰明的覺知者，這部份將會有更多的探究。除此之外，他的學徒角色也會被討論。然而，最重要的討論主題是James文化的隱藏性。

看不見的少數族群

　　［我的小學老師，米勒先生］我就是喜歡他，他開始叫我
「Gonzo」。因為我有一個大鼻子，他叫我「Klinger」—他說因為
Klinger是黎巴嫩人。你知道的，那個在「M.A.S.H.」上的傢伙，從那時
後起，每一個人都叫我Klinger。……我喜歡這樣的稱呼，一種……每個
人都會嘲笑我。對，但是這不會造成我的困擾，如果某個人在談論我的
鼻子，我不會在乎。

　　我們在學校有一個外國語言月，他們會貼上海報和標語等很多東
西。西班牙的、法國的和義大利的-他們讓所有這些標語、海報、圖畫和
東西佈滿了整個學校……還有中國的、日本的、韓國的，他們有很多東
西。

　　［為什麼沒有阿拉伯的？］我不知道……

　　［另外一次］他們做了一本有全世界不同菜色的食譜，如果他們讓我
知道的話，我會帶來一些黎巴嫩美食。而我一直到他們再銷售食譜的那
個禮拜前，我才知道這件事，他們也有希臘的，有每一個國家的，只是
關於...我拜託其中一個老師去檢視，但是卻沒有任何黎巴嫩的事物。

　　［另外一次，在多元文化展覽］有……波蘭、捷克、西班牙、墨西哥
和法國。有很多不同的國旗，但是卻沒有黎巴嫩的。

　　我猜沒有很多黎巴嫩人在……我不知道，你並未真正聽到有很多。
然而，在新聞中卻聽到有很多，我的意思是，我不知道。在我們學校並
沒有很多黎巴嫩人，最多八或九個。

　　對我而言，看到黎巴嫩國旗很重要……但是，你知道。我不認為那
是我會去採取行動的大問題。如果有人問我關於這件事，我可能會說：
「是的，應該要有一面黎巴嫩國旗。」你知道的，如果有任何一個老師
曾經問我，但我不知道……

　　一些人叫我，你知道的，因為我是黎巴嫩人，所以人們會說：「小
心那個恐怖份子！千萬不要，不然他為炸掉你的房子！」或是一些類似
的事情。

　　但是他們只是開開玩笑，我不認為有人是認真的，因為我不會去炸
掉人和人的房子-而他們知道……我不會介意，人們說什麼不重要，我只
是想要每一個人知道，你知道的，這不是真的。

做好學生

我可能是班上最聰明的孩子，就是那樣子。通常我可以把每件事做好。但是其他的同學，你知道的，即使做他們的工作和事情，那些人只是把工作完成就好了，你知道的，而我是真的想要參與並且有所學習。

如果你沒有真正涉入，即使⋯⋯你獲得很好的分數和成果，你不是真正有所理解。你可能會忘記，你可能會記住你知道的字，但是你知道，如果你記住這些，可能對你也沒什麼幫助，你必須去學習他們，你知道嗎？

我想要確定我可以上大學，我想要確認它，即便我已經得到我在大學主修的職業，我還是想要完成大學學業。

[我想我在學校的一年中我表現欠佳]只是因為我沒有去嘗試，認為那太容易了所以我沒有去嘗試⋯⋯我不認為[母親]很喜歡那樣子⋯⋯我說：「媽，我想要上暑期學校，你知道的，我只想要提昇我的成績。」所以他會付學費。

在我做的很多事情中，我通常做得很好⋯⋯我不喜歡當我未完成一件事時的感受。當我真的做得不好，這會讓我想要做好一些，如果我曾經在某一部分的成績不好，這會使我下次想要表現得好一些。

我有一位輔導老師，但是他從來不在學校，她常常請病假。她幫忙安排我的計畫和類似的事情，我真的不想和我的輔導老師談，你知道的，就如同私下的談話和類似的事情。

某些老師，他們不是真的在意；他們只是教這些東西，「這裡」寫一些東西在黑板上，「看吧，這就是你所做的，往下翻，第25頁」。你知道的，一些老師就是像這樣。

或許那不是他們不在乎，而只是他們還不夠努力在做這些事，或許吧⋯⋯我不知道。

我喜歡在班上討論學校的工作，我喜歡有這樣的問問題機會。而你知道的，會有某人坐在教室後面，而且和你有同樣的疑問，如果你有問題最好要問。

James描述他最喜歡的老師，他的幾何學教師，以及他在學校的援助之手社團(Helping Hand Club)(是服務學校、鄰近社區的服務社團)。人們把信及宣傳單寄給社團指導老師，然後你知道的，她說「這是個好主意」。你知道的，她在會議上提出來。然後我們說好的，然後我們決定要完成它。她是我們的帶領者，她是一個思慮清楚而且有幫助的人。

[老師應該]讓上課更有趣，像是不應該只是坐在那邊然後說：「做這個和做這個和做這個。」你知道的，就像在解釋每件情，寫東西在黑

板上。

我喜歡當個工程師，但我真正的夢想是成為自行車選手。對，這是我喜愛的，我愛它。

當事情變得不順利時，我會去騎腳踏車；這是我在午夜時［曾經］做的事情。當我騎得愈快，我推得愈用力，我的身體就愈受傷。這使得我心情遠離那些事情。

家中學徒

我說阿拉伯語和英語兩者的混和，一些話來自阿拉伯語一些話則來自英語……我認為，在那當下看哪一種語言最能表達說我想說的意思。

［我的父母親］基本上認為我對人很好。你知道的，我真的從來未曾想要對別人不好。我不喜歡吵架，大部分是我母親教我的。

我們參加了很多黎巴嫩的宴會，你知道的，聚會和一些的……們每個禮拜上天主教－黎巴嫩教堂，我總是想要上教堂，我的大多數朋友不會上教堂……有一些人會去，大部分的人不會。

我的母親的確以當個黎巴嫩人為榮，而我也是。……首先我要說的是我是黎巴嫩人，……我就是以當個黎巴嫩人為榮。如果有人問我，「你是什麼人？」其他的每個人可能會回答：「我是美國人。」但是我會說：「我是黎巴嫩人。」而且對此感到驕傲。

即使某些人會有他們的姓像是Lemond或者什麼的，他會被認為是美國人。但是，你知道的，Lemond是一個法國名字，所以他的文化也必須是法國的，他的背景也是法國的。但是，你知道的，他們會被認為是美國人，但是我喜歡被認為是黎巴嫩人。

我的母親的確是老式生活的人，「你要早一點」、「你要在某個時間上床」，類似的事情，我認為這些都會有好結果。當有一天我老了，我會認為她是對的，我猜。但是現在，我希望我能夠晚一點……我不會介意，因為我不認為我真的失去了很多……一定有解釋的理由。

我認識很多孩子，他們可以熬夜到很晚，而且你知道的，他們出去一直到凌晨十二點、一點，他們不會回家，而他們的母親甚至不會問他們，去了哪裡或是什麼的。［我的父母］真的愛我和關心我，［我］不會想要變成別的家庭的一份子，「你（我）可以這麼說」。

評論

　　一直到2001年的911事件之前，阿拉伯裔美國人在美國一直是隱形的少數族群。然而，*James*是在1989年時首先被訪談，而隱形是這個社區的標誌。不只是因為經由和*James*的討論，同時也經由文獻檢驗，而使得這點變得清晰。然而，關於其他許多在美國的種族團體已經被紀錄-即使在數量上很少。但是，卻很少有關於阿拉伯裔美國人文化、學校經驗或學習類型的可用資料。這個情況正在改變，特別是2001年的911事件之後，阿拉伯裔和極端主義與恐怖主義產生聯結。為了對此作出回應，許多為了平衡這樣認知的教育資源逐漸發展出來。同樣地，在過去的十年間，許多關於阿拉伯裔美國社區的資訊與研究也可以運用。例如，一篇*Mahmoud Suleiman*的非正式文章，涵蓋了阿拉伯裔美國社區的教師基本資料，而且也描述了逐漸增加的阿拉伯裔美國人在多元文化教育上的意涵。然而，較之於其他團體，關於其可運用的相關訊息（雖然不一定被了解或做適當的運用），阿拉伯裔美國人仍然代表一個隱形的特殊團體；因為儘管被呈現了，卻常常是消極負面的。

　　這種隱性的情況可能會有所改變。首先，大多數的阿拉伯人並非因為飢荒、政治、宗教迫害或戰爭而大量湧入美國。雖然最近許多人是在這樣的情況下前來，但是他們的數目尚未顯著。結果，阿拉伯移民一直是相對沉默的一群，很少受到媒體的關注。雖然毫無疑問的，他們在適應的問題上會有困難，但是卻無法如同其他移民得到大眾接受。他們的孩子在學校表現好，這和其他種族團體的兒童不同。因為這個原因，他們一直不像其他的團體成為研究的焦點。總之，他們不會是顯性的少數種族，就如同其他亞裔、加勒比海裔或多數拉丁裔的例子。如果他們想要的話，他們可以融入歐裔美國人中，那就沒有人知道他們是不同的。

　　儘管如此，有關美籍阿拉伯人的數量與多樣性方面資訊的貧乏，令人驚訝。阿拉伯人和以色列一直處於長期對立的衝突，是新聞簡化了事實，這就是我們為何必須對阿拉伯裔美國人有更多認識的原因。

全世界將近一億五千萬阿拉伯人多樣的歷史與文化的事實，值得對他們的功過優劣做一些敘述。

代表不同的宗教、經濟社會階級和國家發源，阿拉伯社區在美國是最爲異質化之一，也是最不爲人知的社群之一，因而籠罩著秘密色彩。結果，卻產生刻板印象。依照*Mahmoud Suleiman*的描述，雖然阿拉伯裔美國人較其他少數族群更不爲人知，但是在媒體中反阿拉伯的認知，卻又使得他們在負面的情況下被呈現。對阿拉伯人的普遍印象無非有錢的酋長（*sheikhs*）、宗教的狂熱者或是恐怖份子等粗略的刻板印象，而這些對激起黎巴嫩裔或其他阿拉伯裔美國人的自信卻起不了作用，但這卻是一般大眾所唯一具有的訊息。這也是*James*和其他阿拉伯裔兒童每天不得不去掙扎反抗的形象。*James Zogby*是黎巴嫩裔美國人，現在是阿拉伯裔美國人協會的主席。他在二十年前刻骨銘心寫下了這個刻板印象如何影響他自己的童年，以至於當時他們決定在學校的多元種族節慶時不穿他們的傳統服裝，他做了這樣的結論：「混亂以及可能是害怕，使他們抗拒去展示他們的自信，對於其他學生是展示少數民族的自尊心喜悅，但對於我的阿拉伯裔美國兒童，卻成了一種傷痛。」種族主義者對阿拉伯裔有未開化的、不可信賴的和殘忍等刻板印象。然而，依照奠基於確實人口數字的一篇文章，「真正的阿拉伯裔美國人並不是媒體中所形成的刻板印象」，因爲他們大多數是公民，受過良好教育，而且彼此差異很大。

有時候*James*覺得他沒有被注意到，如果注意到他，也常常是以消極的方式談論。因爲叫他「*Gonzo*」的*Miller*先生和許多其他同學一樣開他玩笑，而且他允許他們對他開玩笑。*James*喜歡這樣的注意，這使得他覺得特別，而且意味著他的背景至少是被提出來的。但是，*James*也提到許多他的文化被邊緣化的方式。儘管*James*說了什麼，有關他的背景所產生的刻板印象，還是對*James*產生了負面的影響。雖然他不想屬於學生會，但是他對參與學校活動還是非常主動，「我討厭政策」，*James*直接地說。

*James*會想要成爲好學生，他對於在學業上成功非常有自信，而且覺得成爲一個成功的學生對他而言是重要的。比方說，他對自己的毅

力感到光榮，這也是他自認為最棒的特質，而他也經由行動展現他的毅力並超越自己為「好學生」的地步。例如，在他二年級時，他的成績除了英文是D+以外，其他都是A或B。他自己決定參加暑期班（這是一個他母親支持的決定），而且表現優異。

當他在暑期課程後，開始展開高中二年級的學習生活。James在運動時扭傷了腿，進行手術。因為錯失了兩週的課，他柱著枴杖好幾週，有好幾個禮拜他在放學後還留在學校，補做一些實驗和考試和其他作業。他同時和學校的功課與枴杖搏鬥，但他的態度還是積極的，等不及要去完成補課。雖然有點沮喪，不過，他撐過了，並且完成每件他必須做的事。

James的家人在他對教育的價值及必須堅持上扮演了重要的角色。儘管他的家人不是新近移民到美國的亞裔或西班牙裔，但卻也有一些相似的基本特徵。例如，對教育報酬的信心在移民家庭中是普遍的，正如同Laurie Olsen他在加洲一個綜合高中對近期移民的民俗誌研究中發現的。James感謝他的父母，並且解釋他的母親並未參與學校活動的原因，親師會議或類似的活動。隨著James的釐清，他母親參與最明顯的就是她給他的支持與鼓勵。

可能因為他的堅持和自我動機，或者因為學校的服務不夠充足－James並沒有依賴學校任何一個人來幫助他計畫未來。他打算上好大學就讀，但是並不清楚可以從哪裡得到所需的資訊，讓他能做出關於上大學的適當決定。James最喜歡的老師是他的幾何數學老師，那個會用一點時間查看學生課堂上每件事的人。她也是援助之手社團（Helping Hand Club）在學校及鄰近中的社區服務團體中的一位諮詢人員。James對此團體有高度的參與，這個團體幫忙募集資金給需要的個人及慈善組織。他說：「我喜歡做那樣協助的事情。」

他也參與了其他的活動，而這些似乎給了他所需的精力與動機，讓他能趕上學校的功課。他踢足球、打籃球也參加游泳隊，然而自行車仍是他最熱衷的。這項活動在許多方面給予正向的影響，他去年發生了自行車意外，到現在仍然還沒將他嚴重受損的自行車修復。他正考慮從附近的自行車店老闆尋求財務上的援助組織一個腳踏車隊，

慮。自行車給了他許多機會學習許多方面的事情：練習如何達到完美，如何運用與發展領導能力，在挫折後仍然保持積極。如何運用嗜好來紓解壓力，如何磨練他的人際關係能力。騎自行車不只是一項身體的挑戰，也是一項重要的鼓舞。*James*的房間充滿了自行車雜誌，他最崇拜的人是*Greg Lemond*，在*James*被訪談的時候，他是唯一個曾經贏過環法自行車大賽與世界冠軍的美國選手。他說：「我真想像他一樣。」

就像其他父母一樣，*James*的父母親教*James*對生存和成功最重要的價值和行為。在一個家庭文化不同於主流價值的例子中，這樣的角色便顯得更重要。傳授他們的文化給孩子，在移民家庭中特別鮮明。這樣的家庭常常會對抗不平等，以保持他們母文化的活力。對於那些優勢文化的家庭，他們的傳承與耳濡目染常常是不被覺察的，因為他們的孩子每天都被優勢文化包圍並且隱藏其中。他們聽主流的語言、看主流的文化行為並且參與所有日常生活的活動。對於第三代或第四代移民家庭，或是對於其孩子的傳承傳統文化很明顯是更加困難的。他們在家中所說的語言無法獲得普遍的認同；他們的價值、傳統與節慶也常常是和主流文化格格不入，甚至他們所吃的食物，他們所聽的音樂，也可能無法在主流文化中看到。因為他們的文化在許多方面未被提及，這些家庭在文化的適應上也沒有同化，所以陷入了極度困境。

雖然未能完全從這樣角色本身所具有的困境中免疫，*James*的平衡行動卻一直很成功。他有強而完整的自我形象，不只是做一個學生，同時也包含做一個黎巴嫩人。他的家充滿了黎巴嫩的手工藝品，而*James*也驕傲地將他們展示出來。一面黎巴嫩的旗子在他的房間中非常顯眼，而在他自行車的安全帽上面也有一面黎巴嫩國旗。*James*從來沒有到過黎巴嫩，但是「當這個戰爭結束時」我一定要去。他也提到和家人談論黎巴嫩的情形。*James*喜歡黎巴嫩食物，他甚至學著去做。事實上，他唯一不喜歡的一件事，就是被他認為無聊的黎巴嫩音樂。

身為不同於主流文化家庭的一份子並不是沒有問題的，特別是對於一個青少年而言。對*James*來說，這意味著和他的朋友有不一樣的規

則（例如，定期上教堂的要求）。教堂提供了他和黎巴嫩文化間一個特別而強烈的連結，只要他記得，他幾乎每個星期天都會上教堂，他幾乎未曾缺席。

然而，他並不覺得這樣的做法會讓他特別不同於其他的年輕人；在大多數的情況下，他覺得他是生活在兩個世界。他的傳承大致上是一件成功的事，他對自己的文化感到光榮；他能講兩種語言；他不會對自己的不同感到難堪或羞恥。他認為他的家庭在某些方面是「一般的美國家庭」，而他會認為他自己是一個「完全美國化的小孩」，他喜歡去做他稱之為「一般青少年的事情」。

*James Karam*成功地融合其家庭、文化、語言、興趣、教堂、朋友和學校課業成為一個獨特的合成物，導致他具有堅強的自我形象以及面對困境或容忍多元社會不悅情況的一種方式。然而，這樣的成就並未使身為少數族群或的他帶來苦惱。*James*為了身為來自非主流文化所付出的代價，有時候令人心痛。例如，他已經學會當他的文化被鄙視時，要隱藏被傷害的感覺，並且將每件事情當成是開玩笑。他沉默地接受被忽略的感覺，而非冒險去造成更大的離異或被排擠，他也學到不要去要求他的文化被贊同。然而，家庭不妥協的力量，使他從課外活動中得到支持及信心，這些都幫助他處理介於從壓力中存活下來或是屈服的差異。

思考題

1.你知道什麼是隱性的少數族群嗎？你如何用這樣的方式將他們分類呢？就能見度來看，911事件之後你會如何分類阿拉伯裔美國人？
2.什麼原因使*James*不願去提出他在學校活動中被排拒的感覺呢？
3.你會如何定位自行車在*James*生命中所扮演的角色呢？老師和學校可以從中獲得什麼？
4.你認為*James*會對在希望成為成功教師的新進教師，提出什麼建議？為什麼？

5.如果你知道*James*在家中的傳承與運用文化情形，你會在你的教學中如何運用？

⬤ ⬤

個案研究

Hoang Vinh

「對越南人而言，[文化]，是很重要的……如果我們想要得到某些事物，我們必須得到它。越南文化像是那種……我們努力工作，然後我們就能得到我們想要的。」

當*Hoang Vinh*想要呈現他想說的事情時，他的手部姿勢變換很快，好像希望這些動作能替他說。*Vinh*很清楚他的英文不夠好，而無法清楚表達。他不斷表示對不起，「我的英文不好」。然而，對於一個剛到美國時間很短的人，他的英語能力是很不錯的。

*Vinh*十八歲。他出生於*Dong Nai*的*Xuan Loc*省，距離西貢(*Saigon*)約八十公里。在他接受訪談時，已經在美國住了三年。他和他叔叔、兩個姐妹和兩個兄弟住在一個中型的新英格蘭城鎮裡。他們一開始住在維吉尼亞（*Virginia*），一年半後搬到這兒來。他們住在一個住宅區中的普通房子，這是一個愉快且多數爲中產階級的大學城鎮。從起居室中的耶穌與聖母瑪莉亞雕像，可以知道這個家庭的天主教信仰很明顯。在這個家庭中的每一份子都必須擔任保持家中乾淨和煮飯的任務。除此之外，每一個家中的長輩有義務讓晚輩接觸越南語言和文化。在家中只准用越南語交談，並且烹煮越南食物，這些事甚至是家中最年輕的成員也得學習。他們每週會有一個寫信給父母的時間。當他們收到父母親的來信，他們會坐下來讀給大家分享。他們叔叔藉由講越南故事，提昇他們的母語程度。*Vinh*甚至在家中演奏他稱之爲「來自越南的音樂」給大家欣賞。

因爲*Vinh*的父親在1975年以前都在軍隊中，並且爲美國政府工

作。他被認為是美國的支持者，在戰後提供給他家庭的受教機會被限制。*Vinh*和他的兄弟姊妹被父母送到美國。他的父母親不能到美國，卻希望他的孩子有機會得到較佳的教育和可靠的前途。*Vinh*和他家人隨著被稱為所謂印度支那的「第二波移民」來到美國，也就是1975年後的移民潮中來到美國。雖然*Vinh*和他的家人直接從越南到美國，但是大多數第二波的移民是來自位於泰國、馬來西亞和其他地區的難民營。這個第二波被認為在社會階級與種族上具有很大的異質性，因其教育程度不高，不具行銷技能且較之前一波移民健康情況較差。在一九八零年代，當*Vinh*和他的家人抵達美國，學齡的亞裔和介於五至十九歲的太平洋島嶼人口成長到驚人的百分之九十。在1975到1990年間抵達的八十萬亞裔難民中，差不多有一半是不到十八歲。自從那時候起，亞裔人口成長的速度非常驚人。兩千年的人口統計中指出在美國有一千兩百二十萬亞裔和亞裔美國人，這其中越南裔佔一百一十萬。

　　*Vinh*的叔叔在鎮上工作並負起所有孩子的生計，他非常認真的扮演代理父親的角色，並且盡可能以任何他能做到的方式幫助孩子。他和他們討論許多事情；*Vinh*提到他對叔叔促膝長談的感謝。大致上他希望確認所有的孩子都能在教育中受益；他始終鼓勵他們能夠做得更好。

　　*Vinh*的哥哥在地下室中製造乾燥花，並且在鎮上銷售。夏天的時候，*Vinh*為了這兒和越南的家人而工作，但是在上學期間，他必須專心於功課，不得打工。(「我就是上學，然後放學後就是讀書」，他這樣解釋)他用暑假賺的錢來幫助家庭的生計，他說：「我們很窮。」他們很少去看電影，而且很少把錢花在自己身上。

　　*Vinh*將上高三，因為學校中參加的越語班級人數一直不多，*Vinh*一直不能上雙語課程。他在學校表現的確很好，他也希望有機會可以講母語，而且毫無疑問可以從雙語教育機會中獲益。他現在和少數其他越南學生，和其他第一語言非英語的學生在高中裡的*ESL*班。有一些老師鼓勵*Vinh*和其他同學在上*ESL*課時講越南語，以增進他們對課程內容的了解，但是其他老師則不然。*Vinh*的所有課程都是提供給

那些準備上大學的「主流課程方案」：物理、微積分、法文、音樂和法律。*Vinh*最喜歡的科目是歷史，因為他想要對這個國家有更多的了解，他也對心理學有興趣。

家庭作業和讀書佔去了*Vinh*許多時間，但「成為一個有教養的人」對他而言也是核心價值之一。他的父母和叔叔一直跟他強調教育的重要性，並且對於*Vinh*和他的兄弟姊妹有很高的要求。他也喜歡和他的朋友在運動館打排球和羽球，因為他喜歡學校，他不喜歡待在家中。他是個好學生而且一定想要上大學，但是儘管時間這麼緊迫了，他並沒有得到任何有關大學的協助或資訊，例如關於如何申請、如何得到助學貸款以及入學許可所需的條件。他說，他不想因為要獲取這些訊息而去困擾任何人。另外一個使他不願去尋求協助的原因是－經濟上的困難。他要先確定他的兄弟姊妹都得到很好的照顧、居住和飲食，所以他可能得在高中畢業後找個全職的工作。

*Vinh*非常希望成為一個好學生，他在這方面的解釋將在稍後做更進一步的探討。三個較明顯的原因是：對自己高標準的要求、想要了解其他的文化以及來自於家中文化的力量。

成為「有教養的人」

在越南，我們去上學是因為我們想要成為有教養的人。但是在美國，大多數的人認為：「我們去上學是因為我們想要有好的工作。」但是在我的觀念中，我不這樣認為。我想，如果我們上學，我們也想要有好的工作，但是我們想要成為一個好人。

[在越南]我們上學時必須記住每一個字；我們沒有書，所以老師把東西寫在黑板上。我們必須抄起來回家以後……所以他們說，"你必須記住所有的事情，像是那些字……"。但是在美國，他們不需記住那些所有的字。他們只需要你去了解……這是兩種不同的學校系統，他們有不同的東西。我認為越南學校是好的，但我也認為美國學校系統也是好的。他們雖然不一樣，但是各有優點。

當我去上學[在越南]有時候我不知道如何做，我會問老師。他會花所有的時間來幫助我了解任何我想要知道的事。所以他們非常棒……我

的老師，他非常棒。當我問她每件事情，他會告訴我，教我一些事。那就是我為什麼會記得……但是我的一些老師，他們總是處罰我。

[成績]對我而言是不重要的，重要的是教育……我不[是]非常關心[考試成績]。對我而言，上大學才是我需要的……有時候，我不會在意[成績]，我只知道我在考試中表現很好，但是我不需要知道我得到的是A或B，我不得不學習更多的東西。

有時候，我得到C，但是我學到很多。我學到很多而且覺得很傷心為什麼我只得到C。但有時候如果我得到B那就夠了，我不需要A。

有些人，他們得到好的教育。他們上學，讀研究所，讀博士班，他們為了讓自己受益去讀書。如果我可以受到好的教育，我找到好的工作，不會只是獨厚我自己，我喜歡幫助別人……我想要幫助那些窮苦的人，無家可歸的人……首要的事情就是錢。如果人們沒有錢，那就會一事無成。所以即便我想要幫助其他的人，我得先有個好工作。我有了錢，我就可以幫助他們。

有時候，在班上[學生]會講越語，因為我們不知道這個字英文如何說...我們的英語不好，這就是為什麼我們不得不說越語。

在學校如果我們要表現得愈來愈好，我們就得進行小組合作。就好像我們要討論某件事情，我們就得進行像是四個人的小組合作。而且我們也會像那樣討論某些計畫，而不同的人也不同的想法。在討論後，我們會找出最棒的主意，我喜歡進行小組合作。

有時候，英語老師不了解我們，因為我們有些事情做得不好他們還稱讚。像我的英文不好，他會說「哇，你的英文棒極了」，這就是美國的文化。但是我的文化就不會這樣子。如果我的英文不好，老師一定會說「你的英文不好，所以你回家後必須好好用功」。然後他會跟我說要讀什麼，要怎麼讀英文才會變好。但是有些美國人，你知道的，他們不了解我，所以他們只會說「哇，你表現得真好，你做得太棒了，每件事都那麼好。」老師都是這樣跟你講話，但是我的文化不同，他們說「你還要加油」……所以有時候我做得不好，而我的老師說「哇，你表現得真好」……我不喜歡這樣，我比較喜歡聽實話。

有一些老師他們不關心學生，所以他們只是做一些他們不得不做的事情。但他們不是真的想要做一些事來幫助別人幫助學生。有一些老師，他們就是進教室，然後寫黑板，他們不會在意，所以我不喜歡。

我有一個好老師，Brown小姐，她非常敏銳；她了解學生，她非常了解我。所以當我上她的課時，我們討論了許多關於美國的趣事。但是Mitchell小姐，她只知道教兒童，像是十歲以下的兒童，所以有些人不喜歡她，像我就不喜歡她。我喜歡討論事情，而不是只寫「A」，「你必

須寫像那樣」，所以我不喜歡那樣……他希望我寫得很完美。所以這不是一個好的方式，因為我們在學另一種語言，因為當我們在學另一種語言，我們學著去討論，學著去了解字的意義而不是如何寫那個字。

我當然想要去上學。現在我不知道將來會發生什麼事……如果我想到我的未來，我必須多學心理學。如果我有一個家庭，我想要一個完美的家庭，不是真正的完美，而是一個很好的家庭，這就是我為什麼要讀心理學。當我長大，我結婚然後有小孩，我也要讓他們上學，我有好的教育方法來教他們。對越南人而言，會希望他們的孩子長大後有禮貌，並且接受教育，就像我現在一樣……我只是想要他們成為一個好人。

我不會很在乎錢，所以我只想要一個普通的工作，我可以照顧自己和家人，這樣就夠了，我不會想要爬很高來和別人比較，因為你知道的，不同的人對於他們的生活有不同的看法。所以我不認為錢對我是重要的，我只要在生活上夠用就好。

嚴格的標準

我不是真的很棒，但是我正在努力。

在越南我是個好學生，但是在美國有時候我的英語不夠好。對於一些美國人我無法說出漂亮的話，因為我的英語不夠完美。

人們有時候會認為我不夠有禮，只是因為他們不能正確了解我說的英語……我老是說我的英語不夠好，因為所有的人的英語都講得比我好。所以我會說「為什麼他們和我同一年到美國，但是他們可以學得比較好」，所以我必須努力。

當我在越南時，我會去上學，而且我的成績很好。但是，現在因為我的英語不夠好，有時候會感到自形慚穢。

[我的叔叔]從來不會對我說，「喔！你做得好」或是「喔！你做得不好」。因為每次回到家，我把成績單給他看，即使從C到A，他也從來不會說什麼。他會說「下次要再進步」。如果我得到A，對，他會說「下次要比A更進步」。他不會想要聽我說什麼，但是他會想要我當個好學生，並且有所幫助……所以他會想要我去上學，然後將來有一天能夠找到好工作，然後我就不需要他的幫忙了。

他會鼓勵我，他談到為什麼你必須學習，以及你將來會去做的重要事情，如果你學習……我會想要他參與學校……我喜歡他關心我的成績。

有一些人需要幫助，有一些人則不然。像我，有時候我需要幫助。

我想要知道如何去……申請大學，以及我要如何做才能進大學，因此這就是我的問題。

我有一個輔導老師，但是我從來不曾和他談話。因為我不喜歡他們關心我，因為他們也要和許多人談。所以，有時候我就回家和兄弟及叔叔討論。

如果每一次遇到問題時，我就需要輔導老師，我將無法解決問題……所以我想靠我自己。我必須坐下來想一想，「這個問題怎麼開始的？而我們如何解決這個問題」……，「我覺得有時候我不喜歡他們關心我的問題」。

大多數的美國人都喜歡助人，但是因為我不喜歡他們花太多時間在我身上來幫助我，所以這就是我為什麼不會去找他們。在其他時候，我會和我的叔叔討論，他會告訴我那些我想要知道的事。但是因為我的英語不好，所以這就是我為什麼不會去找美國人談。

準備上大學時，我可能需要我的輔導老師幫助，我必須去了解大學的系統，以及如何才能進大學……我必須知道的第一件事情就是大學的系統，以及這個學校和那個學校之間的差異，以及如何做比較……我已經知道如何去申請，以及如去找輔導老師和如何參加考試。

有時後我做得比別人好，但是還是覺得不夠。因為如果你學習，你會做得比現在好，所以這就是我為什麼一直學習。我認為，你如果學習的話，你就可以做任何一件事。如果你不學習，你就會一事無成。

現在我不能說任何關於我自己的好事情，因為談到我自己是不對的。另外一個和我一起住的人，像是我的兄弟，他就可以談一些比我來說我自己還要更好的事情……沒有人比其他人還更了解他們自己。

我不知道[如果我成功]因為那是屬於未來……我是指對我自己而言的成功[意味著]我有一個好的家庭；我有一個好的工作；我對別人尊敬。

試著去了解其他的文化

一些[黑人]很棒……大部分的黑人[在這個鎮上]，他們的談吐很棒……就像在我的國家，有些人很好，有些人就很差。

我和那些同年紀的人很不一樣。有一些和我同年紀的人他們喜歡去跳舞，他們喜歡抽煙，他們想要有更多的玩樂。我不是這樣……因為現在，所有的女孩都希望有更多有趣的[事情]，而不是只是坐在那裡想心理學，想他們的家庭……我發現現在很難去找到[一個女朋友]……如果

我交了一個想法和我相左的女朋友，就不會是一個好的女朋友……我不想要[她變成]和我非常一樣，但是一些……我們應該要有一些相同的地方……這並不是指膚色或語言，而是他們的特質，我比較喜歡他們的特質。

我認為這點是很重要的，因為如果你了解另一種語言或文化，對你而言是很棒的。所以我不斷學習，其他語言、其他文化和其他事物。

我有中國、日本、美國、和柬埔寨的[朋友]，每一種朋友，因為我在意特質，而不是膚色。

來自文化和家庭的力量

有時候，我考慮和一個越南女孩[結婚]，因為未來我的兒子女兒應該說越語。所以，如果我有一個美國女友，我的孩子將不會說越語。因為我看到有美國太太或美國丈夫的家庭，他們的孩子都不會說越語。任何語言都很難學習的……在美國他們有電視、收音機、每一種事物，我們需要和英語有關係。所以這就是為什麼我不認為我的孩子會學越語。

當我在睡覺時，我喜歡想一點和我的國家有關的事情，而且我覺得很棒。我總是會想到……我的家人……他們之前送過我什麼禮物。當我還小的時候，他們和我如何相處……記得這些事很棒，而且值得再三回憶。

我到這兒已經三年了，但是頭兩年我並沒有學習任何事，因為我生病了，是心理上的。我得到了心理的疾患；因為我剛到美國時，我想念我的爸爸、我的家人、我的朋友、我的越南。

我睡不著，我吃不下，所以我就生病了。

我是是較憂鬱的人，我只想要一個人想想我自己。我覺得慚愧因為我對某些人做錯了事。對於過去我做錯的事，我深感自責。

我未曾有過美好的時光，我去購物商場，但我還是覺得不舒服……我就是坐在那哩，我不知道要做什麼。

在我得到了心理疾患前，我對自己充滿信心，例如我很聰敏，我學了多事情……但是之後，我得不到任何樂趣……我不再聰明了。

在我得到了心理疾患後，我對任何事沒興趣。在那之前，我對許多事感到興趣。像是我喜歡聽音樂，我到學校和同學聊天……但是現在我對任何事都提不起興趣，只是和朋友聊天，那就夠了，那是我的享受。

我的文化是我的國家，我愛我的文化，我愛我的同胞，我愛越南的生活方式，喜歡他們在講話時非常溫柔有禮的對所有的人。

對越南人而言，［文化］是重要的……我認為我的國家是偉大的國家；人們勇往直前，從不會害怕做任何事……如果我們想要獲得什麼，我們就會去做。越南文化就像那樣……我們認真工作，然後我們會得到我們想要的。

如果我有孩子，我會教他們直到他們變老時。所以，當他們變老時，我不必去教他們，但是他們會聽我的話。因為那是教育，不只是我自己，而是所有的越南人，從很久以前到現在。那是一種習俗，而那就是我為什麼喜歡我的習俗和文化。

每一種文化……都有他們各自的優缺點，而我的文化也一樣，但有時候他們不同，因為他們來自不同的國家……美國就是這麼不一樣。

［我的老師］了解一些事情，但不是所有的越南文化。例如他們只了解一些表面的事情……但是他們卻無法了解我們的內心。

［老師應該］了解學生；就像Mitchell老師，他會說，「你要這樣子做這件事」、「你必須那樣做」。但是有些人他們來自不同的國家，他們有不同的觀念，所以他們對於學校也會有不一樣的看法。所以，他可能得知道他為什麼這樣想……因為不同的文化，使他們對於教育會有不同的意義，所以她必須學習那個文化。

我想他們就是認為他們了解我們的文化……但那很難去形容，因為那是我們的感覺。

當我到美國，我聽到英文，所以我說，「喔，非常有趣的聲調」對我而言非常奇怪。但是我想當他們聽我說越南話時，他們也會有相同的感覺。所以，他們聽到了，然後他們說，「好奇怪的語言」。有些人喜歡聽，但有些人不喜歡聽。所以如果我和美國人講話，我不會講越語。

一些老師不了解這個語言，所以，有時候說我的語言聽起來很好笑。而且有時候，所有的語言聽起來都很好笑。有時候，［老師］不讓我們講越南語，或是讓有些人講柬埔寨語。有時候，她已經懂得西班牙語，所以讓他們講。但是因為她不懂越南語，所以不讓他們講。

［老師］必須知道我們的文化，而她必須幫助人們學習他們想學的。從第二外語，這對我和其他的人是很難的。

我想要從我的文化中學習一些好事情，也想從美國文化中學習一些好事情。我想要選擇兩種文化，並從中學習一些好事情。如果我們住在美國，我們必須學習關於這些新同胞的事情。

［繼續保持閱讀與書寫越語］是很重要的……所以我喜歡學習英語，但是我也喜歡學習我的語言。因為不同的語言有不同的特點。［我的妹妹們］很棒，他們不需要任何幫助，他們已經學會了。他們寫信給我的父母，並且持續閱讀越南書籍……有時候他們會忘記某個字的發音，但我

會幫助他們。

在家中我們吃閩南食物……最重要的就是米。每一個人吃米、蔬菜、肉。他們做不同種類的食物，我就是這樣長大的。我必須學習，我必須知道。藉由觀察其他人-當我的母親在煮飯時，我就會在旁邊看，然後學起來。

現在，我喜歡聽我的音樂，喜歡聽美國的音樂……而且喜歡聽不同國家的音樂。

我告訴[我們的父母]我們在學校做的事，以及我們身邊的人有多棒，以及將來我們會表現得更好好讓他們快樂。有時候不好的事情，我們就不寫。

他們想念我們，要我們住在一起……他們教我們在沒有他們的情況下怎樣過得很好。

評論

*Hoang Vinh*在美國的遭遇和其他亞洲難民在某些方面極為類似，但是在某些方面卻又極為不同。他的個案研究關於教師期望方面、對亞裔學生的要求、文化衝擊與語言喪失的苦悶等，給了我們的許多啟示。他非常想要成為「有教養的人」，他對此的解釋為想要認識別人與他人和平共處並能扶持他人。成績對*Vinh*而言並沒有像「盡力而為」來得重要，關於成為「有教養的人」在越南及在美國，他相信存有很大的差異，不僅是語意上的，而且也是文化上的。他的解釋是一個很好的例子，因為許多亞洲人認為這是美國與亞洲文化最主要的差異之一。儘管美國文化較具物質性，但缺乏在多數亞洲文化中精神的重要性。

這樣的態度在*Vinh*年幼時即已培養，他在一個嚴謹的家庭中長大，並且在家庭中學到責任與努力工作的意義。他已經完成所有的雜務，還要等到房間清理乾淨以後才可以和朋友玩足球。在學校中，他記得他的老師「要求甚高」，他說他們期望他要行為得當且有禮貌，到學校手要保持清潔，然後去讀書。

一般而言，越南和其他東南亞移民較其他族群，甚至是那些已經

來美國很久的族群，在教育程度上都比較高。其較高的識字率也對這個國家的教育產生衝擊。較之其他團體，在美國的亞裔學生會花較多的時間於課業上，而基本的讀寫算和教育活動是家庭以及學校的一部分。在面對學校和在他的讀書習慣中，*Vinh*的家庭背景和早期學校經驗的影響很明顯。

雖然*Vinh*在回憶他的越南教師時，會因為其嚴格與要求而有些害怕，但是卻還是以懷舊的心情來回憶他的老師。他似乎很期待他們所給予的額外注意與幫助，他特別記得老師對每一個學生都花了很多時間教導，一直到他們都會了為止。*Vinh*注意到了在美國教育系統的許多差異，有些是正面的，有些是負面的。例如，他就欣賞允許學生在課堂中講自己的母語以及來自教師的個別幫助。但是，他也認為老師要試著去解釋為什麼他教的主題是重要的。他大部分所談到的都是他喜歡小組合作。他特別提到他的*ESL*老師，也是他最喜歡的老師。他常常讓他的學生小組合作，透過彼此討論找出自己的解決方法和答案。大部分他們討論的主題都和他們在這邊的生活，他們的文化和他們的適應有關。

許多關於傳統越南學生學習類型的文獻都強調他們的被動，以及對機械記憶的依賴。但是，*Vinh*的例子卻極具戲劇性的顯現謹慎地詮釋這樣的文獻是如何重要。首先，在所有的亞裔團體間甚至是同一個團體內的差異性很大。例如*Vinh*對小組合作的偏好，就顯示了教育的形式並不像內容一樣重要，也就是說在這個例子中的小組合作是被用來當成促進對話的手段，是學習第二語言及一般性學習一個很重要的手段。然而，內容在此可能是關鍵性的因素，因為這是基於學生自己的經驗並使他們參與自己有意義的教育。*Vinh*也談到了一些對沒有幫助的事情。他不喜歡被當成一個兒童來看待，然後用一種無聊和重複地在座位上的工作，或是那些抄襲黑板卻沒有後續活動的作業。他也認為教師對他或其他學生虛假的稱讚，本意是為了鼓舞學生，但卻具有反效果。

為了避免讓我們以為所有的越南學生都像*Vinh*那樣關心學業和教養，他很快地指出他最要好的朋友之一，*Duy*，就是一個很懶惰的學

生。他只有在學校的時候才會做家庭作業,而且是用一種很隨性的方式。雖然*Duy*很聰敏而且具有一個「很好的特質」,但是他不像*Vinh*一樣的在意他的課業。他留了一頭長髮,並且花許多時間去聽音樂和想女生。*Duy*喜歡耍「酷」,而且喜歡用*Vinh*稱之為「一種美式」的思考。他放學後會去打工,並且把錢花在逛街購物上。

包括*Vinh*和*Duy*兩人用不同的方式打破了模範少數族群(model minority)的刻板印象。依照這樣的形象顯示,所有的亞洲學生都在學校表現優異,很少有適應的問題,不太需要幫助。這樣的刻板印象造成許多亞裔或亞裔美國人的普遍不滿。這不僅不正確,而且導致老師們相信所有的亞裔美國學生都是一樣的。然而,在美國的亞裔美國人社區卻有非常大的異質性。所謂的模範少數族群的迷思常被其他團體當成是標準的對抗;這就是*Schaefer*稱之為「稱讚受害者(praising the victim)」,可能會導致種族間的敵意。這在學校經常可見,而在社區中同樣的事發生得更頻繁。這樣的迷思也導致大眾不願支持由其他激進團體所提出的社會正義的合理要求。而模範少數族群的迷思也忽視了亞裔美國人間的巨大差異;而此一差異在種族、階級和語言,以及在美國的原因都是明顯的。那會經由對學生的學業能力不合理期望的教師,而可能對學生提出嚴格的要求。再者,對一些無法對亞裔或太平洋島嶼後裔美國人在社會適應問題提出幫助的城市或城鎮,此一迷思則也被用來做為安撫,而使得這些社區強調「會自我照顧」,而不需要他人或其他族群幫助的想法持續存在。

*Vinh*也具有相當的獨立性,他很少向家人以外的人求助。例如,他很確定自己想上大學,但是在做此一讓自己進入大學的重要決定,卻沒有得到或尋求幫助。他說,他得到的幫助是來自教師的建議要認真讀書與當個好學生,是一個增強其家人所提的建議。他讀的學校被認為是一所優秀的公立學校,學校中有充足的輔導老師,很好的學生服務,但是他卻未加以利用。因為他不想打擾其他人,或讓他們為自己擔心。

但是過於嚴苛的自我依賴也導致了孤立,而且勢必將造成某項計畫未能成功時而苛責自己。*Vinh*也對自己非常嚴格,而這樣的自我要

求很多都和他的英文有關。運用英語做為一項檢驗自己聰明的標準，在移民學生中是很少見的，因為移民學生常常對於學習語言所需的時間感到挫折與憤怒。*Vinh*不會認為自己是個成功的學生，而他也常常將他在越南的學業成就和現在辛苦地當個學生做為對照。

難民顛沛流離遠走他國和面臨新的社會時所承受的嚴重創傷是眾所皆知，其心理上問題一直是有很高的頻率。再者，沒有受到陪伴的少數，如同*Vinh*，會一直是處在特別的危險中。他們會經驗到更多的沮喪和其他像是退縮或過度活躍的問題。這些問題可能是罪惡感、思鄉病、離異和寂寞感所造成，而這些問題有時會被移民面對的敵意和歧視所誇大。在這個不確定的十五歲年齡，他就有令人敬佩的責任去重新安置他的家人，並且扮演長者之一的角色來處理面臨一個新社會。其結果是完全無法避免的，他生病了，他談到這段期間他帶著極度的憂鬱懷念他的家人和「我的越南」。

*Vinh*和他叔叔的關係在他對學校和教育的努力有正向的影響。在他的例子中，文化和教育是必然糾結在一起的。雖然他的叔叔很少到學校，*Vinh*認為他非常適合參與學校活動。他檢查*Vinh*成績的報告卡，鼓勵他能表現得更好，確認他的朋友是良好且「有禮貌的」，並且對*Vinh*的生活做一般性的了解，以確保他不會誤入歧途。「因為他愛我們，所以才會參與我們的學習」。*Vinh*說，雖然他很快的補充，他的叔叔很少參加學校的會議或為了其他的目的到學校。他的叔叔是「非常聰敏」，但是卻因為英語不好，以及不熟悉不夠人性化的官僚體系而感到害羞。傳統上對教師的尊敬以及學校中結構性的障礙，都使得學生的監護人不想參加學校的會議或其他事務。*Vinh*的叔叔和其他亞裔的父母非常相似，他們對孩子的教育關心表現在家中而非學校。

雖然*Vinh*的文化和家庭已經提供了許多精神上的支持給他，學校他們卻不常提出。*Vinh*感謝他的學校和老師，但是他覺得老師應了解他的文化，並能敏察一個年長學生在第二語言學習的困難。適應新國家對*Vinh*構成了許多挑戰：學習新的語言和書寫系統、熟悉新的和非常不同的文化並且不能跟父母生活在一起。在這樣的例子中，即使是

明顯的調適也可能是虛假的。例如，一個有關柬埔寨難民兒童的研究發現；隨著他們在行為上愈來愈像美國的兒童，但是情緒調適卻變得更差。除此之外，覺得自己和其他兒童不一樣的感覺，隨著在這個國家的時間而增加。正如同我們所看到的，青少年問題被移民和少數民族的情況而被誇大。較之其他年輕人，像Vinh這樣的年輕人有著雙重甚至三重的負擔；繼續去依賴自己的文化，是Vinh設法在這樣困難的適應中，存活下去的方式之一。

新移民也必須學習生活在一個完全多元化的國家，有時候卻很不幸都能如此。關於其他主流文化之外的，可能是混亂而不確定的。移民會很快的挑選出社會中重視和不重視文化的訊息。他們對於種族優勢或劣勢的預設觀念也可能涉入這樣的動態中。欠缺對其他文化的覺知和知識，以及他們在美國的經驗都可能使情況更糟。因為沒有經過學校適當課程或其他方法的引導，新學生被迫靠他自己詮釋其他人的行為。再者，移民通常是種族主義看法和其他學生暴力的目標。

所有的這些因素都有助解釋，移民帶來的態度如何在充斥的種族主義下滋長而在社區和學校中顯現出來。Vinh也沒有例外，他的經驗和非裔美籍兒童是一樣的例子。他說明當他剛住在維吉尼亞時，在許多場合中他都被嚇到與被被搶。做為一個新到美國的移民者，他對這樣的行為感到困惑與挫折，並且對這些事情為什麼發生有自己的解釋。儘管有這些負面的經驗，他還是與那個學校中的一些學生成為朋友（「他們有些人很酷而且對人很好」）。

Vinh觀察到他第一個學校中及現在所住多數為中產階級的黑人學生之不同。他說，前者是「非常髒，抽很多煙，演奏音樂非常大聲」。當被問到他為什麼這樣想，他思考了一下說：「我認為那視文化而定……我不是很了解黑人的文化。」他接著說，「不是所有的黑人都是[髒又吵]……每一個團體都有優缺點。」，這是一個常常被拿來調和粗造刻板印象的陳腔濫調。Vinh正設法解決那樣的問題，並努力嘗試去接受所有的人，因為他們的特質，而不是他們的膚色也不是他們所講的語言。

學校被期望去負起幫忙這些面對困難議題兒童的主要責任，但事

實卻不然。因為美國人口的持續改變以及新移民的大量湧入，在不同移民團體間與美國本土出生學生間的競爭與消長關係，將可能較過去更為明顯。種族間的敵意，需要透過課程的改變和學校政策與措施來改善。像是*Vinh*這樣的學生明顯地需要這樣的領導，來幫助他們產生對新生活的意義。

　*Hoang Vinh*很顯然是走在一條又長又困難的適應道路上，這不只是在文化及語言上，也可能是精神健康上。他的許多問題都是基於他做為一個移民所需承受的痛楚。不管他的學校是否能幫助他解決這些問題，這些對他的未來一定會造成衝擊。

思考題

1. *Vinh*對於「有教養的人」的定義是否和你的不一樣？如果是這樣的話，差別是什麼？
2. *Vinh*討厭得到一些老師虛假的稱讚。然而，一些學生似乎較其他人需要更多的稱讚，這樣的情況對於在文化多樣性的學校教學的意涵為何？
3. 當*Vinh*說：「我不是真的很棒，但是我正在努力。」這句話是什麼意思呢？
4. *Vinh*在獲得教師或輔導老師的幫助時有一些麻煩，像他這樣的學生，學校要如何應變處理呢？
5. 在讀完*Vinh*的個案研究後，對於關於傳統的模範少數認群（*model minority*），你有什麼看法？
6. 鑒於*Vinh*的種族間經驗和他已經對其他文化發展的覺知，學校如何較有效幫助來自不同種族和人種團體，對彼此有更多的了解呢？
7. 因為*Vinh*的學校未曾有過較多人數的越南學生，所以他都不能參加雙語課程。你認為這是優點還是缺點？為什麼？

個案研究

Rebecca Florentia

「我們所有能做的就是希望教育老師，因為有中學的孩子因為它在走廊被處罰，你知道嗎？」

十七歲的*Rebecca Florentia*是一個高三的學生，有著一頭很短的綠髮。她穿了耳洞，並且戴著光彩奪目的耳環。有時候，他也會穿著一件上面寫著「我不是女同性戀者（*dyke*），但是我的女友是……。」*Rebecca*在五個月前在她的高中「出櫃」，承認是女同性戀中的男性角色。她說那並不是在大眾面前公開宣布，相反地，她出櫃是當她和她的女朋友開始一起外出時。「我只是走向某人，然後說，這是我現在的女朋友」這就是我如何出櫃的。我的出櫃並不是說：「嘿！我是女同性戀。」我的出櫃只是像這樣說：「這是我的女朋友。」所以你要了解，對於生活中其他的事情，*Rebecca*就是像這樣這麼直接。

做為和一位離婚母親住在一起的兩個孩子（他的姐姐是大學二年級學生）之一，*Rebecca*感謝她母親的開放心胸，讓自由選定身份認同、成績、上大學與否及一般生活。「只要你高興，那就去做」，她說這是她母親常常給她的忠告。

從小就住在麻州的小城市*West Bluridge*，該城以其對於性取向（*sexuality*）的開放態度而聞名。*Rebecca*從沒有想過搬家的事。她說她覺得這裡很安全，特別是身為女同性戀者。當他們沿這條街散步時，她可以和她的女朋友牽手，而且沒有人會去注意。她也曾經加入彩虹青年（*Rainbow Youth*）大約八個月。依照*Rebecca*的說法，彩虹青年是一個*LGBT*聚在一起聊天和交往的地方，一個和她「第二種家人般朋友」住在一起的地方。

*Rebecca*說，在她的高中，她也覺得很安全，她認為學校具有「大部份接受」的特徵。這學校是一所大型的高中，大約有一千個學生，主要是白人和中產階級，有少數的非裔美國人，以及差不多百分之十

的拉丁裔。依照 *Rebecca* 的說法，大部份的學生都會繼續讀大學。

　　Rebecca 和兩個學校的老師特別親切，他們一直是同性戀聯盟（*GSA*）的重要盟友。這個團體已經四歲多了，是全州二百個之一而已，這是州長允許令而組成的團體。這個由州長所通過的法令乃是針對1989年有關聯邦女同性戀、男同性戀、變性（*transgender*）、雙性戀和未決定性別認同年輕人（*questioning youth*）的自殺率報告而設。州長允可令於1993年發布。

　　在此方面的觀念首先出現在教育部，這份報告提出了許多建議以確保學校是安全的與歡迎男女同性戀青年。四項建議被州教育單位採用：

　　1. 鼓勵學校發展保護男、女同性戀學生免於攻擊、暴力歧視的政策。
　　2. 鼓勵學校提供學校教職員關於暴力與自殺防止的訓練。
　　3. 鼓勵學校提供以學校為本位的支持團體給男、女同性戀和異性戀學生。
　　4. 鼓勵學校提供以學校為本位的諮商給男女同性戀學生的家人。

　　在麻州如果學生想要發動同性戀聯盟，他們不會因為其基於某種特殊的性取向而被歧視；而且學校必須對所有屬於同性戀聯盟組織和募款的要求有所反應，正如同學校對其他課外活動俱樂部的回應一樣。由於這些建議，許多高中已經獲得給學生和教職員訓練與支持。而他們也開始在全州的高中製造一種積極差異的氛圍。*GSA* 在 *Rebecca* 的學校是非常活躍的，提供給在高中男、女同性戀學生一個照護的環境。很不幸地，活潑外向的麻州州長 *Jane Swift* 在2002年刪除了此一方案的資助，她說是因為嚴重的預算限制和惡化的經濟。

　　因為這樣的氛圍，*Rebecca* 的訪談透露安全考量成為主題之一。同時，她很明顯地在保護自我，而她所渴望的安全有時卻難以抓住。其他出現的主題是 *Rebecca* 教育別人的責任感，她的毅力和個人動機，以及她的被忽視義裔美國人的身份。

混雜的：「因為是 West Blueridge 故可接受」

我不會想要到其他的地方，我在這裡覺得安全，我在這裡覺得特別安全。我對West Blueridge感到很驕傲，所以這是我的社區。這是我覺得最安全的地方，也是我愛的原因。我不敢搬到別的地方，我喜歡這裡。當我到別的地方，不管我到哪裡，我也不會感到安全。即使是路末端的城鎮，要在街上牽我女朋友的手我都要再三考慮，你知道嗎？但是，當我在West Blueridge做這件事，就沒有問題。我們做這件事情，我的意思是，誰會想要留一個使我們覺得安全的地方？那裡沒有恐懼。

我認為那僅僅是因為這裡是West Blueridge，我在這裡較之在其他學校的人受到更好的待遇。我會這樣說是意有所指，你知道的。有人會被殺[在其他地方]，輕蔑地說「滾到別的地方去。」而人們會再三地注視著我們，並給我們奇怪的臉色。

我參加了學校的同異性戀聯盟（Gay-straight Alliance, GSA），而那是一個理由，你知道嗎？學校有的同性戀聯盟，在一般的情況下，差不多有六個每週五會到的人。那是我們聚會的時間，但是差不多有六、七個是他們有空時就會來的人。就我們所知，並沒有來來去去的人。我認為有兩個男生，而其餘的是女生。我們的同性戀聯盟已經邀請人來演講。因為我們的GSA顧問是一個行政人員，所以我們有一些特權。我們正在邀請人進來，討論整個學校。這是一項可選擇的事情，我們不能使它成為義務。如果有任何人來，我們就會有一個發言人。我們正在準備舉辦一整週關於同性戀的權力和覺醒的活動「覺醒週」。那將會安排在校園內，聘請來自各種不同團體的人發表演講。我們會製作胸章之類的東西，我們做「同性戀的101項好處」之類的東西。我們的活動將不會類似一個健康的班級。我們正在做積極正向的觀點，我們不要說「這些人都會嗑藥」、「這些人是AIDS」，那是一種好像全部都是好的事情。我們只是在使它變成一段快樂的時光……我不認為[任何父母會反對]。我認為在West Blueridge，如果你不贊成這樣的生活方式，你就要保持沉默，因為你將會冒犯一大票人。

我們去拜訪並懇求老師在他們的門上貼上「安全區域（safe zone）」的貼紙。多數老師真的就貼在門上。有幾個老師不是很熱心，但每個人都的態度就是「這就是West Blueridge」，沒有人會批評你。

會在班上說「假定我正在說異性戀」的老師，是全校唯一會這樣做的老師。在上課的第一天，一個老師這樣說，讓我覺得較有安全感，沒有任何人可以講髒話，也沒有任何人被允許用像是同性戀這樣的字眼去

侮辱別人。我在高中的過程中只有兩個老師曾經說過類似的話,而兩次老師說這樣的話都是今年。

有一位樂團的指導老師說,「你們在這個空間,所有應該做的事就是快樂,我把每件事都留在外面,這是一個安全的地方,讓我們感到快樂,讓我們演奏音樂」。另一位會為「異性戀發聲」,但是他不是意指每一個人都是異性戀者(straight)。

[當我們出櫃]我不認為我們會有不好的回應,我的朋友們感到敬畏。我甚至沒有損失任何一個朋友。你知道嗎?所以那是很酷的。

[在高中]氣氛就像是……如果你逐漸喜歡其他的每一個人,你會很好。但是如果你完全反對別人的樣子或行動,你的置物櫃可能會被用力推或是什麼的,或是會被要求閉嘴。但是當我沿著走廊走,是沒有問題的。有一些你認識的人,你要快點走過去。我不喜歡稱他們為黨派;但是有一些人,會聚集在走廊的角落。但是誰不會呢?我也會這樣做。

我們的學校West Blueridge和其他的學校不同,會接受所有不一樣的人。這就是我為什麼會喜歡這學校,大多數的老師都很棒,學校很開放。

[學生]從來不會穢言相向。[他們不會說「那很噁心」或任何類似的話]儘管他們沒有這樣講,你卻可以感覺到他們這樣想;你就是可以感覺到。但我們覺得還好,這樣的事情大概兩週會發生一次。那不是什麼大問題,而我們不會因為其他人的意見而改變。

我不喜歡穿[這樣的襯衫]。[我不是女同性戀者(dyke),但是我的女友是]我參加樂團,每一個在那裡的人都認識我和我的女朋友,因為我們都在樂團裡。我老是穿著那件運動衫,他們都對此感到很酷。即使不認同,也不會說什麼。在走廊上我不會穿這件[運動衫]。如果我走在走廊上,遇到一些穿著奇怪衣服和戴帽子的人,我想我不會這樣做。當我一個人在學校時,我不會穿這件運動衫。

我不覺得百分之百安全,但是我會覺得較其他人更安全。所以我感激我所擁有的,而且我會採取預防措施,因為那只有我。

你聽到[討厭的女人(faggot)]和其他類似的話,但你卻無可奈何。有些人這樣說:「我大概每個禮拜會聽到一次,我不知道老師是否聽到。」有些女生說:「喔,討厭的女人,在我的班上。」但是我不知道他是否聽到……我想如果你必須在班上保持沉默而不去說那樣的事情,我認為會有一點幫助。但是當你走到走廊,氣氛就完全不一樣。人們的行為基本上是和在班上完全相反的,他們這樣做是因為自然的本能。你知道嗎?他們就是一直說那樣的話,讓我非常生氣。我的意思是,你也無可奈何。我不認為他們能做出什麼事情來,你無法阻止小朋友去做他

們想做的事情。如果我是在走廊，而其他的孩子也是在走廊，而且老師也不在那裡，如果他（或）她想的話他會打你。

我認為那已經是我們所能做的全部了，而我不認為這對某些人會有幫助。如果你有這樣的想法，只有他們真的想要改變時，他們才會改變想法。

[對於學校內的一個新女同性戀學生，你會給她什麼建議]「加入GSA」這些是我的朋友。他們人很好，你知道嗎？你一定會接受你的朋友，他們永遠不會拒絕任何人，這是我之所以這麼愛他們。（暫停）我不知道，就是不可以去散播，你知道嗎？我認為我和我的女朋友的行為和其他異性戀人一樣。但是我們不會在大庭廣眾之下擁吻，因為我們覺得那是私人的事情，即使我們想要這樣做我們也覺得不好，因為許多人會因為我們這樣做而提出批評。我只想說：「做一個你想做的人，如果他們不喜歡，那是他們的問題。」但是多數的人不會介意。

教育其他人

[我想讓老師知道LGBT學生]就和其他人一樣。我的意思是，每個人都認為他是一個不一樣或不正常的人，但是那就是你的性傾向。「我是個女同性戀者」這就好像那是我，而這是我的性傾向。那就是我會變成的樣子，我的意思是，我將會穿一件襯衫之類的。我對自己感到驕傲，但我不是，你知道的。我認為這就是人們如何去定義你，而我不喜歡那樣。

想要從學生處學習的人就是老師，而不只是學生向他們學習，那會造就一個更棒的老師。我會開除嘲弄學生的老師，因為我有權力拒絕那樣做的老師。讓學生有耐心的最佳方法就是老師也要有耐心。而[暫停]我現在有這麼棒的老師，我不認為有什麼不好[去談論他們]。

我和我的女朋友出現在一篇關於男同性戀和女同性戀的報紙上，「那是一篇很棒的文章」，而我的歷史老師就是一個要去滑雪的傢伙，那種所謂的男子漢。我會注意你在做什麼，不管你是什麼，他們就像「我在報紙上看到你」。他們不是那種「現在要考試了」只會給你打成績的老師，他們真正關心你。這是一種很棒的感覺，因為我知道他不會歧視我，而是接受我並認為我是個好人，能擁有這些真令人難以置信。

在心理學老師的班級……我是第三個[女同性戀學生]，我們讓他開了眼界，感到驚訝，之前他對這方面是無知的，現在他覺得是不可思議。

我們的GSA現在至少是朝向喚醒週前進，而且是更加活動主義形式的東西，而不是只是坐在那兒玩樂。我們不會去玩紙牌之類的東西。我們要以一種無憂無慮的態度，認真去做事情。

我不是在[宣傳我的性傾向]；我不是－我是在說裡有個快樂的孩子，我很好，管他的。這就像是說，「這應該是正常的。」為什麼不讓他正常呢？

我所能做的就是希望去教育老師；因為在中學有學生因為那樣在走廊被毆打，你知道嗎？我認為在高中的學生較能接受女同性戀，在國中像我這樣的人會比在高中還糟糕，較年輕的學生總是較情緒化。

高中的健康教育課對於同性戀的教學是採取比較負面的觀點。課程提到「這些是女同性戀者，而我們應該接受他們」，或是類似的事情。而不是「這些就是關於同性戀的偉大事情」，而是像「這些是所有發生的事情，以及人們對他們的看法」。而我不會認為那會被接受，那就像「有一些同性戀的人」，這就是所有的課程。

所以我想要給人們更好的教育，需要有更健康的老師把關於同性、變性任何事情放到更好的課程中，你知道嗎？因為課程採取消極而非積極的方法。

心理學的書意指肥胖的人不正常，我們的老師確實會對那加以評論並認為是可怕的。但我們沒有足夠的錢買新書，所以我們得不到新書。書上做了很多不合理的評語。在心理學的書中有兩件事和同性戀有關，其一是我們不知道那是否為一個選項，而我不知道其他的選項是什麼，你知道「有這樣的人」而這就是心理學所說的。

心理學課時，我表示是一個女同性戀，我們可以把這個部分當成一個教育議題來討論。因為如果他們能了解─在那之前，他們雖然認識我，但不是我的朋友；現在他們已經了解我了。我把這件事跟他們講，他們怎能判斷我呢？當老師說，「你的小朋友」，有一些同學轉頭過來，然後做了一個表情[低聲]說」他為什麼不直接了當說女同性戀呢？」我以前從未遇過這樣的事情，但我認為這是很棒的。坐在我鄰座的同學轉過頭來，對我輕輕地說：「我媽媽也是一個女同性戀。」如果沒有我先承認我是女同性戀，我想他們會去把這些事情說出來。

而我認為他們能告訴某些人實在太棒了。希望我可以幫助他們，就是我想做的事，你知道嗎？如果會使得事情變得更正常以及更普遍，那麼就去做。

我的英文老師讓學生讀非常開放並對同性戀友善的書，例如《女同性戀特徵》而我認為那是很棒的，或是一首女同性戀寫的詩，而且拿給學生書，你知道嗎？但他是許多[老師]中的一個而已。

　　[給老師的建議？]我認為要放開心胸，而且要對每一個人包容。
在你所說的每一件事情上、每一秒、和每一句話做到政治性正確是很難
的，但是就是有一些老師，有時候你不想接近他們因為他們很封閉。

毅力和動機

　　我喜歡母親所說的事實「做你想做的事情，只要你快樂。」我在
高中讀書時不是很認真，所以我不是上很好的大學。然而，我仍然具有
自我動機，而且我發現我自己會去做我想做的事，而不是她告訴我應該
去做什麼。所以我接受他的方式，我覺得那是一種很棒的教養孩子的方
式。

　　[在小學]行為聰明[我小時候很棒]對功課有興趣。不，我不是有
興趣努力於課業。一直到上了高中以後，我才是那樣。那一直是我的問
題，我那時都是處在休息狀態，因為我並沒有做我的功課。

　　我在校外的音樂團，我參與了所有課外活動。學校並沒有提供充足
的音樂教育，所以我自然會向外發展，因為那是我的興趣，我必須去別
的地方發現。

　　現在我正在留意大學；我只看到音樂，我想要去得到在團體中演
奏音樂或是類似的事情。那裡可讓我學習、表演、享受音樂，我就讀那
裡。我正在選擇那條路……我在學校中表現良好的唯一理由就是希望上
州立大學。我聽過州立大學的樂團，我知道我想要那樣做。所以，為了
自己能上到那兒，我必須去重拾課業。[我了解這個部份]我在國中一開
始的時候，那是我渡過後兩年的動力來源。如果你要演奏音樂，就必須
這樣做，並不是我對學業感興趣。我有不同的想法，你知道嗎？藝術家
類型的人有那樣的特質，而他們寧願做別的事；而有學術傾向的人會比
較喜歡坐在那兒看書。我認為這是一種去做我想做的事的方式，所以為
了完成，我得撐過。

　　我想我是靠我自己完成願望。我的意思是，如果你進入輔導辦公
室，他們會像這樣，「去參加學業性向測驗(SAT)，然後在學校表現良
好，再見」。不管發生什麼，就是這樣。我的高中老師至少讓你得到你
要的成績；如果你得到F[他們不會在乎]，他們不會說，「你必須上大
學，而且你必須這樣做，這就是你付出的努力。」[我能不能上大學讓我
感到很憂心]。如果不能上大學，我覺得我的前途將會是一片黯淡，所以
我感到很恐懼。

　　我全部都靠自己，我可以老實地告訴你，我真的完全靠自己，沒有

人告訴我將會上州立大學，但是我做到了。有人告訴我將會進音樂系，而我也不是在可能的名單上，我沒有被拒絕。我靠自己完成我想要的；學校並沒有幫忙，學校說，「做你想做的事，我們不會那樣為你負責，獲取你自己想要的成績，讓你的父母來處理」。他們不會這樣說，這就是你必須做的事情。

嗯，我的輔導老師了解我，因為我是如此的「異類」，沒有人是[告訴我關於給女同性戀的獎學金]。雖然我不知道他們是否有時間，我也不知道我是否會因為這些事責備他們，但他們有很多學生，你知道嗎？

[我是成功的]因為有一個輔導老師告訴我，那是完全不可能的。

基本上－她沒有這樣說，但是卻可以從她的眼睛看到－「你永遠都無法進到州立大學，你根本一點機會也沒有，去讀社區學院吧。」你可從她的臉上看到這些，那就像，「我不認為那會在這裡發生」。而從一年級的第一天開始，我說：「我會做到的。」

[最近]我打電話到入學申請辦事處，他們寄給我一封沒有拒絕我進音樂系的信，這意味著我得先進大學，所以代表著我上了。我還沒收到我的入學許可信，但是我知道他們不會只是敷衍我。他們會寄信是因為我已經上了。而第二件事情是，雖我並未被允許進入州立大學的音樂系，但他們至少把我放在等待名單上，因為他們只選十二人。由於已經有一定的名額在他們的教學中心，所以只會選五個人。我並沒有打算那樣做，我一直學音樂學了三年半，而且有九個月是非常認真的。而我做到那樣，我認為很酷；更棒的是我靠我自己完成，也是為什麼[感到驕傲]（她大笑）。

正如同心理學老師形容的，我是自我實現的（self-actualized）。他說，我是他遇過像我這樣年齡的人中最能自我實現的人之一。他稱讚很棒，因為我能夠成為一個自己想要自我實現的人，而不在意別人怎麼想。我喜歡那樣，因為那樣我會比較快樂。其他的每個人都會隱藏一些事情。

隱形的種族

[你如何做種族和文化的認同]白人，或者你在講什麼呢？

嗯，我的文化，我的意思是，我是義大利人。我不曉得是講這個嗎？那對我很重要，那對我、我母親和我的祖父很重要，[但對我的學校不重要]。[在你的學校是否有義大利學生團體？]沒有（她大笑），一定沒有。你將不會發現像那樣的事（暫停），我希望會有。

我唯一能告訴你的事情就是當我的心理學老師告訴我－我告訴他我是義大利人，他抱住我說他愛我，因為他是義大利人。我的意思是他會在上課時說義大利話。

［在假日的時候］，我們會去做巴馬乳酪（parmesan），貝殼形狀裡面塞了各種食材［用一種純正的義大利腔發音］。太好玩了，我的母親很喜歡做這這些。我的祖父在義大利當了大概七年的牧羊人，他是一個孤兒，但是後來搬到美國。

［我佩服］我的祖父，因為他是一個孤兒。當他大約三歲時，他的雙親都去世了。他被帶到孤兒院。從來沒有受過正式的教育，但是仍然過得愉快而健康。他八十二歲了，還在做建築的工作，他盡了他所有的能力，因此我很佩服他。他喜歡當義大利人，他喜歡每一件和他文化有關的事。

他是家人中唯一一會對我說，「我喜歡你的［綠色］頭髮。」他八十二歲了，他告訴我那件事情。

評論

身為一個男同性戀或女同性戀者已經不像過去那般構成挑戰。首先，更多的人介紹在學校中身為同性戀者的意義(不管是老師或學生)，而且較過去有更多的資源。再者，自從1990年代以後，對於LGBT學生面臨的歧視，已有更多合法的資源。然而，這並非就意味著，那是容易的，而且在Rebecca的個案研究中是清楚的－不管一個學校甚至是一個城鎮可能如何安全或如何接納，還是會有許多理由讓LGBT覺得不安全或身處危險中。

Rebecca關於在學校的不一致評論，就是一個有關安全感的複雜訊息的明顯例子。較之其他地方的LGBT學生，她覺得有較佳的權利，她關於向誰「出櫃」和穿什麼，還是顯得很謹慎。她感謝她的一些老師對於男同性戀和女同性戀者和LGBT學生的努力，她知道他們有些人所具有的強烈負面感受。即使在描述什麼是一個相對較無痛楚的「出櫃」，Rebecca很快的指出他最終甚至沒有損失一個朋友－舉例而言，這件事是如果她「出櫃」承認是義大利人也不會點出來的 。所以，

儘管她不斷提到「這是*West Blueridge*，他接受所有不一樣的人」，
Rebecca還是會告訴新生不要「大肆宣揚」。顯然的，他知道在許多情況下，身為一個女同性戀者仍然是不安全的。

關於在學校中*LGBT*身份的問題，是*Rebecca*對於教育其他人的承諾。她說今年她很幸運，因為大多數的老師都很優秀而且有開放的心胸。當被問到他們可能有什麼改變，她說她無法發現太多可說的事。然而，在那同時，很明顯的*Rebecca*已經扭轉了她幾個老師的角色，這些老師已經在本質上成為他們的老師，至少就*LGBT*的議題上來說。她說，有一個老師原來是在這方面無知的，現在她已經變得「不可思議」和「驚訝的」，因為她和她的其他女同性戀學生能夠感動他。雖然*Rebecca*所扮演的角色令人佩服，卻也顯示了學校和老師在了解*LGBT*學生方面，仍有一段長路要走。讓人想起，那些覺得他們必須教育他們老師，關於他們的身份的非裔美國或其他有色人種學生所扮演的角色，常常是不受歡迎的。儘管喜歡她所扮演的角色，她和她的朋友還是可能覺得不容易的。這是為什麼她喜歡，例如待在樂團中，她的老師總是在那裡讓他們可以安全和快樂的學習。在那個班級，他們可以把有負擔的議題留在外頭。

*Rebecca*稱自己是「自我實現的」，她是一個堅強且自信的年輕人，而且進入她選擇的大學，完全是靠自己的才智與決心。她對自己及所成就的事情感到驕傲，就像第三章之後的*Rich*，*Rebecca*有強烈的自尊和動力。她不會依賴老師、輔導人員或任何其他人來達到她想要完成的事情。事實上，她很清楚輔導老師懷疑她是否能上大學，而*Rebecca*證明她錯了。其他年輕人會得到這樣的幫忙，另一些人覺得他們不需要這樣的幫忙時會覺得不安。

就像在*Vanessa Mattison*的案例中，她的個案研究在第三章之後，當被問到關於其文化認同時，*Rebecca*會感到困惑。「白人，或者你在講什麼？」是她最初的反應。不像*Rebecca*和*Vanessa*，在其它個案研究中的年輕人很快就會有種族或文化的認同（有時候是宗教，這也是一種文化認同）。就這點來看，*Rebecca*是許多其他白人的典型，這些白人不覺得有必要或是不允許去產生種族認同，因為他們被覺知為

「正常的」。然而，就像在稍後訪談中很快就變得明顯的，*Rebecca*對於其義大利的血統感到驕傲，並且希望可以成為學校經驗的部分，不只是性傾向，而是所有關於認同方面感到安全。*Rebecca*的訪談也強調了種族認同的複雜性質。一半的義大利，使*Rebecca*強烈認同自己是義大利人；然而他的姐姐，卻認同波蘭身份。用*Rebecca*的話來說，「她選了波蘭那一邊，而我選了義大利這一邊。」那麼認同似乎不若想像中簡單。

教師培養更敏銳的文化理解是很重要的，包括種族、民族、社會階級、殘障、語言、性傾向和其他身分的標記。在*Rebecca Florentina*的個案研究中，以下是明顯的，那就是當學校更能明白*LGBT*學生的存在，對於許多學生還是覺得他們需要留在「櫃中」，我們就會有更多需要去學習如何反應。具有勇氣和*Rebecca*意願的年輕人，正在許多學校創造一種不同，當更多的老師變得願意支持所有學生，我們就不需要依賴像*Rebecca*一般去學著做什麼是正確的學生。

思考題

1. 對於*LGBT*學生，老師有什麼責任？而這樣的責任是否也延伸到小學？有其必要性嗎？為什麼不？對於那些認為*LGBT*議題無須含括在學校課程中的人，你有何看法？
2. *GSA*的好處是什麼呢？如果你在中學任教書，學校是否有*GSA*？如果沒有，你是會考慮發起？為什麼呢？
3. 你認識*LGBT*學生嗎？你對他們有何看法呢？

第6章 美國教室中的語言多樣性

　　我的女兒*Marisa*講一口流利的西班牙文。在她三歲以前，我們短暫地將她安置在日間托兒所，但是她沒有說過一句英文。我丈夫和我故意這樣規劃，因為我們推斷她會很快地學到圍繞在她周遭的英文，但是我們無法確定假如我們沒有刻意地使用西班牙文，她是否可以講西班牙文。我們做對了。在開始到日間托兒所三個月後，她講英文就像講西班牙文一樣流利。三歲時，*Marisa*可以很清楚地讓別人了解她的想法。她和許多孩子及大人流利地交談，她熟悉以西班牙文寫的故事，而且她在說她自己的故事時是有創造力的。然而，有一天她到日間托兒中心時，有一位實習教師聽到我們在一起說西班牙文，便說：「喔！我留意到她沒有語言」。我說：「她有語言，但她的語言不是英文。」

　　孩子尚未說英文是完全缺乏語言的概念，在美國是很普遍的，而此一概念與優勢文化以外的文化就不重要的主流觀點有關。我丈夫和我從沒有後悔我們跟我們的女兒說西班牙語的決定，因為現在我的兩個女兒都可以操兩種語言（我們的女兒*Alicia*事實上可以說三種語言，並且是法語和西班牙語教師）。更重要的是，事實上他們對自己的語言能力很自傲，因為他們是多重語言的，而且生活過得很豐富。

　　語言是直接與文化有關聯的。它是人們用來表達他們的文化價值觀念主要的方法，並且透過這個鏡頭，他們觀看世界。*Henry Trueba*以下列方式描述這種關聯：

　　無論我們得到什麼知識，總是透過語言與文化獲得的，這兩個互為連鎖的象徵系統，被認為對人們的互動與生存而言是必要的。文化與語言是如此複雜的糾結，甚至受過訓練的學者也不可能決定是否語言結束然後文化才開始，或是兩者當中誰影響誰最多。

　　孩子帶到學校的語言習慣，必定影響他們如何學以及他們學到什麼，然而在強調種族與民族的多元文化教育中，母語議題經常被忽略。語言議題在多元文化教育中，在缺乏關於語言多樣性詞彙的情況下，經常不被提及是很明顯的。以種族、性別與階級為基礎來描述歧視的詞彙，是我們一般字彙中的一部分。種族主義、性別主義、民族

優越感、反閃族主義（*Anti-Semitism*）、階級主義，以及其他詞彙是被廣泛理解的，但是，最近，不再有這種語言歧視的詞彙，雖然這不意味著語言歧視已不存在。*Tove Skutnabb-kangas*藉由他所造的語言主義這個詞，促使該議題更為明顯，語言主義特別指基於語言而產生的歧視。

　　本章探討語言差異對學生學習可能產生的影響、教師與學校如何看待語言差異、在教室裡他們是否以及如何使用語言差異做為資源，及教導母語非英語少數族群（*language minority*）學生所採取的不同取向，也就是說，那些第一語言不是英語者都被重新列入考慮。

美國學校的語言多樣化：一個簡單的歷史綜觀

　　在美國，母語非英語少數族群（*language minority*）的人口－也就是說，那些以英語以外的其他語言做為他們的母語者-在過去數十年已經急遽地增加。根據2000份普查的結果，將近有五億人或總人口的18％的人，以英語以外的語言為母語。這種成長反映在公立學校的註冊人數上，在2001到2002學年度，母語非英語的學生人數是470萬人，或全部註冊學齡兒童的9.8％，僅僅兩年就有14％的變動。在都市地區，母語非英語的學生是全部人口分割出來較大的部分 (所有學生的21％)。更戲劇化的是，近十年的人口成長率，幾乎達到105％(圖6.1)。

圖6.1　1989-2002年母語非英語學生註冊人數的相對成長

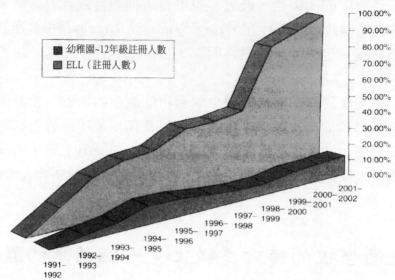

來源：美國教育部對母語非英語學生與可用的教育方案與服務之研究，1989-90年到
2001-02年的摘要報告。由1998-99年州公共出版物補充的資料，註冊總人數來自NCES。

圖6.2　1999-2000年學生的非英語語言背景

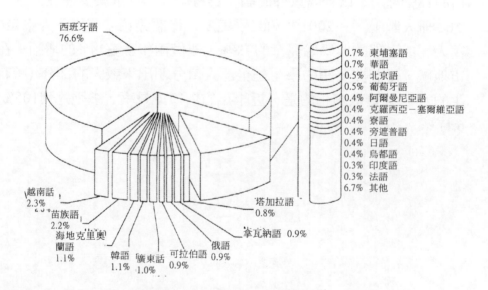

摘自：Anneka L. Kinder, survey of the States' Limited English Proficient Students& Available
Educational Programs & Services, 1999-2000. Summary Report. Washington. DC: National
Clearinghouse for English Language Acqusition and Language Instructional Educational Programs,
May 2000.

　　美國的母語非英語學生講的語言居然超過400種，他們大多數主要 (76.6%) 講西班牙語，其次是越南語 (2.3%)、苗語 (2.2%)，以及海地克里奧爾語 (在美國路易斯安那州出生的法國後裔) (*Haitian Creole*) (1.1%)。圖6.2以圖表示語言的多樣性，圖6.1所列的是常用的語言。

　　這些統計數據顯示人口統計學的改變，是外來人口移民到美國大趨勢的一部分，從1970年代晚期開始，美國對人口的顯著轉變負有重大責任。(這些資料的一部分在第一章中出現過) 造成這個趨勢的原因很多，從許多國家日趨惡劣的經濟情況，到過去被美國侵略的國家難民數量的日漸上升 (就像中美與東南亞的情況)，以至於世界上某些地區移民限制的日漸寬鬆。不像20世紀早期大波移民潮的傾向，現在大量移民來自亞洲與拉丁美洲。所有州已經感受到這裡移民的影響，有些州有大量母語非英語學生註冊，這些州是加州 (*California*) (全國母語非英語學生註冊人數的三分之一)，德州 (*Texas*)、佛羅里達州 (*Florida*)、紐約 (*New York*) 與亞利桑那州 (*Arizona*)。

　　美國人口的改變對教育有很深的寓意。其中之一是，教導母語非英語學生的取向與方案需要加以擴張。全部43州與哥倫比亞學區已經替母語非英語的學生訂立法律條款。然而，雖然這些服務可能包括以英語作為第二外語 (*ESL*) 的教學，雙語教室中的學生數在過去幾年中已經減少。例如：在2000年，只有19%的母語非英語學生接受以他們的母語進行的教學。人數下降的原因也不同，從意識形態抗拒到以母語教學為基礎的取向到立法的改變（例如：雙語教育已經在1990年代末期，被許多州排除）。找到合格的人員已經成為另一個主要問題，並且因為只有少數的雙語人口進入教學專業而使這個問題變得更為嚴重。例如：一份1997年的報告，發現只有2.5%教英語語言學習者的教師獲得以英語為第二外語或雙語教育的學位，而在所有教導英語學習者教師的班級中，只有30%的教師在教導這些學生時得到專業發展。再者，一份關於教師們準備教導母語非英語學生的調查，發現只有20%的教師覺得準備好要教他們。

　　在美國教室中，語言多樣化一般被認為有點麻煩，它是一種對學習的暫時阻礙。在學生學習英語後，這種想法消失了，學習可以開始

不受阻礙。學英語的學生忘記他們的母語被認為是一種遺憾，但這是他享有公民利益所必需付出的代價。由於有這種想法，在大部分教室中，傳統的策略已經設法幫助學生盡快地擺脫說另一種語言所感覺到的負擔。*Joel Spring*提供語言「去文化化」（*deculturalization*）的策略被應用在美國原住民（*Native Americans*）、波多黎各裔美人、墨裔美人及亞裔美人之教育上的許多史例。

整個族群團體已經拒絕使用他們的母語，不只是為了在學校的教學，也是為了所有的社會溝通。綜觀我們的歷史，從禁止遭奴役的非洲人說他們的語言，以至於最近在越來越多州強加的「英語唯一」的法律，大多數人的語言權力已經被侵害了。

但是，美國的語言政策與實際實施絕不是一致的。更確切地說，他們安排所有的方式，從「不論成敗」的政策 （例如：使母語非英語的學生沈浸在只用英語的教室獨立學習）到利用英文作為唯一的教學媒介，以允許甚至是鼓勵雙語主義。例如：在1900年的時候，至少有60萬個孩子或將近百分之四的學生註冊公立與教會附屬的小學，這些學生在雙語學校被以德語/英語兩種語言進行教學。少數是以波蘭語、義大利語、挪威語、西班牙語、法語、捷克語、荷蘭語或其他語言進行教學。

表6.1 1999-2000年，母語非英語（LEP）學生的語言背景

語言	LEP學生(估計*)	LEP的百分比(估計*)	別稱
西班牙語	2,820,005	76.58%	
越南語	86,365	2.35%	
苗語	81,119	2.20%	
海地的克里奧爾人	39,867	1.08%	包括法國克里奧爾人
韓語	38,984	1.06%	
廣東話	34,326	1.00%	
阿拉伯語	34,083	0.93%	宗教的阿拉伯方言
俄語	33,936	0.93%	
納瓦伙語	30,303	0.92%	Dine
塔加洛語		0.82%	菲律賓語(Philopino、Filipino)(譯者按：1961-1987拼法為Philopino，1987年以後改為Filipino)
柬埔寨語	27,012	0.73%	
中文(非特指的)	24,222	0.66%	
北京話	20,104	0.55%	
葡萄牙語	18,693	0.51%	
亞美尼亞語	15,896	0.43%	
克羅西亞-賽爾維亞語	15,788	0.43%	Serbian、賽爾維亞語、波斯尼亞語、門的內哥羅語、Hrvatski(俄國一種語言)
寮語	15,776	0.43%	佬語
旁遮普語	14,611	0.40%	Panjabi(印度一種語言民族)
日語	13,683	0.37%	
烏都語	13,044	0.35%	
北印度語	10,540	0.29%	
法語	10,089	0.27%	
烏克蘭語	9,982	0.27%	
波斯語	8,696	0.24%	波斯語、達利語
柴羅基族	8,647	0.23%	柴羅基族語(Cherokee)一種(Tsalagi, Elati)
阿爾巴尼亞語	7,571	0.21%	

續表6.1

語言	LEP學生(估計*)	LEP的百分比(估計*)	別稱
猶皮克語	7,477	0.20%	猶皮克語地區語言(Yup'ik，阿拉斯西部方言)
伊洛卡諾語	7,431	0.20%	llocako、llocakano
孟加拉語	6,801	0.18%	Bangla
古加拉地族語	6,521	0.18%	
中國瑤族	6,521	0.18%	Mien
波蘭語	6,211	0.17%	
德語	6,101	0.17%	
薩摩牙語	5,253	0.14%	
查摩洛語	5,169	0.14%	
其他語言	154,590	4.20%	
總計	3,682,249		

*注意：資料是預估的，不是實際的總數。許多州不認為這份調查需要所有母語非英語(LEP) 學生全面的語言資料，只用這份調查樣本中的13種常用語言匯集語言資料。已經調整總數以彌補事先選擇13種語言的誤差。此外，由於非特定的原因，在這項調查所記載的語言項目下，LEP學生總數不等於許多州所記載的有註冊的LEP總數。

　　除了英語以外，對語言的支持與拒絕起伏，顯示在美國語言多樣化被視為是矛盾的。對維持母語的焦慮今天仍然存在，特別是與雙語教育有關者。各界對雙語教育的意見經常很不一致，現今這種現象更甚於以前。支持雙語教育通常是勉強的，因為它包含的不只是使用英語，而且也要用英語以外的其他語言教學。事實上雙語教育具有學習英語的基本目標之一，這點經常未被反對者提及，反對者將焦點集中於在教學中使用學生的母語，因為他們察覺用學生的母語教學，對國家是一種威脅。而這正是英語有統合的力量迷思。以在美國竭力研究語言政策的*James Crawford*的話來說，「這種概念遮掩多元語言的傳統，這種傳統在它的多樣性與豐富性上是非常卓越的，但是其卓越性很少能創造英語為統一的角色」。

　　語言議題是被關心的，它使每個人都陷入緊張。羅斯福（*Theodore Roosevelt*）總統是20世紀初限制語言政策的發言人，限制的語言政策主要是對東歐移民大量匯集到美國的反映，他說：「我

們這裡只有一種語言的空間，那就是英語；因為我們打算確認所有到美國的人都成為『美國人』，而不是令人困惑的混雜各種語言的寄宿者」。羅斯福總統的觀點被許多受到新移民潮威脅的人民廣為流傳。

在美國，語言使用與愛國忠誠經常被聯結在一起，而愛國主義被以一個人多快就棄絕他的母語，並以英語代替其母語來權衡。從大量新移民來到我們的土地迄至2001年911事件為止，這種觀點以很多原因左右現今社會。能很流利的講另一種語言的人，即使他能流利的講英語，也經常被別人以懷疑的眼光看待，至少就移民而言是這樣。大約在Theodore Roosevelt論及「在住宿地每個人講不同語言」之後的四分之三世紀裡，另一位總統，雷根（Ronald Reagan）回應一位記者所提的關於支持雙語教育的問題：「那絕對是錯的，並且違反了美國提倡雙語教育的概念，學生公然地致力於保存他們的母語，使他們無法充分學習英語，所以他們在就業市場中被淘汰」。

語言的限制觀點有時導致反效果的政策，這種政策抑制外語學習，就如同限制對其他人的理解一樣。1998年，正值著母語使用的最後一個循環的爭論，該爭論導致加州227法案（Proposition 227）的通過，在該法案中，雙語教育變得相當的弱。亞利桑那州跟著在2000年提出訴訟，而麻薩諸賽州也在2002年這麼作 （同一年一個類似的提案在科羅拉多州失敗了）。這些法案對其他國家的含意，需要在一個語言更多樣化，而不是語言較不多樣化的國家脈絡中考慮。我們的社會仍舊明顯的對其他語言與文化是無知的。這種現象現在因為世界上多元語言主義與多元文化主義處於險境，而變得越來越互相依賴，也變得越來越明顯。

■ 語言多樣化與學習

一個人的母語是將來學習的基礎。假如我們將語言發展視為建築物的具體基礎，它需要被強化以支撐即將放在上面的好幾噸建材的壓力的說法是有道理的。這與學生以英語為母語進入美國的學校時所發

生的情形類似。他們使用他們知道的語言去學習課程內容。然而，就一位英語語言學習者而言，不知道英語是一種極為不利的缺陷，不只是因為他們的母語在學習上沒有效果，而且也因為他們的母語不被老師與學校視為是一種學習資源。若再進一步延伸這個暗喻，它彷彿是已被建立的穩固基礎被捨棄，建築材料被安置在橫跨於街道的沙堆上一樣。無庸置疑地，這棟建築物將會在短時間內瓦解。

所有好老師都知道學習需要以先備知識與經驗為基礎。但是，以母語非英語的少數民族學生為例，我們似乎忘記了，我們剝奪了學生接近舊學習經驗的機會；這與學習如何發生以及語言在學習歷程中的重要角色相抵觸。根據*Jim Cummins*的說法：「認知心理學家們通常一致同意，我們藉由整合新輸入的東西到既有的認知結構或基模中進行學習。我們的舊經驗提供整合新資訊的基礎。沒有學習者是空白的石板的」。

然而，一般來說，教師與學校不重視母語非英語學生的母語及文化，教師與學校認為學生的母語不是英語是學生的母語及文化不受重視的好理由。學校經常將學生語言能力的熟練與他們可能的經濟與社會流動作聯結。學生說英語以外的語言被視為是「障礙的」，而這些學生透過巧妙與直接的方式被鼓勵遺棄他們的語言。學校通常以保護學生的將來為名義，要求家長在家跟他們的孩子說英語、懲罰使用母語的孩子，或者學校乾脆就壓制教育，直到孩子精熟英語為止。這種策略對母語非英語學生的負面影響是無法計算的。例如：*David Corson*主張當教育者因為學生是母語非英語族群，他們的語言實際上不同於主流的語言規範，而例行性地抑制並去除少數語言使用者的權能時，學生們很快就會獲得他們所說的是一種地位低下的語言的訊息。事實上，*Corson*寫道：「部分社會團體的成員，相信他們的教育失敗，不是來自他們的低度受尊敬的社會或文化地位，而是來自他們天生的無能：他們缺乏天賦。」

貶低可能會導致學生判定他們的母語是他們不幸的原因。在波多黎各作者*Judish Ortiz Cofer*的回憶錄『沈默的跳舞』(*Ailent Dancing*)中，詳細敘述一位因為她的不敬而給她當頭棒喝的教師。事實上，

*Judish*是因爲不了解英語，而無法給這位教師適當的回應。這位作者扼要說明了她的痛苦，也很快地學到下面的教訓：我直覺地了解到語言是兒童擁有的對抗成人絕對權力的唯一武器。在她的例子中，該例子引導她了解到精通英語就像堅守西班牙語一樣。許多其他的例子並沒有快樂的結局。

即使這些學生有天賦異秉與關心他們的老師，母語非英語學生可能在學習他們的新語言時經歷創傷。毫無疑問地，移民的壓力以及離開他們的家園等原因，扮演創傷中的一部分，但是對許多人而言，學習一種新語言本身可能是一種不利的經驗。*Cristina Igoa*在詳細敘述她教導移民孩子的經驗時，主張移民小孩的內心世界是一種筋疲力竭的感覺，該主題一再被提出來，這種感覺不只是來自一種新語言的聲音，也來自異樣眼光的注視以及新文化中的事件。

事實上，學生說英語以外的語言被許多教師看成是一個問題，但是缺乏英語技巧本身，無法完整地解釋母語非英語學生的學業成就不佳的情形。這種主張嘗試著表明以「不論成敗」的英語方案作爲學業失敗問題的解答，充其量只是混淆了英語的語言獲得與學業成就間的關係。例如：有一個研究聚焦於五個城市的墨裔美籍與波多黎各裔學生的學業成就，該研究與傳統的知識相反的，認定西班牙語不是成就的障礙。事實上，研究者發現，在某些個案中，英文熟練度佳者意味著低學業表現。研究者將同儕壓力可能發生「反作用」的情形加以立論，推翻了英語流利與學業表現之間的傳統關係。

對這類壓力有對抗的手段。*Ronald Takaki*主張「以學生的母語教導學生，給予他們文化的尊嚴」，再者，與雙語主義的負面觀點相抗衡的是，有許多研究證實，認識另一種語言具有正向影響。母語保存可能只是單純地藉由在孩子大部分已發展的語言中支持其讀寫能力，做爲對抗學業失敗的緩衝物。例如：*Lourdes D'az Scoto*對30個西班牙家庭作研究，他們的孩子學業成就有高有低，結果發現高學業成就孩子的家長比低學業成就小孩的家長較偏愛母語環境。*Patricia Gandara*在分析50位令人印象深刻的成長於貧窮中的墨裔美籍成人時，發現他們當中只有百分之16的人來自英語爲主要語言的家庭。這些成功的成

人最大比例是成長在只說西班牙語的家族，而且很明顯地，他們當中有三分之二的人開始上學時，唸的是只說西班牙語的學校。

學生的母語是一種可以增進他們的學業成就的資產，也在*Ana Celia Zentella*對一個紐約市主要的波多黎各低收入*El Barrio*社區的19個家庭的研究中被發現是正確的。在她的研究裡，最成功的學生唸的是雙語課程而且也是最流利的雙語者之一。在有關不同背景的移民者適應與學業成就的研究評論中，*Alejandro Portes*與*Ruben Rumbaut*得到驚人的結論。極少習用雙語的學生比兩種語言都很流利的學生更有可能離開學校。雙語主義可以用來提升學習，而不是學業成就的障礙。

這種結論駁斥給予母語非英語族群父母「在家裡跟你的孩子說英語」的一般忠告。*Virginia Collie*挑戰這個忠告的主要看法，主張精通於另一種語言的學生在家練習說英語，實際上會減緩他們的認知發展，因為只有當家長與他們的孩子說他們最熟悉的語言時，語言才會在他們的「認知成熟程度」間運作。另一位在文學及語言習得（*language acquisition*）方面很受尊敬的研究者*Catherine Snow*探討得更多。她主張「移民父母對他們孩子成功的最大貢獻是，確保他們維持語言流利並且發展他們的家鄉語言」。當然，這是有道理的，並且引導我思考許多移民母親的天賦智慧，包括我自己的母親，母親忽略教師要求她跟我以及我的妹妹說英文。要不是我母親平靜但頑強的抗拒，現在我可能只會說英語。

母語非英語孩子的問題經常被說成是不通曉英語的問題。但是真正的問題可能是*Luis Moll*所謂的「對說英語的執著想法」，這種想法認為好像學習英語就會解決所有母語非英語學生面對的所有其他困難，包括貧窮、種族主義、財源不充分的學校和缺乏受優秀教育的機會。當然，學習英語對所有語言少數族群學生是重要且必須的；這是一定的。但不一定要抑制或排除在家裡或學校使用母語，本文所回顧的研究支持獎勵母語文學，並以此作為更有效提升英語學習的一種方式。果真如此，學生的語言優勢並不是真正的議題；反而，教師與學校看待學生的母語的方式對他們的成就，可能有更大的影響。

　　語言的多樣性需要被放在社會脈絡中，以了解爲何說英語以外的語言本身不是障礙。相反的，它可以是學習上很大的資產。學校如何理解語言及語言的使用，及是否在課程中作修正，是要牢記在心的重要議題。

　　在美國，主流文化認爲熟悉英語以外的其他語言的雙語主義觀點是一種負擔，然而，在中產階級與富有的學生中，熟悉另一種語言通常被視爲是一種資產。諷刺的是，在同樣一所高中裡，一群學生的母語徹底被摧毀，而另一群學生努力學習一種他們永遠也無法流利地使用的外語時，這種看起來不調和的情境並非不尋常的。有更多肯定的方法可以教導母語非英語的學生，而這些方法需要比目前被更廣泛地使用。

速寫

Liane Chang

　　*Liane*就讀東北部中型城鎮綜合高中九年級。她的父親是一位歐裔美籍人士，而她的母親是一位中國人。*Liane*是幸運的，因爲她努力學習她母親的母語的行爲在學校受到支持。她對學習說中文感到得意與興奮，因爲她的家人與學校都支持她。*Liane*的經驗表明學校經驗的力量，可以支持學生維持或恢復他們的家族語言。

　　假如我注意我的民族背景（ethnicities）如何影響我的教育，我必須說他影響我對他人表達我的文化的信心。當人們要求我告訴他們我怎麼認同，我回答：「歐亞人（Eurosian）」，我認爲歐亞人大概是一個人可能有的最酷的認同。當某人問我是什麼民族（ethnicity）時，我都這樣回應，他們的反應總是非常正向的評論，這類事情可以開啟所有的對話。和說自己是「美國人」不一樣的，許多人可能認爲是美國人以外的民族將會很尷尬，但是經由我的老師和同學的影響，我了解這是成爲一個有主體性個體的機會。

　　現在我在學校學中文（有我母親的協助）。我覺得因爲我是中國人，我應該學習這種語言，以便當我的母親與我到中國時，我能了解並且也

能說這種語言。我童年時就很喜愛中文。我經常想像，不知道我說不同的語言會是什麼樣子，而我的啟示來自我母親與她的中國朋友的談話，也來自電話或面對面談話。深夜裡，在我就寢前，我母親總是會用中文跟我說晚安。

在我到中國餐館或中國人的家庭時，我學到以中文說「謝謝」很有用。每年一次到紐約市中國城的旅遊，也在兒童時代給我相當大的啟發和樂趣。這種語言與文化，激勵我選擇在中學的世界語言課程學習這種語言。現在我正在學中文，好像我與母親的關聯更多了。學習中文給予我跟我母親更多個人的連結，有些事我總是會跟她分享。她能幫忙我因為她瞭解中文，有些很特別的事是我們兩個的秘密。有時學中文是非常困難的，因為當她糾正我時，似乎我並不是非常懂這個語言。但是她以一種我無法在學校獲得的方式幫助我，並且她給我一種對這種語言的新看法。那是一種巧妙的經驗。

我在歐洲的祖父母是我所知道的唯一的祖父母。他們教我辛苦工作的道德與節儉，那些是他們透過他們的日常生活學到的。在這些文化中，我已經領受到我的祖父母經由祖先學到的，並且已經傳給我的父母與我。因為他們是我一生中唯一的祖父母，他們的故事與回憶也傳給我珍藏並傳給其他世代，並以此教導後代他們直接體驗到的生活課題。他們在二次世界大戰期間的歐洲，困苦的長大而且幾乎沒有選擇的機會，我很感激我有在這裡接受良好教育的機會。在第二次世界大戰期間，我的祖父在波蘭被德國人俘虜，並強迫他徒手作苦工，但是他並不需要到集中營。當他逃出來時，因為他不能回去波蘭，他到了法國。然後他與我的祖母結婚，所以我的父親是法國-波蘭人（French-Polish）。

在某方面，有人可能認為我不是美國人，因為我看起來不像典型的美國人，但是在我所就讀的學校系統中有些相反。因為不同使你很酷，而且你能有你自己的特質，並且你能區別你自己與其他不同的人。在這個學校系統中成為不同的人是種好事－而我從沒有因我的不同文化使某人成為種族主義者－除了在我真的很小時，兒童會唸中國詩並用手將近眼睛的皮往後扳，讓他們看起來像中國人，但是那是小孩子的事。

七年級時，我跟我的中文老師到中國。在一個我確實是少數民族－作一個美國人－而不是在每個人都類似的環境中，是個了解少數民族很好的機會。你覺得如此相似，你不是他們的文化的一部份，因為那與你以前的經驗有很大不同。我的語言技巧在那時是生疏的，我體驗到求生的基本難題。有時，這種經驗真的是無法抵抗的，但是也很刺激。我們去拜訪一所中國的高中，我們每個人被分配到一位中國學生，我們嘗試跟他們溝通，並問他們關於他們的生活，事實上這是我母親的爸爸在中

國時唸過的學校，那是不是很妙？

在七年級的藝術課裡，我們要表達有意義的不同符號，我完成關於我自己的作業。雖然我沒有加入很多符號，他們每一個都代表許多關於我的生活與文化遺產。例如：我放在拼貼畫上的旗子，比我的文化遺產象徵更多。他們象徵著來自那裡的人，並且是我的生活很大的一部份。

在我的圖畫中，我拿著代表我的繼承物（heritage）的旗子，他們在我的指間滑動，像是吸煙一樣。總共有三個：中國、法國與波蘭的旗子。中國旗子代表我承繼自母親那邊的。她的雙親都出生在中國，在辛亥革命時因為戰爭移民到台灣。另一方面，在我的圖畫中，我的父親是法國人也是波蘭人。波蘭與法國是我的家庭很大的部分。所有旗子的最後，我用一面美國旗子作為我的作業的背景。這當然代表我和我的妹妹Jillian出生的地方。這面美國旗子在拼貼畫中是最大的，因為他是我的生活中最大的部份。我很驕傲成為美國人，而這在我的作業中，它象徵最重要的事情。

我非常喜歡這個作業，而且我希望我們作更多這類的活動。我認為這個作業呈現更多的我們，並且幫助我們認識其他人。

評論

*Liane*的快照能幫助我們思考，有更多學校系統藉由提供不同語言團體語言課程，甚至是到說那些語言的國家旅行，來支持學生的認同的這種做法有可能意味著什麼。雖然不見得能提供每一種語言，而且旅行對許多學校而言是不可能的，不過，瞭解*Liane*的經驗如何藉由學習中文變得這麼積極是很有趣的。語言不只是她的文化遺產之一，語言也促使她與母親有更親近的關係。我們可以在我們學校，對在入學時不懂英語的母語非英語學生採用這種方法。

教導語言少數族群學生的方法

鑑於過去數十年來，我們國家裡語言少數族群（*language minorify*）學生的人數急遽增加，每個都市與城鎮的每個教室已經或即

將受到影響。這個真相十足的與只有專家教這些孩子的傳統經驗相對立。例如：目前在國家報告書中，所有老師當中，有超過百分之四十的老師教導英語能力有限的學生，而這些老師中，只有百分之十二的人接受過八小時或更多如何教這些孩子的訓練。很清楚地，教導母語非英語學生的責任，不再只是落在接受過特別訓練，以提供雙語教育與英語為第二語言服務的教師身上。這份責任需要被所有教師與所有學校分擔，然而大部分教師很少接受過語言習得與其他語言相關議題的訓練。即使在雙語教室，也只有百分之十為英語學習者服務的教師，是持有雙語教育方面的證書的。

所有教室的教師們需要知道，幫助他們成為更好的母語非英語學生的教師的是什麼呢？他們怎樣才能做最好的準備，以教導不同語言背景以及不同語言能力的學生呢？很幸運地，這些問題近來已經受到關注。在後面的章節中，我對教師與學校可以有效地教英語學習者的步驟提出一些建議。然而，在這麼做之前，讓我強調我不主張教師跟隨一套既定的策略，就會自動產生結果。雖然學習新的方法與技巧可能會很有幫助，但最重要的是，成功地教這些學生意味著改變對這些學生的態度、他們的語言與文化及他們的團體。任何事情缺乏這種認知，終將會重複既存的失敗模式。*Jim Cummins*提出一個頗具說服力的觀點：「幸運地，好的教學不需要我們去內化一個無止境的教學技巧表格。更為基本的是對人類關係的認知，是有效教學的核心」。*David Corson*則再加上：「與少數族群孩子工作在一起，往往不止是技巧；那是一種文化公平的行為」。

瞭解語言發展、第二外語習得與教育的社會政治脈絡

所有教師需要同時瞭解母語及後來的語言如何被學習。這種知識往往被雙語教育以及英語為第二外語的教育專家所持有，但是這應該成為所有教師都知道的標準知識。例如：*Stephen Krashen*的第二外語習得的理論，以及他建議教師提供英語為第二外語的學生能充分理

解的輸入－也就是說，在他們教學中的提示是脈絡化的－對所有在他們的教室中有母語非英語學生的教師是有用的。同樣地，在課程與教學、語言學、社會學以及歷史中相關的知識，都是對母語非英語學生的老師有幫助的。因此，所有教師應該熟悉下列幾種與他們的母語非英語學生相關的知識：

- 熟悉第一和第二語言習得。
- 覺知母語非英語學生教育的社會文化與社會政治脈絡。
- 明白移民在美國的歷史，特別關注語言政策與實務在歷史上的始末
- 具有特殊團體者的歷史與經驗的知識，特別是有關學區居民的。
- 有為第一語言不是英語的學生改編課程的能力。
- 在教學方法上有能力適合文化及語言上異質的班級和學生。
- 瞭解具有不同背景的教師並有能力與同事發展合作關係，以促進母語非英語學生的學習。
- 有效地與不同語言、不同文化及不同社會階級背景的家長溝通的能力。

　　如同我們在其他地方已經看到的，許多教師在教師養成期間或甚至是在成為教師之後的專業發展都沒有接觸這類知識。因此，他們可能需要靠他們自己獲得這類知識。他們可以藉由參加讀寫能力、雙語教育、多元文化教育與英語為第二外語的會議獲得這類知識；在他們的學區或其他地區共享專業發展機會；訂閱這些領域的雜誌或通訊；與同事成立讀書團體，討論並練習不同策略；並回到研究所修習相關課程或尋求更高學位。

發展附加主義雙語的觀點

　　附加雙語主義提到瞭解語言習得與發展的架構，就像增加一種新語言，而不是去掉既有的語言。這種觀點完全不同於我們社會認為移民者必須將他們的母語更換為英語的傳統觀點。許多人現在質疑是否有必要這樣。捨棄一個人的母語，不止導致個體心理的價值失落，

也致使這個國家語言的資源有很大的損失。附加雙語主義支持兩種比一種好的概念，英語加上其他語言可以使個體強壯，社會也會跟著強盛。

即使是那些不說他們學生的母語的教師，也能夠以許多方式表示欣賞並支持那些語言。扶植母語讀寫受到研究的支持，學生在他們的母語中發展的技能，通常很容易地被轉化為第二種或第三種語言。在這種情況下，我們怎麼能繼續視雙語主義為一種缺失呢？

*Maria Frànquiz*與*Maria de la Luz Reyes*兩位研究者，開始回答這個問題：「假如我對我的學生所講的語言不流利，我如何能有效地教一個語言上多樣化的班級英語語言藝術？」*Frànquiz*與*Reyes*發現教師並不需要對他們的學生所講的母語很流利，而是要支持母語在教室中的使用。事實上，他們發現鼓勵學生使用他們的母語以及將文化的知識作為學習的資源，經常比知道學生的語言更為重要。

事實上這代表什麼意思呢？在他們的研究中，*Frànquiz*與*Reyes*以教師的為例，「教師們並沒有被他們自己的語言單一主義麻痺」。例如：他們證明教師們接受許多不同語言的聲域與符號，從標準到更多說話的口語型式，並且從單一語言到更多混合的語言說話方式。這些語言形式經常是在教室言談與論述中被禁止的，但是允許這些語言形式活躍而有影響力是使用學生目前的知識建造將來知識的一種方式。我們又再次回到語言就像是建築物的基礎的隱喻。在本章後面*Yolanda Piedra*的個案研究中，很清楚的是教職員對*Yolanda Piedra*雙語主義的賞識，激勵*Yolanda*在學業上能成功。*Yolanda*的例子提供教師如何從鼓勵學生使用兩種語言到利用雙語主義選擇事業。

有意識地培養母語讀寫

如同我們在前面例子中所看到的，附加語言習得的觀點，反擊了學生必須忘記他們的母語的假設。教師能主動地支持培養他們的學生的母語讀寫。例如：在*Cristina Igoa*的關於移民學生的作品中，她在最後一段時間保留每週三次，讓學生聽以他們的母語說的故事或以他

們的母語閱讀。因為她不會說她學生所有的語言，她徵求對許多種語言都很流利的大學生來幫忙。

教師也能承諾至少學習一種他們的學生的語言。當教師們成為第二語言學習者時，教師會對母語非英語的學生在學習英語時所經歷的奮鬥－包括筋疲力盡、挫折與退縮等，而發展出一種新的體認。這是發生在我一位名叫*Bill Dunn*的博士生身上的事，他是經驗豐富的教師。以他來講，他決定揭露作一位說西班牙語者的信念。他在一個大型波多黎各社區教學20年之後，了解自己懂得大量的西班牙語，所以他決定正式研究西班牙語，並以他的經驗經營一本雜誌。而他一直是一位很棒而且有愛心的老師，當學生無法了解教學用語時，他會將自己置身在他的學生的情境中，以幫助他更清楚地了解許多事：從學生在英語文法上的錯誤，以至於他們厭倦、行為不端。結果，他為了教學生，發展更多目標教學策略，而且對於在這種情境中學習英語的學生重新給予尊重。

無論如何，為英語學習者創造優秀的學習環境的責任，不應該單獨落在個別教師身上。所有的學校都可以發展這種環境。如同你將會在本章後面*Yolanda Piedra*的個案研究中看到的，在她的學校的許多教職員，作了一個明智的決定－提升他們的學生的母語讀寫能力。他們大量參加由行政區所提供的西班牙語課程，他們在學校參加與他們的學生族群相關的工作坊，而且，一般而言，他們創造一個文化與語言認同的環境。就像，*Catherine Minicucci*與她的夥伴分析八個示範學校為母語非英語學生的改革所做的努力，並且發現這些學校的下述共同特質：

- 學校看待優秀學生時，將母語非英語的學生包括在內。
- 創造學習者主動參與討論的團體。
- 設計良好的課程以發展母語非英語學生的英語及母語技巧。

再者，他們發現學校刻意努力，招募並雇用雙語的教職人員，他們經常用他們的母語與家長溝通，而且他們以學生的多元文化特性為榮。研究者歸納出這些學校的成功，具有嚴格地挑戰學生須在學習社

會、數學和其他學科之前，必先學習英語的傳統假設的特質。

　　這個挑戰是預備教師與行政人員能創造積極的情境，就像是爲所有學校的英語語言學習者準備一樣，但是很少教師會照著準備的課程上課。教導未來的教育者，爲英語語言學習者發展支持的環境的課程，是基於多元乃是值得珍愛的資源爲前提。因此，他們提供職前教師與行政人員在語言習得與發展的課程方面很多的原理，學校對英語語言學習者、第二語言課程以及其他方面的場地安置是成功的。

　　這些例子是基於所有學生是以可以用來作爲資源的技巧與天賦爲基礎，以達成學習的假設。母語識字能力是這些資源當中主要的，而且母語識字能力是雙語教育的基礎，我們會在後面提到。

▓ 語言多樣化與雙語教育的個案

　　維持與使用一個人的母語的自由，被許多語言學者與人權提倡者認爲是基本人權。例如：「聲明兒童的語言人權」的提案，將語言學放在與其他人權相同的層級。這份提案包括真正地認同本國語言、學習本國語言以及選擇何時使用本國語言。雖然這些權力對語言少數族群學生而言似乎是不證自明的，但對那些被污名化的小孩則不明顯，就像美國大多數母語非英語學生的情況一樣。

　　就像種族融合被認爲對那些被強制分離的人而言，是重要的公民權一樣，雙語教育被許多母語非英語的團體視爲是被平等對待的樞紐。在雙語教育與公平之間有重要的聯結。在教學中使用學生的母語，雖然經常被說成只是語言的議題，但可以被證明在教學中使用學生的母語其實是公民權的議題。這麼做保證在某種程度上，會提供不說英語的孩子以他們了解的語言受教育。不這麼做，數以百萬計的兒童可能註定是教育低成就者，也會限制他們對未來職業的選擇。

　　在1974年，美國的最高法庭承認母語權力與公平教育機會的關聯。起訴人表示1800位說中文的學生由於*San Francisco Unified*學區，無法提供母語非英語的學生公平的學習機會，而在1969年對該學區提

出控告。學生在*San Fransisco*的訴訟中輸了，但是1974年，他們上訴到最高法庭。在具有歷史意義的*Lau v. Nichols*事件中，這個法庭全體無異議地做出判決，法官認為不了解教學中所用語言的學生的公民權的確是被侵犯了。引用公民權法案的第六條，法庭所敘述的一部分如下：

> 僅僅藉由提供學生相同的設備、教科書、教師與課程，並非平等的待遇；對不了解英語的學生而言，事實上是被從任何有意義的教育中排除的。基本的技能是這些公立學校教學的最核心。強行要求孩子在實際參與教育的課程前，必須獲得那些基本技能，是公立學校製造的笑柄。

雖然這個判決沒有強制要求任何的補償，但結果是立即且多方面的。到了1975年，公民權辦公室與健康、教育與福利部公佈一份叫做「補救廖」（*The Lau Remedies*）的文件，該文件成為決定美國學校系統，是否遵守*Lau*這份文件之判決的基礎。事實上，這份文件成為提供認同母語非英語學生、評估他們的英語能力並提供適當的課程的指引。雙語課程成為大部分學校系統共同的補償方法。

1974年的平等教育機會法案（*Equal Educational Opportunities Act, EEOA*），已經成為保護那些語言少數族群學生語言權力的手段。這條法律解釋，任何教育機構未能「藉由教學方案，採取適當的行動，以克服學生的語言障礙」便是否定教育機會均等。在*Lau*案的判決與*EEOA*法案中，雙語教育已經成為學校系統中，使許多學生減少遭受語言歧視的重要策略。

有一連串令人頭昏眼花的雙語教育課程模式與定義。但是總括來說，雙語教育可以被定義為一種包含使用兩種語言進行教學的教育方案，有時是指在學生的學校生涯中使用兩種語言。這個定義廣泛到足以包括許多不同的課程。例如：一個說越南語的孩子，可能受到用越南語進行的核心課程教學，同時又學習英語作為第二外語。越南文化與教學的主要語言越南語聯繫起來時，越南文化通常是課程的一部分，而第二外語的美語也是課程的一部分。這種取向，有時被稱為雙語/雙文化教育，是基於語言及孩子帶到學校的文化必須是在他們的教育中被使用的資產為前提。

在美國，雙語教育的主要目的是發展英語的精熟與讀寫能力。英語爲第二外語本身，是所有雙語課程完整且必要的構成要素，因爲他與母語教學所容納的範圍密切關聯。然而，當以單獨的方式提供時，英語爲第二外語不能被稱爲雙語教育，因爲孩子的母語沒有在教學中被使用。雖然他們在學習英語，學生在英語爲第二外語的課程中，可能在其他學科領域中受苦，因爲他們不了解教學的語言。他們的教育通常只由學習英語所組成，直到他們能在正常的英語語言環境中加以運用。

儘管事實是雙語教育課程正在減少，不同模式的雙語教育仍然能夠在我們國家的學校中被發現。就雙語教育課程的結構與目的而言，雙語教育模式可分爲「弱」（weak）或「強」（strong）的形式。過渡的雙語教育（transitional bilingual education）這種無說服力的形式，可能是美國最普遍的雙語教育形式。在這種方法中，學生接受以母語教授的各學習科目，同時學習英語作爲第二外語。他們被認爲一準備好就可以受益於單一語言的英語課程，他們是「退場的」或在課程之外的「主流」。這個模式背後的理性主義，認爲母語的貢獻應該只是轉變爲英語。因此，學生就讀雙語課程的時間可能有限制，通常是三年。這個限制是1971年由麻薩諸賽州（Massachusetts）創立的，它是第一個授權雙語教育的州，而雖然雙語教育本身已不存在麻薩諸賽州 （2002年透過無記名投票的創制權，被一年期英語浸濡方案（one-year English immersion program）所取代），但已經成爲其他州的模式。

發展或保留雙語教育（developmental or maintenance bilingual education）被描述爲雙語教育的「有力」（strong）形式，因爲他提供更完整與更長期的方法。在過渡取向的雙語教育中，學生接受母語的教學，同時學習英語作爲第二外語；差別在於雙語教育通常不限制學生在這個課程中的時間，目的是藉由在教學中使用兩種語言，發展兩種語言的流利度。學生停留在這個課程越久，他們就變得越能運用兩種語言，因此，他們所被揭示的是較爲平衡的課程。也就是，他們可能接受相同總量的以英語進行的教學以及以他們的母語進行的教

學。

　　另一個雙語教育的有力形式，是雙向雙語模式（*two-way bilingual model*）。這種課程模式融合母語是英語及英語爲第二外語的學生。這種方法的目標是在所有學生間發展雙語的熟練度、學業成就及積極的跨文化態度與行爲。因爲所有學生有相當的技巧去互相分享。所以，這種方法適合於合作學習與同儕輔導。雖然部分雙向課程是既有的過渡取向課程的一部分，但通常沒有時間限制，因此，至少對學習英語的學生而言，有相同的進入及離開的標準。雙向課程秉持擴張我們國家的語言資源，以及促進主流與少數語言團體之間關係的承諾。

　　不同的方法與策略在雙向雙語課程中被使用，而差別則是以學生註冊、該課程的設計以及特殊的社群（*community*）爲基準。大部分雙向課程在不同階段使用學生的母語或第二語言。例如：在一個西班牙語/英語的雙向雙語課程中，所有幼稚園到二年級的學生，可能他們的學業內容有百分之九十是西班牙語，百分之十是英語。從三年級到六年級，相同的這些學生可能西班牙語及英語在教學時有相同的量。雙向模式的結果已經非常明確。在一個以超過160所有雙向課程（最主要是西班牙語/英語）的學校所做的研究中，*Donna Christian*發現雙向課程對於教說英語的學生以及說英語以外語言的學生而言都是有效率的。另一個最近的雙向課程的研究，發現很多高中生在小學時都參加雙向雙語課程，這些人對學校有積極的態度，並且期望進入大學。再者，這個研究中的許多西班牙學生，相信雙向方案讓他們免於被高中退學。研究者*Kathryn Lindholm-Leary*及*Graciela Borsato*，在這個研究中指出，於西班牙學生間發展出「復原力」（*resiliency*）的感覺，特別是在來自低收入家庭的學生間發展這種感覺。

　　其實雙語教育通常是比其他以英語爲第二外語的教育更有效率的，不只是經由母語學習的內容如此，而且學習英語也是這樣。這個發現已經在這些年來的許多研究中被重複提出，包括由教育、多樣及卓越研究中心（*Center for Research on Education, Diversity, and Excellence*）所主持的總括性研究摘要（*comprehensive summary of research*）。假如認爲學生在雙語課程中，連同仍以英語上的教學科

目都被賦予繼續教育，這種外表上看似矛盾的結果是能被理解的。學生是以他們先前所建立的讀寫能力爲這些課程的基礎，但是這種情形可能不是*ESL*課程的情況，*ESL*課程集中於英文文法、語音及其他在真實的及每天使用的語言脈絡之外的語言特徵。即使在1988年美國加州（*California*）反對雙語的氣氛中，也有驚人的結果被發現。從*San Francisco*及*San Jose*的成就測驗分數發現，完成雙語教育的學生通常在閱讀、數學、語言及拼字方面，表現得比母語爲英語的孩子好。這些進步有許多是令人印象深刻的，而這種情形剛好在227法案之後的一個月被報導，該法案無異於禁止－或至少使雙語教育的使用在這州更爲困難。最近，諸如此類的倡議，已經在亞利桑納州（*Arizona*）（2000年11月）和麻薩諸賽州（*Massachusetts*）（2002年11月）通過。近來由*Wayne Thomas*及*Virginia Collier*進行的研究，已經再次證實這種雙語教育取向是卓越的。

雙語課程可能有其他次要的有益影響。這些影響包括激勵學生繼續留在學校而不會中輟、讓上課更有意義，後者通常是指讓上課經驗更愉快。對本章後面個案研究中的*Manuel Gomes*而言，這當然是真實的。因爲他的老師說*Crioulo*語（譯者按：上部基尼，非洲幾內亞－比紹的語言之一），並與學生關係密切，這使得*Manuel*從母語過渡到英語的歷程比可能有的情況更爲容易。相關的現象可能是雙語教育加強兒童與他們家庭成員間的親密關係，假如他們只以英語被教學，又失去他們的母語，雙語教育可以促進他們比一般情況有更多的溝通。這是對超過1000個以英語爲第二種語言的家庭，進行的國際性調查之發現。當小孩子在學校學習英語，並且喪失了他們的母語，嚴重的家庭關係崩潰就會發生。

爲什麼對雙語教育有歧見？

回顧始於1970年代早期，全球大量對雙語教育進行的研究時，*Jim Cummins*推斷雖然花了相當多的教學時間，讓學生透過少數語言

學習，但學生沒有在以主要語言（在我們的例子中，這是指英語）爲學業技能的發展中有損失。他也發現，試圖發展雙語主義及兩種讀寫能力－也就是，兩種語言的讀寫能力－的課程，比只有英語或快速退場（*quick-exit*）的雙語課程有更佳的結果。最後，在回答「英語教學時間（*time-on-task*）較多，會有較好的英語成就嗎？」這個問題時，*Cummins*說：「答案很簡單，不會」。

爲什麼會對雙語教育有爭論呢？雙語教育經常是有爭議的。支持者與反對者早就看出雙語教育能增能賦權於弱勢團體。因此，這個議題不在於是否雙語教育起作用，而是真正運作的可能性。雙語教育挑戰傳統美國教育的說法，該說法認爲爲了成爲成功的學生及「真正的美國人」，必須要遺忘母語及原生文化。雖然雙語教育聽起來是以教學論爲基礎的，但雙語教育是超越所有而成爲政治議題的，因爲它與我們的社會中不同團體的相對權力或缺乏權力有關。

假如我們要爲所有學生發展有效的課程，了解雙語教育以及多元文化教育的政治本質，是很重要的。雙語教育一直都是有爭議的，因爲它意味著階級以及傳統上是從屬團體的種族群體利益，並且在教育上的主張解放。相反地，當說英語的中產階級兒童參與雙向雙語課程時，爭議較少。在一個雙向課程的研究中，*Barbara Craig*發現說英語的家長對雙語教育的確有很大的支持，因爲他們的孩子將會很早發展西班牙語的流利度，並增加生涯規則的選擇性。

成功的雙語課程已經顯示當學生在學習英語時，可以透過他們的母語學習並且完成學業。這種成就與保守的理念相對立，保守的理念要求回到傳統課程與教學。假如基礎意味著只重視歐洲中心的課程及英語的語言，成功的雙語教育有揭露「基礎」的神話之虞。事實上，英語流利雖然是必要的，卻不保證母語非英語背景的學生在學校或後來的人生會成功。由*Alejandro Portes*及*Rubén Rumbaut*所進行的研究，發現他們從國籍來研究學生，英語說得最好的學生（包括加勒比海岸國家的人及菲律賓人），未必是那些有最高收入或是最高級的管理者及專業人士。另一方面，中國人、其他亞洲人、哥倫比亞人及其他拉丁裔美籍人士的英文相當不流利，但他們的收入比說英文的人

多。因此，英語流利不是唯一的解釋。根據*Portes*與*Rumbaut*的說法，在某些情況下，移民被接受並融入這個社會的方式，也有很大的關係。

使語言少數族群學生有希望的教學

雖然雙語教育明顯地優於單語教育，但期望雙語教育對所有母語非英語學生產生作用是不實際的。雙語教育經常被認為是所有母語非英語學生教育問題的萬能藥，但是，即使有雙語教育，許多孩子似乎仍面對教育失敗。沒有方法或課程可以是所有教育問題的仙丹。重要的議題像是貧窮、種族主義、接受且融入社會中，而結構的不平等也需要面對。只是以一種語言代替另一種語言，或由褐色臉龐的*Dick*與*Jane*以西班牙語寫的書籍（譯者按：“*Dick*與*Jane*”是一本用來教小孩子唸英文的書）並不保證母語非英語學生的成功。對課程（甚至對好的課程）期望太多會有反效果，因為在結果產生前，兒童又再次被譴責了。

如同我們所看到的，有效的教學不只是以另一種語言教導學科，而是要發現方法，在學生的教育中，有意義的使用學生的語言、文化與經驗，即使當雙語教育比*ESL*或沈浸的課程更有效率時，這類教室中的教學法還是常常再製傳統的「粉筆與講述」（*chalk and talk*）或「灌輸」的教學方法。假如雙語教育是要挑戰這類教學法，就需要設計更不一樣的以及更能賦權的環境。

雙語教育另一個必須處理的問題是，雙語課程對成功的一般定義。雙語課程，特別是具有過渡焦點（*transitional focus*）的弱（*weak*）模式的雙語課程，意味著在一段特定時間中的「自我解構」（*self-destruct*），這段時間通常是三年。在這些課程中的成功，是由學生能多快由雙語教育轉至主流教育來評估。在這種情形下，雙語課程的真正存在是基於「補救教育」的哲學，因此進入學校的學生不管稍懂或不懂英文，都被認為是需要補救的。學生的另一種語言的知識被認為是可以用來支撐他們，直到他們精熟教育中被認定的「真正

的」語言為止。有一點感到詫異的是，這類課程經常被家長及教育者視為是沒有效果的。此外，因為大部分雙語課程是為貧窮的孩子而開的，他們就讀高度貧瘠（high-poverty）的學校，雙語課程與其他專為貧窮兒童而設的課程一樣，遭受缺乏適當資源的苦，包括缺乏訓練的教師以及很少的課程材料。（要強調的是，當教職員參加聚焦於第二語言習得及多元文化議題的教師儲備課程時，他們將來會比沒有接受這種儲備課程的教師更適合教雙語課程。）

以這種觀點來看，令人有點訝異的是，許多家長不希望他們的孩子就讀雙語課程，或這些課程經常被孤立，並且在學校裡被隱蔽。學生們對這點非常清楚。結果，部分母語非英語的學生無意識地因為拒絕在學校說他們的母語，而使他們的語言發展陷於困境。在這個歷程中，他們放棄一種可能有益於他們學業成就的語言，用這種語言比他們使用不流暢的英語，更能幫助他們有高層次的認知技巧。

相對於在大部分雙語教育課程的座標方格之下的快速退場哲學，研究已經證明學生通常需要至少五到七年去發展在學校學業成功所需要的英語熟練度。大部分課程最多只容許學生持續三至四年，因此只能期待部分正向的結果。研究證據直接與課程實施形成對照。雖然這樣，許多課程是成功的，因為他們比完全沒有提供母語支持的課程好一些。

許多學區的共同問題是他們的學生人口（population）中有很多的語言團體，稱為低發生率的人口（例如：講特殊語言的學生，可能因為說這種語言的人不夠多，而無法再合法地給他們一種雙語課程。這種情況經常是發生在亞洲語言以及一些歐洲語言上）。為這些小團體的每一個團體提供雙語課程，不但不實際而且也不可能。在這種情況下，最通常的課程實務是一些ESL的方法。

事實上，大部分雙語課程是基於不同學生的需要而將學生分開，也是有問題的。雙語教育被一些人描述為像能力分班一樣，因為為了教學，學生被與他的同儕分開。雖然分開的這些理由是合法的，並且是以研究及教學論的意見為基礎，實施分流實際上違反教育機會均等的原則。這使雙語教育在民主社會中成為棘手的議題。加上研究證明

主張學生應該持續在雙語教室中，直到他們以英語發展充分的學業能力為止，而且我們要一些學生留在隔離的語言環境中，最主要是為了他們的學校教育。不過，你必須記住，隔離母語非英語的學生的做法在有雙語教育與「抽離式」（*pull-out type*）的*ESL*之前便已存在（而且這種隔離甚至在現今更為強烈）但卻很少有提出反對隔離的批評。

事實上，拉丁裔的學生顯然是雙語課程中人數最多的，他們現在是在美國學校裡被隔離最嚴重的群體，而且雙語教育卻避開此種現象。這要歸咎於「白人飛馬遷徒」（「*White flight*」）這個刪減巴士載運學童的政策以及居民居住形式的被隔離。我們必須相信有時對學生在雙語課程中不一定要被隔離的評論，是基於在意識形態上反對使用學生的母語，而不是對保護學生公民權的重視。

然而，每個雙語課程都有無數的機會，可以比現在這種情況更有意義地融合學生倒是真的。在雙語課程中的學生可以跟他們說英語的同儕一起參加藝術、體育和其他非學術性的課程。雙語課程也可以更有結構地融入學校，而不是成為建築物中被分離的羽翼，所以雙語及非雙語教室的教師可以合作。可惜，卻很少發生，因為雙語教師跟他們的學生一樣，忍受「雙語」標籤的重擔。雙語教室的教師被假設是較不聰明的、在學業準備上較不佳的、比非雙語教師無能的－雖然事實上他們已經適當地預備好，他們在兩種語言上都是流利的，並且已經為教導不同的學生發展廣泛的教學方法。因為許多雙語教師是來自與他們所教的學生相同的文化及語言背景，他們帶著必要的多元的基礎到學校，但是大部分學校沒有找到有益於他們存在的方法。

雙向雙語課程為融合及提高學業成就提供另一種機會。如同我們已經看到的，有各個年級以及來自所有民族、語言及社會階級背景的孩子，可以受益於雙向雙語課程，也因此達成社會的與教育的目標。

最後，有必要區別母語非英語學生及較大範疇的移民學生。如同*A. Lin Goodwin*直接指出的，通常的情況是將兩者混合的，似乎所有移民學生在他們的英語精熟上是受到限制的，不然就是所有是英語語言學習者的學生都是移民者。這兩者都不是正確的。事實上，有許多英語學習者是市民（例如：波多黎各人或其他學生，他們是第二代甚

至是第三代）；也有英語是母語的移民（例如：牙買加人）。因此，教師了解母語及民族血統的差異是有必要的。

摘要

　　語言差異可能影響學生學習的方式有很多種。這些差異不一定是學習的障礙，但是我們的社會當中語言主義的歷史已經致使他們如此。美國的語言政策及實務從不願意接受語言多元以至於十分地有敵意，我們也已經看到認同學生的母語對他們的學習可能產生的正面影響，即使教師不說他們的學生的語言也可以教得很成功。事實上，教師們一定會成功，因為英語學習者在全國的教室中都可以找到。正因為如此，英語語言學習者是所有教師的責任，不只是*ESL*及雙語教育專家的責任。這意味著所有教師需要熟悉第二語言習得的理論與教學方法，並且必須對他們的母語非英語的學生發展正向的態度。

　　雙語教育無法完全扭轉母語非英語學生失敗的歷史；期待這麼做是不合理及天真的。然而，雙語教育已經被證實是一種對所有英語為第二外語的學生有效的課程，因為它是基於對[同化＝成功]這個公式的主要批評，該公式是我們大多數的教育政策及實務的根據。單獨只有這個公式無法改變學生的成就的事實，顯示影響學習的因素之錯綜複雜。

　　我們也指出當為英語學習者而設的課程地位低落，以及當學生為了教學被分開而引發的一些問題。雙語教育當然不是教導語言多元學生的唯一方法。例如：即使在雙語課程中，當強調低程度的背誦與練習時，傳統的教室練習變得沒有挑戰性。就像是*Luis Moll*所主張的，結果剛好是在這個研究中所提出的主要問題（例如：「兒童花多少時間在雙語教室學英語？」或是「雙語教育會妨礙學生的同化嗎？」）逐漸損害學生的母語、文化以及經驗在他們的學習中的角色。*Moll*相信強調低程度的技巧已經賦予雙語教育一種「勞工階級的認同」，這種認同不像以前一樣為特權階級學生所用。

思考題

1. 探究「只說英語」運動。你認為它是一個語言主義的例子嗎？為什麼是或為什麼不是？

2. 為什麼你認為雙語教育有時有爭議，有時沒有爭議？回顧最近在加州（*California*）、亞歷桑那州（*Arizona*）、科羅拉多州（*Colorado*）以及麻薩諸賽州（*Massachusetts*）公投的個案作為例子。

3. 「我的民族沒有雙語教育；為什麼給其他民族特別待遇」的論點經常被提出，特別會由歐裔美籍人士的後裔提出。這是一個令人信服的論點嗎？為什麼是或為什麼不是？

4. 假如你是一所有很多母語非英語學生人口學校的校長，你將如何應付這種情況？如果你是那些學生中一位學生的家長，你又將如何？如果你是一位老師呢？

5. 當 *ESL* 這個詞被使用時，有些人很不高興。他們相信英語應該是住在美國的每個人的第一種語言。為什麼人們有這種反應呢？你將會跟主張這種想法的人說些什麼呢？

適用於個人、學校及社區改變的活動

1. 假如你現在不是說英語以外的另一種語言，選修一門課學習一種語言（較適合的是你的許多學生講的語言）。把你的省思寫成日誌，寫下你學到的事；成為另一種語言學習者的感覺是什麼；你跟學生的關係是否改變；假如你和學生的關係有所改變，這些改變如何影響你的教學策略？

2. 要求你的學生作一個「語言清單」。也就是，要求他們找出他們的家庭成員，有多少人習慣說另一種語言；他們現在說的或以前說的是什麼語言或哪些語言，假如他們不再說它，為什麼他們不說了。如果可能的話，鼓勵學生訪談家庭成員，且錄下訪談內容。讓學生

將結果帶到教室，並使用它作為一堂課或美國語言多樣化單元的基礎。

3. 找出你學校所具有的，關於英語以外的其他語言在教室中、運動場及學校的其他區域使用的政策。假如有一個「只說英語」的政策在這些區域的任何一個當中，找出它是怎麼來的。問其他教職員及家人，他們對這種政策的看法。假如你不同意這個政策，發展一種行動計畫來說明它。

● ●

個案研究

Manuel Gomes

「首先那是一種提心吊膽的，特別是假如你不懂這個語言」。

你注意到*Manuel Gomes*的第一件事是他持續地在遷移，就像是引擎已經發動，而他已經準備好轉換到第四檔，沒有經過其他檔。*Manuel*有具感染力與幽默活潑的感覺、積極的生活態度、矮小的身材以及幾分皺紋的容貌。*Manuel*19歲，今年即將從高中畢業。

在許多都市高中學校裡，19歲不再是太晚畢業的年齡。日漸增加的情況是移民學生畢業得相當晚。原因之一是，移民及流亡學生可能被留級，不適當地被安置在特殊教育中，並且有因語言差異或學業進步緩慢為由，而被安置在後段班（*low academic track*）的危險。*Manuel*已經畢業是值得注目的，因為外國學生的輟學率將近百分之七十。

*Manuel*11歲時，跟他的家人從維德角（*Cape Verde*）（譯者按：非洲大陸最西邊，領土有一半是海島國家）來到波士頓。在1975年從葡萄牙獨立之前，維德角的人民大量外移。正式文件估計將近18萬維德角人在1970年到1973年間，自願外移，他們當中有20,000人來到美國。遷移的歷程始於17世紀末，來自新英格蘭的北美捕鯨船的抵達。

到19世紀結束時，在麻薩諸賽州已經有可觀的維德角社區。目前，住在海外的維德角居民已經超過住在本島的兩倍。住在美國的32萬5千人（幾乎與住在維德角島的人數一樣）是在維德角島之外最大的維德角人社區。

維德角是非洲西岸的十個大型及幾個小型島嶼中的一個群島，在忍受超過400年的葡萄牙殖民後，被遺留在貧窮中。例如：識字率在1981年是百分之十四，明顯顯示大多數人民缺乏教育機會。自從獨立後，這種情形有顯著的改進，1987年的識字率超過百分之五十七。雖然該島的官方語言是葡萄牙語，混合語是一種葡萄牙黑人的混合語 *Crioulo*。

在美國的大多數維德角人住在新英格蘭地區（*New England*），特別是羅德島（*Rhode Island*）及麻薩諸賽州。*Manuel*的家人，像大部分人一樣，因為經濟的理由移民到美國。雖然在維德角是正式的農夫，他們很快的就在都市環境中安頓下來。*Manuel*的父親找到一份晚上在市中心清理辦公室的工作，而他的母親則留在家裡照顧他們的許多孩子。他們來到有很大維德角人社區的波士頓，目前他們住在由這個大家庭的其他成員所擁有的三層樓（*three-decker*）公寓。鄰居曾經是勞工階級的愛爾蘭團體，現在則有多種種族。附近有大天主教教堂，這座教堂靠近街上的越南及維德角人的餐廳。老舊的房子、街上的喧囂聲、以及群眾，加入老舊卻又仍然生氣蓬勃的都市社區中。

*Manuel*是11個孩子中最小的，也是家中第一個從高中畢業的人。他在到達波士頓之後，就讀雙語課程好幾年。在課程中教學用的語言是*Crioulo*。麻薩諸賽州議會在1977年通過立法，將*Crioulo*視為一種有別於葡萄牙語的語言，並要求說*Crioulo*語的學生被安置在與說葡萄牙語學生分開的課程中。因為教材很少或根本沒有教材，老師幫助發展適當的教材，結果是湊合著找到說*Crioulo*語的老師。雖然安置維德角的學生在分開的課程中，可能會產生行政上的問題，但在理論基礎上聽起來是符合教學論的。學生應該在他們所講的以及理解的語言中學習，而不是用他們的第二或第三語言進行學習。

將課程分開（*Crioulo*雙語課程）的另一個結果是教師、學生及家

長間發展出強烈的社群（*community*）的感覺。部分教師以及其他在這個課程中的教職員，密切地融入這個社群的生活，家庭與學校之間的區別，尤其是對移民的孩子而言，已經緩和了。*Manuel*的參與雙語課程，證明雙語課程在*Manuel*的教育中產生決定性的影響，因為雙語課程可以幫助學生較沒有創傷地過渡到英語及美國的文化中。然而，他不斷提到「適應」學校及一般社會有多困難。

像美國的大部分大都市一樣，波士頓是高度多元的大都會地區。從這條街走到另一條街，聽到世界各地的語言、聞到不同大洲的食物、聽到各式各樣文化的音樂，並不是不尋常的。雖然很多元，但也可能因為多元使這個城市呈現緊張狀態，包括多元的經濟受益以及民族間的（*interethnic*）敵意。這些緊張狀態在許多場所很明顯，學校也包括在其中。伴隨隔離而來的問題是，使這個都市有長期及紛亂的歷史，且目前仍然是顯而易見的。例如：這個都市的學校，自從法庭下令廢除黑白分離政策之後，經歷白人與中產階級學生人數百分比大量減少，即使曾經被高度重視，但已經喪失資源與影響力。

*Manuel*對將來只是做粗略的計畫，但是他現在已經在市中心一家旅館工作，而且想要使用他在高中學到的計算技巧在銀行找工作。他在二年級戲劇課的正向經驗，伴隨著他的偉大熱誠及情感表達，已經激起他繼續從事這行的慾望，或許會從事廣告工作。他已經開始打聽這種可能性。他也談到繼續他的教育，並且可能在最近，到社區學院註冊。

*Manuel*對於能從高中畢業感到既興奮又驕傲，但是這反映了完成高中學業是多麼困難。這個主題主要是描述*Manuel*同時兼具學生及移民的經驗。他及他的家庭成員彼此支持是另一個重要的議題。最後，雙語教育扮演調解的角色或許是他作一個成功的學生重要關鍵。這些主題的每一個都將在後面作深入的探討。

移民的痛苦與害怕

我們在維德角的生活方式不同於美國。我們的文化完全不同，所以我們必須開始以不同的方式在美國生活……當你來到美國，那是一種迷惑。

在維德角我喜歡上學，因為你認識每個人，而且你的朋友都在那裡。

在我們的國家，我們對待人們是有差別的。那裡沒有犯罪行為。你不需要擔心人們搶你（jumping you），偷走你的錢，或自己單獨在夜晚行走。不需要害怕那些。在維德角，你不需要擔心你的孩子會發生意外或吸毒。

我的父親和母親以前在大農場工作。我們習慣種馬鈴薯、玉米、豆子之類的作物……我們有很大塊的土地。我們每一個季節都耕種。我們有牛，我和哥哥曾經作過餵牛、帶他們散步、給他們水喝、給他們飼料之類的工作。我們往往將牛奶賣給有錢人，而我一直都是送牛奶的人。那是一種樂趣。每次我到那裡，這些有錢人就會給我食物。我很喜歡（笑著說）。他們習慣給我蛋糕以及像是餅乾之類的東西，我喜歡那些東西。

我們有很多穀類，並且我們會把一些給窮人，那些沒有東西的人……我們有很多朋友和原料。

當我們到美國時，全然不同。

在維德角，有傳言說在這裡生活較容易。所以每個人想要到這裡來。有傳言說一旦你到這裡，你會發現錢圍繞在你四周。所以，當你想要到這裡來時，不相關的人就會有很大的騷動。「喔，你要到美國，富有的國家。」像是這類的話。所以他們認為一旦你到美國，你就有……財富了。我們國家的人的確認為我們在這裡是富有的，我們是卑鄙的有錢人，錢圍繞著我們，我們吞了錢，不與他們分享。

我在許多方面感到失望，特別是對犯罪行為，特別是對兒童。他們不尊重彼此，不尊敬父母。那是非常不一樣的，很難以置信的。

我很害怕。有幾次有人搶我，試圖偷走我的皮夾跟食物之類的……那是一種恐怖的情境。

那些沒有困擾我，但是假如他們要開始跟你打鬥，而你像老師一樣，想跟他們說理，他們卻無動於衷，那才是困擾。

他是少數的學生之一。我認識這個大塊頭的黑人孩子，他有三次試圖攻擊我。當時我的哥哥正要到同一所中學，所以他跟我大哥打了一架。在那次之後，攻擊事件才稍稍平靜下來。

如果你超過他們，孩子們可能設法來傷害你⋯⋯那曾經發生在我身上。我曾經超越一個卑鄙的孩子，而他設法攻擊我。他說：「你作什麼？」，我說我很抱歉，而他說：「那還不夠」，然後他試圖毆打我。他沒有打我，但是他很憤怒。

你應該習慣那種事，那就是為什麼許多維德角的孩子到了美國之後改變的原因。他們變得像許多美國的孩子一樣暴力，所以是令人悲痛的。對家長而言是很辛苦的，家長不習慣那樣，而很多這種情形發生在我們附近的家長身上。這也發生在我家。我有一位遠親，他的母親試圖自殺，因為她的兒子買賣毒品，並且與這一帶的不良份子掛勾⋯⋯這個兒子幾乎死掉，因為有個人狠狠地打了他，那是很難過的事。

他們設法對這件事嚴厲處理。但是孩子試圖仿效在這裡出生的孩子，試圖外出作當地孩子作的事，那是一種青少年的壓力，所以很困難。

假如你跟不良份子掛勾，你就會有大麻煩。你剛剛改變⋯⋯並且你將會成為你不希望成為的人⋯⋯或許你會在監獄終老。

我曾經在這裡八年，而且我從未跟不良份子勾搭。在我一生中，我從未嗑藥。我從未聞過煙味。所以，當我看到其他孩子做那些事時，我真的很厭惡。特別是當你看到你的朋友作那些事時⋯⋯所以我必須說：「走開，我不希望過那種生活⋯⋯。」所以我必須與他們分開。

我曾經很難找到不做那些事的朋友⋯⋯假如你厭惡你的朋友所做的事，就很難跟他們作朋友。

開始學習這種語言對我而言是困難的。而開始交朋友也一樣，因為你必須開始交新朋友⋯⋯當美國學生看到你有不同的文化時，與他們相處是種困難，一種不同的穿著方式以及諸如此類的事。所以在開始的時候，孩子真的盯著你看並嘲笑你。

當你在學校看到一個你喜歡的女孩時，你很難表達自己，並且告訴她你對她的感覺。當你甚至不知道這種語言時，那是一種難堪。我曾經有難堪的時候。

首先，那是一種害怕，特別是你不知道那種語言，在那裡又沒有朋友。

許多人學習語言的速度很慢，而一些人很容易抓到要領，對我而言是不容易的⋯⋯像是字的發音之類的事。葡萄牙語跟英語的發音是不同的，那有一點難。

我不認為我想要成為美國公民⋯⋯告訴你實話。我一點也不喜歡美國⋯⋯我喜歡美國，但是我不喜歡美國的生活方式。那與我的觀點不同。我正在考慮的是在美國工作10年，然後回到我的國家，因為美國是

一個暴力的國家。在這裡有犯罪行為、有毒品，很危險。

在家庭中角色顛倒

我帶〔我的父親〕到醫院。然後我發現他有癌症。醫生告訴我他有癌症。我不想告訴他，因為他討厭生病而死。假如你告訴他他即將要死，他會在他死前殺了你！

這事在我就學時發生，所以我缺了一些課……我是當時唯一能理解這種語言以及這類事情的人……真正的重點是我必須要告訴他。當我必須告訴他時，我是很難過的，因為要告訴父親他有癌症很困難。

我很擔心。而我必須向全家人解釋。至於醫生方面，我必須替他作翻譯及其他類似的事情，告訴他發生什麼事。而且我必須告訴全家他生病了以及其他相關的事情，那對我真的很困難。

因為他們不說英語。我必須代替他們翻譯以及諸如此類的事。所以我通常是很忙的……我們有一個大家庭。我必須幫忙他們。

假如我覺得我有來自家庭的支持，假如他們只知道這種語言……假如他們受過教育，我可以很成功，你了解我在說什麼嗎？……我將有一個較好的機會，較好的命運。

我對（畢業）感到很高興。那對我而言有很多意義。那意味著我作了一些我覺得驕傲的事。那感覺很好，而且我真的想要繼續受教育，因為我是這個家庭中第一個高中畢業的人。而且我想要有成功的人生。

我只想幫助他們，我想成為幫助他們的那個人……他們不支持我，但是我想支持他們。

我的母親以我為榮。我的父親也是……

當我發現我的父親有癌症時，那對我是很困難的，因為，你知道的。我真的想要畢業。我只想讓他知道我可以是大人物。我確實做到了，為了他，我設法從高中畢業。

雙語教育作為語言文化的調節

通常一個維德角人，他看起來像是個好人、有教養的人。不是所有人都如此，但是百分之七十的維德角人，看起來是有教養的……他們不

會是暴力的……你可以辨別維德角人……假如他開始朝向你。那是一種他是維德角人的無意識的跡象。假如他開始注視你，他是維德角人。

當我們注視美國人時，我們會有麻煩。他們可能認為我們正在談論他們之類的，所以我們必須改變那種行為。我們必需習慣不要過度指著人並且盯著他們看，因為美國人不習慣人們注視他們。

我們在我們國家怎麼作呢？我們觀察人。那對我們維德角人不算什麼。那是正常的。但是假如我們對美國人這樣做，我猜那會讓那個美國人感到不安，而且他會問你：「你在看什麼？」或「你為什麼看著我？」並且開始質問你，而且你或許會開始有麻煩。

那對我們而言是正常的，那就是為什麼其他人得以了解並不是每個人有相同的文化；不是每個人都一樣，所以有一些人不了解。

像一個西班牙人（Hispanic），他通常作什麼，他們以不同的方式使用他們的身體……對西班牙人而言，他們作什麼，他們用他們的嘴唇指東西，他們去（展示嘴唇的皺紋），所以，那是不同的。其他文化，他們可能使用他們的頭，他們可能使用他們的眉毛。

了解其他民族的文化與其他國家的差異是好的。美國是由不同國家組成的，而我們應該知道一點關於每一個國家的文化。

我認為（教師）能幫助學生，設法影響學生，他們可以作任何他們想作的事，他們可以成為任何他們想作的人，他們有機會……大部分學校不鼓勵孩子成為所有他們可能成為的人。

他們所需要作的是設法在他們影響學生前認識學生。假如你不認識一個學生，就沒有辦法影響他。假如你不知道他的背景，就沒有辦法跟他保持接觸。假如你不知道他在哪裡出生，就沒有辦法影響他。

你無法忘記（你的文化），那是你的一部分。你不能忘記一些像這樣的事……你必須知道你是誰。你不能拒絕你的國家並說：「我是一個美國人；我不是維德角人」。

那是許多小孩子到美國後所做的事，他們改變他們的名字。他們說：「我是Carl……。」他們希望作美國人，不是維德角人……，那是錯誤的，他們在愚弄他們自己。

我認同我自己是維德角人，我不能成為美國人因為我不是一個美國人，就是那樣。

（描述你自己作為一個學生）我不是天才（笑聲），（但是）我知道我可以作任何我人生中想作的事，任何我想作的事，我知道我可以做到，我強烈地那麼認為。

評論

　　*Manuel*在表達他憂慮成為一個移民與學生時口才很好，他關心他的學業成就、畢業的動機及繼續升學。

　　但是，在他展示出有時是牽強的熱誠背後，*Manuel*的聲音也在傷心處顯出悲傷的味道。當討論到他早年在維德角的經驗時，他的表現方式改變了。雖然上學的環境明顯地很困難，他在一所擁擠的，有許多其他所有年齡學生的一個房間的校舍，在那裡體罰是常有的事－這使上學變成終年都很「恐怖」，*Manuel*把他在那裡的經驗理想化。他似乎已經忘記他在維德角曾經有過的惡劣的生活，雖然他的確承認他不喜歡耕種。當他現在回想過去，雖然維德角的生活困難，那裡的生活至少比較容易、較熟悉。*Manuel*經常拿美國的犯罪和暴力，與看來似是誇大的兒時田園生活相對照。在訪問他時，他也拿孩子的養育形態、孩子對成人的尊敬和美國社會關心如何快速賺錢（*quick-money*）來跟其他在維德角的價值觀念作比較。

　　*Manuel*描述當他剛到美國時，被同儕認為是「不同的」，他感到傷痛。例如：其他孩子會叫他（『「外國人」之類的』）並且嘲笑他（「當其他學生開玩笑時，那真的會影響一個學生」）。到他上高中時，這種情況改變了，但是那些歲月永遠銘記在他的記憶中。

　　由移民引起的危難是多面向的。移民不只是丟下一個曾經熱愛的以及熟悉的國家，而且他們也離開一種無法在寄宿國家找到的，足以完全表達自我的語言與文化。此外，他們進入一種「可怕的」一種情境，雖然這種情境可能提供許多意想不到的可能性。*Manuel*對於他在美國的經驗是矛盾的。他尚未有美國公民權，而他也不確定他是否想要。

　　*Manuel*所描述的許多痛苦的事件，大多聚焦在民族間的競爭與暴力。這種情況是被保護的秘密，特別是在許多都市學校。學校當局可能害怕被貼上種族主義者的標籤，不願意面對存有偏見的行為與學生間引發的衝突，無論他們是否捲入黑人與白人學生間或不同有色人種學生間的衝突，這個議題一直是真實的而且越來越顯著。種族的刻

板印象及綽號是很尋常的，但這些在看似最敏感的學生身上是很明顯的。例如：*Maunel*對「大塊頭黑人孩子」的評論強化了美國黑人是令人畏懼且暴力的刻板印象。也因為他們的地位低落，大部分移民學生在高中是在社會階級的最底層。

因為他們的父母親英語不流利，並且缺乏美國風俗民情的知識，許多移民孩子體驗了與父母親角色對調的經驗。根據*Alejandro Portes*及*Rubén Rumbaut*對移民兒童的廣泛研究，他們的解釋是：「當兒童的社會化超越他們的父母時，角色對調就會發生，重要的家庭決定變成要依賴兒童的知識。」例如：*Manuel*在他的家裡執行「語言中間人」的角色，因為他是與這個大社區中的學校、診所或其他機構互動的公關臉（*public face*）。當他的父親兩年前得到癌症時，*Manuel*作為翻譯者的角色就特別鮮明。因為他的父母只會一點點英語，*Manuel*扮演告訴父親得到癌症的特別角色。這個經驗對他有很大的影響，特別是因為父親的癌症已經被認為是末期了。在講述他父親的壞消息時，*Manuel*的話表達了他極度的憂慮。另外，他也必須告訴父親他需要動手術。他父親的記憶中，動手術在維德角不是一件簡單的事，在那裡手術只用來作為醫療的最後手段。根據*Manuel*的說法，在維德角動手術，復原的機會很小。雖然他的父親看起來似乎已經從極為不利的癌症復原，這個經驗留給*Manuel*相當的震撼。他的成績也在那段期間變差。

其他重要的以及耗力的家庭責任，對與*Manuel*有相同處境的年輕人而言是熟悉的，但是老師或學校不一定會知道。由許多移民學生擔任家庭翻譯者與裁決者的角色，導致權力及地位由家長轉移到孩子身上，這種交換的情況可能導致家庭更多的衝突。此外，這個角色常將學生從學校帶離開，以照顧家裡的事。教師不習慣這類的成人責任，而將學生的缺席或遲到視為是家長不關心教育的徵兆或者是學生不負責任。事實常常恰好與此相反；也就是說，正是最負責的年輕人，才會在家料理重要的家庭事務。再者，判斷家長不關心他們的孩子的教育，是基於教育是他們生活中最關心的事的假設。對努力要在帶有敵意的環境中生存的家庭而言，這個假設是值得存疑的。

　　這並不代表家長遺忘了教育的好處，可是他們更需要致力於維持他們的基本需求。這就是身爲學生和家庭擁護者的學校可涉入之處。學校能藉由發現學生與家庭需要的服務或幫助家長想出照料家庭的方法，不需讓他們的孩子離開學校。

　　其實家庭仲裁人的角色已經明顯地讓 Manuel 超齡的成熟，從另一方面來看，他已經在打算他自己的許多事。因爲其他家庭成員不熟悉英語，他們無法給他在學校所需的協助。例如：他們很少拜訪他的學校。這並不驚訝，因爲家長參與學校在大部分國家是很少的。家長覺得，在孩子上學後，教育孩子就是學校的責任。本質上，家長將他們的孩子交到學校，希望學校會教育他們。遽然下結論說這些家長不關心教育，並無法達到目標。說得更恰當一點，大部分有經濟壓力的家長都了解教育是相當重要的角色，並不斷地向他們的孩子強調這點。用這種信念作爲提升家長參與他們孩子教育的基礎，比忽略家長的不關心，更能促進家長參與。

　　在 Manuel 的許多解說中，以雙語課程做爲語言及文化的調解者的角色是明顯的。例如：他對文化以及文化的現象相當有知覺。這在雙語課程中重複出現，在這種課程中文化與語言成爲課程的主要焦點。對他的拉丁裔同學如何用他們的嘴唇而非用手指來比方向的敘述，顯示 Manuel 在這方面很敏感。即使是與不同文化學生相處的老師，也很少會找到這些難以捉摸的線索。

　　Manuel 也能夠保有附加在特殊語詞上的文化之意義，就像他使用有教養的來描述維德角人。Manuel 所指的這個字的涵義，如同包括維德角在內的不同族群所使用的一樣，也就是說，除了指受過教育，有教養也意指恭敬、有禮貌和順從。

　　在他上高中的時候，Manuel 已經學會足夠的英語來流利表達。他說雙語課程在高中爲他及其他維德角的學生提供一個安全的環境。那是一個相當大型的課程，比在中學還大得多，而且大部分教師及其他一些教職員也是維德角人。在這個都市的維德角學生對這所高中有很強的認同感，並且盼望上學。在這個課程中也有一種將社區結合在一起的感覺。事實上，他老早就是特殊的都市學校中，較有建設性的以

及有優秀特質的學校之一。

*Manuel*的雙語課程，就許多其他常理來看，都是一個積極的課程。例如：教職員非常投入並且與社區結合。維德角的學生在教職員們看來，通常是很積極的，教職員們認爲在這所學校裡，維德角的學生有很好的表現並且比其他學生認真。教師們對他們普遍有高度的期望，可能對他們的成就有影響。*Ogbu*的「自願」與「非自願」少數民族地位理論，似乎這個案中可以支持其理論的一些正確性。然而，最近幾年，類似那些美國籍學生經歷到的問題，已經開始在*Manuel*的學校及社區浮上檯面。例如：一些在他就讀的高中之維德角的教職人員，漸漸變得關心青少年懷孕比率的上升問題，以及在社區中的世代衝突。這些會影響在這所學校依然受矚目的維德角學生的學業成就，這個問題越來越成爲被關心的事。

*Manuel*天真地跟老師及這個課程中的其他學生說他的經驗。他說他在那裡是「較無憂無慮的」。這個課程通常也幫助他調解他在學校以及他在社區的其他經驗。例如：他記得他在所參加的戲劇工作坊中，扮演二年級學生（後來這部分的放映被刪得很短）。雖然那不是雙語課程的一部分，而且所有的短劇都是用英文演出，他聚焦於與移民及母語非英語學生相關的議題。他仍然相當熱情地談論以前他以獨白的方式演出一位學生到新學校的情形。他能認同自己，因爲那是如此的讓他聯想起他自己的經驗。這門戲劇課總是混合不同背景及語言技巧的學生，所以那是以有效的方式聚焦於人際關係與溝通技巧的地方。這個表演允許學生使用許多不同的技巧，並運用他們的經驗爲內容。

雙語課程在*Manuel*生命中的重要性，不能被過度強調，而雙語教育的重要性對許多這州的維德角學生以及其他母語非英語學生而言是真實的。然而，特別諷刺的是，麻薩諸賽州已經在反對雙語教育的國際攻擊行動中，成爲最後一個受傷者。麻薩諸賽州是第一個通過立法命令實施雙語教育的州，並且也成爲幾乎完全不鼓勵雙語教育的州之一。

雙語教育幫助*Manuel*保留他的語言及文化，也因爲這樣，才得以

保留他與他的家庭及社區的聯繫。雙語教育給予他一些可以繼續堅持的東西。然而，假如雙語課程不是肯定多樣性的其中一部分，這類課程是不足的。他與其他類似這樣的雙語課程很容易成了同質的小島，並且被迫遵守海洋中的規章。

當Manuel用做維德角人與做美國人抗爭時，這種緊張狀態被Manuel表達得很好。他可能同時成為維德角人與美國人的可能性不被認為是一種選擇。也就是說，假如他認同美國人，他認為他正在放棄他的文化與國家；假如他選擇繼續作維德角人，可能他在這個社會的潛力會受到限制。要年輕人作這些選擇是困難的，並且是生活在一種對「美國人」有狹隘定義的文化中的悲痛。

很明顯的Manuel並沒有完全地屈服於他在美國的經驗，他有適應的困難，但是對他的認同的重要性仍是堅定的，特別是他的文化和語言。這種緊張狀態對經歷過流離失所痛苦的學生而言不是與眾不同的。這種過度期總是困難的，可能要花許多年。他可以同化到什麼程度，他願意作怎樣的調適，以及他對他的機會覺得多矛盾或多失望，在此都是有待Manuel去解決的問題。在他待在美國的未來的矛盾中，這種同時接受兩種對立文化的行為所引發的痛苦，在他在美國的未來是明顯的。

他選擇處理矛盾情感的方式之一，是參加並且在基督教基本教義派教會（fundamentalist church）中變得非常積極。Manuel如此動人地表達這件事，『我屬於那個地方。我適合那裡。我覺得神在那裡。耶穌找到我。他說：「冷靜下來」』，一些問題在引導Manuel到這個特殊的教堂時是有明顯影響的。例如：大約在他父親出現癌症時，Manuel陷入「一家之主」的角色。也大約是在這個時候，他決定和他的一些朋友絕交（就像他說的：「假如你厭惡你朋友所做的事，那是很難以忍受的」）。為了找尋可以幫助他待在正確的路徑上的事物，跟先前的雙語課程及其他文化的支持一樣，他以社區為目標。雖然Manuel已經接觸天主教，地方天主教教會完全不吸引他，這也成為「適應」的問題。Manuel覺得天主教教會對他的新成員的適應作得很少，許多新成員是只會說一點點或不會說英語的移民。然而，他的新

教會似乎不遺餘力地歡迎維德角人，而*Manuel*最後覺得他已經找到可以適應的地方。

在美國的全部生活中，*Manuel*已經有處理問題的智慧並聽從家人和親戚的警告，並且尋找這類支持以幫助他成為成功的學生。他已經克服許多障礙，而且現在也已經從高中畢業，從他生活的社會與歷史脈絡中看來，他有極大的成就。其實出現傷痕並不意外。他在美國生活的不安定，未來會發生什麼事，以及如何解決認同及「適應」的問題，都是他必須繼續去應付的問題。

思考題

1. 作為一個移民，*Manuel*所經驗到的幾方面是可怕並令人痛苦的，老師與學校可以作什麼來幫助他呢？
2. 為什麼你認為*Manuel*理想化了他之前在維德角島的生活？
3. 什麼可以說明*Manuel*高度發展了對文化差異的敏感度？教師與學校可以從這裡學到什麼？
4. 考慮*Manuel*在他的父親生病的那段期間的缺席，有可能學校當局與教師假設他的家人將他留在家裡照料家裡的事是錯的。你認為呢？學校可以作些什麼，以順應他的家庭的需要？
5. 對*Manuel*而言，為什麼「為」他的父親畢業是重要的？
6. 對*Manuel*而言，雙語課程扮演語言及文化的調解者，你認為如何？在非雙語課程中的教師，可以從這裡學到什麼？
7. 你了解為什麼*Manuel*覺得認同自己是「美國人」是勉強的嗎？假如他是你的學生之一，你如何著手處理這個問題？

個案研究

Yolanda Piedra

「一但你知道一種語言的用法，你將會開始跟其他人和老師練習，無論你說英語或西班牙語。」

*Yolanda Piedra*直到7歲才學英語，但是13歲時，她已經能相當從容地說西班牙語及英語。雖然根據*Yolanda Piedra*的說法，她跟她的家人在家大部分說西班牙語，但是有時他們說英語以幫助她的母親「練習」。在墨西哥出生後，*Yolandau*一直待在那裡，直到一年級才轉到加州（*Califorria*）。她跟她的家人是1980年代移民潮的代表。2000年的人口統計，記錄美國的境內出生於國外的人口數超過280萬人，幾乎是十多年前150萬人的兩倍。加利福尼亞州有全美最多的語言少數族群學生就學並不令人驚訝，其數量將近有150萬人。

*Yolanda*住在加州南部的中低收入中型都市。基本上是只夠一個家庭住的房子（*one-family houses*），房子的大部分都出租，隱藏著居住在這裡的居民生活貧窮與困難的情況。這是一個經濟上受壓迫的墨西哥與拉丁裔社區，即使這個都市也有少數的白人與黑人居民。那主要是農村地區，直到幾年以前，農地工作是墨西哥人首度到此的主要理由之一。幾年前，當幫派在洛杉磯散佈開來時，幫派還不為人知，但是，他們正在拉攏年輕人加入，特別是男孩子，有時加入的男孩子只有11或12歲。必須處理日漸成長的幫派活動，被居民們認為是他們的主要問題。

*Yolanda*的父母分居，而*Yolanda*和她的母親、12歲的哥哥和3歲的妹妹住在一起（她描述這兩個人是「野蠻的」）。她的哥哥是她所謂的「麻煩製造者」，在學校經常與問題有關聯。他也開始在社區惹上麻煩，這可能是更多問題的徵兆，特別是幫派活動將會跟著來。*Yolanda*的父親住在墨西哥，她很少見到他。她的母親在糖果工廠工作。照*Yolanda*所說的，她的母親對孩子很嚴厲，限制他們的社交活動，並期望他們都能承擔家庭責任。她是單親媽媽，努力與她的三個

孩子在逆境中存活下來。她不斷地給予孩子訓示，與三個孩子能受教育有重要關聯。

即使*Yolanda*不會說英語，而且轉學和適應新社會很困難，在回憶她的小學生活時大部分是正向經驗。初次入學時，她就讀雙語課程，現在就讀一般教育課程。以墨西哥裔美籍初中的八年級學生而言，*Yolanda*可說是一個成功的學生。她熱衷於學校，並且談到學習時就高興起來，如同她所說的希望「使我的心靈運作」。或許受她的雙語主義影響，她使用她的第二語言的英文漂亮地作與眾不同的描述。*Yolanda*大部分科目得到很高的成績。她最喜愛的課是體育課，而她最不喜歡的是英語課，儘管她也打算在英語課全部拿A。雖然還年輕，但是*Yolanda*已經縮小他將來的願望為二個（其中一個跟她的學業上的成功一點也不一致，但是跟以性別為基礎的限制性社會期望非常有關）。她想當電腦程式設計師或空服員。

*Yolanda*住的都市有加州最大的一個小學學區。將近百分之六十的學生是西班牙人，其餘人口大多是白人；黑人團體雖小，但是正在成長。她就讀的初中處於被認為是不易處理的艱難情境中，並且受與大部分市中心學校同樣的問題困擾：幫派、嗑藥和無法滿足基本需求的家庭，這可能會妨礙學習。然而，在她的小學與初中裡，都有社區支持的感覺。學校有相當多成功的學生，但也是面臨很多問題。這個學校的成功可能有一部份是教職員的功勞，他們已逐漸熟悉社區的事。大部分教師似乎真的關心他們的學生。例如：這種關心反映在從幫派到文化多元議題的很多工作坊上。為教職員開的西班牙語班，最近已經註冊額滿，其中也包括一些高級行政人員。

雖然努力要聘用更多拉丁裔的專業人員；然而，*Yolanda*第一次被訪談時，拉丁裔專業人員數量仍很少。最近才新聘一位拉丁裔的心理學家；也有一位拉丁裔的社區聯絡人。而且校長對教職員、學生及家長採開放政策（*open-door policy*），這種政策幫助營造參與及支持的感覺。*Yolanda*所就讀的兩所學校的成員刻意努力，去包容並肯定墨西哥文化的觀點及課堂上與課外活動的經驗。*Yolanda*對學校經驗的正向感覺，反映這些學校試圖要創造之環境的一部分。

　　最年輕的學生中有一位參與這個計畫，*Yolanda Piedra*是一位成熟的年青女性，她確信許多事：溝通的重要、作墨西哥人及說西班牙語的益處、有老師、家人及同儕的支持的必要性。

溝通

　　我媽……對我真的很照顧……她跟我談（關於）問題跟每一件事……我媽說他們希望我上學。那樣，我才不會在工作上步他們的後塵。他們希望我繼續，盡我最大的努力去獲得我想要的、不討厭的...得到我喜歡並且引以為傲的工作。

　　她希望每件事都是好的、完美的，即使不是完美的，也可以是我能做得最好的。

　　當我看到（好）成績時，我覺得自傲。而就像我看到C，我必須把這個成績張貼起來。我盡我的最大努力……當我得到C，我媽不會責備我，因為她知道我已經盡我的最大努力……不過，她告訴我如何處理這個問題。

　　（你媽會參與學校嗎）（不會），首先，因為她了解英語，但是她覺得不好意思，羞於開口說……也因為她總是忙碌的。

　　有些對我很重要的事，像「媽，我必須作這個，我希望你在那裡」，無論如何，她會在那裡……（但是）假如我在家時，她太關心我，現在在學校（也一樣），我會死。

　　（當我老的時候，我希望）代替我媽，並且所有時間都跟我媽在一起。

　　（你要給老師們什麼忠告？）我會說，「跟沒有自信的孩子多相處……跟他們多溝通……」我會跟學生相處，因為從學生那裡學到很多。那是許多老師告訴我的。他們從他們的學生學到的比他們讀書學到的多。

　　我會幫助人們與每個人相處。因為事實上，人們在這裡作的事，就是他們看到他們所製造的麻煩及所有的事。人們真正要作的是防止他們……再次去作這些事。

讓身旁圍繞著成功

　　事實上，我有一個朋友……她是我從一年級到現在八年級的朋友。

不論好事或不好的事，總是跟我在一起。她經常告訴我：「繼續前進，你的夢想就會實現。」

事實是，當我到這裡時，我不想待在這裡，因為我不喜歡這個學校。不久之後，上了三年級，我開始有些心得，並且每件事我都很投入。

我真的跟老師得有某種程度的相處……事實上，因為我有一些老師總是打電話給我媽，好像我作了什麼大事。他們會跟我談話，或者他們訓斥我的成績，或將我轉到別的班級，或帶我到某些地方。而且他們總是恭喜我。

[關於Cinco de Mayo你記得什麼？]那是我最喜歡的月份，就像是一個慶祝會。因為我喜歡跳舞，而在那裡，在(小學)他們有這類的舞蹈，而我總是加入。

有時你會把年級或學校或老師搞混亂，因為你不了解他們。但是你必須跟他們相處並且必須為了與他們相處努力。

事實上，跟他們相處我覺得很好，因為我喜歡努力，讓我的心靈運轉。

我正在學民族舞蹈。(老師)說，「喔！Yolanda，即將有表演，你想去嗎？我知道你會跳舞。」

上次他們帶來一套秀，關於空氣與噴射機……一些小姐正在那裡工作...副校長走過來告訴我：「對你而言，那是一個很好的機會，因為我知道你說西班牙語和英語……。」

他們真的跟我相處在一起。他們說他們的生活是什麼樣子……並且他們比較他們的生活與我的生活。我們真正的與每一個人相處在一起……事實上，假如你真的開始從事學習，這裡環繞著樂趣。

我的社會課對我而言真的很困難。但是有一些我不知道的事，我覺得很有趣……我喜歡學習。我喜歡讓我的心真正地為學習運轉。

(我的英語老師)沒有與我們任何一個人和好相處。她只是作她的事並坐著。

(教室)材料太簡陋了。我意指，他們有足夠的教具和一切事物，但是我是說……他們有的問題是……它們太簡陋了。

我們被期望作崇高的事。老師一步一步來，教得太慢了。而那就是為什麼每個人都拿它當笑話。

(教育)對你們是好的……那很像你吃東西。就像假如你整天不吃，你覺得怪異。你必須吃。對我而言，那是相同的事。

當墨西哥人的好處

我覺得很自傲。我看到許多他們說的其他孩子,他們好像說他們是哥倫比亞人或其他什麼人。他們設法讓他們自己在每個人面前看起來很酷。我只說,我是什麼,以及我覺得我自己很驕傲……假如他們說:「喔!她是墨西哥人」或其他什麼的……我不會覺得傷心,那就像你跟每一種事物相處一樣。你是西班牙人及英國人,而且你懂兩種語言……一旦你知道那種語言的用法。你會開始跟人們及老師練習……無論你說英語或西班牙語。

對我而言,那是好的。對其他人而言,其他男孩和女孩子,他們不認為那是很愉快的;那像,「喔!我應該出生在這裡而不是出生在那裡。」不是我,對我而言,出生在墨西哥是沒問題的,因為我對自己覺得很驕傲。我為我的文化驕傲。

評論

溝通成為*Yolanda*訪談的主題。無論是討論家庭、學校或朋友,*Yolanda*視溝通為成功的要項。假如墨西哥與墨西哥裔美國人文化中,家庭是至高無上,這種前後一致的溝通已經產生積極的影響。*Yolanda*視溝通為她母親關心的一面。她說,她跟她的母親「溝通」,因為他們跟彼此說許多事,包括「女生的事」。成績提供另一個*Yolanda*跟她的媽媽對話的主題,雖然成績對她而言沒有意義,成績只是在激勵她更用功點。「當你看到你的成績都是F時,你覺得身體的一部分掉下來」,她在她的一次訪談中戲劇化地這樣說。

*Yolanda*的媽媽是典型的墨西哥父母,她希望孩子在學校成功。她告訴孩子學校的重要性,並且支持他們達成,但是她可能對如何幫助他們成功是不確定的。關於這點,在*Guadalupe Valdés*,對墨西哥移民家庭所進行的,以確定他們如何定義成功的研究中得到證實。她發現成功是基於他們在墨西哥如何定義「好的生活」,就像他們希望避免他們的孩子經歷他們所知道的相同壓迫。但是在美國的脈絡下,這些家庭不知道他們的孩子要成功,需要的是什麼。

鑑於中產階級家庭在發展導致學業成功的態度與行爲時所強調的，像*Yolanda*這樣的家庭明顯是不利的。*Yolanda*的母親在給予她的孩子特定的價值觀與目標時，是非常成功的。然而，事實仍然沒變，歐裔美國人和中產階級家長，傳授他們自己的經驗，而且參與學校，比來自語言文化背景異於主流者的窮人及勞工階級的父母，更加意識到通向學業成功的活動。雖然*Yolanda*的母親能夠賦予她很大的動機與紀律，但是她已經無法給她實際的工具，或參與讓*Yolanda*在學校成功可能需要的活動；這種現象顯示學校有責任幫助這類父母。家庭與學校間，在肯定這個使命與活動的互動與支持中，爲了確保所有學生的成功，每一個準則變得是重要的。雖然有些家庭沒有辦法爲她們的孩子的學業技巧作準備，溝通卻依然是最起碼而必要的第一步。*Yolanda*似乎了解並察知這個事實。

*Yolanda*也談到在學校裡的溝通。她審慎地思考她要給老師們的忠告以提供較好的教育。她希望老師們設法了解所有學生，而不是特指那些需要額外幫助又徘徊街頭的學生，「假如你知道我的意思，像是那些穿得有點怪異的人」。

在*Yolanda*所屬的文化裡，性別期待包括傳統分派給女性的角色也和主流文化一樣，他們留給*Yolanda*的印象可以說是限制的也是肯定的。例如：對於不想結婚她是堅定的。考慮她對結婚的分析，這可能象徵解放的決定（她解釋「那是因爲我從我的家人得到如此多的經驗」）。然而，她已經嘗試選擇至少一種可能的職業（例如:空服員），那職位強化了女性爲服侍者的角色。有趣的是，她自己描述侍者是飛機上的「一種女僕」。她仍然年輕，而這個計畫可能會改變。無論如何，她將她的未來描述爲「快樂工作、有樂趣跟自由」，並且知道她正在盡她的最大努力。

當年輕人的周圍圍繞著人群並有支持他們成功的環境時，他們就會成功。排除負面的影響並抓住正面的影響，幾乎可以被描述爲是成功的外衣。*Yolanda*以好幾種方式這麼做，例如：她談及最要好的朋友，「幫助我成長」的那個朋友，是維持她的動機最重要的人。相對於平常的說法，大部分青少年將他們周圍的成年人的價值觀內化。然

而，在找朋友時，他們找有相同價值觀的人。

雖然高中的環境讓她覺得「舒適又害怕」，*Yolanda*又再次提到老師是幫助她在學校成功的關鍵。「關懷」的老師是有差別的。*Yolanda*清楚說明這些因素強化了國家委員會早已報導的研究結果。例如：當孩子首度進入新學校時，教師的關懷是有差別的。*Yolanda*記得一年級時轉到加州所受的創傷。雖然她一直都是好學生，但是要適應一個新文化、新社區與新學校卻相當困難。*Yolanda*對學習的正向認知與她的學校強調學習互相聯結。她對學習是熱衷的，而這種渴望特別是為她的挑戰作準備的。

然而，*Yolanda*迅速將她的成功歸功於她的老師們，她也考慮到可能阻礙她進步的事。她引證：「家裡的問題」以及不讓她的父親在周遭出現這兩個障礙。在學校，她相信老師也製造障礙。她注意到批評會減損積極的學習的態度和實務。其中之一是教師們對一些學生的低度期望（教材程度「太低」*materials are "too low"*）。*Yolanda*明確指出一個關於其他墨裔美籍學生教育的教育文獻中出現的主題。在追蹤100位在德州（*Texas*）首都奧斯汀裡「瀕臨危險」的墨裔美籍學生的進步時，*Harriet Romo*與*Toni Falbo*發現他們當中有許多人輟學，因為他們真正地察覺到他們獲得的教育是在如此低的層級，那將無法給予他們畢業後所希望的生活。沒有一位中輟生因為他們覺得課程太難而輟學，但是會因為無聊或缺乏動機而輟學。在一個例子中，研究者證實一個老師如何直接地告訴較有前途的學生之一，「對，你不是唸大學的料」。不幸地，這種態度比老師應該有的態度還常見。

*Yolanda*希望老師們了解，不像一些關於墨裔美籍學生的刻板印象一樣，「他們真的很努力地嘗試，那是我很肯定的」。不管怎樣，雖然她對她的學校與一些老師有批評，*Yolanda*仍明顯地喜愛學習。「教育是滋養」的隱喻是好的範例（「那對你是好的……有點像你吃東西」）。

與她作一個學生的正向知覺有連結的是一種同樣正向的自我概念。*Yolanda*確定當一個墨西哥人是好事。她的文化對她是重要的。她比較她自己與其他拒絕自己背景的墨裔美籍孩子，她覺得他們很可

憐。他對當一個墨西哥人的好處的態度或許可以追溯到幾個源頭。一個是她的家庭，她的家庭強化祖國文化的驕傲。不過，即使這份驕傲是有意識的，也通常不足以對抗年輕人在社會上所得到的，被貶低地位的負面訊息。

學校常常使學生在是否接受或拒絕他們的文化上產生差異，就像在由*Iasicola*對選自加州的六年級西班牙學生所作的經典研究中看到的。他調查學校權力差異與課程因素之關係，以探討學生承受的「象徵暴力」。「象徵暴力」就如同*Bourdieu*所指的：學校主流社會所維持的權力。這些具體因素是很明顯的，像是特定人物、主題或課程中的觀點的出現或消失，或透過學生、教職員與家長間力量的差異。例如：在課程中，「知識」如何被定義，誰被描寫為「歷史創造者」，那一個英雄是被公認有名的等等，決定了一群人在那樣的環境中，是有價值的或沒有價值的。

在他所讀過的西班牙學生的個案中，*Iadicola*發現「象徵暴力」是透過課程選擇與教學技巧完成的，將大社會的權力關係強加於學校。當那些來自被文化宰制的成員視自己的文化為沒有價值的，並且視他們自己為「文化被剝奪者」時，這個步驟已經成功。他們開始只認同宰制團體。*Indicola*發現在學校裡，盎格魯後裔宰制越高時，拉丁裔學生對自己團體的象徵暴力程度也越高。相反的，拉丁裔人在課程中表現得越好，在自我認同的民族卓越感層級上也越高。學校在以正式及非正式形態教導學生什麼知識是最有價值的資訊時學校是很重要的。由於這個訊息，至少部分學生對他們的背景逐漸產生驕傲的感覺，或是覺得羞恥。

事實上她在墨西哥開始她的早期教育，在那裡她的文化是被肯定與重視的，在*Yolanda*的價值感與驕傲感中這是無法被摒除的貢獻。例如：*Matute-Bianchi*在一個加州所做的民俗誌研究中發現許多出生於墨西哥的墨裔美籍學生在學校表現得很好。不過，*Yolanda*的第一個小學和目前的學校能接受及反映墨西哥文化，或許對她的學業成就有貢獻。拉丁裔學生的文化，至少在教育環境中是被承認的事實，似乎在*Yolanda*以及她的一些同儕如何對他們的族群作回應時產生區別。

Yolanda Piedra還要唸好幾年才能畢業。她是一位幸運的年輕女性，她小學跟初中的學校都肯定她的文化及語言。是否她要唸的高中也一樣，就不清楚了，但是她已經有好的開始：她知道成功的學生是什麼，而且她過去的成就，可能足以讓她繼續在相同的路徑上前進。此外，雖然很多訊息在這個大社會中與此相反，但她已經學到作墨西哥人的好處。她在未來的歲月是否會喪失自我是難以預料的。Yolanda也學習到享受學習，以使「她的心靈運作」。就此而言，或許沒有任何東西可以降低她目前對教育根深蒂固的熱忱。

思考題

1. 許多Yolanda的老師決議，為她與其他學生提供一個豐富的與積極的環境。除了所給的例子外，在這個特殊的學校中，思考其他這類型的環境可以達成的方式。

2. Yolanda說，當孩子被勒令停學（suspended from school），那就是「敦促他們再次這樣做」。她的意思是什麼呢？學校有關紀律的政策的含意是什麼？

3. 當Yolanda說到她的英語老師時，「她只是做她的事，並坐下來」，她的意思是什麼？老師可以從這裡學到什麼？

4. Yolanda在她的課堂中批評教材「程度太低」。你認為她為什麼這麼說呢？學校可以發展那一類的實務以對抗這種觀點呢？

5. Yolanda因為她的學業成功，被選為「本月的優質生」。有些人會批評這種作法，因為他離間並排除大多數的學生；其他人認為這個作法幫助激勵所有學生，不只是激勵他們之中最成功的人。你怎麼想，為什麼？你可能會推薦其他的什麼方法？

6. Yolanda決定當電腦工程師或是當空服員，聽起來像是一種矛盾。你認為什麼因素在這方面影響了Yolanda？學校可以作什麼來幫忙學生對他們的未來作好的決定？

第7章 瞭解學業成就

有這麼多東西要學習，而我所想要
作的只是學習，試著教化我的心靈，以
了解我能獲得什麼。

—受訪者Paul Chavez

聽起來似乎不太可能，上頁所引述的是一位被勒令停學並被學校開除好幾次的年輕人的話。*Paul*是一個幫派成員，家庭生活艱難，他已經被一所另類學校接受，在那裡他體驗到他生命中的第二次學業上的成功。如同你將在本章附錄中，他的個案研究裡可以看到的，*Paul*堅決要繼續接受教育，並成為一位教師或是諮商員，以幫助像他這樣的年輕人。然而，顧及他的背景與經驗，很少人相信他能學習。學業成功或失敗的傳統理論並未解釋像*Paul*這樣的個案。

傳統上用來解釋學生學業失敗的簡單二分法，特別是對那些來自不同文化及背景較差（*poor background*）的學業失敗者的解釋，可以摘述如下：學業失敗是基因較差學生本身的錯，或者是他們的社區遭受經濟與文化不利的社會特質之苦，因而無法提供他們的孩子學業成功必要的準備。另一個解釋是學業失敗是起因於學校結構，學校結構是靜止的、階級主義的、種族主義的、象徵支配階級者的利益，或者是起因於家庭與學校間文化的不一致。

本章檢討一些可能影響學業成就這種複雜情況的理論，然後考慮這些情況如何先後影響學生學業的成功與失敗。以理論的討論為基礎，而以*Ron Morris*與*Paul Chavez*這兩位從未在學業上成功的學生為例。這兩個年輕人，分別被他們的學校及教師以無法成為成功的學生為由，而打算放棄教育他們。他們的個案證明，即使在最困難的個人與社會情境中，學習仍是可以發生的。

貧乏理論的修正

遺傳或文化劣勢（*inferiority*）理論是學業失敗的原因，已經成為美國教育史上經常出現的主題。在過去半世紀期間，學業失敗的大多數研究將焦點集中在學生家庭環境及文化的不適當。例如：早期關於黑人小孩學業成就不佳的研究回顧中，*Stephen*與*John Baratz*發現大部分研究是基於黑人小孩在語言、社會發展與智力上有缺陷的假設。這個假設產生譴責學生的失敗以達到研究者所謂貧乏的結果；被加以

譴責的是語言發展得很差的孩子（更具體地說，事實上是他們不說標準英語）；一個不適任的母親（假設低收入的黑人母親必定是不好的父母）；家中刺激太少（他們的家庭缺乏鼓勵學習的環境）；家中太多刺激（他們的家庭太混亂而且失序，或者以中產階級的標準而言只是沒有組織）；以及很多其他經常是相對立的假設。*Baratz*與*Baratz*發現黑人兒童及貧窮兒童的家庭與背景，在研究中一般被分類為「有病的、病態的、離經叛道的或沒有發展的」。這種持續存在的諷刺畫面，對想要提供所有兒童高品質教育的教師與學校簡直是沒有價值的。

本章所附的*Ron Morris*與*Paul Chavez*的個案研究，是在艱難環境中生活的令人不得不注意的例子：兩者都生活於以單親母親為首的貧窮大家庭中；兩者都曾經參與反社會與犯罪行為；並且兩者都有負面的學校經驗。一個人可能因為這些環境而引起想要放棄求學的念頭，但是，如同你會在他們的個案中看到的，*Ron*與*Paul*現在在另類學校學習得很成功。以貧乏理論解釋學業成就，無法解釋他們的成功。

貧乏理論的受到歡迎在過去三十年已歷經興衰，因為較新且全面性的理論已經建立。但是，這些觀點在1960年代搖擺不定，並且他們對接下來十年的很多社會與教育政策是負有責任的。遺傳與文化貧乏理論的影響仍然是明顯的，例如第六章中看到的，雙語教育仍然被概念化為一種「補償的」方案。補償教育的原理是來自「被剝奪家庭」的兒童，他們的遺傳、文化或語言的被剝奪，需要被補償。

已故的*William Ryan*是早期對貧乏理論提出批評者。他嚴厲批評貧乏理論是「譴責受害者」的一種策略。在文化貧乏理論全盛時期的1960年代裡，他在一本對挑戰文化貧乏理論有很大影響的書籍中，說道：

看起來我們甚至沒有討論文化被剝奪兒童，就像沒有討論文化被剝奪學校一樣。要完成的任務不是去改正、改變及補償貧乏的兒童，而是去改變並使學校的氣氛與運作變成為我們承諾要給孩子的樣子。

瀰漫於1960年代的基因劣勢（*genetic inferiority*）理論與文化剝奪（*cultural deprivation*）理論，使貧窮與有色人種孩子的教育有

不可抹滅的影響。這些理論不只是階級主義（classist）與種族主義（racist）的，而且也不適合用來解釋這麼多孩子的失敗。社區的社會與經濟情況以及家庭可能是助長學生學業失敗的重要因素，但是這些卻不是學生失敗或成功的單一原因。再者，學生的家庭和家人的情況很少是能被學校改變的。因為學校無法改變學生的貧窮或生活條件，我們的挑戰是尋找有效的方法去教導孩子，儘管他們可能過著貧窮或條件不佳的生活。

學生的認同－也就是說，他們對自己的概念，部分是基於他們在眾多特質中的種族、民族、社會階級及語言－也會對他們的學業成功或失敗有影響，但是不是這些特質導致失敗。然而，學校對學生的語言、文化與階級的看法是不適當而且負面的，因此是學校的觀點導致學業失敗。在Paul Chavez的個案研究中，他早期加入幫派在教師對他的學業期望上有決定性的影響。身兼教師與作者的Linda Christensen提供另一個引人注意的例子。Christensen是一位有才能的高中教師，她的學生具有不同的背景，她描述自己如何幫助學生了解他們自己的語言所具有的力量，同時，也讓學生學習標準英語時不會自慚形穢。Christensen回憶自己在Delaney太太的班級，身為一個勞工階級孩子的慘痛經驗，Delaney太太是她九年級的英語教師，她教Christensen要為她的語言感到羞恥，有些事是Christensen拒絕對她的學生做的事：

> 好長一段時期，當我說話時，我就覺得自己是下等的。我知道我幼年時代的聲音悄悄地出現，而且我無知地將那個聲音搞混了。不是那樣。我不屬於制訂規則的團體。我是局外人，他們的世界的外來者。我的學生不會是外來者。

任何種族或族群的中產階級父母的行為，傾向於與貧窮的父母不同已經被充份地證明。居住在貧窮地區的父母，不是沒意識到中產階級家長透過經驗所知道的好處（benefit），就是無法提供孩子某些活動。例如：中產階級家長，通常講標準英語。他們也傾向於比勞工階級的家長更常從事與學校類似的預習活動。學校認為中產階級家長與其孩子參與的非學校活動是教育上成功的要素：經常到圖書館、參觀博物館及其他文化中心，並且提供許多其他被學校與社會標記為「豐

富」的經驗。

　　這些活動事實上是豐富的並不成問題；問題是貧窮家庭的活動，有些可能是豐富的，但卻不被認同。例如：許多貧窮家庭不是回祖國，就是回到他們在美國境內的出生地旅行。孩子經常在「美國南部」、牙買加或墨西哥度過暑假，雖然這些活動潛藏著使生活更豐富的特質，但是在這些旅途中孩子學到的常被學校忽略。例如：我自己在五年級升六年級時，拜訪我從未去過的波多黎各家庭，這個經驗可能對我的教師與同學是有益的。提醒你一下，我的老師們從未直接告訴我這個，但是我得知的訊息是，對我的家庭而言這是重要的議題，但對學校卻不是重要的。我察覺到這種情形，真的很可惜：當我想起我抓到巨大蜘蛛、加以冷藏並帶回家，或我在農田裡學習到的許多關於生活的事，或我的西班牙文在這個夏天大大地進步了，我只能下結論說我的老師與同學可能也對這些事情有興趣。

　　學生發展讀寫（*literarcy*）及其他學術上的技能，在傳統上被學校定義為是學業成功所必須的。然而，假如僅以此種方式定義，學業成功的機能是不正常的，因為它鼓勵學生在過程中放棄認同的一部分。學生在家中與社區學到使用的技巧、才能與經驗的能力，以助長他們的學習，應該也要被包括在學業成功的定義中。

　　*Shirley Brice Heath*以她稱呼為「*Trackton*」的黑人社區進行的研究，是一個有說服力的經典研究。她發現家長與其他成人對孩子發問的方式，不是在為孩子學校的活動作充分地準備。在觀察這些孩子的白人中產階級教師時，她發現，教師們問學生的問題與這些孩子在家裡習慣被問的問題有相當大的差異。例如：教師的問題關心的是找出脈絡外事物的屬性，並幫他們命名（如：區別大小、形狀或顏色）。不過，在家裡，這些孩子被問的是與整個事件或像是物體的用法、原因、結果等有關的問題。家長問的問題，經常需要孩子去做類推、比較並瞭解複雜的隱喻。這些問題在語言上經常是複雜的，而且孩子需要使用精細的語言。通常，沒有一個「正確」的答案，因為答案包含說一個故事或描述一個情境。

　　在不同脈絡下問不同種類問題的結果，是在學校裡缺乏溝通造

成的困惑：以典型的方式溝通的學生對老師的問題是沈默的、沒有反應的，而老師則假定他們的學生是語言能力不足（*deficient in language*）或者智力不佳。*Trackton*家庭所問的問題並沒有錯，只是與學校間的問題不一樣，因此對在校表現而言，這些孩子被置於不利的立場。

透過*Heath*的研究方案，教師對不同的發問方式變得有意識，並開始研究*Trackton*成人所問的這類問題。有些可以稱爲「探索式問題」，教師們開始在學校課堂中使用這類問題。教師們能夠以這些問題爲基礎，問更多傳統中「學校」的問題，假如想要在學校裡成功，這些孩子也必須較能夠習慣這類問題。結果是戲劇化的。孩子變得主動且熱心參與這些課程，與之前被動的行爲相較者戲劇化的改變。

使用學生文化在學習中的成功例子，與許多學校中失敗的結果互相矛盾，家長被期望以他們可能不會的方式提供協助。許多家長不知道如何在像是家庭作業這樣的領域給予他們的孩子具體的支持，然而，缺乏支持本身，不必然會產生學業失敗。例如：在*Margaret Gibson*對*Punjabi*（譯者按：*Punjabi*是印度的一個族群）學生進行的重要研究中，她報告大部分家長無法給予孩子那種通常被學校視爲是學業成功的重要支持，然而她所研究的大多數學生在學業上是成功的。家長清楚地表達對教育的支持，他們對紀律的使用，以及他們對教育的信仰，對他們的孩子的成功都是重要的。同樣的道理也適用於這本書中的大多數個案研究的學生。許多年輕人的家長無法或不知道如何幫助他們的孩子與學校相關的事。然而，家長對教育的益處表達強烈的信心，而且他們以許多方式激勵他們的孩子奮鬥到底。

爲學業失敗譴責家長或孩子是在迴避正題，因爲學校的角色是教育來自所有家庭的所有學生，而不只是教大多數在學業上天賦異秉的、來自經濟優勢的、主流的、說英語的、歐裔美籍家庭的學生。因爲學校無法作任何事來改變學生的社會階級或家庭背景，將焦點集中在他們能改變的學校本身才是有意義的。如同我們在第六章所看到的，學校有時認爲他們必須著力於貧窮的孩子或其他膚色的孩子，好像這些孩子絕對是學校著力的候選人名單。事實上，這意味著拆掉孩

子為了晉身為中產階級所堆疊好的積木。與學校相關的技能當然是學業成功所必須的，但是沒有理由說它們不能築基於語言、文化或兒童已有的經驗基礎上。許多兒童帶著豐富的口語傳統到學校是很好的例子。或許他們的家長從未讀（read）故事給他們聽，但是卻以「講」（tell）故事的方式代替。這種經驗以被學校忽略當成不重要的，也可以被用來作為學習成功的基礎。

基因與文化劣勢理論不是過去的事。像是最近的1994年，*Richard Herrnstein*與*Charles Murray*強調基因劣勢是非裔美籍學生學業失敗的根本原因的論調再度受到世人注意。雖然許多嚴謹的學者懷疑那是民族中心主義作祟而缺乏科學依據，基因與文化劣勢理論還仍殘存，因為他們為複雜的問題提供簡單的解釋。再者，由於接受基因與文化劣勢理論，結構的不平等、種族主義與貧窮對學生學習的不利影響，就被置諸腦後了。

然而，我們仍然需要瞭解主流團體所謂「文化資本」的力量。根據*Pierre Bourdieu*的說法，文化資本可以以三種形態存在：心理和軀體的氣質傾向；文化物質（例如⋯圖畫、書籍與其他物品）；教育文憑。根據*Bourdieu*的說法，在三種形態中，文化資本的傳遞，無疑是傳送世代相傳的資本最隱密的方式。也就是說，主流團體的價值觀、品味、語言、方言與文化永遠有最高的地位。因此，文化資本的重要性不可忽視。忽視文化資本的作法將是既天真又浪漫的，因為那將會拒絕權力、知識與資源是位於主流的文化與語言的規範中的事實。暗示勞工階級學生和弱勢團體的學生不需要學習主流團體的文化規範，其實就是有效地剝奪大多數在學業上弱勢學生的權能。但是課程應該與文化經驗及來自次級團體學生的文化經驗與價值觀有關。一個完整的教育需要含括主流與非主流的文化規範與準則，因為包括與文化相關的課程是一種挑戰單一文化準則的重要方式。

經濟與社會再製的修正

　　主張學校再製社會的經濟與社會關係，並且傾向於爲統治階級利益服務的主張，首先在1970年代由*Samuel Bowels*、*Herbert Gintis*與*Joel Spring*提出清楚的說明，該理論直截了當地將學校放在政治脈絡中。根據該理論，學校的角色被解釋爲借由教導貧窮學生適當的態度與行爲，以安置貧窮者在他們的位置，使其將來成爲好工人，而借由教導統治階級的孩子管理與控制的技巧，以維持統治的權力，爲將來管理與控制勞工階級作準備。學校因此再製了現況，而且不但反映了以階級、種族與性別爲基礎的結構不平等，還協助維持這種不平等。

　　經濟與社會再製理論維持學校「分類」的功能，用*Spring*所造的詞來說，從物質結構到課程與教學，每件事都是明顯的。例如：窮人的學校通常像是工廠一樣的大城堡，用很多的鐘聲與其他控制的機械來運作操控，有錢人的學校傾向於在身體上與情緒上較爲「開放」，容許學生有較多自主與創造思考。此外，在貧窮社區中，學生與教師的關係，比中產階級或富有的社區，更能反映統治者與被統治者的關係。課程方面也不一樣。通常富有的學校教的是較複雜的與具有挑戰性的知識，基本的與機械性記憶是貧窮學校課程的正常情況。學校的「分類」功能，產生一幾乎完美的社會階層複製的結果。雖然這個理論通常與美國有關，但他們在所有社會中都是真實的。

　　這種想法徹底改變對於學校目的與結果的爭論，並且以新的觀點看待學生的成敗。美國教育的目的是作爲一種「平衡器」的善意的說法被這些理論嚴重地質疑。例如：遵循這種思考邏輯，那麼多都市地區的學生輟學就不意外了；更確切地說，那是教育系統預期的結果。也就是說，許多學生是被學校刻意地誘導成爲：不是戰爭的材料就是成爲未接受良好教育的儲備勞工。學校所做的正是被外界期望的：他們成功地創造學業失敗。

　　社會再製理論的主張是引人注目的，從1970年代開始它們對教育思想有極大的影響。然而，由於教育的目的致力於滿足勞動力的需求，這些理論對學校的成敗，有落入靜態解釋的傾向。根據這種分

析，學校生活幾乎完全附屬於經濟需求，學生與他們的社區的角色對學校政策與實務的影響空間很小。以最簡單的形態來看，這個分析假定教育僅僅是有權力的人做所有關於教育的決定，弱勢團體只能接受這些決定。但是學校是複雜且使人困惑的機構，而且事情並不總是這麼單純與明顯。

經濟與社會再製理論，對學業失敗提供比基因/文化劣勢或文化不相容理論（*cultural incompatibility theories*）更有說服力的分析，因為他們將學校置於社會政治脈絡中。但是這些分析也是不完整的。他們可能落入制式化的解釋或動態的歷程，假定有一簡單的因果關係。這種理論無法解釋為什麼來自一些非主流文化的學生在學校裡想辦法要成功，或為什麼部分在貧窮社區的學校儘管處於相當不平等的情境，卻格外地成功。

經濟與社會再製理論的其他問題，是著重在社會階級的角色方面，它們幾乎完全忽略性別與種族。社會階級無法單獨解釋為什麼學校對女性與種族上及文化上的次級團體學生也是不公平的。

另一個附加的問題，是對於許多社區在歷史上曾經長久地參與教育的漫長奮鬥並未加以考慮－他們參與的包括廢除學校的種族隔離、雙語教育、多元文化教育及女性或有特殊需要的學生得以受教育。如果教育是強加上述到學校中，即使不是完全加進來，這些改革也將永遠找不到自己的方法。部分理論家，像是*Michael Apple*主張學校是眾多競爭團體利益衝突下的產物，而統治階級的目的從不會完全地反映在學校裡，但是會被受教育者抗拒與修正。

經濟與社會再製理論幫助解釋學業失敗與成功，並不是無意的結果，卻或多或少是使教育分化的邏輯結果。這些理論也協助學生、他們的家庭、社區以致廣大的社會卸下對失敗的全部重擔，而且提供一個鉅觀的或社會的分析，以瞭解教育。然而，社會再製理論通常未能考慮文化與心理的議題；因此，他們是不完整的。

■ 再審視文化不相容

學習失敗的另一解釋是：文化不相容；也就是說，因為學校文化與家庭文化經常不協調，結果是「文化衝突」造成學校失敗。根據這個解釋，有必要考慮進入學校孩子的不同經驗、價值觀、技能、期望與生活方式，以及這些多少有些與學校環境一致的差異如何影響學生的成就。理所當然地，家庭與學校文化越一致，學生將越成功。反之亦然。學生的經驗、技巧與價值觀與學校環境差異越大，越有可能經歷失敗的經驗。

這種解釋頗有意義，它在解釋教育失敗時也比簡單的貧乏理論更有說服力。部分學生在合作的環境中，可能比在競爭的環境中學習更有效率並不是問題。造成問題的是有許多學校堅持只提供競爭的環境。假如這是真實的，文化差異開始具有危險因素的作用。這種推論改變了人們對「中輟之虞的孩子」的通俗概念，因此危機並非存在於孩子本身，而是透過學校特殊的政策與實務造成的。

同樣地，事實顯示部分沒有說英語的學生進入學校這件事本身，並不能十足地解釋為什麼他們在學校失敗。更確切地說，學生學業失敗還有一個更重要的原因是：教師會以異樣的眼光看待不會說英語的學生，而且教師不重視學生的母語。然而，在部分學校裡，一個學生可能被認定為非說英語者，在另一個學校，同樣的孩子可能被稱為「說柬埔寨語的人」。其差異不只是語意而已。在第一個情況中，孩子被假定為缺乏語言，但是，在第二個情況中，孩子則被假定已經擁有語言，即使他所擁有的不是主要的語言。這就像我在第六章開頭就已經提到的，我女兒Marisa的案例。因為語言能力是學校成功的主要要素，學校與教師如何知覺孩子的語言是很重要的。

文化不協調理論（*cultural mismatch theory*）比諸如基因劣勢或經濟再製理論等決定論的解釋更有希望，因為它假定教師能學習創造出讓所有學生都能成為成功的學習者的環境。該理論也尊重教師為創造的知識分子而不是簡單的技術人員。教師被期望能夠對學生的文化發展出評論性的分析，並使用這種分析有效的教導所有學生。以這類

知識的觀點來看，教師們需要知道關於他們的學生的真實狀況，最後
*Paulo Freire*動人地描述教師的責任：

　　教育者需要知道他們工作對象的那些孩子的世界發生了什麼事。教
育者需要知道孩子的夢想世界、孩子們在具有攻擊性的世界中巧妙地保
衛自己而使用的語言、孩子們認識的學校是如何的面貌以及他們如何認
識學校。

　　Gloria Ladson-Billings，創造「文化關聯教學」（*culturally
relevant teaching*）這個新詞，指出這種教學與「同化的教學」
（*assimilationist teaching*）差異懸殊；「同化的教學」的主要目的
是以缺乏批判力的方式將支配階級的文化信念與價值觀傳遞給所有學
生。*Geneva Gay*以相同的方式，在其作品中定義與詳細解說並分析她
所謂的「文化回應教學」（*culturally responsive teaching*）時，也是
相當有這種意味的。

　　雖然文化不協調理論比文化或基因貧乏理論可以作更全面的描
述，而且肯定沒有種族主義與階級主義的涵義，但仍舊無法充分解釋
為何部分學生成功而其他學生卻失敗。特別是美國印地安人與阿拉斯
加原住民學生的高輟學率，比所有其他在美國的種族或族群高，是很
好的例子。根據*Richard St. Germaine*的說法，透過課程可以幫助說明
文化不連續性，但是單獨用這種策略只能說明一部份，因為結構的不
平等所產生的巨大貧乏是尚未被觸及的。

　　*Olga Vasquez, Lucinda Pease-Alvarez*與*Shannon*研究語言與文化
在一個墨西哥裔社區中的角色。雖然他們建議教師學習利用學生的語
言與文化經驗及他們的家庭資源來學習，他們的研究歸結出單獨用文
化不連續理論去推測一整個族群的人的學業成敗是不適當的。例如：
他們主張，強調文化差異會導致遮蔽其他影響學習的情況，這些情況
包括學校氣氛與教學風格在內。在他們的研究中，他們發現他們所研
究的兒童與家庭中，有很多的語言與文化變通性。一些人使用類似中
產階級家庭所使用的語言，其他人使用反映他們墨西哥文化遺產的語
言，另一些人則視情況使用獨特的說話方式。根據這些研究，美國的
墨西哥文化存在於「多元文化與語言的十字路口，而不是被孤立又不

受外在影響的」。

Vasquez, Pease-Alvarez以及Shannon的研究指出文化不連續理論的主要弱點：對文化適應或雙文化發展的說明不充分，只提及移民體驗到文化多樣性的兩種反應。沒有文化是孤立存在的，而且對文化不連續理論作僵硬的解釋，預先假定所有孩子都是來自相同的文化背景，以相同的方式體驗學校，然而我們知道真相不是這樣的。這類思考的結果，是個體與家庭差異、學校情況或廣大的社會政治脈絡也可能會影響學習的觀點，可能被忽略了。事實上，對這個理論作僵硬的解釋，可能危險地停留在刻板印象中，並且限制特殊文化群體學生的觀點。

文化不連續理論的另一個問題，是無法解釋為什麼來自某些文化群體的學生在學業上是成功的，即使根據所有指標，他們應該不會成功。Margaret Gibson的俗民誌研究已經證實，雖然旁遮普（Punjabi）學生在文化上與他們的大部分同儕相當不一樣，但他們在學校已經相當成功了。雖然有嚴重的障礙，但是他們的成績與高中畢業率已經相當於或超越他們的同學；這些學生的家人主要是務農的勞力工作者及工廠工人，許多人都不識字，會講一點點或不會講英語。在非雙語的環境中，他們必須使英語變得流利，他們很少接受任何特別的協助，而且他們極容易遭受同儕與教師的歧視。此外，他們家庭的價值觀與學校實際的價值觀差異懸殊。根據文化不連續理論，這些學生的文化背景使他們在學習上容易有失敗的傾向，但他們在學業上並未失敗。因此，我們必須考慮可以用來解釋學生學業失敗的其他原因，這些解釋的其中之一聚焦於自願與非自願移民間的差異。

移民經驗與「少數民族」經驗相比

對於少數民族學生在學業成就差異方面，傳統上認為將會導致學生們有一至二代無法在校表現優異而爬上成功的階梯；此觀點認為所有其他移民也是同樣狀況。這是個似是而非的論點，因為非裔美國

人、美國印地安人、亞裔美國人與拉丁裔美國人的教育與歷史經驗，明顯地與其他民族團體不同。首先，美國印地安人、非裔美國人與許多墨裔美國人，幾乎不能被稱為是新移民。許多人已經好幾代都在這裡了，有些已經在這裡好幾千年。再者，部分亞洲人已經在此四或五代，雖然許多人在學校表現很好，但其他人並不像他們一樣成功。

很明顯地，在美國歷史上，某些人代表從屬的獨特個案。對美國印地安人而言這是真的，他們被征服而且被隔離在保留區；非裔美國人被奴役而且他們的家人被拆散；墨裔美國人的土地被併吞，然後他們的國家被殖民；波多黎各人被殖民而且他們的國家仍在美國統治之下。此外，很湊巧地，他們都是有色人種，解釋他們的經驗時，最重要的仍然是種族議題。

在教育失敗或成功的另一種解釋中，*John Ogbu*發展一種超越文化不連續的理論。他主張不只是留意一個群體的文化背景，也要顧及它在主流社會的境遇與在該社會中可取得的機會。*Ogbu*將美國境內少數民族團體的移民分為自願及非自願少數，也就是說，因為自由意願而來的相較於那些被征服與被殖民者，後面這類族群在違反他們的自由意志的情形下被包括在美國社會中：美國印地安人、非洲人、墨西哥人與波多黎各人。根據*Ogbu*的說法，自願移民包括所有歐洲人與部分亞洲人，非洲人及中美洲移民，他們被包括在其他民族中。要加以區別不是容易的，因為浮在檯面上的自願移民者可能不是真的自願者，但是在解釋包括他們的教育經驗在內的許多群體的情況時，這種分類依然是重要的區分方式。

*Ogbu*歸納來自特殊背景的學生，在學業表現上經歷相當大的變化，這些變化通常可以用他們發現自己的社會政治環境來解釋。這些學生並不完全是與社會中的主流團體不同種族，但是他們的社會與政治地位較低。其他差異可能也協助解釋他們的邊緣化的地位，特別是他們的社會階級、性別與母語；並非他們的差異使他們被邊緣化，而是主流社會賦予差異的評價使然。許多大規模的回顧已經證明社會與政治被支配團體已經經歷最嚴重的學業不利。例如：在日本，韓國血統的學生與*Buraku*（譯者按：在日本被歧視的弱勢族群）種姓制

度的學生，在日本學校中表現相當差，因爲與大部分人口相較，兩者都被認爲是較不重要的。然而，當他們移居到美國時，他們在學校就像大多數來自日本的學生一樣成功。此外，當這些孩子移居到其他社會時，這種多半無法改變的智力分數（智商指標）也提升了。看來，他們在日本被支配與不被尊重的狀態似乎才是決定他們在校表現的因素，因爲那些在他們的國家處於類似種姓制度的少數民族地位者，但並未在其他社會遭受類似的情況，因此在學校可能比較成功。

在芬蘭人當中也發現相同的現象，他們在瑞士學校表現不佳，當他們移民到澳洲時，卻表現得相當好。他們在瑞士社會被殖民的歷史，似乎才是後來在瑞士社會地位低落的重要因素。在紐西蘭，土著毛利人（*Maori*）在學校的表現不如移居到此的波利尼西亞人（*Polynesians*）（他們有相似的語言及文化），在挪威的撒摩斯人（*Samis*）與貝爾法斯特（*Belfast*）的愛爾蘭天主教徒也表現得比他們的統治團體的同儕差。

研究發現，類似的結果與家庭很接近。例如：剛到的新移民傾向於在學校表現較好，而且比在美國出生者有更高的自尊心。他們的自尊與在校學習成就不只是依賴他們的民族地位，而且也有賴於他們與美國社會的互動，以及他們在自己的國家所發展的自我概念強度，在他們的祖國而言他們不被視爲「少數民族」。同樣地，部分研究推斷美國印地安的學生，特別是在都市環境中者，幾乎完全切斷與部落的根源，而這對他們的自尊與在學校所保有的權力形成負面影響。再者，這些狀況下的差異似乎是教育的社會政治脈絡。

自願與非自願少數民族的願景、希望、夢想與經驗也需要被謹記在心。據*Ogbu*的說法，大部分自願的少數民族有學業成功的「俗民理論」（*folk theory*），這種觀念視美國爲機會之地，個體可以經由教育與努力工作在此發跡。據此觀點，即使是只有少數技巧與接受很少教育的新來者，也能在經濟上成功。假如他們的孩子在學校努力學習，他們甚至能體驗到更多成功，這主要是因爲他們對「美國夢」（*American Dream*）有顯著的信心。結果，他們使自己達到那個目的。他們了解爲了成功，可能必須忍受很大的犧牲，包括種族主義、

經濟困境，同時要從事種種卑賤的工作。這些他們都能接受，因為那是為了要成功所必須付出的代價。

在*Gibson*所研究的印度旁遮普族人（*Punjabis*）的例子中，他們很少有工作與教育機會，而且有時在他們的祖國印度，甚至比在美國遭到更多歧視。在這種新的狀況下，像*Punjabis*這樣的移民者很樂於作很大的犧牲，因為他們認為會有相當的收獲。*Gibson*發現他們更希望藉由已經建立的規則玩所謂學校的遊戲。那些來自被戰爭催毀的國家或難民營的移民，或經歷過所愛的人死亡者，也許不會將居住在都市的貧民窟而且從事辛苦的工作視為非常艱難的狀況。例如，*Marcelo Suarez-Orozco*指出許多中美洲人特別成功，他們與墨裔美國人上同樣的學校、居住在像墨裔美國人住的貧瘠與充滿罪行的地方，但是墨裔美國人在學校卻反而不那麼成功。

*Oguba*主張那些來自所謂「類似種姓制度」（*castelike*）少數民族的孩子，在學業表現上的主要問題，不是他們具有不同語言、文化、認知或溝通方式。問題存在於他們共同經歷的歷史本質、征服、剝削，以及對被對待態度的回應。類似種姓制度的少數民族在美國傾向於認為教育提供的是不平等的回報。在他們的社區中，這些孩子沒有看到年長者得到工作、工資，或其他與他們的教育程度相稱的社會福利。

此外，考慮到學校的歧視與種族主義漫長的歷史，非自願少數民族的這些孩子和他們的家人經常懷疑教育體系。這些社區中的孩子依慣例受*Cummins*所謂的「根絕認同」（*identity eradication*）所支配，這種認同已經剝奪了他們以文化及語言做為幫助他們在學校成功的條件。這些負面經驗致使公平教育機會的觀點與可以使他們發跡的「俗民理論」變成神話。然而，這些「俗民理論」卻被那些在美國沒有長期被歧視的移民接受。

對來自類似種姓制度的少數民族學生而言，從事*Ogbu*所謂的「文化倒置」（*cultural inversion*）並非不尋常，所謂「文化倒置」就是，抗拒獲得與體現支配團體所認定的文化與認知風格。這些行為被認為是「白種人的」，並且包括用功的與不辭辛勞的，說標準英文、聽歐

洲古典音樂、逛博物館、得到好成績等等。取而代之的，非自願少數民族學生可能選擇強調他們與主流文化行為的區別，並且與其相反，或者是*Ogbu*所謂的對立的行為。這類行為包括語言、說話形式以及其他能協助清楚描述他們的群體特徵的證明，但是那是與學校所提倡的行為相反的。

即使是非自願少數民族團體中相當聰明的學生，可能也只是試著能「及格」就好，因為他們害怕假如他們從事順應主流文化的行為，會被他們的同儕排斥。他們必需對抗以*Signithia Fordham*及*John Ogbu*的話來說的「假裝白人的負擔」（*"with the burden of acting Withe"*）。以同儕關係的角度來說，他們從學業成功看到一點點利益。那些在學校表現優異的人，不明白這種行為與態度，可能覺得內心矛盾又有外在壓力。*Fordham* 及*Ogbu*的研究發現，在一個大部分學生都是非裔美籍學生的學校裡被同儕接受的優秀學生在運動方面也很突出，或者找到其他方式來隱藏他們的學業成就。據*Ogbu*的說法，非自願少數民族學生的家長本身在學校有一段很長被歧視的歷史，並且有負面經驗，他們可能潛意識地反映這些相同的態度，並加諸於他們的孩子對教育與成功的矛盾態度上。

移民者與「少數民族」經驗的新觀點

*John Ogbu*的理論與其他調查移民學生教育經驗的教育人類學者，第一次一起出現在1987年的《人類學與教育季刊》（*Anthro pology and education Quarterly*），從那時開始，他們對教育思想有深遠的影響。這些理論對解釋不同背景學生的學校經驗非常有幫助。但是這些理論被批評是不完整的、沒有歷史的並且忽略個別差異的影響。例如：*Ogbu*的理論可能導致加諸過度的責任在學生與其家人身上，沒有考慮在他們控制之外的情況也會影響學習。此外，*Ogbu*的理論沒有解釋非裔美國人與非自願少數民族為教育不平等所做的長期奮鬥，也沒有解釋這些團體中的許多人在公共教育的承諾上有強烈的信心。他對

對立文化的解釋被批評爲很危險地接近舊有的「文化貧乏」的概念，那是一種由*Oscar Lewis*在1960年代所發展的貧乏理論，該理論甚至遺留其痕跡至今，而且也因爲它的種族主義及民族優越的寓意而被嚴厲地批評。

在1997年，《人類學與教育季刊》再度提出民族（*ethnicity*）與學校表現的議題，又回到十年前曾經介紹的*Ogbu*與其他人的理論。這個議題中，作者們企圖使於1987年自成一類被提出的「非自願移民者」議題複雜化。據較新一期出版的季刊編輯者*Margaret Gibson*的說法，最近在美國的研究對*Ogbu*的架構提出直接的挑戰，特別是因爲*Ogbu*的理論無法解釋族群內的變化。也就是說，爲什麼有些「非自願」少數民族在學校表現很好，而其他人就表現得不好？一些學者與教育者發現這些理論過於兩極化也太武斷。例如：類型學無法巧妙地適合所有族群，像是墨裔美國人，他們同時具有自願與非自願少數民族的要素。另一個在1997年《人類學與教育季刊》中提出的主要批評是：原本的理論中幾乎完全缺乏性別與代間差異。

很特別地，新出版的刊物拿一些位於歐洲的國家與像是美國這種有大量移民人口的國家作比較，目的在決定*Ogbu*的模式是否可以應用在其他脈絡中。*Gibson*斷定*Ogbu*的類型學在「新國家」運作得較好，這些國家指的是傳統上接受移民（*immigrant-receiving*）的國家，諸如美國、加拿大與以色列，在曾經是殖民者而現在接受大量移民的歐洲「古老國家」較不適當。然而，*Ogbu*的模式即使在美國，也無法解釋代間的差異。最近的研究已經發現「自願少數民族」的第二代經歷的失敗與被認定的「非自願少數民族」一樣多，因爲他們並未像他們的父母一樣，誠懇地接受成功的「俗民理論」。他們也較沒有覺知努力工作與學習的長期利益。

其他的批判理論者必須處置對立文化的角色與影響。就像*Ogbu*所看到的，對立的文化對學業成功是不利的，因爲在拒絕可以導致成功的行爲及態度時，學生們事實上是在使他們的將來陷於危險的處境中。非裔美籍學生可能同時是對立的與在學業上是成功的可能性，並未在此理論中被呈現出來。與此觀點相反的，在研究六位高度成功的

非裔美籍高中學生時，*Carla O'Conner*發現集體態度對促進希望的感覺及提升學業成就有影響。她研究的這六名學生的確覺察到種族主義與其他的不公正現象，並且以他們積極抗拒不公正的程度而言，他們是對立的。然而，他們的對立並不代表他們拒絕必須成爲成功學生的策略。

*O'Connor*斷定對立不總是會傷害學生的。當它導致對壓迫產生積極的抗拒時，事實上反而激勵學生學習，所以學生會改變。同樣地 *David Gillborn*研究英國不同背景的青少年時，也主張抗拒與順應的二分法太過簡化，因爲這種分類法忽略學生對教育的反映是相當錯綜複雜的。也就是說，適應（*accommodation*）並不保證成功會隨之而來，也不是學業成功的唯一方式，同樣地，對立也不一定會導致失敗。

爲了更清楚地了解這個歷程，我現在轉而考慮抗拒的概念。

抗拒理論

抗拒理論，就像是被*Henry Giroux*、*Jim Cummins*與其他學者清楚地說明的那樣，對學業失敗增添其他層面的解釋。據此理論，不學習學校所教的，可以被解釋爲一種政治抗拒的形式。*Frederick Erickson*堅持文化差異可能成爲某些初期學業失敗與誤解的原因，假如學生在學校長期的學業失敗，失敗將成爲他們認同的一部分，而這將會致使學生拒絕學習。

抗拒理論是有幫助的，因爲他試圖解釋被取消權能的團體與他們的學校的複雜關係。學生與他們的家人不只是教育體系的受害者，也是行動者（*actor*）。他們考慮學校實際上像什麼，學習以有完整意義的方式對學校進行反動，雖然這些對抗策略中有些可能結果是自我打擊與反效果的。*Herb Kohl*描述「不學習」（*not-learning*）是學生拒絕學習的回應方式，他下結論說：「過去幾年內，他們拒絕被含有敵意的社會塑造，在這些方面我已經跟他們站在同一邊，並且變成在許

多情境下視不學習爲積極的與健康的。」

有許多學生抗拒的例子，這些例子從無害到危險都有：上課不注意、不作家庭作業、對學校課業持負向的態度、與老師關係不佳、錯誤行爲、野蠻與暴力等，都是學生抗拒的例證。我們在附於本章後面的*Ron Morris*與*Paul Chavez*的個案研究中，看到許多這種抗拒的現象。例如：*Ron*敘述當他快要在學校裡被毀滅時，他會實際作決定。他說，他會這麼作，因爲他沒有學到任何新東西，而他真正學到的，在他的日常生活中是無關緊要的。

發展批判意識的學生可能最後也會抗拒教育。這類學生經常被冠上大嘴巴及麻煩製造者的污名，也因此被處罰。雖然有些人輟學，其他人選擇不再積極地參與學校的「遊戲」。他們可能仍然出現，但是他們可能採取被動或挑釁的姿態。另一些人翹了許多課，真正繼續在教室上課的學生，可能對課程或對教師的教學的批判是「沈默不語」的，因爲他們直覺地知道太過具有批判性或過度成爲領導者是潛藏危險的。另一方面，即使是在好班，教師也經常感到挫折，因爲這類學生明顯表現無心學習、縱容自己，只是極少數地參與有創意教師的教學。結果，許多有能力及有批判意識的學生，他們可能仍出現在學校，但在思維上卻是「罷工」的。

拒絕教育的極端形態是中輟。*Michelle Fine*對大型都市學校所做的研究發現，學生決定離開有兩個主要原因：抗拒的政治立場以及對「教育的承諾」（*promise of education*）失望。她說許多學生明白地表達他們對學校的抗拒；甚至是那些留下來的也不確定他們能從學校教育獲得什麼。在過去十年間，我們已經看到一小部分其他極端且致力拒絕參與學校的方式（突然想起*Colombine, Colorado*與*Paducah, Kentucky*）。雖然這類以暴力展現憤怒的方式很少見，但他們是在警告有些事是可怕的錯誤，這類暴力通常不只是在學校裡，也存在家庭裡與社會裡。

但是，是什麼引起學生拒絕教育，並且出現可能最終會危害他們學習機會的行爲呢？對於這個問題沒有簡單的答案，但是一個可能的要素是拒絕學生認同的學校氣氛。這就是本章後面所附的個案研究所

要強調的。*Ron*與*Paul*清楚流利地描述課程能反映學生背景時，學習效果可能是天壤之別。*Ron*第一次在課程中發現他自己，他的反應是想要每天到學校，因為就像他所說的，這是真實的！

教師認同的本質也很重要。例如：在*Jerry Lipka*對*Yup'ik*學生與教師進行的研究中，他發現抗拒事實上是不存在的，他推斷「假如教室裡的教師是你的伯伯、叔叔、嬸嬸或阿姨，並且在大部分學校職員來自你的社區的情況下，抗拒理論是沒有道理的」。在這種情況下，對在文化上被宰制的學生而言，有何含意？這意味著學生總是需要被來自他們的文化社群的老師教嗎？這個反應可能在許多情境下是適當的，但是在其他情境下是不堪一擊且不實際的。其次，如相信這是事實，則意指教師無法成功地教導與他們來自不同背景的學生。如同我們在許多文獻中看到的引述，這不是事實，而且如同你將會在*Ron*與*Paul*的個案研究中看到的，他們兩個人都有若干關心與尊敬的教師，他們沒有那份民族優越感。此外，在一個主張民主與多元化的社會，認為只有特殊背景的教師才能教相同背景的學生是無法被接受的。關於學生的學業成功與失敗需要一個更全面的觀點。

■ 關懷

其他提升學生學習的重要因素，在過去十年間受到高度注意的是*Nel Noddings*所謂的「關懷的倫理」。*Noddings*對關於學生參與教育的談話，有令人印象深刻的貢獻，但不能被過度強調。對她而言，關懷比影響學生學習的大結構情境更重要，有時甚至更重要。在這個理論中，教師與學校是否與如何關懷學生，可以在學生如何體驗學習方面，造成極大的差異。*Angela Valenzuela*在德州（*Texas*）一所高中對墨西哥及墨裔美籍學生進行三年的學業成就調查，少數教師提供他們所特別關懷的學生為例子。教師們展示他們透過親近的與肯定的關係，關懷他們的學生，對學生能力懷有高度期望，並且尊重學生的家人。雖然學校的一般脈絡提供*Valenzuela*所謂的「減分的學校教育」

（*subtractive schooling*），也就是說，剝奪學生帶到教育現場的社會與文化資源的歷程，致使他們成爲學業失敗者，但仍然有真正關懷學生的教師。她的研究引導*Valenzuela*找出「學業成就低落」的問題不是學生的認同或家長的經濟情況，而是以學校爲基礎的關係以及組織的結構。在芝加哥對拉丁裔美籍學生所做的研究中，*Nilda Flores-Gónzales*形成同樣的結論。對這兩位研究者而言，關懷是明顯、重要的。

問題是教育者有時認爲關懷是表露於外的感情－教師可能發現有些事很難或甚至是不適當的。然而，擁抱學生，並不是唯一表露關懷的方式。我記得一位家長的例子，他曾經描述一位教師很愛她的學生，但是沒有擁抱他們。她解釋說：「她用她的眼睛關愛他們！她也用鼓勵、要求、期望來愛她的學生。」因此，關懷不只意味著，透過高度期望、相當的支持、嚴厲的要求等，擁抱或輕拍學生的背稱讚他，關懷也意味著以意義最深切的方式去愛學生。

另一個例子是來自*Susan Roberta Katz*在一所加州的高中，對中南美州與墨西哥移民學生所做的研究。該研究探討這些學生與他們的教師之間的緊張狀態，她發現教師與學生的知覺有顯著的差異。雖然教師們覺得他們在艱難的環境下盡了全力，學生卻描述這些教師是種族主義與不關懷學生的。*Katz*的分析是，學生的知覺可能已經與在學校裡的結構情境聯結，像是僵硬的能力分班與高的教師流動率（*teacher turnover*），這種情境促使一致關懷的關係之可能性變得微乎其微。她發現關懷與高度期望在支持正向學習結果時是很重要的。*Katz*特別下結論：

高度期望可以達成決定的目標，這個目標沒有成人的支持及協助，學生無法達到。另一方面，只有關懷沒有高的期望可能會危險地轉變爲溫和的干預主義；在這種主義中，教師覺得對「所享權益比別人少的」年輕人感到抱歉，但是從未在學術方面激勵他們。

更進一步的例子也是源自以加州的墨裔血統學生爲焦點所做的研究。同樣地，教育方案的氣氛被發現會影響學生對學習的承諾。在這份遷徙的教育方案中，研究者*Margaret Gibson*及*Liver Bejínez*發現

教職員以不同方式減少學生學習的困難：關懷的關係、制度化的支持管道和以學生的文化背景為基礎的活動。研究者歸結出關懷關係是方案成功的真正核心。特別是，儘管學生有易受傷害的狀態（包括他們的遷徙狀態、貧窮、以及事實上只有百分之七的學生家長完成高中教育），仍有顯著的高度就學率。高中三年級上學期期末的時候，令人驚訝的是有高達百分之七十五的墨裔學生仍會上高中。如同這裡強調的其他研究，研究者解釋「關懷」不只是感情，也是親近與信任的關係，最重要的是創造屬於學校團體的歸屬感。他們推斷，這種歸屬感對墨裔美籍學生與其他有色人種的學生特別有意義，因為他們與主流社會人們之間存在權力的差別。具體而言，*Gibson*與*Bejinz*說明「學生覺得他們可以將他們全部的自我帶到學校，讓他們的多元認同被肯定或至少被允許，似乎更覺得他們屬於學校，並且似乎比那些不被肯定或允許的學生更能與教育歷程銜接。」

　　另一個與關懷的倫理有密切關聯的理論，被*Ricardo Stanton-Salazar*描述為社會資本網絡架構。這個理論將焦點集中於成人與年輕人間的社會關係與網絡的核心，特別是容易受傷害的年輕人，他們很少有機會接近享有特權的學生所視為理所當然的社會資本。據*Stanton-Salazar*的說法，這些網絡有再製或拒絕特權與權力的功用。最後，*Stanton-Salazar*主張透過機構代理人的權力，以決定誰能獲得社會資本，代理人則是指像教師、諮商員與其他能夠影響學校內、外的社會與機構狀態的成人。他真正所指的這類網絡與機構支持是什麼呢？例如：他引用不同種類的知識，包括特殊的論述（*discourses*）與社會資本、溝通（例如：提供接近守門員與通常對被剝奪權力的學生封閉的其他機會）、擁護、角色形塑與情感和道德的支持、忠告及輔導。這些支持與關懷產生聯結，因為唯有透過信任及與教師的親近關係，學生才能獲得這類網絡。透過這些網絡，學生能夠學習「對系統解碼」，並且在分享權力的同時，繼續尊重他們的認同。換句話說，這些網絡提供學生們要在廣大的社會中成功地航行所需要的技巧與資源。

全面理解學生的學習

　　沒有單純的解釋可說明學生的成就或失敗，如同我們在這章看到的，大部分的解釋是不適當或不完整的。有些沒有考慮文化在學習上的重要性；有些則沒有顧及教育的社會、文化與政治脈絡；其他則是將學業失敗或成功的所有責任加諸於學生及其家人身上。即使是堅持種族主義與歧視、學校裡不公平的政策與實務的存在、或學校在複製現存的社會不平等時扮演的角色，都無法由他們自己來解釋學業失敗。

　　例如：廣大的社會結構，在學生的學習上產生區別。美國有色人種的新舊移民團體對教育的新觀點，在過去幾年已經出現，這些觀點對增加我們了解這些團體的學業成就是意義深長地。例如：在 *Alejandro Portes*與*Rubén Rumbaut*一系列長期、全面的對不同背景的移民家庭進行的研究中，推斷以移民者的話來講為「逐漸形成為美國」的歷程，這種歷程從平順地接受到痛苦的對抗，視移民者與他們的孩子帶來的特質與接受他們的社會脈絡而定。*Portes*與*Rumbaut*發現一個族群是否以及如何被主流接受，種族是一個主要的因素，它可以壓倒其它像是社會階級、宗教或語言等影響因素。此外，他們出生的環境也是重要的。

　　*Portes*與*Rumbaut*主張移民者逃避共產主義比逃避經濟剝削是更被嘉許地。例如：*Portes*與*Rumbaut*引用海地島（*Haitian*）、尼加拉瓜（*Nicaraguan*）與墨西哥（*Mexican*）移民的例子，即使在控制教育程度、英語知識與職業等變項之後，這些移民的收入仍明顯地低於古巴人（*Cubans*）與越南人（*Vietnamese*）。而且，無論他們在美國居住多久，墨西哥人、尼加拉瓜人與海地島人的收入均維持一樣變化不大，而越南人與古巴人則隨著居住在美國的年期增加而增加。*Portes*與*Rumbaut*對這個結論很震驚：「因此，無論墨西哥與海地島移民者的父母所受的教育如何，這些父母在經濟方面往上流動的機會，明顯地受制於他們的社群所融入的寄宿國家社會之限制。然而，對這些群體而言，大學學歷並未增加收入。這個結論公然違背教育相當於經濟

促進的約定成俗的說法。很清楚地，種族、融入的環境以及其他等因素，在此產生作用。

　　然而，即使面對這些大的結構情境，學校脈絡會產生影響。但如同*Jim Cummins*所主張的，學業成就低下也是教師、學生與他們的家人互動的結果。當教師尊重並且肯定學生及其家人的認同與經驗時，他們也改變教師與學生及其家人的互動，而這可以協助提升學生的成就。在*Ron*與*Paul*的個案研究中，教職員與學生及他們家人的親近，已經成功地聯結學生的成長及學校與學習。

　　學生與社區對學校的看法和反應，也是另一個在解釋學業成就時的考量點。儘管特定團體對學校有所覺知與反動，然而，總是有例外的個體。即使是來自經濟被壓迫的團體，也不是所有非裔美籍學生都失敗，例如：有些人不將學校學業成功者視爲「假裝白人」（*acting white*），同樣地，不是所有自願移民在學校都是成功的。除非我們視個別個案爲一整個團體，否則我們對失敗的解釋將會相當容易，但卻未必是正確的。這些會導致刻板印象與不適當的教育期望。

　　學校氣氛也在不同方式上有差別。當教師與學校相信他們的學生是有能力的學習者，而且他們爲學生創造適當的學習環境時，年輕人則在價值與能力方面，被賦予清楚的與正面的訊息。學校的政策與實務以及他們對學生的希望與期待，也是解釋學生學業成就時重要的變項。在*Paul*的個案研究中，你將會看到參與發展學校規則對他產生的積極影響。在*Ron*的個案中，他強調課程在他以前的學校中是沒有意義的，因爲它「不會讓我們知道，作爲一個人，我們到底是誰」。另一方面，在他的新學校時，課程被描述爲是尊重他的認同與經驗的。

　　只根據文化與社會階級之外的特質來決定學業成就，可能可以增權賦能，因爲這麼做意味著教師與學校可以作一些關於學生學習的事。如同我們在第四章看到的，學校的特性足以產生明確的區別，包括豐富的與要求更多的課程、尊敬學生的語言與文化，對所有學生有高度期望及鼓勵家長參與。

　　然而，假如這類改變不是伴隨著我們認爲學生應該而且有能力學習這種深遠的改變，單獨改革學校結構將無法在學生成就上有實質的

進步。簡單地說，改變政策與實務是必要的，但是以此來作爲改進學業成就是不適當的。如同我們在討論關懷中所看到的，學生與教師及學校關係的本質，也是關係非常重大的。這就是關懷與督導這個議題最要緊的事。

學習環境可能第一眼看來，完全是文化不適當的，但對部分學生而言可能事實上是有效的。所謂的「天主教學校效應」（Catholic school effect）是很好的例子。在某種程度上，對非裔美籍與拉丁裔美籍學生而言，沒什麼看起來是比天主教學校更文化不相容的。雙語方案通常是不可行的；班級傾向於過度擁擠；正式環境強調個體優越勝於合作是很普通的。儘管是這些情況，但天主教學校有成功的環境供給許多拉丁裔美籍與非裔美籍孩子，特別是哪些來自貧窮社區者。這份文獻指出天主教學校的真相，因爲這類學校資源有限，他們傾向於提供所有學生較沒有區別的課程，以及較少分軌、而較多學術性的課。他們也有清楚而不複雜的任務以及很強的社會契約。以對所有學生含有高度期望的學校結構來解釋文化的調和，這些可能第一眼就顯得不協調。

這個討論引導我們做出學業成就只能考慮多元、競爭與動態情境的結論：學校的傾向是複製社會及社會的不平等、文化與語言的不一致、學校不公平的官僚結構、學生、教師與教師們所服務社區的關係的本質、以及社會特殊團體與學校的政治關係。然而，爲學業成功與失敗尋找因果解釋，是很難處理的事。在學校與家庭環境中，無數複雜的情境，也可以解釋學生的學業成功或失敗。所有這些情況協助以更完整的方式解釋許多學生重大的學業失敗。這是多元文化教育的社會政治脈絡，而且它形成已經在此被發展的概念架構的基礎。

摘要

在這章中，我們已經探究關於影響學業失敗與成功情況的許多理論。貧乏理論（deficit theory）在1960年代大受歡迎，從那段期間到

現在，它對我們的許多教育政策是負有責任的。這些理論假定來自文化背景不同於主流文化的家庭，或來自貧窮地區的兒童，不是在遺傳上就是在文化上比來自中產階級主流文化的兒童差。

另一個發展於1970年代的解釋，是認爲學校對學業失敗是有責任的，因爲它們再製社會的經濟與社會關係，因此複製結構的不平等。文化不協調理論（*cultural mismatch theory*）也在這段期間被發展。根據該理論，對大多數的學生而言，學校是不成功的，因爲在他們的家庭文化與學校文化之間有不協調。*John Ogbu*與其他人主張類似種姓制度的少數民族與移入的少數民族（*immigrant minorities*）有很重要的差別的理論，也在1970年代開始發展。該理論主張文化差異無法單獨解釋獨特的少數團體學業成就的差異。

抗拒理論也協助我們了解學生以及他們的家庭，學生的家庭經常以某種形式對學生們身處其中的教育進行抗拒。抗拒可能是被動或積極的，也可能對參與學生的權益有適得其反的結果。另一方面，抗拒會導致對結構不平等有批判的覺知，並且渴望在學業上成功以求改變，就像我們在本章所附的兩個個案研究一樣。

最後，學生與他們的教師之間的關懷關係，在最近已經呈現出具有重大的意義。一般而言教師與學校氣氛，可以使年輕人的生活與將來有很大的差異，已漸漸被覺知。教師與學校接受學生的文化認同、信任他們的智能並且對學生有高度期望，即使這些年輕人處於艱難的環境中，學校也已經給予他們很多的鼓舞。事實上，可說這種關係在這些個案中甚至是更爲重要的。

我傾向於藉由對一些理論提供分析與批判，以發展完整觀點的學業成就。很明顯的，沒有單一學業成就的解釋，足以用來解釋爲什麼在學校裡部分學生成功，而其他學生卻失敗。更確切地說，我們需要了解學業成就是個人的、文化的、家庭的、政治的、以及社會等相關議題交互作用之總合，而這意思是指教育需要了解社會的政治脈絡。

思考題

1. 何謂*William Ryan*所指的文化剝奪學派（*cultural depriving schools*）？您可以舉一些例子嗎？
2. 想想你的學生。你認爲*John Ogbu*對自願與非自願少數民族的分類正確嗎？思考這個理論的優點與缺點。
3. 想想你熟悉的學校與教室。你曾經注意到學生抗拒的例子嗎？如果有，它們是什麼？而它們有什麼影響？
4. 你和你的同事們必需確定爲什麼某一個學生在你的班上表現很差。你將如何看待？爲什麼？

適用於個人、學校與社區改變的活動

1. 假如你在一所小學任教，計畫作家庭訪問以了解學生的家庭。利用這個場合發現孩子喜歡什麼，什麼激發他們學習。問家人一些關於他們所參與的，足以豐富文化的社區活動。假如你任教於國中或高中，你教太多學生以致於無法作家庭訪問，要求學生描述一些他們與家人一起作的活動。你如何使用你所學過的去創造更肯定文化的教室？
2. 想一位在你人生中對你有影響的教師。設法與他（她）取得聯繫。告訴你的老師，他（她）是如何影響你，並要求他（她）建議你，如何才能對你的學生有同樣的影響。對你的教學而言，你可以從這個建議學到什麼？
3. 與一群同事討論你的學校裡，學生如何展示「抗拒行爲」。他們的確切行爲是什麼？這些行爲阻礙他們與學校的契約嗎？假如這樣，你能對他們作什麼？你可能也想要參觀另一個教室，爲這個情境增添一雙「新鮮的眼睛」。爲你的教室決定一個行動計畫，再次一起談談這個結果。

個案研究

Ppaul Chavez:

我不想說得太快，但是我現在情況很好。

以一種認真的與強烈的語氣來說，保羅（*Paul Chavez*）在分享他對學校、鄰居與家庭對他的重要性之前，都審慎地思考著。保羅雖然才16歲但卻已經長期生活在幫派活動、毒品與失望當中。這些標記很明顯，從他的服裝風格到他手臂上的「標籤」（刺青），到他的回憶中已經被殺的「夥伴」。保羅的家庭是他的家族出生於洛杉磯的第三代，他描述自己是奇卡諾人（*Chicano*）（譯者按：美國的公民中出生於墨西哥或他們的家族來自墨西哥者稱為奇卡諾人）與墨裔美人（*Mexican American*）。雖然都是在此地出生與長大，但是保羅的母親與祖母會說西班牙語，保羅卻不會說。

保羅與母親同住，家裡有兩個年紀分別為19歲與9歲的兄弟，還有兩個妹妹。另一位哥哥21歲，沒有住在家裡。他的母親目前正試圖獲得高中同等學力文憑；她曾經有一次考試失敗，但仍繼續努力試著通過下次考試。她與*Paul*的父親已經分開將近四年，*Paul*描述整個家庭為「信仰基督教的」；除了他以外，他的家人都是虔誠的基督教徒。他的母親是教會領導者，他的哥哥是聖經導讀者。甚至於他的父親，一個甦醒的酒鬼，有一段期間過著流浪生活，在獄中待過，現在住在*Paul*所謂的「基督之家」，可能是一種中途之家。

這個只有一戶人家住的房子，在*Paul*家人所住的東洛杉磯附近，隱藏著其他都市貧民窟可見到的貧窮與絕望，有高聳的建築物與國民住宅。這裡，大部分拉丁民族的家庭努力在少數照料得很好的家庭中維持社區的感覺。然而，幫派活動的記號被刻或噴在建築物與牆壁上，當成屬於自己幫派的標籤，而且*Paul*說假如幫派成員認為你屬於另一個幫派，你可能會無緣無故的被貼上幫派的標籤。

*Paul*的學校問題源於三年級或四年級，因不良行為而導致休學。問題不在於缺乏能力（他的老師總覺得他是聰明的），而是缺乏興

趣。他更有興趣的是隸屬於學校幫派，以及去找其他班的男孩子打架。儘管有幫派的誘惑，他記得五年級是他在學校最棒的一年，而他將這歸功於*Nelson*女士，她是目前為止最關心他的老師。*Paul*已經成為幫派的一員，而且有麻煩製造者的封號，但*Nelson*女士並沒有因此而阻礙了對*Paul*的高度期望。就是在她任教時，*Paul*開始對歷史感到有興趣，他靜靜地回憶被美國大革命強烈地吸引的情形。

這時他剛開始就讀初中，同儕壓力、家庭問題與街頭暴力使他瀕臨危機。七年級與八年級是*Paul*最糟的時候，他很少做功課。他在八年級時被開除，雖然他被學校當局告知要轉學到另一個學區的另類學校，但他拒絕去而待在家裡長達六個月。到了九年級，他已經深入參與幫派活動，加入第18街幫派。*Paul*說這個幫派有上千名成員，不只在洛杉磯，在其他城市也有其成員，甚至在其他州也有。他的13個表（堂）兄弟（*cousin*）或許也曾經或正在這個幫派，因為有一個大哥，所以幫派的角色就像家庭，在這個案例中更為凸顯。一個伯叔輩的長輩（*uncle*）與一個表（堂）兄（弟）就在他們的幫派活動中被殺。

受到他母親的鼓勵，*Paul*試著加入另一個課程，但是幾個月之後又被開除。然後他聽聞並且申請到*Escuela de Dignidad y Orgullo*，這所學校（代表尊嚴與自尊心的學校），一所專為從其他學校中輟的學生而辦的高中。這所學校的特色是有多元文化課程並且聚焦在奇卡諾人的歷史上，它倚賴學生與教職員參與每天的運作。所有涉及幫派的言論都不被鼓勵，教職員設法在這裡努力創造一個不同的團體，一個不與幫派文化有關聯的團體。這所學校自誇對學生有多樣化的服務，教職員包括諮商師、一位心理學家、一位假釋官與數位教師。*Paul*在一次訪談中解釋說，他並沒有被正式逮捕，但是因為他之前的問題，他同意假釋官安排他到某個地方做義工，為的是讓他走正途。

然而，這條路對*Paul*而言是艱難的。他仍一樣被從*Escuela de Dignidad y Orgullo*開除，那是在嘗試另一個課程，並且有幾個月的時間參與犯罪之後，他才領悟到他想再回去。*Paul*說，所有他的朋友都已經離開學校，他害怕他的最後結果也跟他們一樣。雖然中輟生

不必然會再度被學校接受，但他再次被接受了，自從兩年前回到學校之後，他已經做得很好。現在，他大部分的時間都花在學校，回到家之後每天做功課，放學後在當地市政府工作，這是一份學校替他找的工作。這個課程安排一份暑假工作，這份工作也是在課程計畫中的。*Paul*說這所學校與他之前所就讀的不一樣，因為全體教職員關心並且鼓勵學生，又因為*Chicano*的文化與歷史是課程的中心，這使得該學校成為一個激勵人心的學習地點。

在他生命中的這個時刻，*Paul*甚至每週兩次跟著母親上教堂，並不是因為他想去，而是因為這是母親讓*Paul*住在家裡的條件之一。*Paul*的生活理念是只考慮現今的問題，不為往後著想，因為幫派生活的誘惑仍然存在。他尚未退出幫派，很明顯的他正處於生命中的交叉路口。接下來的幾個月，可能決定他的生活方向：是要參與犯罪增加生活的危險性，或是雖然較不刺激，卻在教育與工作上更有希望的將來。

*Paul*的個案研究強調兩個他長期以來的目標：待在幫派裡受到尊敬，以及創造成功的未來，兩個目標是相左的。另一個很明顯的主題是他的母親及家庭對他的生活的強烈影響。

每個人將會得到尊重

我長大了……擺脫學校，惹上麻煩，要設法賺錢，就是那樣。到學校，從商店偷東西，並在學校裡賣糖果。而這就是我在三年級或四年級所能做的事……我總是被叫到校長室、休學（suspended）、退學（kick out），所有事情都從三年級開始。

我五年級的老師是Nelson女士……他把我安置在活動中，讓我很快樂而且很興奮。「為什麼你希望我在活動中？我只是一個麻煩的人。」雖然我這樣說，她仍然將我安置在活動中。五年級時，我認為這是我小學六年當中最棒的一年。我學到許多關於革命戰爭的事，我永遠會記得五年級。那時我有好朋友。我們班有一個計畫，我們都被涵括在其中。Nelson女士是一位好老師。……他把每個人都涵括在其中。我們做各種不同的書。而我向來喜歡寫，而且我寫了兩三本書。在書籍義賣及其他

種種活種中。她做了相當好的事。……她真的深入人心。她會說：「試試看！你可以做到的」。五年級對我而言是美好的一年。

不知道為什麼我加入幫派。我在某個地方的某個幫派得知加入幫派的訊息。再加上我的整個家族，我有13個表（堂）兄弟，他們來自第18街幫派，所以我們幾乎都加入了。我們深陷其中。……我們仍然在那裡。而我猜我將會永遠在其中，因為那個幫派是我的鄰居，而它就像在這裡一樣。

年長的表（堂）哥們跟女孩子去派對，談及鄰居（幫派）以及所發生的種種……我記得好像是二年或三年以前我進入這個幫派，我想「我想要進入這個幫派。我想要進入18街，獲得我的標籤，以及種種。」……將加入幫派做為你的目標，是一種病態嗎？這是我思考的方式，我對我的生活有很大的影響……負面的多於正面的，那就是所發生的事。

我的大部分有麻煩的年代是在我的初中時期……七年級，上學第一天，我遇到這傢伙，然後我們從那時開始交往。而在每一所初中，你將會加入一個團體。你將會在一個團體裡晃來晃去……變得好像我們總是在班級上闖禍。無論我們過去這段期間怎樣，我們開始有麻煩。而我，我很有幽默感，對嗎？我可以讓人大笑。所以我總是被趕出教室。同樣地，這使我有一點受歡迎，女孩子總是圍繞著我，並且……我有一大群……但是好像我總是一個有麻煩的小丑。所以那是一條為我開的道路，我似乎是對的，所以我扮丑角並且受歡迎。沒問題，我現在了解這個課程了。

我（沒有）在幫派中，但是我穿得很漂亮直到幫派讓我加入。所以人們會問我「你來自哪裡？」「我沒有來自哪裡」，而這類的問答，令我想要出生於某個有名的地方，然後我可以告訴他們：「我來自這裡……」那些事是發生在七年級時，而我正在跟八年級學生打架……我正在跳舞，一個東方小女孩過來跟我一起跳。她跟我說很多話，例如：「我認識你，你是Paul」。他們認識我……那讓我覺得很好。

我開始嗑藥。我吸煙草、吃大麻。我喜歡抽煙。我總是抽煙。說到喝酒我是第一的。你找到一個聯結點並且將缺點隱藏在第一當中。我不吃像是海洛英或古柯鹼那種毒性很強的毒品。

由於在幫派中，你想到你要報復的恰好是另一個奇卡諾的弟兄。那會讓你思索，嗯！這會讓你思索為什麼你要傷害像你一樣的人，你看到很多你認識的人因為幫派而墮落，那很可惜。你有很多來自監獄系統的伙伴，監獄系統真的是實行種族隔離政策的。即使是從墨西哥移民到美國不會講英語的非裔與墨西哥裔美國人，也都能團結在一起。他們甚至與奇卡諾人（Chicano）及剛來洛杉磯南部的Surenos分開。在那裡

每個人幾乎都有偏執狂。他們將小事鬧大。所以那裡面是真正的種族戰爭。然後他們把這一套帶到外面給我們。

所以你在鄰居間得知許多負面的東西，以及許多你理解，與責罵的事……就像我想像人們坐在那裡，看著我們互相殺害。

看（我的幫派），我們有敵人。我們在洛杉磯各地都有幫派成員，也各處與人為敵。所以不與任何人在一起……全部的（幫派）系統是由被提攜做為接班人的年輕人在管理。

一段好時光是沒有人打鬥，沒有伙伴互相打鬥……我意指有一次當我們集會時，像家一樣的地方被射，有人就在那裡大量流血而死。我們替那位伙伴畫壁畫。當一位伙伴去世時，我們烤肉、洗車（省錢），我們所做的全部是希望「在和平中安息」。

當你關注到鄰居並且與人群接近，和你的伙伴卻去世時，那真的很難過。已經有太多發生在我身上，好像有兩次……伙伴去世，你有很多遺憾，對其他的伙伴有很多遺憾。然後，你會更愛你的鄰居，因為你在那裡，你知道你的伙伴都聚在一起。

我想立刻信基督教，想辦法做好事。遠離毒品，及每一樣不好的東西。每次我似乎都會想起伙伴。那是一種體驗，因為許多伙伴也是我的家人。

那對你有很大的影響，就像是我在跟我的表（堂）兄弟（cousin）說話。他仍舊深陷於幫派中。我沒有真正深陷幫派之中。不要讓我犯錯：我來自這個地區，但是我並沒有深陷其中，你知道我指的是什麼？……但是那就像我跟他們說：「太好了，我們跟鄰家男孩在東區（edastside，為貧困移民區）之類的廢話」，我想我「糟透了」，而且我認為「我希望我在那裡戒掉吃吃喝喝。」

我有一位表（堂）哥，他在1989年去世時是16歲。他是我18街的表（堂）哥，也是家人。然而，發生什麼事了，看，他去世了，而那是另一個悲劇。那正是你看到的。我16歲，我看到很多。首先，他父親去世，接著我的表（堂）兄弟、我的伯父（叔叔）以及我的表（堂）兄弟。你想想看，「所有這些男人，都因為幫派而死！」當你坐著思考時，你會說：「為什麼？為什麼？為什麼？這算什麼？」……「但是你不知道為什麼，你心裡有太多為什麼，很難擺脫。有些事你不想擺脫。但是你會設法立刻集中焦點在其他事情上……我來自幫派，正因為我來自幫派，並不代表我可以使我自己更好。

但是我真的在乎。我有人生。我希望擁有我的人生。我不想失去它。我有兩個妹妹，我也希望看他們長大。而且我希望有我自己的家庭。所以，我得到標籤，我在每個人都可以看到的手臂上弄一個很大的

18，這就是將近一年前的我。假如你要談一年前的我，我將會說：「我來自這個區域。」我會瘋狂地用街頭粗話跟你說話。現在，我聰明了點。

我設法不要被捲進我不希望被捲入的事。但是，大部分很難。你不希望人們說你笨。「為什麼你要上學，並找工作？」有一天我正在跟我的伙伴說話時，他說：「……學校？輟學？像是……」「對，那很好。謝謝你的鼓勵」（笑）。看，他們體驗那樣的生活，卻跟你開玩笑，嘲笑你。那是一種笑話，但那就是你，只那樣思考事物。我猜你的好友們……他們設法使你衰弱，你必須夠強壯才能設法離開。

我必須想想我自己，知道接下來要做什麼。讓某事繼續下去，或讓誰繼續做這件事。那是真的。你會開始思考一點不一樣的。你多少知道發生什麼事。他們所想的，是聚會之類的事。我知道那是有問題的，儘管如此，我必須想辦法使我自己更好些。

設法更好

我猜在很多方面，我是（成功的）。我設法達成很多事。開始某事，你就已經成功了，你知道嗎？但是完成它，會使你更成功與完美。你有優先權，知道你必須做什麼，並讓它實現，當你正在做某事時，要快樂。

我來到這所學校，這裡是很莊重的。他們重視很多我喜歡的研究，並且有很多研究正在這裡進行。但是，我還是我。我只是一個小丑。我總是喜歡亂搞，所以他們給我一次又一次的機會……我以為那是一種許可，接著他們把我踢出校門。他們把我趕出去，……所以我又回到其他學校。...就好像我打電話時無意中聽到「這個東西真令人討厭。他沒辦法再待下去了。」，然後我就離開了。「我需要另一個機會。」回到學校。他們給我另一個機會，而那就是我為什麼現在在這裡的原因，因為他們給我一次機會。

在這裡，拉丁美洲的歷史上得較深入，而那是我喜歡的。像是會上許多的背景、民族的背景。我們甚至上過金贊教授（譯者按：一位人權運動的領導者）。我們上過Cesar Chavez（譯者按：一位發起全美農場工人工會的工會領袖）。我們上過很多東西。

我以前從未想過我是奇卡諾人。現在我是……是黃種人(Brown)，以及我們的種族會如何沒落……你不想看到你的種族沒落。

　　（奇卡諾人）。成為奇卡諾人產生的影響視你的態度而定。我的穿著像幫派成員。他們看你就像你是那些瘋狂的墨西哥人或奇卡諾人的孩子中的一員。但是如果你自己表現得很好，那真的要看你的外在表現。人們都說要看內在，但是真正看的是外在。外在就像圖騰。就像我因為一些外在的東西被歧視，而我無法明確指出那些讓我被歧視的東西。我不很確切知道，是否那是因為我是黃種人，或那是因為我是幫派分子，所以我無法明確指出。但是對我而言，因為我是奇卡諾人，那是有幫助的，我對我的種族以及我是什麼人感到驕傲。

　　（奇卡諾的年輕人）對生活有一些相當迷糊的看法。像是他們知道如何與人交談，而且他們知道如何陳述，你知道我所指的是什麼？就像我們現在正在作的（指訪談）……他們說的很多事都很深入。

　　（在這所學校裡），他們忽略惱人的事，而談的是你如何做得更好，你知道我在說的是什麼？……設法成為更積極的黃種人。那就是我所要說的。

　　因為幫派份子的身份，你可以就讀許多其他的另類學校。他們全都接受幫派份子。每一個另類學校都讓幫派份子加入。這是唯一中立的地方。

　　（要使學校更好我會）說更多有趣的事。我會更投入，讓更多人投入。讓事情繼續，而不是讓他們茫茫然過日子……或教他們功課並期望他們做功課。讓所有的人參與其中。

　　在學校放一點音樂。掛一些圖畫……有比較好的環境，你會覺得你可以學到更多，你會覺得更舒適。這所（學校）相當好，但是，假如你讓人提升它，讓牆壁有點特色，像是壁畫或什麼的，那將會是更舒適的工作環境。

　　設法了解我們所想的事是重要的。設法盡你的全力達成它。孩子想要它。他們就會使用它。我記得我讀過Anne Frank的日記。我深陷於納粹跟猶太人之中，那是相當酷的。

　　有很多不同的老師。你不能真的說出來，但是（我希望他們必須）更有耐心，更有理解力。那就是，我們不是你的孩子；我們是你的學生。你教我們卻不設法控制我們。就像他們大部分人說的，「喔！孩子們……你必須遵守規則，面對結果。」假如我們遵守規則，而且我們都面對結果會如何？為什麼總是必須說「你們這些孩子」面對結果？為什麼不能是我們都這麼做。你知道我的意思嗎？

　　我想（多元文化教育）是重要的，因那又回溯到種族歧視。你必須更熟悉其他人，假如更了解他們，你就可以跟他們處得更好。我正打算盡可能設法從這所學校多學一點東西。

　　我在認真讀書（由於他的學校）。有很多要學，而我想要做的就是學習，設法教化我自己的心靈以了解我能擺脫什麼。我能學多少就學多少。

　　我設法不要對人們期望太多。我已經很失望了，我設法不要對人們有太多期望。我只做我所知道的，我所能做的以及……不，在這裡他們沒有令我失望……大多數的每個人都鼓勵我。像是現在的Falcon小姐。她對我說「你好嗎？」那都是鼓勵。有時，我認為應該放輕鬆，不要擔心，在這所學校的人總是快樂的。

　　當他們公開地開放自由參觀這所學校時我就讀這裡，並且……我帶我母親與我父親來，我們這裡有一群孩子跟教職員。我們所做的事是寫下所有的規則，只是對學校即將要發展成什麼樣子寫出大綱。人們得以被正當地對待，你可以穿你想穿的。在作決定前，每個人一起討論這些規則。教職員不會先訂定規則再告知學生，教職員與學生會一起訂定規則。

　　（什麼可以使上學對你而言更自在？）如果你在一年前問我這種問題。我會說：「不用上學！如果不用那麼早上學，上學會更自在（笑）……但是學校，如果舉辦更多活動會更好。人們不會只認為那是一種規則，人們真正從事具有某種意義的事……，但是視學生與教師雙方而定，學生與教師都很努力是重要的。

　　這個班級（應該有）更好的學習技巧。那是一個進步的年代。我們擁有很多電腦的東西。我們應該將電腦引進課程中，使學生對學習更有興趣。我看見了會說：「喔！很好。」並且會過去看看究竟怎麼一回事。

　　我想他們應該得到更多這種支援，幫助他們做父母，是嗎？我注意到的是假如家長參與學校，學生就能在學校感受到愛，並且把他們的愛給別人。我認為學校應該讓更多家長參與，像是讓他們教一些東西。也讓更多家長參與教室活動。家長對學校有很多東西要說。

　　（老師們應該）不要認為一堂課只是一堂課。不要認為那只是一堂教給學生的課，而是一堂教家庭成員的課。因為假如老師們這樣看待那堂課，就會使課程更深入些，而那就是他所需要的全部。用心教一堂課，並設法讓你的孩子對進行的事了解多一點。不要對孩子說謊，不要對你的學生說「每一件事都是可以的，然後只是簡單地說『不要嗑藥』」，要讓他們知道真正發生的是什麼事。不要繞圈子說話。讓他們知道有幫派、藥物？「你必須盡快告訴學生幫派、藥物的問題。那是為了孩子。做你必須做的事，並待在教育圈。」他們現在開始做更多事...設法讓服裝的規定延續。我從未喜歡過那類東西，但是那是個相當好的主意，...但是不只是街頭的服裝的規定，而是你不能穿……幫派服裝。

後來趕上了。因為當我在10年級時，你坐下來要做分數的題目，卻一題也不會做，因為我沒有真正學習到基礎的部分，現在全部都趕上了。當我就讀初中時，我沒有作全部七年級與八年級的數學。我從不寫數學考卷。或許交一、兩張，我不喜歡數學，現在全部趕上了。

現在我抓住每個我得到的機會，設法讓我自己參與一些事。我想假如我更專心於學校，那麼我就不會那麼投入幫派，……你專注在那上面，你會逃避它。有時候我告訴我自己會計人員總是與數字一起工作，而我說，我想做一個會計人員，因為我想我必須努力做一些我想達成的事，以顯示我可以學數學，並且表現得很好。我想試著作我可能做不到的事，我想做這種人。所以我可以把數學學得更好以顯示我可以辦得到……設法以我自己之外我所做的每件事為例。

（好成績）讓你覺得很好，得到A。看這種「像幫派成員的男人」得到A的成績……我得到相當好的成績。我得到A、B、C。那比我過去拿到的報告卡上全都是F，六個科目都失敗還要好。

我可以是（一個好學生）。當我想做好學生時，我是好學生。但是假如我想做一個小丑並瞎鬧，我會是一個真正在教室裡目中無人的壞男孩。那就是我經常習慣蹺課的原因……嗯！現在我已經改過自新了，現在我是個好學生。

當我得到文憑之後，那並不是學校的結束，那才開始。在那之後，我仍想學更多。基本上，我想上大學……那是我想做的。受更多教育我就可以學多一點。

或許我希望當老師，一名諮商員，與年輕人在一起，可以跟他們分享我的經驗的工作。因為我知道有很多人在那邊駁倒年輕人，你知道我在說什麼？不是跟他們談話。而是設法了解他們所經歷的。

我的意思是，你沒辦法將一個（住在另一個社區）老師與一群社區的孩子放在教室，卻期望他了解孩子。我在家有很多問題。到學校遇到態度自大的老師，我想要報復。就是這種方式。

我不想說太快，但是在這裡我幾乎已往好的方向走。我幾乎成功了。我要設法使自己成為一個成功的人。我已經在進行中。我正在往那個方向走。

至少在這時候，你無法談到下個月……我活在當下，完成今天要做的事。那是我最拿手的。

而我只是，我對我自己產生幻覺。我不相信我正在做這些事。但是我不想把自己捧得太高……因為爬得越高摔得越重。我不想摔下來。

家庭支持：「我有讓我待在家裡的愛」

我喜歡孩子。我很喜歡孩子。他們看著我並且說：「哇！這傢伙很膽小。他是一個幫派分子……」當幾天前我在工作時的經驗是：我正在一個（日間托兒所）工作。我走進去時，孩子看著我，很像是在竊竊私語……其中一名東方的孩子走過來，我們開始玩。我知道下一件事，她坐在我的膝蓋上，接著所有的孩子全部跑過來。他們知道，他們可以感覺到我愛孩子。

我不知道為什麼，但是我愛孩子，因為我看著他們，有時候我會同情他們，我會說：「我希望這些孩子，沒有人走上歧途。」接著我看著他們，我說：「這些孩子中，有些人將來會是偉大人物。」當你這麼想，並且看著他們說：「老兄，你即將在苦難的世界逐漸成長。」那是一種粗暴地對待。你已經知道這個世界是遭受破壞的。那是一種病態。孩子殺害孩子，母親殺害他們自己的嬰兒。就像動物殺了自己的孩子。那是一種過失。除了你的母親，你無法相信任何人。

你需要教化你的心靈……有些人獲得重生並且投入這個世界。你沒有打算要做這件事。你讓一些人重生，你使他們復活，你滿足他們並且鼓勵他們，他們即將要做這件事。那就是上學的原因。我上學的一大部分原因是因為我母親。我想讓她覺得光榮，她可以說我做到了等等。

我爸爸漸漸開始成為酗酒者。他喝很多，他無時無刻都像在參加派對一樣，嗑藥……我沒有真正父親的相貌，但是我有一個爸爸；一個爸爸而不是真正的父親……所以我媽媽基本上是一個人把我們扶養長大的。

他事實上並沒有與我們住在一起。我出生時他跟我們住在一起。他不在那裡，因為他總是與他的朋友一夥……他搬出去，跟他的妹妹一起過活。基本上，他曾經過著參與犯罪的生活達四年之久。現在他決定那不是他想要的生活。所以他到基督之家（Christian home），設法讓自己好一些，設法往好的方向轉變。

我媽媽並沒有咒罵。她已經有六年沒有喝酒了。她很好。她曾經喝酒喝得很凶。

我媽媽年輕時，曾經混幫派。我媽媽與我父親同時屬於幫派……他們現在已經離開幫派……他們不再閒混。

我從我媽媽身上學到很多教訓。如何尊重人……假如我媽媽沒有參加教會，她就不會為我們而在那裡。他就不會設法找到一種方式來安慰自己，你知道我是什麼意思？

我媽媽真的強壯又善解人意。不是拘謹，而是善解人意。他並不一

定與我達成妥協。通常她說什麼就是什麼，也就是說……我媽媽，我無法改變什麼（關於她）。我爸爸……他只在我還小時出現過。假如他在，我可能以不同的方式出現。

要我跟我媽媽或爸爸說話很困難，但是我跟我媽媽談很多發生的事，像是女朋友的事。像是我們的同伴去世。除了我媽媽之外，我不跟任何人說。我的同伴剛去世大概一個月或兩個月時。我記得我在我媽媽的房間裡。我媽媽在熨衣服，我就開始哭。我並沒有哭很久。我開始哭並開始告訴她，「我受傷了，媽。我不知道為什麼，但是我受傷很深……。」因為我曾經設法，逃避這個問題，我曾經設法拖延，就像我的伙伴去世，因為我相當封閉……我就說：「媽，我好難過」，她說：「我知道，你心裡想什麼。」這類的話，所以我們談話。談得很深入。

她在10年級時輟學了，並且她懷孕了。她說：「我希望你做得很好。不要像我，回到學校時已經有點太慢了。」那從來不會太慢，你知道我在說什麼。她就說：「Paul，現在記住。第一次就做對，你就不用再做一次……。」

基本上，我媽媽希望我上學，那麼當我組織家庭時，我就可以有一間好房子和家庭，我們就不用五個人擠在一間只有三個臥室大的房子，沒有太多錢可以過活。

我媽媽的生活過得不錯，不是在錢的方面，而是在道德標準上。我們對於我們所得到的很高興，而那只是最基本的。所以我為了我媽媽上學，設法幫助她，也設法幫助我。

我媽媽，她不是真的（參與學校）。她忙著作她自己的事。她離開學校，做晚餐、打掃家裡、上教堂，回到家替我的兩個妹妹熨衣服。她並非真的有時間做這些事……她會進來並且跟我的假釋官說話，跟Isabel（一位教職人員）說話。她會盡量跟不同人說話，相當投入。

你將會了解你必須從第一天開始學習……教育從不會結束。只有當你停下來……我現在了解了……但是，看看我，從來沒有真正有誰在催促我。我媽媽催促我，不過她已經累了。「Paul，我無法再幫助你」。我父親，他從未真正催促我……他告訴我：「Paul，教育……教育是最重要的」你知道嗎？我收到我爸爸從監獄寄給我的信，信上只有說：「待在學校。」他說了一些很深奧的東西，有智慧的東西……而我爸爸總是知道用正確的字眼跟我說鼓勵我的話。我媽媽也會鼓勵我。

假如我得到的愛不是來自家庭，我會在我的同伴間找尋。我從未那麼做。我只希望我的同伴聚在一起……我的許多朋友加入幫派，因為他們需要人家關心。看看我，我有家庭的愛，讓我可以留在我的地方。

我記得我曾經整整從星期五晚上到星期一早上都蹺家。我媽媽擔心

了整夜，「這傢伙跑到哪去了？」而我就在參與犯罪活動。好像每個週末都這樣，一直到現在。我每天待在家，就只有上學……我下班，作我的功課等等，去上班、回家、上教堂，因為我跟我母親上教堂。

我媽媽，她真的以我為榮。我的朋友告訴我，她上教堂、讀聖經、在家裡跟基督徒聚會。她哭了。她很驕傲。她說：「你媽媽在談論你，她哭了。她真的很得意。」而那就是我媽媽，她是感情較容易衝動的。我很愛我的媽媽。那是很難解釋的。他告訴我：「Paul，你不關心我」等等的。因為那對我而言很困難……要我表露我的感情很困難。

評論

*Luis Rodrínguez*是《總是過著瘋狂的幫派生活》（*Always Running, La Vida Loca: Gang Days in L.A.*）的作者，他的經驗在許多方面與*Paul*相同，他以下述方式描述幫派：

幫派並非總是完全相悖的力量。他們以非結構的群體開始，我們的孩子渴望跟任何一位年輕人一樣，希望得到尊敬、歸屬感與希望受保護。

回顧他對自己的青少年時期與對他兒子未來的擔心，他兒子跟隨他的途徑，*Rodriguez*寫書鼓勵人們了解幫派。雖然幫派提供他們的成員歸屬、尊敬與保護，但仍對壓迫表現不健康的與自我毀滅的反應。當社會剝奪基本人權時，幫派會出現。但是根據*Rodriguez*的說法，假如年輕人被賦予還不錯的教育、從事生產性的工作，並且有社會休閒的正向管道，很少年輕人會選擇幫派。

學校可能不知不覺的，由無法提供強的文化認同與支持學生的需要，而對年輕人的參加幫派做出貢獻。事實上，*James Diego Vigil*主張街頭與學校的互相影響的方式，會妨礙許多奇卡諾學生的學習。根據他的說法，了解這種聯結可以幫助教育者創造奇卡諾學生更正向的學校經驗。*Vigil*主張學校可以發展一種預防、介入與禁止的平衡策略。例如：預防將會聚焦於強化家庭與提出一些導致孩子過街頭生活的情況。介入將會說明學生的行為問題，禁止會面對幫派文化最具毀

減性行為的面向。然而，禁止也會無意中導致輟學，例如：當服裝的規定可能看起來好像是中性的，而非只是瞄準幫派成員，也會驅使幫派成員離開學校。即使在低年級當*Paul*開始打扮得像幫派成員時，老師們負面的反應－不然就是特殊的服裝的規定－讓他覺得學校是不適合他的地方。那就是為什麼他記得*Nelson*小姐，一位儘管他的服裝這麼地鮮明，仍親切地對待他的老師。

*Harriet Romo*與*Toni Falbo*加以確認學校在學生轉變為幫派份子時無意間成為共謀。在他們對德州墨裔美籍高中學生進行的研究中，他們發現雖然學校政策，像是「考試不及格／不能參加學校運動校隊」的政策，傳送學業比課外活動重要的必然訊息，也會產生負面影響。這種政策會斷絕失敗邊緣學生與更多有益健康的活動的正向關係。

渴望尊重，歸根結底，只是當*Paul*談及第一個加入的他所謂的「學校幫派」，以及後來日益茁壯的街頭幫派時，描述權限的另一個字眼，年輕男性與女性在極嚴重的經濟困境中，大多數轉向幫派瘋狂的生活。在1991年，當*Paul*被訪談時，光是洛杉磯，就被估計有10萬個幫派成員在800個幫派中。在那個幫派活動的尖峰年代，將近600個年輕人被殺，大多數是被其他年輕人殺的。

當年輕人的夢想被拒絕或壓抑時，他們盛怒的感覺轉而內化，導致像是藥物濫用或自殺等事情，或者轉而表現於外，明顯的在無法以言語表達的暴力行動中，違反他們的祈禱方式（*raza*），被*Paul*強烈地表達出來。*Rodrigue*描述這種暴力行為經常從壓迫所導致的自我厭惡散發出來：「而且假如他們殺人，受害者通常是看起來像他們一樣的人，那些與他們接近的人－一種鏡面反射原理。他們一再殺人也就是他們殺了他們自己。」

一份2002年的報告，證實所有年齡在12到18歲的學生中，有將近百分之20的學生，敘述他們在學校被欺侮，而且幫派在事件名單中的高出現率成為這種犧牲的原因。在所有學生中，拉丁裔美國人 在他們的學校比任何其他群體更容易成為街頭幫派分子，然而將幫派與其他顯露於社會中的壓迫歸咎於在學校是行不通的。這些議題太過複雜，而這些議題包括大量的失業、種族主義與歧視的歷史遺產，以及

缺乏適當的居家與健康照顧。此外，對於在每日基本生活中掙扎以求生存的家庭，很難讓孩子不參加幫派，因為假如孩子參加幫派，他們可以較容易得到錢，也可以較快地受歡迎。因此，幫派對孩子是有吸引力的。就像Paul說的，他的母親已經盡力，但是弄得很累（她說：「Paul，你帶來太多麻煩，我沒辦法再幫你了。」）

雖然學校無法除掉幫派也無法終止暴力每天在美國社會發生，但學校可以產生影響。Paul很快地把他過去的責任擔起來，而不是去責備老師。然而，當他更深入地思考時，他也承認特殊的老師與學校的確會產生影響。最好的例子就是Nelson小姐，或一年後他在另類學校的老師。

雖然Paul被教導人們內心是重要的，他對「真正是以外在為主」下結論是對的，因為他被老師與他這類型的其他人以衣著和他刺在身上的圖案下評斷。John Rivera與Mary Poplin的研究證實Paul的經驗。透過訪談加州四個學校裡不同背景的學生，他們引用一位年輕學生的案例，這個個案談及教師對部分奇卡諾學生的負面反應：「老師將你視為幫派分子、歹徒、下層階級的人、毒品販子……等，那使老師對你跟其他人有差別待遇，因為老師們對奇卡諾人有刻板印象，不讓奇卡諾學生有機會把他們會做的顯露給老師看。」

拉丁裔的父母對他們的孩子經常有高度期望；但是，除非這些是以某種方式被包含在學校文化中，否則他們所產生的影響很小。例如：在Alejandro Portes與Rubén Rumbaut對不同移入團體的廣泛研究中，發現這些團體的力量經常被學校忽視。在墨西哥人的特殊例子中，他們總結出「在許多墨西哥人的家庭中，惟一為小孩進行的事情是家長的支持與對孩子的熱望。這些期望應該被鼓勵而不是被逐漸損害。」這個發現迫使我們轉移焦點到學校的脈絡與結構中，而不是只集中焦點於學生與他們的家庭的缺點上。換句話說，政策與實務必須再檢討，以使教育對所有學生而言更有吸引力、更正向。關於這一點，學校必須發展策略，使用更多文化上的調和，而非以文化貧乏為基礎的取向。

Paul的個案是文化調和如何在教育上產生正向影響很好的例子。

姑且不論*Cinco de Mayo*的慶典活動，目前爲止他的學校經驗從未提及拉丁美洲的歷史與文化。他的談話清楚表明他的文化使他對學習極感興趣並且給予他學習的動機。他也用批評的眼光回想作爲奇卡諾人的意義，而且他承認在課程中包含不同族群歷史的重要性。

　　*Paul*主張應該雇用更多奇卡諾人當學校助理，因爲他們「得到愛並且給你愛」，這點提醒我們，家庭對拉丁美洲文化有強而有力的影響。即使在困難環境下的家庭也想要給他們的孩子最好的，但是他們通常不知道如何提供給孩子。*Paul*的父親對「*Paul*的教育」很堅持，假如沒有伴隨結構性的支持以幫助他留在學校，那麼父親對教育的堅持對*Paul*的幫助是很小的。當*Paul*說到那件事時他也清楚地了解這點，雖然他的父母支持他，他們從未真正地督促他。

　　在正向認同與強烈的自尊間有顯著的聯結。一位研究者發現探究與了解民族的意義的成人，在他們的生活中，似乎調整的比其他不了解民族意義的人好。不只是他們自己覺得較好的問題，而且，強烈的認同對給予年輕人他們自己的自尊與價值是重要的。包括他們在學校課程的經驗，也是*Paul*與他的同學被賦予機會去發展這種自尊與價值感的方式之一。他對奇卡諾學生「生活中有相當迷糊的領悟」的陳述，是對他們的價值觀的確認。

　　*Paul Chavez*現在可以就讀另類學校是很幸運的，而這件事似乎扮演保護者的角色，讓他可以與幫派保持一點距離。他就讀的學校的政策與實務是朝向創造一個更積極的學習環境。學校沒有分好班與壞班；教職員與學生的互動是積極與健康的；學生參與學校的管理；對所有學生都有高度期望和要求的標準；學生的語言與文化是學校課程固有的一部分。然而，*Vigil*有洞察力的觀察在此是值得注意的。他說，另類學校可能藉由集結危險的一群幫派份子在一個地方，複製街頭幫派文化，於是，這些學校可能像「暫時的倉庫」一樣，或者像被*Vigil*所提及的這些幫派分子所說的，就像「爲坐牢而準備」一樣。

　　然而，我們不得不想起*Paul*才16歲，在不懂世故的年齡就遭遇這麼多困境，並且仍然面臨外界的誘惑。可能要花更長的時間去改變他的生活。雖然他有強烈的動機與過人的見解、有學校給他的關懷、母

親的愛與嚴勵的訓誡及他自己逐漸了解幫派生活無法解決奇卡諾年輕人面對的問題，他仍有一段漫長與艱辛的路要走。

思考題

1.從*Paul*的五年級老師*Nelson*小姐身上，老師跟學校可以學到什麼呢？請提出具體的建議。
2.你認為在像*Paul*的社區中那樣的學校裡，什麼支援服務是需要的呢？為什麼？
3.看一看*Paul*對改進學校所做的建議。你認為那一個有道理？為什麼？
4.為什麼你認為*Paul*以前從沒想過自己是奇卡諾人呢？那些民族研究對不同層級的學生是重要的？
5.學校如何運用*Paul*與其他拉丁裔美國人所具有的，對家庭極大的正向情感？

· ·

個案研究

Ron Morris

「我只覺得自己是在地球上真實的人」。

*Ronald Morris*描述他自己為非裔美籍人士，看起來比他真正的年齡19歲還老，不只是因為他6呎4的身高，也因為他的氣質。他的好口才，散發出他的自信，並且他有豐富的表情以及大方的笑容。*Ron*有五個兄弟姊妹，並且與母親、三個姊妹、三個姪女同住，二個外甥住在只與波士頓的*Antonia Pantoja*社區高中距離幾個街區（*block*）遠的住宅發展（*housing development*）區，這個學校是*Ron*所就讀的另類學

校。這所學校在紐約波多黎各社區，因一位教育領導者而命名，這個社區的人在1950年代是*Aspira*的主要精神支柱，*Aspira*是提升波多黎各人與其他拉丁裔美國人（*Latino*）及市中心年輕人教育的代理人。*Ron*的哥哥在監獄裡，而他的姊姊，*Ron*描述她是「輟學的孩子」，目前住在庇護所，直到她找到公寓。由於持續不斷的射殺與磕藥活動，他說他的鄰居是「無法無天的，非常野蠻的」。

　　*Ron*的住家附近，最近因為一個九歲男孩被幫派成員射殺而上新聞，而且許多*Ron*所就讀學校的學生被子彈擦破皮。這類意外事件幾乎成為社區裡每天的事件，而*Ron*也成為暴力受害者。在他接受訪談的前幾個月，*Ron*手上拿著支票，正要離開住家附近的「T」（地下鐵）站，有一個男人尾隨他，把他扭倒在地，想搶他的支票。*Ron*聽到槍聲，接著突然發現自己倒在地上受了傷。攻擊者將槍枝放在*Ron*的頭上，當*Ron*爬起來要跑時，他總共被射了六槍。奇蹟地，沒有重要器官被擊中，而大部分的子彈沒有留在他的身體裡面。一顆卡在他的臀部的子彈，這個月被拿出來。

　　*Ron*的母親是幼稚園助理教師，在四年前退休，對他有強烈的影響，並且對他繼續接受教育給予很大的支持，鼓勵他作一些他想做的事。*Ron*自從八歲或九歲起就沒有看過父親。*Ron*受教育的歷史是歷經滄桑的：他被留級兩次，一次是在四年級，一次是在六年級，而且他轉學很多次。他被一所高中放棄，又被送到另一所他在那裡就讀到八年級才畢業的國中。畢業後，在他被開除並送到現在的學校前，他就讀了兩所高中。巧合地，*Ron*現在就讀的這所學校的諮商員，是他在訪談中提到的「第一個我真正曾經擁有的班級」的八年級老師。

　　要從波士頓的公立學校畢業，學生必須累積105點，但是，即使*Ron*在*Pantoja*社區高中讀了兩年，距離畢業的點數還是0。因為這所另類學校提供一種加速方案，學生可以因為他們在班級的努力而得到學分，透過個別學生的實行方案，他已經能夠達到他應有的點數，而在今年結束時畢業。這所學校，基於波士頓公立學校、市政府與社區的合夥關係，為50名學生提供多樣化的教育、創作、職業與文化的機會，這些學生當中，許多人以前在學校沒有成功的經驗。除了正規課

程，*Ron*參加一個小型的指導課－－個由有名望的退休教授所提供的進階歷史課，這位教授曾經同時在波士頓大學與哈佛大學任教。*Ron* 喜愛這門課，因為學生為了得到關於他們必須作什麼決定的結論，得以檢查關於古巴飛彈危機（*Cuban Missile Crisis*）（譯者按：發生於 1963年，該事件幾乎引發蘇聯與美國之間的戰爭）的原始文件與錄音帶。

這所另類學校的多元文化課程，是使*Ron*與其他學生對學校感興趣的特徵之一。其他特徵包括增能賦權（*empowerment*）的理念、民主以及學生與教職員合作及參與。這所學校也有一個很積極的運動課程，並且棒球隊在去年全波士頓地區的學校聯賽贏了所有學校。Ron是明星棒球選手之一，他希望他的傷勢完全康復後可以盡快重新開始打球。

*Ron*缺乏個人的成功，已經使他對他的將來感到失望，但是他在 *Pantoja*社區高中的經驗，似乎可以使其改觀。雖然他的第一個目標是要成為專業的足球選手，但他已經發展更為實際的目標並考慮將來作物理治療師，或許是某一個運動隊伍的物理治療師。這所學校的教職員，藉由提供他不同職業與大學的手冊與資訊，幫助他對他的將來作決定。*Ron*一直認為他無法支付大學四年的學費，並且已經計畫以上社區大學來取代，但是他的指導老師們正告訴他關於獎學金的訊息。他們也跟他談及稍後轉學到四年制大學的可能性。他的未來計畫也包括一間漂亮的房子與家庭。

在第一次訪談期間，*Ron*告訴我們他將要成為一個父親，有兩個不同的年輕女人懷有他的孩子。雖然他說他願意為孩子負責，並且他與其中一個年輕女性有持續的關係，他也似乎決定繼續他的教育。事實上，重點在於他堅信他最後可以上哈佛大學。

與*Ron*的訪談中浮現的主題，聚焦在學校跟他自己在創造失敗的態度上是如何複雜，也聚焦在教導年輕人他們是誰的課程的重要角色上，以及他的成為好學生的責任感的成長上。

創造失敗

視那些日子以來我覺得如何而定（是否我是好學生）。我可以到學校並且說：「我是一個盡我全力的人。我不想引起任何麻煩。我有行使自由意願的權力。沒有人能要我作我不想作的事。我作我喜歡作的事。有時候我會習慣說：「讓我作這份工作」，我到學校，孩子們在遊玩。他們喜歡說：「來啊，Ron，來啦，我們一起玩，我們去作這個，我們去作那個。」我通常過去說：喂！……（我想要）作我的事。

老師通常會說：「為什麼你總是不做這件事？……」而這好像是一種習慣，老師知道每週當中有一天，Ron會進來認真上課。這週的其他時候，他將會造成毀壞，然後繼續循環，直到習慣就緒。然後改變為每週兩天認真上課，其他時間是有破壞力的。之後，繼續增加為每週三天，然後四天，直到最後Ron每天進來認真上課。

然後這件事對我而言開始無聊，因為它開始越來越簡單。然後開始重複。就像是Ron現在每天到學校並且造成破壞，因為他沒有學到新東西。我心裡想，我會真的考慮那個想法，但不會馬上作決定。「我會到學校並且破壞它。我會到學校，只是心已經飛走了，的確令人害怕。」我過去兩年是最壞的學生［在那所學校］。他們總是告訴我「你是最壞的學生。」

並不是（所有）的老師都會告訴我。棒球隊的教練，是位特殊的人。他是黑人。他也是訓導主任兼副校長。他常常制止我們，然後過來，試圖教我們：「你是黑人，你不應該那樣做，」之類的事。而我常常被弄得很不愉快……我和他總是有爭執。基本上，我認為他是我為什麼被趕走的原因。他不喜歡我。

第一天（在新的高中），我跟鄰居的孩子以及另一個鄰居的孩子有點小問題。兩天後他們把我叫到辦公室。他們基本上試圖告訴我，他們不希望我在那裡，因為我和這個學校的大部分其他孩子住在不同區域。到那裡的大多數男孩子，是從其他社區來的。

我不是真的喜歡（學校）。我總是想要曠課回家或抽煙或到班上引起爭吵或作些什麼事。你知道你到班上是為了什麼。你到班上沒有真正被教什麼。我不只是說歷史。所有的課基本上都是無聊的。好比說你在通過考試之後，就說你學到新一級的數學。從十年級以後，數學一直重複，直到你學代數……題目會變得比較長一點，但是還是一樣有重複的情形。

基本上對我而言，每一件事就像是一個重複的模式。就像科學，直到你上高中，你學的都是相同的科學。只是教你一些不一樣的東西來取

代，他們給予它一個新名字。他們稱呼它為生物學。那只是地球科學。他們只是教你更多與細胞有關的事。你已經在地球科學學過細胞。而化學基本上是生物學的一個進階形式。它們只是用元素的名字。每件事都一直重複……。

你可以在這個世界上獲得所有的好成績。你學到什麼？你可拿頂尖的學生以及住在街上的遊民為例做比較。你可以成為成績全部是A的學生，而我作到了。對成績全部是A的學生而言並不是沒有意義。就像中國人並不聰明，他們只是專心在工作上。他們準時到校，他們作他們要達到A所必須作的。誰知道他們是否學到什麼？你無法因為他們得到全部A等，就說他們比較聰明。我能得到全部D等或全部是F等，在教室裡仍然比一半的人知道得多。

如果你就讀於波士頓公立學校，你的名聲就隨之提升。所以如果你遇到一位諮商輔導員，並跟他說：「我想進大學」，這位諮商輔導員會說：「我慢一點再跟你談。」然而，慢一點似乎太晚了。你已經畢業了？你不知道任何事。

兩、三年後，你會找同一位諮商輔導員。你可能不是你希望成為的人，但是你不會坐在那邊作任何原先的事。你找到一份好的、薪水不錯的工作。然後同一位諮商輔導員會說：「你改變很多。」你看著他說：「是啊！假如你對我有任何的關心，我就會更好，我早就能上大學了。」

當一個人成為一名老師，他的舉止行為像一個老師而不是一般人。她帶著她的頭銜，因為她現在是無意識的，有些人只是執行老師的工作。老師不應該把我們學生當成機械一樣對待，你是人、我也是人，我們到學校，而且我們全部都表現的像人。

（我希望老師們知道）並不是我們所有的人都是幫派分子與吸毒者，那只是一種主要的刻板印象。而且我們的女人並不懶惰。老師們說的情況困擾著我們。我希望（他們）知道，即使我們經過一點苦難，我仍然以身為黑人為榮，而且我們不應該沈默。

（在學校裡），老師並沒有教任何東西。我上學，進到教室，坐下來學習。像在歷史課，學的東西一再重複。我在六年級與八年級學到一些歷史。進入高中的第一次，我認為：「我即將學習全新的歷史。」結果，上的與八年級和六年級一樣！你繼續自問，為什麼老師們一直在做這些事？為什麼老師們一直在做那些事？然後你會看到那樣是：「沒問題的，他們不希望你學任何東西。」

他們談及哥倫布（Christopher Columbus），好像他是多偉大的神或什麼的……你歷經三個不同部分的哥倫布。你現在說：「沒問題，他是

假的。他的地位是虛構的。他們只是活化他。他被從這轉變到這……你只覺得累。好，忘了哥倫布……誰在意哥倫布？他並沒有做任何事。」

你學到所有的探險家與Malcolm，一點關於Malcolm X（譯者按：一位對黑人與白人有深遠影響的黑人，1960年代時走激進派領導黑人爭人權並提倡「黑就是美」。），一點關於金恩博士（Martin Luther King）（譯者按：1960年代時非暴力人權運動的領導者相較於MalcomX是較溫和的）。你學到一點奴隸制度。每件事都學到一點。學了很多次。

你只想說：「是不是該學一點不同東西的時候了？」書本之外還有更多，因為書本無法讓我們知道我們真正是什麼人。所以你必須給我們更多一些其他的，那些老師們不打算給我們的。

（老師們應該）或許只是了解學生喜歡什麼，並且教學生能了解的，那樣對他們更有幫助……以更多的討論取代更多的閱讀、更多的討論取代只是讓東西被閱讀就丟在一邊。人們閱讀東西，但不了解他們所閱讀的。

假如學校更有趣與遊戲化，會比只是閱讀與做功課然後離開更真實。你坐在那裡45分鐘，沒有做什麼，只是閱讀一整本書，老師沒有做什麼，只是讓你閱讀，而她或許在看報或嚼口香糖。而那就是為什麼輟學率如此高的原因，因為老師們只是到學校，並沒有教我們什麼，所以為什麼我要坐在這裡？我可以到某個地方、可以輟學。就是這種學習風格。那就是他們被教的方式。他們覺得他們沒有學習任何東西，所以他們不想在這裡。

課堂應該至少有一小時或一個半小時。有45分你無法學到任何東西。那45分就在像是彈指頭這樣的事之間度過。課堂時間必須是一小時或一小時又45分，因為你需要時間閱讀與討論。你並不需要時間去閱讀、給一份報告然後離開……這些課，你可以花時間思考與談論。然後做功課，因為你有所有的時間。課堂必須有結構，有更多的討論。而不是全部坐在那裡，閱讀、做功課。

就像我修西班牙語，西班牙語之後，我要上Seymour所教的「進階歷史的個別指導」。西班牙語課總是太早結束。我覺得不夠。我渴望學習如何說西班牙語……經常在老師教某些有趣的事時，下課鐘聲就響了，令我覺得失望。

我喜歡歷史課，以及Seymour教這門課的方法和教材囊括的歷史。閱讀是如此真實。這裡的訊息如此有力……而不是只有閱讀，我們討論。我們會閱讀某一固定段落，然後討論那個段落。為什麼它被這樣寫，以及我認為它代表什麼意義？他們的說法背後的真正意義是什麼？以及我真的相信這會發生，那會發生嗎？……而老師在讓你離開前，會確定你完全了解了。

課程與認同的挑戰

我認為我是非裔美國人－那似乎是我無法改變的。我從不會是不一樣的。我從不是其他種族的人。我一直都是非裔美國人，而且我也將永遠是被看起來不一樣的。

作一個非裔美國人是一種挑戰……那只在每天的生活中證明你自己。你總是證明你自己「我可以作得比他們希望我作的還好。」知道他們只是將你丟到叢林中，不管你怎麼死的……我不想死，因為我無法在別的地方存活。我想死，因為我變老了，該是離開的時候了。心裡因為自然的原因而停止反抗。

我們在政治上需要更多黑人。我們在參議院跟市政廳與國會沒有任何的發言人， 沒有人會在那裡站出來替我們說話，而且假如有黑人成為代表人，他們也不會為我們說話……我們不是沒有聲音。只是我們的聲音很小聲。他們聽不到。有太多噪音，太多困惑。

以身為非裔美國人為傲嗎？可能是也可能不是。我以成為非裔美國人為傲，因為我是一個黑人男性，而我有許多夢想及達成的方式，我來自一個很大的王族，這個王族被奴役過，而我們的種族依然存在等等。

當然也有我不以非裔美國人為傲的原因，因為我必須接受非裔美國人這個詞，因為我出生在美國。我不是出生於我的祖先所來自的地方。我不像我的祖先純種，是因為你的家族已經被斥責，並發展這些不同的東西……有時候那會讓我傷心，當某個人說：「看看你。你有白種人的鼻子。」或你有這個、你有那個。

即使是(白種人學生)坐在那裡，而白種人歷史是基本的歷史，他們不是真正的知道任何關於白種人的事。他們關注這件事，因為白種人總是最頂尖的，這種說法不是真的－因為他們不知道五、六千年前的白種人。甚至沒有人知道誰是白種人。對我而言，那是很瘋狂的。每個人都在欺騙，都不是真正知道他們是誰。人們認為他們知道他們是誰……他們認為他們知道他們的歷史是什麼。

(我覺得在學校很舒服)在八年級時。只有在歷史課時，我曾經有這種感覺。讓我想要到學校並且讓我想要說：「不錯，現在我知道在這個世界上有這麼多錯誤的事，而且有這麼多在那裡等著我去學，別再瞎扯。」

那是一堂非洲黑人歷史課。那堂課的名稱是那樣。那堂課與教科書的風格是那麼不同……那堂課沒有書。只有文件和報告與一般的常識性問題及一般知識。你只要坐在那裡。這是真的。而這堂黑人歷史課，就像人們所想的，這個學校系統，剛開始他們希望學校教這門課，因為好

像不會有問題，它只是設法讓黑人充電並塞一點那樣的東西。那些批評這門課的人，不是真正認識這門課，因為他們從未參與這課堂。

那堂課基本上是關於黑人的，但是它顯示所有的人不只是黑人。那堂課告訴我們關於拉丁裔美國人的事。那堂課告訴我們關於高加索人的事。那堂課告訴我們的是猶太人以及現今任何國家的社會中，我們如何扮演每件事當中的一部份。我只是坐在那個班級，並且我習慣每週上一次那堂課，因為那是每週一次的課。我會坐著，我是如此的放鬆。我覺得我是地球上最真實的人。

負起做好學生的責任

我母親希望我成為世界上最好的黑人！那就是她。他會跟我說每件事。「你正在作什麼？去找事作。上學去。」我的意思是，我早上晚一點的時候會為了上學而起床……「他所做的事就是睡覺，整晚在外面……」我在樓上聽到母親這樣說我，而我希望這個女人可以閉嘴！但是她是對的。我必須做些事。我必須現在出門。該是我為自己負起責任，停止依賴別人的時候了。

我和我哥哥是我媽最大的負擔，因為即使是我最大的姊姊有了這些孩子，但是我和我哥哥參與犯罪。我們作得很糟。她知道我們作得很糟。就像其他每個禮拜一樣，總是在監獄裡打電話：「媽，我們在監獄？來把我們弄出去。」一如往常，她把我們留在監獄裡……有一次，我在監獄待了三個月。她沒有來看我。她沒有寫信。當我打電話給她，她甚至不想說話。那時我好像是13或14歲。

那時……我腦海裡突然迸出：「假如我們的舉動更像男人，我們就不會因為作這些愚蠢的事而待在監獄裡。」

我跟我哥哥之間的差異是，假如我哥哥坐在這裡跟你說話，你唯一會注意到我跟他之間的不一樣是他看起來的樣子。我和他是同樣的人。我們想法一樣。我們知道彼此。

當事情變得更糟時，我去請教我哥，請他給我一些建議。我喜歡跟我哥談，就像我可以跟我媽說那些事，但是她從未犯罪。我哥哥犯罪過。他了解我怎麼看事情，然後他可以跟我談。

我們以前常常上法院……我常常站起來，只說一些理由，他們就會釋放我。個人偵察隊（准許發言）並未要求繳交保釋金後讓我回家。因為我將會回到法院，贏得這場官司，獲得無罪釋放。然後，我會想到為什麼我一直進監獄？為什麼我總是對我媽媽做這些事？」

（我哥哥）因為一件麻煩的事被抓。他在賣毒品。他跟我一樣，有兩個不同的女人幫他生的孩子。他想辦法要照顧他的孩子，並同時賣毒品，但是有一些瑣碎的訴訟。而我習慣告訴他：「來吧！打起精神。你有兩個孩子。別再賣毒品了。找一份工作。否則瑣碎的訴訟又會找上你。」他高中沒有畢業。他在監獄裡拿到同等學力證明（general equivalency diploma）。

我媽媽總是習慣說：「你們兩個令我緊張。你們兩個會殺了我。」她經常說：「我死了以後，世界上就沒有其他媽媽。沒有人會像媽一樣對待你們。」她經常說一些事，他是以我們的母親的身份跟我們說的。

我不想成為一直跟媽媽住的孩子，我一直希望能展示給我媽媽看，我能自己活下來，因為那是她教我的事。她教我有責任。她教我如何存活。她教我這些事。

我正在想辦法進入哈佛……我媽媽告訴我，我可以做到……她說：「如果他們女人（兩個跟他的孩子有身孕的女人）真正了解，對於你的孩子來講，真正的父親是什麼，他們不會加重你的負擔。他們會讓你實現這些事，他們會讓這些事發生，如此，他們的孩子才不會有黑暗的未來。」彷彿他們仍然住在同一間房子，而我工作每小時賺6元，並且我非常努力工作，而所有賺的錢都必須用來扶養孩子。似乎他們女人不喜歡他們的孩子在那種我不想要的氣氛與事情中。然後他們讓你達成理想。

（我想要）扶養我的孩子。我需要教育。我不能只是從高中畢業就停止上學，只是去拿一份文憑。那沒有意義……我需要真正的工作。

最後，我可以讓我的一個孩子有較好的生活。並展示給另一個孩子看，讓他驕傲的說：「那是我爸爸，以前是幫派份子，以及以前是這個、以前是那個。他在生活中成為重要的人。」如此我的孩子能說：「我長大後要作偉大的人物。」

我不希望我的孩子說：「我爸爸高中畢業。這就是我爸爸的一生。他不是重要人物。他做得不夠。我沒有在聖誕節得到我想要的每樣東西。」有時候是提心吊膽的。我不希望我的孩子那樣醒來。

（Pantoja社區高中）可以幫助你達成希望，而不是只坐在那裡不作任何事。

現在我不在那裡，他們並非沒有教我什麼，為什麼我要上學？在波士頓公立學校是不同的。在那裡可以學到更多。你學到不同的……我不是學到書本希望我學的哥倫布。我學習的是，真正的哥倫布是誰，他真正在作什麼。我不想知道人們認為他作什麼，以及他們認為他應該作什麼。我學的是組織較好的歷史……（我正在讀的）在兩堂不同的歷史課中學習古巴飛彈危機以及美國原住民。

那是真實的，而且我相信成為非裔美國人是受尊敬的。假如我到課堂上，不喜歡這節教的東西，因為這堂課會是「你不用說話，你可以坐在那裡，不管怎樣都得學。」至少我有機會談論它⋯⋯這不像是波士頓公立學校⋯⋯「所以，你不想上這堂課？誰在意？⋯⋯」那是更真實的。假如你不想學那個內容，你可以選擇談它或者不談。

（這裡的老師）了解我的認同與文化。他們尊敬我的認同與文化⋯⋯當我去上Sandy的課（人文科學）時，我有時候坐在那裡，他清楚這些事，我們閱讀並討論這些事。然後，這堂課從未停止以致失敗。有些人總是會論及白人⋯⋯她是白人而我們是黑人與拉丁裔美籍人士，我們只是設法尾隨她。但是她沒有坐在那裡，並將所有壓力加在上面⋯⋯她尊敬，她知道這是你的感覺，如果這是你的感覺，而那是你想說的，就說出來？你說的她會接受。

她給我們有趣的小讀本。像是她給我們一個稱為「The Day that Wasn't」的讀本。首先，我會認為：「別鬧了，這是小孩子的把戲。」我正在讀它。我持續閱讀。剎那間，我就感到「這就對了！」就像是在講認同，因為人們一直告訴熊說他不是熊。最後，他相信他不是。然後冬天來了，在冬天錔總是疲倦的。他到洞穴睡覺。最後他認出來，「我是真正的熊！」

那很像一些人。某些人不相信他們真正是誰？有些人想成為不同的人。有些黑人想成為白人。有些白人想成為黑人。為什麼（不）接受你是誰？你無法改變⋯⋯就像是：「別這樣，Sandy。為什麼你要我們讀這個？」然後這種事就發生在我身上了。

我以加速的方式學習，因為不只有我獲得自我教育的機會，因為教材如此，所以我要自我教育，但是老師也在那裡真的想幫助你學習⋯⋯我可以唸一本書。「好，他們真正的意義是什麼？」我告訴我的一位可能不知道那本書的老師，但是有人或許可以告訴我。每個人都可以作彼此的老師。

假如那不是為我，我可以獲得更好的（教育）。我是唯一退縮的人。那些小事讓我退縮。太晚了，只是小事。我作的小蠢事讓我退縮。我必須停止我做過的所有蠢事。將他們拋在腦後。現在我年紀太大了。

我的朋友Ernie是有目標的。假如我能像他一樣用心一段時間，我會比我現在的樣子更好。但是我不像他，也無法借用他的想法。我和他談了很多。

（我是個好學生）幾乎。還沒在那裡之前。必須準時去工作。這是重要的事，要準時⋯⋯仍舊很多話、很多話。我可以說整節！

當我開始唸大學。我必須走出先前那種心態。總是想要遲到。我今

天不用上學，但是假使明天我去了，我知道我很優秀，而且很快就能完成今天的功課。但是大學不是那樣……它更難，因為大學，每天教你不同東西。所以我知道我必須更步入正軌。

我會設法盡完全的責任，但是我知道我沒有。所以我已經更盡責了。並且不再成為媽媽的痛。我不認為她喜歡那樣。她已經厭倦了。

我不是完美的，我不會說自己是一位好學生。我只稱得上是滿意的學生，我知道什麼是正確的以及什麼是錯誤的，我必須專心致力於此。

假如你兩、三年前問我，我會告訴你我一點也沒有概念，為什麼我要上學。那是很愚蠢的、很無聊的，他們沒有教我任何東西。我沒有學到什麼。我應該待在家裡，但是現在你問我在Pantoja社區高中……你可能會分兩個部分問我一個問題：那時候我認為學校如何，以及現在我覺得學校怎樣？現在我覺得學校不同，因為我不是在波士頓公立高中。我在這裡，我在學習，我從人們身上學到更多，而不是書本。波士頓公立高中給你教科書。這裡是：「我能透過經驗、文件，透過這個、透過那個教你。」

因為你現在比較大了，一但你從孩子的氣氛改變過來。你會想：「你已經17、18歲，仍然可以有像孩子的作為過一生嗎？」這所（學校）教你一輩子過得像個孩子，你不會一輩子這樣，除非你要當小丑。如果你的目標不是當小丑，為什麼你想要一輩子的作為都像孩子一樣呢？

波士頓公立高中沒有訓練你謀生。所有他們訓練你的，是知道他們希望你知道的，所以你能得到的就只有目前的。意思是說，如果你相信他們所教的都是真的，然後上大學拿到一個學位之類的，你這輩子一直以為在波士頓公立高中所學到的是好的，你在一般高中學到的才是重要的，你或許會困惑。你會想知道為什麼是這樣。

我現在正在學習如何為日子作打算，就像你們大概會作的那樣，我正在為將來作打算。

評論

教育失敗不是年輕人單獨造成的，也不單是不好的學習技巧、不好的管教、缺乏適當的營養或甚至是悽慘、貧窮的結果。教育失敗不單是分離的、暴戾的學生、也不是過度擁擠的學校產生的結果。對非裔美籍學生而言，種族主義以及低期望也可以是對在校學業成就不容

輕視的障礙，所有的情況都可以組合而導致學業失敗。*Ron*似乎瞭解失敗是由多重情況造成的，這些情況包括不良的教學、缺乏財政的資源與承諾，以及不公平的社會，但是也可以包括學生自己的態度與行為。這種理解明顯地協助解除了那些關心教育者的責任。

根據*Ron*的說法，他的失敗是由無聊及不恰當的課程產生，教師與諮商輔導員不信任他學習成功的能力，街上的誘惑，以及他自己對學習的負面態度。特別是對課程的批評，他所謂的「一個重複的模式」。*Ron*覺得那是以防止學生發展關於他們是誰以及他們正在學什麼的迷思為基礎。他厭惡傳統學校課程，導致質疑成績的價值，並且甚至主張「流浪漢」可能比得到A的學生更聰明。*Ron*也批評傳統學校的教學，並且提供建議以協助使課程對學生更有幫助：較長的課堂時間、較多的討論以及主要的資源作為課程的基礎。這些建議明顯地與當前教育改革的想法一致。

在*Ron*的眼中，強烈與不恰當的課程連結的是文化的認同。他尖銳地提及成為非裔美國人的挑戰，但是他也深思所有背景的學生接受的錯誤教育（「他們認為他們知道他們的歷史是什麼」，他提及白人學生）。在訪談中最生動的一刻，是*Ron*描述他八年級所上的非洲黑人歷史課，因為「這是真實的！」而且「我覺得像是人世間最真實的人。」事實上，這門特殊課程的老師不只是很有天賦的教育者，也是不容輕視的非裔美國人，雖然*Ron*很快地指出另一位黑人教師，他覺得這位教師是使他被踢出學校的原因。

家庭對孩子學業成就的貢獻如何，是「家庭、社區、學校與兒童學習方案中心」的另一個要繼續研究的核心主題。三個重要的以及不斷出現的主題在初步的發現中出現，該發現對家庭如何預備與支持他們的孩子的學業成就有深刻了解。學業成功孩子的非裔美籍家庭，提供大家庭與社區支持，提供種族社會化（*racial socialization*），家長在家裡的作為就像老師一樣。他說，*Ron*的母親養育他是盡責的，並以他為榮。例如，他說：「我母親希望我成為世界上最棒的黑人！」－一個說明「種族社會化」的意義的好例子。像許多非裔美籍家庭一樣，她覺得藉由強調他們種族的驕傲，以準備讓她的孩子面對

社會中的障礙是很深沈的責任。然而，雖然在大部分社區中，大家庭的歷史重要性在非裔美人的文化中，快速的成為遺物，而許多家長，尤其是單親家長，被強迫在很少資源與很少的社區支持下，應付單獨扶養他們的孩子的負擔。

　　Ron新發掘的對學校的熱愛，以及他在教育上出現的成功，與對四個城市的非裔美籍男人概括的調查一致，該調查發現關懷的教師、政府辦理適當的青年輔助方案以及打工或暑假工作，與家長參與連結，是支持他們高中畢業率的條件。特別是，他們發現待在學校的那些人，較喜歡參加學業方案，而且那些待在學校的人中幾乎有四分之三的人，報告說他們的老師對他們在班級表現得多好有興趣，並且給予他們對未來的希望。

　　雖然有他母親的引導，以及母親堅持Ron要上學、唸書，而且要認真，Ron跟他的哥哥仍然參與犯罪，有一陣子還遇到麻煩。最後他會對他的生活與教育負起責任。目前，他在學校表現很好並為將來作打算，而他對他過去的舉動以及校方如何制止他作批判的回應。他對學校的態度已經戲劇性地改變，他就讀的另類學校無疑地，是這種改變的部分原因。他說，這所學校的教職員，尊重他的文化，而且他們同時提供課程與課外的激勵性活動。他從這所學校獲得樂趣，因為他被像成人一樣對待。Ron承諾會完成他的教育，並且很希望就讀大學。

　　Ron剛開始也面對可怕的挑戰。他很快就要成為兩個孩子的父親，他似乎沒有察覺這個極大的改變，將如何影響他的生活；例如：他仍然談及希望能就讀哈佛。雖然他說他想至少對其中一個孩子負一些責任，不清楚他會怎麼作，從高中畢業，繼續上大學，找有意義的工作，他說他想作自己。

　　在Ron Morris的訪談中，很明顯的，他從家裡、學校、同儕與社會獲悉的複雜以及競爭的訊息：自重、成為偉大人物、相信自己、要堅決、作一個男人。他如何解決他面對的矛盾，特別是如何在這麼小的年紀，既成為好學生又是負責任的父親，將必定是不久之後他所要討論的主要議題。

思考題

1. 在*Ron*的個案研究中，什麼使我們明白學生缺乏學業成就的原因？你如何將你從他的個案所學到的，應用到其他學生的情況？

2. 你認為*Ron*為什麼稱呼黑人非洲（*Black African*）歷史課為「我曾經上過的第一門真正的課」？你所想像的這門課的內容是什麼？它與其他歷史課有何不同？

3. 文化與認同是*Ron*的主要問題。文化認同對學校課程具有什麼含意？

4. *Ron*對未來的想法你認為如何？如果你是他的輔導員，你會告訴他什麼？

5. 在就讀這所另類學校前，Ron沒有經驗到大量的學業成功。你認為這所學校的什麼特徵可能是可以用來讓非另類學校學習的？

第三部份

多元文化差異的涵義

　　第三部分裡提到兩個令人半信半疑的概念：一個是「將完全同化視爲建構社會成功的必要條件」。　不過，我認爲充其量這只是一個令人懷疑的概念；往壞處想，更是一個達不到的目標。前面幾章所聽到的學生心聲，以及在第八章 *Nadia*、*Bara* 的個案都是明顯的例子。這些年輕人，不管他們差異性多大，但是對「好」和「成功」的期待，仍有不小的動力和彈性。以他們在學校所遇到的衝突來看，這些經驗是足以說明困難的存在。

　　這個章節的另一個重要觀念和前面的敘述有關，也就是學校的政策和實施必須符合學生的需求，提供一個安全又滋養的學習環境。當學校沒有辦法讓學生肯定的話，就會變成失敗和絕望的地方。那些表現好的學生和跟不上的學生，都是學校發展的重要對象。就教育而言，如 *Yolanda Piedra* 在開頭的引述中提到的，這群學生在多元文化社會中的行爲，有很多可以供我們參考。「我們從學生身上習得良多，這是很多老師和我分享的。他們從學生習得的超過他們上學或研習所得。」

　　第三部分藉由他們的故事－學校和社會的關係，來分析這些個案中年輕人的經驗，同時也探討教室和學校可以做哪一些改變。他們的經驗和觀察所帶來的課程，雖然我們很少討論，但這類課程卻能顯現出學生的需要、興趣及關心的議題，因此予以呈現。

　　值得注意的是，將部分年輕人的經驗提出來，並不是用來代表所有學生的種族和經濟背景。每一個學生的故事都是獨特的，透過他們的個案概況和檢討，提供了特定學生的生活描寫和經驗，因爲他們是受家庭、社區和學校複雜關係影響的例子。雖然美國社會無法完全達成學生對教育包羅萬象的需求，但是對這些個案研究的瞭解，可以幫助我們發現，一些在學校成功或沒有成功的學生所提供的觀點。他們揭開學校裡有關文化與權力關係，在美國所形成的廣泛而全面的議題，我期望大家可以從他們身上發現，學校在多元文化社會成功的案例，引導學生在類似情況下進行有益的學習。

　　第八章討論學生個案的情況和經驗，其學業和社會適應的成功是很重要的。這些討論描述了年輕人如何用他們的字眼定義成功，此一

信念可能幫助他們成功，也可能使他們一事無成。這些研究的主要目的，就在尋求老師和學校應該提供怎樣的環境，讓所有學生的學習容易成功。

同時這一章節也包含了*Nadia Bara*的個案，一位伊斯蘭學生敘利亞裔美國人（*Syrian American*）的例子。這個個案提供了重要的觀念：有關學生背景文化的優越感和衝突在學生的態度表現上是如何地明顯。根據他們的背景，年輕人如何習慣適應一個文化的環境，並藉此創造一個新的文化，以及社區行動方案如何在學業上和參與社區的活動中，幫助學生建立對學校的認同。雖然*Nadia*是一個很棒的學生，就讀的也是很好的公立學校，但是她和其他種族及社會經驗背景相似的伊斯蘭學生一樣，需面對一些相同的議題。在個案中，描述學生如何根據他們所遇到的情況，發揮他們的勇氣，做一些事情，因此這個個案是很有意義的。

第九章提出七種特徵來定義多元文化教育：反種族和反歧視、基本教育、重視所有的學生、普遍性、社會正義的教育、過程和批判的教育學，這些定義在第二部份呈現出來的是考慮到結構的、政治的、文化的和語言的脈絡。

第十章談到了三個提升學生學習的主要情況：維護和確立文化的傳承、支持課外活動和經驗、學校發展有利的學習環境。這一個章節的七個特徵，進而發展出多元文化教育的教學模式：包容、肯定、由團結到批判。

第十一章是第三部分的最後一個章節，提供反思的機會，從創意及批判觀點檢視自己在學校裡的教學方法和實踐的衝突。針對文化和教育的具體事例，第二部分已討論過，第三部分就是從挑戰中發展自己的例子。

第
8
章

教學相長

　　本章針對個案少年時期的生命力、心聲、決心與抱負做簡要的說明，來顯現年輕人對學校生活力求成功的堅定信心，及大部分認為自己是成功的學生及其引以為傲的想法。深刻瞭解這些特別的案例，可以讓我們曉得如何提供有效學習環境給所有年輕人。至於其他不是那麼幸運的學生，對我們來說也是一個重要的訊息，因為他們正挑戰實務和教學的主要理論。在這個章節裡面，討論四個主要的議題：

- 成功和成就的定義
- 文化和語言的本質
- 課外活動對支持學生的學習熱情和動機，扮演重要的角色
- 家庭、社區和學校提供成功學習環境的核心角色

成功的意義

　　很多年輕的學生對於教育的概念，和學校對教育的看法是不同的；個案裡的一些人，其家庭文化的概念以為受教育就是當好學生，*Marisol*、*Yolanda*和*Manuel*認為受教育是代表被尊重、有禮貌和服從。對於拉丁美洲裔和其他非主流文化的人來說，*Vinh*的看法比一般美國社會來得較廣；教育代表友善，也代表聽老師的話和做功課。

　　大部分的學生提到，在受教育的過程中努力工作的角色；例如在第三章描寫中的*Kaval Sethi*，在他的學校，智能（*intelligence*）比認真工作更受到重視，他說：「我認為學校對那些智力差的人是不公平的、刻薄的。」其他的人也說得很清楚，智能不是與生俱來的，或者是永遠一成不變的特質。相反地，聰明才智有時候是一個人努力耕耘後得到的成就。智能是目標不是特質，是家庭和社會支持的結果，也是學校老師適時關心有以致之。因此，智能是每一個人都可以達到的。

　　分數是學校裡學業成就的一個重要指標，其重要性在現行趨勢和標準化的測驗中與日遽增；訪談的大部分學生，也很重視分數。不過，相反的，很多老師和學校可能都相信，分數對於學習成功的學生

來講，並不是那麼有意義。很多學生滿意於他們努力用功所得的成績，即使不是最好的成績也一樣。Yolanda或Fern雖然英文得到A，但是他們並沒有特別的成就感，因為那些課程既不吸引人也不具挑戰性。Yolanda的社會和Fern的自然，都需要花很多時間學習，結果雖然沒有得到很好的成績，但卻是他們最愛。Ron同意這個論點，他的經驗告訴我們，他說：「雖然某一學科我得到D或F，但是我卻比班上一半以上的同學知道的更多。」對很多學生來說，盡最大的能力去做，比分數來得重要。以Rebecca而言，分數只有在她決定要進入一所特別的大學時才顯得重要，她必須很認真的唸書來取得高分，因為只有好的成績才能上那所學校。她成功了，也即將到那所大學就讀。

　　教育的目的對很多學生來說，比學校的目標更廣、更高。雖然很多老師談到未來的工作，但是學生卻有他們自己的想法。例如Vihn說，到學校是為了受教育，好的工作只是其次。Yolanda的說法更戲劇化，教育對他來講只是一種營養品，就和吃一樣重要。

　　Marisol對教育的界定較廣泛，他想要成為有身份地位的人；大部分的年輕人，不認為教育只是為將來找一個工作，為工作而做準備。年輕女生對未來的憧憬有著模糊和不切實際的理想，這種訊息也值得注意。Marisol、Yolanda、Fern和Linda談到未來的工作目標，看起來是有一些矛盾的。Yolanda想要當一個電腦程式設計師或空服員，Marisol想當一個護士或模特兒，Fern想當時尚的律師或美國總統，Linda想當老師或世界有名的歌手。很特別地，談到女性對工作的選擇，過去持續以來的限制和標記，對她們有很大影響。除了文化之外，語言、社會階級和性別也影響學生們對未來的考慮。

　　女性的種族文化不止限制了她們的選擇，影響層面也可能更大。女孩子通常受限於有限的角色和性別的成見，同時也受到身為女性，來自於其母族文化的訊息。我的兩個研究生，Pilar Munoz和Josette Henschel的研究，把表面上看起來矛盾的問題解釋的非常好。Pilar和Josette訪問了十個波多黎各裔的女性，探討哪些訊息會影響她們未來在社會上的角色，還有她們在小孩子的時候，接受到怎樣的訊息？所有的人都說，她們平常要成為一個安靜的、柔順的，還要有堅忍力、

耐心的女性。她們的母親和祖母如此教她們，這些是她們小時候從母親和祖母那裡聽到的口語訊息。儘管如此，她們也從母親和祖母那邊學到非語言的態度和行為模式，這些和諧和衝突的兩種訊息，並沒有消失，因此所有的女人都格外的強壯、有韌性和學會如何照顧自己。

我們訪問的一些女學生中，雖然曾經考慮未來的事業和這些受限制的角色，但是這並不代表她們心中唯一的價值觀。這些年輕的女姓格外有信心，也相信自己會做到。學校提供年輕人不同角色的楷模學習；雖然這個角色挑戰了社會及她們社區的傳統，但是年輕的女性會從許多價值觀中，篩選出哪些是適合的，哪些是被允許的。

文化的驕傲和衝突

在我們的訪談中，有一個一致但不是我們預期的結果，就是那些年輕人對於自己的文化所引以為傲的堅定態度，以及滿足於他們從文化中得到的力量。不過，這份驕傲並不意味著沒有受到衝擊、猶豫和矛盾；因為有自信的文化認同，挑戰了主張社會同化的模式和訊息，同時也產生了自己內部的衝突。但是事實上大部分的學生認為，他們對自己文化的驕傲是無法被忽視的。學生提到這些文化在很多方面幫助他們，他們以自己的身份為傲。*Vanessa*是一個例外，甚至用自己族群的外境來描述自己的時候，她會很不舒服；她反映了在文化背景中的驕傲和羞辱，但卻是為了不同理由：因為她受到不公平待遇。

這些學生以不同的方式討論他們的文化，大部分人認為可以很自然的用自己的文化來定義自己，而不覺得有什麼不好意思。而且很多人瞭解到他們的文化，不是這些文化能做什麼，而是它們是什麼。這些年輕人似乎瞭解到文化的遺產塑造了他們、豐富了他們；他們也很清楚，這些文化背景並沒有限制他們，對很多人來說，強烈的認同是一種價值。「你必須知道你是誰。」這是*Manuel*的解釋。同時這些年輕人也反對身份認同的必要性，取而代之的是成人們所謂的有教養的混血兒。「我融入了很多美國的價值到我們的文化來。」這是*Kaval*對

混血兒的描述。

衝突和矛盾

對這些年輕人來說，以自己的文化爲榮，那種感受既不相同也不容易。就拿*Marisol*爲例，她並不認爲波多黎各歷史課程是必要的，她也不認爲學校應該要提供這樣的課程。雖然在我們的訪談中，可以看出她對波多黎各的歷史並不瞭解，但是她卻認爲已經知道，很多其他的學生也和她一樣，有類似情況。

*Pierre Bourdieu*的文化來源和學校角色的理論，闡述怎樣的知識有怎樣的地位；因爲學校主要反映社會之經濟和文化優勢團體的知識和價值。他們進一步證實，學生在這些團體裡面強化從家裡帶來的文化，此一強化，是通過外顯和隱藏課程及學校風氣形成，而這些優勢文化的確定，對於那些不受重視的團體來說，是一種象徵性的暴力。這裡所說的文化模式，對所有的人來講並不容易，只有一些團體可以獲得。如果他們放棄了自己的文化、語言和價值，跟著主流文化學習，他們有可能會成功；然而，把少數學生在這些優勢團體中成功的例子，說成是菁英教育的神話，是令人訝異。

一些學生被象徵性暴力所苦的例子，有助於闡明這個觀點。*James*的黎巴嫩文化從所有的學校活動中消失了，雖然其他「可以看見的」文化被呈現出來，但是其重要性卻在這裡面缺席了。*Nadia*是伊斯蘭教的美國人，*Kaval*則是錫克教徒，都提到了他們的文化在2001年9月11日以前在學校幾乎是完全不存在的，在那一天之後他們的文化出現了，但卻是負面的。*Fern*在他的學校、學校的刊物和課程中從來沒有看過他們的文化，也是個例子。這些學生收到訊息：沒有教的東西，可能不適合學習，是另外一種詆貶知識的例子。

相反地，*Yolanda*和*Manual*的語言和文化，很明顯的出現在他們的學校裡面，而老師也經常故意提到他們，不管是在課業上或是活動中，給他們更高的地位。*Liane*就讀的中學裡面有中文語言課程，她有

強烈的慾望想征服自己，把母親使用的母語學得很流利。這三個學生的學校，展現了一份尊重學生身份的特有方法，在Yolanda和Manual的例子裡，雙語教育至少扮演成功角色的一部分。在Liane的例子裡，教一種社區中會出現的語言，同樣也說明了這種作法的重要性。Ron和Paul雖然在前一個就讀的學校不是很成功，可是當他們被允許接受類學校多元文化課程的學習後卻進步了。對於Ron來講，八年級的非洲歷史課程讓他覺得「真正像一個人」，是一種祛除和疏離學校課程的緩衝作法。

這些象徵性的暴力，導致學生在被貶抑的團體中產生衝突，並不令人驚訝。這個問題並不只存在美國，任何一個地方只要有一個團體是優勢的，也同樣會發生；在瑞典的芬蘭人就是一個例子；過去他們被瑞典人統治，那些移民到瑞典的芬蘭人常常有一種負面的感覺，有時候也受到敵視的對待。換句話說，他們的文化和語言在瑞典的社會中是不被重視。一個在瑞典受教育有直接經驗的年輕芬蘭人說：「在我的心靈深處，我覺得身為一個芬蘭人是可恥的。我開始對於我的來源感到羞愧。」這個衝突的結果是很難解決的。而這個年輕人也下了一個結論，如此的衝突是我必須付出的代價。「總之，為了能夠與環境和諧共處，我必須過著和我自己永久衝突的生活。」

在個案研究中，象徵性的暴力只有部分引起作用，舉例來說，Marisol認為重要的知識就是學校認為重要的才算，就好像只有美國歷史才是一種課程，波多黎各的歷史就不是。他也說：「波多黎各人比不上美國人。」大體來說，Marisol對他自己、他的家庭及他的族群引以為榮，驕傲和滿足於自己文化的感覺，和現時環境看起來似乎是矛盾的、互相衝突的。

來自家庭和文化的疏離與痛苦是很難避免的，對第一代的移民來說特別是進退兩難。即使在融入這個偶爾矛盾對立，不同價值觀的社會需要付出代價，但並不需把語言和文化完全拋棄。在我們的個案中，發現有一些學生，不管多麼困難，仍盡心想要保存自己的文化和語言。

他們試圖建立自信，包括針對自己的文化，熟練在兩種生活環境

中善用雙語。這些學生當中的一些人也提到以自己的文化爲恥，他們同時面臨了對立的選擇，如果他們想要成功的話，就得否定或是放棄自己的身份，當他們堅持保有自己的身份時，在學校和社會中卻會面對失敗。有時，學生在失敗的時候，會責怪他們的家庭或社區，但是不會責備學校，畢竟他們認爲學校應該不會犯錯。

有一些話是社區人士以自己的標準，拿來和同樣背景的人做比較、批評的。*Rich*有時會把失敗怪罪別人，如：黑人是懶惰的、不專業的－等詞彙來描述他的社區。以此而言，雖然大部分和社區有關，但是卻缺乏真正關鍵的分析檢討。*Rich*的例子較複雜，例如他並沒有將所有的責任歸咎於自己的社區，反而認爲學校和老師對於黑人學生有很多的期望，所以他學到了深刻的反省，那就是「黑人必須比別人更認真的工作。」

*Vanessa*的例子特別值得注意，因爲她積極的反對種族主義和其他任何形式的歧視。（其反對行動從小學就開始，她也反對異性戀。）因爲她有種族的背景；*Vanessa*知道她之所以會得到好處是因爲她是白人，這是不公平的。唯有把自己所得到的特權抽離開來，注意到那些不被重視的文化和種族問題，接受其他膚色，才能解釋公平。

對於那些衝突太大的，不管是身體上或是心理上的衝突，不是被排擠掉，就是被迫離開學校，這就是*Paul*和*Ron*的例子。對於很多離開學校的學生來說，理由不只是他們沒有辦法跟上學校的進度。*Michelle Fine*的研究，在一所市內的高中發現，所謂「成功」的學生，也就是那些留在學校的學生，比離開學校遭到退學的學生沮喪。那些離開學校的學生，相對來講是比較開朗，他們在政治方面的知識不多，但是較能遵循社會的習俗，而且對於社會的不公平更具有批判力，更願意採取行動。所以結論就是：留在學校學生成功的代價就是保持沈默。一個相關的研究，針對*Marietta Saravia-Shore* 和 *Herminio Martinez*等離開學校的波多黎各裔學生所做的俗民誌之研究和輔導計畫發現：來自他們的家庭、同儕和學校的價值衝突，是他們離開學校的主要原因。*Donna Deyhle and Karen Swisher*在一個大規模的美國印地安學生教育研討會也做了這樣的結論：學生的看法、學校的課程和

生活脫節，是導致學生離開學校的主要因素。

Paul和Ron是這些學生中典型的例子，他們離開學校並不是他們無法完成學校的課業，疏離的課程和困難的學習環境才是主因。他們發現另類學校所提供的不同課程標準、模式和教育方法，給了他們第二次的機會。

對年輕人來說，解決自尊心和文化衝突需因地制宜。在家裡，若要保持家庭的親密關係，文化是非常重要；但在學校，他們的文化卻是多餘的，甚至想在學校裡成功，就得否定自己文化的重要性。

我從這些個案看到大部分的年輕人，掙扎的保持原有的自己，但是在融入一個和他們家庭文化不同的環境中，卻非常複雜。這些學生需面對文化的自我或者是學業成就的挑戰。Laurie Olsen針對加州都市裡的高中生，進行多樣性的研究，她對這個難題做了很適切的描述。她訪問了一個女生，談論到來自同儕和老師的壓力、文化框架的限制，她也注意到，「當周遭要讓你變成他們的一部分和你試著保留自己的文化時，而你卻試著兩者兼得，不但是行不通，也不被允許，更是不可能的事。」

不幸的是身份被視為一種固定的結構，而非受外在因素和多元文化影響，慢慢形成、改變和調整的。歷史學家David Tyack認為：

只強調相似與否的意識型態，無法真正適切的表達美國社會和公眾教育的多樣性。忽視文化交互作用的本質和提出兩極端的選擇，對於拉近社會差異的說法，也無法令人信服。

我們的社會對很多年輕人來說存在一個事實；對這些個案研究的學生而言，最困難的任務，就是對自己的身份下定義。

自我認同和衝突

有一些學生覺得沒有辦法在確認自己是「美國人」，同時也屬於自己文化團體的一份子，而產生文化衝突。他們體認到，感受自己文化的榮耀和認同美國是不一樣的。對一些學生來說，移民代表否定自

己的背景或是當一個叛徒。為何年輕人會做這樣的選擇，其道理並不
難理解。在第一章的種族文化地位裡，我們談到，*Stanley Aronowitz*
說：「在同化的路上，這是短暫的情況。」此一說法並不令人意外。
例如*Manuel*在個案中強調：「我是維德角人，我沒有辦法成為一個美
國人，因為我不是美國人。」就是這樣子。

你可以看到*David Weiss*的另一個例子；在第十章我們將談到文化
衝突的案例。*David*小時候被一個猶太家庭收養的時候，就不認為是猶
太人和拉丁人，雖然他現在做不到，但是他很清楚瞭解自己拉丁的血
統，也很希望把西班牙文說得很流利。再用*David*的話來說：「我的血
液是智利人，也就是道地的美國人。」但是很多人只從外表是看不出
來的。對很多年輕人，像*David*一樣的案例來說，讓被收養的那些人，
發展他們的身份，可能是一個很大的挑戰。

*Manuel*從來不認為可能成為美國人，他和*Cape Verdean*的想法
一樣，但是我們的社會卻強迫很多的年輕人做選擇。個案裡的學生，
有很多人選擇他們的傳統文化。在他們年輕的時候，就必須面對有關
種族和他們周遭的負面訊息，從某一方面來說是需要很大的勇氣，但
這也可能帶給他們很多的限制。做選擇的結果，很可能影響到他們的
想法；他們認為這是自己應得的，我們的社會也給予他們記號。對他
們而言，這個主流的社會並沒有太多的情感，他們也覺得自己沒有權
力，因為身為捍衛自己文化團體中的一份子，卻因特殊的身份加深了
認同的衝突，被認為是「分離的」、「不同的」、「軟弱的」。換句
話說，也就是他們沒有權力要求這個社會給他們公平的待遇或支援。

但這些是唯一的選擇嗎？幸運的是，最近這些研究指出了一個比
較健康的方向，在他們長期針對不同背景的年輕人所做的研究結果，
*Alejandro Fortes*和*Ruben Rumbaut*下了一個結論，就是確認身份地位
的最正面方式，是他們所謂「選擇性的文化適應」，也就是具有移民
背景的孩子，可以透過謹慎的方式幫助他們融入這個主流社會，同時
也保有他們的自己文化。*Fortes*和*Rumbaut*繼續說：

這個方法是積極的連結和保存有利的雙語，來提昇自尊，才能完
成較高的教育、職業的期望和學業成就。孩子學習新國家的語言和文化

時，沒有失掉自己的舊文化和語言，會有助於他們的學習。他們也不會像以前那樣常跟父母衝突，或者父母讓他們覺得丟臉，因為他們已經能夠和上一代架起溝通的橋樑，並重視、珍惜自己祖先的傳統和目標。

另外一個和選擇有關的例子就是*Gamini Padmaperuma*的案例。*Gamini Padmaperuma*認為有時候，在某方面，自己的身份是一種壓力。藝術老師*Patty Bode*在發展學生身份畫像的計畫中，他讓學生用寫的和用畫的來自我表達，以下是*Gamini*的畫像伴隨著他所說的話。

速寫

Gamini Padmaperuma

*Gamini*是就讀於東北部的一個中等城市八年級的學生。他們的雙親說錫蘭語；那是他們在斯里蘭卡的母語。因為美國是一個單一語言的社會，所以他很小的時候就感受到學習錫蘭話的掙扎。在他的描述中，反思有關在美國學校文化交錯的問題並做了承諾。

一開始上學的時候，我的文化背景，對學習就產生影響，這個影響讓我更清楚覺察到我自己的文化。我瞭解我是誰，什麼是我跟同學不一樣的地方，而且我知道這個文化跟我的環境產生關係。

身為一個斯里蘭卡人，老師對我的態度和對待其他同學並無兩樣，反而是我自己和家人的期望，會影響我的學習。當我回到斯里蘭卡旅行的時候，才瞭解到學業和教育的重要。對那裡的孩子來說，最重要的事情，不是運動、不是在學校裡有沒有受到歡迎，而是專注於功課。我的父母親並沒有將這些價值觀拋棄，他們期望我在學校的學習能夠成功，那也是我自己的期望。在斯里蘭卡，學生在學校的地位（就是說多酷或受歡迎）都不重要，但是在美國文化裡，小孩子認為學校教育是理所當然，他們比較在乎的是穿什麼、多受歡迎。

當我注視雙親時，我看到他們從那麼遠的地方來；由斯里蘭卡來到美國是一件大事，所以我不應該以他們的身份為恥，他們那麼認真的工作，如果我無法在學校待下去而成為一位中輟生，一定會很傷心。這也

產生了一個我跟父母之間的問題，那就是他們永遠無法瞭解花時間和朋友相處與做學校功課是一樣重要，我兩方面都可以做得很好。我的父母親求學時，父親從幼稚園到高中就讀的學校全是男孩子，母親上的是女校，所以他們對於男、女合校不是那麼舒服。例如有時候女同學來我們家，那怕只是一個普通朋友，他們就無法像美國的父母那麼自在。不過我知道，父母親真的很認真為我們工作；以我的母親來說，她需要到很遠的地方工作，因為那個工作薪水比較高，她和爸爸才能賺足夠的錢讓我和兩個哥哥上大學。

在藝術課裡，我們跟其他班級上一門共同的課程，正在畫我們的手；必須藉由視覺，讓手的畫像表達出自己的身份。

在我的圖畫作品裡，會看到幾樣東西：路的左邊是一面美國的國旗，路的另一邊是斯里蘭卡的國旗；我把戴手套的手放在手把上，表示對騎腳踏車的一份熱情。我喜歡騎腳踏車，因為那是我唯一能拋開所有東西，看清楚前面的路，並專注於一個想法的時刻。

雖然我這一輩子都住在美國，也自認為是美國人，但是斯里蘭卡的文化從小就已編織在我的生命裡面。我們家人常常會有宗教信仰的活動，兩個哥哥和我可以體驗到以前「古老國家」的傳統思想。我不會說錫蘭話，那是在斯里蘭卡說的語言，所以當我在那裡旅行的時候，沒有辦法跟那些沒有學英文的小孩子溝通。我和我的親戚住在一起，事實上我也在斯里蘭卡的學校待了一天，那是媽媽以前上過的學校，感覺非常不同。我瞭解到、也注意到上課比在美國嚴格，而學生的學習更認真。我們認為理所當然的事情，像有很多的教科書，還有教室和建築，在斯里蘭卡卻不一樣。這些經驗也讓我了解有關許多文化和教育的知識。以教育來說，我應該開始更認真讀書，以符合父母親的期望。

有一些孩子在那裡出生，他們可以和父母說一樣的語言。我覺得很丟臉的是我沒有辦法說錫蘭話，特別是當我看到一些朋友可以用錫蘭話跟他們的父母親交談的時候。現在我已開始試著要學習這種語言了，當父母親對話的時候，聽他們說話可以學到一些字。更小時候，我會說英文，卻不關心父母親使用的語言，不想到雜貨店，更不想用錫蘭話和母親交談；就像她要我喝牛奶，我知道她要我做什麼，但是心裡會覺得很丟臉，因為這樣會讓別人覺得很奇怪，他們會想：你們在講什麼？我的堂弟住在英國，他也在斯里蘭卡住了一年，讓我很訝異的是當他回來的時候已經會說錫蘭話了。因此，我希望能和他一樣，我不認為那是一件很難的事，只是我必須多花一點時間。我現在要開始學習，我的母親也跟我講比較多的錫蘭話，我也可以把幾個句子放在一起了。在這個城鎮裡面只有四個錫蘭家庭，很多斯里蘭卡的小孩，當他們就讀用英文上課

的學校時，就慢慢的遺忘自己的語言。也就是說，當你在家裡講這種語言，可是一到學校就把他丟了。

如果你看到我畫的圖，你會發現我往前走的路是分開的，一條往美國，一條是往斯里蘭卡，其中那一條是我必須的選擇？我應該要走美國文化的路？或者是走到斯里蘭卡，繼續佛教的信仰，學自己的語言，讓自己的文化佔更大的部分？還是走中間的路？我不知道這條路會走到哪裡去，會是很顛簸？或是很困難？我不知道。

評論

大部分的學生，尤其是青少年，在他們逐漸發展成自我的形象，決定要選擇多少他們自己的文化和語言，或者是受周遭的人影響多少。不管是有意識或是無意識，他們都做了選擇。*Gamini*的選擇會「很困難嗎？」我們能否在學校和社會，為*Gamini*和那些以說自己的母語為榮的學生開創一條新的路，而不是艱難的面臨選擇美國文化或祖先的文化？

值得注意的是，個案中的年輕人選擇保留文化的方式，他們保留了自己「深層的文化」，特別是價值觀和世界觀。雖然他們可能放棄了些表面的觀點，例如食物和音樂的喜好，但是這些修正並不是一味依循學校和家庭給予的訊息；他們和同儕文化接觸時，有自己的標準和選擇。雖然同儕的文化在我們社會中扮演主要的同化結構，但是我們不應該認為，他們已經完全放棄自己家庭的文化，他們和其他年輕人做的事情是一樣的。

創造新的文化

對年輕人而言，身份是不斷協商而成的，*Gamini*就是一個很好的例子，他用圖畫的方式來介紹自己。「身份」是很複雜，即使那些和他有同樣背景的年輕人，他們對於自己的身份、個人的特質也有不同的概念。*Stacey Lee*對亞洲人和亞裔美國人的研究，有一些市區的高中

生，是新的搖擺族（*new wavers*）。大部分的藍領階級和貧窮的中國人、越南人和柬埔寨人，這些年輕人被稱為亞裔美國人，是「模範少數民族」（*model minority*）。他們缺乏教育是阻礙成功的關鍵。他們和老師之間常常出現負面的關係，在學校通常表現不好。*Lee*下了一個結論，這些搖擺族呈現的例子，是身份如何成為社區和學校之間的橋樑，也影響了用種族來做分類的觀念。*Shirley Brice Heath*在一個針對貧民區不同文化背景的年輕人進行研究後，也提出傳統種族的分類，對於現代的年輕人是不適當的，因為這些分類呈現的種族和文化不是單一的、固定的，大部分種族的身份會因環境而改變，而且是多元的。

一個探討年輕人如何調適自己的身份，以及學校和老師怎樣從他們的身上學習的研究結果，已經出現在*Michael Sadowski*所寫的教科書當中，透過這本書的章節，不同的作者說明了身份對年輕人的重要。

在我們的研究裡，年輕人和創造一個新的文化之關聯是很清楚的，他們原來的文化並不會因而消失，學校和社會本來就是希望他們如此。更確切來說，他們原來的文化被保留、被修改適應不同的環境，改造成一個新的社會也行得通的文化，這些年輕人並沒有完全傳遞他們原有文化的價值，也沒有完全被新文化所同化。*Marisol*舉例說，年輕人喜歡饒舌歌（*rap*）和嘻哈（*hip hop*）音樂，而不是騷莎（*salsa*），這些來自拉丁文化（跟其他文化）的影響，表現在這些音樂的型態上，是無法被否定的。

習慣新的文化並不容易，包括一開始的困難和痛苦的經驗。學習在一個新環境裡生存，其價值觀與行為，有可能跟家裡不同，譬如家裡的期望行為，正好與學校相反。以拉丁裔父母來說，在家裡教導小孩，被責備時，眼睛必須往下看，代表尊重。但是在美國這個主流社會，這樣的行為通常會被認為不尊敬，因為他們相信，犯錯被責備時必須看著對方的眼睛才對。這個例子只是表象而已，其實連五歲的小孩都需要知道這些行為之間的微妙關係，但是老師們可能沒有覺察到其中複雜的衝突或壓力。

另一方面來說，這樣的文化也可能使老師對特定背景的所有學生都有同樣的期待。舉例來說，假如認為所有的拉丁裔學生，都會有看地上來表示尊重的舉動，是不切實際的，因為拉丁裔學生是一個組成分子不同的團體，有些拉丁人來到這個國家才幾天，有的拉丁裔在這裡已經好幾個世代了。有一些人可能會在比較傳統的方式下成長，另有一些可能會在美國文化的方式下成長。他們有不同的社會及經濟的背景，可能只會說西班牙文或只會說英文，或者兩者都會。除此之外，個別差異也會使每一個學生都成為獨一無二的個體，所有的不同特質和其他相同的部分，都不應該讓老師期待同一背景的學生會產生同樣的行為。因此，注意到文化的差異的目的，就是不能讓老師產生固定的、特定的行為期待。

在創造新文化的過程中年輕人必須選擇，從很多的價值觀和行為中選擇。選擇那些可以適應新的社會，並丟棄與改變其他的部分，此一過程，既非事先意識到的，也不是計畫中的。不可避免地，那些不同於主流社會的價值觀和行為每天都在改變，不管孩子或大人、學生或已在工作的人，他們都直接參與了這個改變。改變原有的觀念、態度與價值觀和我們社會的價值觀，在這過程中，如同個案裡的年輕人，可能經歷了痛苦和衝突。

在這裡要記著的一點是，美國的社會並不是很簡單地將文化加在新移民的身上，這個過程既不是直線，也不是那麼直接。讓我們深信像那些北歐裔美國人，在移民過程中可能完全成功，但其結果仍未能稱得上真正多元的社會。雖然美國社會是多元文化，但也因這些事實，所以無法呈現一種有意識目標的結果。我們的社會中有大部分的人反映出歐裔美國人的價值觀和世界觀，但卻是貧乏的、陳舊的，我們反對那些比較不受主流團體重視的價值觀。（他們不僅反映了歐洲的文化，同時也反映了一些融入美國文化的弱勢文化。）舉例來說，我們可能以好幾種面貌看待拉丁美洲的傳統，從西南方的建築到牛仔的神話。爵士樂廣泛地被認為是美國最偉大的音樂，其實是來自非裔美國人，而不是歐裔美國人。

「什麼是美國人？」所謂的美國人既不是簡單的將外國文化加註

在強勢團體上，也不是一個不加選擇地把文化搬到新土地上的移民文化，更不是一個舊文化和新文化的混合物。「美國的文化」，是舊的、新的之間交互影響一起創造的結果。這些交互影響既不是良性的，也不平滑順利；新文化的產生對家庭、社區和學校，常常引起不可避免的緊張和衝突。

不過，創造新文化是個繁瑣的過程，學校使之變得更複雜；在自覺與不自覺中，認為他們的角色就是要把所有的學生變成中產階級的歐裔美籍學生一樣。波斯頓的一所高中裡，有一位成功的墨西哥裔學生談論到有關他們的身份和學校的錄影帶中有一段話說：「他們想要把我們變成單一文化。」在這個個案研究中我們可以看到來自不同背景的學生，對於社會同化者主張要把不同的文化除掉的壓力，其反應態度也不同。這些年輕人參與了一項困難的工作，那就是在學校創造成功的新方案。不管接受同化或拒絕，都將迫使我們用一種新的方式來定義成功，他們否定學校和社會傳統上所說的成功，新創一個模式。

・他們重視、執著自己的文化或至少一部份的文化。
・不管是不是雙語計畫，他們通常使用雙語，甚至要求在學校使用自己的語言。
・他們同時參與不同文化背景的同儕活動，也參與美國年輕人典型的活動，學習他們的品味和行為。

結果，他們參與轉換部分社會價值觀的整個過程。

身份和學習

學生只能從老師、學校和社會選擇一種有關語言和文化的訊息，而這個現象在我們的個案中非常明顯。其中一個訊息是這麼說：「文化是重要的，是大部分的學生引以為傲而持續學習的，但是學生同時

也感覺到，文化在學校環境中是不重要的。」

最近的研究證實了許多個案學生的觀點，認爲文化是重要的，對學生的學習有幫助。舉例來說，*Donna*研究印地安拿瓦納族（*Navajo*）的年輕人，她發現那些能夠保持拿民納族印地安文化的學生，他們在自己的社區獲得很穩固的地位，同時也是學習成功的學生。在比較保留拿瓦納族文化和非保留拿瓦納族文化的學校，她發現那些能夠保留拿瓦納族文化的學校，在留住學生和教育學生方面，更爲成功。她下了一個結論：拿瓦納族的年輕人具有一股強烈的傳統文化，或如同她所說的「真正的文化」，他們也是那些獲得優異學習成就的學生。

本書從個案探討和其他類似研究所引發出來的一個令人好奇的課題，那些越是抗拒全部同化的學生，同時保留他們文化的根和語言的社團，越容易在學校裡成功。當然，很多例子說明，很多人完全的同化就是爲了在學校成功，從這些個案探討和這本書及現代的研究，所強調的，我們也很想問一個問題：是不是一定要放棄自己的身份才能成功？這也是那些年輕人問自己和問我的問題。

個案中，大部分的例子發現，保留文化與學業成就之間似乎有一些正面的關係，它也是多數學生建立學習成功的另一條路徑。雖然我們不必過份強調這個結論的重要，但卻是真實的，具有可能性的。這些結果，嚴重挑戰傳統的概念，那就是直到二十世紀，仍一直統領美國學校和社會文化大熔爐的理想主義。在第六章裡，研究者在語言保留方面也發現類似的結果，也就是當學生的語言被視爲基礎教育，則此一語言是被尊重、被認爲有價值的，那些學生似乎較能在學校裡成功。

完全同化是成功的必要條件？一直是文獻探討或個案研究爭論的問題。非歐裔美國背景的學生，其自我形象與自尊心都比較低；這些年輕人的經驗質疑了以前的看法，學生並非很簡單的、突然間就會產生較低的自我概念，這是學校和社會造成的結果，這類學生在他們尊重和肯定一些團體的同時，也貶抑與拒絕其他的團體。雖然從強勢團體來的學生，很主觀的關心自己的文化、種族、階級和語言的訊息，

而可能忽略了負面的部分，但是他們也透過正面的同儕互動，強烈的反對、反擊負面的訊息。家庭、社區、老師和學校所扮演媒介的角色，有助於反駁一些不利的傳聞，並增強正向的訊息。舉例來說，*Nadia*和*James*兩位，雖然在他們周遭有很多負面，以及普遍存在的觀點，但只要是關於阿拉伯人，他們卻有不可動搖的信心，此一態度更延伸到課業之外。*Fern*也是一樣，他很清楚，知道美國原住民的負面形象，但雖然如此，他仍驕傲的說：「我做的每件事情都會成功。」*Yolanda*雖然聽過一些批評，有關於墨西哥人及墨西哥裔的美國人很懶惰，但她還是堅信自己的聰明才智。*Paul*透過幫派活動尋找一個確定自己的文化和身份的方式，雖然結果可能是負面的，但是這份衝動、信念是可以被理解的。令人難過的是，社會對於和大部分人不一樣的文化與語言，卻很少讓他們有一個情緒的出口。

這些個案研究的學生不斷提及，父母教導他們在家說自己的母語，要以自己為傲，*Kaval*和*Nadia*也證實了這一點。有些人提到學校如何反應他們的文化和語言，透過雙語和其他的活動，幫助他們成功。*Ron*的母親希望他成為地球上最好的黑人，*Yolanda*的老師支持她的雙語和文化，而他所屬於的跳舞團體也幫助她成功。

結論是保留原有的語言和文化，以啟動其智慧，孕育學業的成就，不只是傳統的教育哲學，而且是學校的政策和實施方針。與其試著把他們的文化和語言忘卻，不如盡其所能地使用，確保和支持他們，做為學生學業成功的根基，增強所有學生可以在學校成功的信心。學校的政策和實踐，重視文化、建立母語的能力，進而強調其歷史和學生的社區經驗，必然會產生效果。

學業之外

幾乎所有個案討論的學生，在學校成功的主要的要素，就是積極地參與課外活動。不管是透過和學校有關係的機構、興趣、宗教的團體或是其他的活動，學生可以找到支持他們學習的方法。雖然這些活

動很少跟學業有關，但是卻可以幫助學習；這些學業上和非學業上的活動扮演重要的角色，使學生保持在一定的常軌，將他們從負面的同儕中抽離出來，發展領導能力和批判思考技能，並且讓他們擁有歸屬感。

維持常軌

這些活動提供一種學校做不到的功能，保持學生在一定的發展途徑上。也就是說，非學校的活動讓學生瞭解學校的重要，同時提供他們緩和與減輕壓力的機會，這個發現和其他的研究是一致的。比如 *Jabari Mahiri* 針對十到十二歲非裔的美國男孩識字能力研究發現，年輕人的興趣有時可促進他們的學習。這些男孩參加一個鄰居的籃球隊，這項活動增強了他們讀寫的學習動機。儘管如此，學校還是常常忽視了個人的興趣。在這個個案研究中，所謂課外活動，那怕只是一項簡單運動，都很重要，而且具有超乎想像的影響。

舉例來說，*Marisol* 積極的參與青年們的門診，這個門診位於一個高中裡面，幫助年輕人，提供有關性別、節育和養育子女的資訊。年輕人的懷孕和嬰兒的死亡率在他們的城市是很高的，這也是促成這個診所成立的動力，這件事頗受稱讚，也被認為是創新的、獨特的。周旋在這些青少年間的門診，有助於 *Marisol* 持續在學校裡成功的完成學習工作。參與同性戀/異性戀聯盟，*Rebecca* 和其他的學生找到了他們在家裡的地位，同時也給他們服務別人的活力。

對 *Vanessa* 來說，課外活動是一個釋放能量的方式，維持處於健康狀態的方法，而且和別人一起工作，對自己也很好。*Fern* 的情形亦同，她很清楚知道如何利用「運動」來掃除障礙；她說：「當我在縫紉課遇到不會的問題時，我會看著機器然後告訴自己，它像籃球，一定能夠克服它！」

對來自同儕的壓力

負面的同儕壓力，對大部分的學生來說，是很難抗拒的，但在這些個案裡，大部分的學生都很成功。其中一個理由是，他所參與的這些活動好像盾牌保護一樣，可以免除負面的影響。*Paul*很生動的描述著他的經驗，在他還沒有辦法完全去除幫派的壓力時，仍然會藉著活動來減少參與幫派的時間，他說：「現在我已經理解到，如果我多參加一些學校的活動，那麼我就不會像過去一樣在幫派裡混，你知道嗎？」

對其他的學生來說也是一樣，參與學校、社區有關的活動，佔據了他們課外的時間。同時，對於那些迷人的、不具生產力的活動而言，這些課外活動也像一些預防策略；譬如*Manuel*離開他的一些朋友，在同一時間參加教會的活動，這就是讓他積極參與的理由。*Linda*對於音樂的奉獻，*Avi*堅持實踐安息日，也是用這樣的方式。

發展批判思考與領導力

課外活動和校外活動，有時也幫助發展一些重要的技能，包括批判性的思考和領導力。透過劇場工作坊，*Manuel*能夠以一個移民的身份和經驗分享他的想法。這個工作坊給他一個舞台，深入反省，並能有意識的輸出，因此能清楚的知道，自己第一年在這裡感受到的痛苦和恐懼。

參加腳踏車比賽是*James*的最愛；為腳踏車投入時間和精力。在他發生腳踏車意外之前，除了每天騎四十哩外，花在腳踏車活動的精神，更超過比賽本身。他訂閱所有相關的雜誌、得到比賽證照，而且主動積極的招募對這項運動有興趣的人，成立腳踏車俱樂部，他也計畫找一位當地的腳踏車經銷商支持並贊助他們的團隊。*Gamini*對腳踏車表達了類似的情感，他認為一個活動可以幫助他分析他的思想。

*Avi*在猶太教堂工作就是一個之課外活動如何幫助發展領導能力有

力的例子。參與這項教堂活動，不只是進行很多的學習和犧牲，而且也使他成爲社區中的模範。*Nadia*參與清真寺、*Kaval*的錫克教的崇拜活動也都相同。*Vanessa*在一個同儕教育團體工作，這項活動幫助她發展領導者的特質，使批判覺察力及敏感度逐漸成長。對於那些被排除在學校課業外和積極形成的議題來說，這些有關學業成就的例子中，年輕人的一些技能發展，就是參與課外活動的副產品。

歸屬

團體的歸屬感，對於年輕人來說是非常重要；通常他們會從參與活動得到利益，那就是讓自己感覺到屬於某一個團體。年輕人會用各種方式來尋找一個自己能夠融入的團體；有一些人藉由加入幫派或者參與一些有傷害性的活動，來滿足一部份有「家庭」感覺的需要。對於很多年輕人來說，在跟自己種族有關的團體裡特別又有家的感覺。*Rich*說：「我不知道有一個地方是屬於我的，」一直到他參加音樂團體。*Yolanda*的媽媽很嚴格，不准她參加傳統墨西歌舞的團體，但是對*Yolanda*來說，像其他同儕一樣參與這項活動，卻是一個創造力和跟精力釋放的出口。*Paul*和*Ron*是在參加課外活動的案例中，一個值得注意的例外。他們兩個受到鄰居的誘惑，沈迷於唯一的課外活動，那就是加入幫派和犯罪的活動。但是當別人爲他們提供正面的發洩出口時，他們不但有所改變，並且開花結果；*Ron*變成足球隊的明星，而*Paul*則很專注於一個有意義的課後工作。

Manuel、*James*、*Rich*、*Kaval*、*Nadia*和*Avi*也在教會找到適合他們的位置，在這些例子裡面的宗教信仰，也確定了他們的種族地位。對*Manuel*來說，新教徒黨派比天主教會更能夠適合他的文化。訪談中，他很戲劇化地說：「我感覺上帝好像搬到那裡去了。」這件事意味著當地的天主教會裡，有一些文化的因素已經不見了。*Rich*在當地的黑人教會裡面彈風琴，是個文化和宗教活動結合的例子；*Kaval*不只參加錫克族的教會，他也幫助了一些窮人；*Nadia*不只參加清真寺祈

禱，而且他考慮要教導那些隨父母一起來參加伊斯蘭教的小孩阿拉伯
話。

關於課外活動在學校裡面和校外發展的情形，包括他們的興趣與
宗教及文化的結合，和這些團體如何支持學生的學習，都是有價值的
例子。這些活動幫助年輕人，將他們的時間從家課和學校活動中分
離，啟發他們的創造力和紓解體力，而非阻絕他們課業上的成功。有
些例子顯示，課外活動也可能幫助他們的學業成就；例如領導特質的
發展和批判思考的技能，也能回歸並運用於學校課程，幫助學生在教
室進行成功的學習。

有助於家庭、社區和學校的成功環境

這些個案的探討和描述，對於家庭、社區或學校，在支持學生，
保持課業成就的重要性，提供了大量的、令人注目的證據。成功的學
生通常會被鼓勵成功的訊息所包圍，包括那些會提高成功的活動、老
師和其他人所顯示的關心，以及直接和間接從家裡和朋友得到的支
持。

家庭的決定性角色

家庭支持孩子學習的方式很複雜，有時候不是事先能預期的，尤
其在非中產階級的家庭，他們對於課業的參與，就不是那麼有經驗，
不過他們會用其他的方式來幫助他們的孩子；例如透過高期望來支持
子女學業成功。不管他們的經濟背景如何，這一些學生的家庭是受到
高度的重視。事實上有一些工人階級和貧窮的父母親，甚至比中產階
級的父母親對子女的教育懷抱更多的希望，這些特別明顯。他們沒有
辦法經常幫忙孩子功課或學英文，因為他們缺乏社會所重視的「文化
資本」，他們沒有辦法將自己的文化傳承給他們的孩子，其結果是：

雖然他們的高度期望，有時候是間接的，但是他們也只能清楚地告訴孩子這個訊息。*Vinh*告訴我，他的叔叔會以「下次你可以做得更好」來支持他。*Yolanda*說：「媽媽希望我去上學，以後才不會像他們一樣，無法承擔未來的生活。」*Ron*開玩笑說；「當母親抱怨我整個晚上在外面和朋友鬼混時，會立刻上樓，而且希望她不要再說。」

這些訊息有時候很有效，但不是每次都管用。在很多個案中，年輕人尊敬和感激他們的家庭，而且知道家庭為他們所做的犧牲，不過他們的雙親無法給予實質上的幫忙和具體的引導，幫助他們適應學校的生活，因此他們有時候會缺乏方向感。*Manuel*很辛酸地提到：「有時候我想，如果我可以從家庭得到一些支持、如果他們知道這種語言、或者他們曾受過教育，我就會更容易成功。你知道我在說什麼嗎？」雖然雙親沒有辦法說英文，不見得是不利的條件，但是如果學校沒有辦法提供另外一種方式幫助學生學習，或是透過其他的方法，比如像雙語計畫或家庭功課中心，那可能真的就會變成一個不利的條件。

以中產階段父母能提供給他們孩子的幫助來說，*Manuel*認為：「我可以有更好的機會，更好的可能性。」他的結論是正確的。*Guadalupe Valdes*針對東南方十個墨西哥移民家庭的長期研究，增強了*Manuel*的觀點。從調查的結果看來，墨西哥裔的雙親對於孩子在學校受教育的情形有些漠不關心，她也發現工人階級的墨西哥移民家庭來到美國的目標、生活計畫以及他們的經驗，雖然對其本身來說非常有意義、有價值，但卻無法幫助他們瞭解學校對他們孩子的期望。另外一個例子是*Barbara Comber*的研究，他專注於澳洲小孩早期識字能力的實驗，*Comber*解釋說，當小孩子開始到學校的時候，家庭對他們的影響並沒有很快的消失。相反地，孩子是帶著他先前的經驗到學校，不管有利的或是不利的經驗。下列三個特殊的孩子，生活並不單純，他描述*Mark*的背景的資料：

在家裡，Mark並沒有很多書，而且沒有人念床邊故事給他聽，但是他有知識和能力處理、渡過在學校的過渡時期。他知道怎樣成為一個「好孩子」，知道什麼是教室裡的重要行為（例如要愛惜書本、回答問

題）。

　　那些沒有受過正式教育的家庭，喜歡做很多事情來為他們孩子的上學做準備。雖然他們缺乏正式的教育以及達到學業成功的經驗有限，但是家庭仍然提供很多的支持給孩子作為補償。不同語言背景的學生，其雙親和家庭的成員，常常在家裡使用自己的母語，雖然和學校的語言相左，但從個案研究看來，強調使用母語，保留他們的文化和對孩子的情感，以傳達家庭價值的方式，是一個很重要的工作。語言的使用可以幫助他們發展識字能力，接受學校課程學習的挑戰。學生愈能運用不同的方式，在不同的情境中使用語言，他們就愈能複製必須的能力、技術，成功的完成學校作業。

　　對老師來說這是必須瞭解的關鍵，雖然這些孩子在他們的教室裡面可能沒有學校需要的一些特殊的技能，但是他們仍具態度、技能和能夠被使用於學習的能力。

　　保持使用母語，除了意味著透過家庭宗教和傳統的活動，來維持文化的聯繫，更重要的是它具有深層意義和價值，可以幫助年輕人養成良好的態度和行為。這些孩子在家庭，主要的方式是以「見習的身份」接受、消化一些重要的訊息，並學習自己的文化、語言和價值。

　　我們可以發現這一些個案研究裡的學生，已經承擔成人在家中的角色；如*Manuel*在父親生病期間，必須處理醫生、醫院和其他的問題。當年輕孩子被迫承擔這些責任的時候，父母親的價值通常都被增強，這方面是很難理解的。我們這裡要提出討論的是，他們那麼小的年紀，就得承受重大的責任；例如他們必須缺課來幫助家裡的事，代表他們的家庭與社會互動，或許這種角色也發展其自信和自尊，促進其學業的成功。

　　鼓勵與家人溝通，是父母支持其子女學業成功的另一種方式。一些年輕人提到和父母親討論有關他們生命中的一些重大議題之重要性。例如*Yolanda*和她的媽媽不僅談論學校，也談論女孩子的事情。*Marisol*強調他的父母親不同於其他家長，因為他們會跟他及他的兄弟姊妹討論現在正發生的事情。在*Nadia*的個案中，她描述家裡的每一

位成員，好像是拼圖的一部份，而溝通就是保持親密關係的一個重要方法。對*Vinh*來說，長距離的溝通也是很必要的，他每個禮拜寫信給爸爸媽媽，並且從他們的回饋中受到鼓舞。*Linda*也說了，在她的家庭中，晚餐時刻是一個很棒的溝通和表達價值觀的重要時間。

　　個案中，學業成功的學生使用不同方式，把學業的成就獻給其父母親，表示對父母親犧牲自我的一種感謝。學生常常提到他們的父母親是其成功背後最大的動力；或許他們的雙親無法完全體會。例如*Paul*說他是受到母親的影響而回到學校；*Gamini*說他想要爲家庭把事情做好，因爲家人對他和其兄弟犧牲很多。不只一個學生提到要讓他們的雙親感到快樂，這份重視父母親的觀念，對現在的年輕人而言是很難期待，更是浮現在學業成功學生身上的一個主要的想法。

　　本書個案中的學生通常將其雙親描述爲溫柔、疼愛他們的。*Marisol*說：「我的父母真的很棒。」*Vanessa*說：「他們照顧子女無微不至，而且和一般人不同。」學生說得很清楚，父母親爲他們提供一個溫暖而舒適的環境，對其生命和價值觀影響很大。*Rich*把他的家庭描述成「自由自在」，並說「成爲家庭的一員，是很棒的事。」*Linda*提到她的雙親「總是支持我」，她也瞭解到家裡一些「古怪想法」的規矩和限制。雖然*Fern*的家庭遇到很多的問題，但是他說：「我有這樣的家庭是上天賜給我的。」大部分的年輕人在家裡都感到安全和快樂。

　　這並不是說那些在學校不成功的孩子，其父母親沒有提供穩定的環境給他們。學生成功的因素很多，和雙親密切而溫暖的關係只是其中的一項。其實有些父母縱然是提供愛的環境，其子女也有可能是反叛的、不合群的，或是在學校不成功的。*Paul*是一個例子，他說：「愛把我留在家裡，如果不是從家裡得到了愛，我會在班上尋找和自己身份相同的男生。」雖然他這麼認真說，最後仍然參加了幫派。*Ron*在參加替代學校的課程以前，不斷的問自己：「爲什麼我會一直被送到監獄？爲什麼我總是讓母親擔心？」

　　其他議題的介入，也是影響學業的複雜因素之一，*Carlos Cortes*稱爲「社會課程」，也就是一般社會的影響；包括大眾傳播媒體、性

別的期待、反移民情緒、失序的暴力等，還有一個需要被考慮的因素是社會政治背景層次。其他如家庭的地位身份、與其他家庭的互動，包括兄弟姊妹的關係及個性、特性的差異等等因素也會對學校的學習產生影響。無論如何，孩子和其雙親之間親密、開放的關係，是學校成功的必要條件之一，但非全部。

　　雖然雙親和家庭的其他成員也是影響學業成功的重要因素，但是傳統上，父母參與學校的活動卻是最容易被忽略。大部分學生的家長不會到學校去，因為他們不是學校家長會組織的成員，除非老師打電話，否則不會自願參加學校的會議或活動。*Fern*的父親不曾參加學校的活動，*Vanessa*的媽媽雖是學校委員會的成員之一，但也很少參加。就第四章的討論，雙親的參與和子女學業成就的關係來說，這個結果是令人驚訝的。事實上，有些父母親不會說英文，而且他們到學校也沒有得到友善的回應，或許在很多學校也可能被拒絕，這些可能是家長不到學校去的部份原因。其他那些對學校氣氛感覺較自在的家庭，可能有工作的時程、時間的限制，還有些家庭有幼兒需要照顧和其他狀況，可以作為解釋他們不參與的原因。

　　學校看待家長參與這件事情的態度是很清楚的，父母親的參加與否對於學生的成功並不是那麼必要；要瞭解其緣由，就得探討父母參與的意義。就學校來說，參與就是出席親師會（*PTA*）參加會議、幫助孩子完成功課，不然就是帶他們的孩子到圖書館、博物館，或參加其他類似的活動。當這些年輕人談到父母如何幫助他們時，很少提到參與學校的活動。他們沒有提到父母親和他們溝通，鼓勵他們上學、提供愛的支持和犧牲等高度期望的條件，扮演幫助他們的角色。*Rich*的例子很明顯，他的媽媽奉獻其生命讓子女得到好的教育，因此他們三個都將在明年進入大學。對一個單親媽媽來說，這是非常困難的任務，難怪其子女能堅定意志繼續學業，不但要做好，更要成為重要的人。

　　*Paul*在這方面提供了一個有價值的建議：與其將焦點置於雙親在學校裡的角色，不如注意父母的屬性，讓學校變成一個更有愛的地方。他建議老師：「不要把教學工作當作工作，只是把知識教給學

生；教學就像是要把它教給你自己的家人一樣，一定要用心。」

老師、學校和關心

在個案中，很多學生提到一些特殊的老師、計畫和學校的活動對他們的幫助。在這些學生的成就中，老師扮演的關鍵角色，並不令人驚訝，因為學生最需要老師的「關愛」。學生評鑑老師愛他們的程度，就是看老師奉獻多少時間給學生，還有對待學生的耐性、課程的準備，以及他們如何讓課程更有趣。比如說，在*Vinh*最喜歡的課程裡面，學生可以在分組裡，討論不同的主題。*James*討論有關「關愛」，他說，最好的老師花時間來聽學生的發表並且回答所有的問題，他最喜歡的老師也顯示了她的關懷，藉此成為一個*Helping Hand*俱樂部的顧問，那是一個參與社區活動的俱樂部。*Avi*提到九年級的一個數學老師，特別有助於他；在此之前他並不完全瞭解數學，而且學得不好，但是自從那位老師幫助他之後，他便開始喜歡數學，並且學得很好。

對*Manuel*來說，關愛來自於雙語計畫；在他的例子裡面，他最後在學校學習成功的關鍵，就是雙語計畫。這個計畫提供了一個安全的環境給他和其他的維德角學生，一個少數民族中的少數民族。因為有一些老師來自同樣的社區，家庭和學校，具有文化的連貫性，實施效果良好。而「家裡使用的語言」也因雙語計畫增強了它的重要性和價值，因為此一語言包含了維德角的歷史和文化。對於*Liane*來說，他的學校提供中文的學習，是一個有利的現象，代表中文在學校裡是被重視的。

很多方面，學生記得那些老師曾經鼓勵他們，不管是透過他們自己的語言、文化或他們的關心，那些使用或注意到學生的語言技巧及文化知識的老師，是最常被提到的。*Paul*和*Ron*他們所參加的替代學校，在這方面做得很好，對其成長幫助很大。年輕人也看得出來，老師很努力，但是只能表面上使用學生的文化。*Vinh*對這一點解釋得很好，他說到：「老師瞭解一些外在的事情，但卻無法瞭解我們心中的

想法。」

　　雖然種族文化的學習，只是多元文化觀點的基本元素之一，對於整個課程來說仍有很大的距離，不過學生藉由學習自己的文化而被增強，並且透過不同教育方式、策略與環境，吸納不同的觀點，除了瞭解自己，也學習自己的歷史和其他人的看法。很多學生提到這一點，包括Ron很喜歡「古巴飛彈的危機」（*Cuban Missile Crisis*），*Paul*在小學讀完安妮的日記之後，產生很大的鼓舞。在這兩個例子裡面，不只提到課程或科目，它也觸及教學，如何讓歷史教學更為生動的問題。

　　和學生有同樣背景的老師與其他老師，對學生的影響有很大的差異。最近的研究指出，在老師和學生之間如果具有相同團體身份，會有正面的影響。例如*Sabrina Zirkel*發現學生有種族、性別角色問題時，在學業成就上會比不上其他的同學，因為他們會以學業成就為目標，對未來的考慮較多。儘管如此，來自於與學生種族背景相同的老師，其意義不能被低估。老師和其他指導人員，能夠理解學生文化的，通常是具有同樣背景的，但是這並不意味著他們就是唯一能夠教那些少數民族學生的人，或者是在這些學生的生命中形成有意義的影響。因為這些個案研究的學生也提到，有一些不具有同樣背景的老師，在其生命裡也有很重要的意義。這些老師不是學會學生的語言，就是對學生的文化有足夠的認識，很自在的與他們相處，或者對於年輕人的需求較敏感。*Rich*的輔導員就是這樣子的老師；她幫助*Rich*下定決心，鼓勵他上藥學院。*Rich*說：「她就像要好的同學一樣。」

　　老師和學者可以從這些例子學到什麼？第一，能清楚教學者怎樣看待他們與學生的關係，如何對學生的生命造成深遠的影響；這個角色的定義，不只在於教學策略，更重要的是態度。*Jim*這麼說：「學生學習之成功與否，發生在學生和老師之間的互動關係，遠比語文、科學、數學的教學方法重要。」

　　其次，相關研究指出：師生互動關係是教學重要的一部份，透過這些個案研究更能證明所言不假。學生也提到老師的關心和幫助他們的作法，讓他們有歸屬感，這種和學校相關聯的感覺，幫助他們學

習，使他們有很大的機會成為成功的學生。假如他們感覺自己不屬於這個團體的時候，要把自己當成是一個學習者就很困難。

最後教學者體會到，表示關愛有很多的方式，接納學生的不同是其中一種。另外一種是嚴格的要求與較高的期望，如*Ricardo Stanton-Salazar*所謂的「制度代理人」。提供學生社會訊息的廣播網也很有意義，這些廣播網從大學入學的資訊到提供安全輔導等多面向的服務，這些資訊對一些窮苦、弱勢文化的學生來說，通常是無法得到的，但是對他們達成學業成就卻有不同的影響。

這些個案研究中的年輕人，他們的經驗，告訴供我們，如何面對這一些問題的許多想法，不管是傳統學校或替代學校、是否來自主流或非主流社區，或者會不會說學生的母語，所有的老師都可以讓學生的生命有所不同。

摘要

在這一個章節裡，我探討了一些從個案研究中浮現的主要問題，特別是和學業成就有關的四個主題。

- 重新定義教育和成功
- 文化和語言的驕傲與衝突
- 和學業沒有關係的活動在學習成功中所扮演的角色
- 來自於家庭、社區和老師支持的重要

這些例子告訴我們，文化與語言在學生學業成就上扮演重要的角色，而案例中，大部分的語言和文化在家裡得到增強，有時在學校也是。當語言和文化在家庭或學校獲得增強的時候，語言和文化被重視的這個訊息是清晰、有力的，如果它們只有在家裡受到重視，學生對自己的文化和語言，可能會有一種衝突的感覺。

廣大的社會在學生的學習中具有關鍵地位，如果年輕人看到他

們的文化，在政治活動中被貶抑（例如提議限制波多黎各學生的人數），一定會引發有關種族的衝突。雖然有時他們的文化受到嚴酷而惡意的攻擊，成功的學生對自己種族和社區仍然能夠保有信心，甚至在發展過程中，拒絕同化和放鬆壓力，他們運用自己的方式，轉換他們的文化和語言來適應周遭的文化。

以我們所看到*Ron and Paul*爲例，另類學校強烈支持創新、授權等有意義的角色，它包含課程和教學方法，對於傳統學校讓學生疏離、對課程不感興趣的感覺成對比。參與課外活動也很重要，它可促進學生的學業成就；大部分成功的學生，都積極的參與學校的活動，不管那些活動是運動、社團、課外活動、宗教團體或是其他看起來好像不相關的社區活動，他們的參與可以發展他們的領導能力和其他的技能以增強他們課業的成就，和降低同儕負面的壓力。

雖然家庭、社區和學校的文化弱勢與經濟能力較差；有時候這些家庭無法提供類似城市家庭所能提供的具體幫助、支持，但是他們對於子女在學校的成功，仍具不可或缺的地位。我們研究發現，所有成功的家庭，從中產階級到低收入的家庭，他們在其子女學習的過程中，都提供了以下的支持：

- 在家裡保留母語和文化
- 對他們的孩子總是有很高的期望
- 提供關愛和支持的家庭環境
- 用一致的標準和他們的孩子溝通

學生的學習能否成功，老師和學校有著非常重要的影響。我們可以看到那些非常關心、願意花時間及肯定學生的老師是最成功的，支持學生學習的學校政策和相關制度，同樣是關鍵所在。從幫助課後需要到小團體的討論，學生很清楚地指出，教室裡面的活動和學校的政策幫助他們學習。這些學生案例明確的告訴我們：當學校和家庭一起合作的時候，學校的成功將會成爲事實。

思考題

1. 你認爲怎樣的情形算是學習成功呢？這些個案的學生和大部分老師的定義有不一樣的地方嗎？你認爲你的文化價值觀會影響你的定義嗎？

2. 如果以自己的語言文化爲傲對於學業成功有舉足輕重影響，這對學校政策的實施代表什麼意義？討論學校應推動的教育政策和實踐，以對所有的學生公平。

3. 一些學生強調學習是否成功，是來自於老師、學校和父母親的「關愛」，學校如何提供這個訊息給他們？請比較這些做法跟現在的政策有何不同？

適用於改變個人、學校及社區的活動

1. 個案中，很多學生認爲，對於提供成功的學習環境，家庭的角色是很重要的；但是家庭角色通常和學校定義參與的角色是不一樣，請你想一個能夠和母親合作，幫助打造成功學習的環境，同時又能尊重其文化背景的具體計畫。例如說，不是所有的家庭都有電腦，所以請他們提供電腦給孩子使用是不切實際的。還有，不是所有的家庭英文都說得很流利，所以請他們這樣做，可能也不適合。在這樣的例子裡面，你想到什麼，可以鼓勵家庭，促進他們的孩子在學習上成功。

2. 那些學業成功的個案，是支持學校和社區活動的重要案例；腦力激盪提出一些具體的例子，讓你的學校也能開展這樣的活動。

3. 如果你沒有這樣做，請從現在開始，每一個禮拜寫一封信給家長，告訴他們教室內的活動和學生正在學習的東西。有時你也可以展示學生的作品，請他們對課程議題提出一些意見，鼓勵他們到教室來當義工。

個案研究

Nadia Bara

我從來沒有真正站在別人的立場上想過，現在我稍稍了解那些受種族歧視的感覺。就某些方面來說，Nadia Bara十四歲，是一位很天真而有活力的年輕人。很天真的談論他的學校和他的家人、宗教和跟別人不同的喜悅與困難。很難相信，他是一個具有成熟的、舊思想的心靈，同時是一個年輕人。

Nadia在一所全美知名學校的九年級就讀，她和父母親一起住在Linden Oaks；那是美國中西部一個舒適的、中上階級的社區，每一年都擁有全美最高中等家庭的收入。他的姊姊Layla十八歲，一所不錯的州立大學一年級的學生。她住宿，離家數小時的路程，但是週末她都會回家。Nadia的母親Sarah和他的先生Omar兩個都是醫生，他們來美國將近廿年了。Sarah在美國出生的，當她小時候和家人回到敘利亞，她長大和完成學業的地方－包括他的醫學訓練。Omar在科威特出生，在埃及讀醫學院。他們在科威特認識並結婚，並在第一個女兒Layla出生之前來到美國。他們全家每年至少回到敘利亞兩週，去尋根看看家人和朋友，在那些旅行中至少要拜訪一個新的地方。過去這幾年他們曾經去過荷蘭、德國、奧地利，甚至Maui。這些經驗增強了Nadia旅行的動機，她喜歡旅行，如她所說：「我喜歡在每一個地方看不同種類的人。」在她的訪談中Nadia很有感情的說到他在敘利亞的經驗，她也從內外兩種不同角度描述她對敘利亞和美國的看法。

Bara是一個凝聚力很強的宗教團體，在Linden Oaks是一個很大的回教社區，他們試著在美國快速進步的社會和後工業化社會中，像敘利亞人和回教一樣的生活著，可惜這是不可能的事。Nadia和她的姊姊同時談到因為他們的身份所面臨到的一些困擾、苦難。Nadia舉例說，他喜歡在外面和她的朋友在一起，比他所被允許的時間更晚，同時她也很感謝和家人擁有的親密關係，這種親密關係是來自相同的價值觀和習慣。

　　*Nadia*和她的家人是在美國成長的阿拉伯人和回教徒，在公元2000年做的普查發現120萬阿拉伯人在美國，是美國人口的4%。回教徒開始到達美國，而一個非阿拉伯的數字也正在美國當中增加，他們也正轉換成伊斯蘭教。阿拉伯人是一個很明顯的很多樣的土地，從中東和北非來自於廿幾個國家。大部分的阿拉伯人都是回教徒，但是他們只是全世界回教徒的20%，大概超過十億人，事實上伊斯蘭教是這個世界成長最快的宗教，阿拉伯人住在美國的很多地方，他們所居住的地方使很多人驚訝。根據*Diana Eck*記載，舉例來說，大概一個世紀之前，在美國的北達科他州（*North Dakota*），和三個小社區是早期回教移民的家。在這個國家最早建立的清真寺之一，是在1920年北達科他州（*North Dakota*）的*Ross*城鎮建立的，此外，另外一個是位處愛荷華州（*Iowa*）的*Cedar Rapids*城。回溯過去的一百年，從那時候開始，中西部就變成來自各個國家的回教徒的目的地。

　　讓他們把美國當成目的的理由很多，但是政治經濟上的因素解釋了一切。在這裡他們面臨了很多兩難的事情，根據*Wendy Schwartz*的說法，阿拉伯人就像其他的移民團體，要在這個異文化的國家裡面找尋他們種族的地位有著同樣的問題。他們同時也面臨了其他的挑戰；雖然阿拉伯人對美國人來說並不陌生，但是在最近變得更明顯，包括負面的成見、種族主義和歧視，以及誤導他們的歷史和文化。*Nadia*回應了一個主題，學校是出現這類問題的地方之一。

　　*Bara*的家人為他們的女兒選擇公立的學校，不是一個容易的決定，尤其是他們有不同的宗教和儀式。*Nadia*和*Layla*兩個人在學校表現都很好。舉例說，*Layla*她畢業的成績是4.0，和她們學校優良學生學習總平均的積點是一樣的。*Nadia*很喜歡學校而且學業成績也很好，她在八年級的時候，學習成績全部是「A」，她也參與了很多學校或非學校的活動，尤其是體育方面（足球、網球、田徑或排球），還有學生會議和學校的報紙。她很喜歡戲劇，在八年級的時候，參加學校的戲劇表演，擔任重要角色。*Nadia*在訪談中說：「到學校不只是課業上的學習，你還得需要知道其他的事情。」

　　*James*的例子中，一個基督教馬若恩（*Maronite*）教派學生的個

案研究，出現在第五章之後，直到現在，他和阿拉伯裔的美國人在學校是看不出來的，而這個看不見在2001年9月11日之後消失了，他們變成明顯的。阿拉伯人在課業上以及學校其他的政策和實施上是看不見的，舉例來說，有一篇課文上的批判，包含中東的問題，有很多都是不正確的或者提供很少的訊息。伊斯蘭教是很多美國人擁有的宗教之一，但是資訊卻很少，成見卻最多。

在下面的例子裡，我們看見一個年輕的女生，針對此一議題作深入的思考與反應。在*Nadia*訪談中浮現的主要議題是：具有親密而安全的關係和挑戰的差異，對激進主義和家庭向心力的呼喚。

「像夾心餅乾」：不同的關係和挑戰

我是Nadia，十四歲就讀於Linden Oaks高中一年級。我會說阿拉伯話、英語，我從一年級開始就學西班牙文，我最好的朋友之一是猶太人，我有很多朋友是新教徒和天主教。我有很多黑人、白人（不同背景的朋友）朋友，是一件是很好的事情。

我最喜歡自己的是可以讓別人感覺有趣，周圍的朋友都說我讓他們開心。我很樂觀，寧願大笑也不願想不好的事情。

我是阿拉伯人，我的父母親都是敘利亞人，當我來到這裡的時候，你知道我覺得我屬於這裡；意思是我覺得像美國人。但是當我回到我的族群─敘利亞的時候，覺得自己更屬於那裡。你可以說我現在是學校裡唯一的敘利亞人，但是有很多人是從中東來的，從來不會是一個問題。當911事件後有一點點不穩定時，我不想告訴別人我是阿拉伯人，因為你會得到一些奇怪的表情，當我去露營的時候，有人問我說：「你是……，你看起來像阿富汗人？」那時候覺得有一點負擔，就像你被挑出來一樣。尤其是現在，當他們發現你是阿拉伯人之後，人們會用不同的眼光看你。以前一點都不會像這樣子，但是現在在餐廳，或者父母親說阿拉伯語的時候，服務生總是會過來問我們：「你們從哪裡來？」我爸爸媽媽告訴他們以後，他們總是給我們一個很奇怪的表情，好像那是很可怕的事情。

我喜歡回到敘利亞，那是世界上最棒的地方之一，而且我喜歡呆在那裡，我愛我的宗教，我愛祂。我的意思是說，有的時候是有點困難，但是那也不是什麼大不了的。我想以前從來沒有想那麼多，到敘利亞讓

我覺得比較好，是很有趣的事，當你不需要隱藏你的宗教，而且可以完全信仰這個宗教，那是很棒的，因為每一個人都是一樣的。

身為一個美國人的回教徒是很苦的，我想你知道傳統的回教徒，在頭上包上圍巾？但是在這裡，我們很多做法不是那麼虔誠，而且剛有朋友的時候，你沒有辦法那麼熱情，我的意思是說，我的朋友中的大部分人都在約會，我卻沒有男朋友，你會覺得好像有點跟別人不一樣。有時候我想和朋友出去，留到晚上十一點，但是爸爸、媽媽不會讓我這麼做。我的父母比其他同學的家長更嚴格，所有的朋友都可以在外面留到十二點，而我得在十點回到家，不但不能跟男生約會，更不能跟男生在電話裡說話。我不被允許這麼做，是為我好，因此比較嚴格，不過有的時候……，我的意思是說，我也會覺得很挫折，因為這個時候每一個人都在約會，每一個人都出去，而在每一個週末的時候我卻不准出去。我祈禱，我在齋月的時候禁食，我們會奉獻給慈善團體。只是有很多事情很難保持，當你在美國長大，是一個十幾歲的孩子，你試著要成為回教徒，而且嘗試成為阿拉伯人、美國人，有時候是有很多事情……，但是我喜歡每一件事情。

我很多朋友或學校同學並不是那麼虔誠，他們也沒有那麼多東西可以依靠，我想那是非常值得同情的。過去在家裡，即使你知道不屬於學校或在學校行不通時，你仍然有你的宗教、文化，永遠不會改變，而且是成就你的因素。

回到敘利亞，我好像在家一樣，但是這時候又好像無法跟其他的人一樣，知道那麼多。尤其是現在—今年，當我回到敘利亞的時候，感覺到有一點點敵意。我的意思說，不是我的家人，但是在路上看到我們的人，聽到我們用英語交談，他們會對我們有點敵意。我猜是因為巴勒斯坦發生的事情，他們對美國人有一點敵視。當這些困難出現的時候，我似乎介於中間，成為被撕裂者。回到敘利亞，身為一個回教徒，在團體裡面，雖然不是那麼堅強，但是我有這個信仰。不過有的時候，會讓你覺得不安，因為看看我周圍的人，我會想：「哇！我並不是那麼的虔誠，等我回家，我一定要更好。」但是當你回到家的時候，你不知道怎麼辦，因為這是一直反覆發生的事情。

奇怪的是，在學校從來沒有人問我國籍和任何事情，直到去年每個班級都會問你，而且你必須要舉手說，你以前是什麼人。還有他們會討論到每一個文化，就是絕對不會接受中東的文化。我從來沒有舉手過，所以他們想知道「你是什麼人」？我會說是阿拉伯人，而他們會一嗯……，我的意思是說，老師從來沒有給我奇怪的或任何其他的表情。只是在911之後，我會非常緊張。

　　最棒的是我的朋友還跟我在一起，經歷這些，他們知道我是誰，還有我的家人，他們也知道我是阿拉伯人，和她們一點也沒有改變。我的朋友也是一樣，老師一點也不在乎，只是有時會得到一些奇怪的表情或感覺，有點感到被排斥，但並不是那麼重要。

　　有一次我們去戶外教學，我們回來的時候，車上有一位跟我一樣到清真寺的男孩，一直被嘲笑，我真的不知道為什麼。另一個男孩是我的朋友，他嘲笑那一個回教男孩，他告訴他（這是在911之後）一些事情，像「我不相信飛機會把建築物炸掉。」我覺得很不好，因為這位去過清真寺的男孩Khallid，什麼都沒說，所以我很生氣，對我的朋友大喊。那時我很不自在，因為我遺憾對朋友咆哮，我很傷心，他會說這樣子的話，我只是告訴他：「你怎麼可以說那些你不知道的事情？」我們還是朋友，只是他有些埋怨；在那種情況之下，確實有一種不舒服的感覺。Khallid他什麼都沒有說，我認為他是害怕，不敢捲入其中。

　　大部分的時間，我告訴自己，尤其是對那個男孩子，並不是那麼瞭解，我覺得很難過，因為他沒有受教育。這有點像看一個德國人，然後說：「哦！他們是納粹。」我想那是很可怕的，那只是一種成見。我試著告訴自己：「不要生氣，不要使別人覺得不舒服，只要告訴他那是不對的，並試著教導他，讓他瞭解那完全是錯誤的行為。」

　　現在我想911事件之後，已經變成一個議題了，奇怪的是我們學到種族歧視－我從來無法真正知道那個感覺；以前我沒有辦法為別人著想，但是我現在可以感受到，那種受到種族歧視的感覺。我認識的人曾經被歧視，只是自己沒有被歧視得那麼嚴重。我想，現在我有比較深入的瞭解，試著想用詞語表達，因為我已經歷這些情形。

　　我知道，大人對整個事件的想法，他們更聰明，因為他們知道不是所有的阿拉伯人都是恐怖份子。我只是不想讓老師，把我說的話或做的事情，跟我的種族、宗教做一個連結。我知道自己在某一程度上是一個代表，但我不是真正的代表，我所做的事情，並不是每一個阿拉伯回教徒所做的事。我們是不一樣的，沒有一個人是相同的。我只是不想讓老師對我有成見，加以傳達，讓我有點緊張。因為我希望他們在知道我的種族之前先認識我，我沒有辦法改變他們的想法。

　　我的朋友Chelsea她是一個猶太裔俄國人，我們這一輩子從來沒有想過，我是回教徒而她是猶太人，我們從二年級開始就是好朋友，她是一個很棒的人。在九月一日之後，當我們聽到所發生的事情，有關於以色列和巴勒斯坦的戰爭，真的很複雜。她的母親很開朗，她和其他人所說的，有關於中東的事是不一樣的。它也證明，不管你是哪裡來，或你是什麼宗教，你們都可以變成相處得很好的朋友。

　　如果有新的回教徒學生來學校，我會告訴他們，不要害怕你是誰，因為，總是有一兩個人會有種族歧視。要有自信，讓他們知道你是一個好人，事情不是一成不變的，不要讓事情煩惱你，如果有人嘲笑你，或做任何評論，不要害怕站出來為自己講話，不要畏懼自己無法融入這裡。因為我為自己講話，我融入得很好。我知道如果我不站出來為自己講話，將會為這個問題所苦。我現在覺得很好，會開放一點，而且不害怕對方是誰，來自哪裡，也不必害怕為自己講話。我試著讓世人明白，不是所有的阿拉伯人或回教徒都是恐怖份子。

化為行動

　　去年在學生會議裡面，我們做了一件事情，叫做心連心的活動，我是這個委員會的負責人。我們募集了兩千五百元，為罹患癌症孩子舉辦活動；每一位參加的人都是癌症患者，並讓四個無法負擔的孩子參加。我們裝飾學校，進行募款活動，所以募集了足夠的錢。活動中放映一段錄影帶，引起很大的迴響，當那些孩子討論到這個營隊時，覺得他們屬於這裡－就像家一樣，這是一個很好的經驗，感覺很棒。

　　幾個星期以前，清真寺的一位領導者問我，是不是可以教一些從波西米亞來的或是那些幾乎不懂阿拉伯話的孩子，學習說阿拉伯語。目前還沒有確定，但是聽起來似乎很有趣。姊姊上大學之前曾經做過這件事，她喜歡小孩子，認為這件事真的很有趣。

　　父親跟我說，他的朋友請他轉告一件事情，他們要在中東舉辦一個和平大會，需要一位年輕的演講者。我同意參加，因為我喜歡說話，也喜歡寫東西。大會是在六月初舉行，因此我在五月底的時候寫了一篇演講稿，做了一場很棒的演講。世界報派了一位記者訪問我，我也得到一份報導的副本；這次活動真的很有趣，我很喜歡。

　　我討厭關於巴勒斯坦和以色列發生的事情，我們沒有辦法幫助他們，只能做少許工作，盡自己的能力，做可以做的事情來幫忙他們，所以我利用了這個機會，參加和平大會的演講工作。

　　我喜歡出現在大庭廣眾前，像我喜歡的演講一樣。對我來說，站在大眾之前演講是很有趣的。當他們問我是否願意擔任這場演講，我真的很想做，但是仍然有些猶豫，好比「如果被報紙登出來，並且有人看到」會怎樣？不過關於阿拉伯人或回教徒，我只是想告訴大家，我們不全是恐怖份子或激進份子，我的演講只是要讓人們對青少年、少女的成

長過程有一份好的感覺，和適當的回應。

家庭的重要性

我們在這裡沒有很多親人，親戚都在敘利亞，我知道我來自那裡。父母親對家庭責任感很重，希望全家人能夠有一段晚餐時間，尤其是星期日一起吃飯。我們盡可能聚在一起做某些事情，就像他們長大的過程一樣。我的宗教信仰來自他們，因為我和姊姊都不是那麼虔誠，所以他們試著把它變成一件很重要的事情，讓我和姊姊更接近祂。不久之前我們必須開車到佛羅里達，那是一段很長的路程，全程約需十七個小時，爸爸媽媽談他們過去的背景、家庭關係和很多事情給我和姊姊聽，我們學了很多。我的父母熱愛自己的文化，我對我們的文化和某些成就，永遠不會忘記。

我愛姊姊，希望跟她一樣。我很喜歡跟朋友在姊姊的房間聊天，直到凌晨三點，如果我有挫折的時候，她會鼓勵我。她的一些事情讓我很訝異，跟她在一起，我很容易看到充滿希望的一面。

我猜，我的父母對學校的瞭解比我想的還要多；譬如歷史跟數學，他們不但數學很棒，而且願意教我。他們想要知道在學校發生的事情，不只功課方面，還有我們的朋友，我會把這些事情告訴他們。我不會告訴父母親所有的事情，不過我會告訴姊姊，就像家庭的事情一樣。

小時候，我從父母親那裡學到很多的事情，讓我有自信心，他們總是說：「不要害怕你的身份，要有自信，沒有人比妳更好。」小的時候，我總是有很多的不安全感，他們安慰我，讓我覺得好一點，現在我開始不覺得了。

爸爸、媽媽在中東長大，所以常跟姊姊討論有關那裡的議題，那種感覺真好。因為她和我一樣在高中讀書，所以知道很多爸爸媽媽不知道的，爸爸和媽媽也說一些姊姊不知道的事情，我覺得可以擁有這些很幸運。

我是爸爸的女兒，所以關係很密切，我們在運動方面有相同的嗜好，總是玩得很開心。我會和爸爸坐在沙發上，看十個小時的電視，或是開玩笑。他是一個很會開玩笑的人，我們有很多快樂的時光，我猜當我需要一些東西的時候，我會找爸爸。他最會讚美人，增強我的自信心。我想你在哪裡長大或是從哪裡來都沒有關係，但是有關母親和女兒的時候，我猜她們的相處會比較難。我不認為其他朋友的媽媽像她一樣

認真的工作，她總是很忙。但是她仍會抽出時間，帶我到需要去的地方。當我傷心的時候，給我建議，我有時會告訴她：「你不懂！」我能體諒她，因為我知道，有時候她不懂我說的事情。我的媽媽很棒；人們擁有的感覺，我想大部分都一樣。我的意思是：她是很棒的，她總是讓我覺得很好。

我是老么，但我有自己的地位。我們家就像一副拼圖，缺少一個都不會是完整的，現在姊姊不在家，更難團圓。所以我們都試著要補償她，我也試著成為一位比較懂事的女兒，因為我知道媽媽很難過，而且不太習慣。過去媽媽在她長大的地方，一直到大學，下課以後就回家，直到畢業。對他們來說接受事實是很困難，他們一點都不習慣，就像我所說的，缺少了任何一塊拼圖，都不會再合成一塊，所以我們都試著要更團結。現在我瞭解他們，我也不再和爸爸媽媽吵架，我知道自己在這個家庭的重要性，當我有這樣地位的時候，就像每一個人一樣，感覺真的很好，你知道這種感覺都不會消失。我的意思說，我們會緊緊的在一起，喜歡現在的方式，我要讓別人快樂的過日子，更喜歡每一個人，都有不同的特點。我們在不同的方面提供自己的長處；當我有需要的時候，有時找爸爸，有時找媽媽，有時找姊姊，因為不同的事情，我們都有不同的做法。

我們討論任何事情都很快樂。當我們一起聊天的時候，無所不談，尤其現在我們常常談到姊姊的學校和改變的事情。有時候我們會討論中東的情勢；我們有阿拉伯的電台，從電視上知道較多的阿拉伯新聞，比如當有人被槍殺的時候，哪一個人死掉，發生什麼事情，都會播出來，很恐怖而又令人傷心。我不喜歡那些事情，因為我覺得很無助，也不能做任何事情，爸爸媽媽也覺得很挫折。雖然不想討論這些事情，但是這些事情一直都在那裡，你只好面對它。我們談論有關學校，有關醫生，關於病人他們總是有很多有趣的事情。但是有時候，爸爸媽媽提到醫學的事，我和姊姊坐在那裡，不懂他們在講什麼。

我想，幸福不只是來自於分數，而是來自於朋友或家人在一起。

評論

　　*Nadia*說，尋找一種可應用在家庭、學校、宗教和其他活動的方法是不容易，是有一些複雜性。*Nadia*有一條項鍊，上面寫著「上帝是好的」，同時她也玩足球，她在公共場合反對種族歧視和盲從；對於*Nadia*這個年紀的年輕人來說，這是很複雜的平衡行動，透過*Nadia*和她的家人的訪談，很清楚地顯示，她確實處理得很好，應該跟她的宗教和文化有很大的關係。她生活在「融入」跟「歸屬」兩個完全不同的文化世界，接受挑戰的結果，她在兩個文化世界裡的感覺，有時候舒服有時不舒服。舉例來說，*Nadia*在學校和她居住的城市覺得很好，有關種族歧視的那種痛苦，在911之前幾乎沒有。當她和家人回到敘利亞，有時候覺得像住在家裡，有的時候卻覺得像一個外人。對於融入這個社會，他的思考是很強烈的，而這也反映了越來越多的年輕人，來自於不同背景的社會，都有這樣的經驗。

　　學校是一個可以讓很多擁有不同觀點的人達成調和的地方，但現在卻不是這樣子。*Nadia*提到在911之前，沒有人談論到敘利亞或者回教，在那之後，回教徒就變成一件負面的代名詞。當她說：「老師不在乎我是回教徒」時，語氣很肯定，意思是說：他們沒有因為她的背景而歧視她，但是他們也沒有把她所屬的文化和宗教變成課程的一部份，以便幫助*Nadia*，同時也教育其他的學生。有關於她的社群，雖然回教徒學生在高年級是比較多，但也只有三至四位在九年級裡面。因為他們學校的學生數，差不多只有六百個學生。*Nadia*有很多協調這些兩難的、不同觀點的方式，儘管如此，我們可以看到的是，「差一點」對*Nadia*來說並不是一個空的概念。她的朋友來自不同的背景，最要好的朋友是猶太人，有一位非裔美國人的朋友，教她煮酸菜。除此之外，*Nadia*在這個小小的年紀，已經能夠直言不諱的討論正義和公平競爭；她在一個集會中公開譴責那些盲從、反回教徒的行為，就是承諾正義的象徵。她也同意要教年輕的回教孩子學習阿拉伯語，他的毅力，甚至熱心在她參與學校心連心活動時就很明顯。

　　*Nadia*和她姊姊能夠有利的協調其身份特質，是她們擁有緊密的

家庭關係做後盾，*Bara*一家人也有個充滿關愛的家庭，他們的家庭堅持保留一些特定的文化和宗教的價值觀，做爲子女未來的基礎。*Nadia*不喜歡所有的規則，但是很明顯的是，儘管如此她還是很欣賞那些文化，雖然她寧願和朋友在外面逗留晚一點，或者在電話裡和男生講話，不過她還是感激父母親帶給她的價值觀。那個拼圖的比喻很合適－每一塊拼圖都有特定的和關鍵的位置。對於*Nadia*來說，試著自我調適，期望融入這個社會，不要像餅乾切割器一樣；那是美國式拼圖的一個毒瘤。

思考題

1. 當*Nadia*說：「我似乎是夾心餅乾。」你想她的意思是什麼？身爲一位老師，你可以爲這件事情做什麼？

2. 你是否察覺到你的學生對於回教徒學生的觀點、舉動有什麼改變？有什麼方式可以把這些議題融入在你的課程裡面？

3. *Nadia*說她的雙親無法經常參與學校的活動，比如說像親師會，因爲他們都很忙。你可以想到其他的方式，吸引他們到學校嗎？怎麼做？你可以請他們來做什麼事呢？

4. 如果你是*Nadia*的老師之一，而且也看過她所提到的那些報紙的文章，你會說什麼或做什麼事情嗎？爲什麼或爲什麼不？如果是的話你會做什麼？

第 9 章 多元文化育與學校改革

「在這裡我們不需要多元文化教育；我們大部分的學生是白人。」

「我沒有看到顏色。所有我的學生對我而言都是一樣的。」

「我們不應該在學校裡談及種族偏見，因為他對學習沒有任何幫助。此外，他會使孩子覺得很糟。」

「我們不要將焦點集中在負面的事情上。我們不能和好相處嗎？」

「我想將多元文化包括在我的課程中，但是沒有時間。」

「喔，是的，在這裡我們實施多元文化教育；我們慶祝黑人歷史月，而且有一年一次多樣化的晚餐。」

「多元文化教育是用來治療黑人學生的。」

「多元文化教育在911之後變得不相關。他會分裂整個社會，因為多元教育聚焦於差異上。現在，不像以前，我們需要更強調我們的相似性。」

幾年下來，在跟教師及其他教育者討論多元文化教育時，我聽到上述以及更多的評論。這種敘述反映了對多元文化教育極大的誤解。

當多元文化教育被提及時，許多人首先會想到人際關係與敏感度訓練課程、民族節慶的單位、在市中心學校的教育或美食節。假如限制在這些議題上，學校可能有的實質改變會大大地減少。再者，那些在2001年9月11日之後，要求停止多元文化教育者，錯過了重點。與其削減，我認為我們需要比以前更強調多元文化。就廣泛概念化來說，多元文化教育可以對學生的態度與行為有很大的影響，也可以協助重新定義在前面章節討論過的學校潛在衝突的四個範疇要如何處理。這些範圍是種族偏見與歧視、在學校裡可能限制學習的結構狀態、文化對學習的影響以及語言的多樣化。本章聚焦於多元文化教育如何稱呼這幾個領域。

但是有必要附帶說明的是多元文化教育不是所有教育問題的萬靈丹。因為學校是我們社區的一部分，學校反映大社會中的階層與社會不平等。只要這種情況繼續下去，無論概念多麼廣泛，沒有學校方案可以完全單獨改變現況。再者，在我們複雜且高度官僚的學校體系中，沒有單一取向可以為所有學生產生立即的與正面的結果。單一取向將不會刪除無聊的以及不恰當的課程，以補救低成就的學生或停止破壞公共事物的行為；單一取向也不會自動地引起家長的動機去參與學校各種相關的活動、使疲倦的以及不滿意的教師重新振作，或保證低輟學率。

儘管有這些限制，當多元文化教育被概念化為範圍廣大的學校改革時，仍可以為實際的改變提供希望。藉由聚焦於造成低成就的主要因素，廣泛概念化的多元文化教育，允許教育者對於導致太多學生失敗的教育體系探究其他替代的方法。這種探究可以導致創造更為豐富與更有生產性的學校氣氛，以及對文化與語言在學習上的角色有較深的覺知。多元文化教育在社會政治脈絡中，比教導學生如何相處的簡單課程或民族節慶單元更豐富也更複雜。以這種廣義的方式來了解，教育的成功對所有學生而言是一個真實的目標，而不是不可能的理想。

　　基於前面章節的概念架構，本章提出一個多元文化教育的定義，分析包括在定義中的七個主要特質。這些特質強調多元文化教育在改革學校上可以扮演的角色，並且為學生提供平等的及優質的教育。這些特質論及之前已經討論過的且對學校成就有幫助的情況。我對多元文化教育的定義，是源自於美國學校持續存在的問題，特別是缺乏成就的不同背景的學生。一個廣義的定義是強調教育的脈絡與歷程，而非將多元文化教育視為附加的或奢華的，或是與學生的日常生活脫離的。

　　雖然在諸多主要的理論中有一些差異，但在過去四分之一世紀期間，這個領域的目標曾經是顯著一致的。但是沒有定義可以真正地捕捉多元文化教育的複雜性。我在這裡呈現的定義反映我自己概念化這個議題的方式，而這是基於許多年來我身為學生以及兒童、青年及成人教育者的經驗。我希望它可以引導讀者有更進一步的討論與反思。

　　雖然我已經發展七種我認為重要的多元文化教育的特質，而你可能會找到三或十五個特質。重點並不是發展一個最終的方式去了解多元文化教育，而是啟發你去思考社會的以及學校的結構與脈絡的相互作用，以及它們如何影響學習。

　　我認為重要的是強調教育的社會政治脈絡，以及拒絕將多元文化教育視為是只膚淺的增加課程內容，或者以為多元文化教育像萬靈丹一樣，會確實清除所有的教育問題。我希望在思考我的定義的歷程中，你將會發展你自己的重點以及你自己對多元文化教育的觀點。

多元文化教育的定義

　　我在社會政治脈絡中將多元文化教育定義如下：

　　多元文化教育是含括學校改革與所有學生基本教育的歷程。它挑戰並拒絕種族偏見與其他形式的歧視存在於學校與社會中，接受且堅持學生與學生所居住的社區及教師所反映的多元特性（民族的、種族的、語言的、宗教的、經濟的與性別的）。多元文化教育遍佈於學校

的課程與教學策略中，和教師、學生和家人間的互動一樣，而這就是學校概念化教學與學習本質的方式。因為它使用批判教學論作為哲學基礎並且將焦點關注於知識、反思與行動（實踐），以此作為社會改變的基礎，多元文化教育提升社會正義的民主政體本質。

在這個定義中，多元文化教育的七個基本特質如下：

- 多元文化教育是反種族主義的教育。
- 多元文化教育是基本教育。
- 多元文化教育對所有學生都很重要。
- 多元文化教育是普遍的。
- 多元文化教育是為社會正義的教育。
- 多元文化教育是一個歷程。
- 多元文化教育是批判教學。

多元文化教育是反種族主義的教育

反種族主義，甚至是一般的反歧視概念，是多元文化觀點的核心。在心中維持多元文化教育反對種族偏見的本質是重要的，因為許多學校，甚至有一些擁護多元文化哲學的學校，只是表面上是多元文化教育的。在某些地方，多元文化教育的範圍僅限於民族節慶的慶祝。而另一些地方，誠心的裝飾佈告欄或取得被認為具有多元文化觀點的教材，結果卻成了永久存在的、最糟的刻板印象。即使有人認真地想要發展真正多元的環境的時候，還是可以看得出許多矛盾。例如：有些學校裡，在學業較好的班級裡面的學生大多數是白人，而其他膚色的學生大部分在最差的班級，或是在微積分或物理課裡，看不到任何女生。這些是多元文化教育沒有明確的反種族偏見與反歧視觀點的範例。

我強調多元文化教育是反種族主義的，因為許多人認為多元文化方案會自動關照種族主義。很不幸地，這不是永遠正確的。*Meyer Weinberg*二十多年前曾寫過多元文化教育，他最後主張：

　　大部分多元文化的題材完全處理不同族群的不同文化。幾乎沒有人持續關注有系統歧視的醜陋真相，對照同一族群來看，也是碰巧會有奇裝異服、童玩、童話故事、美食等。回應種族主義者的攻擊與誹謗也是被研究的團體文化的一部分。

　　作為一個反種族主義者以及反歧視者，意味著注意到有些學生在課程、材料的選擇、分流政策、教師與學生及其家人的互動與關係等方面較其他學生有利。

　　要包含更多與更和諧，多元文化課程必須被定義為反種族主義。教學並不會因為變得更有包含力而變得更為誠實與具批判性，但在確保學生接受廣泛而多樣的觀點時這是重要的第一步。雖然我們的歷史中美麗與英雄的一面應該要被教，但是醜陋的與被排除的方面也必須被教。與其用過度正面的態度看世界，反種族主義的多元文化教育強迫教師與學生們需認真地看待每一件事的過去與現在，而不是以我們所希望的樣子來看。

　　太多學校避免以誠實與直接的方式面對歷史、藝術與科學的積極面與消極面。*Michelle Fine* 稱之為「害怕命名」（*fear of naming*），而這是公立學校靜默系統的一部分。按照這種說法，命名可能變得太麻煩。教師通常不願讓學生討論種族議題，因為那會使他們道德敗壞。最好不要碰觸太危險的主題。

　　與害怕命名有關的是堅持學校課程要淨化，或是 *Jonathon Kozol* 許多年前所說的「裁剪」重要的男人與女人供學校使用。*Kozol* 描述學校如何設法從最動人的以及最值得紀念的英雄人物的故事中，發揚他們的一生與精神。他寫道，以如此多大膽的、改革的、破壞性的及令人振奮的男女所鑲嵌的歷史進行教學，是危險的。取而代之的是，他描述學校如何將這些英雄的熱情淡化，為他們覆蓋上難以置信的虛飾的外表，將他們安置在高尚的臺子上，而講的是關於這些英雄人物的一些非常無聊的故事。雖然他在許多年前寫這些話，*Kozol* 寫得就好像是在寫現在。

　　「淨化」（*sanitizing*）的過程沒有比描繪金恩博士（*Martin Luther King, Jr.*）更明顯的例子。為了使他成為主流，學校已經將金

恩博士塑造成膽小鬼。大部分孩子知道的關於他的唯一一件事是他曾經擁有一個夢想。佈告欄上貼滿金恩博士被雲圍繞微妙的照片。假如孩子能真正閱讀或聽到任何他的演講，那是他的「我有一個夢想」（*I Have a Dream*）的演講。雖然這個演講的確鼓舞人心，可是這只是他顯著的成就之一。很少被聽到的是他早期一貫的反對越戰的典故；他強烈批評不受控制的資本主義；以及幾乎在生命終點他將種族主義、資本主義及戰爭所做的聯結。他是一個充滿激情與生命力的人，但經過學校的塑造，金恩博士變得沒有生命力。他成為「安全的英雄」。

　　大部分我們呈現給孩子的英雄，不是主流的便是經過裁剪的歷程而變得很安全的。其他爭取社會正義者經常不受重視、被誹謗、或被忽視。例如：雖然*John Brown*（譯者註：1800.5.9~1859.12.2廢止奴隸制度主張者）保衛被奴役者自由的行動被許多人認為是崇高的，在我們的歷史課本中，如果有關於他的資訊，也常常被呈現為狂熱的理想主義者。*Nat Turner*（譯者註：1800.10.2~1831.11.11，原是黑人奴隸，南北戰爭前領導黑奴抗爭）是另一個例子。假如承認那些被奴役的人，為了他們被壓迫而奮鬥，而不只是被動的受難者，他領導的奴隸反抗，應該在我們的歷史上較受重視，以便承認那些被奴役的人跟他們的被壓迫奮鬥，而不只是被動的受難者。但是，*Turner*的貢獻經常被忽視，而林肯（*Abraham Lincoln*）被當成「偉大的解放者」呈現，他的名字經常被忽視，然而，林肯自己對種族與平等這兩者的不一致想法很少在課程上被提到的。*Nat Turner*不是安全的；*Abraham Lincoln*卻是。

　　作為反種族主義者也意味著必須很積極地對抗種族主義。這意味著使反種族主義與反歧視成為課程中明確的部分，並且教導年輕人對抗種族主義的技能。作為反種族主義者也意味著當學生了解種族主義，卻以說出來以取代尊敬時，我們必須不因為學生說出種族主義而去孤立或處罰他們。假如為民主社會發展有生產力及批判力的公民是公眾教育的目標之一，反種族的行為可以協助達成那個目標。

　　種族主義很少在學校裡被提及（種族主義被認為是不好的，骯髒的字眼），因此也沒有被處理。不幸地，許多教師一般認為在簡

單的人際溝通課程或在慶祝人際關係週（*Human Relations Week*）活動中，通常會使學生成為非種族主義者或非歧視者。但是，就所有學生的社會特質而言，不可能不碰觸種族主義、性別主義、語言主義（*linguicism*）、異性戀主義（*heterosexism*）、反猶太人、階級主義（*classism*）以及民族優越感。期望學校在社會分層當中成為靈敏，且能加以了解的綠洲是不切實際的。因此，學校的一部份任務是創造空間且鼓勵合法地談論不平等，並使他成為對話的來源。這包括了學習我們歷史中那些缺席的或不完整的部分。

雖然白人學生可能在討論到種族時會在精神上受到創傷，*Henry Giroux*主張將種族與種族主義做坦率的討論，可以成為有用的教育工具，幫助它們定位以及找出它們對於種族主義的責任。同樣地，在*Beverly Daniel Tatum*讓種族討論可以公開化的創始作品中，她也提議在種族與文化認同理論的架構中討論種族。這麼做可以幫助學生與教師聚焦於種族主義如何負面地影響所有人，並能協助提供一種有希望可以改變它的感覺。

而教師呢？如同我們在第三章中看到的，許多教師很少有多樣性（*diversity*）的經驗。討論種族主義預示著會擾亂他們深深持有的關於公平與平等的理想。因為大多數教師對這些話題覺得不自在，豐富的關於歧視的教室討論很少發生。假如是這樣的話，不公平的個人行為與學校的政策與實務將不會改變。失去權能的這群學生將持續承受這種不平等的衝擊。這時兩難變成挑戰關於種族與種族主義的沈默，如此，教師才能進入有意義的以及建構性的對話中。特別提到師資培育面對這種議題時，*Marilyn Cochran-Smith*寫道：

> 在師資培育中教導關於種族與種族主義，是與未被學習的種族主義本身搏鬥－與質疑深埋於課程中的假設搏鬥、與我們自己共謀的，維持既有剝奪與壓迫系統搏鬥，並且面對自己的失敗。

教師們應該願意去面對所有種類的差別待遇，而這種準備不應只是發生在大學院校教室中，也應該透過在職教育進行。在這種準備可以產生有力影響的一個例子中，*Sandra Lawrence*與*Beverly Daniel*

*Tatum*描述反種族主義培訓活動對教師班級實務的影響。在他們的研究中，他們發現許多白人教師懼怕與學生討論種族，因爲他們認爲這些討論會變質爲生氣的喊叫比賽。然而，依照*Lawrence*與*Tatum*的說法，教師參加在職課程之後，大多數教師在他們的班級與學校中採取挑戰不公平政策與實務的具體行動，他們變得比較願意對抗種族歧視的行爲與評論。*Karen Donaldson*對全國教師進行研究，也發現類似的結果。特別的是，雖然她發現許多教師否認種族主義以及它在學校中的影響，但積極加入反種族歧視方案的那些教師卻變得很積極，並且能使用新技巧替所有學生創造肯定的學習環境。這個研究強調創造一個持續與一貫的在職培訓制度的必要，而非一個附加的或單獨的專題研討會。

　　將焦點集中在政策與實務上時，就會很清楚多元文化教育不僅僅是教師個人及其他教育者的知覺與信念的觀點而已。多元文化教育是反種族主義的，因爲他揭發學校中種族主義者與歧視的事實。一個真正對多元文化哲學有所承諾的學校，會嚴密地審查它的政策以及教職員的態度與行爲，以發現上述的政策、態度、行爲等如何對部分學生加以歧視。教師如何回應他們的學生，是否母語的使用在學校是被允許的，如何分類，以及班級組織的方式可能會傷害部分學生但卻幫助其他學生的情況，也都是要被考慮的問題。此外，個別教師反思他們在教室裡的態度與實務，以及教師的背景如何影響他們自己的教學，這就如同教師對學生背景的不了解會影響他們一樣。這種精神的尋找是很困難的，但卻是發展反種族主義者的多元文化哲學必要的步驟。

　　學校不願意處理種族主義與歧視的原因之一，是在眾多差異中，這些是使那些傳統上因爲他們的種族、性別與社會階級而獲利者不安的主題。因爲這類主題將人們安置爲不是加害者就是被害者的角色，歐裔美籍教師們與學生們在討論種族時，一開始與邏輯上的反應是覺得有罪惡感的。但是成爲反種族主義者並不意味著在罪惡感與良心的責備間游走。雖然這種反應是可以理解的，可是將討論範圍維持在這種層面會令人無法前進。教師與學生需要超越罪惡感而邁入有活力與信心的新階段，在那裡他們可以採取行動而不是隱藏在情緒與良心的責

備中。

　　種族主義與歧視的主要受害者是那些受到其立即影響的人，但是種族主義與歧視是會造成破壞的，而且會貶低每個人。將這個記在心裡，要所有教師與學生去面對這些議題就容易些。雖然不是每個人對種族主義及歧視都是直接有罪的，我們卻都有責任。這是什麼意思呢？他主要意味著積極地為社會正義而努力是每個人的事。然而種族主義以及其他種類歧視的受害者，他們經常被遺棄而不得不獨自採取行動。*Fern Sherman* 的個案研究是一個很好的例子。作為全校唯一一位美國印地安學生（*Native American student*）是很困難的。一個人，那意指 *Fern* 覺得有責任獨自對抗在課本裡與課程中所看到的種族歧視。有同盟者的支持可以將責任從她的肩上轉移到所有師生身上。當一個特殊團體的學生成了犧牲者時，每個人都有損失。*Rebecca Florentina* 的個案研究是另一個例子。*Rebecca* 覺得需要正視她的學校中的異性戀主義（*heterosexism*），直到每個人感受到相同的責任時，我們才可以說有進步。以這個觀點來看，學生與教師可以聚焦於歧視，因為每個人都有責任去改變歧視。

　　例如：在美國討論奴隸制度時，它被呈現的不只是奴隸擁有者反對奴役非洲人。在這段期間，有許多不同的角色：被奴役的非洲人及自由的非洲人，奴隸擁有者及貧窮的白種人農夫、黑人的廢除奴隸制度者及白人的廢除奴隸制度者、白人以及黑人的女性主義者爭取廢除奴隸制度以及女人的自由，站在自由立場的本土美國原住民等等。不管學生的種族背景或性別為何，這些觀點的每一個都應該教給學生，而不是以不名譽的或使人有罪惡感的方式來了解他們自己在歷史上的位置。

　　我清楚記得在一個班級中唯一一位黑人男孩的父親告訴我的故事，這個黑人男孩的老師要求全班學生想像並且將自己畫成美國內戰期間的人物。這個孩子畫了一匹馬，他寧願將自己視為一隻動物也不願自己是個奴隸。我們可以想像他心底痛苦與空虛的感覺。我也曾經聽老師談及白人學生，他們在學習關於奴隸制度或在二次世界大戰期間日本人在我們國家被俘虜的事時，感到極大的罪惡感。*Vanessa*

*Mattison*就是這樣，就像你在她的個案研究中所看到的，可以證明上述說法。沒有孩子應該被弄得有罪惡感或對自己的背景感到羞恥。提供所有學生另一個可以選擇的以及賦予權能的角色是反種族主義觀點的另一個面向，因爲它創造一種希望與毅力的感覺。

多元文化教育是基礎教育

由於目前盛行對教育中的「基礎」廣泛關心，多元文化教育必需被理解爲一種基礎的教育。多元文化的讀寫能力（*multicultural literacy*）是跟生活於現今世界的閱讀、書寫、數學以及電腦能力一樣不可或缺的。

當多元文化教育成爲核心課程的周邊設備時，就被認爲對基礎教育而言是不重要的。實施廣義概念化的多元文化教育的主要絆腳石之一是學校中僵化的規準。按照當代美國教育的觀念，這些規準假設大部分有價值的知識已經在適當的位置了。這個概念解釋*E. D. Hirsch*的書籍受大眾歡迎的原因，書中提到每個年級（一年級、二年級、三年級……）必須知道的。這套書主要是針對家長而寫，這套書基於父母害怕他們的孩子假如沒有獲得核心知識（通常以事實的形態呈現）就無法達到標準，這種知識是他們在學校要成功所必須的。根據這種狹隘的觀點，基礎事實上已經被定義了，而知識的來源與概念當然是指歐洲的、男性的以及上層階級的。

靜態的及宗教的知識一定要被熟悉的想法，在藝術與社會科學中特別明顯。例如：藝術史課程很少脫離法國、義大利，在介紹「偉大藝術家」時，有時候會提到英國。古典音樂是另一個例子。被稱爲古典音樂者，事實上是歐洲的古典音樂。相同的民族優越感也在我們的歷史書籍中經常出現，書籍中歐洲人及歐裔美國人是歷史的主角，其他人是接受者、局外人或點綴的角色。然而，這個規準就像他現在的狀態是不實際的及不完整的，因爲歷史從不是像在我們大部分學校課程中所呈現的單一面向。我們需要藉由開發課程爲多樣化的觀點與經

驗，以伸展我們所謂的「基礎」。

規準設法面對的是真正的問題。當今的知識是如此分散並且被劃分，年輕人學得很少是常有的事。他們被教導的知識並沒有核心，而這可能造成問題，但是提出一個幾乎完全以歐洲或歐裔美國人為參照的固定課程，對伸展我們的共同文化幫助不大。

同時，就許多理由而言，期待在課程中對所有人完全「平等對待」是不切實際的。在課程中設法使非裔美國人、女人、猶太裔美國人等，在人數上強迫相等，只是多元文化教育的重點之一。許多團體在真正創造歷史時被拒絕參與。至少，假如我們以多數行動者及撼動者、統治者與獨裁者、戰爭與和平的製造者的傳統觀念來看歷史，他們的參與從未平等過。但是，即使是在這個有些狹窄的歷史視野中，不同背景者的參與依然是可以察覺到的。因此，他值得被包括在其中。重點是那些已經在我們歷史、藝術、文學及科學中顯現的人，應該被看見。近來的文學選輯是比以前包括更多聲音與觀點的好例子。他們一夕成名了嗎？或者他們只是被埋沒太久了？

這裡我們不只談歷史、文學與藝術的「貢獻」取向。這種取向可以藉由在預先形成的規準上加入一些零碎的東西來實現，而很容易擺出恩賜的態度。然而，大部分課程所缺少的，是顧及那些通常是被排除的群體所創造的歷史，及他們對藝術、文學、地理、科學與哲學的影響。

有別於多元文化教育的是單一文化教育。單一文化教育反應的是單一的事實，並且偏向於支配團體，單一文化教育是大多數學校的標準教學取向。學生所學到的只是可得到的知識的極少部分，那些決定什麼是最重要的人，做選擇時必定會受他們自己的背景、教育與經驗限制。因為這麼多觀點被忽略，單一文化教育頂多可以說只是教育的一部份。他剝奪所有多元的學生，而多元是我們世界的一部份。

除非學生能精通多元文化的讀寫能力，否則沒有學校的教育工作可以被認為是適當的或完整的。這個概念可能意味著實際上，每個學校必定是不同的。至少，我們希望所有學生能流利的講自己母語以外的另一種語言，知道許多不同民族的文學與藝術，不只熟悉美國的

歷史與地理，也要瞭解非洲、亞洲、拉丁美洲與歐洲國家的歷史與地理。透過這種教育，我們期待學生發展社會與理性思考上(*intellectual*)的技巧，這些技巧可以幫助他們了解並對各種不同的人感同身受。沒有東西比這個更基礎了。

多元文化教育對所有學生都很重要

人們大多以爲多元文化教育的對象只是有色人種學生、都市學生，或是那些所謂的處於不利地位的學生。這個觀念可能來自多元文化最早期的想法，多元文化教育是由1960年代公民權利與平等教育運動形成的。當時，多元文化教育的目的是用以提出長久以來，大多被忽視或被學校錯誤教育的學生的需要，特別是有色人種學生。那些提倡多元文化教育者，認爲教育應該達到更多平衡，以及必須注意發展能反映學生的歷史、文化與經驗的課程與教材。這種想法在那時候是有必要的，甚至在現今也是可以被理解的，因爲大部分學校的課程仍然是非常不平衡的。

一個廣義概念的多元文化教育目前已被接受。該定義認爲所有學生都被錯誤教育，因爲學生接受到的只是部分的或偏差的教育。偏差教育的主要受害者是那些在課程中看不見的人。例如：女性在大多數課程中是缺席的，除非是在關於女性歷史的特別科目上，而那又是很罕見的科目。勞工階級歷史事實上在所有美國歷史中也是缺席的。勞工階級的孩子被剝奪的不只是更立即的教育，更重要的是在歷史上的地位，而所有社會階級背景的學生被剝奪的，是對我們的歷史更爲誠實與完整的觀點。同樣地，大部分學校對男同性戀與女同性戀存有普遍與令人無法了解的沈默，這種情形不只存在課程中也在課外活動中出現。從社會福利與學業成就的角度來看，男同性戀與女同性戀學生被置於危險中。

雖然偏差教育的主要受害者一直都是那些在課程中看不見的人，那些課程中的主角也是受害者。他們只接受部分教育，這使他們的文

化文盲的現象正當化。歐裔美籍的孩子，只看到他們自己，學習到他們是規準；其他人是次等的。男生也處於相同的狀況。富有人家的孩子學習到有財富與有權力的人是真正創造歷史者，這些人已經在文明階段留下標記。異性戀學生接收到男同性戀與女同性戀學生必須被排除的訊息，因爲他們是離經叛道又不道德的。結果，所有學生的人性都受到傷害。

多元文化教育在定義上是有包含性的。因爲它與所有人有關，無論人們的民族、社會階級、語言、性取向、宗教、性別、種族，或其他差異爲何，多元文化教育也是適合所有人的。他甚至可以令人信服地主張來自主流文化的學生，比其他人更需要多元文化教育，因爲他們在多樣化方面通常是接受最多錯誤教育的。例如：歐裔美籍年輕人經常認爲他們甚至於沒有文化，至少跟有清楚的文化認同的年輕人不同。同時，歐裔美籍年輕人覺得他們的生活方式、做事、信念與舉動是唯一可以接受的方式。所有事情都是「民族的」與「外來的」。

如同他們真正感受到的，這些年輕人傾向於對這個世界以及他們所身處的環境發展出不切實際的看法。這些孩子學會不去質疑，例如：黏在身上的服裝「膚色」的名稱，即使他們不是人類四分之三膚色者。無論是否爲基督教徒，他們甚至於沒有考慮到每個人都過聖誕節與復活節的事實，而其他宗教的節日在我們的日曆與學校行事曆中只得到很少的關注。來自被支配團體的孩子可能基於他們的教育而發展出自卑感，支配團體的孩子可能發展出優越感。這兩種反應是基於對世界的複雜與多樣化有不完整與不正確的資訊而來，而兩者都是有害的。

雖然如此，多元文化教育持續被許多教育者認爲是對「文化不同」或「弱勢」者的教育。例如：教師大多以歐裔美籍學生爲主的學校中，可能覺得教學生任何關於公民權利運動的事是不重要或不需要的。同樣地，只有在墨西哥裔社區分散的雙語方案中（*scattered bilingual programs*），學生才接觸到墨西哥或墨西哥美國籍作家的文學，而通常只有在有色人種學生比例較高的高中，才會提供民族研究的課程。這些是多元文化教育對民族中心主義（*ethnocentric*）的闡

釋。

這些行為背後的想法是「錯誤告知」也是「干預主義」（*paternalistic*）。因為任何脫離「正規的」）歐裔美國人的）課程太遠的東西，就會自動地被部分教育者認為是軟性的（*soft*），因此，傳統上使課程多元化的反應是使課程淡化（*water it down*）。不好的教學論的決定，是基於所謂不利地位的學生需要被淡化的「真正」課程為前題，而更多被剝奪的學生可以掌控「正規的」或更有學術挑戰的課程。但是，與其稀釋它，不如設計一個多元化的課程，使課程更有涵括性，必然會豐富課程。所有學生將會經由閱讀*Lanfston Hughes*的詩或*Gary Soto*的故事，或藉由通曉第二語言或藉著了解回教的歷史而更豐富。

多元文化教育是普遍的

多元文化教育不是發生在一天中一段指定的時間，或其他被遮蓋的附屬領域中。部分學校系統甚至有「多元文化教師」，他們以和音樂或美術教師相同的方式，在不同班級上課。雖然這種取向的意圖可能是要在標準課程中形成一個多元文化的觀點，從長遠來看它是自我阻撓的，因為那孤立了發生在教室中的每件事的多元文化哲學；而使專家為多元文化教育擔負完全的責任，賦予多元文化觀點是與所有其他知識分離的印象。「正規」與「多元文化」教育間的分歧變寬了。在這種安排中，多元文化教育成為在教室中真正進行的工作之外的外來知識。就這種多元文化教育的概念而言，有時教師會認為多元文化教育是他們無法承擔的不必要附加物。

真正多元文化教育取向是普遍的。他普及到學校氣氛、物質環境、課程以及教師與學生及社區的關係等每件事情上。她在每一節課、課程引導、單元、公佈欄，以及寄到家裡的信中都是很明顯的；他可以在圖書館獲得書籍與視聽輔助器材的歷程看出來，也可以在休息時間所玩的遊戲或所供應的午餐看出來。多元文化教育是一種哲

學，一種看世界的方式，不只是一個方案（*program*）或一個班級或一位教師。以這種方式了解，多元文化教育幫助我們重新思考學校改革。

在學校被組織的方式中，多元文化哲學可能意味著什麼？首先，這可能意味著僵化的能力分流形式的結束，在這種形式中必然較偏袒某些學生。多元文化哲學也意味著學校實際與象徵的情況將會改變。也就是說，要使全校教職員對我們國家的多樣性更有代表性，要有一翻努力。普遍可能也會出現在相當多變與創造力的教學策略中，所以來自所有文化群體的學生，以及女性也像男性一樣，將會受益於異於傳統的方法。課程將會被完全地徹底檢討，並且將包含歷史觀點、及許多不同人及同時包括男性和女性的看法。通常被認爲「危險」的主題可以在課堂中被討論，而學生將被鼓勵成爲批判思考者。教科書與其他教材也將反映多元的觀點。將可以在學校中看到學生的家人與其他社區人士，因爲他們將提供一種獨特的以及有幫助的觀點。教師、學生的家人與學生將可以有機會一起工作，以設計引起學習動機與多元文化的適當課程。

在其他較不全球化但不見得不重要的方式中，多元文化學校可能看起來是極端不同的。例如：小吃店可能提供多樣化的國際性餐點，不只是因爲他們是外來者喜愛的食物，而是因爲他們是在這個社區中的人們每天吃的食物。世界上所有的運動與遊戲可能會被玩耍，但不是所有的運動與遊戲都具有競爭性。信件會被以家長所能理解的語言送到家裡。兒童將不會因爲講他們的母語被處罰。相反的，他們將被鼓勵這麼做，而母語也會在他們的教學中被使用。總之，學校將是一個學習環境，在這個環境中，課程、教學法，與他們的延伸都與廣義概念化的多元文化哲學一致。

多元文化教育是社會正義的教育

所有好的教育與反思及行動理論聯結，這就是*Paulo Freire*所定義

的實踐（*praxis*）。發展多元文化的觀點意味著學習以更有包容性與更寬廣的方式來思考，對於所學習的東西加以反思，並將之應用到真實情境中。關於這點，杜威（*John Dewey*）提及「由思考的行動提供資訊已經沒有作用，那是無法承載的負擔」。多元文化教育邀請學生與教師將他們的學習化為擁護社會正義的行動。無論是否討論一個困難的議題，發展一份社區報紙，在當地老人中心（*senior center*）開始發展一個合作方案，或為了移走鄰近有潛在危險的廢物處理設備組織請願團，學生學習到他們有權力以集體的或以個人的方式作改變。

　　多元文化教育的觀點相當適合由國小中年級這個發展階段中的年輕人開始，他們非常知道什麼是公平與不公平。當他們對正義的顯著感覺沒有被適當的轉向時，結果可能使他們憤怒、怨恨、疏離，在身體上或在心理上放棄學校。

　　預備學生成為民主的積極成員也是杜威的哲學基礎。民主教育經常被學校引用為主要的教育目標。但很少學校是民主的。無法更改的智力分組、不公正的測驗、單一文化課程以及沒有想像力的教學法等政策與實務，都降低了對這個崇高目標的信賴與依靠。結果是許多學校的學生意識到民主的宣言是一個空洞的與不相關的議題。例如：*Henry Giroux*主張他所謂的「民主的論述」（*the discourse of democracy*）已經被瑣碎地指稱為不願批評的愛國主義與對國旗的法定的誓言，自從911之後，這種情形已經惡化了。在部分學校中，只能在教科書中發現民主的事實，並且限制討論美國革命，而讓學生在每日生活中練習民主的機會是很少的。社會正義在這種情況下成為一個空泛的概念。

　　事實上可能引起爭議的主題，像是權力與不平等很少在學校被討論應該不會太驚訝。因為學校是機構，所以被要求維持這種狀態，而討論這類議題似乎對這種狀態造成威脅。但是學校依然期望能抹去不平等。揭發介於民主理念與實際顯示的不平等之間的矛盾，使包括教育者在內的許多人不舒服。不過，這種事件是廣泛概念化的多元文化觀點的核心，因為教育的主體是具有皺紋、瘤與矛盾的社會。教育必須好好討論說明他們。

　　雖然多元文化教育與學生權利及責任的聯結在民主中是明顯的，但許多年輕人沒有學習到民主挑戰的責任，或確保與維持民主特權的公民的主要角色。多元文化教育可以在這方面有很大的影響。多元文化觀點假設教室應該不只是允許聚焦於社會正義的討論，而是，事實上，甚至於是歡迎他們並積極計畫，以使這類討論發生。這些討論可能集中於關心受貧窮、歧視、戰爭、國家預算等因素影響而有文化差異的團體，以及學生可以作什麼以改變這些因素。因為所有這些相關因素都是多元論的，教育必須是多元文化的。

多元文化教育是一個歷程

　　課程與教材說明多元文化教育的內容，但是多元文化教育最重要的是歷程。首先，多元文化教育是持續並變動的。沒有人停止成為一個多元文化的人，而知識也從來不會完整。這意味著沒有已經建立好的規準是一成不變的。其次，多元文化教育是一個歷程，因為他包含主要的人與人之間的關係。教師顯露出來的對學生的容易感知與理解，在提升學生的學習上，比學生們可能知道的關於不同族群與文化群體的事實與數字更為重要。多元文化教育是一個歷程，也是因為這涉及像是對學生學業成就的期待、學習環境、學生學習偏好以及學校有必要去理解的其他文化變項等因素，假如這些因素是受學生歡迎的，學校就有加以理解的必要。

　　多元文化教育是一種歷程的面向經常被擺在次要的地位，因為在課程與教材中說明多元文化教育內容是較易於掌握並且有較快速成果的。例如：在黑人歷史月舉行集會的方案比排除能力分班簡單。前者包括增加額外的課程內容，而且，雖然這是重要且必須的，但不像經由能力分班，挑戰基本的關於能力、社會階級與種族一樣有決定性效果。改變一位基層讀者比對所有學生發展較高期望容易。前者包括改變一本書成為另一本；後者包括改變知覺、行為與知識，不是一件簡單的任務。結果，多元文化教育的歷程通常是較複雜的、政治上較不穩定的，以及比爭議的內容更不易獲得好處的。

多元文化教育必須伴隨著拋棄傳統的說法,就像廢除對部分學生不利的政策與實務一樣。結果,透過他們的師資培育方案,未來的教師需要體認到三點:文化及語言對學習的影響、學校與社會中種族主義與歧視的持續、鼓勵在有很大差異的學生中學習的教學與課程策略。學校裡教師的角色也需要被重新定義,因為被授與權能的教師協助學生增權。家人的角色需要再被擴展,如此,社區的看法與價值觀可以在學校裡更忠實地被反映出來。我們必須完全重新組織課程與學校組織,唯有如此才能解決問題。步驟是複雜的、有問題的、引起爭議的以及耗時的,但它是教師與學校必須從事,以使他們的學校真正是多元文化的歷程。

多元文化教育是批判教育學

知識既不是中立的也不是非政治的,然而教師與學校卻往往把知識當作就是如此。所以,學校知識傾向於反映最低共同要素:確定會冒犯最少數(以及最有權力者)與最沒有爭議的。學生可能會帶著所有主要衝突已經被解決的印象離開學校,但是包括教育史在內的歷史,是充滿很大辯論、爭議與意識型態掙扎的。這些爭議與衝突經常被留在學校。

無論是由一位教師或整個的學校系統,在任何層級所做的教育決定,都反映了作決定者政治的意識型態與世界觀。決定廢除能力分班、中止標準化測驗,延長學校作息,使用某一本教科書而不用另一本,研讀哈林區文藝復興(*Harlem Renaissance*)或*Elizabethan*的文學作品-或兩者都閱讀-或使用學習中心而不用一排排的椅子-前述所有作為都反映學習者或教育的特殊觀點。

無論教育者看起來多麼中立,我們作的所有決定,可能會對我們的學生的生活與經驗產生影響。這是我們提供給他們的課程、書籍、與其他教材的真相。州與地方的指導方針與命令可能限制學校與教師選擇要教的事項,而這也是政治的決定。經常地,被排除在外的和顯示在外的一樣顯著。例如:大部分在高中層級被教的文學,仍然是很

男性、歐洲及歐裔美國人的，女性、有色人種以及那些以其他語言書寫的作品 (即使他們的作品已經被翻譯成英文) 的重要性被有意或無意地降低。

　　單一文化課程的主要問題是它只給學生單一了解世界的方式。當事實以靜態的方式呈現、完成及撫平，隱藏的緊張、爭論、熱情與人們透過歷史面對的問題，現在消失了。雖然被告知並積極參與一個民主的社會，學生需要了解世界的複雜以及包含其中的許多觀點。使用批判性的觀點，學生學到看事物的方式不只一種，甚至有兩種或三種。我詼諧地用17這個數字來解釋此事：至少有十七種方式去理解事實，而且，直到我們學會那麼做，我們得到的也只是事實的一部分。

　　我所指的十七種了解事實的方式是什麼意思呢？我指的是每個議題都有多種觀點，但是我們大多學到只以「安全的」或標準的方式去解釋事件或議題。所有學科領域的教科書，排除了不受歡迎的觀點或我們社會中非主流團體的觀點。這就是*James Loewen*在他對美國歷史作強力批判的教科書中所指的「我的老師告訴我的謊言」。例如：感恩節通常呈現的是較不複雜的慶祝，新移民與印地安人藉此分享他們收割的恩惠，但是*Wampanoag*經歷的感恩節並不像這樣。對抗過於簡單化或單向觀點的一種方式是提供相同主題的其他的或多元的觀點。有一個很好的例子：是一本由波士頓兒童博物館所出版的多樣性觀點的感恩節書籍，書中包括*Wampanoag*的觀點。同樣地，縱使勞工階級是我們國家的主力，但只有少數美國歷史文本採取勞工階級的觀點。再引述另一個例子，移民的經驗通常被以羅曼蒂克的及成功的冒險行程來處理，從古至今從未被描繪為創傷、痛苦的，而毫無田園的浪漫情境。非歐裔移民或那些強制被納入美國者的經驗，通常被呈現為好像他們是與歐洲人的經驗完全相同的，他們的經驗一點都不一樣。我們也可以確定，假如女性的觀點被認真地考慮，學校課程將會有戲劇化的改變。歷史學家*Howard Zinn*提供少數例子中一個多面向的、多元文化的與複雜歷史的例子。在他的經典作《美國的平民歷史》（最近最新版的是2001年）中，我們清楚地看到一個充滿熱情與衝突的歷史，很少有聲音被納入歷史文本中。所有學生需要了解這些多元觀

點，而不是只了解主流團體的觀點。除非學生真的了解多元的觀點，否則學生將繼續以直線的及固定的方式思考歷史，並認爲他們在進行任何改變時是被動的。

根據*James Banks*的說法，多元文化課程的主要目的是幫助學生發展作決定及社會行動的技能。這麼做，學生學習到從不同觀點看待事情與處境。多元文化取向重視多樣化並且鼓勵批判性思考、反思與行動。透過這個歷程，學生可以增加權能。這是批判教學論的基礎。他的相反是*Paulo Freire*所謂「教化的教育」（*domesticating education*），是一種強調被動的、接受的以及順從的教育。據Freire所述，爲了教化而進行的教育是一種「知識轉化」的歷程，然而，爲解放而進行的教育是「轉化行動」的一種。解放的教育鼓勵學生去冒險、有好奇心、去質疑。解放教育期望學生自己尋找自己的答案，而不是期待學生重複老師的話。

批判教學論與多元文化教育是如何連接在一起的呢？他們是*Geneva Gay*所謂的「反射意象」（*mirror images*）。也就是說，據*Christine Sleeter*的說法，他們因爲「一種抗拒支配教育模式的形式」一起運作。批判教學論承認而不是壓迫文化及語言的多樣化。它不只是教師將知識傳達給學生，甚至知識可能挑戰學生之前所學過的。例如：學習關於日裔美國人在二次世界大戰期間被拘留（譯者註：當時被拘留在固定的某些區以防止他們「叛國」或「出賣美國而做出有利於日本」的行爲）這件事本身不是批判教學論。只是當學生批判性地分析不同觀點，並根據他們揭露的不一致去了解與行動時即變成是批判教學論的。

一個多元文化觀點不只是運用一個「真相」或觀點來代替另一個的原則。更確切地說，它反映多元以及對立的觀點以用來理解更豐富的真相。歷史學家*Ronald Takaki*將多元文化觀點表達得很好，他說「我正在尋找的多元文化主義是一門發人深省的學問，它包括所有的美國人並挑戰傳統主要的美國歷史的故事」。他斷定「多元文化主義思維的目的是更爲精確地了解身爲美國人，我們是誰？這意味著，在多元的社會中，教師與學生需要學習去了解那些甚至於是他們可能不

贊同的觀點，不是去實踐『政治的正當性』，而是去發展關於他們聽到的、讀到的或看到的批判觀點。」

此外，這類批判觀點使用得自反思的理解去作改變。例如：思考之前提及的假設的英文文學書籍。學生以及他們的教師已經決定瀏覽英文文學教科書，以確定教科書是否公平地呈現一些群體的聲音與觀點。發現這些書本身並沒有反應多元觀點是一個有價值的學習經驗。然而，假如沒有作更多分析，教科書仍然是學術的，不會反應多元觀點的；假如使用它作爲將來行動的基礎，它變得更有意義。*Ira Shor*主張批判教學論的確是較難的，因爲它已經超過學術論述之外：「在真實脈絡中，以實際的理論與理論的實際測試限制，比在沒有脈絡的情況下建立理論困難且更危險」。然而傳統的課程不鼓勵學生批判性地思考。由此看來，批判教學論需要勇氣。

有勇氣教學是什麼意思呢？很少例子是適宜的。例如：有兩個教師的個案，他們證明他們如何藉由選擇具有「危險真相」的書籍，來回應「從前」（*once-upon-a-time*）這類型的兒童文學作品。對*Darcy Ballentine*及*Lisa Hill*而言，教導二、三與四年級學生閱讀的目的，包括引起孩子拾起他們標示爲「英勇的書籍」的興趣。這些書提出像是種族主義及不平等的主題，這通常是在兒童書籍中會被避免的議題（雖然確定已被呈現在許多孩子的生活中）。*Ballentine*與*Hill*以這種方式反思他們的經驗：「我們教這兩個文本和許多其他描述英勇事蹟的書籍那年，在孩子們的討論、解說他們的藝術及戲劇演出中，孩子們的聲音持續地提醒著我們，我們在教學中所冒的險是有意義的」。

在英文教科書的例子中，學生可能建議英語系爲未來的一年訂購更有文化內涵的文選。他們可能決定彙集他們自己具有不同觀點的著作爲基礎的書，或者他們可能決定將他們的建議寫一封信給出版業者。然而，批判教學論，並不意指從知識到反思到行動都是一直線式的歷程。假如是這種情形，那它將成爲另一個制式化的策略。在大部分學校中，學生學習到哥倫布發現美洲；美國直到二十世紀都被包括在有英雄氣概的向西方擴張者當中；波多黎各人在1917年被允許成爲美國公民；被奴役的非洲人，因爲1863年的解放宣言而被釋放；使我

們國家強大的是先前世紀的金融大亨;以及,假如學生學習任何關於日裔美國人的事,那所指的是因為安全的理由,日裔美國人在二次世界大戰期間被庇護在拘留營區一事。

就我們所知,歷史通常由征服者來寫,不是由被征服者或那些在社會上獲益最少的人來寫。結果是歷史書籍傾向於以社會上的主流團體的角度著筆。當美國印地安人寫歷史書籍時,他們通常說哥倫布侵略而不是發現這塊土地,所以沒有英勇地向西擴張的英雄,但是有東方的侵入者。墨裔美國人經常以歐洲人入侵時蹂躪的那塊傳奇土地 *Aztlan* 作為參照。1917年波多黎各立法機關的上下議院反對許多「理所當然」把出現在教科書中的公民權字眼,因為那是被美國強制的。非裔美國人傾向於描述被奴役的非洲人對他們自己的解放的主動參與,而且非裔美國人可能將奴隸的敘述故事體這樣的報告涵括到他們的教科書中,以描述他們的族人的反抗與抗拒行為。知道他們的歷史的勞工階級,通常會歸功於勞工本身,而不是所謂建造國家和經濟的卡內基(*Andrew Carneige*)。而日裔美國人經常引述種族的瘋狂、經濟的剝削,並宣稱這是他們在二次大戰期間撤退到集中營的主要理由。

批判教學論也是神話的破除者。它將一些我們認為理所當然的真相去神話化,以協助揭發及解除困惑,並批判及小心地分析它們。雖然使所有人在法律之下被公平地對待,並且有均等的教育機會,這種特定的想法值得相信並努力爭取,但正義對所有人而言,並非總是事實。問題在於我們教導這些原則,好像他們永遠是事實的,永遠是真實的,沒有例外的。批判教學論允許我們信任這些想法,不要沒有批判地接受它們的真確性。

因為批判教學論由學生的經驗及觀點開始,根據批判教學論的真正本質而言,它是一種多元文化教育。最成功的教育是由學習者開始的教育,並且,當使用多元文化的觀點時,學生本身成為課程的基礎。然而,無論學生的背景為何,解放教育也會帶領學生超越他們自己特定的及有限的經驗。

雖然批判教學論一詞已經在其他時間以其他詞彙出現,但它不

是新的概念。在我們國家，批判教學論的先驅可以在非裔美籍教育者的作品中找到，像是*Carter Woodson*以及*W. E. B. DuBois*。在巴西，*Paulo Freire*的重要作品影響世界各地的識字及解放運動。恰好在*Paulo*之前，批判教學論在世界的另一端被實施。許多年前，*Sylvia Ashton-Warner*在紐西蘭教毛利人的孩子，發現當地教師使用的課程、教具、觀點與教學法，全部都藉自主流文化。因為毛利人的孩子在新紐西蘭學校已經失敗得很慘，*Ashton-Warner*發展一種以孩子的經驗與興趣為基礎的識字策略。該策略稱之為「有機的」取向，她教導孩子如何藉由使用他們想學習的字去學習閱讀。每一個孩子每天會帶一些新字來，學習讀這些字，然後在寫作中使用它們。因為她的取向是以學生已經知道的且想學的為基礎，所以異常地成功。相反的，只有基本閱讀能力的讀者很少與經驗聯結，因此體驗到的創造力與表達受到嚴格限制。

其他取向已經成功地使用學生的經驗是值得一提的。由*Louise Derman Sparks*所發展的一套出色的幼稚園課程，以及反偏見課程任務小組（*Anti-Bias Curriculum Task Force*）是特別值得注目的。基於學生的語言、文化、家庭與社區為主的教學策略也包括在《重思學校與教學的改變》（*Rethinking Schools and Teaching for Change*）一書中。*Stephen May*對紐西蘭*Richmond Road*學校所進行的研究，提供一個激勵人心的關於多元文化教育的實例。*Catherine Walsh*的關於波多黎各年輕人文化肯定（*culturally affirming*）的作品是另一個很好的例子。*Ira Shor*在他自己大學的課堂中敘述這個作品，進一步證實批判教學論在各個層級的影響力。在同樣的範疇中，*Enid Lee*、*Deborah Menkart*與*Margo Okazawa-Rey*為教師與職前教師發展了罕見的教師專業發展指引。

摘要

在這章中，我們以七種特質定義多元文化教育：
- 反種族主義的
- 基本的
- 對所有學生都是重要的
- 普遍的
- 社會正義的教育
- 歷程
- 批判教學論

多元文化教育表現一種重新思考學校改革的方式，因為它反映許多導致學業成就低落與失敗問題的因素。當廣泛地實施時，多元文化教育可以轉化並豐富所有年輕人的教育。因為多元文化教育考慮文化、語言及所有學生的經驗，可以超越簡單的技巧轉化，去包含那些態度以及有可能使學生獲得增權的批判技巧，以有助於豐饒的及有意義的生活。

這個討論引領我們產生一個有趣的領悟。在最後的分析中，多元文化教育就像在此定義的只是好的教學論（*pedagogy*）。也就是說，所有好的教育是認真地了解學生，用學生的經驗作為更進一步學習的基礎，並幫助他們發展成為批判的以及被授與權能（*empowered*）的公民。關於什麼是多元文化教育？簡單地說，就是在我們多元文化的社會中，所有好的教育都需要考慮學生的多樣性。

多元文化教育對大多數學生而言是好的教育。多元文化教育就像在單一文化社會中被需要一樣嗎？在回應這個問題時，考慮社會階級、語言、性別取向、身體與心智能力及其他呈現在所有社會的人類與社會差異的多樣化，我們可能會合理地問是否在民族上最同質的社會也是真正單一文化的。我們的世界越來越相互依賴，而所有學生需要了解他們在全球化社會的角色，而不只是在一個國家而已。多元文化教育是一個歷程，這個歷程超過特殊國家中變化的人口統計學。那

是對變動的世界較有效的教育。

思考題

1.你認為廣泛概念化的多元文化教育以及以「節慶或英雄」來定義的多元文化教育的差異是什麼呢？
2.你認為反種族主義及反歧視是重要的，通常是多元文化教育的核心嗎？為什麼是或為什麼不是呢？
3.假如歐裔美籍學生並未接觸多元文化課程，你會說歐裔美籍學生是被錯誤教育的嗎？假如男性沒有學習歷史上的女性，他們會怎樣呢？為什麼？
4.想想一些與多元文化教育的定義是與社會正義一致的課程構想。學生可能如何透過課程，對與社會正義有關的議題思考與採取行動。舉一些特殊的例子。
5.你如何定義多元文化教育？解釋你的定義。

適用於個人、學校與社區改變的活動

1.為你的同事或一群新進教師，準備一個有益於多元文化教育的公開演出。以廣義的方式定義及施行的多元文化教育而言，你的演出可能會包括什麼，以使懷疑多元文化教育對你的學校是否必需者信服？
2.當學校教職懸缺時，你被要求參加學校雇用教師的會議。你如何使用你的影響力，以包括多元文化教育的方式，去定義工作資格與特徵呢？這些應該是什麼？
3.跟一群同事，發展一種以多元文化教育作為批判教學基礎的藝術、科學或數學計畫。這個計畫如何做到以批判教學進行多元文化教育？學生將包括在什麼活動中？這些活動如何激發學生以批判的方式思考呢？跟你的同事分享成果。

肯定多樣性

第 10 章

肯定多樣性：對老師、學校和家庭的啓示

　　我認為〔老師們〕能夠幫助學生、試著影響學生－無論他們想要做什麼、想要成為什麼樣的人物或者幫助他們得到機會。……大部份的老師都不鼓勵學生完成他們的潛力有可能達到的地步。

　　　　－Manuel Gomes（第六章的受訪者）

儘管*Manuel Gomes*來自移民的大家庭，而試著去達到收支平衡以在新國家中求得生存；不過，他對教育倒是深具信心。雖然是排行11個兄弟姐妹中最小的，但是卻是11個孩子中第一個拿到高中文憑的。*Manuel* 用決心和希望面對未來。他的故事可以証明即使在最艱苦環境中的學生也能夠在學業上表現突出。

您讀過的個案研究和速寫能夠提供具體的証據來說明學業的成敗，與老師、學校和社會對來自一些特殊背景的學生固有的分類和期待可能有所衝突。這些年輕人的經驗也指出了在家庭、學校、社區和社會脈絡下的特定情況可能對學習會有所影響。在實施上，學生沒有自己達到學業的成就，可是卻和家庭、同儕、老師、學校和社會有關連在，本章的案例就是這種情況。我回到我第八章所討論的主題，試著用瞭解的眼光，來分析有支持性的學習環境可以如何來提升學習成就。

本章同時也討論到底作為一個美國人的含意是什麼，並且也提出藉由在第九章裡談論七個特性，而建立的多元文化教育模式。

從學生學到的啟示：保留並肯定文化

學生在學校和社會中所承受的種族主義和其他形式的歧視，在幾個個案研究中是相當明顯的。歧視如果不是相當明顯－譬如，當*Marisol*不可以在課堂上說西班牙語，或者*Kaval*因為戴著回教的頭巾而被單挑出來－就是更加隱晦，這些就如同當*James*的文化在學校的活動中根本就看不到，或者類似*Gamini*小的時候，畏懼在公共場所說錫蘭話一樣。儘管有這些令人難以忍受的卑劣態度、行為、政策和習慣，大部份的學生仍然選擇不要去否定或者遺忘他們自己的語言文化。他們反而試著更加肯定並依賴他們的語言文化，即使有時候抱著矛盾和衝突的態度。這些年輕人在他們自己原生文化和語言的行為和觀念，可能反而提供了他們在學校和社會中被輕蔑的盾甲。

這些學生中的幾個，有著支持並接受他們建立自己認同的學校環

境。以*Yolanda*的案例來說，在他小學和國中階段的老師們把他的語言和文化視爲有價值的資源。*Manuel*覺知他的雙語課程是文化支持的綠洲。*Liane*覺得學校支持她學習母語－中文。他們的經驗強化了*Alejandro Portes*和*Ruben Rumbaut*大量的研究－文化傳統和心理健康、精神健全以及社會生活適應良好有緊密的關係。所以給學校的第一個課題應該是：雙語和多元文化課程必須融入學習環境之中。

支持母語的取向

　　雙語教育近三十年來已經成爲美國教育不可或缺的一部分。儘管美國語言的多元性持續的成長，但是用學生的母語作爲教學取向仍然存在很大的爭議，就如同我們在第六章所見的一樣。在過去的幾年中，一般大眾對於雙語教育的負面態度，已經在好幾個州用公投表決來刪減雙語課程。同時，雙語教育課程也常被漠視而被安排在地下室、無人使用的大櫃子旁或是茶水燒煮間旁邊。這些教室安排的動機其實就是這些課程地位的象徵。雙語課程的老師們也常常在課程上和物理環境上的安排與其他教職員工隔離，而讓老師和學生覺得在學校這個社群中被孤立起來。其實雙語教育課程的主要目標是－讓學生學習英文然後能夠快速推出進入全英語環境的暫時中途站－這就不禁讓人懷疑這些課程的存活率有多高。

　　對於少數語言族群的學生，必須要有重新思考使用他們母語的空間。提升學生的母語－無論是經由雙語、英語爲第二語言(ESL)的課程甚至在非雙語的情境當中，讓老師鼓勵學生在同儕之間或者一般的學習環境當中去使用它們的母語－以幫助少數語言族群的學生提高他們的能見度並在學校當中受到尊重。尊重他們的語言，讓在我們個案研究和速寫中的這些年輕人，再重提這段時光時，他們重複地說了很多次－我們幫助他們很多。老師和學校能夠幫助那些英語不是他們母語學生的一些策略可包含以下幾項：

- 鼓勵父母在家裡對他們的小孩使用他們的母語、包含說和讀方面。
- 讓學生在合作學習的活動當中和他們具有同母語的學生在同一組。
- 讓當學生無法用英文來表達概念和想法時，鼓勵他們使用母語中的同等字並解釋意義。
- 告訴那些英語為第二語言的學生去教導其他學生他們自己的母語。
- 容許學生在教室、學校運動場或者在學校其他場所使用他們的母語。
- 藉由在學校提供外語課程來提倡教師學習第二語言。

要是有雙語教育課程，還不會說英語或英語流利程度還不夠高的學生，應該優先安置在這些課程中。無論如何，來自非以英語為母語家庭的學生，即使他們自己本身的英語看起來似乎很流利，應該只要有機會就讓他們能夠參與雙語教育課程。這些看似在會話領域方面相當流利的學生，常常讓老師誤會他們的英語能力，已經足夠應付以英文為主要認知思考的學業，但並非常都是這種情況。譬如，在要亞桑那州東北部的粗石納飛荷族部落(*Rough Rock Navajo*)的一個長期研究發現，從幼稚園一直到六年級有累積、不受中斷的納飛荷族語文教育經驗的學生，其實從地方和國家層面的成就測驗當中進步最多，表現優秀。

在個案研究和速寫當中，保留學生母語的流程來提升學業成就是顯而易見的，而雙語主義的目標本身也是非常有價值的資源，也應該受到支持。忽略在語言和文化日漸多元的社會和國際互相依存所需要的課程，可說是有勇無謀再也不過了！當然，2001年911事件算是提醒我們在全球化的脈絡中，我們需要去瞭解在國際社群中的各個族群和團體。語言是其中的一個重要方式來達到這個目標。因此，如果空間和經費允許的話，只會說英語的人士甚至也應該參與雙語課程。就我們第六章所見的，越來越多雙向雙語課程(*two-way bilingual program*)的研究發現，將說英語的人和其他非說英語的人融合在同一個課堂中時，他們可以互相學習彼此的語言。這種研究肯定了雙向雙語課程，是幫助這兩個族群發展雙語主義與肯定多元的有力方式之一。

很不幸的是，教導少數語言學生的取向似乎都聚焦在補償性的方式。這種焦點再也沒有比*Nathan Glazer*藉由強調雙語教育將會被矮化，而重新挑起雙語教育的辯論來得貼切了：

如果雙語教育能夠善待西班牙語言所蘊藏的寶藏（以及其他在我們日漸形成多語國家使用的語言）就能夠提供給我們所有的國民，並且讓我們想要幫孩子克服的缺陷少一點。當我們把我們的小孩安置在他們喜歡且能受益的課程，不是比我們一直用某種方式提醒他們有某種缺陷，來得較容易教育他們嗎？

發展全面性的多元文化課程

從個案研究而得的另外一個主要的課題是：多元文化教育必須是所有學生在校統合經驗的一部分，而非單指學生他們自己本身要推薦多元文化教育。相反地，他們提到的，通常是關於市集、烹飪書籍或者其他比較表面化的方面，當然沒有辦法涵蓋本文所談的全面性多元文化教育。學生通常沒有意識到，多面性取向的多元文化教育可能是什麼面貌，或者多元文化教育如何來幫助他們。不過，當學生被問及如何在學校裡討論文化多元的時候，他們常常是舉雙手贊成這樣的努力的。比方說，有一份針對2,500個國中和高中生有關在學校裡多元文化主義的調查報告，大部份的學生表示有興趣學習更多有關文化差異方面的課題。而那些表達不滿學校中學習多元文化主義方面的課題，大部份表示希望他們的學校能夠多強調多元文化主義而非減少。同樣地，在我們個案研究和速寫中學生吶喊的聲音，十分清楚地表示，多元文化主義和他們認同學生能有更密切的關聯。我們可以從*Rebecca*公開感謝部分師長支持校內的同性戀/異性戀聯盟(*Gay/Straight Alliance, GSA*)，以及*David Weiss*的個案研究中發現，他的受訪者渴望學習他祖先使用的語言－西班牙話。

David Weiss

David Weiss 13歲，就讀於中學。當他只有幾個月大的時候，他被智利一個白種的猶太家庭收養。以下他談論了被收養、雙族群和雙文化有什麼樣的意義。*David* 是在南美洲印第安人的*Mount Puche* 部落來的，而被標示為拉丁美洲裔(*Latino*)。他的母語是英語，並且為了他最近13歲的成年禮（*bar mitzvah*）[1]而學習希伯來文。他計畫明年在學校選西班牙課，因為「我是在智利出生的，所以我應該要會西班牙話。」*David*描述了有關他的掙扎和混雜認同的複雜性。

我生母留下樂一封信給我，現置存於銀行。我看到了她的照片。她說，她沒有足夠的金錢來養活兩個小孩，也沒有能力照顧我。這就是為什麼我被收養的原因。

大部分的人不把我當作拉丁裔或者印第安人。他們認為我是美國人而且是白種人。在外表上，是白種人；可是內心裡，我絕不是。我流著智利和印第安人的血液。

學校有位老師告訴我，我有關另外一個被收養的智利男孩的事。現在我們成為朋友了。開始的時候，我很驚訝。似乎有點巧合，因為我們在同一時間都在聖地牙哥(Santiago)。剛開始我沒告訴他我是從智利來的。不過，我認識他之後，就告訴了他。他說他不喜歡被領養。我們以前常提到有關於被領養的問題。

大部分人都知道我是被領養的。我告訴他們。人人們都認為我長得不像我母親。別人注意到我哥哥的膚色比我的還深(他的哥哥，也被收養，長得比較黝黑)。有一次在健康教育課時，那位老師問小朋友他們是否知道有關於他們出生的故事。大部分的小朋友都有話可說。可是，我沒有一無論如何，我不想說出來，我不想讓人家知道。……嗯，可能要看情況吧。

如果能夠，我要參加學校被領養小孩和給不同種族參加的聯誼社。那樣的話，我就會認識更多被領養的人。

---

1. Bar/Bat Mitzvah對於猶太後裔的男孩或女孩，在生命中的大事是：Bar Mitzvah(男孩)或者Bat Mitzvah(女孩)。當孩子13歲生日的時候就達到，而女孩子生日則是12歲的時候。不過，女孩子的典禮也可延遲到他們13歲生日的時候。Bar/Bat Mitzvah字面上的意義代表著「聖街的年齡」(Commandment age)或者大多數人的年齡(age of majorit)。傳統上，Bar/Bat Mitzvah代表著年輕人轉型成為成熟的大人。

評論

　　大衛的速寫呈現了：混雜認同與領養所產生的令人痛苦的兩難問題。譬如，大衛很清楚種族和族群之間其實是糾纏不清很難分辨的。他說，他的外表並不見得代表他的內心世界。這個關鍵性的透視值得老師們銘記在心，尤其是對那些不了解自己語言文化背景的受領養小孩。他說他會加入學校「受領養小孩的社團」，不過他提醒說並不是所有學校的社團必須基於族群、種族或者嗜好才能參加。讓所有的年輕人有個「歸屬」的地方是最重要的。

　　多元文化教育應該幫新同學適應社區和學校，並且應該告知族群間的偏見和敵意等相關事項。跨族群的敵意和暴力對學校來說已經不是新鮮事了。隨著新移民的大量擁入，但缺乏適合的課程方案來幫助社區和學校中被他們越來越多元的情況，這種問題就日趨嚴重。學生缺乏對於異質文化的認知、來自於家庭和社區對不同團體的偏見、將此負面的印象內化，以及學校中缺乏提供相關資訊等等擴大問題的嚴重性。除以上這些在學校中不同社會和文化團體的仇視現象，與學校不願處理這些如繩結般糾纏的議題外，只留下族群間無法解決而又無法緩和的敵意。

　　日益成長茁壯的多元文化教育研究建議：只有藉由改革學校整體環境氣氛才能根本的在態度、行為和成就上有所轉變。大部份的學校都尚未採取如此綜合性的取向。當他們試圖改革時，他們發現必須要去修改學校本身的文化。結果，他們就可能將衝突解決、合作學習、多元文化課程發展、父母與社區的參與以及降低能力分班等等策略囊括在他們的計劃當中。如此綜合性的取向是必要的，但是也隱藏著許許多多的困難度，因為這樣的概念與方式挑戰美國學校教育核心的傳統與習慣作風。

非學術的支持

當年輕人參與非學術性的學校社團、運動和宗教團體，或者其他學校外的興趣發展活動等等，無論活動地點是在學校或者社區，他們都會發現彼此之間的支持，幫助他們從負面的同儕壓力中釋放，並且促進加強他們的領導能力和批判思考技巧。那麼，年輕人參與非常學術性的活動，對學校和社區有什麼啓示呢？

包容和有意義的活動

所有的學校，尤其是中學，應該要提供有包容性和有意義活動以吸引不同背景的學生。由於源自1980年代至今的教育改革運動再次強調「基本能力」，以致於許多學校將課外活動時數降低至最少。某些改革，尤其是專注於「提升標準」(譬如延長在校時數)以及少一點「副科」(譬如音樂和藝術)，在那些服務貧窮以及文化不利學生的學校，影響最嚴重。

其實即使提供在課外活動的學校中，多數的學生也無法參與，從缺乏經費一直到課程安排的衝突等原因。譬如運動課程，雖然假設性地開放給所有的學生，但只限於能夠付得起學費的學生。其他的課後活動由於沒有提供交通，以至於變成只提供能夠自行回家，或者是靠家庭或朋友提供交通的學生而已。而必須要在放學後工讀的學生，也無法參與這些活動。在某些情況下，課外活動的成員基本上只反映一種文化或者是語言－即使不是他們的企圖－但是也導致其他背景的學生感受到他們似乎是不受歡迎的。譬如，有興趣參加學校足球隊的柬埔寨學生，可能會覺得被排除在外，因為足球隊裡沒有任何柬甫賽學生；或者正在雙語課程的墨西哥裔學生，可能想要在學校的報社工作，但是他們可能甚至不會試圖去參加，因為學校報紙全都是以英文發行的。

這議題的重點是均等參與的機會。有些學校可能會宣稱所有的活

動是開放給所有的學生，可是，這樣的政策如果沒有在實務上作爲後
盾則毫無意義。均等參與需要爲了所有的學生而設立。比方說，如果
某項運動課程由於需要使用的設備非常昂貴，那麼學校提供這些設備
給那些無法買得起的學生，就應該是合理的要求。同樣的情況也適用
在交通方面。如果有學校學生是因爲沒有交通工具回家，以至於無法
參與課後活動，那麼，學校就應該提供其他替代交通工具的方案。以
此類推，如果在多元多族群的學校中，報社職員純粹只有歐裔學生的
話，那麼一定有值得檢討的地方。這些情況中，極力招攬不同族群文
化背景的學生是必要的。這個不僅可透過以各種語言作爲宣傳的管
道，更可拉攏先前未參與的學生，以及提供其他可以替代的活動。
至於報紙方面，可設計方案讓學生針對某一個對社區有意義的特定
議題，來讓學生訪問他們的家庭和鄰居，如此極有可能提升他們的動
機。

對家庭和社區的啓示

　　家庭和社區同時也有責任爲年輕人提供有意義的出口管道
(*outlets*)。比方說，當家長應該提供小孩在家裡分擔責任的機會。有
這家庭的責任能夠幫助學生在教室課程中所需要的勤奮、獨立和使命
感。教師可以鼓勵家長在家中給予孩子工作，並且支持父母的行動。
　　社區可以利用年輕人的創造力和熱誠來鼓勵他們在小學、托兒所
中心、養老中心、社會福利機構等場所幫忙從事志工活動。課後的社
區服務工作機會能夠提供比現有狀況更有意義的方式。學生能夠藉由
社區服務發展認知能力、領導能力和批判思考技巧，因爲這些學生很
多都是對於社區議題非常關心且有興趣的。*Carmen Mercado*的研究就
有個非常感人的例子。他和*Marceline Torres*(一個在紐約市服務的老
師)幫助中學生學習如何做研究，以幫助他們能夠探討他們生活中和社
區裡發生的一系列議題。藉由探討像流浪漢、成長、親子關係以及其
他離社區不遠的相關議題，年輕人學到了有關於他們自己以及社區的

許多事物。他們同時也開始認知到自己是有被賦權的，並有智慧而能作高水準研究的人。

在家中、學校和社區中具有意義的活動，其實是讓學生充分利用時間並對學習有助益，而非負面影響到學生的學校表現。對於青少年而言，歸屬於適合學生的活動，同時能夠讓學生學習獨立，並且也是學習表達的工具。換句話說，學生在尋找有益於他們成就的環境。

 營造出使學生成功的環境

在我們個案研究和描寫快照中的學生參與並尋找適合他們的環境。這些環境有些是積極正面的，就如同*Marisol*參與的青少年中心或者*Rebecca*參與的*GSA*；或者負面的就像*Paul*參加的幫派一樣。這些對於有關學校和家庭能夠提供正面環境，並且提升所有學生成就的環境有幾點啟示。我們將先探討所謂的相互調適與讓步。

相互適應

教師和學校可能在與學生(尤其是多元種族、族群和語言背景的)互動當中提出的一個關鍵問題是：誰要去作適應的功夫呢？這問題切入了非優勢族群學生在校的每天經驗。相反地，來自優勢族群背景的學生很少考慮到需要學習新的語言以和老師溝通。他們已經會說被接受的學校語言，對於文化也是同樣的情況。這些學生通常不用去考慮到他們父母的生活方式和價值觀，因為他們的家庭時間就是社會一般遵守的規範，就如同我們在*Vanessa*的個案中所看到的情況。然而，從其他社群來的學生，每一天都必須要去考量這些問題。學校教育對他們而言就是充滿適應的緊張性。

當然有些適應是有其必要性的。如果學生和老師總是說不同的語言、在不同的目標和教室中運作，並且和學校的期待有所不同，那麼

混亂就會跟著產生了。從被掌控族群來的學生和他們的家庭，總是被期待去做一些改變並適應，由他們願意去學習英語、積極參與學校生活，以及在他們同意遵守學校制定的社會契約就可一目了然。

可是什麼時候適應變成只是默認呢？問題是：通常只有從被掌控族群來的學生，和他們及家庭被要求或強迫去做適應的功夫。特別值得注意的是，當情況有所轉變時。譬如，我知道有一個特別的學校實驗了雙向雙語課程，兩年以後的評鑑發現，以英文為主的學生和他們的家庭其實是受到課程改變最多的。學習第二語言的創痛是：說英語的學生必須要去經驗的第一件事情，進而去瞭解他們的拉丁裔同學數年來所經歷的。因為他們是用西班牙文版學習，而在他們的生命中第一次需要去使用不同的語言，他們因而對他們說西班牙話的同儕發展出正面態度或同情心。兩個族群之間學生的更多互動在教室裡、操場和餐廳裡都明顯可見。此外，說英語的學生開始去欣賞雙語主義的好處，並且註明這樣的活動就好像去本地的雜貨店一樣，而開始能夠「用西班牙話買東西」。這些學生和他們家庭的態度和行為的改變真是非比平常。

然而，這樣的結果不僅根據軼名的証據而已。如同我們在第九章所見的，很多有關雙向雙語的課程已經發現類似的結果。*Kathryn Lindholm-Leary*和*Graciela Borsato*最近的研究發現，在小學階段曾參與過雙向雙語課程的學生對雙語主義有正向的態度、珍惜他們的雙語能力、還持續使用西班牙話，並且有決心不走向中輟之途。

我們又應該來處理「誰去做適應的功夫」的問題呢？在他們早期對這方面問題的研究－在當前反對雙語教育的情況中更加值得記住這樣的研究－*Esteban Dia, Luis Moll*和*Hugh Mehan*發現，當老師用墨西哥裔學生的社會和語言資源來從事教學時，可以幫助他們學習。在閱讀方面，老師結合英文和西班牙文的觀點。老師將綜合性作為該課的首要目標，而將先前對於學生是痛苦，並且緩慢的過程轉化成為有效的學習環境，而非只是專注於使用的語言本身而已。這個結果在英語閱讀是三年跳的(*three-year jump*)。相同的研究發現也在一個寫作團體中提出。那些研究者總結說，這樣的模式叫做「相互適應」(*mutual* *accomodation*)。也就是說,老師、學校和學生都需要共同的目標指向修正他們的行為:「文化整合下的學業成就。」

老師和學校必須學習到的是:和傳統習俗上的智慧和執行方式有所衝突,並非總是學生和他們的家庭來作適應。這種單向適應的信念解釋了:教育者之間認為學習效果不彰的學生不是基因劣勢(*genetically inferior*)就是文化剝奪(*culturally deprived*)。當學生不主動適應學校或者其他制度時,他們和他們家庭成員的智能就會遭受到質疑。相互適應的觀點,容許學校和老師使用所有學生已經有的資源,來讓他們努力邁向學業成就。在這個模式中,既不是學生也不是老師期待著完全的適應;反而他們一起合作來使用適合每個師生性情的最佳策略。

就在相互適應的過程中,教師和學生的學識和生活同時豐富起來了。比方說,使用學生的語言、認同和經驗作為他們學習的基礎,代表著老師已經擴張他們自己的教學技能與內容。如此的作風是對所有學生都有益的。在一方面,使用不同適應的形式能夠幫助學生在學習上更加彈性。藉由重新組織他們班級的社會結構,社會化發展、學業成就和族群間的關係會有重大的改善與進步。其實對學生的態度和行為也會有正面的影響。此外,提供替代的學習方法是一種均等的努力,而且也強化了學校民主教育的目的。

相互適應指的是:接受並建立以學生的語言文化作為智能的合法表現以及學習的基礎。在學生和家庭的部分,代表著接受學校對出席的要求、回家課業以及在校學習所必要的技巧的期待。透過這樣的過程,學生、他們的家庭、老師與學校都能夠受益。當學生和他們的家庭都受到尊重並能被接受時,學習定會有所進步。教師和學校也能擴展他們的教學技巧以及他們看待能力和智商的方式。

師生關係

大部份的老師踏入教師這個專業,主要是因為他們對年輕人有信

心，並且渴望去幫助他們學習成長。然而，許許多多的障礙，包含對老師的不敬、沒有被賦予自主性、行政人員的冷漠、過於龐大的班級、深入了解各式各樣不同背景學生的難度等等，使得教學變成艱鉅的工作。儘管這些挑戰，和學生的師生關係也是吸引教師持續對教學抱有希望並享受教學之樂的第一要件。

在我們個案研究中的學生，詳細闡述他們的老師對於他們對學校的態度以及學習參與度的影響。有時候，這些老師是和學生來自同一個種族或者族群背景。*Linda*強調他一年級的老師是個黑人(*Black*)，而*Benson*先生就和她一樣是個混血兒。現以學生的文化和語言在學校環境中是隱晦不明的情況下，這樣的聯想是可預期並且是正面的。對學校的啓示是：應該吸引更多會分享學生文化背景的教師。

來自學生種族、文化和族群背景的老師能夠對學校有相當大的貢獻，讓學校的學習環境和教材更加豐富；可是當這些老師被視爲他們整個種族、族群或者語言的代表者時，他們將會感到無窮盡的負擔。他們不只是被期待成爲學生的角色模範，同時他們被要求去解決文化誤解的機會也會持續增加。他們可能被要求去翻譯書籍、家庭訪問、成立校內的多元文化委員會……等等。而通常這些付出都是沒有額外的補償或者肯定。這樣的情況不單是對這些教師很不公平，同時也有可能讓學校本身免除去符合學生個別需要的責任。學校有責任極力地去爭取和學生一樣多元的教師；但是像這類的要項，直到目前，似乎在國家優先考量上仍是微不足道。當學校教師是來自許多的文化背景並且是多語言的，學生就較有可能去體會在自己生命當中追求學術的重要性。

這並非暗示教師只能來自和學生相同的族群或者種族背景。在我們個案研究中的學生，提及許多與他們有不同背景的教師，和他們建立非常親近有建設性的師生關係。無論是何種背景，所有的老師都需要發展出多元文化溝通和理解的技巧。雖然老師的族群身分可能對於學生的學習已有重大的影響，然而，老師如果能進行文化了解和意識以及他們課程和教學上的調適，將會有很不同的效果。

所有老師都可以成爲所有學生的模仿對象，只要觀覽並且了解他

們的學生。老師能夠與學生建立紮實的團結關係的一種方式就是：幫助那些在尋求幫助的學生。這個議題在個案研究中出現過好多次。在學校中沒有人引導的學生數目令人目瞪口呆。對於那些是家庭中第一個上大學的學生們，這樣的幫助是不可或缺的，因爲他們的家庭並沒有這類先備的經驗去引導他們的下一代。越少有機會就讀大學的學生接受到學校的幫忙反而最少，即使他們的學習成就很高並且含有慾望持續學校教育。最近的研究也肯定了老師支持學生的重要性。在一個以11,000個青少年作爲參與對象的研究中，*Robert Croninger*和*Valerie Lee*調查了教師的引導和支持，對於高中有中輟之虞與中輟生的正面影響力。這些研究者總結說，和老師的正向關係降低了中輟的機率，即使在教室外與老師有非正式的互動也有相同的正面效果。更重要的是，*Croninger*和*Lee*發現這樣的引導，對那些在學校適應有困難的學生更是個關鍵。他們下了如此的結論：「當青少年相信他們的老師，並且得到了老師的指導，他們就較有可能持續學習直到畢業。」

發展*Ricardo Stanton-Salazar*稱作支持的「人際網路」（*interpersonal network*）－包含有關大學入學、獎助學金、學生貸款等資訊，以及熟悉主流社會和文化資本等等－是老師能夠展示他們的關懷和對學生高期待水準的一種方式，尤其是對於那些還不知道入門方式的學生。

低期待水準造成學生學習成就方面的傷害，尤其是對來自強勢社群（在第三章已在探討過）。在我們個案研究和速寫中的年輕人提到，這樣的問題經常在他們的教師和學校中是個問題。他們說，他們和他們的同學被視爲是小寶寶；學校教師給他們的課業沒有挑戰性；而且無論做得多差勁的作業老師們都可以接受。因爲學生剛好就是黑人、非以英語爲母語的、或者來自貧窮家庭，以至學生無法表現良好的這種態度廣泛流傳；可是降低期待水準並非永遠是有意識的或者故意造成的。有時候，降低期待水準是老師爲了適應學生的差異性而做的調整方式。然而，好的意念並非都能有正面的結果。因爲這樣的調整是假設有些特定的學生基於語言和文化的差異，無法作出優良的作品；老師只是表面支持敷衍了事而非真心讚賞。如此的調整似乎只承

認不利學生的條件而已，而非使用學生的技術和能力，來提升他們的學習效果。

上述的情況所給予的啓示是：教師應該提升對所有學生的期待水準和標準。可用各種各樣的方式來達到高標準，而不是僅透過標準測驗作爲評量學生學習成就的唯一方式。多元文化教育蘊含著找到使用文化、多元文化和語言上的相關教材去發展學生的認知能力與技巧，也代表著用各種不同的教學取向來提升標準和期待水準並非要求（同化）教學方式，反而是要爲所有的學生創造新的和不同的機會來學習。不過，最後還是學生和老師之間的關係影響學習最鉅大。所有老師都能夠努力和他們的學生建立其良好關係，並且促進他們向上努力的動機。

有利學習的家庭環境

在個案研究中提到父母極少參與學校，根據學校目前對「家長參與」這個詞的定義來說，他們的參與度是比較低的。這些父母很少在學校當志工、參加會議、或者持續固定拜訪學校。他們缺乏參與的原因有許多，範圍從他們無法說流利的英語利有限的經費、缺乏參與此類活動的先備經驗，到他們自己在學校教育的不愉快經驗等等皆有。

因此，我們需要去探索這些父母曾經參與的活動，以便能發展出讓父母參與比較有效和民主的模式－能讓所有學生父母都可參與的模式，無論他們父母的教育程度、社經地位或者在家裡所講的語言爲何。首先，個案研究和快寫中的學生的父母，無論成功與否，都強調接受教育和上大學的重要性。許多的學生提到，他們的父母希望他們有比較好的機會，比他們的父母更有發展以及能夠找到較好工作的機會。

父母如何來持助學生的學習呢？雖然很多父母沒有幫忙輔導學生的回家功課，但是他們監督孩子做功課，他們也會問他們的孩子問題，以展現出對孩子們在學校的表現和學習很感興趣。他們同時也從

其他方面來輔助學習。*James*提到他的媽媽因為不喜歡老師對待他哥哥的方式，因而將哥哥轉出。*Nadia*提到他的父母對她以及妹妹的高期待。*Fern*提到他爸爸車子爆胎，於是就趕緊找一部車來載他到學校，以準時參加他的班級戲劇表演。父母總是謀求各種方式來輔助他們的孩子。

父母持助他們孩子學業成就的另外一種方式，就是透過他們持續的使用他們的母語以及家庭的文化價值觀。當學生來自非說英語的家庭時，母語就被保留成為在家的溝通語言。雖然大部份的家庭都使用英語，母語的重要性是相當明顯的。在所有的案例中，家庭的文化價值被強調，無論是透過宗教的觀察、重要的家庭意識，以及類似家庭責任、尊敬長輩、勤奮向學等根深柢固的價值觀。母語和文化實質上提升學習成就，而非阻礙學業成就。

家庭和學校的活動需要被視為父母參與的廣大定義。如果我們將父母的參與簡化成在學校參與活動而已，那麼父母對於他們子女學業成就的重要角色就被否定了。我們並不只關心有關學校學習成就的活動而已，也就是說，在家中有很多的書和玩具，或者參觀博物館或看戲劇等文化活動都具有相等份量。這些是家庭的重要活動，可是並非所有的家庭都能有心參與，而且也不是每個家庭常做的活動。然而，每一個家庭都有能力提供類似持續的溝通、高期待水準、傲骨、善解人意和熱誠這類無形的事物作為他們孩子的學校經驗。貧窮、非以英語為母語的或者來自弱勢文化的父母，無法提供提升學習的有效環境的觀點，可能導致拒絕家庭已有的技能和資源的惡習。有些類似如何為人父母、閱讀、營養、衛生等，由學者「專家」教導的由上而下課程，就是這類思想的呈現。增強這類態度的例子在*Esmeralda Santiago*的小說，《當我是波多黎各人時》 (*When I Was Puerto Rican*)中有許許多多活生生的例子。*Santiago*詳述*Jimenez*小姐在波多黎各的班級中，媽媽們被要求來參加從美國邀請來的專家主講的研討會，會中這位專家教導這群媽媽們「所有有關於營養與衛生等問題，所以我們才能夠長得像電視黃金檔美國劇中的*Dick*、*Jane*和*Sally*一樣又高又壯。」在那個會議上，那位專家帶來食物的圖表，而在當時，這些食

物對我們這些熱帶地區的人非常陌生，譬如紅蘿蔔、美國花椰菜、冰山萵苣(*iceberg lettuce*)、蘋果、梨和桃子等等。在另外一方面，那位「專家」沒有帶任何一項這些媽媽們所熟悉的主食。「在圖表上沒有稻米、豆子、或者鹹雪魚。但是卻有巨大的白蛋，但卻不像我們的母雞所下的小小圓圓的那樣。……有可生吃的香蕉，但卻沒有需要煮食的那種大蕉(*plantain*)，有馬鈴薯卻沒有蕃薯，有穀類片粥但沒有燕麥粥，有培根但卻沒有香腸。」在研討會的最後，那些媽媽們都收到了花生醬、玉米片、水果雞尾酒、浸泡在糖漿的桃子、甜菜、鮪魚、和醬菜－沒有一項是波多黎各人的日常飲食－做為首腦的*Negi*媽媽總結，「我不瞭解為什麼他們就是不給我們一袋米和一包豆子。那就可以讓這個家庭足夠吃一個月了。」

雖然這樣的情景非常的多，但是並非不尋常的。在另一方面，當父母被視為有技能、優點和其他資源能夠幫忙他們的孩子學習時，那結果就會不同了。當提供教養孩子資訊的態度與觀點基於互相尊重、對話以及交流，那就無可厚非了。為人父母是件艱辛的工作，任何教師與學校能夠提供的幫忙都是值得珍惜的，可是那應該是以能啟發父母的自信和信任為基礎的雙向溝通。

擴大定義：作為美國人意義為何？

在有些個案研究和快照中學生很感人地表示，許多的學生對於自我的分離概念(這就是通常被稱為「連字符號的美國人，*hyphenated American*」)很難接受。在我們的社會，這樣的二分法是很平常的：非美國人就是外國人，非說英語就是西班牙語，非黑人就是白人。一個人可能同時說西班牙和英語，是越南人也是美國人，或者是黑人也是白人的情況，很少進入一般群眾的腦海裡。*Peter Kiang*於麻塞諸塞州(*Massachusetts*)*Lowell*的個案研究中引用深為此所苦的柬埔賽人所說的，「當他們說『美國人』的時候，他們並不是指我們－看看我們的眼睛和我們的膚色。」

做爲美國人代表著什麼呢？在很多方面這是美國最精粹的兩難問題。可是，歷史上從來沒有深入或者有持續性的批判對話。貫穿我們的歷史是新移民者和舊移民者子孫間的衝突，這些問題似乎就只是被輕描淡寫而已，因爲很容易就猜得出來的答案。這些因爲社會中對於「作爲美國人的意義是什麼」有著沒有陳述出來的假想。質詢那假想的定義似乎幾乎是異端的行爲，因爲許許多多苦惱人的矛盾就出現了，尤其是有關平等和社會正義的問題。

美國人的概念設計是爲白種或說英語的那些人所保留。甚至在美國居住幾世代的其他人士，迄至今日仍被視爲不同。如同我們在之前所看到柬埔寨的例子，無論他們已經在美國居住幾個世代了，或是只會說英語並且對他們祖先的文化幾乎無接觸，他們仍然不被視爲美國人。歐裔美國人的情況則有差異，即使是最近才移民到美國的。即使是已經居住在美國幾百年的黑人，有時仍然被視爲外國人。非白人要被視爲「真正的」美國人就難多了，儘管多年居住以及流利的英語。種族歧視總是在美國社會中的接受與排拒議題上被牽扯進來。

提到美國人、黑人和拉丁裔看似相互排斥的現象並非不平常。如果某一文獻提到「美國人」，無論是歷史、兒童心理學、地理、文學、封面照片、大多數的插圖和內容難免清一色幾乎都是白種人。這種情況漸漸有了改變，主要是由於過去二十年美國的種族與族群越來越多元。然而，過去只有脫離規範的書籍才有，如同只有與非裔美國人文學或者拉丁裔孩童的心理發展相關的書籍，圖片或內容才顯示這些族群的故事。

挑戰「令人心碎的兩難」

那麼就如同我們所能看到的，基於各種不同的理由，現階段對於所謂「美國人」下的定義，可能就會把那些最沒有權勢的族群或個人排除在外。因此，將社會中已經佔有優勢那些人的文化、經濟、社會控制和霸權合法化了。我們目前和未來的多元需要擴大以及融合的定

義，而不是蘊含著分裂和混淆認同的連字符號的美國人（*hyphenated American*）。帶有連字符號的非裔美國人(*African-American*)可能蘊含著分叉的認同，反而沒有連字符號的非裔美國人(*African American*)則會顯示性新定義的可能性，而在最新定義中強調的不是混淆或者否認，反而是使作爲美國人的意義到底是什麼的轉化。

在過去，美國化（*Americanization*）是蘊含著盎格魯化（*Angloization*）。這不僅代表著學習英語，同時也忘記自己的母語；不只學習文化也是學習如何吃、穿、談吐，甚至行爲表現也要像歐裔美國人的模式。就如同某個作家描述大約在100年前紐約猶太人的動人故事，「我們在邁向20世紀的東岸（*East Side*）所面臨的世界，呈現出一系列令人心碎的兩難。」要通過這個歷程或代表者負擔調適的過程當中，無可避免的將會失掉大部分的自我。

這些令人心碎的兩難問題至今仍然存在著，就如同我們在個案研究中所看到的一樣。一百年以前，通常會選擇同化。雖然現在做決定還是一樣，但是也不會像以前限制那麼多。這樣的改變主要有兩個原因。第一，公民權利、婦女、族群、性別（*LGBT: lesbian, gay, bisexual and transgendered*）運動及其他相關運動，改變了做決定的社會政治和歷史情境，使得保留母語和文化有了較寬廣的自由度。第二，就如同你在第一章所見，美國移民的數量和多元性在過去的20年當中，除了在20世紀初的時候，其實已經出現不平等的現象。這些改變對於什麼是同化的意義，有了很深廣的影響。美國化已經不再代表同化到一個同質性的模式。

不同的取向

目前就讀於學校中的學生，在某些方面是比之先前的學生幸運得多了，因爲他們有較多的自由，來決定他們如何來處理語言和文化的問題，但是他們的抉擇仍然是令人傷痛的。在某一方面，如果他們決定要去認同自己的族群背景，他們可能會覺得與這個社會疏遠了；在

另一方面，如果他們決定要認同美國主流白人社會的文化，他們可能覺得是家庭和社區的叛徒。

就目前的情況而言，這些決定是涇渭分明而且不得逾越的：一個個體不是忠實於自己和家庭，就是做個美國人。這可以和 *Wallace Labert* 所謂的「削減的雙語主義」(*subtractive bilingualism*) 來做比較，也就是說，這所謂的雙語主義是藉由付出喪失母語的代價而得來的。這樣的雙語主義蘊含著一個人其實一點也不是雙語的，而是從只會說某一語言的單語者成爲只會說另一個語言的單語者，雖然有時候對第一語言還有一些熟悉度。多元主義其實也是可能有削減性的，如果只是從某一文化的單一文化者成爲另外一個文化的單一文化者。*Ned Seelye* 這麼的形容如此情況的兩難問題：「一個人可以自由失去兩種文化當中之一，來逃避呈現文化不同的面貌－而經濟或者政治上是位於從屬地位的社群，總是有極大的壓力必須做這般的犧牲－但是用單一文化的一種品牌去交換另外一種，似乎是一種血本無歸而徒勞無功的做事情。」

削減的多元文化主義的相反可稱爲增添的多元文化主義(*additive multiculturalism*)，就如同在雙語方面有較成熟發展的孩童，比單語發展的孩童在認知發展上較佔優勢。我們可以想像那些已達到增添的多元文化孩童，同時也能夠比照單元文化主義下成長的孩童佔優勢，包含了對現實有較寬闊的觀點、能夠在各種情境下處之泰然、運用多元文化的彈性度等等。

藉由提供自我認同(*self-identification*)的各種可能性、在文化和語言上的適應來增加選擇性、社會和國家的認同等來擴展何謂美國人的定義，可能幫助學生以及其他人面對人生各種兩難問題。有三方面可幫助那些面對融入多元文化社會有兩難情況的學生和其他人：推展「美國人」的定義，提供自我認同的其他選擇，以及在文化、語言、社會和國家認同間多一些選擇。如果能如此，那麼在我們研究中，以及其他許許多多的學生就會有比以前多的選擇，而不須再面對現況下的「令人心碎的兩難」。歐裔美國人(*European Americans*)也就不再是唯一的「美國人」了。合眾爲一(*Epluribus unum*)也不再蘊涵爲了虛假

錯誤的統一性而否定文化差異性。完整的文化保留也並不是一個務實的選擇，因爲意味著在現代的多元社會中必須擁有的，把傳統文化保存於不和其他族群互相依存的真空環境中。

　　這已經不再是我們應該同化與否的選擇了，現在的問題已成爲：「我們社會以及類似學校的社會機構，到底能被督促到何種地步，方能應對因時代變化以及需求而對何謂美國人定義的改變呢？」這也許是我們的歷史上，第一次很嚴肅地問這個問題。把美國視爲巨大不動的磐石、單元文化以及單語的社會，是每天都會受人挑戰的觀點；就如同我們看到越來越多的人口使用非英語的語言，而且越來越多人宣稱他們自己的文化遺產是滋養並保留族群生命的活力。這個問題能夠提出的事實，使我們處於歷史上的獨特時刻。過去，這樣的可能性根本就不太可能被列爲考慮的。

　　因此，學校必須是同化學生的觀點需要被挑戰。多元主義的界線過去受限於安格魯撒克遜爲中心的看法，在1970年後遭受極大的批評。2000年9月11日以後，似乎對於誰是美國人的質疑又有故態復萌的傾向，甚至比以往更僵化的觀點。就像「英語爲唯一合法語言」(*English Only*)的政策顯現出反移民的形態比以往更加強烈，而且某一族群對於多元認同似乎降低了。在這種全球性的歷史和文化情境下，這些政策到最後是沒有效果的。相反地，學校必須比以往更加人性化，更加敏感去處理文化多樣性的議題。

　　以前，只有一種選擇，雖然大部分的移民常心不甘情不願，但是他們還是會快速地接納這個選擇：快速同化到所謂的「大融爐」(*melting pot*)。*William Greenbaum*在30年前寫的文章，一針見血地提出兩個爲什麼要以前同化會快速發生的理由：一個是希望(*hope*)，而另一個是羞恥(*shame*)。希望代表的是平等的承諾、經濟的保障以及免於戰亂與飢餓的避風港。不過，根據*Greenbaum*，羞恥是美國大融爐（*melting pot*）的「主要燃料」。「移民受教如何厭惡他們自己的；成千上萬的人更被教成對自己的外表、姓氏、父母和祖父母、階層、歷史和生活哲學感到羞恥。」

　　越來越多的人已經不再願意接受羞辱。譬如，在我們研究中的學

生挑戰什麼人才有資格是美國人的看法。不滿意過去的一些限制，這些學生提供了正發生的有進化性意義的證據，他們仍然受困於衝突和不確定如何延伸這些可能性當中，可是這些年輕人越來越清楚他們是誰了。他們決定自己界定自我認同，而這些認同可能有別於他們的父母，可是並不限於直至目前對於何謂美國人的一些靜態定義而已。

只要是有新移民和有那些拒絕採用否定個人及團體認同的群眾的存在，那麼，成為美國人的問題就會永遠如影隨形。以社會層面而言，對我們的挑戰是給予每一個人空間。*Maxine Greene*她說，「總是會有陌生人，那些懷有文化記憶的人們，希望他們哀慟的聲音能被重視」時，她指的就是那些在社會中被邊緣化的人，包含新移民和舊移民。

多元文化教育和支持的層面

假設我們真的拒絕接受從前作為美國人的意義是什麼的看法，那麼，我們就必需考量多元文化教育如何以自然方式融入到我們的課程與教學中。

開始

學校或者老師如何在教育方面達到多元文化的觀點呢？闡釋多元文化教育必須具有全面性、說服性和融入性，並不意味只有發展成熟的方案或課程才有資格。因為多元文化教育是一種過程，是持續在成長變化著，而且永遠不可能有完成的時候。如果多元文化教育是批判教育學，那一定是動態有活力的。靜態具有華而不實包裝的課程(*slick-packaged program*)與方案，這是和多元文化教育的理念相違背。

容我用*Susan Barrett*的例子來說明。*Susan Barrett*服務於以歐裔

和波多黎各裔爲主的一所著名高中。許多年前，我問她如何將多元文化的觀點融入在她的教學中；而她回答她還尙未達到那個層次。她說，倒不如說她的教室已經發展出所謂的「雙文化時間」(*bicultural moments*)。作爲多元文化教育的擁護者，她從這個觀點出發，而採用融合式的課程與教學策略。可是，因爲她覺得在她班上的學生甚至不懂她們自己或者彼此間的文化背景，更別提學校社區外的世界了。因此，在探索社區之外的時間之前，她的課程專注於探索學生居住社區的「小小世界」。

在*Susan Barrett*學生日記中「雙文化時間」的例子是：其中有一個中心主題是他們必須要描述自己的家庭，而他們的寫作內容之後就被用爲班級討論的基礎。其中有一個非常鮮明的例子是有關於兩個青少年的男孩子，對於他們小妹妹的觀點和情感。這兩個男孩子其中一個是愛爾蘭裔，而另一個是波多黎各裔。愛爾蘭裔的男孩子抱怨小妹妹是個頑皮鬼；可是，他的描述方式卻又是那麼的柔和，似乎透露著在他憤怒的外表下，力圖去掩蓋他的情感。相反地，那個波多黎各裔男孩的日記就充滿著感情。他詳細地描述他的小妹妹是如何的漂亮令人喜愛；而他總結說，他家庭的每個成員都非常感謝上帝的恩賜這妹妹給他們。這兩位男孩子都喜歡她們的妹妹，而他們的作品都具有詩味與情感；可是他們表達情感的方式卻有天壤之別。雖然不能以這種不同來代表愛爾蘭裔美國人的方式，而另外一個是波多黎各裔的；不過，*Susan*則利用他們的差異來表達不同的家庭可能會採用不同的獨特方式。這種雙文化時間爲所有的學生帶來曙光，擴展了他們的語文和思考的模式。對*Susan*而言，「從小處開始」(*begin small*)代表著用學生帶到課堂的經驗和認知做爲課程內容，而非外來或不相關的教材。

如此的訊息值得我們牢記在心。將多元文化融入我們教學的熱誠，有時候我們可能會忘記：我們的課堂其實是由一些乳臭未乾，並對自己文化和周遭同學了解甚少的年輕人所組成。他們其實是我們教與學的金礦。如此，從小處開始代表著在雙文化時刻具有敏感度，並且利用多元文化文化時間作爲更廣泛的多元文化教育的開始。

成為多元文化人

發展一個真正完整的多元文化教育課程與教學需要很多年的時光，部分是由於我們單元文化的教育。儘管我們有不同的文化或者是語言背景，然而，我們大多數是在單元文化的環境下接受教育。我們很少有發展多元文化觀點必要的模式。無論我們的背景是什麼，我們只有我們自己的經驗，而且，幾乎以壓倒性的都是歐洲中心和說英語的文化。

因此，成為一個多元文化教師代表著必須首先成為多元文化人。如果不試圖如此的轉化我們自己，任何努力發展多元文化的觀點就會流於膚淺和隔靴搔癢。然而，在一個重視單元文化的社會中，成為多元化的文化人並非易事。也就是說，從幾方面來自我教育。

首先，我們就是得多學習。我們必須參與強調多元主義的活動。我們同時也必須閱讀我們了解甚少的族群和事件。在我們真正社會具有多元文化本質的條件下，即使有時候我們已經習得忽略這些資料，但是仍然捶手可得。

第二，我們必須勇敢地面對我們的種族主義和偏見。作為一個有多元文化觀點的教師，不可能不經過這樣的歷程。因為我們都是以利用階層、性別、語言和其他差異性來作為階層化依據的社會產物，而我們也在不同的情境或模式下內化了這些負面的訊息。有時候，我們根本沒有意識到我們的種族主義；就如同我以前一位學生把非洲人當作「奴隸」(*slaves*)，而把歐洲人當作「人」(*people*)。可是當我指出他的錯誤時，他覺得很驚嚇。有時候，我們傳達一個根深蒂固的偏見，就像不說英語的學生就被當作「沒有語言」，譬如就像我的女兒三歲進入托兒所，只會說西班牙話時，譬如我們的行動也帶有我們所習得的訊息，就好像我們自然地期待我們跟女學生在數學方面會不如男學生。我們的自我再教育蘊含的不只是學習新事物，同時也是忘掉我們以前所習得的一部份。以女同性戀、男同性戀、雙性戀、跨性別(*LGBT: Lesbian, Gay, Bisexual, and Transgender*)的學生為例，老師和學生就常說，「我不在乎那是什麼，只要他們不要帶到課堂就沒問

題」。這好像蘊含，這些學生的認同必須要被抹殺掉，因為他們使其他人感到不舒服。在所有的這些案例中，這樣的過程可能是艱辛痛苦的，但是這也是成為多元文化人必須經歷的一部分。

第三，要成為多元文化人亦應需具有多種不同觀點。因為我們常常學得只有一種「正確的答案」，而只發展出單一看待事件的方法。多元文化的觀點則「有背於此」。重新讓我們自己從多元觀點看待事物，使我們覺得既累又難，那是因為我們的世界觀得有重大的改變。

雖然個人由單元思考到多元觀點的轉化，並不能保證教育就能將此種個人轉化變成多元文化；但是依此，教育輕化將提供教育變得更加多元的基礎。許多年前，一位具有多元文化觀點與執行的教師*Diane Sweet*（也是訪問*Avi*與*James*的人）告訴我：「自從我發展出多元文化觀點以來，我就是無法再用其他方式教學。」*Diane*的觀點在他的課程、教學、師生互動、教室氛圍、親師互動、與個人生活、學校與社區中表露無遺。

多元文化教育模式

單元文化觀點與多元文化觀點對於差異的了解有著基本上的差異。然而，即使是多元文化教育對於多元主義也有不同層次的支持，可分四層次：（1）容忍、（2）接受、（3）尊重，以及（4）肯定、團結與評論。

如同我在這個模式中所分類與強調的，每當我們將事實分類的時候，我們就可能將事實視為一成不變且亂數浮現的傾向，而非混亂、複雜或互相矛盾的。這些分類應該被視為有流動性，以及非具有彼此滲透與改變的範疇。我使用他們來體現多元文化教育能夠在學校使用的各種方法。我使用我前面所提的七種特質來闡釋：從單元文化教育到多元文化教育的教育模式。這個模式探索多元文化教育如何兼重學校環境中的許多元素，以及在不同情境中使用不同形式的多元文化教育內涵。

　　容忍是第一個層次。能夠容忍代表著有心胸去承受某種事物，自然有時候不是那麼賞心悅目的。容忍差異代表著要忍受，雖然不見得需要去擁抱這些差異。我們可能可以學習去容忍這些差異，但是這時候的接納可能是搖晃不定，因為今日可接受的，可能明天就無法忍耐了。因此，容忍代表著在學校情境中最低層次的多元文化教育；可是，很多學校卻記載著容忍多樣性(*tolerance of diversity*)的使命論述，並強調該校之使命論述的重要性與全面性的。雖然他們可能相信這是支持的表現，但是還是有所欠缺。在學校政策與執行上，容忍可能只蘊含著語言和文化上的差異。有些學校會安排非根基於文化差異性的課程，如*ESL*課程。其他課程或者活動頂多也只是表面工夫而已。黑人歷史月(*Black History Month*)可以用學生週會時附加的形式，以及特殊公布欄的方式來紀念。學生家庭的生活型態與價值觀如果與優勢族群的有差異，那麼學校就認為這些家庭和學生應該考慮去做一些調整。

　　接受是支持多元的現代的層次。如果我們接受差異，我們至少承認多元的重要性。具體的來說，學生的語言與文化就可在學校的課程中體現出來。這些就可以包含過渡式的雙語課程(*transitional bilingual program*)，也就是說學生的主要語言可以用來輔助教與學，一直到學生習慣英語為主要語言。這也就可能代表著經由多元文化節或食譜等活動來肯定差異性。有如此支持程度的學校，就可以設定每週「多元文化課程」，以及學生家長的母語能夠藉由校刊來作為溝通的語言之一。

　　尊重是多元文化教育的第三層面。尊重代表著致上最高的敬意。當多元受到重視，那麼你就可以當作眾多教育學習內容的基礎。這也就可以說明：提供雙語教育不只是將學生的母語作為過渡到英語的一種橋樑，同時也應該是在整個學校教育中的一部份。如此，正向的親師互動就更容易產生了。在課程中，學生的價值觀與經驗也就可以作為他們語文發展上的基礎。學生將有機會可以透過不同的管道來瞭解同一個事實，同時也能夠擴展他們的視野。增添的多元文化主義(*additive multiculturalism*)將是每一個人應有的目標。

　　肯定、團結與評論（*affirmation, solidarity, and critique*）是支持多元的最高層次。先決條件是：最強有力的學習效果是當學生彼此互相合作掙扎度過難關，即使有時候是很千辛萬苦的。這代表著將學生家庭的語言文化視為學校中合理合法的一部份，並且進一步肯定其為學習的工具之一。這也說明了解到文化並非一成不變的，同時文化也可以接受評論的。因為多元文化教育與所有人類的平等和社會正義有關；而不同族群之基本價值觀常可能是背道而馳的，因此，衝突似乎在所難免。而此階段與其他階段所不同的是：不必要避免衝突，而視衝突為學習過程中不可或缺的一部分。

　　消極接受任何文化的現況是和多元文化教育理念不連貫的。簡單地將用對某一文化的迷思來取代另外一個，是和多元文化教育的理念衝突的，因為沒有任何一個族群或者一個民族是優於任何其他一個。在這個層面上，學生不僅「歡慶」多元，同時也回應以及挑戰相關的理念與活動。就如同*Mary Kalantzis*與*Bill Cope*所陳述的，多元文化教育「不只需要考慮多元令人歡愉的一面而已，當不同族群在溝通有關社區與在同一空間中的物質生活時，似乎是更基本的議題－因為這是一個會產生衝突與痛苦的過程。」如此基本的議題可能相當的難處理，甚至會束手無策，而這些可能會涵蓋許許多多有關於尊重、權威、家庭、性別角色等等方面的不同價值觀。

　　沒有接受評論的多元文化教育，是保留著在浪漫或者存有異國風味幻想的文化認知上。如果我們沒有辦法藉由反省和評論超越我們自己的文化經驗，我們就不可能有希望去瞭解並評論其他的文化。對學生而言，這樣的過程必須由與其他有異於自己的個人或族群，產生強而有力的團結意識來做起，有著如此深層的尊重為基礎，評論不僅是有必要，同時就實際層面而言也是很健康的。沒有了評論，歌頌現況為一成不變的事實，可能就會變成多元文化教育陷入的險境。

　　在學校裡，肯定、團結和評論蘊含著必須在連貫、批判、完整以及包含式的方式下運用學生的認同。而這種情況遠超過於幫助被奪權的民族創造出有保障、選擇性的民族的安全區(*ethnic enclaves*)來得重要，即使民族的安全區在過程中的重要一步。譬如，藉由雙向雙語

課程使所有的學生能夠在日常生活中使用，並在學術的環境中保留他們的語言而使學生感到受重視，便是發展多元文化情境的方式之一。如此的課程將會以多元文化的敏感度以及包容性來凸顯，並且提供不同教材與觀點。教師的態度與行為，將只會反映出對所有學生的最高期待水準。教學策略同時也反映多元文化觀點，並且涵蓋各式各樣的方式來教導學生。家庭因而會受到學校的歡迎與支持，而被視為是學生第一以及最重要的老師。他們的經驗、觀點與建議將會被融入學校和教室的各項課程和活動中。接下來，這些家庭也能夠接觸異於自我的經驗和觀點的情境中，而這將會幫助他們擴展自己的觀點與人生經驗。

學校可能如何發展這四個層面的方式在表10.1中陳列出來。當然，多元教育無法像這圖表劃分的如此明確。這個模式簡單地從理論方面體現多元文化教育，可能可以在學校中呈現出來。為了要達到最佳效率，他同時也強調多元文化教育需要普遍性的政策與實踐。雖然，任何一個層面的多元文化教育可能較單元文化教育觀點來得好，但是，每個層面都是在挑戰單元文化或者族群中心主義的觀點與教育。如此，第四階段很明顯的是支持多元文化教育的最高表現。

基於以上提及的一些理由，第四個層面也是最難達到的，包含著我們學校教育中缺乏多元文化教育的有效模式。在這裡，我們要受到有異於我們價值和生活型態的個人或族群的抗拒，以及嚴重地挑戰我們容忍程度的各種情境。和我們衛生習慣、飲食文化、與宗教儀式不同的族群與個人互動，有時候會很困難；有時候也是很難去接受，或去了解與我們根深蒂固的文化信仰和生活方式不同的信仰和方式。譬如，如果我們深信性別角色的平等，而我們教室中偏偏有家庭偏向男性的地位遠高於女性，那麼我們就必須要與這些相信教育其實是一種削減的父母溝通，或者我們也必須要與來自宗教背景禁止他們參與學術性活動的家庭溝通－這些情況都在考驗我們的肯定與團結的能量。同時他們也應該是如此，因為我們都習慣從我們自己的價值觀來審視世界與周遭的人事物。

文化既非一成不變，也不一定是正向或者負面的。某族群的文化

價值觀與執行，反應他們在歷史上的某一時刻適應環境的最佳策略。可是，也有可能被別的族群視為不當的策略。因為每一個族群已經在不同的情境下發展出不同的策略，我們永遠無法對於什麼是最好的或最恰當的達到完全一致的妥協。

解決這種兩難問題的一種方式，就是強調所有人的人權和公民權。這些權利保留著所有的人類應該被賦予尊嚴、尊重以及公平。有時候，由於某一族群或團體的價值觀和行為太挑釁這些價值觀，以致於我們無法接受或者容忍他們。假如我們能夠深切的珍惜這些概念，並加以擴展而非否定這些權利，那麼，我們就必需支持那些較有普遍價值性的一方。

以上的論述帶來如此的結論：多元文化教育是不容易的。如果是那麼容易，每個人早已開始執行實踐了。解決有關文化差異上引發的衝突是具有高難度的，而且有時候甚至就是不可能做得到的。我們自己本身也養成的特定文化濾鏡，可能會造成我我們欣賞這些文化差異的大阻礙。同時，有些價值觀簡直就無法互相融合協調，而我們必需要接受這個事實。然而，尊重彼此的文化與基本人權應當仍然可見的。也就是說，因為通常解決但這種衝突的唯一方式就是採用主流文化的方式，所以我們的社會仍缺乏溝通協調文化差異的管道。儘管多元文化教育有時讓人覺得艱辛、痛苦並耗時，但卻能提供這種協調的管道與方式。

表10-1　多元文化教育的層次

多元文化教育的特質		
	單一文化教育	容忍
反種族主義/反歧視	種族主義是沒被公開承認的。政策與執行是支持歧視思想與方案的。這些包括對學生的低期待水準、拒絕在教學上使用學生與生俱來的資源（譬如語言與文化）。只有實行所謂的「淨化」和「安全」的課程。	政策與執行挑戰種族主義與歧視。禁止外顯的歧視標誌（譬如稱謂、塗鴉、具有種族主義和性別主義的教科書或課程）。爲非英語爲母語的學生設立ESL課程。
基本的	定教育目標主要爲3R，並爲「法規準則」「文化讀寫」（cultural literacy)認知建立於單元文化教育架構下所有重要知識主要是有關歐裔的。這些歐裔中心觀點反應於課程、教學策略、與學習環境。	對教育的定義較廣泛，並包含其他族群學生的相關訊息。
普通的	忽略學生多元背景。	多元文化觀點在某些課程教材或活動上明顯可見，如黑人歷史週和墨西哥五月五日逐法國紀念日（Cinco de Mayo）或許有巡迴的「多元文化教師。」。
對所有學生都重要的	如有民族和/或婦女研究課程只提供給該民族學生，只視爲點綴課程，非所有學生都必知的。	民族和/或婦女研究課程僅提供爲獨立的科目。
社會正義教育	教育支持現況，思考與行動分開	即使薄弱，教育仍然與社區相關。
過程	教育首重內容：誰、什麼、哪裡、何時。「偉大白人」版的歷史受到提倡，教育是不變的。	教育重視內容與過程。「爲何」與「如何」這類問題似乎還差於啓口。
批判教育學	教育爲使人溫馴。現實被呈現爲不變的、完成的與無趣的。	學生與教師開始質疑現狀。

多元文化教育的特質		
接受	尊重	肯定、團結與評論
政策與執行承認差異。教科書鼓勵多元。提供過渡式雙語。課程涵入較多族群的歷史與觀點。	尊重多元的政策與執行更顯見，包含保留式雙語教育。禁止能力分組。課程較反種族主義。可「安全」地討論種族主義、特別主義與歧視。	肯定多元與挑戰種族主義的政策與執行亡發展出來。對所有的學生都有高期待；學生的語言和文化能用於課程教學中。只要可能，就採用雙向雙語課程。每個人都負有挑戰種族主義與歧視的職責。
多樣的生活方式與價值在某些課程與學校活動中可見，而非僅限於優勢文化的	教育定籌爲生活於複雜與多元之社會中必須的知識。有鑑於此，包含了很多內容是多元文化的。增添的多元文化教育是目標。	基礎教育辨識多元文化教育。所有的學生都習得第二語言並且知識廣博。
承認學生的多元性；非只在「節慶與英雄日」中才可見，並考慮不同的學習方式、價值、與語言。可能有「多元文化課程」的設置。	學習環境充斥著多元文化教育；在學校教育互動、教育與學校文化中可見。	多元文化教育瀰漫在課程、教學策略、以及師生與社區間的互動中。在公佈欄、學校餐廳與集會中隨處可見。
很多學生被期待參與多元文化的活動。教授許多不同的語言。	所有的學生選讀能反映多元文化的課程。教師極力使課程更加貼近多元。	所有的課程在本質上是多元文化的。提供給學生豐富的課程。
社會變遷方面學校的角色是被認定的。反應這種變遷的態度開始讓人感受得到；學生參與社區服務。	學生參與他們所關懷的社會議題的社區活動。	課程與教學是以了解社會正義爲教育核心。省思與行動是學習的元素。
教育兼重內容與過程。「爲何」與「如何」較受重視。具有學生多元背景的知識與敏感度較明顯。	教育兼重內容與過程。師生開始質詢：「如果，怎麼樣？」老師與學生和家長建立緊密關係。	教育是內容與過程等量的混合品；而持續變動的。學生與教師受到增權賦能。學校中個個都成爲多元文化人。

平衡希望與失望

任何次於完整性多元文化教育課程，將會持續給予學生次級的教育品質。從19世紀末直到1960年代的，我們的社會承諾所有的學生給予他們公平並有高品質的教育；但是自公民權利運動之後開始執教鞭的教師，卻從來沒有聽過這理念被大張旗鼓地宣揚過。此更令人傷心的是，教育結果証明了我們的教育仍不公平。也就是說，這些經濟、語言與文化上最被社會忽略犧牲的學生，也就是在我們學校中最容易受到傷害的一群學生。他們的地位一般來說，就是複製他們家庭的地位。除非我們的教育制度能夠在所有的層面上，藉由所有學校的政策與執行來對抗教育的不公平，否則我們就只能隨波逐流或依循前例了。

本書中個案與速寫，強調學校在促進學生學業成就方面扮演很重要的角色，而多元文化教育是達到此目標的方法。本書的標題《肯定多樣性》（*Affirming Diversity*）是多元文化教育的核心；蘊含著文化、語言與其他差異應受到尊重與接受，並作為學習與教學的基礎。與其視之為需要解救的弊端與問題，差異是教學與學習的開端，而能豐富學生與教師的經驗。肯定多元絕非只是歌誦差異而已；相反地，種族主義與不平等的議題，必須在任何的多元文化教育課程中公開辯證與面對。

並非肯定多樣性就足夠了，除非我們也挑戰政策與執行，讓弱勢學生享有公平待遇。但是只在學校層級像蜻蜓點水般碰觸到種族主義與歧視，對於大環境影響是有限的。雖然改善教育需要由學校教育出發，可是只改善學校並不能讓大社會有本質上的大改變。學校常常是遊行、抗爭與改變的場所，而學校對公共政策也常有鉅大的影響。然而，種族主義、階級主義、民族中心主義、語言主義、反閃族/猶太主義、反身心障礙主義以及其他形式的歧視存於學校中，因為瀰漫於社會中。將學校從社會中切割出來是不可能的。雖然學校極力提供免於偏見的學習環境，學生離開教室與學校後，他們又得重新面對不公平的社會。

教師、學校與學生涉入社會不公平議題時，需要清楚地了解到他們參與了挑戰社會與學校中不公平的現狀。假如他們是認真地面對學校文化多樣性的議題，也不可避免地涉入約25年前*Mildred Dickeman*所稱的「顛覆任務」（*a subversive task*）。她的見解否決了多元文化教育只是歌誦性的，而是代表著了解差異更複雜與深層的面向與意義。

平衡希望與失望很難持續，但這正是我們所需要的。多元文化教育並非社會不平等的補救法，也不能保證學業成就。但是，如果教育的主要目標是教導年輕人在多元與民主的社會中，成為有生產力的成員所需要的技術、知識與批判的知覺，廣泛概念化的多元文化教育可能有決定性的影響。雖然種族主義不能被學校拔除掉，但是我們也不可低估學校扮演的角色。其實，學校藉由發展反種族主義與肯定多元的政策與執行，學校對於許多學生的生活仍有舉足輕重的影響力。

不正義有很多面向，而學校不過是揭露的場景之一。譬如，即使有學校因為認為有歧視不公平的成分，決定捨棄標準測驗；如此激烈的決定也蘊含很多變數，而難達到想要的目標，甚至可能有反效果也說不定。學生測驗成績的好壞決定他們是否可上大學、上哪種大學、學習什麼以及日後可能從事的工作。實際上，他們會不會考試決定他們的未來。既然如此，學校的決定除非經過深思熟慮並有其他活動與政策配合，否則長期下來變成無謂的掙扎，而且對最需要學校支持的學生是種消減。容我再重複一次，學校無法孤立，而我們要考慮學校的社會政治脈絡。

摘要

本章複習學校的責任來加強雙語與多元文化教育的功能。我們討論過課外活動的角色，並提出關於學校和社區能做什麼的例子。學校教師與家庭在提供學生學習成就的角色上也提出了建議；特別是互相的適應、師生關係、與家庭的學習環境。

　　本章同時也討論對於多元文化教育有啓示作用的另外兩個議題：美國人的定義與不同層面的多元文化教育對學習環境的影響。假如我們從定義什麼是美國人，而必須持續地在溝通協調爲前提來開始，那麼提倡有包容性的社會便有很大的空間。

思考題

1.三種了解多元主義模式（或者缺乏）如下：
- 遵從盎格魯撒克遜文化：所有的新移民者都必須尊崇位居掌控地位的歐裔美國人、中產階級與說英語的模式。
- 「大鎔爐」：所有的新移民熔化來形成爲美國式的混合物。
- 「沙拉碗」：所有的新移民在與他人形成我們美國獨特社會的「沙拉」時，保留他們的語言文化。

　　　分成三組，選擇上述三個模式之一並辯稱其代表美國社會的主流意識形態。給予具體的例子。之後，變成一大組，決定這些意識型態是否最明顯且成功的。給予結論的理由。你如何評論這些意識形態？利弊爲何？

2.學校功能爲何？決定學校的功能，調查學校的架構。依據以下的教育目標，以小組合作方式以每一目標設計一學校：
- 學校的目的是「美國化」或者同化所有的學生過美式生活。
- 學校的目的是培養少數好經理與很多優秀員工。
- 學校的目的是培養批判思想者。
- 學校的目的是培養在民主社會中積極參與各項事務。

　　探討基於以上任何目標成立的學校如何運作。描述你所設計的學校課程、教材、行政、社區與架構。通力合作來比較這四所假想學校的異同。我們能從比較中學得什麼呢？

3.定義美國人/美國式。

4.你如何定義一個我所謂的具有「增添式多元文化主義」的人？與單
　元文化主義者差異爲何？給予具體例子。

5.*Mildred Dickeman*認為：假如教師他們要挑戰單一文化課程與其他學
　校不平等時，就是在進行一種「顛覆性任務」。她指的是什麼？你
　同意嗎？

適用於個人、學校與社區改變的活動

1.與一群同事想出在您學校限制學生參與課外活動的一些方式。想想
　運動、報紙、學生自治會與其他活動。如何使您的學校比較有包含
　性？與親師會討論，徵求他們的意見，並向校長報告。

2.要求您的校長設立委員會來決定學校如何符合多元背景學生的需
　求。可用*James Banks*等人所著的《一致中有多元：多元文化社會中
　教與學的必要原則》（*Diversity within Unity: Essential Principal for
　Teaching and Learning in a Multicultural Society*）作爲引導。評價
　您的學校做到什麼程度。考量學校課程、教材、與教職員和社區的
　互動以及整個學校居住與學習的環境。

3.發展學生能學習特定方式來適應而無勉強的課程。您可能需要閱讀
　*Bob Fecho*的書《話語與生活》（*Words and Lives*）；或者*Vivian
　Vesquez*的《與學童協調批判式讀寫能力》（*Negotiating Critical
　Literacy With Young Children*）。*Fecho*和*Vasquez*都主要採用語文
　科，但您可發展其他不同科目。

第11章 多元文化教育的實施

　　我的教學經驗中顯示，教學不是依照一個人在食譜上選了一道菜就有效果。如果老師一人就能在教學上成功，就好像只要有烹飪程序就夠了－好像學生就是那些沒有歷史與個人特質的蔬菜和肉，因此無法參與他們的烹煮過程-Stephen Gordon

Stephen Gordon 是波士頓公立高中的資深教師，他和我都參與了教師專業發展調查團體。他動人的話語提醒了我們成功沒有公式－沒有適用所有情境的一種模式，而即使像他這樣三十多年教學經驗的老師，在教學上仍舊是不斷地學習。

教學可以是孤立和獨立的。教師做為孤獨改革者的神話深深烙印在我們共同心理中。無論是在電影、小說或是自傳中，媒體都呈現了教師不真實的形象，而成為不屈不撓的神奇工作者或是死而後已的開創理想家。我們很少看到教師一起合作或互相學習。我們最珍藏的教師形象是奮鬥或英雄般的個人在一個寂寞的旅程，不管是挑燈夜戰地改考卷或是有魅力的青年守護者。

上述沒有一個形象是完全可被接受的，因為這兩者都將教師的形象強化為脫離了歷史與社經的脈絡。雖然我們都在接受師資培育的時候學到「一旦你把教師的門關起來，你就可以做任何你想做的事」（事實上，這在某種程度是真實的）。這樣的教學取向和我們在社會生活中應該和別人互動與學習的基礎大相逕庭。Jeannie Oakes 和他的共同研究者在一個十年的長期學校改革研究中建議，改善社會與教育的起始點正是「集體的」。無論什麼時候，只要我們發現學校使得學生參與豐富與挑戰性的學術活動，我們就會發現教育工作者和政策制訂者會被此促使搬向公共福祉的方向。

教師會互動與社會化的地方就是教師的研究室；在這個空間內有時充滿消極性的言論。其結果是造成一些有理想和努力的老師學會遠離這樣的場所，以維持其對教育的期待。雖然這是可理解的，但是這可能會導致和公共的論述區隔，特別是那些隨波逐流不見批判性的教教師會議。這些不是花費時間去做無謂的宣示或是官僚的細節，就是教師事前很少去計畫的專業發展活動。很顯然地，其他建構教師間建設性與實踐性關係的方式尚待發掘。

本章是基於教師們和其學生及家人必須一起工作的假設，以發展支持學生及認同自己的教學方式。本章也假設發展有意義之合作關係的最後責任，繫於教師與行政人員的支持。把教師塑造成為騎著白馬的騎士乃是不切實際的浪漫，而最終是無濟於事的，因為這是一個要

耗費許多精力去維持的幻想。因此我倒是建議一個較有可能的取向，就是去建構教師共同合作的關係，而這是考慮到歷史的時間點、特定的教師工作社會背景以及學生的生活。這不僅意味教師要進到教室的空間，同時他們也要學會去在和諧而具建設氣氛中與同事討論、學習、挑戰，而這將能實現其身爲教師和學生的雙重角色。

在某些情況下，保持孤立當然是比較容易的。共同合作（collaboration）需要協商、妥協，有時候甚至要讓步，而這些都是單獨工作時不需面對的。同樣地，有更多的老師被虛幻的教師形象所引誘，在此形象中教師他面對殘酷和不在乎世界的可愛學生。然而，在真實生活中，如果老師面對那些使學生疏離的學習情況，他們會發現他們能夠和學生或爲學生完成更多，而教師在校內外與他們的同事或其他同業的合作，將會得到最好的成果。

我們不能將缺乏合作的經驗全部怪罪到教師的頭上，從教育的過程到學校政策，老師被期望甚至是鼓勵去單打獨鬥。極少數的情境是鼓勵老師進行合作，教師必須去對抗傳統和制度的障礙以謀求一起工作的空間。例如，學校每個星期保留做爲合作計畫的時間非常少，在學校的時間，很少老師有空餘的時間開會、與他的同事共同工作。然而，這正是學校措施所需要改變的地方。至少，教師在一星期中需要有幾個小時和他的同事進行合作。即使提出這樣的可能性給校長、學校董事會、教師組織和行政中心，最後可能獲致學校結構的改變。而在此同時，如果教師自身開始此一過程，而同時要求在學校的結構改變，他們將會發現合作可使個人獲得滿足也更有效率。

合作的專業關係即使尚未成爲規範，但至少可以更加普遍，而比教師面對單打獨鬥時的不確定與孤寂有更多的回饋。不過，發展合作的專業關係的主要問題乃是很少有現存的模式。隨著逐漸增加的教師研究與教師團體間合作的文獻增加，老師們可能變得更熟悉。教師研究與合作的說明，提供了有效教師共同工作動人的證據，以及能在改變教師與學校氣氛上的巨大成效。

另外一個促進合作的方式是促使教職員會議，主要去討論與教師有關適時重要的議題，而不是行政官僚事務。當教職員會議集中

在學術促進的議題，而此議題能夠聚焦於真實的教室問題，教師就會較容易去感受到教職員會議對於他們自己教學環境的重要性，否則老師們覺得這只是另一個得熬過的折磨。例如，我認識的一位校長 *Mary Cavalier*，他尋求贊助以購買書籍給每位教職員，並做為在某些教職員會議上討論的材料。他們已經閱讀且討論了許多書，包含了 *Herb Kohl* 的《*I Won't Learn from You, and Other Thoughts on Creative Maladjustmen*》和來自於卡內基青少年發展協會中《*Turing Point:Preparing American Youth for theTwenty-First Century*》，此二者在中學的環境都非常重要。*Mary* 也買了一本來自於《*Teaching for Change*》的《*Beyond Heros and Holiday*》給每一個他學校團隊的人員，以幫助他們去發展基於新課程架構的課程。

奠基在學生及社區力量與資源的集體工作，也挑戰了學校轉化為只是一個官僚體系。舉例而言，*Jim Cummins* 建議重新思考師生間的權力關係，以達到促進學生學習。因為他主張低成就－特別是語言弱勢和其他未具公民權的青年－是因為他們次級地位和被權力拒絕的結果。*Cummins* 認為教師應該去發展「共同」而非和他們學生的「權力的強制關係」。也就是說，這樣的改善並非繫於從教育觀點的技術或表面的修補，而是教室中師生角色的重新定義，而這將挑戰貶低學生的觀念。經由共享的權力關係，教師與學生共同批判性的參與研究對學生文化身分的長期貶抑，而採取更為平等的重新建構與更加明確的方式來重建學生的文化認同。

本章是基於發展權力合作關係，而以對於促進學生學習是充滿希望而更加真實途徑的前提。權力合作關係思考教師和學校能用來確保與幫助學生成為如同 *Manuel Gomes* 所說的「所有他能做到的」。因為任何優質的教育目標主要都是在於學生學習。首先，我們要來探討，多元文化教育如何提供不同背景的學生一個成熟的基礎，以達到高層次的學習。教師的共同合作乃是以下建議的中心，因為學生所學到的工作習慣是被教師所型塑的。例如，如果他們看見老師參與讀書會團體、科技合作課程計畫與共同去遊說改變能力分組，他們便會獲取訊息，進而學習到共同合作與分享是互相學習及改變世界的有效方式。

這些在本章中，是在教室裡、學校及學校之外可進行的改變。我挑戰你去發展你自己共同合作的取向以轉化教育，如此一來所有的學生就能得到幫助進而成功。

　　然而，以下是一些值得警惕的事項。包括大眾與教育工作者兩者往往皆置身度外，特別是教育工作者，在等待改變上因缺乏耐心而惡名昭彰，但我們必須謹記改變的確需要時間。例如*Michael Fullan*已經發現：成功的學生學習改變不管在什麼地方皆需要三到六年的時間，當然這得視學校的規模與層級而定。因此執行改變意味著不只是一個特定措施的改革，而是持之以恆。

　　儘管協同合作的工作與計畫在學校改革上是基本的，但是這並不夠；以為協同合作可使學校成為賦權增能與充滿活力的地方是過於天真。例如，*Pauline Lipman*在他的一個進行改革的市區國中研究中發現，雖然新的協同合作結構已經發展出來，多數老師繼續保持那種不當的學生能力背景的教學模式。結果，在他們的團隊會議中，大多數老師還是聚焦於他們個別學生的假設缺點－那些他們最沒有權力去改變的情況－而非學校有關的情況，而這些是他們真正有能力去改變的部份。

詰問教學：
在多元文化背景下重新思考學校的政策和措施

　　正如你所回想的，在第九章中的多元文化教育是來自於不同條件的探索，而此一探索幫助我們去解釋為什麼有些學生在學習上的失敗：種族和其他形式的歧視、學校結構以及在學校中看待語言與文化差異的負面方式。運用*Paulo Freire*所稱的「詰問教學法」（*problem-posing approach*），本章檢驗了在第二部份中第三到第六章中所呈現的問題做為組織架構，我們將回到以下的問題：
- 種族主義、偏見和學生成就的期望（第三章）
- 學校中結構與組織的條件（第四章）

- 文化、身分與學習（第五章）
- 語言的多樣性（第六章）

當多元文化教育被視為是較全面性地在社會政治脈絡之中時，那麼貶低文化的、語言的、社會的和其他差異的對話將會被避免。這樣的取向也挑戰了那種歷史的趨勢，將教師置於工廠模式內，而視教師為大量生產工作者，無法為其教室發展創造性增能賦權的策略。在本章中，你自己的觀念與策略將是討論的基礎。如此不僅是減少偏見的解答配方或只是文化覺醒的課程，此處的焦點是在於提供一個架構給你，去思考整個你所身處的教育社群。特定的建議應該是被視為發展一個完整環境的方針，而不是做為多元文化課程的刻板公式。

詰問教學取向反對視為比較單純教師而輕蔑的觀點視為「多元文化」課程所必須的。藉由參與問題化的過程，以及尋求面臨學生學習與賦權議題的解答，你可以發展一個對教與學更具批判性的了解，以及對學校政策與措施對學生的社會態度與行為該具有的積極與消極影響。

要立刻變成多元文化是不可能的，嘗試在某些時候去這樣做是可笑的，而且是反效果與膚淺的。然而，老師可以每天做一些且有系統的進行改革工作，這在長期而言可能是更有效的。因為每個學校在觀點上、文化上，特別是教師與學生主體都不同。本章所強調的重點是針對教師與學生的文化發展途徑，而這是最適合特定情境的需求。針對每一個類別的組織架構提出許多建議後，會呈現特定的情境和問題給讀者去思考。

對抗種族主義、歧視和低期望

因為種族主義、歧視和對學生能力的低期望是彼此高度相關的。因此本節將三者放在一起討論，首先探討幾個他們互為影響的方式，然後提出許多解決的策略。

　　人們的偏見以不可勝數的方式存在我們廣大的社會中，甚至是以一種我們在面對差異的方式。面臨兒童對於不同膚色、臉部特色與頭髮特徵的好奇，失敗就是最好的例子。因為這樣子做，我們可能會故意去突顯這些無謂的問題，所以在呈現這些議題時會覺得不太必要。同樣的，在處理差異的議題時也會有一種抗拒，因為在優勢文化中對這些差異總是採取負面的看法。其結果就是造成教師在討論這些引起敏感的話題時，無可避免的緊張。

　　孩子很快就會感受到討論或呈現差異時是負面事物的訊息，討論差異或他們如何在我們社會呈現的不當，會使得教室中對這些議題呈現少見的沉默。但是這些議題確實會被提出，儘管通常是在一種神秘的和消極的方式。口頭誹謗（*name-calling*）、拒絕和其他敵意的展現都可能是其後果。

　　而期望卻也和我們已經內化的偏見互相關聯，如果我們期望來自於社區經濟較差的孩子是閱讀成就不佳，那麼我們的教學方式就會反映出來。同樣的，如果我們期望女生較服從柔順，那我們就會用這樣的方式教他們。可能我們會覺得聽障小朋友有別於一般人的需求，而導致我們覺得他不像一般小朋友學得那麼快的想法。雖然我們的教學方法不嚴謹並以我們的最佳意圖去組織，但這樣的結果卻是具破壞性的，我們已經在本書中看到許多鮮明的例子。

　　有很好的意圖或是深切的關心並不夠，我們必須去考慮我們的偏見。即使是最開明的老師，在他們進到教室的每一天，也可能帶著偏見。有時我們會感到震驚，例如當其他人點出我們叫女生的次數比男生少，或是我們會接受某些學生不夠認真的完成功課，但是對其他學生則不然。非裔美籍或拉丁裔的學生常常告訴我，老師對於他們的數學得到C而滿意，但是對於班上其他白人學生卻有較高的期望。當然，我們不能命令老師對所有學生展現高度期望，或是使所有學校在一夕之間都成為反種族主義者、反性別歧視者的機構。然而，我們卻能夠在教育的環境中，去做一些改變以改進這樣的過程。

提昇和主動

教師身份會產生不同的結果。例如，愈來愈多證據顯示，非裔與拉丁裔學生如果被相同背景的老師教導，他們會受益較多。然而，這並非意味著僅有非裔與拉丁裔學生會因為背景多樣化的教師背景而受益。例如，一個最近的研究發現：弱勢教師的存在與弱勢學生在標準測驗的正相關；而更有趣的是，白人學生獲益更多的發現。這樣的研究挑戰了一般的認知，而以為在多元尊重上總是使得白人吃虧，或是非裔與拉丁裔教師教學模式僅適合和他們一樣種族或人種的孩子。不過，我們也不能從這個研究中就下結論，以為非裔的學生僅能被非裔的老師教導，越南裔的學生僅能被越南裔的老師教導，如此類推。然而，這確實代表著教職員的背景愈是多元，學生受惠愈多。

雖然單是個別教師本身並不能對學校聘用措施產生普遍影響，他們卻可以聯合其他人，一起為了達到讓教職員的性別平衡和種族人種和語言的多樣性。當在適當的職位時，他們可以去遊說，使得在考慮工作資格時，多元背景成為一明定的標準。這在全校的職位來說都是重要的，而且是對那些低代表性（*underrepresented*）的團體更是重要，例如女性在高階管理的任職。這並沒有一個容易的方式，以達到學生的自我形象與教職員多元背景一對一的對應關係。但是舉個例子，如果一個學校主要是歐裔的老師，且行政人員以男性居多；而學生的主體或廚房員工普遍都是墨裔美籍與女性，那可能會發出一種權威的，甚至是不受歡迎，而使某些學生或職員成為二等公民的訊息。

老師可以建議採用更積極且向外擴展的方式，以達到教職員多元化，這些包含了公告、通知。因此父母和其他社區成員能知道學校的空缺，在社區中心或地區商業中心貼海報，在本地報紙做宣傳，以及將訊息放到本地電台。而這些通知應該被翻譯成社區中主要的使用語言。

你能做什麼

★如果你學校的學生異質性很高，但是教職員的情況則不然，你要如何做才能鼓勵教職員更加多元化。如果目前剛好沒有空缺，但你和其他人卻很關心這種從學生到教職員的文化不平衡時，又該如何運用現有的資源，聽取一些有創意的方式使你的學校更具多元文化特色。

★運用同樣的架構，但是改變一個情況。教職員和學生兩者同質性極高，為什麼使得教職員變得更加多元那麼重要？而要創造另一個活動的清單來幫助多數同質性學校變得更多元。

將相似與相異變成顯著課程

聚焦於人的相異與相似性可以提早到學前年齡，例如膚色，髮色和其他身體的相異與相似性。而不是只告訴白人的兒童去談論黑人兒童的膚色很髒是不禮貌的。教師可以運用這樣的敘述，而將膚色差異做為課程明顯的一部份的基礎。將小朋友個人的相片，與雜誌上全世界人們的相片貼在公佈欄上，強調所有人類團體相似感覺的故事，還有代表不同種族和人種以及兩性的玩偶。

我認識一位叫*Patty Bode*的老師，他是很有天賦的藝術教師。他運用一個顏色原理課程，來聚集注意力於膚色上。當*Patty*還在麻州的*Amherst*公立學校當藝術老師時（他後來成為一位國中教師，也運用這樣的課程在中學生、大學生和教師），他發展了一種每一位學生和教職員都會參與的全校性活動，從廚師、教師到校長與警衛。他使得每個人混合基本的顏色，以配合其膚色然後去蓋手印。在過程中，他們參加有關種族的對話，那些是我們用來描述不同背景、偏見和種族主義的人們的字，和其他我們在大多數學校不會討論的議題。當活動結束時，*Patty*把這些手印吊在學校的中廊。這是一種有力的多樣性與完整性的圖畫表徵。

　　老師可以和學生及他們的同事一起去建立「學校文化」，如此一來學校會成爲一真正的社區。例如一些活動和儀式可以成爲全校性努力而得的成果；像是從不同的背景中選出區域或全國的英雄，使所有的學生學習不同文化的歌曲、詩歌或演講，使所有的學生參加社區歷史計畫以探究許多不同人們的生活、經驗與成就。在一個教室中，教師可以去發展教室歷史（Classstory），這些包含了教室中每個成員的相片與自傳，以呈現他們的種族資訊、他們所說的語言以及他們和朋友及家人喜歡做的事。雖然我們要避免製造出僅植基於食物和節慶的膚淺多元觀點，但是這些可能也是增加了解多元的重要元素。例如，Deborach Menkart已經提出，即使是透過傳統的「文化傳統」（heritage months）的理念，也可以是達成多元化課程的積極途徑。食物也一樣可以變成課程中的豐富資源，在一個少數民族食物完整的研究與優良的資源中，Mark Zanger建議食物可以成爲許多具創造性而與文化或移民有關教案的基礎。透過這樣的資源，孩子們可以學到，歷史不只是過去某些重要人物發生的事情，而是那些他們每天共同參與的社會生活而形成的。

　　對於年紀較長的學生，則可將焦點集中在描寫男性與女性不同團體的多元文化文學作品，這會是一個有效的策略。討論特定團體的歷史與文化課程也會有所幫助，特別是被用在跨領域（interdisciplinary）的方法。

　　從學前到高中，創造一個確認差異是重要的物理環境。這樣的環境可包括許多不同的相片和海報、來自不同文化的吊飾、學生們做的模型、全世界的地圖與國旗；公佈欄多元文化的特別日主題、世界各個國家的藝術展覽，館藏不同習俗豐富的圖書館，當學生在安靜工作時能播放彰顯不同文化的音樂。而遊戲角能包含許多遊戲，從西洋棋到帕奇西擲骰子遊戲（Parcheesi）、骨牌遊戲等。不同的語言用英文翻譯，也可以被用在公佈欄上。

你能做什麼

★聚焦在你的特定課程，你如何將相似性與相異性成爲課程中明顯的一部份？如果你是某一學科的專家，那你可以和跨領域的同事合作，並且列出你在下一個月將會教的主題。你們將可以如何共同合作？如果你是一個國小或學前的教師，就可以和你同學年的同事一起列出你們將要進行的主題。你如何使他們在多元文化上更顯明或是更反對性別歧視，或者是跨越年級以促進不同年級學生的教與學？寫下一些特定的點子以及完成這個工作所需的資源，你也可以去發展一個或更多的真正課程計畫細節，以做爲出發點。

★考慮你在學校、教室與社區已經擁有的資源，和一個教師和學生團體一起合作，去經營一個多元文化的空間佈置。寫出具體的想法或是畫出你教室的建築平面圖，這會顯示何處與如何擁有多元文化的最佳使用資源。

對抗課程中的種族主義與歧視

聚焦於相似性與相異性並不能保證種族主義會消聲匿跡。事實上，一個對準相似性與相異性的焦點，會成爲一個不願對種族主義做更進一步探究的藉口。因爲種族主義和其他偏見課程中逐漸隱而不顯，他們變成學校中令人不舒服的對話主題。使得種族主義與歧視成爲課程中一個明顯的部份，會成爲提出這些困難議題一個健康與謹慎的方式。

即使是低年級的孩子也可以參與種族主義與歧視的討論。儘管許多老師相信：低年級的學生不應該在其幼年階段接觸種族主義的陰影，但是他們忽略了許多孩子每天都蒙受了種族主義或其他形式歧視之不當影響。使這些討論成爲課程中的明顯部份，甚至是對那些最低年級的學生，能幫助他們以積極而非消極的方式處理種族主義和其他偏見。

　　在許多學校行之多年的誹謗方式，提供一個有價值的機會給老師和學生去加入對話。避免提出這些問題變成是偶發的個別事件，或是一些麻煩製造者的問題，或是像過去一樣；相反的若能使這些成為顯著課程，將能幫助學生了解，這些事件是我們社會和學校系統性問題的徵兆。以誹謗的方式去突顯這些原本是隱而不顯的問題可以變成「循環」或「分享時間」的一部份；或是成為種族主義、性別歧視、身心障礙歧視或其他偏見的課程基礎。

你能做什麼

★對於不同種族和文化社群、女性、不同社會階級與殘障人士的刻板印象，在我們的生活中比比皆是。希望和你的同事一起合作，共同策力讓這些刻板在課程中突顯出來。放至適當的教材，並描述學生在遇見這些他們看見的刻板印象時怎麼辦。

★許多老師在他們的學校見證了誹謗、種族主義和排斥性的行為，這些包括了從國小的「白痴」(retarded)到國高中的「同性戀」(faggot)。回想你最近一次遇到這種事情，是如何處理的？你現在會有不同的處理方式嗎？你將如何讓這些事在課程中突顯出來？你會用什麼資源來幫助你?在提出這些議題時，父母與社區成員應該扮演什麼角色呢？

★你如何運用新聞中的故事來帶出種族主義或其他偏見的議題呢？發展出與你的任教年級、科目有關的活動。

改革學校：重組與革新

正如同在第四章詳細提到的，學校本身的結構條件加劇了社會的不公平。雖然改變一些學校的結構不保證獲得公平，但卻能為促進所有學生公平和高品質教育而鋪路。讓我們依據第四章所提出的檢驗，來發展重組與革新的策略。

能力分班

如果能力分班是民主社會中促進公平教育的一個問題，常態編班（*detracking*）的學校將是第一步，即使仍嫌不足。然而常態編班是以一種由上而下的方式，在此過程中教師很少有置喙之餘地。再者，常態編班很少伴隨著教職員與學生主體間有計劃或有系統的準備；此乃因為在許多學校的大型班級中，會使得大型班級內學生的異質性提高，老師到頭來可能會在其班級內，將學生依照能力而重新分組。同時，學生已經習慣於能力分班的替代做法，像是合作性的團體和同儕教學。如果這些轉變未能善加掌控，可能會抵消了效果，而和能力分班有關的問題，常常在不同的偽裝下又死灰復燃。

大多數老師有機會去參加研習、研討會或訪問其他學校。訪問做到常態編班的學校，對於那些有共同理念的學校與老師會有明顯的裨益，其他專業發展活動也會有所幫助。例如，教師可以建議在專業發展討論上提出能力分班、常態編班和替代的分組方式。例如，有一個錄影帶叫做「揮別能力分班」（*Off-Track*），其對於考慮常態編班的學校就會提供一些協助。在錄影帶中，學生與教職員提出了去除能力分班的好處與挑戰。除此之外，一個對去除能力分班有興趣的教師團隊要求有機會去籌備教職員的研討，讓他們共享常態編班的理念或在教室中做創新的分組。

因為能力分班也發生在課程外的活動，因此，學校需要去重新注意他們在安排社團和其他組織時的做法，以達到吸引更多不同背景

的學生。舉例來說，學校的報紙通常都認爲是屬於高學業成就學生的活動，而運動就則傾向是提供給低學業成就學生的主要領域。學校活動和社團常延續了社會的分類，而這樣的分類並無法幫助學生矯正如此的刻板印象。課程外的活動和其他活動，如同對其他學生一樣，我們個案中的高學業成就的學生具有關鍵性的作用。譬如有些社團是獨占性且需要特定會員身分的；即使「不需申請」的訊息不是正式的呈現，許多學生會因爲報名規定和活動的訊息，而覺得他們沒有資格參加某些社團或組織。

你能做什麼

★創造一個不是以能力爲主的替代性分組方式，例如可基於興趣、嗜好、母語、生日年月日、最喜歡的顏色、家中排行或是姓名字母順序。

★與一群同事合作以設置班際間團體，但非是其他的項目做指標，爲每一組發展相關且有目的之學術活動。

★你的學校是否有明顯將學生分開的班級教室(包括特殊教育、雙語教育與ESL)與一群同事共同設計，學生共同合作的計劃，可以發展學生彼此都感興趣的計畫開始，聚焦於跨領域學業與具有潛在多元文化學習的活動(例如社區生態、不夠充分的居住空間或無家可歸者的困境等)，如此可能會較之侷限於文化覺醒的議題更加有效，因爲學生將會去探索特定的社區問題和嘗試去發現一般的解決方式。在這個過程中，他們將會學到他們的相似性與相異性。和同事發展有關於分組策略的一個教職員發展會議時，你將如何呈現呢？你將如何運用合作團體與來自不同年齡階層或文化團體的參與者去說明你的重點呢？

測驗

在美國社會中，標準化測驗已經逐漸變成教育中主要做法的情況更甚過去。測驗被用來安置學生；評估他們的進步；將他們從方案中移除；並且承認他們可以進入能力分班中的前段班、資賦優異方案，特殊教育，雙語班級等。他們對多數教育決定具有重要的影響力，正如我們所見到的，儘管測驗的分數與家庭收入的相關高於智商或能力，而其結果是：所有背景的貧窮學生都被放在極度不公平且對學習有負面影響的環境中。

因為其所具有的影響力，測驗與測驗相關的行業需要被嚴密監督、嚴格評量與挑戰。每一學校和學區所選擇的特定策略可能都有所不同。如依照他們如何去運用測驗，這些測驗是否具有明顯的偏見以及學生是否已經具有測驗的技巧都應加以考量。有兩個基本的策略：一個是挑戰測驗的運用，另一個是將焦點放在參加測驗與如何使用才能讓學生獲益。例如，我認識一位老師，他極力宣傳反對標準化測驗，因為他知道測驗將很不公平地傷害其學生。同時，他在課後輔導活動時，教導他的學生參加測驗的特殊技巧，以使學生他們在參加必須的測驗時表現優異。

因為測驗的效果，常常是負面的，特別是標準化測驗，對於貧窮的學生以及有色人種的學生。挑戰將測驗置於首要地位的觀念與做法。你們可以一群有興趣的同事和父母去拜訪地區學校委員會，要求將標準化測驗降到最低限度，及其恰當運用結果的方式，絕不能因為測驗的結果讓學生陷入危害。

然而，因為測驗的氾濫以及其對於學生選擇鉅大的影響力，你可以像前面的教師將你的精力最好用於教學生如何更有技巧性，且更有效地應付考試。在富裕的學校或社區，學生學到特別的應考技巧，而這會幫助他們在考試表現良好。更具優勢的家庭也有一些方法去請家教或其他訓練，來使他們考試成績更好；而貧窮的學生一般而言沒有相同的機會去學習這樣的技巧。目前看來，影響學生未來的重要決定很大的部分都是因為測驗的結果。*Jaime Escalante* 這位在東洛杉磯

*Garfield*高中的天才數學教師，很清楚地顯現了測驗對學生的鉅大影響，他的故事在電影*Stand and Deliver*中可以看到。*Jaime Escalante*的學生在升級安置的計算測驗中表現很好。事實上，測驗公司並不相信這些學生的第一次測驗結果。當他們再次參加測驗，他們表現得比之前更好。貧窮的有色人種學生能夠在測驗中表現卓越，在一般大眾而言是難以想像的。因為這樣的測驗結果，許多年輕的學生得到前所未有的機會上大學與獎學金，而這些都是他們以前連作夢都得不到。

你能做什麼

★評估你的學校與社區的標準化測驗情況，並了解其他的評量標準是否更加適合。決定哪一個提出來的策略是最適合你的學校，和你的同事一起決定如何進行。

★加入地方改革測驗的國家級組織並將資訊帶回你的學校。例如，發現地區的教師會正在進行的工作。在全國性的層次，位於麻州(Massachusetts)Cambrige的 FairTest以及在威斯康辛州(Wisconsin)Milwakuee的Rethinking Schools，在這方面都非常活躍。

留級

留級或是讓學生回到原來的年級，這在美國的學校已經已有長久的歷史。這是另一種沒有爭論性的許多措施之一，即使有爭論也是基於最佳的意圖。然而，正如同我們在第四章看到的，留級最常使得那些需要幫助的學生受到傷害。同樣的，因為在標準化與可靠性逐漸增加的堅持，許多學校正在發展有關留級與畢業更嚴格的策略。然而，挑戰留級的概念與做法是需要一些技巧的。雖然，來自於有色人種學生最常受到留級的負面影響是真實的，然而對此一情況卻可能有許多複雜的理由。例如，最常受到留級的負面影響，是那些在財政情況不

佳學校上學的學生，而且這些學校的教師經驗也最不足。其次，老師與行政人員對學生的期望都很低，而這也可能影響了學生的學習。因此，只是廢除留級，並不是我們追求的解決方式；事實上，我們希望我們每位學生能達到他該有能力的表現。如果沒有其他配套的改革措施，破除留級只是保障某些學生能從高中畢業，但是其低識字率和低能力，卻無法提供他們進入社會後成爲具生產力者。

你能做什麼

★找出你學校系統的留級政策爲何?是否只是基於測驗的分數?這對所有學生都公平嗎?

★邀請一群老師和父母去研究你學校或學區的留級政策，並找出此一政策對學生已經造成的衝擊(依照他們的種族、社會階級、語言和其他不同的點)。

★爲關心留級政策的教職員和家庭籌備一個研討會，並分享你所發現的衝擊，以及提出一些關於改變或修正留級政策的未來做法。

課程

　　因爲多數學校的課程都被扭曲而傾向歐裔的觀點，而排除了其他族群學生的生活與觀點。令人痛心的是，教科書和其他教材卻爲虎作倀，使得一個較爲全面性課程的發展變得更加困難。放棄現行的課程是既不可行也不切實際。因此，用於現行課程和未來課程的策略，可能對情況的改變有幫助。

　　老師可以運用現行的課程作爲基礎，去幫助學生發展一個較爲批判的觀點和較佳的研究技巧。例如，當研究革命戰爭時，學生可以去檢視非裔美國人、美國印地安人、女性、勞動階級、擁護政府者和其他人的觀點，而這些人的觀點在傳統上總是被排除在課程之外。當研

究工業革命時，學生可以去探究那些早期工人運動的角色、兒童與年輕女性工廠勞工的角色以及新興城市中歐洲移民的衝擊。學生也可以集中注意力於科學發現出現，是經由非裔美人與其他人於十九世紀晚期之發明。

當教到不同的數學運算，老師可以問學生去調查在不同的國家的教材和運算方式，例如算盤和其他的計算工具都可以被展示。如果課程提起傳統的美國假日，教師也可以廣納不同的觀點。例如，以哥倫布日而言，教師可以用「發現」這樣的概念和學生討論，以讓學生了解這是歐洲人的觀點，而不是印地安人的。因此當兩種世界觀與歷史相遇時，十月十二日將會有不同的焦點，而不是只有將焦點放在被其他人發現的一個世界。另外，許多印地安人會認為感恩節是一個哀傷的日子，同樣的這也是另一個可以經由多元觀點而呈現的節日。

從不同的文化將節日做聯結並將之碰巧的放在同一天成為並行節日的趨勢應該避免。例如，猶太八天的光節（*Hanukkah*）相對於聖誕節，一直以來是少數人的節日，直到最近受到許多注意。將之和聖誕節相提並論，並且以聖誕節標準的企圖，已經有一些猶太人覺得後悔。在任何情況下，如果在學校慶祝某些節慶，部分父母和其他社區成員可能會設法使這個節日從課程中被排除掉。

新出現的多元文化課程可以藉由每一位學生的經驗、文化和語言創造而得。應該鼓勵學生以不同的方式將他們的文化帶進教室，例如邀請父母到他們的班上來展現他們特殊的才藝、工作或興趣。這些才藝並不一定要具有文化的特殊性。例如，一個是女裁縫家長可能可以教小朋友如何去縫布邊。儘管某一種才藝不是某一特殊的民族文化傳統，但卻也讓學生明白不同背景的人都具有技能或值得學習的經驗。

類似這樣的活動在低年級的階段效果特別好，但有些時候在國中階段針對某一主題卻也同樣有效。例如，教高年級的學生在學習書法時，可能可以邀請一個本地的中國書法家來給他們一些指導；如果他們學習是有關經營小型商店，他們可以邀請本地商店的主人。

口述歷史的計畫也可以聚焦於學生和他們家人的經驗。例如，對一個多元文化圖書館而言，學生可以從他們家人收集故事、詩歌和傳

說，而且可以運用錄音帶或是文字紀錄，甚至加以插畫、組織並收藏在圖書館。更進一步的活動可以包含學生集會時的話劇表演。為父母或其他社區成員在背詩歌或說故事時，高年級學生說故事給低年級聽時幫他們錄影。

你能做什麼

★和一群同事，檢視下一個你們要教的主題。想一些可使之涵蓋更廣的方式進行，而不是變得很零散與脫節。發展一些能夠去反應你班上、學校及社區中學生多元背景的課程。列出能使你課程更加豐富的社區資源清單。

★計畫一個教學單元，在此單元中運用在社區中人們的才能和經驗為基礎成為一個口述歷史課程。

教學

在本書中的個案突顯了一個事實，那就是標準而一致化的教學並不能吸引大多數的學生。學生提供了某些特定的建議，可讓學校變得更加有趣。雖然教科書是教與學的重要工具，但他們卻常常成為整個課程的內容，而被當成教室中教學唯一的基礎，因此排除了其他可能更有吸引力的教學材料。其他的資源可以使得學生覺得課程是引人入勝的，包括有攝影機和相機，邀請來賓演講和替代性的閱讀材料。例如，當我們在*Ron*的個案研究中就看到：古巴飛彈危機原始材料的運用，讓學習變得很有趣。在這方面，我們如果記住*Robert Fried*所說的話，將會有所幫助。*Fried*是一個「熱忱教學」（*passionate teaching*）的提倡者，他建議發展出與學生興趣與生活有關的課程與教學是最佳的策略：熱忱教學是唯一被認可，學生參與具生產性且與真實世界問題及事件有關的學習。

　　老師也需要發展能夠使多數學生感到興趣的不同教學取向。雖然直接講述，也就是所謂的「粉筆與講述」有時候是管用的，但是卻將學生當成被動的學習者或是知識的儲藏室；況且在文化上對許多學生也是不恰當的。爲了幫助學生成爲更主動的學習者，應提供一個更具多元文化性質的學習環境。你可以和其他的教師一起進行鼓勵共同合作、個別化的任務、共同合作研究、協同教學，並與學校及社區內的團體思考、對話與行動計畫。而後者可以包含老人中心志願活動、和地區的托育中心合作、或針對社區議題的寫信活動(例如在附近的十字路口需設置紅綠燈)。

你能做什麼

★每週發展一個新的教學策略用在你的班級。一開始不要操之過急，教導你的學生如何以新的方式學習。我們常常會發現替代性的策略會成功，只是學生未被教導去如何習得。除此之外，有時候我們改變做事情的方法過於激烈，而導致混亂接著發生。如果你在教學過程中增加新的策略或途徑時，能夠採取漸進而穩定的方式，你的教學將會在一年內產生實質的改變。

★請學生對於你的教學提供回饋。他們喜歡什麼？他們不喜歡什麼?他們將如何使教室變得不一樣呢？他們將如何做，使得他們更感興趣呢？正如同在我們個案研究中的學生，他們從不欠缺使學習更有趣或更具關聯的點子。你的學生提出的建議，你是否樂於採納呢？

★發展一個同儕評鑑的策略，在此過程中你和你的同事都可進入彼此的教室，針對內容和方法提供協助、鼓勵、回饋。當你再從事這些活動時，爭取校長、父母和其他職員的協助以提供教室的支援。

硬體設備

有關硬體設備常是我們無能為力的，但也有其他在教室內外的事物，我們可以加以改變。譬如與家長、學生和同儕合作，可以使你的教室更加吸引人與舒適。在低年級的教室，代表著可以安排有趣的活動角落、一個舒適的閱讀區、許多舒服的椅子和一個小組工作的地方。對於較高年級的學生，安排一個安靜的角落提供給個別的工作，也傳達了學習是一個需要專注與適當空間的訊息。在特定的時候，將椅子做馬蹄形的安排是可讓更多學生參與討論的適當策略。

許多中學的老師覺得教室佈置是沒有必要的。然而，即使是中學生也喜歡去欣賞讓人愉悅的教室環境，包括海報、地圖、圖畫、書和音樂都是基本的。

在教室之外，你也可以使你的家長或其他社區成員知道使教室變得吸引人的策略和措施。如此一來，他們可以一起來加以改變。例如，在學校周圍的塗鴉和垃圾、破舊的廁所和不具備功能的科學實驗室，都會傳遞出到這個學校上學的學生並不受到重視的訊息。這些議題都會在親師會、學校董事會，甚至是市議會中被提出。除非改變這些消極情況的建議，不然學生就會一直是受害者。

你能做什麼

★看看你的教室，它是不是一個吸引人的地方，你是否可以嘗試去使它更好？你如何運用學生的經驗，興趣和背景去創造教室成為一個有利於學習的地方？想想看他們如何獲得最好的學習，他們所說的語言，和他們其他的天賦，以建造一個他們會想要去的學校。

★想一想你的公佈欄和其他可以展覽或展示的地方。他們像是什麼，怎樣做較佳的利用？讓你的學生也加入計畫和實現一個更理想的教室物理空間。

★在教室之外，和你的同事一起努力將整個學校變得更像一個真正的社區。你可以發展什麼樣的聯合活動，將教室、教師和學校加以聯結。嘗試建立一個學生、教職員和家庭都一起來參加的清潔日？

訓育政策

訓育政策和程序普遍是來發展提供有目的和有秩序的氣氛。然而不可避免地,他們會以各種種類的藉口,將某些學生排除在有意義的教育之外。由於對文化語言的不敏感、帶有種族主義、歧視的社會差異互動和對學生成就的期望,產生了限制某些學生成功,而其他學生則註定失敗的環境。老師和學校可以用一種創造性的方式,來避免這些後果而達成訓育策略與實施。

在任何可能的情況下,學生應該協助決定訓育政策與實施,而不是只依賴那些剛好在學生會中的學生,而逐漸侷限於某一小撮學生的參與,我們可以去創設一個論壇,讓更多學生的聲音可以被聽見,這個論壇可以包括有關升學班級、學生的議會和其他像是運動和社團的學生活動。

學校可以審視留級、指派特殊班級或替代方案給那些早就被認定在行為上偏差者的比例,以確認訓育政策和實施對某些學生的不公平影響。如果在這些方案中的學生是一面倒地來自於某個社會、種族團體或性別,學校就必須採取措施以遏止這樣的趨勢。

你能做什麼

★和你的學生一起制定班規,試著以正面而非負面的名詞來敘述這些規則,聚焦於特權而不是處罰的結果。

★紀錄你自己對學生的行為,你是否對某些學生會比較有耐心呢?你是否對某些學生會比較快採取留校或其他懲罰的措施?找一個同事請他幫你確認這些行為,如此一來你可以有所改變。

★關於某些學生較於其他人,較容易受到特定訓育措施的負面影響,你必須保持警覺。例如,一個學生如果經常被指定在放學後留下來造成未能趕上工作,他(她)可能會失去其必須的家庭收入。想出一些替代性且較正面的做法以改變那個學生的行為。

★鼓勵家長和其他社區成員參與有關制定訓育政策的委員會。在你自己的教室中,邀請家長和你討論有關他們對學校政策的看法。

受限的學生角色

學生經常無法參與影響他們受教育過程的決定，而在前段班的高中生，在參與這樣的決定卻不必受到限制。所有層級的學生，從學前到高中都能協助決定學校在許多方面的發展，但是必須採取必要的謹慎以提供真正的學生參與，而不是只做表面文章。把學生放在他們不感興趣或欠缺經驗的委員會，只是讓學生參與造成反效果。他們很快就會離開；而且在此過程中，他們會感受到他們不是被認為最重要的參與者。同樣地，老師認為學生太年輕或不夠成熟以致於無法參加做決定過程的想法也會被增強。在這裡我們學到，當學生覺得他們的看法與建議受到重視的時候他們就會積極參與。

另外一個學生參與不被鼓勵的情況是：當學生的嗜好或興趣在學校中被忽略時。在學校中可鼓勵學生參與對話的方式是經由和較低年級的學生共度「分享時間」，和國中學生則可透過「文化圈」(*cultural circle*)或是「問題呈現會議」(*problem-posing session*)。然而對話不只是確保所有學生的聲音被聽到，也幫助老師發現學生有興趣的事務。如此一來，可以發展一個涵蓋層面較廣的課程。

你能做什麼

★每週安排一次額外特定的時間與你的學生一起計畫課程。低年級和高年級的學生都可能給你一些建議，而這些建議都能融入你的課程與教學。較高年級的學生還可能提出一些議題，而這些議題都可以在你教授的科目中來研究。

★要求學生展示他們最喜歡的東西或嗜好，以做為學習的基礎。在教給班上其他同學或在小組中做展示時，你也可以幫助他們準備。這些主題包括如何照顧寵物鼠，如何集郵會是有趣的，如何做水餃，如何用阿拉伯文寫信或是在日本如何打招呼，如何作饒舌歌（Rap）的音樂，以及如何去籌設一個世界國旗展覽等等。

★以小組的方式讓學生決定他們所要參與的社區或學校的議題與問題(從社區中居住空間不足到在學校中可以嚼口香糖等任何事情)，與你的同事和學生發展一個學校的社會行動方案，進而為此完成一行動計畫。視完成的情況而定，社會行動計畫可以在任何地方進行，時間則可以從一個禮拜到整個學年，而且可以是跨領域的。運用社會行動計畫，使社區成為課程的主要來源。

受限的教師角色

正如同學生，老師在學校中也未被增能賦權。雖然他們在教室中對於其所執行的課程具有控制權，但整體而言還是來自於中央或洲政府。另外，由於為學生測驗負責和標準測驗正逐漸為教師下定義，教師的自主權較之過去更是被剝奪。除此之外，在做有關學生的安置、課程或教材的選購等相關決定時，很少向老師諮詢。

經由學校和中央課程委員會，可將老師納入課程設計和執行。有關教材的採購，他們也應該被納入。同樣地，當雇用新教師時，也應該諮詢教師和其他教職員。在面試委員會中任職、協助決定工作資格和確保正面的行動等，都是教師參與的基本重要功能。

除了管理活動的類別，教師必須不斷的參與專業發展，無論是否意味著參加研討會、出席同儕的工作坊、訪問學校和其他學校系統、參與研究團體或在自己的教室進行研究或寫作，都是幾種使得教學成為知識性挑戰與活力充沛的活動。然而，很不幸地，許多老師沒有機會去做這些事情。在許多情況下解放的時間是必要的，在許多學校系統這是不可能的。果真如此的話，老師需要去發現替代的方式以進行這些重要的活動。

你能做什麼

★組織一個教師的支持團體，每週聚會討論一個共同關心的議題，例如訓育政策，如何達到語言上少數團體學生的最佳需求，能力分班在科學部份的成效，或是一些類似的議題。藉由聚焦於特定的議題，教師可以閱讀、討論和同事互相學習，然後運用這些知識做為改變學校政策和措施的建議。

★訪問其他具有多元文化性質的教室或學校，並和你的同事分享訪問的結果。

★與一個可以信任的同事設置一個「麻吉系統」（buddy system），來幫助你的專業發展。定期的相互訪問彼此的教室，並且一起思考教學的風格、課程和教室中的一般氣氛。每週至少會談一次去檢驗新的想法、教材和課程。

★作一些團隊教學和共同計畫一些彼此感興趣的方案。

★計畫和一小組的同事去參加相關的研討會。

受限的家庭與社區參與

許多家庭無法參與學校每天的生活或政策發展。然而，經由他們在家中所教養的價值觀，以及有意無意地對孩子的期望，大多數都參與了孩子教育。所有他們參與的方式，必須被學校和老師所提昇與鼓勵，以便強調家庭在教育過程中的基本角色。

雖然沒有以傳統方式來參與學校的家庭不應該被處罰，他們則應該被鼓勵在每天的學校生活有更多的參與，即使這也不是唯一應該被宣揚的參與方式。在學校與家庭具有相同的價值的多面向的途徑，可能是最好的。

老師和學校可以經由每月或每週一次的通知信、電話聯絡、家中或學校的會議，或是這些方法的綜合等平台上與家庭溝通。當學校會議要舉行時，孩子的照料以及提供交通工具相關事宜，將這些通知單

翻譯成家庭所用的語言。老師可以鼓勵家庭成員把對他們或孩子有意義的活動或教材帶進教室，透過這樣的方法課程將更能配合學生的背景與社區。

你能做什麼

★製作一份班級通訊，定期發行到學生家裡，這可以包含學生的作品。如果有不是說英語的家庭，設法將此通訊翻譯成他們使用的語言。

★邀請家長到學校展示和目前你所教授課程有關的才藝，為了能對這些才藝有更進一步的了解，在課程開始的前幾週，要求家長和其他家庭成員去展現特別的技能，然後依此計畫你的課程。

★和你的同事發展一個「建構社區」(community-building)的計畫，以鼓勵家庭和社區向外踏出。可以將焦點聚集在藝術方案、健康義賣、或是所謂的和作家面對面之夜，而這些作家是本地從事社區多元文化的作家，然後閱讀他們的故事或詩歌。

■ 尊重和肯定文化的差異

文化和文化多樣性正是多元文化觀點的核心。雖然在本章中的許多想法都是聚焦於尊重和建立文化的差異，不過也提出幾個更加明確以確保學校和教室的多元例子。我們聚焦於這些例子的原因，是老師參加工作坊和其他專業發展後，卻沒得到任何直接或甚至間接有關文化差異的資訊。除了那些剛好主修雙語教育、特殊教育、ESL或是在少數地方會用得到的多元文化教育，大多數老師對此知道甚少或完全不知道對於他們將面對的多樣性都尚未準備好。對於大多數繼續教學的教師教育方案，好像多樣性不是不存在，就是一個難以解決的惱人問題。

學習如何了解文化差異並非意味著只要去學習文化；明白在墨裔美籍社區的墨西哥抗法勝利紀念日（*Cinco de Mayo*）或是越南人的健康措施，對於讓你準備去參與不同背景學生每日經驗並無太大幫助。此外，在教師的培育過程中，並沒有足夠的時間，去學習每一種在未來教學生涯會接觸或教到的文化。以這種方式學習文化是無效率的，因為文化是一個不斷變遷的過程，因此，我們很難用一種靜態或不會改變的假定來教「文化」。一個更顯著有效的途徑是去做好準備，以思考文化的差異如何影響學生的學習，而且依此去保持開放在課程與教學上作改變。

因為學生的文化可能影響學習，所以教師必須能明白學習的差異以及他們如何被安置在教室中。你必須一直問下面這個問題：誰來做這樣的安排？是不是都由非優勢文化學生來做安排？為了減緩這樣的潮流，瞭解學生的學習喜好並能反映在學習活動中是有幫助的。學生在小組中會感到愉快的，就應該讓他們有機會這樣做；同樣的，不習慣這樣工作方式的學生，我們就應該避免讓他置身於這樣的情境。然而，重點是不要因為學生的喜好而將他們分化，而是在較廣大範圍的活動中使所有的學生發展其技能。

你也可以調查其他學生參與的校外活動。例如某些學生喜歡表演；其他的比較喜歡經由藝術去表達他們自己，運用這些在學校的活動去激發學生學習與學校相關的科目。

你能做什麼

★鼓勵你的學生常常去討論他們的文化，即使較低年級的學生也可以這樣做，儘管他們進行的方式高年級限制較多。可是，學生絕不應該被挑選為他們那個文化團體的專家，因為事實上他們在這方面的知識尚微不足道。學生的文化應該用一種自然與不唐突的方式被呈現。用文化做為一個參考點，他們會學到以下的事物：

1.每一個人都有一種文化。

2.他們的文化在學校受到重視。

3.他們的文化能為他們的教育提供一個堅實的基礎。

★不但不會促使文化是一種羞恥和難堪的來源的感覺，這樣的方法反倒幫助他們成為驕傲與賦權增能的來源。

★鼓勵學生和別人分享他們的文化，來自家中的手工藝、文化傳統、書和故事以及在他們的生活中重要的人，都可以被帶進學校，以使得有更廣的涵蓋層面。

★運用訪談成為一種教學策略，學生可以彼此訪談或者是家人或其他社區成員。想一些不同的內容，會使得學生的訪談結果用來促使課程變得更具多元文化。

★因為有許多人是美國新移民的第一代或第三代，此移民經驗會是一個做為課程靈感的豐富資源，發展一系列以學生或他們家人移民故事為基礎的跨領域課程。

語言的多樣性成為資源

如果我們要傳達語言的多樣性在我們學校中受到高度重視的訊息，那麼學生所說的語言和方言應該成為課程中明顯的部份，而不是將語言的多樣性當成是一種缺點，我們應該把它當成建立進一步學習的一項資產。

老師需要去學習正確說出學生的姓名，他們不可以把*Marisol* 唸成*Marcy*，或是把*Vinh*唸成*Vinny*。聽起來盡量簡單愈好，這個基本的尊重原則正在全國的教室中日漸受到破壞。因為所有學生都面對著順從的壓力，他們有些人準備接受改名字的做法以使他們能適應。儘管以許多不同的方式學習許多名字，對老師來說是非常耗費時間的事情，但這卻是確認學生是誰，而非我們希望他變成誰的第一步。

學生的語言應該被接受且不應該過度地矯正，這包括新學英語的人以及那些說不同語言的人，矯枉過正可能使得學生感到畏縮。雖然所有的學生需要去學習標準英語，特別是那些傳統以來拒絕較高層次

學習者。然而，同樣重要的是，教師學習去接受與重視學生的母語或方言。老師應該是透過和學生回應或敘述時示範標準英語，而不是老師直接去矯正。因爲這樣學生很快就會接收到訊息－在講同樣的語言時，他們的方式不同，而在某種情境下某種方式是較適當的。*Linda Howard*的個案研究正是強而有力的符碼轉換(*code switching*)例子。

你能做什麼

★想一想你班上那些不是講英語的學生，要求他們去教你和其他的學生說一些他們的語言。把這些話運用在教室的情境中。把他們放在佈告欄中而且成爲一項作業。

★學習另一種語言，例如，如果你班上有許多講柬甫賽/高棉語(Khmer)（譯者註：在柬越交界處的國人民幾乎都會越語和柬語）的學生，學習他們的語言將是一個漫長的過程，而你要向他們展現你對他們語言的重視。即便學習另一種語言的過程如此漫長，但卻讓教師去展現和那些需要去學習第二語言的真正認同。如果你的班上有許多講不同種語言的學生，至少學習某種語言的某些片語。這是一個規則，當教師顯示了對學生語言的興趣，學生會感到高興，即使教師在說這些語言時顯得有些笨拙。

★即使除了英語之外，你不會其他任何一種語言，也可以鼓勵學生去學習其他語言。例如，你可以鼓勵他們進行小組學習和同儕教學，在這些活動中學生可以用他們的母語。你也可以邀請家庭成員到教室當志工，和說一樣語言學生的小組一起工作。

★請學生帶他們母語的詩、故事、傳說或歌曲到校。他們或許會希望教他們的同學，讓這些學生可以(用寫的或錄音的方式)去教同學唱或聽。

摘要

　　多元文化教育並不是一組表面的活動、教材或教學方法，雖然表面化是比較容易完成。在本書中，我不想去呈現詳細的教學計畫的原因是：這樣做可能忽略或輕視了那些導致學校產生不公平的學習結果的條件。事實上，預先提出系列的教學計畫會和清楚完整的多元文化教育目標有所衝突。如果教育的目的是使得學生能夠在民主和多元的社會中有生產性和參與，那麼，活動、教材或教學方法就必須和這些部份相呼應，現今結構的學校，能為這樣的未來提供的準備很少因為課程與教學是和這些目標矛盾。

　　我們不能忽略社會的階層化，而造成嚴重影響學生的受教育過程。學生的文化和語言差異，以及這些差異如何被看待，都需要在課程與教學中被提出。如果假裝這些種族、社會階級、民族性、母語和其他性質的差異，對學習不甚重要則是相當虛偽的。只有提出這些議題，以一種系統的方式，而經由課程、教學和其他真正能使改變發生的做法，才能有較實質的裨益。

　　在最後的分析中，我們知道多元文化教育是道德與倫理的議題。以現今世界的情況，我們需要能夠面對和解決複雜議題的重要思想家－像是處理戰爭的問題、倫理的兩極化、貧窮、飢荒、大自然資源的污染以及一種敏感的倫理方式蔓延的種族主義。我們需要所有我們能得到的幫助以解決這些問題；而這代表得運用所有年輕人的才能與力量。我們的學生主體已經較之過去更為多樣，反映了更多種族、文化、語言和社會階級的差異。然而，我們了解這些差異並將之作建設性的運用能力上受到許多限制。如果我們相信所有的學生都具有能力，他們都能夠學到高層次的成就，而且他們帶到學校的文化和語言資源都值得尊重、肯定和認同；那麼，多元文化教育較之一元文化教育為更值得遵循的途徑。

後序

　　自從第一版的《肯定多樣性》（*Affirming Diversity*）於1992年出版以來，讀者們都覺得個案研究中年輕人的故事是那麼地震人心弦，所以都很好奇他們到底怎麼了。很多人來詢問我：「他們現在在哪裡呢？」「他們近來如何？」「他們有沒有上大學？」「他們有小孩了嗎？」這類的問題。四年以前，當我們在修改第三版時，我們決定找到他們並了解他們的近況。終於皇天不負苦心人，我們找到了12個當中的3位。

　　距離這些學生首次受訪已經14年多了。為了這第四版，我再次聯絡訪問這些學生的朋友和同事，看看他們是否能夠找到他們。這次，我們找到了四個，其中的兩位是自從第一版之後我們就沒有他們的訊息；而其中兩位是上次聯繫過的。*Carlie Tartakov*首次訪問*Fern Sherman*時，*Fern*才13歲，現在已經27歲，育有二子女。*Paula Elliot*也在是14年前訪問了*Linda Howard*，而至今他們保持聯繫。最近他們還在*Linda*的新家共度晚餐，並認識了她的孩子（當時從事於消防員工作的丈夫因事不在家）。現在住在加州海灣地區（*Bay area, California*）的*Maya Gillingham*終於聯絡到已定居新英格蘭東北地區（*New England*）[1]多年的*Vanessa Miller*，而展開13年來的第一次對話。四年以前，雖然*Carol Shea*試圖運用各種途徑來找到*Manuel Gomes*，但還是功虧一簣。這次，藉由如偵探般的追蹤功夫，終於皇天不負苦心人，他們重逢了，並且在他們首次訪問的餐廳享受了豐盛的「團圓飯」。

---

　　1. 新英格蘭地區（New England）是指美國東方北方的Maine、New Hampshire、Vermont、Massachusetts、Rhode Island、Connecticut等州，人口有13,922,500，是個地理區域而非政治實體，面積有172,681 sq km/66,672 sq mi。波士頓（Boston）是主要的都會區，哈佛（Harvard）和耶魯大學（Yale）是主要的著名大學。最早是美國印第安亞爾岡京族（American Indian Algonquin peoples）居住之處。在1614年，探險家John Smith將此地區命名為新英格蘭地區，將來自大不列顛英格蘭地區（England, UK）的清教徒安居在此。

　　以下最新的補充資料顯示，個案分析中的學生已經成爲強而有力的人力資源，他們在各方面對於自己的社區都有相當大的貢獻。

Manuel Gomes

　　*Carol Shea*上次在1990年訪問*Manuel*，1992年本書《肯定多樣性》(*Affirming Diversity*)出版時，他們兩個人很短暫地聚了會。14年後，他們在波士頓第一次訪問的地方又見了面。根據最新的訪問，*Carol*寫著：

　　1990年時他只有19歲，現在已經這是33歲了。他永遠都是那麼精力充沛神采奕奕，臉上掛著笑容帶著具有正向的影響力感染周圍的人。現在他才開始在波士頓地區展開公車司機的生涯，這對他來說是個全職生涯的好開始，因為公車司機有相當好的福利與堅強的工會。他現在的行車路途總是會經過我家前面的街道……這種工作其實有點諷刺，因為我把他比喻為「不經最低檔，直達最高檔。」

　　雖然*Manuel*是高中畢業生，但是他的高中從來沒有幫他做升學或職業輔導。高中畢業後，完成了九個月的資訊課程後，一直沒有找相關的工作，他說：「跟我想像的不一樣。」*Manuel* 有一段時間很難找到有升遷機會的工作（*dead-end jobs*）。當然高興找到這個公車司機的工作，而且希望能給予他所期盼的安全感。

　　從整個訪問中可以透析，*Manuel*對他的出生家庭和自己成立的家庭都非常忠誠。他父親在一次訪問後的兩年（1994）就過世了。他說，「父親是那麼地堅強、勇敢，所以對我們來說是一大損失。」幾個月以後，有個兄弟返回維德角共和國（*Republic of Cape Verde*）探訪親友，不幸卻死於摩托車意外事件，使得整個家族陷於愁雲慘霧之中。這些事件偷走了*Manuel*繼續求學的動機。她的媽媽現在跟他一個兄弟住在一起。他常常去看媽媽，並且也跟家族中的許多親友時常見面。

　　*Manuel*雖然聰明但學術傾向不高，家庭中也沒有人可以在學業上幫助或督促他。他並沒有埋怨他的父母，就如同他在第一次訪談中的

感受；如果他的父母能夠給他所需的扶助，那麼他可能會有更好的成就。在這次訪問中，他這麼解釋：「你沒辦法給你所沒有的。他們沒有接受過學校教育，所以他們不清楚在學校的情況是如何。」

　　Manuel租房子離他就讀的高中不遠的地方。他的目標是擁有自己的房子－「有能力購買自己的房子一直都是我的夢想。」現在結婚了育有三個女兒（9歲、8歲、2歲）。他形容自己的家庭－「好棒喔！」他的太太在一家銀行的顧客服務中心工作，這是他們初次見面時她就已有的工作。Manuel參與很多女兒的教育工作。每天晚上他會讀書給他們聽，並且會問他們長大後要成為什麼樣的人做什麼樣的工作。他希望他們能夠看到充滿希望的願景，相信教育能夠帶來希望。Manuel解釋著說，「我們活在知識的時代：你知道越多，對你的好處就更多。」雖然希望自己能夠上大學，他卻很了解他女兒們上大學接受教育的機會比自己來得多了。「我希望她們接受很好的教育，然後上大學，甚至拿到碩士、博士。因為現在大學的文憑就好像以前的高中一樣。」

　　Manuel的根基深植於家庭、宗教、維德角社區（Cape Verdean community）。實際上，為自己的社群服務是他生活中的主要動力之一。他是教堂裡的牧師，在黑人社區裡頭是社會和政治運動的重要人物。他認為維德角社區缺乏的是靈魂象徵。同時他也發現社區缺乏領導者。他更進一步指出長期以來的暴力和幫派活動是社區裡很重要的議題。

　　當我問到他上高中時什麼幫助他度過難關的時候，Manuel很快地再一次指出是戲劇工作坊和雙語課程。戲劇工作坊的經驗爭端是他學校教育經驗的最高點，而他也看到了有一天能夠在自己的維德角社區推展戲劇工作坊的願景。他同時也表示，會兩種語言並且在學校參與雙語課程是非常有益處的：「對我助益很大的是雙語課程，有幾個相當善良優秀的老師幫助我的英文－並且幫助我繼續成長。」由於有服務社區的志願，Manuel希望年輕人要記得回饋社區，這是他覺得年輕人上大學成功以後可能會忘記的事。他也強調需要集中注意力並且努力獲得好教育，雖然他自己本身並沒有這樣的優勢。他含意深遠地

說，「專注於你的報負和志向，成功是需要付出代價的。」

對*Carol*來說，在她的追蹤訪問中最明顯的是，*Manuel*活得很紮實，第一次訪問中的理想持續的在他生命中發光發亮。*Carol*表示，*Manuel*仍然是她見過最有毅力並且朝氣蓬勃的人。她寫下的結語可以展示出她是多麼高興再找到*Manuel*：

Manuel是個相當正派值得敬重的男人，他並且富有愛心與關懷周遭的世界。藉著深耕自己的價值觀以擴展家庭和社區的根，他已經成長茁壯變成成熟的男人。他是個腳踏實地的公民，融合他的幽默與熱情為自己和社區發聲是很大的優點。

Linda Howard

*Paula Elliot*第一次看到*Linda Howard*是14年以前。當時*Linda*正要從高中畢業，這些年來他們一直保持著聯繫。*Paula*在四年以前再次訪問了*Linda*，第三次訪問是為了這第四版。各位讀者應該還記得，*Linda*高中畢業時是她班上畢業生致謝辭的代表，並且得到四年的大學獎學金到新英格蘭地區的名校就讀。1989年秋天開始上大學，但是三個月以後就輟學了。*Linda*還記得這在她生命當中是個艱難時期。她說，「我就是沒辦法融入，我好像迷失了方向。」她用這種方式道出了社會和學術上的孤獨：「我就是覺得我好像如山的米堆中的豌豆。」結果她身體變差也得了病，而這些都是在她高中時所沒有的。她最後斷定這些是她當時精神狀態不佳與無助感的指標。32歲的*Linda*這大半輩子幾乎都住在波士頓（*Boston*）的相同地區。她19歲首次接受訪問的個性還是相當明顯－執著、堅強、有道德感與博愛精神。她已經發展出重要的傳達技巧，將聲音這種技巧運用在她的社區和自己小孩的教育上。

*Linda*現在是兼職的資深護理助手，目前她跟著一個皮膚科醫師從事手術方面的工作。她跟一個消防員結婚已八年，養有9歲的女兒和7歲的男孩。她保有她母親留下的傳統－在睡前都說故事給孩子聽。她喜歡這份工作，在工作之餘能有時間陪陪家人、上教堂並到學校做義

工，也感到很幸運。她的目標是有一天能夠成為全職的神職人員，但目前這夢想可能還無法成真。

最近，*Linda*和他先生為了第一次能夠購買自己的房子，而樂不可支。他們兩個都很喜歡這個新房子，而他們兩個孩子特別喜歡有多餘的空間可以讓他們玩耍，並且還可以擁有自己的房間。但是，住在這個特殊的社區也讓他們面臨了新的挑戰。*Linda*花了很多時間來說明「這是整個城市最受忽略的區域。」直到最近，這一區仍充滿著廢棄的土地。目前一時之間還沒有辦法達成和家人住進街上新落成的連棟式公寓（*townhouse condominium*）[2]。儘管是新房子，但所有鄰居都還沒準備好接受他們所看到的景象：「剛搬進去的前幾個星期，我們都忍受社區無法接受我們搬進社區的事實。」因此，*Linda* 和他的鄰居們組織了罪犯督導團（*a crime watch*），而當地警察局大隊長也參加了他們上次的會議。即使目前一時之間還沒有辦法達成，他們仍決定要打擊罪犯，好讓孩子可以安全地在外面玩耍。整個社區都有固定開會。由於身為社區委員會的主席，*Linda* 非常地積極。她笑著告訴*Paula*，她的先生說這分工作是「如探囊取物般熟悉（*right up your alley*）。」當我問為什麼時，她回答說：「我是吱吱作響的盒子。我是愛社交的人。」（*I'm a people person.*）至於她的鄰居，她說：「我們守望相助。……我們在一起時覺得很自然。」

*Linda*至今仍然在教會非常活躍。高中畢業不久後就受洗為吉荷瓦證人教會（*Jehovah's Witness*）[3]教徒，並自稱為24/7基督徒。[4]每星期有三天她會到教堂服侍、聚會並研讀聖經，有強烈的決心從事神職人員的生涯。她的教會具有她在其他宗教裡尋覓不到的智慧：充滿靈氣的生活、大愛的精神，而且不因差異而對別人有負面的價值判斷。然而，她很清楚成為吉荷瓦證人教會（*Jehovah's Witness*）可能會讓她們的孩子覺得和學校的活動有距離感（譬如向國旗敬禮、慶祝生日和節日等）。儘管如此，*Linda*說，孩子的老師幾乎都能夠了解並尊重他們的宗教。「我對老師的要求僅是請他們尊重我們的信仰，以及不讓孩子有任何壓力。」

*Linda*不但注重孩子的教育，也極盡心力幫助他們。在搬到新家之

前，她的兩個小孩都就讀她自己的母校－*Tremont*小學。*Linda*就是受到一、二年級級任導師的啟蒙而決定以教學為志向。事實上，她也請求這位恩師要等到她的孩子一、二年級之後才可以退休。她那個現在就讀四年級的女兒就和她有一樣的低年級導師。那位恩師還在那個學校服務，如同過去的30年一樣諄諄教誨。不過，因為他們搬了新家，現在她的孩子們也有了新的老師。

　　*Linda*認為幫孩子選擇當適合的學校是相當重要的。她選擇了七所學校，可是都未能如願進入其中之一。因為她們被排在第二順位，她認為盡快將他們的孩子轉到別的學校，可能比較妥當。當她們去拜訪指定學校的時候，赫然發現這學校相當令人滿意。*Linda*對與學校的組織和乾淨的環境印象深刻，可是最重要的還是老師和校長讓她相當佩服。她的孩子適應良好並且很喜歡學校。結果，她決定讓孩子留在那個第二順位的學校。她同時也決定積極參與學校事務並且監督學校運作。她說：

　　第一天到學校的時候，我就填寫了一份問卷並且註明我會全力以赴幫助學校任何事務：做志工媽媽、到學校說故事或閱讀書籍給小朋友聽。幫忙烘培銷售工作、做家長委員和學校委員會等等。一共好像有14個項目，我勾了12項（笑著）。所以，我猜至少會得到1項。我相信積極參與孩子的教育，並不是只會問：「你今天在學校怎樣」或者「功課做完了嗎」，而是真正的去參與。我想要知道他們在學習什麼、他們在做什麼、他們的老師是誰、老師的理念為何、他們師生之間有什麼問題沒有、我的孩子是否和班上其他小朋友有無任何過節、師生或同學間的問題是否有人嘗試去解決等等，各種面向我都很想去瞭解。這對我來說非常重要，我的孩子就是我的世界，他們是我的寶貝。我每天把他們送去跟陌生人相處，但是我不想讓這些人成為「陌生人」。

---

　　2. 在美國獨門獨院的常稱為house，而雙拼或一條龍式的透天厝則稱為townhouse。另外，國內所稱的「公寓」實際分為apartment和condominium。作為出租的公寓稱為apartment，如作為自家居住的則稱為condominium。

　　3. Jehovah's Witness 教，崇尚自然，譬如反剖腹生產或輸血等。

　　4. 7/24 指的是每週七天，一天24小時（seven days a week, 24 hours a day）；指的是時時刻刻都得保有教徒精神。

Linda告訴我其實她就像她母親一樣；她每晚一定要確認她的孩子完成的功課，同時也鼓勵他們多發問並且多思考。他的兩個孩子在4歲的時候已經會閱讀了。至於什麼是理想的學校，她說：「我喜歡能對我孩子具有挑戰的學校。」有關於倡導方面，她笑著說：「我是媽媽的小孩！」她媽媽在她讀小學的時候是家長委員，而他父親則是高中時擔任家長委員。她引以為傲，尤其是很少有父親是在小孩高中階段參與學校事務。她的父母親在教育方面做了很好的模範，而她將持續下去。

一直扮演者慈愛的媽媽與太太的Linda，其實也是一位非常關懷社會的婦女。Linda不覺得，她在學校或社區做義工只是為了孩子或者社區的五個家庭，她倒覺得是為了整個大社會。在訪問的最後，她開玩笑地說：「我很滿意現狀。」

Fern Sherman

Fern是個勇往直前永不被打敗的年輕女孩子。當Carlie Tarkakov第一次訪問他的時候，她只有13歲，而且是受訪者中最年輕之一。活在別人認為沒有辦法超越障礙的尷尬年齡中－家族有吸毒和酗酒的歷史、班上唯一的美國印地安學生，而且還有不負責任的母親（an absent mother）－Fern毅然決然選擇一定要成功的路；無論是在學校或為人處事方面。她父親在訪談中活然耀現，直到目前仍然如此。

Fern住在中西部的一個小城市Springdale，也是她第一次受訪住的地方。1995年提早了一學期從高中畢業。一年內，還是18歲的稚齡時，跟她從14歲就認識的年輕男孩結婚了，並有了第一個兒子。Fern上了兩年的社區大學（community college），[5]主攻時裝買賣和設計。之後，她轉到了一所很大的州立大學，主修服飾行銷和設計。一學期以後她就輟學了，主要的原因是她雖然主修家庭與消費者科學（Family and Consumer Science），但是很少有人能夠了解她作為年輕媽媽的心聲。她說在大學裡，除了她父親以外，唯一支持她的人就

只有一個教授和一個輔導美國印地安學生的輔導員，實際上他們兩個都是美國印地安人。

*Fern*和她先生現在有兩個兒子，六歲和兩歲。雖然她很渴望再回到大學就讀，但是整天忙碌於工作和教養小孩，她實在不敢奢望短期內能夠回到學校。*Fern*也在考慮讀按摩治療學校，完成她好久以前就有的夢。受訪時，她就很堅決當地告訴*Carlie*，在這個時代家庭計畫非常重要，甚至比她生第一個小孩的時候還來得重要：「因為如果我現在有兩個小孩，又是大學一年級的新生，這簡直就是不可能的。……白天的托兒所一個月就美金1,200元！如果你想有個人的事業，那你就得好好地為你的家人著想，而不是有未預期的開銷。」

大約一年前，*Fern*和她先生在他父親的幫忙下，在鎮上開了一家紋身工作室。*Fern*告訴我她先生一直都希望成為紋身藝術家。她先生從一所州立大學取得了藝術學士學位之後，就在一家紋身工作室當學徒。她先生選擇作為紋身藝術家，根據的*Fern*說法，他們現在做的就是他們應該做的，因為「我認為我們在年輕的時候就知道我們想做什麼。」

*Fern*的父親仍是她生活的重心。不僅是因為她是那家紋身美容院的合夥人，他也很照顧14個孫子。多年以前，*Fern*的繼母死於癌症。發病期間，*Fern*極盡心力照顧她。當時*Fern*正在上大學，這就是*Fern*無法完成大學學業的原因之一。當*Carlie*問到她和父親現在的關係如何，*Fern*這麼說著：

> 他太太快過世的時候，我們好像心有靈犀一點通；我是說，在當時我感受到真正的父親，你知道的，他並沒有他想像中那麼堅強勇敢，我看到父親脆弱的一面。另外一方面就是，他是紋身工作室的合夥人。主要就是為了有個努力的方向，已讓我們不用去傷腦筋或其他任何事。我指的是他年輕的時候就已經擁有一兩個事業。所以，他一向都很支持我，他將永遠是我生活的一個重心。

5. 美國的community college 實際上不能直翻為社區大學，因為community college比較像台灣早期的二技或五專的四、五年級。很多高中畢業生因為發現普通大學多數偏重理論而上實務性的操作，因此決定上community college先學一技之長。而部分的學生在讀完community college之後，也會轉向四年制大學。

雖然*Fern*一直覺得她深愛著他的父親，但身為人母的她，實際上她更敬重他。她描述著：

> 我的祖父母在父親18歲以前就去世了。我知道如果他能夠繼續求學拿到博士學位，並且獨立撫養他三個女兒，你就無所不能了。他在印第安保留區長大，我從來沒有接觸並傾聽跟我說「我沒辦法」的這些人，因為父親總是說我可以辦得到的。

*Fern*仍然是個堅強有骨氣的女孩。她決定把自小向父親習得的價值觀傳承給自己的下一代。*Fern*告訴我，她的大兒子已經因父母開紋身工作室而被譏笑了，可是她絕對不會讓她的兒子看到他的家人被譏為荒謬。

> 你知道她已經處理一件事，那個人對她的小孩說：「你的爸爸是個怪胎（freak）。」我衝進他們的屋子並且直接詢問那位父親，「你有沒有紋身？」可笑的是，他跟他的太太都有。所以我就說，「那有什麼差別呢？」之後我就走出那屋子。我不會讓他們侮辱我家人。

訪問快結束的時候，*Fern*充滿哲學味地談論她的生活和成就。12年以前第一次受訪的時候，*Fern*覺得如果她想要的話，她可以成為美利堅合眾國（*the United States of American*）的總統。直到現在，她仍然相信自信的力量，即使她現在可能從不同的觀點來定義。這是她告訴*Carlie*有關成功的概念：

> 你可以辦得到的，你能夠有小孩，同時還上大學。這種情況日益趨多。我可以有各種理由不去上大學。你知道的，靠著我的家庭背景以及其它的種種因素，似乎大部份的事情都違反我的心意跟我作對一樣。但是我想，你仍應前進並且達成願望。我要說的是，上星期我過了25歲的生日，而現在我有自己的事業，你知道我也許還沒從大學畢業，可是我仍然擁有自己的事業，因此，成功是有很多面向的。

Vanessa Miller

當*Maya Gilingham*訪問*Vanessa Miller*的時候，她問她在14年後閱讀個案研究後的觀感。*Vanessa*回答：

> 我再次閱讀那本書，覺得當時我真的很年輕。現在好像比較容易開口，

當時我確實有點嚇到。回想起來，有關文化的問題確實很難回答，尤其是我沒有宗教的背景，成長過程中沒有去思考我或者我家人做了什麼可以稱之為「文化的」。

現齡29歲的 *Vanessa* 在1991年高中畢業後，就讀於一所小型的人文學院。她形容大學時光為「美好的經驗並且非常好玩。」雖然她很喜歡探討學術，不過她覺得大學其實是自我探索的階段。在大學時，她學到獨立自主，並且變成一個非常堅強具有生活技能的人。她覺得大學最特別的地方是可以認識全國來自不同背景和經驗的學生。她說：「這讓我了解到世界是多麼的小啊！」他非常清楚能夠上四年制的大學是多麼幸運啊！

對 *Vanessa* 來說，文化仍然是一個很大的議題。對讀者來說應該不會驚訝於她在大學時代為何要選擇跟不同國家和文化的人接觸。她在肯亞（*Kenya*）住了將近四個月。她這麼形容肯亞：

那是個令人醒悟並且有趣的經驗，尤其是對我這個來自同質性高地區，卻又顯而易見是少數民族的人來說。了解那種感覺那是非常強烈的經驗，甚至只是基於我的膚色，讓我對於住在美國的人有更深切的了解與同情。

由訪問當中 *Maya* 很清楚地看到 *Vanessa* 長成了有原則、有真誠並且有愛心的女人。*Vanessa* 已經結婚了，他和他的先生希望將來會有小孩。現在他們是專業的寄養父母，這是當她先生在當地學校的特殊教育部門工作時兩人所做的決定。目前，他們提供一個18歲的男孩子白天的課程，並且教他洗衣服、購物等生活技能。*Vanessa* 說他們衡量成功是用「一小步，再一小步慢慢累積的。」除了做全職的寄養父母以外，*Venessa* 同時也兼任一所高中曲棍球校隊和一所國中的女子曲棍球校隊的教練。她也從事各種年齡的數學家教，不過當時多以高中為主。他說這個工作「真的真的很好玩！非常有趣！能夠和有學習動機的孩子和成人一起學習，看他們從學習簡單的數目一直到高等的微積分，那種感覺真的很棒！」此外，她也是個陶瓷藝術家。

感想

採用訪問各種背景的年輕人，以個案研究的方式呈現本書，是當我許多年前開始企圖撰寫《肯定多樣性》想到的。看起來個案研究的方式相當合適，因爲適合真實人物生活的文化和社會政治的脈絡，可能會十分有影響力。然而，我從來沒想過那樣的力量到底有多大，其實沒想到他們可以影響到這麼多的人。

每當我遇到使用過這本書的人，他們幾乎同時都提到：他們多麼喜愛那些個案研究以及從其中獲益良多。很多的教學者要求他們的學生以本書的個案研究爲典範，來發展他們自己的個案研究。這些個案研究，也迫使讀者們去挑戰他們自己對某些學生、族群和種族的假設和偏見，以及在他們學生當中尚未碰觸到的可能議題。如果個案研究是爲了安排來震撼既成的智慧，並且揭露教室裡年輕人生活的巨大複雜性，他們已經達成他們的目標了。

附件

☐ 採訪問題

1.描述你早期的學校經驗。

・你在哪裡上學？

・你最好的回憶是什麼？

・你覺得在學校自然愉快嗎？為什麼呢？

・你記得讓你覺得愉快或者創傷的事件嗎？

・你當時是個好學生嗎？為什麼呢？

2.請分享你現在的學校經驗。

・你覺得學校怎樣？

・你主修什麼？

・你最喜歡的科目是什麼？討厭的科目又是什麼？為什麼呢？

・你是個好學生嗎？為什麼呢？

3.上學的原因是什麼？

・你正在達成這個目的嗎？

・這目的對你很重要嗎？為什麼呢？

・你的父母(或者家人)為什麼叫你去上學呢？

・你在學校學到了什麼？

4.你看到你的未來會是怎麼樣？你有想過什麼樣的計畫？

5.學校有人幫助你規劃未來嗎？他們又怎麼幫忙呢？你想你需要甚麼

樣的幫助呢？

6.你未來想要有自己的家庭嗎？請告訴我是怎樣的圖像。

7.成績對你來說很重要嗎？爲什麼呢？對你父母來說很重要嗎？他們要的是什麼？

8.你在學校參加什麼活動呢？你有參加任何社團嗎？運動社團嗎？爲什麼呢？

9.你有參與社區的活動嗎？如果有，又是什麼活動呢？

10.你如何描述你自己(族群上、種族上、文化上等等面向)？

．文化(認同)對你來說很重要嗎？

．如果是，是怎樣的重要？如果不是，爲什麼呢？

．在你的學校文化認同重要嗎？你怎麼知道的？

10.你的老師們了解你的文化嗎？語言呢？如果是的話，他們怎麼表現他們了解呢？如果他們不懂，他們又如何表示呢？你能夠給我一些例子嗎？他們怎樣才能夠做得更好呢？

12.你覺得有些事情阻礙你得到良好的教育嗎？

13.無論如何你的父母都參與學校活動嗎？

．參與的程度如何呢？

．如果沒有，爲什麼呢？

．你的父母或家人對學校的觀感如何？

．你怎麼知道的呢？

．對你來說你的父母有沒有參與學校活動有關係嗎？

14.很多人說你的父母是你第一個也是最重要的老師。你從你家人身上學到了什麼？在文化(認同)上，你從他們身上學到了什麼？代表的意義是什麼呢？

15. 請描述你的父母。你最喜歡他們的地方是什麼？如果你有辦法，你會想要改變他們什麼嗎？

16. 作為你家庭的一份子是什麼樣的感覺？和其他家庭有何不同呢？

17. 你會和你的家人慶祝什麼節日？如何慶祝呢？

18. 你上教堂/寺廟/清真寺或者其他宗教團體嗎？對你來說，這重要嗎？

19. 你和你的父母或家人談些什麼呢？你們通常有什麼樣的對話？

20. 請告訴我作為某族群/文化社群的一員，是什麼樣的情況？你怎麼描述呢？

21. 你覺得你跟那些沒有文化/族群團體的年輕人有什麼不同呢？

22. 你怎麼辨識某人是屬於何文化/族群？

23. 這麼說吧，如果說有某個文化/族群的新學生就讀於你的學校，你會給這個學生什麼的建議，讓他/她可以在你學校有良好的表現？

24. 有哪些族群文化方面的事，你希望老師能夠了解他們的學生？

25. 在所有老師當中，誰對你的幫助最大？如何幫助呢？

26. 誰對你最沒有幫助呢？為什麼？

27. 如果說你能夠成為你自己的老師，你會做哪些事情讓你能夠喜歡學校？

28. 你有沒有朋友輟學呢？為什麼呢？發生了什麼事？

29. 請描述你的三個朋友(你不必使用他們的真名)。他們是什麼樣的人物？對他們和你類似或者不太一樣呢？為什麼你喜歡他們呢？

30. 你還常跟誰常在一起消磨時光呢？為什麼呢？

31. 你喜歡跟朋友一起做哪些事呢？請跟我分享與好朋友共享快樂時光的情況是如何。

32.你曾經離開社區居在他鄉嗎？你去了哪裡呢？有沒有你喜歡去的地方？請描述一下。

33.你覺得你長大成人的時候，你還會住在這個社區嗎？為什麼要或者為什麼不要呢？

34.請再多告訴我有關於你自己。

· 你喜歡吃什麼樣的食物？做什麼菜呢？

· 你在假日的時候，吃特別的食物嗎？如果有，是哪些呢？

· 你聽什麼樣的音樂呢？誰是你最喜歡的音樂家？你看電視嗎？你最喜歡的電視節目是哪些？

· 你喜歡跳舞嗎？你最喜歡的舞蹈是什麼？

· 你的父母和家人聽什麼樣的音樂？你喜歡嗎？

· 雜誌呢？你閱讀嗎？為什麼？

· 誰是你最喜歡的演員？為什麼？

· 世界上你最仰慕的人是誰？為什麼？

35.請告訴我你最喜歡你自己的地方是什麼。

36.完成下面的句子：我最高興的時候是……

37.你覺得自己成功嗎？為什麼是？又為什麼不是呢？

38.在你接下來的人生，你該怎麼做才可以成功呢？

39.如果你想你是你們學校的校長，你會怎麼樣做讓學校變得比比較好？你要怎麼做才能成為你每天都渴望去的地方？你會作怎樣的改變？（請給和教師、班級、諮商輔導員等相關的建議。）

辭彙總集

- **能力主義者**（Ableism）：對殘障人士的歧視行為和態度。
- **非裔美語**（African American Language, AAL）：也叫做黑人英語
  （Black English），非裔美籍英語（African American English）或者是伊
  巴尼克思（Ebonics）。AAL指的是非裔美籍社區裡所用的語言系統。
  根據Williams，那個辭是「認同他們的非洲文化之根、認同他們地理居
  住處並且反應他們溝通風格而集合的語言系統。」見Selase W. Williams
  所著的「非裔美語的教室用語：教育工具社會武器？」，刊在《透過
  多元文化教育能增能賦權》，刊在Christine E. Sleeter (New York: State
  University of New York Press, 1991) 204頁。
- **非洲中心主義**（Afrocentrism）：基於非洲人和非裔美籍人的哲學和價
  值觀。
- **年齡主義**（Ageism）：因年齡而產生的歧視行為和態度。
- **反阿拉伯歧視**（Anti-Arab discrimination）：反阿拉伯人的歧視行為
  和態度。
- **反閃族主義**（Anti-Semitism）：反猶太人的歧視行為和態度。
- **雙語教育**（Bilingual education）：通常指的是用兩種語言教學的教
  育取向。其他有關於雙語教育的名詞有以下：
  - （1）**雙語/雙文化教育**（Bilingual/Bicultural education）。將第一
    和第二語言文化融入於課程與教學裡。
  - （2）**浸濡雙語教育**（Immersion Bilingual Education）：在他們的第
    一語言用於教學之前，這些學生已經一到兩年接受第二語言教學
    的教育。在他們的第五第六年學校生活的時候，兩種語言可能等
    量的運用在教學當中。
  - （3）**持續或發展的取向**（Maintenance or developmental approach）：
    學生的母語和第二語言完整並長期地用於教學上的方法。這個取
    向的首要目標是建立並發展學生用他們母語的語文能力進而延伸

到他們的第二語言。在學生的學校教育中都能夠持續停留在這種
班級上。

(4)**浮沉雙語教育** （Submersion bilingual education）：在美國也叫
做「沉或游」取向。學生被安置在沒有使用母語教學的環境中，
即使是相關的語文學習經驗。

(5)**轉接取向**（Transitional approach）：內容科目的教學使用他們的
母語，但是學習英文作為第二語言。只要他們可以從全英語的課
程中學習，他們就會被轉出那個班級。這種取向的主要目的要使
學生儘早的教學生學好英文，以讓他們能夠在全英語或者主流的
班級中接受教育。

(6)**雙向雙語教育**（Two-way bilingual education）：把英語是母語和
英語是第二語言的學生混合在一個班級中。這種取向的目標是要
幫助所有的學生雙語流利、學術成就高以及有積極的跨文化態度
和行為。

- **雙語主義**（Bilingualism）：第二語言教學延伸出來的人雙語主義有：
(1)增加。第二語言的學習是建立在先前第一語言的語文能力上。
(2)減弱。第二語言的學習忽視來自第一語言的語文能力，因而減弱在語
言方面發展將更廣泛的語文能力。

- **階級主義**（Classism）：由於社會階級差異而歧視來自貧窮和勞工階級
的人。

- **溝通風格**（Communication style）：個體之間為如何互動以及藉由他
們行為傳達出來的訊息。

- **文化資本**（Cultural capital）：係指主控族群並在社會上有最大用
處獲益的知識與相關聯文物……等之通稱。如同Bourdieu所定義的，
文化資本以三種形式存在：心靈和肢體的運作、相片、書籍與其他物
品的文化物品和教育資格等，這是資產傳遞最好的隱形方法。見Pierre
Bourdieu所著的《The Forms of Capital》，在John G. Richardson 所編的
《Handbook of Theory and Research for the Sociology of Education》(New
York: Greenwood Press, 1986)。

- **文化**（Culture）：由一群緊密相繫的人共同創造與分享的持續價值、

傳統、社會和政治關係、世界觀等,以及這些共享的人如何轉化這些觀念和現象等。而這些人可能是基於有共同的歷史、地理位置、社會階級、和/或宗教而組成的。

- 課程(Curriculum):為了在教室和學校學習而有組織的環境。課程包含了表達的元素(通常是寫了目標、目的、教案、單元和教學材料)與潛在的因素(亦即在教師和學校裡正面與負面的不經意的訊息)。

- 貧乏理論(Deficit theories):泛指了假設有的人在智力和/或成就上不是因為他們的基因劣質(因為他們的種族背景),就是因為他們的文化剝削(因為他們的文化背景和/或因為他們被剝奪了多數族群認為在成長與和發展上需要的文化經驗與活動)的理論。

- 非裔美人族語/伊巴尼克思(Ebonics):也稱為黑人英語/黑人語言或非裔美人英語/非裔語言,這個詞指的是非裔美人社區說的特殊語言系統。欲見有關非裔美人族語爭議的深度討論。請見Theresa Perry 和 Lisa Delpit所編的《The Real Ebonics Debate: Power, Language, and the Education of African-American Children 》(Boston: Beacon Press, 1998)。

- 教育平等(Educational equity):在教育機會平等之外,教育公平性是基於公平,並且提高較廣泛的學生能有平等學習成果的可能性。

- 英語為第二語言(English as a second language, ESL):有系統的和完整的取向來教導英語不是母語的學生。ESL課程在美國是雙語課程基本的分法,也可以自己獨立存在。

- 平等教育(Equal education):提供所有的學生相同的資源和機會。

- 族群中心主義(Ethnocentrism):基於族群的不同而產生歧視的觀念和行為。

- 民俗誌(Ethnography):用田野調查、訪問和參與觀察等人類學的質性研究方法去研究學校和學生。

- 歐洲中心課程(Eurocentric curriculum):以歐洲和/或歐裔美國人的價值觀、生活方式、成就和世界觀為主要或完全為主的課程。

- 異性戀主義(Heterosexism):反對男同性戀和女同性戀者的歧視觀念和行為(如欲了解其他有關同性戀的詞彙,請看Rebecca Florentian的個案研究第五章註解2)。

- **語言主義**（Linguicism）：根據Skutnabb-Kangas，這個詞指的是「用語言爲基礎來合法化，並再製族群間權力和資源（含物質和非物質）不平等的意識形態和架構。」見Tove Skutnabb-Kangas《多元主義和少數族群學童的教育》（Multilingualism and the Education of Minority Children）一文。刊在Tove Skutnabb-Kangas和Jim Cummins《少數族群教育：從恥辱到掙扎》編的（Minority Education: From Shame to Struggle, Clevedon, England: Multilingual Matters, 1988, 13頁）。

- **低比例人口**（Low-incidence populations）：這個詞是用來確認非使用英語的人口，以至於無法被認定有雙語課程的權利。大多數有法定雙語教育的州規定：在同一學區說同一族語的學生需達到20個，才能設立雙語課程。

- **多元文化教育**（Multicultural education）：一種全面性學校改革的過程和爲所有學生而訂的基礎教育。多元文化教育挑戰並且拒絕在學校和社會的多元主義（族群、種族、語言、宗教、經濟、性別等等）。多元文化教育滲入學校的課程和教學策略，以及教師、學生和家庭間的互動；更包含學校將教學的本質概念化方法。因爲採用批判教育學作爲教學的哲學理念，並專注於知識、省思和行動（實踐）作爲社會改變的基礎。多元文化教育提昇社會正義的民主原則。

- **多元主義**（Pluralism）：在我們的社會有三個基本模式：
  - （1）**安德魯-順從**（Anglo-conformity）：此模式是一種觀念性的多元文化主義模式，注重要所有的新來者需要屈就於歐裔美國人、中產階級和說英語的多數族群。
  - （2）**文化多元主義、沙拉碗、馬賽克、拼布**（Cultural pluralism, salad bowl, mosaic, 或tapestry）：此模式強調所有的人在和其他不同語言文化背景的人融合形成新社會的時候，都有權利去保存他們族群的語言和文化。
  - （3）**大融爐**（Melting pot）：此模式顯示在形成有獨特性的美國大熔爐時，必須把彼此的差異性抹殺掉，而原生文化沒有留下明顯的痕跡。

- **實踐**（Praxis）：在尋求知識和社會改變的行動過程中也不斷地省思。

見Paulo Freire著《壓迫者的教育學》（Pedagogy of the Oppressed）（New York: Seabury Press, 1970）。

• **種族主義**（Racism）：根據Meyer Weinberg，種族主義是基於個人的宗族而來的特權和懲罰的系統。含有兩個面向：相信有些人天生就優於其他劣勢者，而接受物資和服務必須根據這些判斷。見「簡介」一文，刊於《美國的種族主義：全面性的分類參考書目》（Racism in the United States: A Comprehensive Classified Bibliography）（New York: Greenwood Press, 1990）。

• **抗拒理論**（Resistance theory）：如同應用於學校，這個詞指的是學生積極或被動的抗拒學習。抗拒的理由有很多種，從文化、語言的不同，一直到認知了所被教導的知識是無意義並被強制的。

• **自我實現預言**（Self-fulfilling prophecy）：這個詞是由Merton所創，指的是學生的成就是根據老師的期待而來的。

• **性別主義**（Sexism）：據性別而產生的歧視態度和行為。

• **象徵性暴力**（Symbolic violence）：如同Bourdieu所用的，象徵性暴力指的是：主控團體的權力關係主要是透過學校課程來持續。See Pierre Bourdien, Outline of Theory of Practice (Cambridge: Cambridge University Press, 1977)。

• **能力分班/級/組/流**（Tracking or ability tracking）：把同等或能力相配的學生安置在一起（同質的團體）。

• **自願與非自願少數族群**（Voluntary and involuntary minorities）：由非裔美籍學者John Ogbu所定義的不同類別的少數族群。見其文章「少數族群在學校表現的差異性：尋求解答的問題」（Variability in Minority School Performance: A problem in Search of an Explanation），刊於Anthropology and Education Quarterly 18，第四期（1987年12月），312-334頁。類似種姓制度或非自願的少數族群指的是：一些不是出於自願融入一個社會的族群。在美國這個詞通常指的是美國原住民/美國印第安人、非裔美國人、墨裔美國人以及波裔美國人，這些族群的祖先不是被征服就是被奴役過。自願少數族群指的是：經由選擇從原生國家移民到美國的移民。

Abi-Nader, Jeannette, "Meeting the Needs of Multicultural Classrooms: Family Values and the Motivation of Minority Students." In *Diversity and Teaching: Teacher Education Yearbook.* Edited by Mary John O'Hair and Sandra J. Odell (Fort Worth, TX: Harcourt Brace Jovanovich, 1993).

Adanis, David, Barbara Astone, Elsa Nufiez-Wormack, and Ivan Smodlaka, "Predicting the Academic Achievement of Puerto Rican and MexicanAmerican Ninth-Grade Students." *The Urban Review* 26, no. 1 (1994): 1-14.

Allport, Gordon W, *The Nature of Prejudice* (Reading, MA: Addison-Wesley, 1954).

American Behavioral Scientist: Special Issue on The Bell Curve: Laying Bare the Resurgence of Scientific Racism 39, no. 1 (September/October 1995).

Anglesey, Zoe, "Moving From an Obsolete Lingo to a Vocabulary of Respect." *Multicultural Review* 6, no. 3 (September 1997): 23-28.

Anthropology and Education Quarterly 18, no. 4 (December 1987).

Anthropology and Education Quarterly 28, no. 3 (September 1997).

Anyon, Jean, "Inner Cities, Affluent Suburbs, and Unequal Educational Opportunity." In *Multicultural Education: Issues and Perspectives*, updated 4th edition, edited by James A. Banks and Cherry A. McGee Banks (New York: John Wiley and Sons, 2003).

Anzaldua, Gloria, *Borderlands/LA Frontera: The New Mestiza* (San Francisco: Aunt Lute Press, 1987).

Appiah, Anthony, "Identity, Authenticity, Survival: Multicultural Societies and Social Reproduction." In *Multiculturalism*, edited by Amy Gutmann (Princeton, NJ: Princeton University Press, 1994).

Apple, Michael W., *Teachers and Texts: A Political Economy of Class and Gender Relations in Education* (Boston: Routledge and Kegan Paul, 1986).

Apple, Michael W., "The Text and Cultural Politics." *Educational Researcher* 21, no. 7 (October 1992): 4-1 1, 19.

Arboleda, Teja, *In the Shadow of Race* (Mahwah, NJ: Lawrence Erlbaum Associates, 1998).

Aronowitz, Stanley, "Between Nationality and Class." *Harvard Educational Review* 67, no. 2 (Summer 1997): 188-207.

Artiles, Alfredo, Beth Harry, Daniel J. Reschly, and Philip C. Chinn, "Over-Identification of Color in Special Education: A Critical Overview." *Multicultural Perspectives* 4, no. 1 (2002): 3-10

Aruri, Naseer H., "The Arab-American Community of Springfield, Massachusetts." In *The Arab-Studies in Assimilation*, edited by Elaine C. Hagopian and Ann Paden (Wilmette, IL: Medina Press International, 1969).

Ascher, Carol, *Testing Students in Urban Schools: Current Problems and New Directions* (New York: ERIC Clearinghouse for Urban Education, Teachers College, Columbia University, 1990). Intervent

Ashton-Warner, Sylvia, *Teacher* (New York: Simon and Schuster, 1963). the Blaci

Aspira Institute for Policy Research, *Facing the Facts: The State of Hispanic Education, 1994* (Washington, ASPIRA Association, 1994).

Au, Katherine H., and Alice J. Kawakami, "Cultural Congruence in Instruction." In *Teaching Diverse Populations: Formulating a Knowledge Base*, edited by Etta R. Hollins, Joyce E. King, and Warren C. Hayman (Albany, NY.- State University of New York Press, 1994).

August, Diane, and Kenji Hakuta, eds., *Educating Language-Minority Children*. Commission on Behavioral and Social Sciences and Education, National Research Council, Institute of Medicine (Washington, D.C.: National Academy Press, 1998).

Ayers, William, Michael Klonsky, and Gabrielle Lyon, eds., *A Simple Justice: The Challenge of Small Schools* (New York: Teachers College Press, 2000).

Ayvazian, Andrea, "Interrupting the Cycle of Oppression: The Role of Allies as Agents of Change." In *Race, Class, and Gender in the United States*, 4th ed., edited by Paula S. Rothenberg (New York: Worth Press, Publishers, 2001).

Azmitia, Margarita, Catherine R. Cooper, Eugene E. Garcia, Angela Ittel, Bonnie Johanson, Edward Lopez, Rebeca Martinez-Chavez, and Lourdes Rivera, *Links Between Home and School Among Low-Income Mexican-American and European-American Families*

(Santa Cruz, CA: National Center for Research on Cultural Diversity and Second Language Learning, 1994).

Baca, Leonard, and Hermes I Cervantes, *The Bilingual Special Education Interface*, 3rd ed. (Columbus, OH:Merrill Publishing, 1998).

Baker, Colin, and Sylvia Prys Jones, *Encyclopedia of Bilingualism and Bilingual Education* (Clevedon, England: Multilingual Matters, 1998).

Ballenger, Cynthia, *Teaching Other People's Children: Literacy and Learning in a Bilingual Classroom* (New York: Teachers College Press, 1999).

Ballentine, Darcy, and Lisa Hill, "Teaching Beyond *Once Upon a Time,* "*Language Arts* 78, no. I (September 2000): 11-20.

Banks, James A., "Multicultural Education: Historical Development, Dimensions, and Practice." In *Handbook of Research on Multicultural Education*, edited by James A. Banks and Cherry A. McGee Banks (New York: Macmillan, 1995).

Banks, James A., *Teaching Strategies for Ethnic Studies*, 6th ed. (Boston: Allyn and Bacon, 1997).

Banks, James A., *Teaching Strategies for Ethnic Studies*, 7th ed. (Boston: Allyn and Bacon, 2003).

Baratz, Stephen S., and Joan C. Baratz, "Early Childhood Intervention: The Social Science Base of Institutional Racism." In *Challenging the Myths: The Schools, the Blacks, and the Poor*, reprint no. 5 (Cambridge, MA: Harvard Educational Review, 1971).

Barlow, E., ed., *Evaluation of Secondary-Level Textbooks for Coverage of the Middle East and North Africa*, 3rd ed. (Ann Arbor, MI/ Tucson, AZ: Middle East Studies Association/Middle East Outreach Center, 1994).

Bartolome, Lilia I., "Beyond the Methods Fetish: Toward a Humanizing Pedagogy." *Harvard Educational Review* 64, no. 2 (Summer 1994): 173-194.

Beauboeuf-Lafontant, Tamara, "A Movement Against and Beyond Boundaries:"Politically Relevant Teaching" Among African-American Teachers." *Teachers College Record* 100, no. 4 (Summer 1999): 702-723.

Bibliography

Bempechat, Janine, "Learning From Poor and Minority Students Who Succeed in School." *Harvard Education Letter* 15, no. 3 (May/June 1999): 1-3.

Bennett, Kathleen P., "Doing School in an Urban Appalachian First Grade." In *Empowerment Through Multicultural Education*, edited by Christine E. Sleeter (Albany, NY: State University of New York Press, 1991).

Bennett, Kathleen P., *The Way Schools Work*, 3rd. ed. (New York: Longman, 1999).

Bennett, Christine I., *Comprehensive Multicultural Education: Theory and Practice*, 5th ed. (Boston: Allyn and Bacon, 2002).

Bereiter, Carl, and Siegfried Englemann, *Teaching Disadvantaged Children in the Preschool* (Englewood Cliffs, NJ: Prentice-Hall, 1966).

Berlak, Harold, "Race and the Achievement Gap." *Rethinking Schools* 15, no. 4 (Summer 2001): 10-11.

Bernstein, Jared, Lawrence Hishel, and John Schmitt, *The State of Working America*: 1998-99 (Ithaca, NY:ILR Press, Cornell University Press, 1998).

Beykont, Zeynep, *Lifting Every Voice: Pedagogy and Politics of Bilingualism* (Cambridge, MA: Harvard Education Publishing Group, 2000).

Beykont, Zeynep, *The Power of Culture: Teaching Across Language Difference* (Cambridge, MA: Harvard Education Publishing Group, 2002).

Biddle, Bruce J., ed., *Social Class, Poverty, and Education: Policy and Practice* (New York: Routiedge, 2001).

Bigelow, Bill, Linda Christensen, Stanley Karp, Barbara Miner, and Bob Peterson, eds., *Rethinking Our Classrooms: Teaching for Equity and Justice*, vol. 1 and 2 (Milwaukee, WI: Rethinking Schools, 1994).

Bigelow, Bill, Brenda Harvey, Stan Karp, and Larry Miller, eds., *Rethinking Our Classrooms: Teaching for Equity and Justice*, vol. 2 (Milwaukee, WI: Rethinking Schools, 2001).

Bigler, Ellen, *American Conversations: Puerto Ricans, White Ethnics, and Multicultural Education* (Philadelphia: Temple University

Press, 1999).

Biklen, Sari Knopp, and Diane Pollard, eds., *Gender and Education* (Chicago, IL: National Society for the Study of Education, 92nd Yearbook, 1993).

Black, Susan, "The Roots of Vandalism." *American School Board Journal* (July 2002). Available at www.asbj.com/current/research. html.

Bloome, David, with Rachel Bloomekatz and Petra Sander, "Literacy, Democracy, and the Pledge of Allegiance." *Language Arts* 70, no. 8 (December 1993): 655-658.

Boateng, Felix, "Combating Deculturalization of the African-American Child in the Public School System: A Multicultural Approach." In *Going to School: The African-American Experience,* edited by Kofi Lomotey (Albany, NY: State University of New York Press, 1990).

Bochenck, M., and A.S. Brown, *Hatred in the Hallways: Violence and Discrimination Against Lesbian, Gay, Bisexual, and Transgender Students in U.S. Schools* (New York: Human Rights Watch, 2001).

Bond, Horace Mann, "Two Racial Islands in Alabama." *American Journal of Sociology* 36, no. 4 (1930-1931): 554.

Books, Sue, ed., *Invisible Children in the Society and its Schools* (Mahwah, NJ: Lawrence Erlbaum Associates, 1998).

Bourdieu, Pierre, "The Forms of Capital." In *Handbook of Theory and Research for the Sociology of Education*, edited by John G. Richardson (New York: Greenwood Press, 1986).

Bourdieu, Pierre, *Outline of a Theory of Practice* (Cambridge: Cambridge University Press, 1977).

Bowles, Samuel, and Herbert Gintis, *Schooling in Capitalist America: Educational Reform and the Contradictions of Economic Life* (New York: Basic Books, 1976).

Bright, Josephine A., "Beliefs in Action: Family Contributions to African-American Student Success." *Equity and Choice* 10, no. 2 (Winter 1994): 5-13.

Brumberg, Stephan F., *Going to America, Going to School: The Jewish Immigrant Public School Encounter in Turn-of-the-Century New York City* (New York: Praeger, 1986).

Bibliography

Bryk, Anthony S., Valerie E. Lee, and Peter B. Holland, *Catholic Schools and the Common Good* (Cambridge, MA: Harvard Educational Review Press, 1993).

Bucket, David S., "Legal Perspective on Ensuring a Safe and Nondiscriminatory School Environment for Lesbian, Gay, Bisexual, and Transgendered Students." *Education and Urban Education* 32, no. 3 (May 2000): 390-398.

Carnegie Council on Adolescent Development, *Turning Points: Preparing American Youth for the Twenty-First Century* (Washington, DC: Task Force on the Education of Young Adolescents, 1989).

Carter, Kathy, "The Place of Story in the Study of Teaching and Teacher Education." *Educational Researcher* 22, no. 1 (1993): 5-12.

Children's Museum, Boston, *Many Thanksgivings: Teaching Thanksgiving - Including the Wampanoag Perspective* (Boston, MA: The Children's Museum, 2002).

Christensen, Linda and Ruth Shagoury Hubbard, "Whose Standard? Teaching Standard English." In *Language Development: A Reader for Teachers*, edited by Brenda Miller Power (Englewood Cliffs, NJ: Merrill, 1996).

Christian, Donna, *Two-Way Bilingual Education: Students Learning Through Two Languages* (Santa Cruz, CA: National Center for Research on Cultural Diversity and Second Language Learning, 1994).

Christian, Donna, Christopher Montone, Kathryn J. Lindholm, and Isolda Carranza, *Profiles in Two-Way Immersion Education* (McHenry, IL: Delta Systems, 1997).

Clark, Christine, Morris Jenkins, and Gwendolyn Stowers, *Fear of Da' Gangsta': The Social Construction, Production, and Reproduction of Violence in Schools for Corporate Profit and the Revolutionary Promise of Multicultural Education* (Westport, CT. Greenwood, Bergin, and Garvey, 1999).

Clewell, B. C., M. Puma, and S. A. McKay, *Does It Matter if My Teacher Looks Like Me? The Impact of Teacher Race and Ethnicity on Student Academic Achievement* (New York: Ford

Foundation, 2001).

Cochran-Smith, Marilyn, "Blind Vision: Unlearning Racism in Teacher Education." *Harvard Educational Review* 70, no. 2 (Summer 2000): 157-190.

Cochran-Smith, Marilyn, and Susan L. Lytle, eds., *Inside / Outside: Teacher Research and Knowledge* (New York: Teachers College Press, 1993).

Cofer, Judith Ortiz, *Silent Dancing: A Partial Remembrance of a Puerto Rican Childhood* (Houston: Arte Publico Press, 1990).

Collier, Virginia, *Promoting Academic Success for ESL Students: Understanding Second Language Acquisition at School* (Elizabeth, NJ: New Jersey Teachers of English to Speakers of Other Languages Bilingual Educators, 1995).

Corson, David, *Language, Minority Education and Gender: Linking Social Justice and Power* (Clevedon, England: Multilingual Matters Ltd., 1993).

Cortes, Carlos E., "The Societal Curriculum: Implications for Multiethnic Education." In *Education in the 80's: Multiethnic Education*, edited by James A. Banks (Washington, DC: National Education Association, 1981).

Craig, Barbara A., "Parental Attitudes Toward Bilingualism in a Local Two-Way Immersion Program." *The Bilingual Research Journal* 20, nos. 3 and 4 (Summer/Fall, 1996): 383-410.

Crawford, James, *Hold Your Tongue: Bilingualism and the Politics of "English Only"* (Reading, MA: Addison-Wesley, 1992).

Crawford, James, *At War With Diversity: U. S. Language Policy in an Age of Anxiety* (Clevedon, Eng: Multilingual Matters, 2000).

Croninger, Robert G., and Valerie E. Lee, "Social Capital and Dropping Out of High School: Benefits to At-Risk Students of Teachers' Support and Guidance." *Teachers College Record* 103, no. 4 (August 2001): 548-581.

Cross, William E., Jr., *Shades of Black: Diversity in African-American Identity* (Philadelphia: Temple University Press, 1991).

Cruz-Janzen, Marta I., *Curriculum and the Self-concept of Biethnic and Biracial Persons* (Unpublished doctoral dissertation, College of Education, University of Denver, April 1997).

Bibliography

Cuban, Larry, *How Teachers Taught: Constancy and Change in American Classrooms*, 1880-1990, 2nd ed. (New York: Teachers College Press, 1993).

Cummins, Jim, *Negotiating Identities: Education for Empowerment in a Diverse Society* (Ontario, CA: California Association for Bilingual Education, 1996).

Cummins, Jim, "Alternative Paradigms in Bilingual Education Research: Does Theory Have a Place?" *Educational Researcher* 28, no. 7 (October 1999): 26-32, 41.

Curry, Lynn, *Learning Styles in Secondary Schools: A Review of Instruments and Implications for Their Use* (Madison, WI: National Center on Effective Secondary Schools, University of Wisconsin, 1990).

D'Amico, Joseph J., "A Closer Look at the Minority Achievement Gap." *ERS Spectrum* (Spring 2001): 4-10.

David, J. L., and P.M. Shields, *When Theory Hits Reality: Standards-Based Reform in Urban Districts, Final Narrative Report* (Menlo Park, CA: SRI International, 2001).

Dee, T. S., *Teachers, Race, and Student Achievement in a Randomized Experiment* (Cambridge, MA: National Bureau of Economic Research, 2000).

Delgado-Gaitan, Concah and Henry Trueba, *Crossing Cultural Borders: Education for Immigrant Families in America* (London: Faimer Press, 1991).

Delpit, Lisa and Joanne Kilgour Doudy, eds., *The Skin That We Speak: Thoughts on Language and Culture in the Classroom* (New York: The New Press, 2002).

Delpit, Lisa and Theresa Perry, eds., *The Real Ebonics Debate: Power, Language, and the Education of African-American Children* (New York: The New Press, 1998).

Derman-Sparks, Louise, and the A.B.C. Task Force, *Anti-Bias Curriculum: Tools for Empowering Young Children* (Washington, DC: National Association for the Education of Young Children, 1 989).

Dershowitz, A., *The Vanishing American Jew* (New York: Simon and Schuster, 1998).

Dewey, John, *Democracy and Education* (New York: Free Press, 1916).

Deyhle, Donna, "Navajo Youth and Anglo Racism: Cultural Integrity and Resistance." *Harvard Educational Review* 65, no. 3 (Fall 1995): 403-444.

Deyhle, Donna and Karen Swisher, "Research in American Indian and Alaska Native Education: From Assimilation to Self-Determination." In *Review of Research in Education*, vol. 22, edited by Michael W. Apple (Washington, DC: AERA, 1997).

Diaz Soto, Lourdes, "Native Language School Success." *Bilingual Research Journal* 17, nos. 1 and 2 (1993): 83-97.

Diaz, Stephan, Luis C. Moll, and Hugh Mehan, "Socio-cultural Resources in Instruction: A Context-Specific Approach." In *Beyond Language: Social and Cultural Factors in Schooling Language Minority Students* (Los Angeles: Office of Bilingual Education, California State Department of Education, Evaluation, Dissemination and Assessment Center, 1986).

Dickeman, Mildred, "Teaching Cultural Pluralism." In *Teaching Ethnic Studies: Concepts and Strategies*, 43rd Yearbook, edited by James A. Banks (Washington, DC: National Council for the Social Studies, 1973).

Dilworth, Mary E., ed., *Diversity in Teacher Education: New Expectations* (San Francisco, CA: Jossey-Bass Publishers, 1992).

Dinnerstein, Leonard, *Anti-Semitism in America* (New York: Oxford University Press, 1994).

Donaldson, Karen B. McLean, "Antiracist Education and a Few Courageous Teachers." *Equity and Excellence in Education* 30, no. 2 (September 1997): 31-38.

Donaldson, Karen B. McLean, *Through Students' Eyes: Combating Racism in United States Schools* (Westport, CT: Praeger Publishers, 1996).

Donaldson, Karen B. McLean, *Shattering the Denial: Protocols for the Classrooms and Beyond* (Westport, CT. Bergin and Garvey, 2001).

Donato, Ruben, *The Other Struggle for Equal Schools: Mexican Americans During the Civil Rights Era* (Albany, NY: State University of New York Press, 1997).

Bibliography

Doyle, Joan, "What's Safe in School? Contradictions and Inconsistencies in Federal Education Policy." *Progressive Perspectives* 4, no. 1 (Spring 2002): 1-3, 7, 10-13.

DuBois, W E. B., "Does the Negro Need Separate Schools?" *Journal of Negro Education* 4, no. 3 (1935): 328-335.

Eccles, Jacquelynne, and Lee Jussim, "Teacher Expectations 11: Construction and Reflection of Student Achievement." *Journal of Personality and Social Psychology* 63, no. 6 (December, 1992): 947-961.

Eck, Diana L., *A New Religious America: How a "Christian Country" has become the World's Most Religiously Diverse Nation* (New York: HarperCollins, 2001).

Egan-Robertson, Ann, and David Bloome, eds., *Students as Researchers of Culture and Language in Their Own Communities* (Cresskill, NJ: Hampton Press, 1998).

Eisner, Elliot, "The Promise and Perils of Alternative Forms of Data Representation." *Educational Researcher* 26, no. 6 (1997): 4-10.

El-Badry, Samia, "The Arab-American Market." *American Demographics* v. 16 (January 1994): 22-30.

Eller-Powell, Rebecca, "Teaching for Change in Appalachia." In *Teaching Diverse Populations: Formulating a Knowledge Base*, edited by Etta R. Hollins, Joyce E. King, and Warren C. Hayman (Albany, NY: State University of New York Press, 1994).

Elmore, Richard E, "Testing Trap." *Harvard Magazine* (September-October 2002). Available at www.harvard-magazine.com/on-line/0902140.html.

Epstein, Joyce L., *School, Family, and Community Partnerships: Preparing Educators and Improving Schools* (Boulder, CO: Westview, 2001).

Equal Educational Opportunities Act of 1974, 20 U.S.C.1703 (f).

Erickson, Frederick, "Culture in Society and in Educational Practices." In *Multicultural Education: Issues and Perspectives*, updated 4th edition, edited by James A. Banks and Cherry A. McGee Banks (New York: John Wiley and Sons, 2003): 31-58.

Erickson, Frederick, "Qualitative Methods in Research on Teaching." In *Handbook of Research on Teaching*, 3rd ed., edited by Merlin C.

Wittrock (New York: Macmillan, 1986).

Erickson, Frederick, "Transformation and School Success: The Politics and Culture of Educational Achievement." *Anthropology and Education Quarterly* 18, no. 4 (December 1987): 335-356.

Erickson, Frederick, "Culture, Politics, and Educational Practice." *Educational Foundations* 4, no. 2 (Spring 1990): 21-45.

Erickson, Frederick, and Gerald Mohatt, "Cultural Organization of Participant Structures in Two Classrooms of Indian Students." In *Doing the Ethnography of Schooling: Educational Anthropology in Action,* edited by George D. Spindler (New York: Holt, Rinehart, and Winston, 1982).

Fennimore, Barbara, *Talk Matters: Refocusing the Language of Public Schooling* (New York: Teachers College Press, 2000).

Figueroa, Richard A., and Eugene Garcia, "Issues in Testing Students From Culturally and Linguistically Diverse Backgrounds." *Multicultural Education* 2, no. 1 (Fall 1994): 10-19.

Author, "Findings of the Effectiveness of Bilingual Education." *NABE News* (May 1, 1998): 5.

Fine, Melinda, "'You Can't just Say That the Only Ones Who Can Speak Are Those Who Agree with Your Position': Political Discourse in the Classroom." *Harvard Educational Review* 63, no. 4 (1993): 412-433.

Fine, Michelle, *Framing Dropouts: Notes on the Politics of an Urban High School* (Albany, NY: State University of New York Press, 1991).

Fine, Michelle, Bernadette T. Anand, Carlton P. Jordan, and Dana Sherman, Off Track: Classroom Privilege in All (video). (New York: Teachers College Press, 1998).

Flores-Gonzdtez, Nilda, "The Structuring of Extracurricular Opportunities and Latino Student Retention. "*Journal of Poverty* 4, nos. I and 2 (2000): 85-108.

Flores-Gonzitez, Nilda, *School Kids, Street Kids: Identity and High School Completion Among Latinos* (New York: Teachers College Press, 2002).

Ford, Donna Y., *Reversing Underachievement Among Gifted Black Students: Promising Practices and Programs* (New York: Teachers

College Press, 1996).

Fordham, Signithia, and John U. Ogbu, "Black Students' School Success: Coping With the 'Burden of Acting White.'" *Urban Review* 18, no. 3 (1986): 176-206.

Foster, Michele, *Black Teachers on Teaching* (New York: The New Press, 1997).

Foy, Colm, *Cape Verde: Politics, Economics and Society* (London: Pinter, 1988).

Franquiz, Maria E., and Maria de la Luz Reyes, "Creating Inclusive Learning Communities Through English Language Arts: From Chanclas to Canicas." *Language Arts 75*, no. 3 (March 1998): 211-220.

Freedman, Sara Warshaeuer, Elizabeth Radin Simons, Julie Shalhope Kalnin, Alex Casareno, and the M-CLASS Teams, eds., *Inside City Schools: Investigating Literacy in Multicultural Classrooms* (New York: Teachers College Press, 1999).

Freire, Paulo, *Pedagogy of the Oppressed* (New York: Seabury Press, 1970).

Freire, Paulo, *The Politics of Education: Culture, Power, and Liberation* (South Hadley, MA: Bergin and Garvey, 1985).

Freire, Paulo, *Teachers as Cultural Workers: Letters to Those Who Dare Teach* (Boulder, CO: Westview Press, 1998).

Fried, Robert L., *The Passionate Teacher: A Practical Guide* (Boston: Beacon Press, 1995).

Fullan, Michael, "The Three Stories of Education Reform." *Phi Delta Kappan* 81, no. 8 (April 2000): 581-584.

Funderburg, Lise, *Black, White, Other: Biracial Americans Talk About Race and Identity* (New York: William Morrow and Co., 1994).

Gandara, Patricia, *Over the Ivy Walls: The Educational Mobility of Low-Income Cbicanos* (Albany, NY:State University of New York Press, 1995).

Garcia, Eugene, *Understanding and Meeting the Challenge of Student Cultural Diversity* (Boston:Houghton Mifflin Company, 1994).

Garcia, Eugene, "Educating Mexican American Students: Past Treatment and Recent Developments in Theory, Research, Policy, and Practice." In James A. Banks and Cherry A. McGee Banks, eds., *Handbook of Research on Multicultural Education* (San Francisco: Josey-Bass, 2001).

Garcia, Eugene E., *Education of Linguistically and Culturally Diverse Students: Effective Instructional Practices* (Santa Cruz, CA: National Center for Research on Cultural Diversity and Second Language Learning, 1991).

Garcia, Eugene E., *Hispanic Education in the United States: Raices y Alas* (Lanham, MD: Rowman & Littlefield, 2001).

Garcia, Jesus, "The Changing Image of Ethnic Groups in Textbooks." *Phi Delta Kappan* 75, no. 1 (September 1993): 29-35.

Gardner, Howard, *Frames of Mind* (New York: Basic Books, 1983).

Gardner, Howard, *Intelligence Reframed: Multiple Intelligences for the 21st Century* (New York: Basic Books, 2000).

Gaskins, Pearl Fuyo, *What Are You? Voices of Mixed Race Young People* (New York: Henry Holt & Co, 1999).

Gates, Henry Louis, Jr., *Loose Canons; Notes on the Culture Wars* (New York: Oxford University Press, 1992).

Gay, Geneva, "Mirror Images on Common Issues: Parallels Between *Multicultural Education and Critical Pedagogy.*" In *Multicultural Education, Critical Pedagogy, and the Politics of Difference*, edited by Christine E. Sleeter and Peter L. McLaren (Albany, NY. State University of New York Press, 1995): 155-189.

Gay, Geneva, *Culturally Responsive Teaching: Theory, Research, and Practice* (New York: Teachers College Press, 2000).

Gebhard, Meg, Theresa Austin, Sonia Nieto, and Jerri Willett, "'You Can't Step on Someone Else's Words': Preparing All Teachers to Teach Language Minority Students." In *The Power of Culture: Teaching Across Language Difference*, edited by Zeynep Beykkont (Cambridge, MA: Harvard Education Publishing Group, 2002).

Gibson, Margaret A., "The School Performance of Immigrant Minorities: A Comparative View." *Anthropology and Education Quarterly* 18, no. 4 (December 1987): 262-275.

Gibson, Margaret A., "Perspectives on Acculturation and School Performance." *Focus on Diversity* (Newsletter of the National Center for Research on Cultural Diversity and Second Language Learning) 5, no. 3 (1995): 8-10.

Bibliography

Gibson, Margaret A., "Conclusion: Complicating the Immigrant/ Involuntary Minority Typology." *Anthropology and Education Quarterly* 28, no. 3 (September 1997): 431-454.

Gibson, Margaret A., and John U. Ogbu, eds., *Minority Status and Schooling: A Comparative Study of Immigrant and Involuntary Minorities* (New York: Garland, 1991).

Gibson, Margaret A., and Livier E Beiinez, "Dropout Prevention: How Migrant Education Supports Mexican Youth." *Journal of Latinos and Education* 1, no. 3 (2002): 155-175.

Gibson, Paul, "Gay Male and Lesbian Youth Suicide." In *Report of the Secretary's Task Force on Youth Suicide* (Washington, DC: U.S. Department of Health and Human Services, 1989).

Gillborn, David, "Ethnicity and Educational Performance in the United Kingdom: Racism, Ethnicity, and Variability in Achievement." *Anthropology and Education Quarterly* 28, no. 3 (September 1997): 375-393.

Gimenez, Martha E., "Latino/'Hispanic': Who Needs a Name? The Case Against a Standardized Terminology." In *Latinos and Education: A Critical Reader*, Edited by Antonia Darder, Rodolfo D. Torres, and Henry Gutierrez (New York: Routledge, 1997): 225-238.

Giroux, Henry, "Rewriting the Discourse of Racial Identity: Towards a Pedagogy and Politics of Whiteness." *Harvard Educational Review* 67, no. 2 (Summer 1997): 285-320.

Giroux, Henry A., *Theory and Resistance in Education: A Pedagogy for the Opposition* (South Hadley, MA: Bergin and Garvey, 1983).

Giroux, Henry A., "Educational Leadership and the Crisis of Democratic Government." *Educational Researcher* 21, no. 4 (May 1992): 4-11.

Giroux, Henry A., "Democracy, Freedom, and Justice After September 11th: Rethinking the Role of Educators and the Politics of Schooling." *Teachers College Record* 104, no. 6 (September 2002): 1138-1162.

Glazer, N., "Where is Multiculturalism Leading Us?" *Phi Delta Kappan* 75, no. 4 (December 1993): 319-323.

Goldenberg, Claude, "The Limits of Expectations: A Case for Case

Knowledge About Teacher Expectancy Effects." *American Educational Research Journal* 29, no. 3 (Fall 1992): 514-544.

Gollnick, Donna M., and Philip C. Chinn, *Multicultural Education in a Pluralistic Society*, 6th ed. (New York: Prentice-Hall, 2001).

Gonzalez, Juan, "Schools Ruling Defies Logic." *Daily News, City Beat*, Thursday, June 27, 2002.

Gonzaez, Josue M., and Linda Darling-Hammond, *New Concepts for New Challenges: Professional Development for Teachers of Immigrant Youth* (Washington, DC and McHenry, IL: Center for Applied Linguistics and Delta Systems Co., 1997).

Goodlad, John I., *A Place Called School* (New York: McGraw-Hill, 1984).

Goodwin, A. Lin, "Teacher Preparation and the Education of Immigrant Children." *Education and Urban Society* 34, no. 2 (February 2002): 156-172.

Gordon, David T, ed., *Minority Achievement* (Cambridge, MA: Harvard Education Letter Focus Series #7, 2002).

Gordon, Edmund W, "Bridging the New Diversity: The Minority Achievement Gap." *Principal* (May 2000): 20-23.

Gould, Stephen Jay, *The Mismeasure of Man* (New York: Norton, 1981).

The Governor's Commission on Gay and Lesbian Youth, *Making Schools Safe for Gay and Lesbian Youth: Breaking the Silence in Schools and in Families* (Boston, MA: Massachusetts Department of Education, February 25, 1993).

Greene, Maxine, *The Dialectic of Freedom* (New York: Teachers College Press, 1988).

Greene, Maxine, "The Passions of Pluralism: Multiculturalism and the Expanding Community." *Educational Researcher* 22, no. 1 (February 1993): 13-18.

Greene, Maxine, "Reflections: Implications of September 11th for Curriculum." *Division B: Curriculum Studies Newsletter* (Washington, DC: American Educational Research Association, Fall 2001).

Greenfield, Patricia M., and Rodney R. Cocking, eds., *Cross-Cultural Roots of Minority Child Development* (Hillsdale, NJ: Lawrence

Bibliography

Erlbaum Associates, 1994).

Haberman, Martin, "The Pedagogy of Poverty versus Good Teaching." *Phi Delta Kappan* 73, no. 4 (December 1991): 290-294.

Haberman, Martin, "Selecting 'Star' Teachers for Children and Youth in Urban Poverty." *Phi Delta Kappan* 76, no. 10 (June 1995): 777-781.

Hajar, P., "Arab Americans: Concepts, Strategies, and Materials." In *Teaching Strategies for Ethnic Studies*, 7th ed., edited by James A. Banks (Boston: Allyn and Bacon, 2003).

Halford, Joan Montgomery, "A Different Mirror: A Conversation with Ronald Takaki." *Educational Leadership* 56, no. 7 (April 1999): 9-13.

Hamovitch, Bram A., "Socialization Without Voice: An Ideology of Hope for At-Risk Students." *Teachers College Record* 98, no. 2 (Winter 1996): 286-306.

Harbeck, K. M., *Gay and Lesbian Educators: Personal Freedoms, Public Restraints* (MA: Amethyst Press and Productions, 1997).

Harris, Louis, and Associates, Inc., *Dropping Out or Staying in High School: Pilot Survey of Young African American Males in Four Cities* (New York: Commonwealth Fund, 1994).

Harris, Violet J., ed., *Using Multiethnic Literature in the K-8 Classroom* (Norwood, MA: Christopher-Gordon, 1997).

Hartle-Schutte, David, "Literacy Development in Navajo Homes: Does It Lead to Success in School)" *Language Arts* 70, no. 8 (December 1993): 643-654.

Harvard Education Letter xiii, no. 1 (January/February 1997). Special issue on detracking.

Harvard Educational Review, Special Issue on Lesbian, Gay, Bisexual, and Transgender People and Education 66, no. 2 (Summer 1996).

Harvard Educational Review, Special Issue on Puerto Rican Education in the United States 68, no. 2 (Summer 1998).

Hayward, Ed, "Middle School Dropout Rate Up." *Boston Herald,* June 19, 2002. Available at www2.boston herald.co@news/ local_regional/dropO6192002.htm.

Heath, Shirley Brice, *Ways with Words* (New York: Cambridge University Press, 1983).

Heath, Shirley Brice, "Race, Ethnicity, and the Defiance of Categories." In *Toward a Common Destiny: Improving Race and Ethnic Relations in America*, edited by Willis D. Hawley and Anthony W Jackson (San Francisco: Jossey-Bass Publishers, 1995): 39-70.

Henderson, Anne T., and Nancy Berla, *A New Generation of Evidence: The Family Is Critical to Student Achievement* (Washington, DC: Center for Law and Education, 1995).

Herbst, Philip H., *The Color of Words: An Encyclopaedic Dictionary of Ethnic Bias in the United States* (Yarmouth, ME: Intercultural Press, 1997).

Herrnstein, Richard J., and Charles Murray, *The Bell Curve: Intelligence and Class Structure in American Life* (New York: Free Press, 1994).

Heward, William, *Exceptional Children*, 5th ed. (Columbus, OH: Merrill/Prentice Hall, 1996).

Hidalgo, Nitza M., *"Free Time, School Is Like a Free Time": Social Relations in City High School Classes* (Unpublished doctoral dissertation, Graduate School of Education, Harvard University, 1991).

Hidalgo, Nitza M., "A Layering of Family and Friends: Four Puerto Rican Families' Meaning of Community." *Education and Urban Society* 30, no. I (November 1997): 20-40.

Hirsch, E. D., ed., *What Your Fourth Grader Needs to Know: Fundamentals of a Good Fourth-Grade Education (The Core Knowledge)* (New York: Delta, 1994).

Howe, Irving, *World of Our Fathers* (New York: Simon and Schuster, 1983).

Iadicola, Peter, "Schooling and Symbolic Violence: The Effect of Power Differences and Curriculum Factors on Hispanic Students' Attitudes Toward Their Own Ethnicity." *Hispanic Journal of Behavioral Sciences* 5, no. 1 (1983): 21-43.

Igoa, Cristina, *The Inner World of the Immigrant Child* (New York: St. Martins Press, 1995).

Institute for Puerto Rican Policy, *Puerto Ricans and Other Latinos in the United States*. IPR Data-note 19 (February 1998).

Irvine, Jacqueline Jordan, *Black Students and School Failure: Policies,*

Practices, and Prescriptions (Westport, CT-. Greenwood Press, 1990).

Irvine, Jacqueline Jordan, "Making Teacher Education Culturally Responsive." In *Diversity in Teacher Education: New Expectations*, edited by Mary E. Dilworth (San Francisco, CA: Jossey-Bass Publishers, 1992).

Irvine, Jacqueline Jordan, *Critical Knowledge for Diverse Teachers and Learners*. (Washington, DC: American Association of Colleges for Teacher Education, 1997).

Irvine, Jacqueline Jordan, and Michele Foster, eds., *Growing Up African American in Catholic Schools* (New York: Teachers College Press, 1996).

Irvine, Jacqueline Jordan, and James W Fraser, "Warm Demanders." *Education Week* 17, no. 35 (May 1998): 56-57.

Irvine, Jacqueline Jordan, and Eleanor Darlene York, "Learning Styles and Culturally Diverse Students: A Literature Review." In *Handbook of Research on Multicultural Education*, edited by James A. Banks and Cherry A. McGee Banks (San Francisco: Jossey Bass, 2001).

Jacob, Evelyn, and Cathie Jordan, eds., *Minority Education: Anthropological Perspectives* (Norwood, NJ: Ablex, 1993).

Jalava, Antti, "Mother Tongue and Identity: Nobody Could See That I Was a Finn." In *Minority Education: From Shame to Struggle*, edited by Tove Skutnabb-Kangas and Jim Cummins (Clevedon, England: Multilingual Matters, 1988).

Jencks, Christopher, and Meredith Phillips, eds., *The Black-White Test Score Gap* (Washington, DC: The Brookings Institution, 1998).

Jensen, Arthur R., "How Much Can We Boost I.Q. and Scholastic Achievement?" *Harvard Educational Review* 39, no. 2 (1969): 1-123.

Jennings, Kevin, ed., *Telling Tales Out of School: Gays, Lesbians, and Bisexuals Revisit Their School Days* (Los Angeles: Alyson Books, 1998).

Jervis, Kathe, "'How Come There Are No Brothers on That List?' Hearing the Hard Questions All Children Ask." *Harvard Educational Review* 66, no. 3 (Fall 1996): 546-576.

Jordan, Brigitte, "Cosmopolitan Obstetrics: Some Insights From the Training of Traditional Midwives." *Social Science and Medicine* 28, no. 9 (1989): 925-944.

Kaeser, Gigi, and Peggy Gillespie, *Of Many Colors: Portraits of Multiracial Families* (Amherst, MA: University of Massachusetts Press, 1997).

Kailin, Julie, "How White Teachers Perceive the Problem of Racism in Their Schools: A Case Study of 'Liberal' Lakeview." *Teachers College Record* 100, no. 4 (Summer 1999): 724-750.

Kalantzis, Mary, and Bill Cope, *The Experience of Multicultural Education in Australia: Six Case Studies* (Sydney: Centre for Multicultural Studies, Wollongong University, 1990).

Katz, Michael B., Class, *Bureaucracy, and the Schools: The Illusion of Educational Change in America* (New York: Praeger, 1975).

Katz, Susan Roberta, "Where the Streets Cross the Classroom: A Study of Latino Students' Perspectives on Cultural Identity in City Schools and Neighborhood Gangs." *Bilingual Research Journal* 20, nos. 3 and 4 (Summer/Fall 1995): 603-631.

Katz, Susan Roberta, "Teaching in Tensions: Latino Immigrant Youth, Their Teachers, and the Structures of Schooling." *Teachers College Record* 100, no. 4 (Summer 1999): 809-840.

Kelly, Karen, "Retention vs. Social Promotion: Schools Search for Alternatives." *Harvard Education Letter* 15, no. 1 (Jan/Feb 1999): 1-3.

Kendall, Frances E., *Diversity in the Classroom: New Approaches to the Education of Young Children*, 2nd ed. (New York: Teachers College Press, 1996).

Kiang, Peter Nien-Chu, *Southeast Asian Parent Empowerment: The Challenge of Changing Demographicsin Lowell, Massachusetts*, Monograph no. I (Boston: Massachusetts Association for Bilingual Education, 1990).

Kiang, Peter Nien-Chu, and Vivian Wai-Fun Lee, "Exclusion or Contribution? Education K-12 Policy." In *The State of Asian Pacific America: Policy Issues to the Year* 2020 (Los Angeles: LEAP Asian Pacific American Public Policy Institute and the UCLA Asian American Studies Center, 1993).

Bibliography

Kim, Heather, *Diversity Among Asian American High School Students* (Princeton, NJ: Educational Testing Service, 1997).

Kindler, Anneka L., "Ask NCELA No. 1: How Many School-Aged English Proficient Students Are There in the U.S.?" (Washington, DC: National Clearinghouse for English Language Acquisition, 2002).

Kindler, Anneka L., *Survey of the States' Limited English Proficient Students and Available Educational Programs and Services 1999-2000 Summary Report* (Washington, DC: U.S. Department of Education, Office of English Language Acquisition, Language Enhancement, and Academic Achievement for Limited English Proficient Students [NCELA], May 2002).

Kohl, Herbert, *"I Won't Learn From You" and Other Thoughts on Creative Maladjustment* (New York: The New Press, 1994).

Kozol, Jonathon, "Great Men and Women (Tailored for School Use). *"Learning Magazine* (December: 1975): 16-20.

Kozol, Jonathon, *Savage Inequalities: Children in America's Schools* (New York: Crown, 1991).

Krashen, Stephen, *Second Language Acquisition and Second Language Learning* (New York: Pergamon, 1981).

Krashen, Stephen, "Does Literacy Transfer?" *NABE News* 19, no. 6 (May 1, 1996): 36-38.

Kugler, Eileen Gale, *Debunking the Middle-Class Myth: Why Diverse Schools Are Good for All Kids* (Lanham, MD: Scarecrow Press, 2002).

Ladner, M., and C. Hammons, "Special But Unequal: Race and Special Education." In *Rethinking Special Education for a New Century*, edited by C. E. Finn, J. Rotherham, and C. R. Hokanson (Washington, DC: Thomas B. Fordham Foundation, 2001).

Ladson-Billings, Gloria, "Culturally Relevant Teaching: The Key to Making Multicultural Education Work." In *Research and Multicultural Education: From the Margins to the Mainstream*, edited by Carl A. Grant (Bristol, PA: Falmer Press, 1992).

Ladson-Billings, Gloria, *The Dreamkeepers: Successful Teachers of African American Children* (San Francisco, CA: Jossey-Bass, 1994).

Ladson-Billings, Gloria, "Multicultural Teacher Education: Research, Practice, and Policy." In *Handbook of Research on Multicultural Education*, edited by James A. Banks and Cherry A. McGee Banks (New York: Macmillan 1995).

Ladson-Billings, Gloria, "Toward a Theory of Culturally Relevant Pedagogy." *American Educational Research journal* 33, no. 3 (Fall 1995): 465-492.

Ladson-Billings, Gloria, *Crossing Over to Canaan: The Journey of New Teachers in Diverse Classrooms* (San Francisco: Jossey-Bass, 2001).

Lambert, Wallace E., "Culture and Language as Factors in Learning and Education." In *Education of Immigrant Students*, edited by A. Wolfgang (Toronto: OISE, 1975).

Langer, Judith, "Beating the Odds: Teaching Middle and High School Students to Read and Write Well." *American Educational Research Journal* 38, no. 4 (2002): 837-880.

Larson, Joanne, and Patricia D. Irvine, "'We Call Him Dr. King': Reciprocal Distancing in Urban Classrooms." *Language Arts* 76, no. 5 (May 1999): 393-400.

Lau v. Nichols, 414 U.S. 563 (St. Paul, MN: West Publishing, 1974).

Lawrence, Sandra M., and Beverly Daniel Tatum, "Teachers in Transition: The Impact of Antiracist Professional Development on Classroom Practice." *Teachers College Record* 99, no. 1 (1997): 162-178.

Lee, Enid, Deborah Menkart, and Margo Okazawa-Rey, *Beyond Heroes and Holidays: A Practical Guide to K-12 Anti-Racist, Multicultural Education and Staff Development* (Washington, DC: Network of Educators on the Americas [NECA], 1998).

Lee, Stacey J., *Unraveling the 'Model Minority' Stereotype: Listening to Asian American Youth* (New York: Teachers College Press, 1996).

Lee, Valerie E., and S. Loeb, "School Size in Chicago Elementary Schools: Effects on Teachers' Attitudes and Students' Achievement." *American Educational Research journal* 37 (2000): 3-31.

Lee, Valerie E., Linda E Winfield, and Thomas C. Wilson, "Academic

Behaviors Among High-Achieving African-American Students."
Education and Urban Society 24, no. 1 (November 1991): 65-86.

Lemann, Nicholas, *The Big Test: The Secret History of the American Meritocracy* (New York: Farrar Straus and Giroux, 2000).

Letts, William J., IV, and James T. Sears, *Queering Elementary Education: Advancing the Dialogue About Sexualities and School* (New York: Rowan, 1999).

Levin, Murray, *'Teach Me!' Kids Will Learn When Oppression Is the Lesson* (Lanhan, MD: Rowman and Littlefield, 2001).

Levine, Linda, "'Who Says?': Learning to Value Diversity in School." In *Celebrating Diverse Voices: Progressive Education and Equity*, edited by Frank Pignatelli and Susanna W. Pflaum (Newbury Park, CA: Corwin Press, 1 993).

Lewis, Oscar, *La Vida: A Puerto Rican Family in the Culture of Poverty-San Juan and New York* (New York: Random House, 1965).

Lieber, Carol Miller, *Partners in Learning: From Conflict to Collaboration in Secondary Classrooms* (Cambridge, MA: Educators of Social Responsibility, 2002).

Lindholm-Leary, Kathryn J., and Graciela Borsato, *Impact of Two-Way Bilingual Education Programs on Students' Attitudes Toward School and College* (Santa Barbara, CA: Center for Research on Education, Diversity, and Excellence, 2001).

Lipka, Jerry, "Toward a Culturally-Based Pedagogy: A Case Study of One Yup'ik Eskimo Teacher." In *Transforming Curriculum for a Culturally Diverse Society*, edited by Etta R. Hollins (Mahwah, NJ: Lawrence Erlbaum Associates, 1996).

Lipka, Jerry, Gerald V. Mohatt, and the Ciulistet Group, *Transforming the Culture of Schools: Yup'ik Eskimo Examples* (Mahwah, N.J.: Lawrence Erlbaum Associates, 1998).

Lipman, Pauline, *Race, Class, and Power in School Restructuring* (Albany, NY: State University of New York Press, 1998).

Lipset, Seymour Martin, and Earl Raab, *Jews and the New American Scene* (Cambridge, MA: Harvard University Press, 1995).

Locked In/Locked Out: Tracking and Placement Practices in Boston Public Schools (Boston: Massachusetts Advocacy Center, March

1990).

Loewen, James W, *Lies My Teacher Told Me: Everything Your American History Textbook Got Wrong* (New York: The New Press, 1995).

Loewen, James W, *Lies Across America: What Our Historic Sites Got Wrong* (New York: The New Press, 2000).

Lomawaima, K. Tsianina, "Educating Native Americans." In *Handbook of Research on Multicultural Education*, edited by James A. Banks and Cherry A. McGee Banks (San Francisco: Jossey-Bass, 2001).

Lomawaima, K. Tsianina, and Teresa L. McCarty, "When Tribal Sovereignty Challenges Democracy: American Indian Education and the Democratic Ideal." *American Educational Research Journal* 39, no. 2 (Summer 2002): 279-305.

Lomotey, Kofi, ed., *Going to School: The African-American Experience* (Albany, NY: State University of New York Press, 1990).

Louis, Karen Seashore, Helen M. Marks, and Sharon Kruse, "Teachers' Professional Community in Restructuring Schools." *American Educational Research Journal* 33, no. 4 (Winter 1996): 757-798.

Lowenstein, Jeff Kelly, "Gay-Straight Alliances Are Making a Difference in Western Massachusetts" *Massachusetts Teachers Association*, February/March, 2002, P.12.

Lundeberg, Mary A., Barbara B. Levin, and Helen Harrington, eds., *Who Learns What From Cases and How: The Research Base for Teaching With Cases* (Mahwah, NJ: Lawrence Erlbaum Associates, 1999).

Macedo, Donaldo P., "Literacy for Stupidification: The Pedagogy of Big Lies." *Harvard Educational Review* 63, no. 2 (Summer 1993): 183-206.

Madaus, George, and Marguerite Clarke, "The Adverse Impact of High-Stakes Testing on Minority Students: Evidence From One Hundred Years of Test Data." In *Raising Standards or Raising Barriers? Inequality and High-Stakes Testing in Public Education*, edited by Gary Orfield and Mindy L. Kornhaber (New York: The Century Foundation Press, 2001).

Mahiri, Jabari, *Shooting for Excellence: African American and Youth Culture in New Century Schools* (Urbana, II,, and New York:

National Council of Teachers of English and Teachers College Press, 1998).

Mantsios, Gregory, "Class in America: Myths and Realities (2000)." In *Race, Class, and Gender in the United States*, 5th ed., edited by Paula S. Rothenberg (New York: Worth Publishers, 2001).

Marquez, Roberto, "Sojourners, Settlers, Castaways, and Creators: A Recollection of Puerto Rico Past and Puerto Ricans Present." *Massachusetts Review* 36, no. 1 (1995): 94-118.

Matute-Bianchi, Maria E., "Situational Ethnicity and P a t t e r n s o f School Performance Among Immigrant and Nonimmigrant Mexican-Descent Students." In *Minority Status and Schooling: A Comparative Study of Immigrant and Involuntary Minorities*, edited by Margaret A. Gibson and John U. Ogbu (New York: Garland, 1991).

May, Stephen, *Making Multicultural Education Work* (Clevedon, England: Multilingual Matters, 1994).

McCarty, Teresa L., *A Place to Be Navajo: Rough Rock and the Struggle for Self-Determination in Indigenous Schooling* (Mahwah, NJ: Lawrence Erlbaum Associates, 2002).

McCaslin, Mary, and Thomas L. Good, "Compliant Cognition: The Misalliance of Management and Instructional Goals in Current School Reform." *Educational Researcher* 21, no. 3 (April 1992): 4-17.

McDermott, Ray P., "The Cultural Context of Learning to Read." In *Papers in Applied Linguistics: Linguistics and Reading Series 1*, edited by Stanley F. Wanat (Washington, DC: Center for Applied Linguistics, 1977).

McDermott, Ray P., "Social Relations as Contexts for Learning in School." *Harvard Educational Review* 47, no. 2 (May 1977): 198-213.

McDermott, Ray P. "Achieving School Failure: An Anthropological Approach to Illiteracy and Social Stratification." In *Education and Cultural Process: Anthropological Approaches*, 2nd ed., edited by George D. Spindler (Prospect Heights, IL: Waveland Press, 1987).

McIntosh, Peggy, *White Privilege and Male Privilege: A Personal Account of Coming to See Correspondences Through Work in*

Women's Studies. Working Paper no. 189 (Wellesley, MA: Wellesley College Center for Research on Women, 1988).

McIntyre, Alice, *Making Meaning of Whiteness: Exploring Racial Identity with White Teachers* (Albany: State University of New York Press, 1997).

McLaughlin, Milbrey W, and Joan E. Talbert, *Professional Communities and the Work of High School Teaching* (Chicago: University of Chicago Press, 2001).

McNeil, Linda, *Contradictions of School Reform: Educational Costs of Standardized Testing* (New York: Routeledge, 2000).

Medina, Noe, and D. Monty Neill, *Fallout from the Testing Explosion*, 3rd ed. (Cambridge, MA: FairTest, 1990).

"Meeting the Educational Needs of Southeast Asian Children." *Digest*, ERIC Clearinghouse on Urban Education 68 (1990).

Mehan, Hugh, and Irene Villanueva, "Untracking Low Achieving Students: Academic and Social Consequences." *Focus on Diversity* (Newsletter of the National Center for Research on Cultural Diversity and Second Language Learning) 3, no. 3 (Winter 1993): 4-6.

Meier, Deborah, ed., *Will Standards Save Public Education?* (Boston: Beacon Press, 2000).

Meier, Kenneth J., Robert D. Wrinkle, and J. L. Polinard, "Representative Bureaucracy and Distributional Equity: Addressing the Hard Question." *Journal of Politics* 61 (November 1999): 1025-1039.

Menkart, Deborah J., "Deepening the Meaning of Heritage Months." *Educational Leadership* 56, no. 7 (1999): 19-21.

Mercado, Carmen I., "Caring as Empowerment: School Collaboration and Community Agency." *Urban Review* 25, no. 1 (March 1993): 79-104.

Mercado, Carmen I., and Luis Moll, "Student Agency Through Collaborative Research in Puerto Rican Communities." In *Puerto Rican Students in U.S. Schools*, edited by Sonia Nieto (Mahwah, NJ: Lawrence Erlbaum Associates, 2000).

Merriam, Sharan B., *Qualitative Research and Case Study Applications in Education*, 2nd ed. (San Francisco: Jossey-Bass Publishers,

1998).

Merriam, Sharan B., *Case Study Research in Education: A Qualitative Approach* (San Francisco: Jossey-Bass, 1998): 27.

Merton, Robert, "The Self-Fulfilling Prophecy." *Antioch Review* 8, no. 2 (1948): 193-210.

Metropolitan Life Survey of the American Teacher 1996. A survey conducted by Louis Harris and Associates, as cited in Smith, Pritchy G. and Deborah A. Batiste, "What Do Students Think About Multiculturalism?" Multicultural Education 4, no. 4 (Summer 1997): 45-46.

Miller, Robin Lin, and Mary Jane Rotheram-Borus, "Growing Up Biracial in the United States." In *Race, Ethnicity, and Self. Identity in Multicultural Perspective*, edited by Elizabeth Pathy Salett and Diane R. Koslow (Washington, DC: National Multicultural Institute, 1 994).

Minicucci, Catherine, Paul Berman, Barry McLaughlin, Beverly McLeod, Beryl Nelson, and Kate Woodworth, "School Reform and Student Diversity." *Phi Delta Kappan* 77, no. I (September 1995): 77-80.

Moll, Luis C., "Bilingual Classroom Studies and Community Analysis: Some Recent Trends." *Educational Researcher* 21, no. 2 (March 1992): 20-24.

Montgomery, Joan, "A Different Mirror: A Conversation with Ronald Takaki." *Educational Leadership* 56, no. 7 (April 1999): 9-13.

Moreno, Joss F., ed., *The Elusive Quest for Equality: 150 Years of Chicano Chicana Education* (Cambridge, MA: Harvard Educational Review, 1999).

Moses, Robert P., "Quality Education Is a Civil Rights Issue." *In Minority Achievement*, edited by David T. Gordon (MA: Harvard Education Letter Focus Series #7, 2002): 26-27.

Mosteller, F., "The Tennessee Study of Class Size in the Early School Grades. *"The Future of Children* 5, no. 2 (1995): 113-127.

"The NABE No-Cost Study on Families." *NABE News* (February 1, 1991).

National Center for Education Statistics, *Dropout Rates in the United States*: 1993 (Washington, DC: Author, 1993).

National Center for Education Statistics, 1993-94 *Schools and Staffing Survey: A Profile of Policies and Practices for Limited English Proficient Students* (Washington, DC: U.S. Department of Education, Office of Educational Research and Improvement, 1997).

National Center for Education Statistics, *Indicator of the Month: Teachers' Feelings of Preparedness.* Available at nces.ed.gov/pubs2OOO/qrtlyspring/4elem/4-6.html.

National Center for Education Statistics, *The Condition of Education 2000.* Available at nces.ed.gov/programs/coe/2000/sectionl/indicator06.asp.

National Center for Education Statistics, *Trends in Disparities in School District Level Expenditures per Pupil* (Washington, DC: U.S. Department of Education, Office of Educational Research and Improvement, 2000).

National Center for Education Statistics, *State Nonfiscal Survey of Public Elementary/Secondary Education* (Washington, DC: U. S. Department of Education, 2001).

National Center for Education Statistics, *The Condition of Education*, 2002, NCES 2002-025 (Washington, DC: U. S. Department of Education, 2002).

National Commission on Teaching and America's Future, *What Matters Most: Teaching for America's Future* (New York: Author, 1996).

National Education Association. *Status of the American Public School Teacher*, 1995-96 (Washington, DC: Author, 1997).

National Indochinese Clearinghouse, *A Manual for Indochinese Refugee Education*, 1976-1977 (Arlington, VA: Center for Applied Linguistics, 1976).

Neill, Monty, *Testing Our Children: A Report Card on State Assessment Systems* (Cambridge, MA: FairTest, 1997).

Neill, Monty, "Transforming Student Assessment." *Phi Delta Kappan* 79, no. I (September 1997): 34-40, 58.

Nelson-Barber, Sharon, and Elise Trumbull Estrin, "Bringing Native American Perspectives to Mathematics and Science Teaching." *Theory Into Practice* 34, no. 3 (Summer 1995): 174-185.

Nieto, Sonia, "Affirmation, Solidarity, and Critique: Moving Beyond

Bibliography

Tolerance in Multicultural Education." *Multicultural Education* 1, no. 4 (Spring 1994): 9-12, 35-38.

Nieto, Sonia, guest editor of special issue on the national curriculum standards movement. *Educational Forum* 58, no. 4 (Summer 1994).

Nieto, Sonia, "Lessons From Students on Creating a Chance to Dream." *Harvard Educational Review* 64, no. 4 (Winter 1994): 392-426.

Nieto, Sonia, "On Becoming American: An Exploratory Essay." In *A Light in Dark Times*, edited by William Ayres and Janet L. Miller (New York: Teachers College Press, 1998).

Nieto, Sonia, "Fact and Fiction: Stories of Puerto Ricans in U.S. Schools." *Harvard Educational Review* 68, no. 2 (Summer 1998): 133-163.

Nieto, Sonia, *The Light in Their Eyes: Creating Multicultural Learning Communities* (New York: Teachers College Press, 1999).

Nieto, Sonia, "Bringing Bilingual Education Out of the Basement, and Other Imperatives for Teacher Education." In *Lifting Every Voice: Pedagogy and Politics of Bilingual Education*, edited by Zeynep Beykont (Cambridge, MA: Harvard Educational Review, 2000).

Nieto, Sonia, "We Speak in Many Tongues: Linguistic Diversity and Multicultural Education." In *Multicultural Education for the Twenty-First Century*, edited by Carlos E Diaz (New York: Longman, 2001).

Nieto, Sonia, "Puerto Rican Students in U.S. Schools: A Troubled Past and the Search for a Hopeful Future." In *Handbook of Research on Multicultural Education*, 2nd revised ed., edited by James A. Banks and Cherry M. Banks (San Francisco: Jossey-Bass, 2003).

Nieto, Sonia, "Profoundly Multicultural Questions" Educational Leadership, 60, no. 4, (Dec 2002/Jan 2003): 6-10.

Nieto, Sonia, *What Keeps Teachers Going?* (New York: Teachers College Press, 2003).

Nine-Curt, Carmen, *Nonverbal Communication* (Cambridge, MA: Evaluation, Dissemination, and Assessment Center, 1984).

Noddings, Nel, *The Challenge to Care in Schools: An Alternative Approach to Education* (New York: Teachers College Press, 1992).

Oakes, Jeannie, *Keeping Track: How Schools Structure Inequality* (New

Haven, CT.- Yale University Press, 1985).

Oakes, Jeannie, *Multiplying Inequalities: The Effects of Race, Social Class, and Tracking on Opportunities to Learn Mathematics and Science* (Santa Monica, CA: Rand, 1990): vi.

Oakes, Jeannie, "Can Tracking Research Inform Practice?" *Educational Researcher* 21, no. 4 (May 1992): 12-21.

Oakes, Jeannie, and Gretchen Guiton, "Matchmaking: The Dynamics of High School Tracking Decisions." *American Educational Research Journal* 32, no. I (Spring 1995): 3-33.

Oakes, Jeannie, and Martin Lipton, *Teaching to Change the World*, 2nd ed. (Boston: McGraw-Hill, 2003).

Oakes, Jeannie, Amy Stuart Wells, Makeba Jones, and Amanda Datnow, "Detracking: The Social Construction of Ability, Cultural Politics, and Resistance to Reform." *Teachers College Record* 98, no. 3 (1997): 482-510.

Oakes, Jeannie, Karen Hunter Quartz, Steve Ryan, and Martin Lipton, *Becoming Good American Schools: The Struggle for Civil Virtue in Education Reform* (San Francisco: Jossey-Bass, 2000).

O'Connor, Carla, "Dispositions Toward (Collective) Struggle and Educational Resilience in the Inner City: A Case Analysis of Six African-American High School Students." *American Educational Research Journal* 34, no. 4 (Winter 1997): 593-629.

Ogbu, John U., "Variability in Minority School Performance: A Problem in Search of an Explanation." *Anthropology and Education Quarterly* 18, no. 4 (December 1987): 312-334.

Ogbu, John U., "Understanding Cultural Diversity and Learning." *Educational Researcher* 21, no. 8 (1992): 5-14.

Ohaniain, Susan, *One Size Fits Few; The Folly of Educational Standards* (Portsmouth, NJ: Heinemann, 1999).

O'Hare, William P., *America's Minorities: The Demographics of Diversity* 47, no. 2 (Washington, DC: Population Reference Bureau, December 1992).

OHearn, Claudine Chiawei, ed., *Half and Half: Writers on Growing up Biracial and Bicultural* (New York: Pantheon Books, 1998).

Olsen, Laurie, *Crossing the Schoolhouse Border: Immigrant Students and the California Public Schools* (San Francisco: California

Tomorrow, 1988).

Olsen, Laurie, *Made in America: Immigrant Students in Our Public Schools* (New York: The New Press, 1997).

Orfield, Gary, *Schools More Separate. Consequences of a Decade of Resegregation* (Cambridge, MA: The Civil Rights Project at Harvard University, June 2001).

Orfield, Gary, and Mindy I.. Kornhaber, eds., *Raising Standards or Raising Barriers? Inequality and High-Stakes Testing in Public Education* (New York: The Century Foundation Press, 2001).

Orfield, Gary, and John T. Yon, *Resegregation in American Schools* (Cambridge, MA: Civil Rights Project at Harvard University, 1999).

Ortiz, Flora Ida, "Hispanic-American Children's Experiences in Classrooms: A Comparison Between Hispanic and Non-Hispanic Children." In *Class, Race and Gender in American Education*, edited by Lois Weis (Albany, NY: State University of New York Press, 1988).

Ovando, Carlos J., "Teaching Science to the Native American Student." In *Teaching the Indian Child: A Bilingual/Multicultural Approach*, edited by Jon Reyhner (Billings, MT: Eastern Montana College, 1992).

Ovando, Carlos J., and Virginia P. Collier, *Bilingual and ESE Classrooms: Teaching in Multicultural Contexts*, 2nd ed. (New York: McGraw-Hill, 1998).

Pang, Valerie Ooka, "Asian Pacific American Students: A Diverse and Complex Population." In *Handbook of Research on Multicultural Education*, edited by James A. Banks and Cherry A. McGee Banks (San Francisco: Jossey-Bass, 2003).

Pang, Valerie Ooka, and Li-Rong Lilly Cheng, eds., *Struggling to Be Heard: The Unmet Needs of Asian Pacific American Children* (Albany: State University of New York Press, 1998).

Pantoja, Antonia, *Antonia Pantoja: Memoir of a Visionary* (Houston, TX: Arte P6blico Press, 2002).

Perry, Wilheimina, "Memorias de una vida de obra (Memories of a Life of Work): An Interview with Antonia Pantoja." *Harvard Educational Review* 68, no. 2 (Summer 1998): 244-258.

Persell, Caroline Hodges, "Social Class and Educational Equality." In *Multicultural Education: Issues and Perspectives*, 3rd ed., edited by James Banks and Cherry A. McGee Banks (Boston: Allyn and Bacon, 1997).

Pewewardy, Cornel, "Our Children Can't Wait: Recapturing the Essence of Indigenous Schools in the United States." *Cultural Survival Quarterly* (Spring 1998): 29-34.

Pewewardy, Cornel, "Will the 'Real' Indians Please Stand Up?" *Multicultural Review* (June 1998): 36-42.

Phelan, Patricia, Ann Locke Davidson, and Hanh Cao Yu, *Adolescents' Worlds: Negotiating Family, Peers, and School* (New York: Teachers College Press, 1998).

Philips, Susan Urmston, *The Invisible Culture: Communication in Classroom and Community on the Warm Springs Indian Reservation* (reissued with changes) (Prospect Heights, II,: Waveland Press, 1993).

Phinney, lean D., "A Three-Stage Model of Ethnic Identity Development in Adolescence." In *Ethnic Identity Formation and Transmission Among Hispanics and Other Minorities*, edited by Martha E. Bernal and George P. Knight (Albany, NY: State University of New York Press, 1993).

Pohan, Cathy A., and Norma J. Bailey, "Opening the Closet: Multiculturalism That Is Truly Inclusive." *Multicultural Education* 5, no. I (Fall 1997): 12-15.

Pollard, Diane, A Profile of Underclass Achievers." *Journal of Negro Education* 58 (1989): 297-308.

Pollard, Diane S., and Cheryl S. Ajirotutu, *African-Centered Schooling in Theory and Practice* (Westport, CT. Bergin and Garvey, 2000).

Popham, W James, "Farewell, Curriculum: Confessions of an Assessment Convert." *Phi Delta Kappan* 79, no. 5 (January 1998): 380-384.

Poplin, Mary, and Joseph Weeres, *Voices From the Inside: A Report on Schooling From Inside the Classroom* (Claremont, CA: Institute for Education in Transformation, Claremont Graduate School, 1992).

Portes, Alejandro, and Rub6n G. Rumbaut, *Immigrant America: A*

Portrait, 2nd ed. (Berkeley: University of California Press, 1996).

Portes, Alejandro, and Rub6n G. Rumbaut, *Legacies: The Story of the Immigrant Second Generation* (Berkeley, CA: University of California Press, and New York: Russell Sage Foundation, 2001).

Public Education Network and *Education Week, Action for All: The Public's Responsibility for Public Education* (Washington, DC: Authors, April 2001).

Quality Counts '98 (Bethesda, MD: Editorial Projects in Education, 1998).

Quality Education for Minorities Project, *Education That Works: An Action Plan for the Education of Minorities* (Cambridge, MA: Massachusetts Institute of Technology Press, January 1990).

Ramirez, Manuel, and Alfredo Castafneda, *Cultural Democracy, Bicognitive Development and Education* (New York: Academic Press, 1974).

Ramsey, Patricia G, *Teaching and Learning in a Diverse World: Multicultural Education for Young Children*, 2nd ed. (New York: Teachers College Press, Columbia University, 1998).

Reissman, Frank, *The Culturally Deprived Child* (New York: Harper and Row, 1962).

Rethinking Schools, *Multicutluralism: What Now?* A Special Rethinking Schools Report 15, no. I (Fall 2000).

Reyes, Maria de la Luz, "Challenging Venerable Assumptions: Literacy Instruction for Linguistically Different Students." *Harvard Educational Review* 62, no. 4 (Winter 1992): 427-446.

Reyhner, Jon, "Native American Languages Act Becomes Law." *NABE News* 14, 3(December 1, 1990): 1, 8-9.

Reyhner, Jon, "Bilingual Education: Teaching the Native Language." In *Teaching the Indian Child: A Bilingual/multicultural Approach* (Billings, MT. Eastern Montana College, 1992).

Reyhner, Jon, ed., *Teaching the Indian Child: A Bilingual/multicultural Approach* (Billings, MT: Eastern Montana College, 1992).

Rios, Francisco A., "Teachers' Principles of Practice for Teaching in Multicultural Classrooms." In *Teaching Thinking in Cultural Contexts*, edited by Francisco A. Rios (Albany, NY: State University of New York Press, 1996).

Rist, Ray C., "Student Social Class and Teacher Expectations: The Self-Fulfilling Prophecy in Ghetto Education." In *Challenging the Myths: The Schools, the Blacks, and the Poor*, Reprint series no. 5 (Cambridge, MA: Harvard Educational Review, 1971).

Rist, Ray C., "Author's Introduction: The Enduring Dilemmas of Class and Color in American Education," *Harvard Educational Review*, HER Classic Reprint 70, no. 3 (Fall 2000): 257-301.

Rivera, John, and Mary Poplin, "Multicultural, Critical, Feminine and Constructive Pedagogies Seen Through the Lives of Youth." In *Multicultural Education, Critical Pedagogy, and the Politics of Difference*, edited by Christine E. Sleeter and Peter L. McLaren (Albany, NY. State University of New York Press, 1995).

Rivera-Batiz, Francisco L., and Carlos E. Santiago, *Island Paradox: Puerto Rico in the 1990s* (New York: Russell Sage Foundation, 1996).

Rodriguez, Clara E, "Puerto Ricans in Historical and Social Science Research." In *Handbook of Research on Multicultural Education*, edited by James A. Banks and Cherry A. McGee Banks (New York: Macmillan, 1995).

Rodriguez, Luis J., *Always Running, La Vida Loca: Gang Days in L.A.* (New York: Simon and Schuster, 1993).

Rodriguez, Richard, *Hunger of Memory: The Education of Richard Rodriguez* (Boston: David R. Godine, 1982).

Romo, Harriet D., and Toni Falbo, *Latino High School Graduation: Defying the Odds* (Austin, TX: University of Texas Press, 1996).

Rooney, Charles, *Test Scores Do Not Equal Merit* (Cambridge, MA: FairTest, 1998).

Root, Maria P. P., "The Biracial Baby Boom: Understanding Ecological Constructions of Racial Identity in the 21st Century." In *Racial and Ethnic Identity in School Practices: Aspects of Human Development*, edited by Rosa Hernandez Sheets and Etta R. Hollins (Mahwah, NJ: Lawrence Erlbaum Associates, 1999).

Rose, Lowell C., and Alec M. Gallup, "The 30th Annual Phi Delta Kappa/Gallup Poll of the Public's Attitudes Toward the Public Schools." *Phi Delta Kappan* 80, no. I (September 1998): 41-56.

Rosenthal, Robert, "Pygmalian Effects: Existence, Magnitude, and

Social Importance." *Educational Researcher* 16, no. 9 (December 1987): 37-41.

Rosenthal, Robert, and Lenore Jacobson, *Pygmalion in the Classroom* (New York: Holt, Rinehart and Winston, 1968).

Rothstein, Richard, "Bilingual Education: The Controversy." *Phi Delta Kappan* 79, no. 9 (May 1998): 672-678.

Rudman, Masha Kabokow, *Children's Literature: An Issues Approach*, 3rd ed. (White Plains, NY: Longman, 1995).

Rumbaut, Ruben G., *Immigrant Students in California Public Schools: A Summary of Current Knowledge* (Baltimore: Center for Research on Effective Schooling for Disadvantaged Students, 1990).

Rumbaut, Ruben G., "The Crucible Within: Ethnic Identity, Self-Esteem, and Segmented Assimilation Among Children of Immigrants." In *Origins and Destinies: Immigration, Race, an Ethnicity in America*, edited by Silvia Pedraza and Ruben G. Rumbaut (Belmont, CA: Wadsworth Publishing Co., 1996).

Ryan, William, *Blaming the Victim* (New York: Vintage Books, 1972).

St. Germaine, Richard, "Drop-Out Rates Among American Indian and Alaska Native Students: Beyond Cultural Discontinuity." In *ERIC Digest*, Clearinghouse on Rural Education and Small Schools (Charleston, VN. Appalachia Educational Laboratory, November 1995).

Sacks, Peter, *Standardized Minds: The High Price of America's Testing Culture and What We Can Do to Change It* (New York: Perseus, 2001).

Sadker, David, "Gender Equity: Still Knocking at the Classroom Door." *Educational Equity* 56, no. 7 (1999): 22-26.

Sadker, Myra, and David Sadker, "Gender Bias: From Colonial America to Today's Classrooms." In *Multicultural Education: Issues and Perspectives*, updated 4th ed., edited by James A. Banks and Cherry A. McGee Banks (New York: John Wiley and Sons, 2003).

Sadowski Michael, "Are High-Stakes Tests Worth the Wager?" In *Minority Achievement*, edited by David T. Gordon (Cambridge, MA: Harvard Education Letter Focus Series no. 7, 2002).

Sadowski, Michael, *Adolescents at School: Perspectives on Youth, Identity, and Education* (Cambridge, MA: Harvard Education

Press, 2003).

Santiago, Esmeralda, *When I Was Puerto Rican* (Reading, MA: Addison-Wesley, 1993): 64, 66, 68.

Saravia-Shore, Marietta, and Herminio Martinez, "An Ethnographic Study of Home/School Role Conflicts of Second Generation Puerto Rican Adolescents." In *Cross-Cultural Literacy: Ethnographies of Communication in Multiethnic Classrooms*, edited by Marietta Saravia-Shore and Steven F. Arvizu (New York: Garland, 1992).

Schaefer, Richard T., *Racial and Ethnic Groups*, 3rd ed. (Glenview, IL: Scott Foresman, 1988).

Schniedewind, Nancy, and Ellen Davidson, *Open Minds to Equality: A Sourcebook of Learning Activities to Affirm Diversity and Promote Equity*, 2nd ed. (Boston: Allyn and Bacon, 1998).

"School Discipline: An Uneven Hand." *Seattle Port-Intelligencer*, July 1, 2002 Available at seattlepi.nwsource.com/disciplinegap/.

Schwartz, Wendy, "Arab American Students in Public Schools." *Digest of the ERIC Clearinghouse on Urban Education*, Teachers College, Columbia University, no. 142 (March 1999). Available online at eric-web/tc.columbia.edu/digests/digl42 html.

Seelye, H. Ned, *Teaching Culture: Strategies for Intercultural Communication* (Lincolnwood, IL: National Textbook, 1993).

Selden, Steven, *Inheriting Shame: The Story of Eugenics and Racism in America* (New York: Teachers College Press, 1999).

Sheets, Rosa Hernandez, "From Remedial to Gifted: Effects of Culturally Centered Pedagogy." *Theory Into Practice* 34, no. 3 (Summer 1995): 186-193.

Sheets, Rosa Hern6ndez, "Urban Classroom Conflict: Student-Teacher Perception." *The Urban Review* 28, no. 2 (1996): 165-183.

Sheets, Rosa Hernandez, and Etta R. Hollins, eds., *Racial and Ethnic Identity in School Practices: Aspects of Human Development* (Mahwah, NJ: Lawrence Erlbaum Associates, 1999).

Shor, Ira, *When Students Have Power: Negotiating Authority in a Critical Pedagogy* (Chicago: University of Chicago Press, 1996).

Silverman, Rita, William M. Welty, and Sally Lyon, *Multicultural Education Cases for Teacher Problem Solving* (New York: McGraw-Hill, 1994).

Bibliography

Simon, Rita J., and Howard Alstein, *Transracial Adoptees and Their Families* (New York: Praeger, 1987).

Singer, D., ed., *American Jewish Yearbook*, vols. 99 and 100 (New York: American Jewish Committee, 1999, 2000).

Skutnabb-Kangas, Tove, "Multilingualism and the Education of Minority Children." In *Minority Education: From Shame to Struggle*, edited by Tove Skutnabb-Kangas and Jim Cummins (Clevedon, England: Multilingual Matters, 1988).

Sleeter, Christine E., "White Racism." *Multicultural Education* 1, no. 4 (Spring 1994): 5-8, 39.

Sleeter, Christine E., *Multicultural Education and Social Activism* (Albany, NY. State University of New York Press, 1996).

Smerden, Becky A., David T. Burkham, and Valerie E. Lee, "Access to Constructivist and Didactic Teaching: Who Gets it? Where is it Practiced?" *Teachers College Record* 101, no. I (Fall 1999): 5-34.

Snipp, C. Matthew, "American Indian Studies." In *Handbook of Research on Multicultural Education*, edited by James A. Banks and Cherry A. McGee Banks (San Francisco: Jossey-Bass, 2001).

Snow, Catherine, "The Myths Around Bilingual Education." *NABE News* 21, no. 2 (1997): 29, 36.

Snow, Richard E., "Unfinished Pygmalion." *Contemporary Psychology* 14, no. 4 (1969): 197-200.

Snyder, Thomas D., and Charlene M. Hoffman, *Digest of Education Statistics* (Washington, DC: National Center for Education Statistics, 2001).

Solsken, Judith, Jo-Anne Wilson Keenan, and Jerri Willett, "Interweaving Stories: Creating a Multicultural Classroom Through School/Home/University Collaboration." *Democracy and Education* (Fall 1993): 16-21.

Soo Hoo, Suzanne, "Students as Partners in Research and Restructuring Schools." *The Educational Forum* 57, no. 4 (Summer 1993): 386-393.

Soto, Lourdes Diaz, "Native Language School Success. "*Bilingual Research Journal* 17, nos. I and 2 (1993): 83-97.

Spring, Joel, *The Rise and Fall of the Corporate State* (Boston: Beacon Press, 1972).

Spring, Joel, *The Interaction of Cultures: Multicultural Education in the United States* (New York: McGrawHill, 1995).

Spring, Joel, *The American School*, 1642-1996, 4th ed.(New York: McGraw Hill, 1997).

Spring, Joel, *Deculturalization and the Struggle for Equality: A Brief History of the Education of Dominated Cultures in the United States*, 3rd ed. (New York: McGraw-Hill, 2000).

Spring, Joel, *American Education*, 11th ed. (New York: McGraw Hill, forthcoming).

Stanton-Salazar, Ricardo D., "A Social Capital Framework for Understanding the Socialization of Racial Minority Children and Youth." *Harvard Educational Review* 67, no. 1 (Spring 1997): 1-40.

Steele, Claude M., "Race and the Schooling of Black Americans." *The Atlantic Monthly* (April 1992): 68-78.

Stotsky, Sandra, *Losing Our Language: How Multicultural Classroom Instruction Is Undermining Our Children's Ability to Read, Write, and Reason* (New York: The Free Press, 1999).

Suarez-Orozco, Marcelo M., "'Becoming Somebody': Central American Immigrants in U.S. Inner-City Schools." *Anthropology and Education Quarterly* 18, no. 4 (December 1987): 287-299.

Sugarman, Julie, and Liz Howard, "Program Showcase: Recent Findings From Two-Way Immersion." *Talking Leaves* 5, no. 2 (Fall 2001): 4-5.

Suleiman, Mahmoud F., "Empowering Arab American Students: Implications for Multicultural Teachers." In 1996 *Proceedings of the National Association for Multicultural Education Conference*, edited by Carl A. Grant (San Francisco: Caddo Gap Press, 1997).

Swisher, Karen, and Dilys Schoorman, "Learning Styles: Implications for Teachers." In *Multicultural Education for the 21st Century*, edited by Carlos F. Diaz (New York: Longman, 2001).

Swope, Kathy, and Barbara Miner, *Failing Our Kids: Why the Testing Craze Won't Fix Our Schools* (Milwaukee, WI: Rethinking Schools, 2000).

Takaki, Ronald, *Strangers From a Different Shore: A History of Asian Americans* (New York: Penguin Books, 1989).

Tam, Thi Dang Wei, *Vietnamese Refugee Students: A Handbook for*

School Personnel (Cambridge, MA: National Assessment and Dissemination Center, 1980).

Tapia, Javier, "The Schooling of Puerto Ricans: Philadelphia's Most Impoverished Community." *Anthropology and Education Quarterly* 29, no. 3 (1998): 297-323.

Tatum, Beverly Daniel, *"Why Are All the Black Kids Sitting Together in the Cafeteria?" and Other Conversations About Race* (New York: HarperCollins, 1997).

Tatum, Beverly Daniel, "Talking About Race, Learning About Racism: The Application of Racial Identity Development Theory in the Classroom." *Harvard Educational Review* 62, no. 1 (Spring, 1992): 1-24.

Taylor, Denny, and Catherine Dorsey-Gaines, *Growing Up Literate: Learning From Inner-City Families* (Portsmouth, NH: Heinemann, 1988).

Terman, Lewis, *The Measurement of Intelligence* (Boston: Houghton Mifflin, 1916).

Tharp, Roland G., "Psychocultural Variables and Constants: Effects on Teaching and Learning in Schools." *American Psychologist* 44, no. 2 (February 1989): 349-359.

Thomas, Wayne P., and Virginia Collier, *National Study of School Effectiveness for Language Minority Students' Academic Achievement* (Santa Cruz, CA: Center for Research on Education, Diversity, and Excellence, 2003).

Tomas Rivera Center Report 2, no. 4 (Fall 1989)

Torres-Guzman, Maria E., "Stories of Hope in the Midst of Despair: Culturally Responsive Education for Latino Students in an Alternative High School in New York City." In *Cross-Cultural Literacy.- Ethnographies of Communication in Multiethnic Classrooms*, edited by Marietta Saravia-Shore and Steven E Arvizu (New York: Garland, 1992).

Trueba, Henry 1, "Culture and Language: The Ethnographic Approach to the Study of Learning Environments." In *Language and Culture in Learning: Teaching Spanish to Native Speakers of Spanish*, edited by Barbara J. Merino, Henry T. Trueba, and Fabian A. Samaniego (Bristol, PA: Falmer Press, 1993).

Trueba, Henry T., and Pamela G. Wright, "On Ethnographic Studies and Multicultural Education." In *Cross-Cultural Literacy: Ethnographies of Communication in Multiethnic Classrooms*, edited by Marietta Saravia-Shore and Steven E Arvizu (New York: Garland, 1992).

Tse, Lucy, "Language Brokering in Linguistic Minority Communities: The Case of Chinese- and Vietnamese-American Students." *The Bilingual Research Journal* 20, nos. 3 and 4 (Summer/Fall 1996): 485-498.

Tyack, David B., *The One Best System: A History of American Urban Education* (Cambridge, MA: Harvard University Press, 1974).

Tyack, David B., "Schooling and Social Diversity: Historical Reflections." In *Toward a Common Destiny: Improving Race and Ethnic Relations in America*, edited by Willis D. Hawley and Anthony W. Jackson (San Francisco: Jossey-Bass, 1995).

Tye, Barbara, *Hard Truths: Uncovering the Deep Structure of Schooling* (New York: Teachers College Press, 2000).

U.S. Bureau of the Census, *1990 Census of Population and Housing Data Paper Listing* (Washington, DC: U.S. Government Printing Office, 1990).

U.S. Bureau of the Census, *We, the First Americans* (Washington, DC: U.S. Government Printing Office, 1993)

U.S. Bureau of the Census, *Statistical Abstract of the United States*, 114th ed. (Washington, DC: U.S. Government Printing Office, 1994): 11.

U.S. Bureau of the Census, *Current Population Reports, Series P-60*, No. 188 (Washington, DC: U.S. Government Printing Office, 1995).

U.S. Bureau of the Census, *Census 2000: Table DP-2. Profile of Selected Social Characteristics: 2000* (Washington, DC: U. S. Department of Commerce, 2000).

U.S. Bureau of the Census, *Foreign-Born Population by Sex, Age, and World Region of Birth. March* 2000 (Available at www.census. gov/population/socdemo/foreign/p2O-535/tabO2Ol.txt.

U.S. Bureau of the Census, "High School Completion at All-Time High, Census Bureau Report." In *U.S. Department of Commerce News*

(Washington, DC: U.S. Department of Commerce, September 15, 2000).

U.S. Bureau of the Census, *Poverty in the United States: 2000* (Washington, DC: U.S. Government Printing Office, 2000).

U.S. Bureau of the Census, *Profile of Selected Social Characteristics: 2000* (Washington, DC: U.S. Government Printing Office, 2000).

U.S. Bureau of the Census. *Statistical Abstract of the United States* (Washington, DC: U.S. Government Printing Office, 2000.)

U. S. Bureau of the Census, *Profile of the Foreign-Born Population in the United States: 2000* (Washington, DC: U.S. Department of Commerce, 2002).

U.S. Bureau of the Census, *Census 2000 Summary File 1* (Washington, DC: Department of Commerce, 2002).

U.S. Bureau of the Census, *USA Statistics in Brief. Population and Vital Statistics* (2002). Available at www.census.gov/statab/www/poppart.html.

U. S. Department of Education, National Center for Education Statistics, *Schools and Staffing Survey, 1999-2000: Overview of the Data for Public, Private, Charter, and Bureau of Indian Affairs Elementary and Secondary Schools* (Washington, DC: Author, 2002): Table 1.19, 43-44.

U.S. General Accounting Office, *School Finance: State Efforts to Reduce Funding Gaps Between Poor and Wealthy Districts* (Washington, DC: U.S. Government Printing Office, 1997).

Valdes, Guadalupe, *Con Respeto: Bridging the Distance Between Culturally Diverse Families and Schools* (New York: Teachers College Press, 1996).

Valenzuela, Angela, *Subtractive Schooling: U.S.-Mexican Youth and the Politics of Caring* (Albany: State University of New York Press, 1999).

Vasquez, Olga A., Lucinda Pease-Alvarez, and Sheila M. Shannon, *Pushing Boundaries: Language and Culture in a Mexicano Community* (New York: Cambridge University Press, 1994).

Vigil, James Diego, "Streets and Schools: How Educators Can Help Chicano Marginalized Gang Youth." *Harvard Educational Review* 69, no. 3 (Fall 1999): 270-288.

Vogt, Lynn A., Cathie Jordan, and Roland G. Tharp, " Explaining School Failure, Producing School Success: Two Cases." In *Minority Education: Anthropological Perspectives*, edited by Evelyn Jacob and Cathie Jordan (Norwood, NJ: Ablex, 1993).

Waggoner, Dorothy, "Language-Minority School-Age Population Now Totals 9.9 Million." *NABE NEW* 18, no. 1 (15 September 1994): 1, 24-26.

Walsh, Catherine E., *Pedagogy and the Struggle for Voice: Issues of Language, Power, and Schooling for Puerto Ricans* (New York: Bergin and Garvey, 1991).

Walters, Laurel Shaper, "Putting Cooperative Learning to the Test." *Harvard Education Letter* 16, no. 3 (May/June 2000): 1-7.

Wehlage, Gary G., and Robert A. Rutter, "Dropping Out: How Much Do Schools Contribute to the Problem?" In *School Dropouts: Patterns and Policies* (New York: Teachers College Press, 1986).

Weinberg, Meyer, *A Chance to Learn: A History of Race and Education in the U.S.* (Cambridge: Cambridge University Press, 1977).

Weinberg, Meyer, "Notes From the Editor." *A Chronicle of Equal Education* 4, no. 3 (November, 1982): 7-8.

Weinberg, Meyer, *Because They Were Jews: A History of Anti-Semitism* (Westport, CT. Greenwood Press, 1986).

Weinberg, Meyer, *Racism in the United States: A Comprehensive Classified Bibliography* (Westport, CT: Greenwood Press, 1990).

Wellesley College Center for Research on Women, *How Schools Shortchange Girls: The AAUW Report* (Washington, DC: American Association of University Women Educational Foundation, 1992).

Wheelock, Anne, *Crossing the Tracks: How "Untracking" Can Save America's Schools* (New York: The New Press, 1992).

Wiest, Lyndo R., "Teaching Mathematics From a Multicultural Perspective." *Equity and Excellence in Education* 34, no. 1 (2001): 16-25.

Williams, Melvin D., "Observations in Pittsburgh Ghetto Schools." *Anthropology and Education Quarterly* 12 (1981): 211-220.

Williamson, Joel, *New People: Miscegenation and Mulattoes in the United States* (New York: Free Press, 1980).

Willis, Arlette, ed., *Teaching and Using Multicultural Literature in Grades 9-12: Moving Beyond the Canon* (Norwood, MA: Christopher-Gordon, 1998).

Wilson, Bruce L. and H. Dickson Corbett, *Listening to Urban Kids: School Reform and the Teachers They Want* (Albany: State University of New York Press, 2001).

Windschitl, Mark, "The Challenges of Sustaining a Constructivist Classroom Culture." *Phi Delta Kappan* 80, no. 10 (June 1998): 751-755.

Wineburg, Samuel S., "The Self-Fulfillment of the Self-Fulfilling Prophecy: A Critical Appraisal." *Educational Researcher* 16, no. 9 (December 1987): 28-37.

Witkin, Herman A., *Psychological Differentiation* (New York: Wiley, 1962).

Wittrock, Merlin C., *Handbook of Research on Teaching*, 3rd ed. (New York: Macmillan, 1986).

Woodson, Carter G., *The Miseducation of the Negro* (Washington, DC: Associated Publishers, 1933).

Wollman-Bonilla, Julie E., "Outrageous Viewpoints: Teachers' Criteria for Rejecting Works of Children's Literature." *Language Arts* 75, no. 4 (April 1998): 287-295.

Yearwood, Junia, "Words That Kill." In *What Keeps Teachers Going?*, edited by Sonia Nieto (New York, Teachers College Press, 2003).

Young, Beth Aronstamm, *Public School Student, Staff and Graduate Counts by State: School Year 2002-01* (Washington, DC: National Center for Education Statistics, April 2002).

Zanger, Mark H., *The American Ethnic Cookbook for Students* (Phoenix, AZ: Oxyx Press, 2001).

Zanger, Virginia Vogel, "Academic Costs of Social Marginalization: An Analysis of Latino Students' Perceptions at a Boston High School." In *The Education of Latino Students in Massachusetts: Research and Policy Considerations*, edited by Ralph Rivera and Sonia Nieto (Boston: Gast6n Institute, 1993).

Zanger, Virginia Vogel, *Face to Face: Communication, Culture, and Collaboration*, 2nd ed. (Boston: Heinle and Heinle, 1993).

Zeichner, Kenneth, "Educating Teachers to Close the Achievement Gap: Issues of Pedagogy, Knowledge, and Teacher Preparation." In

Closing the Achievement Gap: Reframing the Reform (Washington, DC: Association for Supervision and Curriculum Development, 2003).

Zeichner, Kenneth M., *Connecting Genuine Teacher Development to the Struggle for Social Justice* (East Lansing, MI: National Center for Research on Teacher Learning, Michigan State University, April 1992).

Zentella, Ana Celia, *Growing Up Bilingual: Puerto Rican Children in New York* (Malden, MA: Blackwell, 1997).

Zhou, Min and Carol L. Bankston 111, "The Biculturalism of the Vietnamese Student." *Digest*, ERIC Clearinghouse on Urban Education, no. 152 (March 2000).

Zinn, Howard, *A People's History of the United States, 1492-Present* (New York: Harper Perenniel, 2001).

Zogby, James J., "When Stereotypes Threaten Pride." *NEA Today* (October, 1982): 12.

U1009

肯定多樣性－社會政治情境下的多元文化教育
Affirming Diversity-The sociopolitical context of multicultural education

原　　　著：Sonia Nieto
譯　　　者：陳美瑩、李榮彬、王派仁、陳麗如、Damien Trezise 譯
出　版　者：濤石文化事業有限公司
責 任 編 輯：徐淑霞
封 面 設 計：白金廣告設計
地　　　址：嘉義市台斗街57-11號3F-1
登　記　證：嘉市府建商登字第08900830號
電　　　話：(05)271-4478
傳　　　真：(05)271-4479
戶　　　名：濤石文化事業有限公司
郵 撥 帳 號：31442485
印　　　刷：鼎易印刷事業有限公司
初 版 一 刷：2007年8月
I S B N ： 978-986-81049-6-9
總 經 銷：揚智文化事業股份有限公司
電　　　話：(02)2664-7780
定　　　價：新台幣600元
E-mail　　：waterstone@pchome.com.tw
http://www.waterstone.url.tw/

國家圖書館出版品預行編目資料

肯定多樣性－社會政治情境下的多元文化教育
/陳美瑩、李榮彬、王派仁、陳麗如、Damien Trezise譯
－－初版－－
嘉義市：濤石文化，2007【民96】
　　　面；　　　公分
　參考書目：面
　978-986-81049-6-9（平裝）
　1.教育社會學　2.多元文化－教育

　520.16　　　　　　　　　　　96009481